노주집

이 책은 2019 · 2020년도 정부(교육부)의 재원으로 한국고전번역원의 지원을 받아 수행된 '권역별거점연구소협동번역사업'의 결과물임.

This work was supported by Institute for the Translation of Korean Classics-Grant funded by the Korean Government.

한국고전번역원 한국문집번역총서 / 성신여자대학교 고전연구소 · (사)해동경사연구소

노주집 6

老洲集

오희상 지음
吳熙常

김성은 이영준 옮김

일러두기

1. 이 책의 번역 대본은 한국고전번역원에서 간행한 한국문집총간 제280집에 실린《노주집(老洲集)》으로 하였다. 번역 대본의 원문 텍스트와 원문 이미지는 한국고전종합DB(http://db.itkc.or.kr)에서 확인할 수 있다.
2. 내용이 간단한 역주는 간주(間註)로, 긴 역주는 각주(脚註)로 처리하였다.
3. 한자는 필요한 경우 이해를 돕기 위하여 넣었으며, 운문(韻文)은 원문을 병기하였다.
4. 맞춤법과 띄어쓰기는 한글 맞춤법과 표준어 규정을 따랐다.
5. 이 책에서 사용한 부호는 다음과 같다.

   ( ) : 번역문과 음이 같은 한자를 묶는다.

   〔 〕: 번역문과 뜻은 같으나 음이 다른 한자를 묶는다.

   " " : 대화 등의 인용문을 묶는다.

   ' ' : " " 안의 재인용 또는 강조 문구를 묶는다.

   「 」: ' ' 안의 재인용을 묶는다.

   『 』: 「 」 안의 재인용을 묶는다.

   《 》: 책명 및 각주의 전거(典據)를 묶는다.

   〈 〉: 책의 편명 및 운문·산문의 제목을 묶는다.

차례

노주집 제21권

잡저雜著

노주집 제22권

노주집 제23권

노주집 제24권

잡저雜著

노주집

제21권

잡저 雜著

잡설

雜說

병진년(1796, 정조20) 6월 8일에 조국진(趙國珍)[1]이 와서 나와 함께 《이정유서(二程遺書)》를 보다가 유원승(劉元承)의 기록에 이르렀는데, "혹자가 '무릇 물건이 생겨남에 각각 기(氣)가 승한 곳을 따라서 화(化)합니다.'라고 하자, '어찌 아는가?' 하시니, '예컨대 나무가 생겨남에 뿌리가 이미 장대(長大)해지면 뿌리가 도리어 뻗어갈 곳이 없게 됩니다.' 하였다."[2]라고 하였다. 그런데 "뿌리가 도리어 뻗어갈 곳이 없게 된다.〔根却無處去〕"라는 한 구(句)를 궁구하여 설명하지 못한 채로 파하였다. 수일 뒤에 조국진이 자신이 풀이한 바를 기록하여 보여주었는데, "뿌리가 이미 장대해지면 뿌리가 정처 없이 뻗어가게 되니, 이것이 바로 기(氣)가 승한 곳을 따라 화(化)한 것이다."라고 하였다. 그가 간취해낸 바가 몹시 정밀하였지만, 끝내 나의 견해로 보았을 때 석연하지는 못하였다. 그러므로 다시 스스로 헤아려보았으나 끝내 이해하지 못하였는데, 밤에 꿈에서 문득 깨닫고서 '나무가 번성하여 작은 뿌리가 커지면 이것이 곧 작은 것이 변화하여 뻗어갈 곳이 없어지는 것이다.'라고 생각하였고, 꿈에서 깨어나서도 기억이 몹시 분명하였다.

1 조국진(趙國珍) : 조진구(趙鎭球, 1765~?)로, 자는 국진, 본관은 풍양(豊壤)이다.

2 혹자가……하였다 : 이 내용은 《이정유서(二程遺書)》 권18 〈유원승수편(劉元承手編)〉에 보인다. 유원승은 정이(程頤)의 제자 유안절(劉安節, 1068~1116)이다.

이튿날 아침에 조국진이 마침 왔기에 드디어 꿈을 말해주었는데, 여전히 맞는 것인지 자신할 수 없었다. 다음날 우연히 《이정수언(二程粹言)》을 보다가 이에 대해 논한 한 단락을 얻었는데, "나무가 생겨남에 새 뿌리가 이미 커졌으면 옛 뿌리는 화(化)한다."[3]라고 하였으니, 내가 꿈에서 풀이한 바와 거의 부합하였다. 낮에 생각하지 못한 것이 도리어 꿈에서 발현하였으니, 진실로 기이한 일이다. 그러나 나는 근년에 정신이 상화(喪禍)로 인해 상하고 우환으로 인해 손상되어서,[4] 이로 인하여 방종해지고 쇠퇴하여 아침과 낮 동안 거의 내 몸이 어디에 있는

3 나무가……화(化)한다 : 이 말은 《이정수언(二程粹言)》 권하(下) 〈인물편(人物篇)〉에 보인다. 참고로 이 부분의 내용은 다음과 같다. "혹자가 '무릇 물건이 생겨남에 각각 기(氣)가 승한 곳에서부터 화(化)합니다.' 하자, 정자께서 '어찌 아는가?' 하시니, '예컨대 나무가 생겨남에 새 뿌리가 이미 커지면 옛 뿌리는 화(化)합니다.' 하였다. 정자께서 '이는 극(克)이다.' 하시니, 혹자가 '극(克)이라면 목(木)이 화(化)하여 토(土)가 되는 것은 어째서입니까?' 하였는데, 정자께서 '화(化)가 아니라 극(克)이다. 물(物)에는 일정함이 없어서 성쇠가 상인(相因)하니, 옛사람이 성쇠로서 오행(五行)을 말한 것이 그 뜻을 다한 것이다.' 하였다. 혹자가 '오행은 하나의 기(氣)이니, 그 근본은 하나의 물(物)일 뿐입니다.' 하자, 정자께서 '다섯 가지의 물(物)이다. 다섯 가지 물이 갖추어진 뒤에야 물건이 생겨나니, 이는 오상(五常)이 하나의 도(道)인 것과 같으니, 오상이 없으면 도(道)도 없는 것이다. 그러나 이미 '다섯'이라고 하였고 보면 뒤섞어서 하나가 될 수 없다.' 하였다.〔或曰: 凡物之出, 各自其氣之所勝而化焉. 子曰: 何以見之? 曰: 如木之生, 新根旣大, 則舊根化矣. 子曰: 是克也. 或曰: 克則木化爲土而何? 子曰: 非化也, 克也. 物無一定, 盛衰相因, 古之人以迭王言五行盡之矣. 或曰: 五行, 一氣也, 其本一物耳. 子曰: 五物也. 五物備, 然後生, 猶五常一道也, 無五則亦無道. 然而旣曰五矣, 則不可渾而爲一也.〕"

4 근년에……손상되어서 : 오희상(吳熙常)은 1792년(정조16)에 생부(生父) 오재순(吳載純)의 상을 당하였고, 1795년에는 생모(生母) 연안 이씨(延安李氏)의 상을 당하였다.

지도 자각하지 못하고 있다. 이 때문에 책을 읽으면 그때그때 곧 희미해져 버려서 글의 의의와 관련된 사소한 것조차도 분간하지 못하여, 도리어 밤에 잠들었을 때보다도 못하니, 이와 같다면 또 어떻게 상유(桑榆)의 공효를 거둘 수 있겠는가?[5] 몹시 두려울 만하다. 마침내 이 일을 써서 스스로를 성찰하고, 또 조국진에서 보여서 이를 경계하고자 한다.

5 상유(桑榆)의……있겠는가 : 상유는 해가 지는 곳을 가리키는 말로 노년을 의미하는바, 상유의 공효를 거둔다는 것은 초년의 실패를 노년에 만회한다는 뜻이다. 후한(後漢) 때의 장수인 풍이(馮異)가 적미(赤眉)의 난을 토벌하기 위해 나섰다가 처음 싸움에서 대패하고, 얼마 뒤에 다시 군사를 정비하여 적미의 군대를 격파하였는데, 황제가 친히 글을 내려 위로하기를, "처음에는 회계(會稽)에서 깃을 접었으나 나중에는 민지(澠池)에서 떨쳐 비상하니, 참으로 '동우에 잃었다가 상유에 수습하였다.〔失之東偶, 收之桑榆.〕'라고 할 만하다."라고 한 데서 나온 말이다. 《後漢書 卷17 馮異列傳》

아이들에게 써서 보여주다

書示兒輩

근래에 학문의 법문(法門)이 쇠하여 무너져서, 학문의 종자가 거의 끊어져버렸다. 후생의 젊은이들이 사도(斯道)의 중요함을 알지 못하여, 여럿이서 담론할 때에 왕왕 정자(程子)와 주자(朱子)를 희롱하며 업신여기는 일이 있으니, 이 같은 모습이 근심스럽기가 어찌 이천피발(伊川被髮)[6]의 정도일 뿐이겠는가. 옛날에 순경(荀卿)이 공문(孔門)의 자장(子張)과 자유(子游)와 자하(子夏)를 업신여기고 희롱하면서 천유(賤儒)라고 하였는데,[7] 한번 바뀌어서 이사(李斯)가 되어 마침내 분서갱유의 화(禍)에 이르렀으니,[8] 이것이 바로 확인할 수 있는 이치

6 이천피발(伊川被髮) : 예(禮)가 없어진 것을 보고 장차 오랑캐의 땅이 될 것이라고 탄식하였다는 뜻이다. 주평왕(周平王)이 동천(東遷)하였을 때 대부 신유(辛有)가 이천(伊川)에 갔는데, 그곳에서 산발하고 들에서 제사하는 자를 보고는, "백년이 못되어 이곳이 융(戎)이 되리라. 예가 먼저 없어졌구나." 하였는데, 과연 양왕(襄王) 때에 진(晋)나라가 육혼(陸渾) 땅의 융(戎)을 이천으로 옮겼다고 한 데서 온 말이다. 《春秋左氏傳 僖公22年》

7 순경(荀卿)이……하였는데 : 순경은 전국시대 조(趙)나라의 사상가 순자(荀子)로, 이름은 황(況)이다. 《순자(荀子)》 권3 〈비십이자편(非十二子篇)〉에 "그 관을 높고 크게 만들며, 그 말을 맑고 가볍게 하면서 우임금처럼 행하고 순임금을 좇음은 자장씨(子張氏)의 천유(賤儒)이고, 그 의관을 바르게 하고 그 안색을 장중하게 하며 자득하면서 하루 종일 말하지 않는 것은 자하씨(子夏氏)의 천유(賤儒)이며, 구차하고 나약하게 일을 꺼리며, 염치없이 음식을 즐기면서 반드시 '군자는 진실로 힘을 쓰지 않는다.'라고 말하는 것은 자유씨(子游氏)의 천유(賤儒)이다."라고 한 말이 보인다.

8 한번……이르렀으니 : 이사(李斯)는 초(楚)나라 상채(上蔡) 사람으로, 젊어서 순

인 것이다.

무릇 생삼사일(生三事一)[9]의 의리는 단지 동시대의 사생(師生) 관계에서만 논할 수 있는 것이 아니다. 옛 성현(聖賢)에 있어서라도 선현을 잇고 후학을 계도하여 도통(道統)의 전수에 참여한 사람이 있다면 모두 나의 스승이다. 내가 이미 망극한 은혜를 입었으니, 그렇다면 실로 처한 곳에 따라서 목숨을 바칠 의리[10]가 있는 것이다. 너희들은 모름지기 공맹(孔孟)을 조부로 삼고 정주(程朱)를 부모로 삼아서, 사생(死生) 간에 이를 따르려는 뜻을 마음에 새겨 변치 말아야 할 것이다.

자(荀子)에게 배워서 법가(法家) 사상가가 되었다. 그는 진시황(秦始皇)이 천하를 통일한 뒤에 승상(丞相)이 되어 법치주의를 실행하고 분서갱유를 행하였다.

9 생삼사일(生三事一) : 낳아준 세 사람, 즉 아버지와 스승과 임금을 섬기기를 똑같이 한다는 뜻으로, 《소학집주(小學集註)》〈명륜(明倫)〉에 난공자(欒共子)가, "사람은 세 분의 은혜로 살아가기에 섬기기를 똑같이 하여야 한다. 아버지는 나를 낳아 주시고, 스승은 나를 가르쳐 주시고, 임금은 나를 먹여 주셨으니, 아버지가 아니면 태어나지 못하고 임금이 먹여 주지 않으면 자라지 못하고, 스승이 가르쳐 주지 않으면 알지 못하니 낳아 주신 것과 똑같다. 그러므로 한결같이 섬겨서 오직 그 있는 곳에서 목숨을 바치는 것이다.〔民生於三, 事之如一. 父生之, 師教之, 君食之, 非父不生, 非食不長, 非教不知, 生之族也. 故一事之, 唯其所在, 則致死焉.〕"라고 한 데서 온 말이다.

10 처한……의리 : 《소학집주(小學集註)》〈명륜(明倫)〉에 난공자(欒共子)가, "그러므로 임금과 아버지와 스승을 한결같이 섬겨서 오직 그 처한 곳에서 목숨을 바치는 것이다.〔故一事之, 唯其所在, 則致死焉.〕"라고 한 것을 말하는데, 이에 대해 《소학집주》에서 오증(吳證)은 "처한 곳에 목숨을 바친다는 것은 임금에게 있을 때에는 임금을 위해 목숨을 바치고, 아버지에게 있을 때에는 아버지를 위해 목숨을 바치고, 스승에게 있을 때에는 스승을 위해 목숨을 바친다는 것이다.〔所在致死, 謂在君爲君, 在父爲父, 在師爲師也.〕"라고 풀이하였다.

오상에 대한 변

五常辨

이(理)는 하나일 뿐이니, 오상(五常)은 바로 오행(五行)의 이(理)로서 하나의 이(理)를 나누어서 일컬은 것이지, 오상(五常)의 바깥에 따로 이른바 '오행(五行)의 이(理)'가 있는 것이 아니다. 목(木)의 기(氣)는 온후함이니 목의 이(理)는 인(仁)이며, 화(火)의 기(氣)는 밖으로 드러남이니 화의 이(理)는 예(禮)이며, 금(金)의 기(氣)는 엄숙함이니 금의 이(理)는 의(義)이며, 수(水)의 기(氣)는 통명함이니 수의 이(理)는 지(智)이며, 토(土)의 기(氣)는 담박하고 진실함이니 토의 이(理)는 신(信)이다.

사람과 물건이 생겨남에 이미 이 기(氣)를 얻어서 갖추었으니, 그렇다면 반드시 이 이(理)를 지니는바, 사람이라고 해서 남음이 있는 것이 아니고 물건이라고 해서 부족함이 있는 것이 아니다. 다만 사람은 빼어나서 가장 영특하므로,[11] 능히 이 이(理)를 지각하여서 미루어 넓

11 다만……영특하므로 : 주돈이(周敦頤)의 〈태극도설(太極圖說)〉에 "오직 사람만이 빼어난 기운을 얻어 가장 영특하니, 형체가 이미 생김에 신(神)이 지혜를 발한다. 그리하여 오성(五性)이 감동하여 선(善)·악(惡)이 나누어지고 만사가 나오는 것이다."라고 하였는데, 이에 대해서 주희(朱熹)가 "사람과 물건이 생겨남에 태극의 도(道)가 있지 않음이 없으나 음양, 오행의 기질이 서로 운행하는데, 사람의 품부받은 것이 유독 그 빼어난 기운을 얻었다. 그러므로 그 마음이 가장 영특하여 성(性)의 온전함을 잃지 않을 수 있으니, 이른바 천지의 마음으로 사람의 극(極)이라는 것이다."라고 해설하였다. 《近思錄 卷1 道體》

혀갈 수 있으며, 물건은 치우치고 막혀있으므로, 이미 지각할 수 없고 그러면 또 미루어갈 수도 없는 것이니, 이것이 사람과 물건이 다른 까닭이다.

그러나 오상(五常)이라는 명칭은 사람을 말미암아 성립되었지, 물건을 위하여 마련된 것이 아니니, 이것이 바로 이른바 '인문(人文)'인 것이다. 이를 말미암아 추측해보면 또한 물건을 알 수 있을 따름이다. 그러나 성(性)의 본체는 본래 혼연하여 형체도 없고 조짐도 없으므로, 그 애(愛)·양(讓)·의(宜)·별(別)[12]이 있는 것을 좇아서 다시 그 이(理)를 가리켜서 이 명칭이 있게 된 것이다. 그러므로 "그 정(情)을 거슬러 올라가서 미루어 안다."[13]라고 한 것이다. 지금 만약 그 애(愛)

12 애(愛)·양(讓)·의(宜)·별(別) : 각각 인(仁), 예(禮), 의(義), 지(智)를 가리킨다. 《맹자》 〈공손추 상(公孫丑上)〉에 "측은히 여기는 마음은 인(仁)의 단서이고, 자신의 불선(不善)을 부끄러워하고 남의 불선을 미워하는 마음은 의(義)의 단서이고, 사양하는 마음은 예(禮)의 단서이고, 옳고 그름을 가리는 마음은 지(智)의 단서이다. 사람에게 이 네 가지 단서가 있는 것은 마치 사람의 몸에 사지가 있는 것과 같다."라고 하였는데, 이것을 가지고 논해보면 측은히 여기는 마음이 바로 애(愛)이며, 사양하는 마음이 양(讓)이며, 남의 불선을 미워하는 마음이 의(宜)이며, 옳고 그름을 가리는 마음이 별(別)이라고 할 수 있다.

13 그……안다 : 이는 주희(朱熹)의 말로, 《회암집(晦庵集)》 권58 〈답진기지(答陳器之)〉에 보인다. 참고로 이 부분의 내용은 다음과 같다. "성(性)의 이(理)는 비록 형체가 없으나 단서가 발현하는 데서 가장 잘 확인할 수 있다. 그러므로 측은(惻隱)으로 말미암아 인(仁)이 있다는 것을 반드시 알고, 수오(羞惡)로 말미암아 의(義)가 있다는 것을 반드시 알고, 공경(恭敬)으로 말미암아 예(禮)가 있다는 것을 반드시 알고, 시비(是非)로 말미암아 지(智)가 있다는 것을 반드시 아는 것이다. 가령 내면에 본래 이 이(理)가 없다면 어떻게 외면에 이 단서가 있을 수 있겠는가. 외면에 이 단서가 있음을 말미암아 내면에 이 이(理)가 있음을 반드시 알아서 속일 수가 없는 것이다. 그러므로 맹자가 '그 정(情)으로 말하면 선하다고 할 수 있으니, 이것이 이른바 선(善)이다.'라고

·양(讓)·의(宜)·별(別)을 겨우 한 면에만 통달한 물건에게서 하나하나 찾아 구한다면, 사람들이 물건도 오상(五常)을 갖추고 있다는 설에 대해 의심하는 것도 이상할 게 없다. 그러므로 내가 늘 오상(五常)을 높이 보아서는 안 되고, 단지 오행(五行)의 이(理)로 보아야 한다고 하는 것이다.

정자(程子)가 말하기를, "하늘에 오행의 기(氣)가 있기 때문에 모든 생물이 오성(五性)을 갖추고 있지 않은 것이 없으니, 그중의 하나를 차지하면서 나머지 넷을 간직하고 있다."[14]라고 하였고, 주자(朱子)가 말하기를, "금(金)·목(木)·수(水)·화(火)·토(土)에 대해서 비록 각각 성(性)을 하나씩 갖는다고 하지만, 물건은 또 각각 오행(五行)의 이(理)를 갖추고 있으니, 이를 몰라서는 안 된다. 강절(康節)이 자세하게 미루어 말해 두었다."[15]라고 하였다. 무릇 천지간의 많고 많은 것들은 오행(五行)을 갖추어서 생겨나지 않는 것이 없어서, 하나를 빠뜨리면 곧 물(物)을 이루지 못하니, 이는 사람과 물건이 다르지 않다. 오직

하였다. 이는 맹자가 성선(性善)을 말한 것이니, 대개 그 정(情)을 거슬러 올라가서 미루어 안 것이다.〔性之理, 雖無形, 而端的之發, 最可驗. 故由其惻隱, 所以必知其有仁; 由其羞惡, 所以必知其有義; 由其恭敬, 所以必知其有禮; 由其是非, 所以必知其有智. 使其本無是理於內, 則何以有是端於外? 由其有是端於外, 所以必知有是理於內而不可誣也. 故孟子言: 乃若其情, 則可以爲善矣, 乃所謂善也. 是則孟子之言性善, 蓋亦遡其情而逆知之耳.〕"

14 하늘에……있다 : 이 말은《이정유서(二程遺書)》권15 〈입관어록(入關語錄)〉에 보인다.

15 금(金)……두었다 : 이 말은《주자어류(朱子語類)》권1 〈이기 상(理氣上) 태극천지 상(太極天地上)〉에 보인다. 강절(康節)은 송(宋)나라의 학자인 소옹(邵雍, 1011~1077)의 시호이다.

그 기(氣)가 치우치고 형체가 질곡된 것이 저처럼 편벽되이 발현하는 것이다. 만일 발현된 편벽됨을 가지고서 그 본체를 갖추지 못하였음을 의심한다면 어찌 물건만 그러하겠는가?

사람도 갖가지로 다르니, 혹 인(仁)에 있어서 후한 자가 의(義)에 있어서 박하기도 하고, 지(智)에 있어서 두루 갖춘 자가 신(信)에 있어서 부족하기도 하다. 어둡게 가려짐이 심해지는 지경에 이르러서는, 예컨대 제 선왕(齊宣王)은 갑병(甲兵)을 일으키며 군사와 백성들을 위태롭게 하였으나 소 한 마리는 차마 죽이지 못하였으며,[16] 당 현종(唐玄宗)은 부모에게 불효하고 자식에게 자애롭지 않았으나 유독 형제간에 우애가 있었으니,[17] 이것을 또한 단지 이 하나의 이(理)를 얻은 것이

16 제 선왕(齊宣王)은……못하였으며 : 《맹자(孟子)》 〈양혜왕 상(梁惠王上)〉에, 제 선왕(齊宣王)이 새로 주조한 종(鐘)에 소의 피를 바르기 위해 소를 끌고 가는 자를 보고 말하기를, "소를 놓아주어라. 나는 그 소가 두려움에 벌벌 떨면서 죄 없이 사지로 나아가는 것을 차마 보지 못하겠다."라고 하면서 양으로 바꾸게 하였는데, 이 일을 두고 맹자(孟子)가 이 인심(仁心)을 확충하면 왕도정치를 행할 수 있음을 피력하는 내용이 보인다. 그러면서 맹자가 "아니면 왕께서는 갑병(甲兵)을 일으키며 군사와 백성들을 위태롭게 하여 제후들과 원한을 맺은 뒤에야 마음에 쾌하시겠습니까?"라고 묻자, 제 선왕이 "아닙니다. 내 어찌 이것을 쾌하게 여기겠습니까. 장차 나의 크게 하고자 하는 바를 구하려고 해서입니다."라고 답하였는데, 맹자의 질문에 대해 집주(集註)에서는 "맹자는 왕이 백성을 사랑하는 마음이 가볍고 또 짧은 까닭은 반드시 이 세 가지로써 쾌함을 삼기 때문일 것이라고 여겼다. 그러나 세 가지 일은 실로 사람의 마음에 쾌한 바가 아니니, 이것은 두려움에 벌벌 떠는 소를 죽이는 것보다도 심함이 있다. 그러므로 이것을 지적하여 왕에게 물어서 이로써 헤아리고자 한 것이다."라고 하였다.

17 당 현종(唐玄宗)은……있었으니 : 당 현종은 중종(中宗)의 후(后) 위씨(韋氏)의 난을 평정하고 아버지인 예종(睿宗)을 즉위시키고 곧 선양(禪讓)을 받아 자신이 즉위하였다. 현종의 총애를 받던 혜비(惠妃)가 수왕(壽王)을 낳자 현종이 태자를 폐하려고 하였는데, 혜비의 환심을 사 정권을 전횡하던 이임보(李林甫)가 태자와 두 왕자에게

라고 말할 수 있겠는가? 제 선왕(齊宣王)이 소를 아낀 것과 문왕(文王)이 백성을 보기를 다칠 듯이 여겼던 것[18]은 똑같이 인(仁)이며, 당 현종(唐玄宗)이 형제들과 긴 베개를 함께 베고 잔 것과 대순(大舜)이 상(象)이 기뻐하면 자신도 기뻐하였던 것[19]은 똑같이 우(友)이다. 또 범과 이리에게 부자간의 은애가 있고 벌과 개미에게 군신간의 질서가 있는 것[20]과, 증자(曾子)의 효(孝)[21]나 비간(比干)의 충(忠)[22]은 결코

사람을 보내 궁중에 역적이 들었으니 무장하고 들어오도록 청하는 계략을 써서, 결국 태자 이영(李瑛)과 악왕(鄂王) 이요(李瑤), 광왕(光王) 이거(李琚)를 반역죄로 폐하고 서인(庶人)으로 삼았다가 세 왕자를 하루에 사사한 일이 있었다. 《舊唐書 卷106 李林甫列傳, 卷107 玄宗諸子列傳》 그러나 당 현종은 한편 형제간에 우애가 깊어서, 이에 대해 "상이 평소 우애하여서, 근세 제왕들 중에 여기에 미칠 수 있는 이가 없다. 처음에 즉위하여서 긴 베개와 큰 이불을 만들어 형제와 함께 잤다."라고 한 내용이 보인다. 《資治通鑑 卷211 唐紀 玄宗 開元2年》

18 문왕(文王)이……것 : 주(周)나라 문왕이 백성을 깊이 사랑하였음을 나타낸 말이다. 《맹자(孟子)》 〈이루 하(離婁下)〉에 "문왕은 백성을 보기를 다칠 듯이 여기셨다.〔文王視民如傷.〕"라고 하였다.

19 대순(大舜)이……것 : 순(舜) 임금의 부모가 순으로 하여금 곳집을 손질하게 하고, 지붕 위에 올라간 뒤 사다리를 치우고 순의 아버지 고수(瞽瞍)가 불을 질렀고, 우물을 파게하고는 나오려 할 때 흙으로 우물을 덮었다. 그러자 그의 이복 아우인 상(象)이 순이 죽은 줄 알고, "순을 덮어 죽인 꾀는 모두 나의 공로이니, 소와 양은 부모의 것이고, 곡식 창고도 부모의 것이며, 방패와 창은 내 것이요, 거문고도 내 것이요, 활도 내 것이요, 두 형수는 나의 집을 돌보게 하겠다." 하고, 상이 순의 궁에 들어가 보니 순이 상에 앉아 거문고를 타고 있었다. 상이 "형님 생각이 간절하여서 왔습니다." 하고 부끄러워하니, 순이 "이 신하들을 너는 내게 와서 다스리라." 하였다. 이 일을 두고서 만장(萬章)이 순은 상이 자기를 죽이려는 것을 몰랐는지 묻자, 맹자가 "어찌 몰랐겠는가마는, 상이 근심하면 순도 근심하며, 상이 기뻐하면 순도 기뻐하였던 것이다."라고 하였다. 《孟子 萬章上》

20 범과……것 : 《주자어류(朱子語類)》 권4에 "이(理)는 다르니, 예컨대 벌과 개미

다른 이(理)가 아니다.

이(理)에 어찌 정추(精粗)와 피차(彼此)가 있겠는가. 그렇다면 온전함〔全〕과 선(善)은 본체이고, 편벽됨〔偏〕과 악(惡)은 본체가 아닌 것이다. 지금 만약 사람의 온전함과 물건의 편벽됨을 가지고서 품부받은 본연이라고 한다면 성인(聖人)의 선(善)과 범인(凡人)의 악(惡) 또한 절로 본연에 귀결될 터이니, 이것이 어찌 이치에 맞겠는가. 그러므로 "천지가 물건을 낳음에 한 근원에 근본을 두니, 사람과 금수가 이 이(理)를 갖추지 않음이 없다. 그 체(體)에는 곧 털끝만큼이라도 부족하거나 남음이 없는 것이다."[23]라고 한 것이니, 어찌 진실로 그러하지 않겠는가. 그러나 제 선왕(齊宣王)과 당 현종(唐玄宗)은 순(舜)과 문왕(文王)처럼 될 수 있으나, 범과 이리, 벌과 개미는 끝내 증자(曾

에게 군신간의 질서가 있는 것은 오직 의(義) 한 점에만 밝은 것이고, 범과 이리에게 부자간의 은애(恩愛)가 있는 것은 오직 인(仁) 한 점에만 밝은 것이어서 그 밖의 덕목에는 다시 미루어가지 못한다.〔理不同, 如蜂蟻之君臣, 只是他義上有一點子明, 虎狼之父子, 只是他仁上有一點子明, 其他更推不去.〕"라고 한 내용이 보인다.

21 증자(曾子)의 효(孝) : 증자는 공자(孔子)의 제자 증삼(曾參)으로, 효를 잘 실천한 것으로 알려져 있다. 예컨대《맹자》〈이루 상(離婁上)〉에, 증자가 부친 증석(曾皙)을 봉양할 때에 반드시 술과 고기를 올렸고, 상을 물릴 때에 반드시 남은 것을 누구에게 줄지 여쭈었으며, 부친이 남은 음식이 있는지 물으면 반드시 있다고 대답하여 남에게 음식을 베풀려는 부친의 뜻을 받들었음을 설명한 내용과, 이어서 맹자가 "어버이 섬김을 증자와 같이 하는 것이 옳다.〔事親, 若曾子者可也.〕"라고 한 말이 보인다.

22 비간(比干)의 충(忠) : 비간은 은(殷)나라의 충신이다. 그는 주왕(紂王)의 숙부였는데, 주왕의 음란함에 대해서 간하였다. 그러자 주왕이 "성인의 심장에는 일곱 개의 구멍이 있다는데 사실인가 보자."라고 하고는, 그의 배를 갈라 죽였다.《史記 卷3 殷本紀》

23 천지가……것이다 : 이는 주희(朱熹)의 말로,《연평문답(延平問答)》에 보인다.

子)와 비간(比干)처럼 되지 못하니, 이것은 다른 까닭이 있어서가 아니다. 이(理)를 알고 알지 못함과, 미루어 넓히고 넓히지 못함에 달려있을 따름인 것이다.

이 변(辨)은 바로 계묘년(1783, 정조7)에 지은 것인데, 당시에는 몹시 만족스럽지 못하여 탈고하지 않고서 버려두었다. 근래에 우연히 어지러운 종이 더미 속에서 얻었는데, 비록 글이 몹시 어긋나고 미약하였지만 그래도 젊은 날 연구하였던 고심을 볼 수 있었고, 또 한두 가지 취할 만한 점이 없지 않았기에, 차마 없애버리지 못하고 대략 산삭과 윤색을 가하였다. 무릇 성(性)과 이(理)를 말하는 것은 결코 초학자들의 급선무가 아니다. 그러나 뭇 설들이 분분하여 눈을 어둡게 하기 쉬우므로, 늘 글 한 편을 지어 성(性)과 기(氣)의 같고 다름을 대략 논하여서 아이들에게 주어, 아이들이 사색할 길을 헤매지 않게 하고자 하였는데, 다만 피로하고 게을러서 실천하지 못하였다. 마침내 우선 이 글을 보여주노라.

치우[24]에게 써서 보여주다

書示致愚

수령의 자제로서 부형(父兄)의 임소에 따라가는 사람은 몸가짐을 마땅히 처자처럼 하여서, 다른 사람이 볼까 두려워하여야 한다. 아침저녁으로 혼정신성하는 외에는, 백성들을 다스리고 송사를 듣는 곁에 번번이 이르러서는 안 된다. 비록 깊은 곳에서 칩거하여서 답답할지라도 자주 문을 나가서 관인(官人)과 접하여서는 안 된다.

지인(知印)[25] 무리는 모두 여항의 무식한 천류이다. 관부를 출입하면서 교활함이 일찍부터 생겨나, 이들이 알고 행하는 것들이 윗사람을 속이고 사람을 기만하며 이익을 노리고 탐욕을 부리는 일에서 벗어나지 않는다. 만약 이들과 친압한다면 나날이 더불어 동화될까 실로 우려가 된다. 부득이 심부름을 시키는 외에는 절대 가까이해서는 안 되고, 평소에는 가동(家僮)과 지내는 것이 좋다.

성악(聲樂)은 사람의 심지를 해친다. 더군다나 너와 같이 지기(志氣)가 아직 안정되지 않은 사람은 그 해(害)가 더욱 심하다. 비록 음악을

24 치우(致愚) : 오희상(吳熙常)의 동생이자 오재륜(吳載綸)에게 출계한 오연상(吳淵常)의 맏아들 오치우(吳致愚, 1789~1838)를 가리킨다. 자는 경안(景顔)이며, 1819년(순조19) 식년시에 병과(丙科)로 급제하여 벼슬이 이조참의에 이르렀다.

25 지인(知印) : 지방관의 관인(官印)을 보관하고 날인(捺印)하는 일을 맡던 이속(吏屬)을 말한다.

연주하는 때를 만나더라도, 절대 마음껏 나가서 구경하지 않는 것이 옳다. 예전에 내가 화산(花山)의 자사(子舍)에 있었을 때에,[26] 장자(長者)께서 특별히 부르시지 않으면 한 번도 나가서 구경한 적이 없었다. 이 뜻을 몰라서는 안 된다.

관가의 모든 물건은 공물(公物)이 아닌 것이 없으니, 비록 종이 같은 하찮은 것이라고 할지라도 자제들이 마음대로 쓰려는 마음을 먹어서는 안 된다.

네가 비록 어리고 무지하지만, 나이로 보면 바로 고인(古人)이 학문에 뜻을 두었던 나이[27]이다. 네 나이를 가지고서 네가 이룬 바를 비교해보면 몹시 한심할 만한데, 네가 아직도 부끄러움을 모르는구나. 맹자(孟子)께서 "부끄러워하지 않음이 남과 같지 못하다면 남과 같은 것이 무엇이 있겠는가."[28]라고 하였으니, 다른 사람들을 경계한 것이 몹시 깊고 절실하다. 그러나 부끄러움에는 또한 종류가 많으니, 거업(擧業)이 남과 같지 못한 것은 부끄러워할 만한 것이 못 되고, 문필(文筆)이

26 내가……때에 : 화산(花山)은 안동(安東)의 옛 이름이며, 자사는 큰 방 곁에 딸린 조그만 방으로, 주로 지방관의 거처에 그 아들이 머무는 곁방을 가리킨다. 1799년(정조 23) 2월 9일에 오희상(吳熙常)의 생부 오재소(吳載紹)가 안동 부사(安東府使)로 임명되어, 오희상이 관아에 가서 지내다가 돌아왔다. 《承政院日記 正祖 23年 2月 9日》《老洲集 卷27 附錄 年譜》

27 고인(古人)이……나이 : 《논어(論語)》 〈위정(爲政)〉에 "나는 15세에 학문에 뜻을 두었다.〔吾十有五而志于學.〕"라고 한 공자(孔子)의 말이 보인다.

28 부끄러워하지……있겠는가 : 이 말은 《맹자》 〈진심 상(盡心上)〉에 보인다.

남과 같지 못한 것은 부끄러워할 만한 것이 못 되며, 일을 처리함이 남과 같지 못한 것은 부끄러워할 만한 것이 못 된다. 오직 지취가 고인(古人)과 같지 못한 것만이 부끄러워할 만한 것일 따름이다. "순(舜) 임금은 어떠한 사람이며, 나는 어떠한 사람인가?"[29]라고 하였으니, 안자(顔子)께서 어찌 나를 속였겠는가.

돌아보건대 너의 자질은 본래 어질고 선하니, 그래도 선인(善人)[30]이라고 할 수 있지만, 다만 뜻이 아직 부족하다. 무릇 뜻이 없는 사람은 자질이 아름다울지라도 필경 하류(下流)일 뿐이니, 내 이를 몹시 근심스럽게 여긴다. 지금 "부끄러움을 알라〔知恥〕"는 두 글자를 너에게 약으로 주노라. 네가 만일 이를 돌이켜서 깨달을 수 있다면, 장차 절로 발분하려는 뜻이 생겨서 곧 진보하는 효과를 볼 수 있을 것이다. 이것이 내가 깊이 바라는 바이다.

29 순(舜)임금은……사람인가 : 공자(孔子)의 제자인 안연(顔淵)의 말로, 훌륭한 일을 하면 누구나 순임금처럼 될 수 있다는 의미를 담고 있다. 《맹자(孟子)》〈등문공상(滕文公上)〉에 보인다.

30 선인(善人) : 《맹자》〈진심 하(盡心下)〉에서는 선인(善人), 신인(信人), 미인(美人), 대인(大人), 성인(聖人), 신인(神人)을 단계별로 설명하면서 "누구나 그렇게 되기를 바라는 사람을 선인이라 한다.〔可欲之謂善.〕"라고 하였으며, 《논어(論語)》〈선진(先進)〉에 자장(子張)이 선인(善人)의 도(道)를 묻자, "성인(聖人)의 자취를 밟지 않더라도 악한 일을 하지 않지만, 또한 성인의 경지까지는 들어가지 못한다.〔不踐迹, 亦不入於室.〕"라고 하였는데, 이에 대해 집주(集註)에서 '선인은 자질이 훌륭하지만 아직 배우지 못한 자'라고 설명하였다.

치준[31]에게 써서 보여주다

書示致俊

종질(從姪) 치준(致俊)이 나에게서 수학하였다. 그 사람됨이 인후(仁厚)하고 화순(和順)하여 종형(從兄)을 빼어 닮았고, 또 능히 스스로 면려하여 학업에 힘썼으므로, 나는 종형이 하늘로부터 보응을 받음이 여기에 있음을 알게 되었다. 기억해보건대 옛날에 내가 종형과 더불어 우리 백씨(伯氏)이신 영재(寧齋) 선생[32]께 함께 수학할 적에, 선생께서는 나의 중부(仲父)이신 운초(雲樵) 부군(府君)[33]께서 뜻과 사업을 끝마치지 못하신 것을 애통하게 여겨서, 늘 부군의 뜻을 계술할 것을 권면하시기를 정성스럽고 간곡하게 하셨다. 때로 눈물을 흘리셨으며,

31 치준(致俊) : 오희상(吳熙常)의 종질(從姪)로, 오희상의 숙부 오재유(吳載維)의 손자이자 종형(從兄) 오서상(吳敍常)의 아들인 오치준(吳致俊, 1793~1809)을 가리킨다. 부친인 오서상이 1799년(정조23)에 별세하였으므로, 오희상이 집안에 데리고서 가르쳤으나 17세에 요절하고 말았다. 《老洲集 卷27 附錄 年譜》

32 우리……선생 : 오윤상(吳允常, 1746~1783)으로, 자는 사집(士執), 호는 영재(寧齋), 본관은 해주(海州)다. 대제학(大提學) 판서(判書)를 지낸 순암(醇菴) 오재순(吳載純)의 아들로, 김원행(金元行)의 문하에서 배웠으며, 학문에 뛰어나 두 아우를 가르치기도 하였다. 행실이 순박하고 효성스러웠으며 경전(經傳)을 탐독하였는데, 37세의 나이에 요절하였다. 문집으로 《영재유고(寧齋遺稿)》가 있다.

33 나의……부군(府君) : 오재유(吳載維, 1729~1764)로, 자는 지경(持卿), 호는 운초(雲樵), 본관은 해주(海州)다. 오두인(吳斗寅)의 증손으로, 기사사화(己巳士禍)의 사손(嗣孫)으로서 녹용(錄用)되어 의릉 참봉(懿陵參奉)에 제수되었고, 양지 현감(陽智縣監), 진산 군수(珍山郡守)를 역임하였다. 36세의 나이에 요절하였다.

또 글을 지어주기도 하셨는데, 얼마 뒤에 백씨께서 별세하셨다. 늘 종형과 마주하여 서로 이를 말하면서 오열하였는데, 또 얼마 지나지 않아 종형도 이어서 별세하여, 나만이 의지할 곳 없이 인간 세상에 남았으니, 형체는 남았으나 마음은 죽어서 다시는 옛날의 뜻을 지닐 수가 없다. 그러나 너를 거두어서 가르친 것은, 단지 너를 가르칠 만하다고 여겨서만이 아니라, 뒤에 죽는 사람으로서의 책임을 그런대로 다하여서 돌아가 저승에 알리기를 바랐기 때문이다.

아, 너는 7세에 고아가 되었으니 종형의 모습과 말소리도 자세히 기억하지 못할 것인데, 하물며 중부(仲父)께서 온축하기만 하고 미처 다하지 못하신 뜻과 사업을 어떻게 알겠느냐. 나 또한 중부(仲父)를 미처 섬기지는 못하였으나, 그래도 한두 가지 집안에서 이어받아 들은 것이 있다. 중부(仲父)께서는 성정과 도량이 강직하고 방정하였으며 행검(行檢)이 바르고 곧아서, 선(善)을 행하고 악(惡)을 버림에 있어서 실로 남보다 뛰어난 용기를 지녀서 유(柔)의 선(善)[34]이 의리를 해치는 것을 매우 미워하셨다. 한번은 말씀하기를, "유(柔)의 선(善)으로 인한 해로움이 강(剛)의 악(惡)보다 심하다."라고 하였으니, 이 말을

34 유(柔)의 선(善) : 《근사록(近思錄)》 권11 〈교학(敎學)〉에 주돈이(周敦頤)가 "강(剛)의 선(善)은 의(義)가 되고 곧음이 되고 결단함이 되고 엄하고 굳셈이 되고 의지가 굳음이 되며, 강(剛)의 악(惡)은 사나움이 되고 좁음이 되고 뻣뻣함이 되며, 유(柔)의 선(善)은 인자함이 되고 순함이 되고 공손함이 되며, 유(柔)의 악(惡)은 나약함이 되고 결단이 없음이 되고 간사함이 된다.〔剛善爲義爲直爲斷爲嚴毅爲幹固, 惡爲猛爲隘爲强梁, 柔善爲慈爲順爲巽, 惡爲懦弱爲無斷爲邪佞.〕"라고 하였는데, 이에 대해 주희(朱熹)가 "기품(氣稟)의 강(剛)·유(柔)는 진실로 음(陰)·양(陽)의 큰 구분이요, 그 가운데에 또 선(善)·악(惡)의 구분이 있으니 악(惡)은 진실로 바른 것이 아니요, 선(善)도 반드시 모두 중도(中道)를 얻은 것은 아니다."라고 해설하였다.

연역하여 생각해보면 중부(仲父)께서 평소에 보존하신 바를 상상해볼 수 있다.

너의 훌륭한 자질을 보건대, 진실로 쉽게 얻을 수 없는 것이다. 다만 인선(仁善)은 넉넉하되 강용(剛勇)이 부족하니, 만약 강(剛)으로 지키지 못하고 용(勇)으로 나아가지 못한다면 훌륭한 자질도 믿을 것이 못 된다. 바라건대 너는 책을 읽고 이치를 밝히고, 뜻을 세워 이 뜻으로써 기(氣)를 거느려서,[35] 인(仁)을 한갓 선함에만 귀결되게 하지 말고, 언행에서 드러나는 것에서부터 사물에 응하는 데 이르기까지 어느 것 하나 강덕(剛德)의 용(用)이 아님이 없도록 하여라. 그러면 우뚝하게 성취하는 바가 있게 되어, 두 대(代)에 단명에 국한되어서 펼치지 못한 뜻과 사업을 장차 너에게서 확인하게 될 것이다. 힘쓸지어다.

35 뜻을……거느려서 : 《맹자》 〈공손추 상(公孫丑上)〉에서 호연지기(浩然之氣)를 설명하기에 앞에 "지(志)는 기(氣)의 장수이고 기는 몸에 가득 차 있는 것이니, 지가 으뜸이고 기는 그 다음이다.〔夫志, 氣之帥也, 氣, 體之充也, 夫志至焉, 氣次焉.〕"라고 하였다.

생질 이윤우[36]에게 써서 주다

書贈甥姪李胤愚

내가 너와 의리로는 비록 외숙과 생질의 의리를 지녔지만, 정(情)으로 보면 부자지간의 정과 같으니, 네가 나를 아버지라고 부르고, 나 또한 너를 자식처럼 여긴다. 네가 태어나고서부터 나의 문정(門庭)을 떠나지 않아 지금 18세가 되었는데, 아직도 어리고 무지하여 고인(古人)의 지취를 지니지 못하고, 한갓 과거를 보아 벼슬에 나아가는 길에만 뜻을 쏟고 있구나. 설사 그 뜻을 이룬다고 하더라도 단지 일개 세속의 명사(名士)가 될 뿐이니, 이것이 어찌 귀하게 여길만한 것이겠느냐. 이는 내가 잘 인도하여 너로 하여금 뜻과 행실을 일찍 성취하도록 하지 못하여서 그런 것이니, 진실로 부끄러울 따름이다. 그러나 네가 사람이 되도록 하는 것이 나의 바람이니, 어찌 그저 이와 같고 말 수 있겠느냐.

기억해보건대 내가 13, 4세였을 때에, 놀기만 좋아하여 배우기를 좋아하지 않았는데, 어느 날 우연히 국조(國朝)의 여러 선생의 연보와 행장(行狀), 묘지(墓誌)를 보고서 비로소 감동해 분발하여 스스로 힘쓸 줄을 알게 되었다. 비록 지금 노년에 이름에 쓸쓸히 이룬 것이 없으나, 당시의 매우 좋았던 의사(意思)를 지금도 여전히 마음에 기억해

36 이윤우(李胤愚) : 1790~? 오희상(吳熙常)의 생질(甥姪)로, 이재수(李在秀, 1770~1822)의 맏아들이다. 자는 군석(君錫)이며, 본관은 연안(延安)이다. 음직으로 벼슬하여 공조 정랑(工曹正郎), 안성 군수(安城郡守) 등을 지냈다.

두고 있다. 본조(本朝)의 어진 선현(先賢)들은 다른 시대의 선철(先哲)과는 다르니, 가깝고 절실한 그 분들의 일과 사업을 보고서 감동하는 것이 마치 집안 선조들의 글을 읽을 때와도 같은 점이 있다. 너 또한 한가한 날에 《해동명신록(海東名臣錄)》[37]이나 다른 선배들의 절조와 품행의 실질을 기록한 글과 같은 것을 한번 취하여 뜻이 가는대로 보고, 또 모름지기 격앙하여서 그와 같아지기를 생각하는[38] 뜻을 고취해 펼쳐내야 할 것이다. 비유컨대 오랫동안 병을 앓던 사람이 위가 약해져서 식사를 잘 하지 못하여, 진수성찬이 나열되어 있더라도 돌아보지 않다가, 하루아침에 문득 입에 맞는 하나의 담미(淡味)를 만나게 됨에 점점 입맛을 부지해나가서 마침내 위가 소생하여 병이 물러가는 데에 이르게 되는 것과도 같다. 지금 내 너에게 일찍이 겪었던 바로써 권면하는 것은, 성찰해 깨우치는 기회를 우연히 접하기를 마치 병든 자가 담미(淡味)에 입맛을 부지하는 것처럼 하여 원대한 경지에 나아가기를 바라서이다.

37 해동명신록(海東名臣錄) : 김육(金堉, 1580~1658)이 편찬한 책으로, 통일신라부터 조선 인조대(仁祖代)에 이르기까지의 명신(名臣)들의 행적을 시대별로 기록한 책이다. 김육은 자는 백후(伯厚), 호는 잠곡(潛谷), 본관은 청풍(淸風), 시호는 문정(文貞)이다.

38 그와 같아지기를 생각하는 : 원문의 '사제(思齊)'는 《논어》 〈이인(里仁)〉에 "어진 이를 보거든 그와 똑같이 되기를 생각하고, 어질지 못한 이를 보거든 스스로를 반성해야 한다."라고 한 공자(孔子)의 말에 보인다.

자질들을 경계하다

戒諸子姪

운초(雲樵)[39] 숙부께서 예전에 말씀하시기를, "선비는 비록 태평한 세상에 태어났을지라도 웅장(熊掌)과 물고기의 취사에 대한 의리[40]에 있어서 뜻을 다하여 익숙히 익히지 않아서는 안 된다."라고 하였다. 옛날에 백씨(伯氏 오윤상(吳允常))께서 이 말을 읊어서 알려주시고는, 이어서 낯빛을 바꾸시면서 말씀하기를, "이는 쇠망한 세상을 슬퍼하신 것일 것이다. 돌아보건대 지금 세도(世道)의 퇴락하여 어느 지경에 이를지 알 수 없다. 우리들이 세신(世臣)[41]으로서 기울고 위태로운 형

39 운초(雲樵) : 오재유(吳載維, 1729~1764)로, 자는 지경(持卿), 호는 운초(雲樵), 본관은 해주(海州)다. 오두인(吳斗寅)의 증손으로, 기사사화(己巳士禍)의 사손(嗣孫)으로서 녹용(錄用)되어 의릉 참봉(懿陵參奉)에 제수되었고, 양지 현감(陽智縣監), 진산 군수(珍山郡守)를 역임하였다. 36세의 나이에 요절하였다.

40 웅장(熊掌)과……의리 : 웅장과 물고기는 팔진미의 하나인 곰 발바닥과 어물 요리를 가리킨 것으로, 이를 취사한다는 것은 생명과 의리를 둘 다 취할 수 없는 경우에 생명을 버리고 의리를 취함을 말한다. 《맹자》 〈고자 상(告子上)〉에 "어물도 내가 원하는 바요, 웅장도 내가 원하는 바이지만, 이 두 가지를 겸하여 얻을 수 없다면 어물을 버리고 웅장을 취하겠다. 삶도 내가 원하는 바요, 의(義)도 내가 원하는 바이지만, 이 두 가지를 겸하여 얻을 수 없다면 삶을 버리고 의를 취하겠다."라고 한 데서 온 말이다.

41 세신(世臣) : 여러 대에 걸쳐 중요한 지위를 차지한 신하를 배출하여 국가와 화복을 함께하는 유서 깊은 명문 세가(名門世家)를 뜻한다. 《맹자》 〈양혜왕 하(梁惠王下)〉에 "이른바 고국(故國)이란 것은 교목이 있음을 말함이 아니요 세신(世臣)이 있음을 말한 것입니다."라고 한 데서 유래하였다.

세를 이미 부지해 내지 못하였으니, 그렇다면 오직 온 집안의 부자형제들이 서로 함께 절의(節義)를 권면하고 지켜서 선인(先人)을 욕되게 하지 않는 것이 또한 하나의 일이다. 그러나 만약 평상시의 무사한 때에 강명(講明)하지 않는다면, 난에 임하여 황망한 때에 어떻게 제대로 대처할 수 있겠는가?"라고 하였으니, 이는 또 백씨께서 읊어서 가르쳐주신 뜻이다. 너희들이 나의 말이 전수받은 곳이 있음을 알아서, 각자 마음에 새겨서 이 의리를 먼저 세우기를 간절히 바란다. 아! 신미년(1811, 순조11) 8월 5일에 적노라.

손자의 서실에 써서 걸다
書揭孫兒書室

근래에 고양계(高梁溪)[42]의 《유서(遺書)》를 보니, 이런 말이 있었다. "자제들이 명절(名節 명분과 절의)의 법도와 시서(詩書)의 재미와 농사일의 어려움을 안다면, 곧 어진 자제가 되기에 충분하다."[43] 이 세 가지 말이 비록 천근한 듯하지만, 실로 여기에 지극한 이치가 담겨 있다. 명절(名節)을 중시한다면 몸을 지킬 수 있으며, 시서(詩書)를 돈독히 익힌다면 식견이 진보할 수 있으며, 농사의 어려움을 안다면 절약하여 검소할 수 있다. 오늘날 여느 집안의 자제들이 대부분 명절과 시서가 어떠한 물건인지도 알지 못하고서, 오직 호화스럽게 사치하는 것만을 숭상하고 있다. 그리하여 온 세상이 걷잡을 수 없어져서, 재물을 상하게 하여 백성들이 곤궁해져서 국운이 장차 위태로워질 것이다. 아마도 명말(明末)의 풍속이 지금과 같은 상황이었으므로 양계(梁溪)의 말이 이를 드러낸 것일 것이다. 아! 너희들이 이 말을 능히 지켜서 따른다면, 설령 세상을 구제하지는 못한다 할지라도 선인(先人)의 서업(緖業)을 실추시키지는 않을 수 있을 것이다. 힘쓸지어다.

42 고양계(高梁溪) : 명나라 말기의 학자 고반룡(高攀龍, 1562~1626)으로, 자는 운종(雲從) 또는 존지(存之), 호는 경일(景逸), 시호는 충헌(忠憲)이며, 상주부(常州府) 무석(無錫) 양계(梁溪) 사람이다. 스승 고헌성(顧憲成)과 함께 무석 동림서원(東林書院)에서 강학하며 동림학파를 일으켜 동림당의 영수가 되었다. 저서에 《고자유서(高子遺書)》가 있다.

43 자제들이……충분하다 : 이 말은 고반룡(高攀龍)의 저서 《고자유서(高子遺書)》 권1에 보인다.

찌를 붙여 심천로[44]의 〈심기질설〉에 대해 논하다
籤論沈天老心氣質說

“심(心)은 하나인데, 성(性)을 통솔하는[45] 심을 말하는 경우가 있고, 기(氣)를 위주로 하여 말하는 경우가 있다. 성(性)을 통솔하는 심을 말한 것은 《대학(大學)》의 이른바 ‘명덕(明德)’[46]이 그것이고, 기(氣)를 위주로 말한 것은 주자(朱子)의 이른바 ‘정영(精英)’[47]이 그것

44 심천로(沈天老) : 심홍모(沈弘模, 1767~1832)로, 본관은 청송(靑松), 자는 천로, 호는 간재(簡齋)이다. 1803년(순조3) 사마시에 합격하고, 1818년 혜릉 참봉(惠陵參奉)에 기용된 뒤 금부도사·장릉 영(長陵令)을 거쳐 예안 현감을 역임하였다. 할아버지 심정진(沈定鎭)과 큰아버지 심건영(沈健永)에게 가르침을 받았다. 저서로 《간재유고(簡齋遺稿)》가 있다.

45 성(性)을 통솔하는 : 원문의 ‘통성(統性)’은 ‘심통성정(心統性情)’에서 온 말로, 본래 장재(張載, 1020~1077)의 말인데, 주희(朱熹)가 이를 수용하였다. 《대학장구(大學章句)》 경(經) 1장의 소주(小註)에 “명덕(明德)은 곧 심(心)이며 성(性)입니까?”라는 질문에 주희가 “심(心)과 성(性)은 본디 분별이 있다. 영험한 것이 심이고 성실한 것이 성이다.……장자(張子)가 ‘심은 성과 정을 통솔한다.’라 하였는데, 이 설이 가장 정밀하다.”라고 하였다.

46 대학(大學)의 이른바 명덕(明德) : 《대학장구(大學章句)》의 경(經) 1장에 “명덕을 밝힌다.〔明明德.〕”라고 한 데서 보이는데, 이 명덕(明德)에 대해 주희(朱熹)가 “명덕(明德)은 사람이 하늘에서 얻은 바, 허령(虛靈)하고 어둡지 않아서 중리(衆理)를 갖추고 만사(萬事)에 응하는 것이다.〔明德者, 人之所得乎天而虛靈不昧, 以具衆理而應萬事者也.〕”라고 풀이하였다.

47 주자(朱子)의 이른바 정영(精英) : 《주자어류(朱子語類)》 권14에 “기(氣)는 처음에 품부 받은 것이고, 질(質)은 모양을 이루어놓은 것이다. 그저 하나의 음양오행의 기(氣)가 천지에 널리 퍼져 있어서, 정영(精英)한 것은 사람이 되고 찌꺼기인 것은

이다. 명덕(明德)에 대해 말하고자 하면 심(心)은 일신(一身)에서 가장 귀한 것이어서 기질을 섞어서 칭해서는 안 되며, 정영(精英)에 대해 말하고자 하면 심(心)은 백체(百體)와 똑같이 품부 받은 것이어서 기질과 똑같이 놓고서 논할 수 있다.……"

무릇 심(心)의 체(體)는 오행(五行)의 정영(精英)이 모여서-오장(五臟)과 백해(百骸)에는 모두 신(神)이 있는데 이것이 모두 화장(火臟)의 텅 비고 방정한 곳에 모인다. 그러므로 "오행(五行)의 정영(精英)이 모인다."라고 한 것이다.- 지극히 신묘하니, 절로 일신(一身)에서 가장 귀한 것이 된다. 그러므로 '능히 이로써 중리(衆理)를 갖추고 만사(萬事)에 응할 수 있는〔能以之具理應事〕'-"능(能)"자를 눈여겨보아야 한다.- 것이다. 사람이 누구나 요순(堯舜)이 되고 천지에 참여할 수 있는 까닭이 어찌 단지 성선(性善)에만 있겠는가. 실로 심(心)은 허령(虛靈)하고 통철(洞徹)하여 분수(分數)가 없고 우열도 없어서, 이(理)의 선함과 간격이 없기 때문인 것이다.[48] 성(性)을 통솔하는 것을 가지고 말하든 기(氣)를 위주로 하여

물건이 되며, 정영한 가운데 더욱 정영한 것은 성인(聖人)이 되고 현인(賢人)이 되고, 정영한 가운데 찌꺼기인 것은 어리석은 사람이 되고 불초한 사람이 된다.〔氣是那初稟底, 質是成這模樣了底. 只一箇陰陽五行之氣, 滾在天地中, 精英者爲人, 查滓者爲物, 精英之中又精英者爲聖爲賢, 精英之中查滓者爲愚爲不肖.〕"라고 하였다.

48 사람이……것이다 : 허령(虛靈)하고 통철(洞徹)함은 비어있고 신령하며 밝게 통함을 말한다. 《대학혹문(大學或問)》에 명덕(明德)에 관련해서 주희(朱熹)가 "오직 사람이 태어나서 바르고 통하는 기(氣)를 얻는데 성(性)이 가장 귀함이 된다. 그러므로 방촌(方寸)의 사이는 허령하고 통철하여 온갖 이치를 모두 갖추고 있으니, 금수와 다른 까닭이 바로 여기에 있는 것이고, 누구나 요순(堯舜)이 되어 천지의 조화에 참여하여 화육(化育)을 도울 수 있는 까닭 또한 여기에서 벗어나지 않는다. 이것이 이른바 명덕

말하든, 심(心)의 본래의 면목은 자연히 이와 같을 뿐이다. 그러므로 주자(朱子)가 '정영(精英)'이라고 한 것은 또한 기(氣) 중에서 그 본체를 구별해내어서, 이로써 '그 허령함이 이(理)를 묘용(妙用)할 수 있어서 백체(百體)와 똑같이 여길 수 없음'을 보인 것이다. 그렇다면 '명덕(明德)'과 '정영(精英)'은 이름은 비록 다르지만 그 실질은 같은 것이다. 만약 이를 기질(氣質)과 똑같이 놓고서 논한다고 한다면 이는 천군(天君)[49]을 끌어내려 백체(百體)와 같게 하는 것이니, 이것이 어찌 옳겠는가.

만약 기질(氣質)을 연구하고자 한다면, 마땅히 '한쪽에 치우쳐서 말한 심(心)'에서 논하여야 할 것이니, 이는 바로 바깥은 둥글고 가운데에 구멍이 난 화장(火臟)[50]일 뿐이다. 외암(巍巖)이 심(心)은 기질(氣質)이 아니라고 한 설(說)[51]은 비록 지나치게 딱 잘라 말한 것인 듯하지만,

(明德)이다.〔唯人之生, 乃得其氣之正且通者, 而其性爲最貴. 故其方寸之間, 虛靈洞徹, 萬理咸備, 蓋其所以異於禽獸者, 正在於此, 而其所以可爲堯舜, 而能參天地以贊化育者, 亦不外焉. 是則所謂明德者也.〕"라고 하였다.

49 천군(天君) : 사람의 마음, 심(心)을 가리킨다. 《순자(荀子)》 〈천론(天論)〉에 "마음이 중앙의 빈자리에 있으면서 다섯 가지 감각 기관을 다스리는 까닭에 천군이라고 한다.〔心居中虛以治五官, 夫是之謂天君.〕"라고 하였다.

50 바깥은……화장(火臟) : 심(心)의 형질(形質)을 가리킨 것이다. 《성리대전서(性理大全書)》 권35에 송(宋)의 학자 진덕수(眞德秀)가 "바깥은 둥글고 가운데에 구멍이 난 것이 심(心)의 체(體)이고, 허령(虛靈)하고 지각(知覺)하는 것은 심(心)의 영(靈)이다.〔圓外竅中者是心之體, 虛靈知覺者是心之靈.〕"라고 한 말이 보인다.

51 외암(巍巖)이……설(說) : 외암은 이간(李柬, 1677~1727)으로, 자는 공거(公擧), 호는 외암·추월헌(秋月軒), 본관은 예안(禮安)이며, 낙론(洛論)의 대표적인 학자이다. 심(心)과 기질(氣質)에 대한 이간의 논의는 그의 문집인 《외암유고(巍巖遺稿)》 권13 〈미발변후설(未發辨後說)〉에 보인다.

또한 그르다고 할 수 없다. 대저 심(心)이 비록 기질을 벗어나지는 않지만, 심은 정미한 것이고 기질은 거친 것이니, 마치 귀신(鬼神)이 비록 음(陰)과 양(陽)의 두 기(氣)를 벗어나지는 않지만 음과 양의 두 기가 귀신인 것이 아니라 그 영(靈)과 양능(良能)이 귀신인 것과도 같다.[52] 미호(渼湖)가 《중용》에서의 귀신은 천지의 공공(公共)의 귀신이며, 심(心)은 인신(人身)상의 귀신이라고 한 것[53]이 진정으로 좋은 의론이다.

심(心)과 기질(氣質)은 똑같은 기(氣)인데, 다만 본말의 차이가 있을 따름이다. 혹 이것이 서로 섞일까 염려하여 방촌(方寸)의 내외(內外)를 구별하여 말한다면, 이는 심(心)이 비록 형이하(形而下)에 속하지만 또한 상(象)도 없고 체(體)도 없어서 방소를 가지고서 구할 수 없음을 전혀 알지 못하는 것이다. 다만 요컨대 바로 그 체(體)에서 동정(動

52 마치……같다 : 《중용장구(中庸章句)》 제16장에 공자(孔子)가 "귀신의 덕(德)이 지극하다.〔鬼神之爲德, 其盛矣乎!〕"라고 한 말이 보이는데, 이에 대한 집주(集註)를 보면 장재(張載)가 "귀신은 음과 양 두 기의 양능(良能)이다.〔鬼神者, 二氣之良能也.〕"라고 하였고, 주희(朱熹)가 "두 기(氣)로 말하면 귀(鬼)는 음(陰)의 영(靈)이요, 신(神)은 양(陽)의 영(靈)이며, 하나의 기(氣)로 말하면 이르러 펴짐은 신(神)이 되고, 돌아가 되돌아감은 귀(鬼)가 되니, 그 실제는 한 물건일 뿐이다.〔以二氣言, 則鬼者, 陰之靈也, 神者, 陽之靈也. 以一氣言, 則至而伸者爲神, 反而歸者爲鬼, 其實一物而已.〕"라고 하였다.

53 미호(渼湖)가……것 : 미호는 김원행(金元行, 1702~1772)으로, 자는 백춘(伯春), 호는 미호, 본관은 안동, 시호는 문경(文敬)이며, 낙론(洛論)을 대표하는 학자이자 산림으로 명망이 높았다. 김원행의 이 말은 그의 문집인 《미호집(渼湖集)》 권7 〈답김평중(答金平仲)〉에 보인다.

靜)과 본말(本末)을 나누어서, 떨어질 수 없고 섞일 수도 없는 묘함을 보아야 한다. 그러나 이러한 정미한 의리는 요컨대 모름지기 체인하여 얻어야지, 언어와 문자는 전혀 도움을 줄 수 없다.

서실의 제생에게 써서 보이다
書示書室諸生

내가 평소에 스승의 도(道)로써 자처하기를 좋아하지 않는 것은 다만 스스로 돌아보건대 어리석어서 남을 성취시켜줄 지식이 없기 때문만이 아니다. 후세의 스승이니 제자니 하는 이들을 살펴보건대, 다 같이 말류만을 찾고 그림자만을 좇아서 이름은 있지만 실질이 없다. 이를 말미암아 사생(師生)의 의리가 점차 가볍고 설만해져서, 식자들의 근심이 되고 세속의 웃음거리가 된 지 오래이니, 평소에 이를 한탄하면서 몸소 그 전철을 밟지 않기를 바랐다. 그러므로 전후로 문하에 찾아온 선비들에게 폐백을 갖추어 뵙는 예(禮)를 허락한 적이 없었다. 지금 현자(賢者)들이 내가 밥 한술을 먼저 뜬 사람이라 하여서 멀리서 와 종유함에, 이미 처음에 굳게 거절하지 못하였으니, 이는 나를 스승과 벗의 사이에 두어서 외면의 부화한 말을 벗어나 진실한 마음으로 서로 더불어서 분수에 따라 강마하고자 한 것이다. 그러니 향후의 진보의 여부에 대해서는 또한 깊이 따질 것이 못 된다. 요컨대 이 도리를 보존하여 땅에 떨어지지 않게 하고자 할 따름이다. 돌아보건대 명리(名利)가 세상을 뒤덮어 온 세상이 빠져있으니,[54] 비록 창도하여 밝혀

54 명리(名利)가……빠져있으니 : '세상을 뒤덮어'의 원문인 '회양(懷襄)'과 '빠져있으니'의 원문인 '혼점(昏墊)'은 모두 《서경(書經)》에서 온 말로, 《서경》 〈우서(虞書) 익직(益稷)〉에 "홍수가 하늘까지 치솟아서 호호탕탕하게 산을 에워싸고 언덕까지 차올라감에 따라 백성들이 물에 빠지는 해를 당하였다.〔洪水滔天, 浩浩懷山襄陵, 下民昏墊.〕"라고 한 데서 유래하였다.

진작하여서 이미 거꾸로 흐르게 된 거센 물결을 만회할[55] 수는 없을지라도, 그래도 혹 한 가닥의 양맥(陽脈)이 되어서 훗날 회복할 조짐이 될 수는 있을 것이다. 현자들은 어떻게 생각하는가?

성현(聖賢)들의 천 마디, 만 마디의 말씀은 그 귀결을 찾아보면 단지 사람으로 하여금 인욕을 막고 천리를 보존하게 하려는 데에 있다. 주 선생(朱先生)은 일찍이 문인(門人)이 천리와 인욕이 행위는 같으나 실정이 다른 것에 대해 질문한 것에 답하여서[56] 다음과 같이 말씀하였다.

55 이미……만회할 : 한유(韓愈)의 〈진학해(進學解)〉에 "백 줄기의 시내를 막아 동쪽으로 흐르게 하여서 이미 거꾸로 흐르는 사나운 물결을 되돌렸다.〔障百川而東之, 迴狂瀾於既倒.〕"라고 한 데서 온 말이다. 본래는 불로(佛老)의 이단(異端)을 배척하여 유학(儒學)으로 향하게 하였음을 뜻한다. 《古文眞寶後集 卷3》

56 주 선생(朱先生)은……답하여서 : 주희(朱熹)가 문인(門人)과 문답한 내용은 《주자어류(朱子語類)》 권117에 보인다. 문인(門人)의 질문은 다음과 같다. "'저는 사욕에 대해서 없을 수가 없습니다. 다만 이 뜻이 싹터 동할 때에, 도리어 힘써 제거할 줄을 알고 마음을 누차 성찰함을 깨닫는 것이 자못 전일보다 낫습니다. 다시 어찌해야 하겠습니까?'라고 묻자, 주자(朱子)가 '이는 단지 억지로 항복시킨 것으로, 만일 천리가 순숙해지지 못해서 하루아침에 각찰(覺察)을 잃게 되면 병통이 생길 것이니, 이를 몰라서는 안 된다.' 하였는데, '오봉(五峰)이 「천리와 인욕은 행위는 같지만 실정은 다르다.」라고 하였으니, 아마도 여기에서 분별해야 될는지요?'라고 물었다.〔謨於私欲, 未能無之. 但此意萌動時, 却知用力克除, 覺方寸累省, 頗勝前日, 更當如何? 曰: 此只是強自降伏, 若未得天理純熟, 一旦失覺察, 病痛出來, 不可不知也. 問: 五峰所謂天理人欲同行異情, 莫須這裏要分別否?〕" 오봉(五峰)은 송(宋)나라 학자 호굉(胡宏, 1105~1161)의 호로, 그가 저술한 《지언(知言)》 권1에 "천리와 인욕은 본체는 같지만 작용은 다르며 행위는 같지만 실정은 다르니, 진덕수업 하는 군자는 마땅히 깊이 분별해야 한다.〔天理人欲, 同體而異用, 同行而異情, 進修君子宜深別焉.〕"라고 한 내용이 보인다.

"행위는 같으나 실정이 다른 것은 단지 배고프면 먹고 목마르면 마시는 등이 성현(聖賢)에 있어서는 천리가 아닌 것이 없고, 소인(小人)에 있어서는 사욕이 아닌 것이 없는 것과 같으니, 이른바 행위는 같으나 실정이 다르다는 것이 이와 같다. 만약 본령을 찾지 못하였으면 단지 그 명목만을 말하게 될 뿐이니, 그렇다면 명목을 말하여 분명하게 알게 된다 하더라도 결국 나의 일에는 관여함이 없게 되는 것이다. 모름지기 자신 자신에게 나아가서 실제로 사욕이 싹트는 때에 어떠한지, 천리가 발현할 때에 어떠한지를 보아야 하니, 그 사이가 바로 공부를 하기에 좋은 곳이다. 천리는 사람에게 존재하여 만고에 없어지지 않으니, 그대로 내버려두더라도 어찌 가려져 숨겠는가. 천리는 항상 그대로이고, 사의(私意) 가운데에서 나오지 않는 때가 없으나, 다만 사람들이 스스로 깨닫지 못하는 것이니, 이는 바로 마치 명주(明珠)와 큰 조개가 모래 속에 섞여 있으면서 한 점 한 점 조금씩 때로 나오는 것과 같다. 단지 이 도리가 발현하는 곳에서 마땅히 알고 취하여서 한 점 한 점 조금씩 나오는 것을 모아 합하여서 점점 한 체단(體段)을 이루어, 자신의 좋은 의사(意思)가 날로 달로 자라고 더해지는 데에 이르면, 천리가 자연히 순숙해지고 굳어져서, 지난번에 말한 사욕이 자연히 물러나 흩어져서 다시는 싹트지 않게 될 것이다."

그 가리켜 보인 것이 곧장 천리와 이욕이 나뉘는 기미로 나아가서 주밀하게 살펴 공력을 지극하게 한 것에서, 후학을 끽긴하게 가르친 뜻을 볼 수 있다. "한 점 한 점 조금씩 나오는 것을 모아 합하여서 점점 한 체단(體段)을 이룬다."라고 한 것과 같은 경우에 이르러서는 더욱 긴요하고 절실하니, 맹자(孟子)의 집의(集義)[57]와 가르침은 다르지만 그 법도는 같다. 이는 학자들이 마땅히 마음을 다하여 가슴에 새겨야 하는 바이다. 그런대로 함께 써서 고해주노라. 계미년(1823, 순조23) 4월 하현(下弦) 밤에 요엄류재(聊淹留齋)[58]에서 쓰노라.

57 맹자(孟子)의 집의(集義) : 이는 호연지기(浩然之氣)에 대한 공손추(公孫丑)의 물음에 대하여 맹자가 대답한 말에 보이는 것으로, 《맹자》 〈공손추 상(公孫丑上)〉에 "이 호연지기는 의(義)를 많이 축적하여 생겨나는 것이니, 의(義)가 하루아침에 갑자기 엄습하여 취해지는 것이 아니다.〔是集義所生者, 非義襲而取之也.〕"라고 하였다. 이에 대해 주희(朱熹)의 《집주(集註)》에 "집의(集義)는 적선(積善)이라고 말하는 것과 같으니, 일마다 모두 의(義)에 부합하고자 하는 것이다.〔集義, 猶言積善, 蓋欲事事皆合於義也.〕"라고 설명하였다.

58 요엄류재(聊淹留齋) : '요엄류(聊淹留)'는 《초사(楚辭)》 〈초은사(招隱士)〉에 "계수나무 가지를 부여잡고서 애오라지 머무르네.〔攀援桂樹兮聊淹留.〕"라고 한 데서 온 말로, 은거를 지향하는 뜻을 드러내는 말이다.

덕봉[59] 향약 고유문

德峰鄕約告諭文

주관(周官)의 사도(司徒)의 직책[60]이 폐해진 지 이미 오래되었다. 여씨향약(呂氏鄕約)[61]이 실로 삼물(三物)[62]의 남겨진 뜻을 절충하고 조절하였는데, 주자(朱子)가 이를 가감하였고,[63] 율곡(栗谷) 선생이 이

59 덕봉(德峰) : 현재의 경기도 안성시(安城市) 양성면(陽城面) 덕봉리(德峰里) 일대를 가리킨다.

60 주관(周官)의 사도(司徒)의 직책 : 사도는 주(周)나라 때 육경(六卿)의 하나로, 국가의 토지와 백성의 교육을 관장하였다.

61 여씨향약(呂氏鄕約) : 송(宋)나라 때 섬서성(陝西省) 남전현(藍田縣)에 살던 여씨(呂氏) 4형제, 즉 여대균(呂大鈞)·여대충(呂大忠)·여대방(呂大防)·여대림(呂大臨)이 같은 고을 사람들과 지키기로 약속한 규약으로, "덕과 업을 서로 권하고〔德業相勸〕, 허물과 그른 일을 서로 경계하고〔過失相規〕, 예의 바른 풍속으로 서로 사귀고〔禮俗相交〕, 근심스럽고 어려울 때 서로 구한다〔患難相恤〕."는 등의 조목을 골자로 삼았다.《小學 善行》

62 삼물(三物) : 대사도(大司徒)가 백성을 가르치는 세 가지 일로, 육덕(六德), 육행(六行), 육예(六藝)를 가리킨다.《주례(周禮)》〈지관사도(地官司徒) 대사도(大司徒)〉에 "향학(鄕學)의 삼물로 만민을 교화하고, 인재가 있으면 빈객의 예로 우대하면서 천거하여 국학(國學)에 올려 보낸다.〔以鄕三物敎萬民而賓興之.〕"라고 하였다. 육덕은 지(知)·인(仁)·성(聖)·의(義)·충(忠)·화(和)이며, 육행은 효(孝)·우(友)·목(睦)·인(姻)·임(任)·휼(恤)이며, 육예는 예(禮)·악(樂)·사(射)·어(御)·서(書)·수(數)이다.

63 주자(朱子)가 이를 가감하였고 :《여씨향약(呂氏鄕約)》은 본래 향약(鄕約) 1권, 향의(鄕儀) 1권으로 이루어졌었는데, 주희(朱熹)가 여기에 약간의 수정을 가하여《주자여씨향약(朱子呂氏鄕約)》을 만들었다.《朱子大全 卷74 增損呂氏鄕約》

를 거듭 밝혔으며,[64] 또 우리 선대왕(先大王)께서 윤음을 선포하고 조례(條例)를 반포해 시행하셨으니,[65] 진실로 백세토록 바꿀 수 없는 아름다운 법제이다. 무릇 풍속을 돈후하게 하고 세상을 면려하는 방도에 뜻을 둔 사람이라면 누군들 향약을 급선무로 삼지 않겠는가. 우리 마을은 바로 옛날에 선한 고을이라 일컬어졌다. 선비들은 행실을 삼가고 독서하였으며, 백성들은 근검하고 농사에 힘썼으므로, 경기좌도(京畿左道)에서 선비가 모여 있는 곳으로 반드시 첫째, 둘째로 꼽혔다. 그런데 근래에 이르러서 선배들의 아름다운 풍속이 날로 쇠하고 말속(末俗)의 야박함이 점차 심해지고 있으니, 이것이 내가 밤낮으로 개연히 탄식을 일으키는 까닭이다.

수년 동안 제현(諸賢)의 천거를 입어 본원(本院)[66]에서 강회(講會)

64 율곡(栗谷)……밝혔으며 : 율곡 이이(李珥)는 1571년(선조4) 청주 목사(淸州牧使)로 부임했을 때 〈서원향약(西原鄕約)〉을 만들었는데, 이 고을 군수로 있던 이증영(李增榮)이 만든 기존의 향약을 토대로 하여 여씨향약(呂氏鄕約)을 참고하여 절충하였으며, 1577년(선조10) 해주(海州)에 거주하면서 〈해주향약〉을 만들어 실시하였는데, 〈여씨향약〉의 4강령을 그대로 채택하고 세세하게 절목을 만들고 범례와 회집독약법(會集讀約法)을 추가하여 세밀하게 하였다. 두 향약은 모두 《율곡전서》 권16에 실려 있다.

65 또……시행하셨으니 : 1797년(정조21)에 정조가 《향례합편(鄕禮合編)》을 간행하여 반포하고 윤음을 내린 것을 가리킨다. 정조는 이해 1월 1일에 자궁(慈宮)인 혜경궁(惠慶宮) 홍씨(洪氏)의 회갑을 맞아 당대의 풍속을 교정하고자 《향례합편》과 함께 〈양로(養老)와 무농(務農)의 뜻으로 소학(小學)·오륜행실도(五倫行實圖)·향음의식(鄕飮儀式)·향약조례(鄕約條例)를 반포하면서 내린 어제 윤음〔御製養老務農頒行小學五倫行實鄕飮儀式鄕約條例綸音〕〉을 반포하였다. 《향례합편》은 향례(鄕禮)에 관한 것을 모아 엮은 책으로, 이병모(李秉模) 등 각신(閣臣)들에게 명하여 《의례(儀禮)》의 〈향음주례(鄕飮酒禮)〉·〈향사례(鄕射禮)〉·〈사관례(士冠禮)〉·〈사혼례(士昏禮)〉 및 《여씨향약(呂氏鄕約)》 등을 모아 설명을 덧붙여서 총 3권 2책으로 만들어 간행한 책이다.

를 주관하여서 다달이 여는 것을 상례(常例)로 삼았다. 처음에 《소학(小學)》에서 시작하여 점차 사서(四書)로 나아가서 차츰 갈피가 잡혔기에, 우리 당(黨)의 문채 나는 성대함[67]을 보기를 바랐는데, 한두 명의 사우(士友)가 또 향약을 취하여 한 고을에 광대하게 시행하고자 하였으니, 이것은 내 마음을 먼저 얻은 것이라 할 만하였다. 무릇 성인(聖人)은 가르침을 베풀 때에 지(知)와 행(行)을 함께 진보하게 하니, 비유하자면 양쪽 수레바퀴 중 어느 한 쪽도 폐해서는 안 되는 것과 같다. 만일 북을 쳐서 공손한 태도로 수업하러 온[68] 선비가 들어가서는

66 본원(本院) : 덕봉서원(德峰書院)으로, 기사사화(己巳士禍)로 죽은 오두인(吳斗寅, 1624~1689)의 충절과 덕행을 기리기 위해 건립한 서원이다. 1695년(숙종21)에 사림(士林)들이 건립하였고, 그 해 사액을 받았다. 경기도 안성시(安城市) 양성면(陽城面) 덕봉리(德峰里)에 있다. 오두인은 오희상(吳熙常)의 선조로, 자는 원징(元徵), 호는 양곡(陽谷), 본관은 해주(海州), 시호는 충정(忠貞)이다. 1649년(인조27)에 별시 문과에 장원으로 급제하여, 이후 여러 벼슬을 거쳤는데, 1689년(숙종15)에 형조판서로 재직 중에 기사환국으로 서인이 실각하자 지의금부사(知義禁府事)에 세 번 임명되고도 나가지 않아 삭직되었다. 이해 5월에 사직(司直)으로 있으면서 인현왕후(仁顯王后)가 폐위되자, 이세화(李世華)・박태보(朴泰輔)와 함께 반대하는 소를 올렸다가 국문을 받고 의주(義州)로 유배 도중 별세하였다. 곧 복관되었고 후에 영의정에 추증되었다.

67 우리……성대함 : 이 표현은 《논어(論語)》 〈공야장(公冶長)〉에 "우리 당(黨)의 소자(小子)들이 뜻은 크나 일에는 소략하여 찬란하게 문장(文章)을 이루었을 뿐이요, 이것을 마름질할 줄은 모른다.〔吾黨之小子狂簡, 斐然成章, 不知所以裁之.〕"라고 한 데서 온 말로, 문채 나는 성대함이란 위의와 학문이 성취되는 것을 말한다.

68 북을……온 : 《예기(禮記)》 〈학기(學記)〉에 "학교에 들어갈 적에 북을 쳐 선비들을 모아 상자를 여는 것은 학업을 손순(遜順)히 하는 것이다.〔入學鼓篋, 孫其業也.〕"라고 한 데서 온 말이다. 북을 쳐서 선비들을 모아 책 상자를 열게 하는 것은 입학 때 치렀던 옛날의 일종의 의식으로, 전하여 책 상자를 짊어지고 수업하러 가는 것을 뜻하게 되었다.

학교[69]에서 강학하고 나가서는 마을에서 이를 행하여, 보고 감동하여서 흥기하게 하고, 선을 권면하고 악을 징계하여서 개도한다면, 열 가구쯤 되는 작은 고을에도 충신(忠信)한 사람이 있게 되는 것[70]을 내장차 볼 수 있게 될 것이니, 제(齊)나라가 한 번 변화여 노(魯)나라에 이르는 것[71]이 어찌 거의 가능하지 않겠는가. 이 때문에 내가 기꺼워하며 듣고서 속히 허여한 것이다.

상세한 절목과 같은 것은 이미 《여씨향약(呂氏鄕約)》이 있으니 이를 살펴보면 알 수 있다. 가감하지 않을 수 없는 것은 마땅히 별도로 조례(條例)를 두어야 하겠으나 우선 이를 포고하니, 뜻이 맞는[72] 처지에 있는 사람들이 응당 밝게 헤아려 줄 것이다. 옛날에 정 부자(程夫子)

69 학교 : 원문의 '상숙(庠塾)'은 《예기(禮記)》 〈학기(學記)〉에, "옛날의 교육기관으로 가(家)에는 숙(塾)을 두고, 당(黨)에는 상(庠)을 두고, 술(術)에는 서(序)를 두고, 국(國)에는 학(學)을 두었다.〔古之教者, 家有塾, 黨有庠, 術有序, 國有學.〕"라고 한 데서 온 말로, 가는 25가(家)를, 당은 500가를 말하는데, 전하여 학교를 지칭하게 되었다.

70 열……것 : 《논어(論語)》 〈공야장(公冶長)〉에 공자(孔子)가 "열 가구 쯤 되는 작은 고을에도 반드시 나처럼 충신한 사람은 있겠지만, 나처럼 학문을 좋아하는 사람은 없을 것이다.〔十室之邑, 必有忠信如丘者焉, 不如丘之好學也.〕"라고 한 말을 원용한 것이다.

71 제(齊)나라가……것 : 고루한 풍속을 변화시키는 것을 말한다. 《논어(論語)》 〈옹야(雍也)〉에 "제나라가 한 번 변하면 노나라에 이르고, 노나라가 한 번 변하면 선왕(先王)의 도에 이를 것이다.〔齊一變, 至於魯; 魯一變, 至於道.〕"라고 한 공자의 말씀을 원용한 것이다.

72 뜻이 맞는 : 원문의 '동성(同聲)'은 지취가 같은 것을 말한다. 《주역(周易)》 〈건괘(乾卦) 문언(文言)〉에 "같은 소리끼리 서로 응하며, 같은 기운끼리 서로 찾는다.〔同聲相應, 同氣相求.〕"라고 하였다.

가 “쇄소응대(灑掃應對)하면 곧 위로 천덕(天德)에 이를 수 있다.”라고 하였다.[73] 지금 이 향약이 비록 비근한 듯하지만, 이치로는 다른 것이 없다고 하겠다. 만약 행하기를 유구하게 하여 한 고을로부터 한 읍(邑)으로 미루어가고, 한 읍(邑)으로부터 온 나라로 미루어간다면 삼대(三代)의 훌륭한 다스림이 또한 장차 여기에서 시작될[74] 것이다. 모든 나의 같은 고을에 사는 군자들이 어찌 함께 힘쓰지 않겠는가. 계미년(1823, 순조23) 동짓날에 적는다.

73 옛날에……하였다 : 《논어집주(論語集註)》 〈자장(子張)〉에 자유(子游)가 자하(子夏)의 제자들이 쇄소응대(灑掃應對)하고 진퇴하는 예절이 괜찮기는 하지만, 이는 지엽적인 일일 뿐 근본적인 것은 없다고 한 말에 대해 자하가 군자(君子)의 도(道)는 선후를 따져서는 안 된다고 답한 내용이 보이는데, 이에 대한 집주에 “쇄소응대(灑掃應對)로부터 올라가면 성인의 일에 이를 수 있다.〔自洒掃應對上, 便可到聖人事.〕”라고 한 정자(程子)의 말이 보인다. 쇄소응대란 물 뿌리고 쓸며 웃어른의 부름에 응대함을 말한다.

74 시작될 : 원문의 ‘권여(權輿)’는 사물의 처음을 이르는 말로 권(權)은 저울대이고 여(輿)는 수레의 바탕인바, ‘저울을 만들 때는 저울대부터 만들고 수레를 만들 때는 수레의 바탕부터 만든다’는 의미에서 유래하였다. 《시경》 〈진풍(秦風) 권여〉에 “나에게 큰 집이 깊고 넓더니, 지금에는 밥먹을 때마다 남음이 없도다. 아, 권여를 잇지 못함이여.〔於我乎, 夏屋渠渠, 今也, 每食無餘, 于嗟乎, 不承權輿.〕”라고 보인다.

홍헌문[75]에게 써서 주다

書贈洪憲文

배우는 사람은 모름지기 도량을 넓고 원만하며 크고 굳세게 길러야 한다.

학문이 진보하지 않는 것은 단지 용맹하게 하지 않기 때문이다.

지금 학문에 대해 말한다면, 바로 물건을 삶는 것과 비슷하다. 모름지기 맹렬한 불을 피워서 먼저 달이고 나서 비로소 약한 불을 써서 천천히 달여야 한다. 만약 한결같이 약한 불만을 쓴다면 어떻게 익힐 수 있겠는가.

늘 단호하며 엄숙한 때가 많게 하고, 분란하며 어지러운 때가 적게 하여야 비로소 좋다.

지엽은 깎아서 없애고 근본은 심어서 북돋아야 한다.

75 홍헌문(洪憲文) : 홍일순(洪一純, 1804~1856)으로, 자는 헌문, 호는 오곡(鰲谷)이다. 홍우필(洪禹弼)의 아들로, 1808년 홍직필(洪直弼)의 양자(養子)가 되었으며, 오희상(吳熙常)의 문인이다. 1844년(헌종10) 음사로 선공 감역(繕工監役)이 되고 벼슬이 시흥 현령(始興縣令)에 이르렀다. 성리학(性理學)에 조예가 깊어 유수의 논저(論著)를 남겼다.

마음은 온갖 이치를 포함하고 있으니, 온갖 이치가 한 마음에 갖추어져 있다. 마음을 보존하지 못한다면 이치를 궁구할 수 없고, 이치를 궁구하지 못하면 마음을 다할 수 없다.

성현(聖賢)의 뜻으로 성현의 책을 보고, 천하의 이치로 천하의 일을 보아야 한다. 사람들은 대부분 자신의 사사로운 견해를 가지고서 궁리하니, 이는 단지 너 자신의 소견일 뿐으로, 성현의 마음과는 오히려 멀리 있게 되는 것이다.

도리를 볼 때에는 모름지기 보는 것이 진실해야만 공효가 있게 된다. 만약 그 위에 조금이라도 현묘하고 기이한 것을 더한다면 곧 실제 이치를 투철하게 보아내지 못하게 된다.-이상은 주 선생(朱先生)의 말[76]이다.-

홍헌문(洪憲文) 군이 겨우 관례를 올릴 나이를 지나 고인(古人)의 학문에 뜻을 두었고, 성품이 또 화순하고 온중하며 독서할 때에 깊이 생각하였으니, 장래를 진실로 기대할 만하다. 지난번에 군이 대인(大人)[77]의 명(命)을 받고서 책 상자를 짊어지고 와서 나를 호상(湖上)에서 종유하였는데, 돌아보건대 나는 쇠하고 병들어 공부를 폐하여 한 몸도 스스로 다스리지 못하거늘 어떻게 남에게 미칠 인(仁)이 있겠는가. 더군다나 헌문은 당초 그 집안에서 본래부터 좋은 가르침

76 주 선생(朱先生)의 말 : 주 선생은 주희(朱熹)를 가리킨 것으로, 이상의 내용은 모두 《주자어류(朱子語類)》에 보인다.

77 대인(大人) : 홍헌문(洪憲文)의 부친 홍직필(洪直弼)을 가리킨다.

을 받아 공부하였으니, 또 어찌 다른 곳에서 구할 것이 있겠는가. 그러나 세상을 한번 살펴보건대 풍속이 경박해져서 사우(師友)간의 도리가 없어져 사람들이 이러한 도리가 있는 줄도 알지 못하니, 만일 혹시라도 이를 인하여 한 맥(脈)을 보존할 수 있다면 이것 또한 하나의 일일 것이다. 그러므로 끝내 거절하지 못하였다. 그러나 이 일이 만약 한 터럭만큼이라도 겉치레에 관계된다면 도리어 유속(流俗)에 비웃음과 지적을 당할 뿐만이 아니라, 혹 장차 자신을 속이고 남을 속여서 하늘도 싫어하게 될 것이다. 이 때문에 놀라고 두려워서 늘 편벽됨을 바로잡고 잘못을 구제하여 진실하게 절차탁마하기를 생각하였지만 적합한 말을 찾지 못하였는데, 근래에 《주자어류(朱子語類)》를 보니 뜻에 부합되는 곳이 있기에, 마침내 현문의 뜻을 넓혀줄 수 있는 몇 단락의 말을 취하여 전해주노라. 만약 이를 능히 읊고 완미하여 반복하여 체인한다면, 힘써야할 바를 알아서 많은 것에서 취하여 부족한 것에 더해줄[78] 수 있을 것이다. 을유년(1825, 순조25) 도월(涂月 12월) 하현(下弦)에 노주(老洲) 병부(病夫)는 쓰노라.

78 많은……더해줄 : 《주역》 〈겸괘(謙卦) 상(象)〉에 "땅 가운데 산이 있는 것이 겸이니, 군자가 이 이치로써 많은 데서 취하여 적은 데 더해 주어 물건을 저울질하여 베풂을 공평하게 한다.〔地中有山, 謙, 君子以, 裒多益寡, 稱物平施.〕"라고 한 데서 온 말이다.

〈녹려잡지〉의 한 칙[79]을 논하여 조중식[80]에게 보이다

論鹿廬雜識一則示趙中植

임녹문(任鹿門)의 〈녹려잡지(鹿廬雜識)〉에 "비고 둥글며 성대한 물사(物事)"라고 하였고, 또 "전체가 밝고 광대하여 모두 생의(生意)이다." 라고 하였다. 이밖에 실마리를 바꾸어가며 한 말이 끝없이 이어져서

79 녹려잡지의 한 칙 : 〈녹려잡지(鹿廬雜識)〉는 임성주(任聖周, 1711~1788)의 글로, 그의 문집인 《녹문집(鹿門集)》 권19에 실려 있다. 임성주는 자는 중사(仲思), 호는 녹문(鹿門), 본관은 풍천(豐川)으로, 도암(陶菴) 이재(李縡)의 문인이다. 여러 번 벼슬에 천거되었으나 대부분 나아가지 않고 공주의 녹문에 은거하며 학문에 전념하였는데 처음 스승을 따라 낙론(洛論)을 주장하다가 중년에 이르러 낙론과 호론(湖論)을 모두 비판하고, 화담(花潭) 서경덕(徐敬德)의 기일원론(氣一元論)을 계승 발전시켜 기일분수설(氣一分殊說)을 주장하여 한 학맥(學脈)을 이루었다. 여기에서 말한 〈녹려잡지〉의 한 칙은 다음과 같다. "그렇게 함이 없는데도 그렇게 된 것은 본래 하나의 비고 둥글며 성대한 물사가 광막하고 호연하여 내외가 없고 분단(分段)이 없으며 변제(邊際)가 없고 시종이 없어서, 전체가 밝고 광대하여 모두 생의(生意)여서 유행하여 그치지 않아서 물건을 낳음을 헤아릴 수 없는 것이다. 그 체(體)는 천(天)이고 원기(元氣)이고 호연(浩氣)이고 태허(太虛)이며, 그 생의는 덕(德)이고 원(元)이고 천지의 마음이며, 그 유행하여 그치지 않음은 도(道)이고 건(乾)이며, 그 헤아릴 수 없음은 신(神)이며, 그렇게 함이 없는데도 그렇게 된 것은 명(命)이고 제(帝)고 태극(太極)이니, 요컨대 모두 비고 둥글고 성대한 물사 상에서 분별하여 이름을 세운 것으로, 그 실질은 똑같다.〔莫之然而然, 自有一箇虛圓盛大底物事, 坱然浩然, 無內外無分段, 無邊際無始終, 而全體昭融, 都是生意, 流行不息, 生物不測. 其體則曰天曰元氣曰浩氣曰太虛, 其生意則曰德曰元曰天地之心, 其流行不息則曰道曰乾, 其不測則曰神, 其莫之然而然則曰命曰帝曰太極, 要之皆就這虛圓盛大物事上分別立名, 其實一也.〕"

80 조중식(趙中植) : 1808~? 자는 시중(時仲), 본관은 함안(咸安)이다. 음보(蔭補)로 출사하여 벼슬이 배천 군수(白川郡守)에 이르렀다.

종횡으로 변화하며 내달려 그 끝을 헤아릴 수 없지만, 그 가리킨 귀결을 천천히 궁구해보면, 이(理)와 기(氣)를 합하여 일물(一物)로 삼고자 한 것이니, 이 몇 구(句)가 바로 그 종지(宗旨)이다. 예로부터 성현들이 이(理)에 있어서 지극히 찬탄하였으되, "소리도 없고 냄새도 없다."[81]라고 한 것에 지나지 않았으니, 장차 어떤 것을 가리켜서 "비고 둥글며 성대하다."라고 하고, 어떤 것을 가리켜서 "밝고 광대한 생의(生意)"라고 하겠는가?

대개 이(理)가 형체가 없는 것이 기(氣)를 말미암아 형체가 있게 되니, 이는 단지 기(氣)가 유행하여 운용하는 것을 인식하여 이(理)라고 한 것일 뿐이다. 무릇 기(氣)가 유행하여 성대한 것과 기가 만물을 발생시키는 것은 바로 천지조화의 공용으로서 사람들이 모두 쉽게 알 수 있지만, 마땅히 그러한 까닭을 돌이켜보면 바로 천리(天理)의 실체인지라 사람들이 보기 어려운 바인 것이다. 그 알기 쉬운 것을 말미암아 보기 어려운 것을 미루어서, 기(氣)이지만 기가 아니어서 그 주재가 되는 묘함을 진실로 인식하여야만 비로소 "체(體)와 용(用)은 근원이 하나이고, 드러난 현상〔顯〕과 은미한 이치〔微〕는 간격이 없다."[82]라고 말할 수 있다. 녹문(鹿門)이 체(體)와 용(用), 드러난 현상〔顯〕과 은미한 이치〔微〕를 섞어서 용과 드러난 현상만을 근거하여 기(氣)로써 이

81 소리도……없다 : 《시경》 〈대아(大雅) 문왕(文王)〉에 "하늘이 하는 일은 소리도 없고 냄새도 없네.〔上天之載, 無聲無臭.〕"라고 한 데서 온 말로, 이(理), 즉 형이상(形而上)의 도(道)를 표현한 말이다.

82 체(體)와……없다 : 정이천(程伊川)의 《역전(易傳)》 서문(序文)에 보이는 말로, 체(體)가 본질이자 이(理)로 미(微)를 그 속성으로 한다면, 용(用)은 작용으로서 현(顯)을 그 속성으로 한다고 할 수 있다.

(理)를 가려서, 자신의 견해를 굳게 세우고서 전배(前輩)들의 말을 일소하고자 한 것으로 말하면, 대놓고 기(氣)를 위주로 논한 나정암(羅整庵)[83]일지라도 또한 이 지경에 이른 적은 없었다.

녹문(鹿門)이 세유(世儒)들이 이(理)와 기(氣)를 너무 심하게 분석하여 마침내 이와 기를 이물(二物)로 나누어보는 병통을 이룬 것을 징계하였다. 그리하여 안목을 높게 하고자 하다가 지나치게 되어, 정암(整庵)의 견해에 계합됨이 있어서 낙민(洛閩)[84]의 설에 의심을 품어, 스며들어 고질이 되었다. 이에 비록 감히 드러내놓고 이견을 말하지는 못하였으나, 매번 이(理)를 위주로 기(氣)를 말하는 곳에 있어서 바꿀 수 없는 정론(定論)이라 하더라도 번번이 우선 제쳐두려는 뜻을 두어서, 머뭇거리면서 선뜻 나아가지 못하여 마침내 설을 세워서 정암보다 지나치게 되었으니, 이는 정암이 한 번 바뀌어 녹문이 된 것이다. 만일 또 녹문으로부터 다시 바뀌면 그 유폐의 도도함을 장차 이루 다 말할 수 없는 점이 있게 될 것이니, 진실로 우려할 만하다. 우연히 조시중(趙時仲)과 함께 이 문집을 보다가, 마침내 이를 써서 보이노라.

83 대놓고……나정암(羅整庵) : 나정암은 나흠순(羅欽順, 1465～1547)으로 자(字)는 윤승(允升)이고 정암은 호(號)이다. 벼슬을 사양하고 격물치지학(格物致知學)에 전념하여 《곤지기(困知記)》를 지었는데, 여기에서 이(理)와 기(氣)를 하나의 물(物)이라고 하였다. 주자는 만물은 기(氣)로 성립되고, 이(理)가 그 기를 통제하며 이는 기에서 독립된 것으로 보았던 것에 반해, 나정암은 기를 떠난 이는 없다고 하여 이기일체론(理氣一體論)을 제창하였다.

84 낙민(洛閩) : 정호(程顥)와 정이(程頤)가 살았던 낙양(洛陽)과 주희(朱熹)가 살았던 민중(閩中)을 합칭한 말로, 곧 정주학(程朱學)을 의미한다.

덕봉서원[85]의 원유들에게 가르쳐 보이다

諭示德峰院儒

보내온 편지에서 하신 말은 공경히 살펴보았습니다. 생각건대 우리 고을에는 예부터 어진 덕행을 갖춘 이들이 많아서 문질(文質)이 빈빈함을 전술할 만하였는데, 근래에 가르침이 해이해지고 세속이 각박해져서 집안에는 현송(絃誦)[86]의 익힘이 없고 선비들에게는 삼가 예법을 지키는 행실이 없어서 몽매하게 부끄러움을 알지 못하고 있습니다. 나는 늘 이를 개연히 탄식하여 바로잡기를 생각하였으나, 덕(德)이 부족하여 가리켜 이끌기에 부족할 뿐 아니라, 그렇게 할 수 있는 기회를 얻지도 못하고 있었습니다. 그런데 뜻밖에도 현자(賢者)들이 나를

85 덕봉서원(德峰書院) : 기사사화(己巳士禍)로 죽은 오두인(吳斗寅, 1624~1689)의 충절과 덕행을 기리기 위해 건립한 서원이다. 1695년(숙종21)에 사림(士林)들이 건립하였고, 그해 사액을 받았다. 경기도 안성시(安城市) 양성면(陽城面) 덕봉리(德峰里)에 있다. 오두인은 오희상(吳熙常)의 선조로, 자는 원징(元徵), 호는 양곡(陽谷), 본관은 해주(海州), 시호는 충정(忠貞)이다. 1649년(인조27)에 별시문과에 장원으로 급제하여, 이후 여러 벼슬을 거쳤는데, 1689년(숙종15)에 형조판서로 재직 중에 기사환국으로 서인이 실각하자 지의금부사(知義禁府事)에 세 번 임명되고도 나가지 않아 삭직되었다. 이해 5월에 사직(司直)으로 있으면서 인현왕후(仁顯王后)가 폐위되자, 이세화(李世華)·박태보(朴泰輔)와 함께 반대하는 소를 올렸다가 국문을 받고 의주(義州)로 유배 도중 별세하였다. 곧 복관되었고 후에 영의정에 추증되었다.

86 현송(絃誦) : 시(詩)를 외우고 배울 때 현악(絃樂)에 맞추어 노래하는 것을 현가(絃歌)라 하고, 음악 없이 낭독하는 것을 송(誦)이라 하는데, 이를 합칭하여 현송이라 하였다. 후대에는 수업하고 송독(誦讀)하는 일을 가리키게 되었다. 《禮記正義 文王世子》

불초하다고 여기지 않아서 외람되이 강학하는 일을 맡겨주었으니, 그 듣기에 기꺼운 것이 마치 가려운 곳을 긁는 것과 같고, 목마른 이가 우물물에 나아가는 것과 같을 뿐만이 아닙니다.

이에 분수에 넘치고 외람된 것을 잊고서 학규(學規)와 강의(講儀) 몇 칙(則)을 찬수하여 선사(繕寫)해서 드립니다. 만일 능히 이를 잘 따라서 경서(經書)의 구두(口讀)를 떼고 뜻을 분별하여[87] 떨치고 일어나 인재를 성취시키는 공효가 있게 된다면, 이는 실로 우리 고을이 크게 변화할 하나의 큰 기회이니, 구구한 제가 군자(君子)들에게 이를 깊이 기대하지 않을 수가 없습니다. 그러나 옛말에 이르기를, "처음에 달려있지 않음이 없다."[88]라고 하였으니, 일을 시작하는 시초에 한 마디 말이라도 실천해주심이 있기를 저는 바랍니다. 정자(程子)께서 말씀하기를, "배우는 자들은 모름지기 실질을 힘써야 하고, 명예를 가까이 하고자 해서는 안 되니, 명예를 가까이 함에 뜻이 있으면 이는 거짓이

87 경서(經書)의……분별하여 : 《예기(禮記)》 〈학기(學記)〉에 "매년 학교에 들어가 학업을 익히고 격년으로 성적을 점검하는데, 첫 해에는 경서의 구두를 떼는 것과 뜻을 분별하는 것을 살핀다.〔比年入學, 中年考校, 一年視離經辨志.〕"라고 하였다. 이에 대해 진호(陳澔)는 《예기집설(禮記集說)》에서 "이경(離經)은 경서의 구두를 떼는 것이고, 변지(辨志)는 추향(趨向)의 간사하고 바름을 분별하는 것이다.〔離經, 離絶經書之句讀也, 辨志, 辨別其趨向之邪正也.〕"라고 해설하였다.

88 처음에……없다 : 이는 《서경(書經)》 〈주서(周書) 소고(召誥)〉에 주(周)나라 소공(召公)이 새로 즉위한 성왕(成王)에게, "아! 이는 마치 자식을 낳음에 처음 낳았을 때에 어떻게 하느냐에 따라서 스스로 밝은 명을 받지 않음이 없는 것과 같으니, 이제 하늘이 우리에게 밝음을 명할 것인가? 길흉을 명할 것인가? 오랜 역년(歷年)을 명할 것인가? 이것을 아는 것은 지금 우리가 처음 정사함에 달려 있습니다.〔嗚呼, 若生子, 罔不在厥初生, 自貽哲命, 今天其命哲? 命吉凶? 命歷年? 知今我初服.〕"라고 한 데서 온 말이다.

다."[89]라고 하였습니다. 현자(賢者)들의 오늘날의 거동이 혹 명예를 우선으로 삼고 실질을 뒤로 삼는 데서 나온다면 이는 한갓 강학한다는 이름만 지니고서 강학하는 실질은 없는 것입니다. 만약 실질이 없다면 큰 근본을 이미 잃은 것이니, 이는 도리어 강학하지 않는 것이 일을 줄여서 허물을 적게 하는 것이 되는 것만 못합니다. 부디 군자들은 이를 유념하고 유념하십시오.

89 배우는……거짓이다 : 정이천(程伊川)의 이 말은 《이정유서(二程遺書)》, 《근사록(近思錄)》 권2 등에 보인다.

세속을 경계하다
警世

중국(中國)을 높이고 이적(夷狄)을 물리치는 것은 바로 천지의 상경(常經)으로, 고금을 꿰뚫어서 하루도 민멸되기를 용납지 않는 것이다. 불행이도 오랑캐가 중하(中夏)를 어지럽히는 때를 만났으면, 마땅히 천하의 지극한 변고로써 이에 대처하여야 하지, 상리(常理)로써 논해서는 안 된다. 우리나라를 가지고 말해보자면, 비록 나라가 작고 힘이 약하여 천하에 대의(大義)를 밝힐 수가 없어서 피폐(皮幣)와 옥백(玉帛)[90]으로 섬겨서 겉으로는 마치 군주와 신하의 분수를 보존하고 있는 듯하다. 그러나 실제로는 작은 자가 큰 자에게 부려지고 약자가 강자에게 부림을 당하는[91] 일종의 도리에 불과한 것이 마치 태왕(太王)과 문왕(文王)이 곤이(昆夷)와 훈육(獯鬻)에 있어서 그러했던 것[92]과 같

90 피폐(皮幣)와 옥백(玉帛) : 가죽과 명주, 옥과 비단으로, 고대에 빙문(聘問)할 때의 예물(禮物)인데, 여기에서는 다른 나라에 바치는 예물을 가리킨다.

91 작은……당하는 : 《맹자(孟子)》 〈이루 상(離婁上)〉에 "천하가 유도할 때는 소덕(小德)이 대덕(大德)에게 부려지고 소현(小賢)이 대현(大賢)에게 부림을 당하며, 천하가 무도할 때에는 작은 자가 큰 자에게 부려지고 약자가 강자에게 부림을 당한다. 이 둘은 하늘이니, 하늘을 순종하는 자는 보존되고 하늘을 거스르는 자는 망한다.〔天下有道, 小德役大德, 小賢役大賢. 天下無道, 小役大, 弱役强. 斯二者天也, 順天者存, 逆天者亡.〕"라고 한 데서 온 말이다.

92 태왕(太王)과……것 : 《맹자(孟子)》 〈양혜왕 하(梁惠王下)〉에 "오직 인자(仁者)만이 대국으로 소국을 섬길 수 있습니다. 그러므로 탕왕이 갈(葛)나라를 섬기고, 문왕이 곤이(昆夷)를 섬겼습니다. 오직 지자(智者)만이 소국으로 대국을 섬길 수 있습니다.

다.-태왕(太王)과 문왕(文王)은 곤이(昆夷)와 훈육(獯鬻)을 신하로서 섬겼던 적이 없으니, 오늘날의 일과 비교해보면 비록 같지 않은 듯하지만, 그 섬기기를 자취로써 하고 마음으로써 하지 않아서 일시(一時)의 권도(權道)로 삼았던 점은 또한 애초에 달랐던 적이 없다.- 그러므로 국중(國中)에서 비록 저 오랑캐의 정삭(正朔)을 행하고 있지만, 공사(公私)간의 문헌에 또한 여전히 숭정(崇禎) 연호[93]를 기록하는 이가 많으니, 이는 마치 실질이 없는 것인 듯하지만, 실로 그 사이에 정미한 의리가 있는 것이다. 그러니 이것이 어찌 다만 황조(皇朝)의 재조지은(再造之恩)[94]을 잊지 못하여서 그러한 것이겠는가. 그 귀결을 따져보면 신주(神州)가 육침(陸沈)하여[95] 존왕양

그러므로 태왕이 훈육(獯鬻)을 섬기고, 구천(句踐)이 오(吳)나라를 섬겼습니다.〔惟仁者爲能以大事小. 是故湯事葛, 文王事昆夷. 惟智者爲能以小事大, 故大王事獯鬻, 句踐事吳.〕"라고 하였다. 주나라 태왕은 빈(邠) 땅에 살 때에 북쪽 오랑캐 적인(狄人), 즉 훈육이 침범하자, 피폐(皮幣)·주옥(珠玉)·견마(犬馬)로 섬긴 적이 있으며, 문왕은 서쪽 오랑캐인 곤이의 우환이 있었다.

93 숭정(崇禎) 연호 : 명(明)나라 마지막 황제인 의종(毅宗)의 연호로, 본래 1628~1644년에 해당되지만, 조선조에는 청(淸)나라의 연호를 쓰지 않고 숭정 연호를 사용하여 '숭정 기원후(崇禎紀元後) 모년(某年)'이라는 표현을 사용하기도 하였다.

94 황조(皇朝)의 재조지은(再造之恩) : 황조는 명(明)나라를 뜻하며, 재조란 거의 망하게 된 국가가 다시 중흥함을 이른다. 여기서는 임진왜란으로 거의 멸망에 이르게 된 조선이 명나라가 원군을 보내준 은혜에 힘입어 다시 중흥할 수 있게 되었음을 뜻한 것이다.

95 신주(神州)가 육침(陸沈)하여 : 신주는 중국을 가리키는 말로, 전국(戰國) 시대 추연(鄒衍)이 화하(華夏)의 땅을 일컫는 말로 사용했던 데에서 비롯되었다.《史記 卷74 孟子荀卿列傳》 육침은 육지가 물에 잠긴다는 뜻으로, 중국이 외적(外賊)에게 침입을 당하여 망함을 비유하는바, 남조(南朝)의 송(宋)나라 사람인 유의경(劉義慶)의《세설신어》에 "환공이 개탄하였다. '끝내 신주(神州)로 하여금 육침을 당하여 백 년 동안 폐허가 되게 하였으니, 왕이보(王夷甫) 등 여러 사람들은 책임을 면할 수 없다.'〔桓公慨

이(尊王攘夷)의 의리를 강구할 수 있는 땅이 없어지게 되었으므로, 성인(聖人)이 10월을 양월(陽月)로 부른 의리[96]를 취하여 한 줄기 양맥(陽脈)을 공언(空言)에 부쳐서 하수가 맑아지기를 기다리고자 하는 것이다.

이 의리를 승국(勝國)에서는 정포은(鄭圃隱) 선생이 철저히 알았다.[97] 그러므로 고려 조정이 오랑캐 원나라에 대하여 조회하고 혼인 관계를 맺기를 내복(內服)과 다름이 없이 하였으나, 명 태조(明太祖)가 나라를 세운[98] 때에 이르러서 선생이 먼저 원나라를 끊어내고 명나

然曰: 遂使神州陸沈, 百年丘墟, 王夷甫諸人, 不得不任其責.〕"라고 보인다. 《世說新語 卷下之下 輕詆》

96 성인(聖人)이……의리 : 10월에는 9월의 박괘(剝卦 ䷖)의 상구(上九)가 변해서 순음(純陰)의 곤괘(坤卦 ䷁)가 되어 양효(陽爻)가 다 사라지나, 음과 양은 잠복해 있을 뿐 없는 경우가 없으므로, 이를 표현하기 위해 10월을 양월이라 칭한다. 《주역(周易)》 〈박괘(剝卦) 상구(上九)〉에 "큰 과일은 먹히지 않는다.〔碩果不食.〕"라고 하였는데, 이는 다섯 개의 효(爻)가 모두 음(陰)인 상태에서 맨 위의 효 하나만 양(陽)인 것을 석과(碩果)에 비유한 것으로, 하나 남은 양의 기운이 외로운 것처럼 보이지만 결코 끊어지지 않고 계속 이어진다는 뜻을 보인 것이다. 그 효사(爻辭)의 정전(程傳)에 "10월은 여섯 개의 효가 모두 음(陰)인데도 그달을 양월(陽月)이라고 말하는 것은, 그 속에 양(陽)이 없다고 의심할까 두려워해서이다."라고 하였다.

97 이……알았다 : 정포은(鄭圃隱)은 고려의 충신인 정몽주(鄭夢周, 1337~1392)로, 포은은 그의 호이다. 그는 고려 말기에 배원친명(排元親明)을 주장하여, 배명친원(排明親元)을 주장한 이들을 논핵하였으며, 원(元)나라의 사신이 올 때에 거절하고 영접하지 말 것을 주장하기도 하였다. 《高麗史 卷117 鄭夢周列傳》

98 나라를 세운 : 원문의 '정정(定鼎)'은 주(周)나라가 도읍을 정하여 구정(九鼎)을 안치한 데서 온 말로, 전하여 나라를 세우는 것을 가리킨다. 《춘추좌씨전(春秋左氏傳)》 선공(宣公) 3년 조에, "성왕이 겹욕에 도읍을 정하여 구정(九鼎)을 안치하고, 점을 쳐봄에 세대 수는 삼십 세요 연수는 칠백 년이었으니, 바로 하늘이 명한 것이었다.〔成王

라에 귀의해야 한다는 논의를 창도하여서, 이에 있어서 의심하지 않았다. 중하(中夏)로써 이적(夷狄)을 변화하게 하는 것은 병이(秉彝)의 똑같은 바이므로, 인심(人心)이 흡연(翕然)히 이를 따랐으니, 《인경(麟經)》[99]에 질정하더라도 어긋남이 없으며, 후세를 지나더라도 할 말이 있는 것이라고 할 만하다. 그렇다면 후에 이와 같은 때를 당한 사람들은 포은(圃隱)으로써 귀결을 삼는 것이 옳을 터인데, 근래에 일종의 의론이 저들이 비록 이적이지만 우리가 이미 복종하여 섬겼고 보면 군주와 신하의 분수가 확정된 것이니, 저들이 망하더라도 충절을 다하여 배반하여서는 안 되다고 하고 있다. 아아, 이 무슨 말인가. 만일 이와 같다면 포은(圃隱)의 의리가 법으로 삼을 만하지 못하단 말인가. 치욕을 참고서 국가를 보존하기를 도모하는 것을 진정한 군주와 신하의 관계로 보아서 처음에는 신하가 되었다가 망했을 때에 또 충절을 바친다면, 이는 온 나라를 이끌어서 변하여 이적이 되게 하는 것일 뿐이니, 어찌 이런 이치가 있단 말인가. 세도(世道)가 쇠미함에 풍습이 또 한 번 변하니, 이 설이 행해지면 끝내 대의에 있어서 무지개[100]가

定鼎于郟鄏, 卜世三十, 卜年七百, 天所命也.]"라고 하였다.

99 인경(麟經) : 공자(孔子)가 저술한 《춘추(春秋)》를 가리킨다. 공자가 당시의 난신적자(亂臣賊子)들을 경계하기 위해 새로 만든 역사책으로 총 242년간을 편년체로 기록하였는데, 노나라 은공(隱公) 원년(기원전 722)에서 시작하여 애공(哀公) 14년(기원전 479) 노나라가 서쪽으로 사냥을 나갔다가 기린을 잡은 기사에서 끝난다. 기린은 상서로운 동물로 이 짐승이 나타나면 성인이 나온다고 전해지는데, 난세에 기린이 나와 사람에게 잡혔으므로 공자는 이에 눈물을 흘리고 여기에서 기록을 멈추었다고 하는바, 이 때문에 '인경'이란 말이 나오게 되었다. 《춘추》에는 존왕양이(尊王攘夷)의 의리가 담겨있다.

100 무지개 : 음기(淫氣), 즉 삿된 기운을 뜻한다. 원문인 '체동(蝃蝀)'은 무지개의

될까 두려운지라, 이에 말하노라.

이칭(異稱)인데, 무지개는 천지의 음기(淫氣)가 뭉쳐서 된 것으로 알려져 있었다. 《시경》 〈체동(蝃蝀)〉에 "무지개가 동쪽에 있으니, 감히 이를 가리킬 수 없네.〔蝃蝀在東, 莫之敢指.〕"라고 한 내용이 보인다.

종약 통유문

宗約通諭文

생각건대 우리 선조이신 충정공(忠貞公)[101]께서 순수하고 아름다운 충절(忠節)로써 성조(聖朝)로부터 부조(不祧)[102]의 은전(恩典)을 입었으니, 마땅히 백세토록 헐지 않을 사당일 것입니다. 돌아보건대 종통(宗統)을 공경하고 종족을 수합하는 의논[103]을 또한 마땅히 백세토록 강구해야 하겠기에, 지난 정묘년(1807, 순조7) 봄에 이를 건의하였는데, 모든 충정공(忠貞公)의 후손들이 함께 계(禊)를 만들고 규약을 세워서 종자법(宗子法)을 따라 함께 공경하고 사랑하여 돈독하고 화

101 충정공(忠貞公) : 오두인(吳斗寅, 1624~1689)으로, 자는 원징(元徵), 호는 양곡(陽谷), 본관은 해주(海州), 시호는 충정이다. 1649년(인조27)에 별시문과에 장원으로 급제하여, 이후 여러 벼슬을 거쳤는데, 1689년(숙종15)에 형조판서로 재직 중에 기사환국으로 서인이 실각하자 지의금부사(知義禁府事)에 세 번 임명되고도 나가지 않아 삭직되었다. 이해 5월에 사직(司直)으로 있으면서 인현왕후(仁顯王后)가 폐위되자, 이세화(李世華)・박태보(朴泰輔)와 함께 반대하는 소를 올렸다가 국문을 받고 의주(義州)로 유배 도중 별세하였다. 곧 복관되었고 후에 영의정에 추증되었다. 저서로는 《양곡집》이 있다.

102 부조(不祧) : 묘제(廟制)에 있어서 일정한 대수(代數)가 지나면 조(祧)라고 하여 그 신주(神主)를 묘(廟)로 옮기는 것인데, 공덕이 특출한 인물의 신주는 이를 특별히 취급하여 대수가 지나도 천조하지 않는다. 이를 부조 또는 불천(不遷)이라고 한다.

103 종통(宗統)을……의논 : 《예기(禮記)》 〈대전(大傳)〉에 "사람의 도는 부모를 친애하는 것이니, 부모를 친히 하기 때문에 조상을 높이고, 조상을 높이기 때문에 종통을 공경하고, 종통을 공경하기 때문에 종족을 수합한다.〔人道親親也, 親親故尊祖, 尊祖故敬宗, 敬宗故收族.〕"라고 한 데서 온 말이다.

목하게 지내기를 힘썼고, 아울러 범씨(范氏)의 의장(義庄)[104]의 뜻을 부쳐서 많은 자손들에 이르기까지 바뀌지 않을 도모로 삼았습니다. 당시에 계(禊)를 위한 재물을 모아서 점차 가닥이 잡힐 수 있었는데, 공교롭게도 갑을년[105]의 큰 흉년을 만나서 사람들이 죽고 재물이 흩어져서 끝내 그만두게 되었으니, 어찌 이루 다 탄식할 수 있겠습니까.

그 후에 다시 거행하기를 도모한 것이 여러 번이었으나, 힘이 부족하여 실행하지 못하였는데, 근래에 선조의 후손들이 연이어 주현(州縣)을 맡아, 5인이나 되는 많은 수에 이르렀습니다. 혹 이 기회를 잃는다면, 다시 어느 때를 기다리겠습니까? 지금 정묘년으로부터 이미 20년이 지났습니다. 노성(老成)한 이들이 별세하심에 담당할 사람이 없으니, 더욱 지체할 수가 없습니다. 이에 여러 종친들에게 통고하노니, 모든 관례를 치른 자손으로부터 그 이상의 자손들은 이름마다 각각 전(錢) 몇 냥을 내고, 읍재(邑宰)가 된 이들은 고을의 재력에 따라서 더 내되, 이 일은 실로 선조를 계승하고 후손에게 복을 내리는 방도에 관련되어 있으니 각각 마음을 다하여 힘쓰십시오.

계(禊)를 만든 규모와 절목과 같은 것은 마땅히 종중(宗中)이 모이는 날에 상의하여 찬술하여, 한 부의 계헌(禊憲)을 세워야할 것입니다. 이어서 생각건대 우리 집안은 대대로 시(詩)와 예(禮)[106]를 전수하여,

104 범씨(范氏)의 의장(義庄) : 범씨는 송(宋)나라 때의 문인인 범중엄(范仲淹)을 가리킨다. 의장은 그가 가난한 족인(族人)들을 도와주기 위해 마련한 전지(田地)로, 여기서 거둔 곡식으로 결혼이나 장례를 치르도록 도와주었다고 한다. 《宋史 卷314 范仲淹列傳》

105 갑을년 : 갑술년(1814, 순조14)과 그 이듬해인 을해년(1815)을 말한다.

106 시(詩)와 예(禮) : 집안에서 전수하는 가르침을 이른다. 진항(陳亢)이 공자(孔

집에서는 효도하고 우애하며 나라에서는 충성과 신의를 다하여서, 조정에 있거나 재야에 있거나를 막론하고 모두 겸손하고 검약하며 편안하고 삼가서, 생각이 분수를 넘어간 적이 없어 영달하여도 교만해지지 않고 곤궁하여도 넘치는 데에 이르지 않습니다.[107] 그러므로 평탄함과 험난함이 오고감에[108] 변고가 갖가지로 일어나지만 한 점의 허물도 없으니, 국조(國朝)의 명문(名門)을 일일이 뽑아보더라도 거의 짝할 이가 드뭅니다. 이는 한 집안의 사사로운 말이 아니라, 실로 뭇사람들이 공통적으로 읊는 바입니다.

모든 우리 후손들은 생각함이 늘 여기에 있어서[109] 서로 권면하고

子)의 아들 백어(伯魚)에게 아버지로부터 특별한 가르침을 들은 것이 있는지 물었는데 백어가 "특별한 것은 없고 홀로 서 계실 때에 종종걸음으로 뜰을 지나자 시(詩)를 배웠느냐고 물으시기에 배우지 못했다고 대답했더니 시를 배우지 않으면 말을 할 수가 없다고 하셔서 물러 나와 시를 배웠고, 다른 날 또 혼자 서 계실 때에 종종걸음으로 뜰을 지나자 예(禮)를 배웠느냐고 물으시기에 배우지 못했다고 했더니 예를 배우지 않으면 설 수가 없다고 하셔서 물러 나와 예를 배웠다."라고 대답한 데에서 나온 말이다. 《論語 季氏》

107 곤궁하여도……않습니다 : 《논어》 〈위령공(衛靈公)〉에 "군자는 곤궁함을 끝까지 지키니, 소인은 궁하면 넘친다.〔君子固窮, 小人窮斯濫矣.〕"라고 한 데서 나온 말로, 곤궁한 상황 속에서도 변함없이 절개를 지킨다는 뜻이다.

108 평탄함과 험난함이 오고감에 : 세상의 길흉화복이 계속해서 변함을 뜻한다. 《주역》 〈태괘(泰卦) 구삼(九三)〉에 "평평하기만 하고 기울지 않는 것은 없으며, 가기만 하고 돌아오지 않는 것은 없다.〔無平不陂, 無往不復.〕"라고 한 데서 온 말이다.

109 생각함이……있어서 : 원문의 '염석재자(念釋在玆)'는 이를 생각하여도 폐하여도 늘 여기에 있다는 뜻으로, 《서경》 〈우서(虞書) 대우모(大禹謨)〉에 순(舜)임금이 말년에 자신을 대신하여 정사를 할 사람을 구할 때에 우(禹)가 고요(皐陶)를 추천하면서 "이를 생각하여도 이에 있으며 이를 버려도 이에 있으며 이를 이름하여 말함도 이에 있으며 진실로 마음에서 나옴도 이에 있습니다.〔念玆在玆, 釋玆在玆, 名言玆在玆, 允出

가르쳐서 힘써 삼가서 전형(典刑)을 실추시키지 말아야 할 것입니다. 그렇게 한다면 장차 길이 선조에게 광영이 있게 될 것이니, 어찌 아름답지 않겠습니까. 또 내 들으니 옛사람이 말하기를, "나라가 망하는 것은 항상 거실(巨室 명문거족)이 망하는 데에서 말미암고, 거실이 망하는 것은 전형(典刑)이 망하는 데에서 말미암는다."라고 하였습니다. 그렇다면 이 계(禊)를 만드는 것이 어찌 한갓 집안을 화목하게 하고 종족을 보호하는[110] 것일 뿐이겠습니까. 나라가 영원하기를 기원하는 데에도 거의 도움이 있을 것이니, 이를 일러 일거(一擧)에 충(忠)과 효(孝)가 갖추어지는 것이라고 하더라도 가할 것입니다. 공경히 이로써 일을 시작하는 때에 고합니다. 정해년(1827, 순조27) 납일(臘日)에 적습니다.

玆在玆.〕"라고 한 말이 보이는데, 여기에서 온 표현이다.

110 집안을……보호하는 : 《춘추좌씨전(春秋左氏傳)》 노 양공(魯襄公) 31년조에 "신하에게 신하의 위의가 있으면 그 아랫사람들이 경외하고 사랑합니다. 그러므로 능히 그 관직을 지켜 종족을 보호하고 집안을 화목하게 하였습니다.〔臣有臣之威儀, 其下畏而愛之. 故能守其官職, 保族宜家.〕"라고 한 말이 보인다.

가승일사
家乘逸事

6세조이신 전부공(典簿公)[111]은 천성이 지극히 효성스러워서, 50세의 나이로 부모님의 상(喪)을 당함에 이를 이겨내지 못하여 별세하였으니, 이 일이 《가승(家乘)》에 실려 있다. 경향(京鄕)에 흩어져 사는 우리 종족(宗族)들이 모두 공(公)에게서 나왔으니, 자손이 매우 많아서 거의 이에 짝할 이가 드물다. 그러니 옛말에 효자에게 자손이 많다고 한 것이 진실로 허언이 아니로다. 또 공께서 이미 효(孝)를 후손에게 남겨주셨으므로, 자손들이 대부분 효우(孝友)로써 집안을 다스려서 그 사이에 빼어난 효성을 지닌 이가 많이 나와 작설(綽楔)[112]의 은전을 입는 이들이 끊이지 않고 이어져왔으니, 예천(醴泉)과 지초(芝草)에 유래한 바가 있음[113]을 또한 확인할 수 있다. 무릇 우리 후손들이

111 전부공(典簿公) : 오사겸(吳士謙, 1573~1628)으로, 자는 여신(汝愼), 본관은 해주(海州)이다. 만년(晩年)에 음사(蔭仕)로 용인 현령(龍仁縣令)이 되었고, 관직이 종친부 전부(宗親府典簿)에 이르렀다. 후에 좌찬성(左贊成)에 추증(追贈)되었다. 노쇠한 몸으로 부모님의 상(喪)을 치르다가 건강을 해쳐 별세하였기에, 효성(孝誠)으로도 알려졌다. 《明谷集 卷23 宗親府典簿吳公墓碣銘》

112 작설(綽楔) : 문 위에 세워 효자(孝子)나 의사(義士)를 정표(旌表)하는 뜻을 나타내는 나무이다. 정려(旌閭)의 뜻으로 쓰인다.

113 예천(醴泉)과……있음 : 예천은 맛이 달고 시원한 샘물이며, 지초(芝草)는 영지(靈芝)로 먹으면 불로장생한다는 약초이다. 영지는 그냥 나오는 것이 아니고 뿌리가 있어 나오며 예천 역시 근원이 있다는 뜻이니, 곧 훌륭한 사람이 훌륭한 조상에게서 뿌리하여 태어남을 비유한 것이다.

이를 알지 못하여서는 안 된다.

천파공(天坡公)[114]의 사형제[115]는 적성(赤城) 천덕산(天德山)[116] 아래에 함께 살며 화락하게 지내면서 행의(行義)와 문학(文學)으로 아침저녁으로 서로 면려하면서, 〈군거요법(群居要法)〉을 지어서 삼강(三綱) 구목(九目)을 조목별로 열거하였으니, 이것이 문집(文集)에 실려 있다.[117] 이는 요컨대 문학(文學)과 행의(行義)를 우선으로 하고 과거

114 천파공(天坡公) : 오숙(吳䎘, 1592~1634)으로, 자는 숙우(肅羽), 호는 천파, 본관은 해주(海州)이며, 전부(典簿) 오사겸(吳士謙)의 아들이다. 1612년(광해군4) 증광 문과에 병과로 급제해 벼슬에 올랐고, 당시 문장가로 알려진 이항복(李恒福)·이덕형(李德馨)·이정구(李廷龜) 등이 모인 자리에서 명나라에 보낼 진주문(陳奏文)을 초안할 때에 뛰어난 문장으로 이덕형의 천거를 받아 설서(說書)에 승진하였다. 그 뒤 예조좌랑을 지내다가 사직하고 물러나 장유(張維)·이명한(李明漢) 등과 교유하며 삼각산에서 독서하였다. 1619년에 병조좌랑이 되었고, 이후 병조참지, 경상도 관찰사, 황해도 관찰사 등 여러 관직을 거쳤다. 1634년 명나라 사신 황손무(黃孫武)의 접반사로 가도(假島)에 갔다가 돌아오는 도중 송도에서 별세하였다. 이조참판 겸 양관제학에 추증되었으며, 저서로는 《천파집》이 있다. 《明谷集 卷22 觀察使贈左贊成天坡吳公神道碑銘》

115 사형제 : 오숙(吳䎘, 1592~1634)과 그 아우들인 오빈(吳䎙, 1602~1685), 오상(吳翔, 1606~1657), 오핵(吳翮, 1615~1653) 사형제를 가리킨다. 오빈은 자는 빈우(賓羽), 호는 농재(聾齋), 시호는 숙헌(肅憲)으로, 1632년(인조10) 알성문과에 병과로 급제하여, 벼슬이 지중추부사(知中樞府事)에 이르렀다. 오상은 자는 상지(翔之), 호는 백봉(栢峰)으로, 사복시 주부(司僕寺主簿)에 천거되었고 이조판서에 추증되었다. 오핵은 자는 일소(逸少), 호는 백천당(百千堂)이다. 1646년(인조24) 정시문과에 장원으로 급제하여, 벼슬이 사헌부 지평(司憲府持平)에 이르렀다.

116 적성(赤城) 천덕산(天德山) : 적성은 경기(京畿) 양성현(陽城縣)의 옛 명칭으로, 지금의 경기도 안성과 평택 일부 지역을 가리킨다. 천덕산은 양성의 서쪽에 있는 산이다.

를 보아 벼슬길에 오르는 것을 뒤로 하는 것으로, 모두 자손들의 법칙이 될 만하다.

천파공(天坡公)께서는 인조(仁祖)께서 반정(反正)하신 뒤에 가장 먼저 대성(臺省)에 들어가서[118] 간당(奸黨) 십수 인을 거론하여 논핵하였고, 이어서 외척(外戚)으로서 공훈에 참여한 이들이 군은(君恩)을 믿고서 방종하게 구는 것을 논하였으며, 또 자전(慈殿)께서 신료(臣僚)를 직접 접하는 것을 아뢰어 쟁론하였으니,[119] 풍기가 엄숙하여 조정에서 그 말을 귀 기울여 들었다. 인성군(仁城君)의 옥사(獄事)[120]가

117 군거요법(群居要法)을……있다 : 〈군거요법〉은 오숙(吳䎘)이 아우들에게 함께 지내면서 지켜야 할 점들을 적어서 서로 간에 권면한 것으로, 오숙의 문집인 《천파집(天波集)》 권4에 보인다. 여기에 보이는 세 강령은 공근(恭謹), 화순(和順), 근고(勤苦)이며 세 강령은 다시 각각 세 조목을 지니는데, 공근의 세 조목은 위좌(危坐)·단공(端拱)·과언(寡言)이며, 화순의 세 조목은 인노(忍怒)·하기(下氣)·경장(敬長)이며, 근고의 세 조목은 독서(讀書)·습자(習字)·제술(製述)이다.

118 천파공(天坡公)께서는……들어가서 : 오숙(吳䎘)은 1623년 인조반정(仁祖反正)이 일어난 당일에 사간원 정원에 제수되었고, 곧 사헌부 지평으로 옮겼다. 《明谷集 卷22 觀察使贈左贊成天坡吳公神道碑銘》

119 자전(慈殿)께서……쟁론하였으니 : 자전은 인목대비(仁穆大妃)로, 인조반정 이후에 인목대비가 영상(領相)과 대장(大將) 등 반정에 도움을 주었던 대신들을 직접 인견하려고 하였는데, 사헌부와 사간원이 합계하여 이를 반대하였다. 《仁祖實錄 1年 4月 2日》 오숙(吳䎘)은 당시 사간원 정언으로 있었다.

120 인성군(仁城君)의 옥사(獄事) : 인성군은 선조(宣祖)의 일곱째 아들 이공(李珙)으로, 12세에 인성군에 책봉되었다. 1623년에 인조반정 이후 인조가 숙부의 예(禮)로 대하였으나 이듬해에 이괄(李适)의 난이 일어나고 그때 잡힌 자들이 모든 혐의를 이공에게 뒤집어 씌웠으므로, 1626년 강원도 간성(杆城)으로 귀양을 갔다가 석방되었다. 이후 1628년에 유효립(柳孝立) 등이 대북파의 잔당을 규합하여 모반을 기도할 때 왕으

일어나자, 공은 힘써 은혜를 온전히 하는 논의를 주장하여서, 시론(時論)을 거슬러 벼슬길이 가로막혔다.[121] 이 때문에 인성군의 자손들이 우리 집안에 대하여 지금까지도 이를 고맙게 여기고 있다. 병오년에 문정공(文靖公)이 일에 연루되어 삭직되었을 때에[122] 인성군의 자손 중에 마침 대간(臺諫)의 직임에 있던 이가 있었는데, 당시 권귀(權貴)의 뜻에 영합하여서 발계(發啓)[123]하여 죄율을 더하고자 하였다.

로 추대되었다 하여 다시 진도(珍島)에 유배되었다가 자결을 강요받아 죽었다.《仁祖實錄 3年 2月 25日, 4年 11月 1日, 6年 5月 14日》

121 공은……가로막혔다 : 최석정(崔錫鼎)이 지은 오숙(吳䎘)의 신도비명(神道碑銘)에 따르면, "인성군(仁城君) 공(珙)이 누차 역수(逆囚)들에게 이끌려져 고발을 당하니, 조정의 의론이 장차 사형을 처하게 하려 하였다. 공이 주청하기를, '골육지간에 비록 죄가 있다고 하더라도 이치상 마땅히 보호하여야 하니, 형률을 모두 적용하여서는 안 됩니다.'라고 하여, 시의를 거슬러서 체직되었다.〔仁城君珙累爲逆囚所援告, 廷議將置之死. 公奏曰: 骨肉雖有罪, 理當保護, 不宜盡律. 忤時議遞.〕"라고 하였다.《明谷集 卷22 觀察使贈左贊成天坡吳公神道碑銘》

122 병오년에……때에 : 병오년은 1786년(정조10)이며, 문정공(文靖公)은 오희상(吳熙常)의 생부(生父)인 오재순(吳載純, 1727~1792)이다. 당시에 삼수(三水)의 좌수(座首)인 우덕하(禹德夏)의 흉서(凶書)를 유한경(劉漢敬)이 순안(順安)의 한씨(韓氏) 성을 가진 사람에게 전달하기 위해 가지고 가다가 단천에서 발각되어 붙잡혔는데, 이 일과 연루된 이들이 많았으나 주모자인 우덕하와 환관(宦官) 손효충(孫效忠)이 죽어서 진상을 밝히지 못한 채 마무리된 일이 있었다. 이 일을 두고서 대사헌으로 있던 오재순이 사간원과 함께 정조에게 이 일을 참작하여 처리한 명을 거두고 국청을 세워 자세히 조사할 것을 청하였고, 또 벼슬을 받은 위관(委官)과 의금부의 신하들이 옥사를 처리한 잘못을 논하였다. 그러자 교리(校理) 심진현(沈晉賢)이 상소를 올려 차자의 초본을 대신(大臣)에게 질문한 일을 문제로 삼아 오재순과 대사간 정존중(鄭存中)을 비방하였고, 이로 인해 두 사람은 삭직되었다.《老洲集 卷19 文靖公府君行狀》《正祖實錄 10年 2月 11日, 12日, 17日》

123 발계(發啓) : 의금부(義禁府)에서 처결한 죄인에 관하여 미심한 점이 있을 때에

그를 그르다고 여기는 사람들이 많으니, 그 사람이 부끄러워하며 사죄하였다.

저암(著庵) 유한준(兪漢雋)[124] 어른께서 예전에 나에게 말하기를, "천파(天坡 오숙(吳䎘))는 문장으로 한 시대에 명성이 있어서, 계곡(谿谷 장유(張維))과 택당(澤堂 이식(李植)) 등의 저명한 공들에게 크게 추중을 받았으나, 단명하여 크게 성취하는 바를 두지 못하였다. 문집에 보이는 시(詩)들이 수가 많지는 않으나, 훌륭한 곳은 심히 고원하니 요컨대 후대의 작자들이 쉽게 미칠 바가 아니다. 제공(諸公)이 칭찬한 것이 까닭이 있는 것이다."라고 하였다. 세상의 안목을 갖춘 이들이 응당 이를 변별할 것이다. 만약 국조(國朝)의 시를 뽑고자 한다면 마땅히 명가(名家)가 될 터인데, 남호곡(南壺谷)의 《기아(箕雅)》[125]에 단지 단율(短律) 한 수만을 기록해두었으니, 이상하게 여길 만하다.

충정공(忠貞公)[126]께서는 젊었을 때에 반석방(盤石坊)[127]의 집에서 여

사간원(司諫院)이나 사헌부(司憲府)에서 이를 다시 조사하여 올리는 일을 말한다.

124 저암(著庵) 유한준(兪漢雋) : 1732~1811. 자는 만청(曼倩), 여성(汝成), 호는 저암, 창애(蒼厓), 본관은 기계(杞溪)이며, 조선 후기 문장가로 이름이 높았다. 저서로 《자저(自著)》가 있다.

125 남호곡(南壺谷)의 기아(箕雅) : 남호곡은 남용익(南龍翼, 1628~1692)으로, 호곡은 그의 호이다. 《기아》는 남용익이 엮은 시선집으로, 신라 최치원(崔致遠)부터 조선 숙종(肅宗) 때의 김석주(金錫胄)에 이르기까지 497인의 시를 모아 엮었다.

126 충정공(忠貞公) : 오두인(吳斗寅, 1624~1689)으로, 자는 원징(元徵), 호는 양곡(陽谷), 본관은 해주(海州), 시호는 충정이다. 1649년(인조27)에 별시문과에 장원으로 급제하여, 이후 여러 벼슬을 거쳤는데, 1689년(숙종15)에 형조판서로 재직 중에

름날 누(樓)에 올라 독서하면서 날이 저물도록 내려오지 않았는지라, 바지가 늘 땀에 젖어서 부패하였다. 연로하셔서는 김식암(金息庵) 석주(錫胄)[128]와 금려(禁廬)[129]에서 함께 숙직하실 때에 밤에 경서(經書)를 외면서 어긋나는 부분이 없었다. 식암(息庵)이 찬탄하며 말하기를, "나와 같이 젊은 사람도 글에 임해서 오히려 구두(句讀)를 틀리지 않을 수 없는데, 공께서는 노년에도 도리어 이처럼 익숙하시니, 절로 부끄러워 얼굴이 붉어짐을 깨닫습니다."라고 하였다.

충정공(忠貞公 오두인(吳斗寅))께서 장헌(掌憲 장령)으로 계시면서 경희궁(慶熙宮)을 지나셨는데, 당시에 경희궁이 시어소(時御所)가 아니었으나 어떤 무녀가 궁중에서 새신(賽神)하고 있었으니, 이는 내지(內旨)를 인한 것이었다. 공이 사헌부의 하례(下隸)들에게 명하여 잡아오게 하니, 무녀가 호위를 두어 악을 부리면서 막아서 따르지 않았다. 공이 마침내 사헌부에 이르러 명하기를, "오늘 만약 이 무녀를 잡아오

기사환국으로 서인이 실각하자 지의금부사(知義禁府事)에 세 번 임명되고도 나가지 않아 삭직되었다. 이해 5월에 사직(司直)으로 있으면서 인현왕후(仁顯王后)가 폐위되자, 이세화(李世華)・박태보(朴泰輔)와 함께 반대하는 소를 올렸다가 국문을 받고 의주(義州)로 유배 도중 별세하였다. 곧 복관되었고 후에 영의정에 추증되었다. 저서로는 《양곡집》이 있다.

127 반석방(盤石坊) : 조선시대 성 밖에 있던 한성부(漢城府) 서부(西部) 9방(坊) 중의 하나이다.

128 김식암(金息庵) 석주(錫胄) : 김석주(金錫胄, 1634~1684)로, 자는 사백(斯百), 호는 식암, 본관은 청풍(淸風)으로 청성부원군(淸城府院君)에 봉해졌다. 1662년(현종 3) 증광 문과에 장원하고 벼슬이 우의정에 이르렀다.

129 금려(禁廬) : 대궐에서 시종하는 관원들이 거처하는 관사(官舍)를 말한다.

지 못한다면, 마땅히 중죄(重罪)와 같이 다룰 것이다."라고 하였다. 사헌부의 하례들이 이에 계책을 내어 결박해오니, 공이 그 죄를 논하여 엄한 형벌을 내려 먼 곳으로 내쫓았다.

백증조(伯曾祖) 진사공(進士公)[130]께서는 타고난 자질이 빼어나고 일찍부터 위기지학(爲己之學)에 뜻을 두시어 학업을 일찍 성취하였다. 19세에 진사(進士)가 되었는데 응방(應榜)[131]할 때에 나라의 풍속이 광대〔倡優〕를 거느리고서 이를 즐거움으로 삼아, 소년으로 생원과 진사가 된 이들 중에 이를 면하는 이가 드물었다. 그런데 공은 홀로 부정(不正)한 것을 친압하며 놀아서는 안 된다고 하여 끝내 이를 물리치셨다. 이것이 마침내 우리 집안의 가법이 되어, 그 후에 후손들이 대과(大科)와 소과(小科)에 합격하는 경사가 있을 적에 한 번도 풍속을 따라 광대를 거느린 적이 없었다.

장씨(張氏)[132]가 입궁한 초기에, 이미 분수에 넘게 요사스럽게 치장하

130 백증조(伯曾祖) 진사공(進士公) : 오관주(吳觀周, 1645~1664)로 자는 대관(大觀), 본관은 해주이다. 오두인(吳斗寅)의 아들이자, 오희상(吳熙常)의 증조인 오태주(吳泰周)의 형이다. 18세에 사마시(司馬試)에 합격하였으며, 효성이 있어 계모(繼母) 김 부인(金夫人)을 잘 섬겼고, 장례를 치르면서 몸이 쇠약해져 20세의 젊은 나이에 별세하였다. 효성으로 정려(旌閭)를 받았다.

131 응방(應榜) : 창방(唱榜)하는 의식에 참여하는 것을 이른다. 과거 급제자를 호명하고, 임금이 친림하여 이들에게 사은숙배(謝恩肅拜)를 받고 꽃을 내리고 잔치를 베푸는 행사이다.

132 장씨(張氏) : 숙종의 빈(嬪) 희빈(禧嬪) 장씨(?~1701)를 가리킨다. 남인(南人) 역관(譯官)의 딸로 어려서 나인(內人)으로 궁에 들어가 숙종의 총애를 받아 1686년

는 풍습이 있었으니, 궁중에서 이를 근심한 것이 오래였다. 어느 날 문효공(文孝公)[133]께서 후반(候班)에 나아가려 하실 때에 길에서 장씨의 모친이 금교(金轎)[134]를 타고 입궐하는 것을 보고, 이에 반열에서 탄식하며 말하기를, "귀인(貴人)의 모친이 금교를 타니, 나라에 법이 있다고 할 수 있겠는가."라고 하였다. 이익수(李益壽) 판서(判書)가 당시 대관(臺官)으로 반열에 있었는데, 이 말을 듣고 분연히 사헌부에 이르러서 사헌부의 하례(下隷)들에게 명하여 금교를 가져오게 하여, 모두 쳐서 부수어버렸다. 장씨(張氏)가 이로 말미암아 더욱 서인(西人)에게 원한을 품게 되었으니, 기사년의 참혹한 화변(禍變)[135]에 사람

(숙종12) 숙원(淑媛)이 되었으며, 1688년 소의(昭儀)로 있을 때 뒤에 경종(景宗)이 되는 왕자 이윤(李昀)을 낳았다. 이듬해 이윤을 원자로 책봉함에 따라 희빈으로 승격되었고, 그 이듬해에는 이윤이 세자로 책봉되면서 왕비로 책립되었다. 1694년 갑술환국이 일어나고 인현왕후가 복위됨에 따라 다시 희빈으로 밀려났고, 1701년 인현왕후가 병으로 죽자, 궁인, 무녀 등과 함께 인현왕후를 무고(巫蠱)했다는 탄핵을 받고 사사(賜死)되었다.

133 문효공(文孝公) : 오태주(吳泰周, 1668~1716)로, 자는 도장(道長), 호는 취몽헌(醉夢軒), 본관은 해주, 시호는 문효이다. 오두인(吳斗寅)의 아들이자 오희상(吳熙常)의 증조이다, 12세인 1679년(숙종5)에 현종의 딸인 명안공주(明安公主)와 혼인하여 해창위(海昌尉)에 봉해졌고, 명덕대부(明德大夫)의 위계를 받았다. 그 뒤 광덕대부(光德大夫)로 품계가 올랐고, 오위도총부 도총관(五衛都摠府都摠管)・조지서 제조(造紙署提調)・귀후서 제조(歸厚署提調) 등을 역임하였다. 1689년 희빈 장씨(禧嬪張氏) 소생을 세자로 책봉하려는 숙종과 남인에 대하여 노론의 송시열(宋時烈) 등이 반대운동을 일으키자, 이에 찬동하였다가 일시 관작이 삭탈되고 얼마 뒤에 회복되었다. 글씨와 시문에 능하여 옥책문이나 신판 등을 많이 썼다.

134 금교(金轎) : 공주나 옹주가 타는 가마를 말한다.

135 기사년의 참혹한 화변(禍變) : 숙종 15년인 1689년 기사년에 일어난 기사환국(己巳換局)을 가리킨다. 1688년 소의(昭儀) 장씨(張氏)가 아들 윤(昀)을 낳자, 숙종은

들이 혹 이것이 빌미가 된 것이라고 하였다. 문효공께서는 이 때문에 더욱 마음 깊이 애통해하셨다.

문효공(文孝公 오태주(吳泰周))께서는 유학(儒學)을 애호하였으며 이륜(彝倫)에 있어서 돈독하였다. 깨끗하게 일실(一室)을 쓸고서 당(堂) 뒤에 낙민(洛閩)[136]의 현자(賢者)들의 격언(格言)을 손수 써서 벽 위에 두루 걸어놓으시고는, 그 가운데 단정하게 거하시어 책 읽기를 폐하지 않으셨으니, 벽 위의 필적을 불초 또한 그래도 볼 수가 있었다. 그러나 공께서는 왕실의 의빈(儀賓)이라 하여[137] 깊이 스스로 겸퇴하여서 다른 사람과 교유한 적이 없으셨으므로 세상에 공을 제대로 아는 이가 없었는데, 오직 농암(農巖)[138]만은 공(公)을 깊이 알아서 사우(士

윤을 원자로 삼아 명호(名號)를 정하고 소의 장씨를 희빈(禧嬪)으로 봉하고자 하였는데, 영의정 김수흥(金壽興) 등 서인들이 중전이 아직 젊다는 이유를 들어 반대하였으며, 일이 진행된 후에 다시 우암(尤庵) 송시열(宋時烈)이 상소하여 반대하자, 숙종이 격노하여 서인의 주요 인물들을 파직시키거나 유배 보내어 서인 정권을 무너뜨리고, 1680년(숙종6)의 경신대출척(庚申大黜陟)으로 축출되었던 남인(南人)을 재등용하여 정권을 맡겼으며, 인현왕후(仁顯王后)를 폐위하고 희빈 장씨를 중전으로 삼았다.

136 낙민(洛閩) : 정호(程顥)와 정이(程頤)가 살았던 낙양(洛陽)과 주희(朱熹)가 살았던 민중(閩中)을 합칭한 말로, 곧 정주(程朱)를 의미한다.

137 왕실의 의빈(儀賓)이라 하여 : 의빈은 왕족의 신분이 아니면서 왕족과 통혼한 사람을 일컫는 말이다. 오태주(吳泰周)가 현종(顯宗)의 딸인 명안공주(明安公主)와 혼인하여 부마가 되었으므로 이렇게 말한 것이다.

138 농암(農巖) : 김창협(金昌協, 1651～1708)으로, 자는 중화(仲和), 호는 농암·삼주(三洲)이다. 1682년(숙종8)에 문과에 급제하고 집의(執義)와 대사성을 지냈으나, 아버지 김수항(金壽恒)이 기사환국 때 사사(賜死)되자 벼슬을 버리고 은거하며 성리학 연구에 몰두하였다. 시호는 문간공(文簡公)이다.

友)들에게 자주 칭찬하였다.

문효공(文孝公 오태주(吳泰周))의 장서(藏書)에는 한 종의 패관잡기도 없었다. 자제들에게 엄금하여 이를 눈에 접하지 못하게 하시고는, "사람의 심술을 무너뜨리는 것이 음란한 소리와 어지러운 색[139]보다도 심하다."라고 하였다. 마침내 이를 가법(家法)으로 삼아, 지금까지도 변함없이 삼가 지키고 있다.

농암(農巖 김창협(金昌協))이 삼주(三洲)[140]에 머물 곳을 지으면서 '청퇴(淸退)'를 편액으로 삼고자 하여 문효공(文孝公 오태주(吳泰周))에게 편액의 글씨를 써줄 것을 청하였다. 그러자 공께서는 편지를 보내어 말하기를 "'퇴(退)'라는 한 글자는 본래 집사(執事)의 성대한 절조인데, 이로써 스스로 게시한다면 혹 편치 못한 점이 있지 않겠습니까?"라고 하였으니, 농암이 끝내 이 호(號)를 편액으로 게시하지 않았다. 이 말이 찬선(贊善) 어유봉(魚有鳳)이 기록한 농암의 〈어록(語錄)〉에 실려 있으니,[141] 여기에서 선배들이 교유할 때에 일마다 규계하는 의리를

139 음란한……색 : 《예기(禮記)》 〈악기(樂記)〉에 "간사한 소리와 어지러운 색을 보고 듣는 데에 머물러 두지 않으며, 음란한 음악과 간특한 예(禮)를 심술에 접하지 않는다.〔姦聲亂色, 不留聰明, 淫樂慝禮, 不接心術.〕"라고 하였다.

140 삼주(三洲) : 경기도 양주(楊州) 석실(石室) 부근을 가리킨다. 김창협(金昌協)이 이곳에서 은거하였다.

141 이 말이……있으니 : 어유봉(魚有鳳, 1672~1744)은 김창협(金昌協)의 문인으로 벼슬이 찬선(贊善)에 이르렀다. 그가 기록한 농암의 〈어록〉은 《농암집(農巖集)》 별집(別集) 권3 〈어록(語錄) 어유봉록(魚有鳳錄)〉에 보인다.

잊지 않았음을 볼 수 있다.

관복암(觀復菴)[142]의 묘표(墓表)를 농암(農巖 김창협(金昌協))이 문효공(文孝公 오태주(吳泰周))에게 글씨를 써주기를 청하였고, 그 후 농암의 묘표도 공이 글씨를 써주었다.

문효공(文孝公 오태주(吳泰周))께서는 비록 시문(詩文)으로 자처하지 않으셨으나, 농암(農巖 김창협(金昌協))에게 깊이 인정을 받았다. 늘 비지(碑誌)를 지은 것이 있으면 때로 혹 서로 보여주었으니, 왕복한 척독에 보이는 것이 있다.

청풍부원군(淸風府院君) 집안의 수도(隧道)의 일이 있은 뒤에 청의(淸議)가 떠들썩하게 일어나 이를 공격하였다. 그러자 김씨(金氏)와 한 무리의 사류(士類)들이 이를 바꾸어 어긋나고 격렬한 비방을 이루어서 오래도록 그치지 않았으니, 두 송 선생(宋先正) 또한 그 비방을 면치 못하였다.[143] 문효공(文孝公 오태주(吳泰周))께서는 김씨(金氏) 집

142 관복암(觀復菴) : 김숭겸(金崇謙, 1682~1700)으로, 자는 군산(君山), 호는 관복암이며, 김창협(金昌協)의 아들이다. 김창협이 50세가 되던 해에 19세의 젊은 나이로 죽었다.

143 청풍부원군(淸風府院君)……못하였다 : 청풍부원군은 김우명(金佑明, 1619~1675)으로 현종(顯宗)의 왕비인 명성왕후(明聖王后)의 아버지이며, 두 송 선생(宋先正)은 송시열(宋時烈)과 송준길(宋浚吉)을 가리킨다. 청풍부원군이 아버지의 장례를 치를 때에 수도(隧道)를 만들었는데, 민유중(閔維重)이 개정하기를 계청(啓請)하고, 송시열이 이 말을 옳게 여기자, 김우명의 집안에서 이를 원망하였다. 그 후 김우명과 김우명의 조카 김석주(金錫冑), 그리고 허적(許積) 등이 합세하여 남인(南人)을 끌어

안의 사람들에게 조율하고 보호하는 논의를 은밀하게 주장하여서 공로가 있었으나, 이를 남에게 보이신 적이 없었기 때문에 세상에 이에 대해 아는 이가 없었다. 이는 공이 금련(禁臠)[144]의 처지에 있었으므로 언론(言論)으로 자처하고자 하지 않았던 것이었다. 황주(黃州) 송시연(宋時淵) 어른이 김씨(金氏)의 외손이므로,[145] 이 일을 외가에서 듣고서 알게 되어, 예전에 나에게 이를 말해주었다.

문효공(文孝公 오태주(吳泰周))께서는 거상(居喪)을 잘 하여 이로써 알려졌다. 황 부인(黃夫人)[146]께서 별세하자 묘 곁의 수풀 사이에 여막

들여서 송시열이 지난 예송(禮訟)에서 예를 잘못 정했다는 이유로 비난하여, 결국 유배를 가게 하였다. 《五洲衍文長箋散稿 人事篇 治道類 朋黨 四色緣起辨證說》《宋子大全續拾遺 附錄 卷2 墓誌》《豊墅集 卷7 原論》

144 금련(禁臠) : 임금의 사위를 가리킨다. 금련은 본디 돼지의 목덜미 살로, 다른 사람은 건드릴 수 없는 물건을 말한다. 《진서(晉書)》 권79 〈사혼열전(謝混列傳)〉에 "동진(東晉)의 효무제(孝武帝)가 사혼을 부마(駙馬)로 삼으려다가 얼마 안 되어 붕어한 뒤에 원숭(袁崧)이 다시 그를 사위로 삼으려 하자, 왕순(王珣)이 원숭에게 '금련을 가까이하지 말라.'고 농담하였는데, 금련이란 원래 진나라 원제(元帝)가 강남으로 옮겼을 때 재정이 궁핍하여 돼지가 들어와도 그 목덜미의 고기는 원제에게만 드린 데서 생긴 용어이다." 하였다. 여기서는 오태주(吳泰周)가 현종(顯宗)의 딸인 명안공주(明安公主)와 혼인하여 부마가 되었으므로 이렇게 말한 것이다.

145 황주(黃州)……외손이므로 : 송시연(宋時淵)은 송준길(宋浚吉)의 현손인 송문흠(宋文欽)의 둘째 아들로 태어나 백부 송명흠(宋明欽)의 후사로 나갔다. 송명흠의 처이자 송시연의 어머니인 청풍 김씨(淸風金氏)는 김우명(金佑明)의 손자인 김도흡(金道洽)의 딸이다.

146 황 부인(黃夫人) : 오태주(吳泰周)의 어머니이자 오두인(吳斗寅)의 셋째 부인인 상주 황씨(尙州黃氏, 1646~1704)로, 황연(黃埏)의 딸이다.

(廬幕)을 세우고서 나아가 아침저녁으로 시묘(侍墓)하였으니, 촌사람들이 지금까지도 전하여서 부마께서 시묘한 터라고 한다. 지난해에 성묘하였을 때에 늙은 여종이 그곳을 가리켰는데, 당시에 글을 지어 그 자취를 기록하여 집안의 어린아이들에게 남겨서 보이고자 하였으나 실행하지 못하였다.

정랑공(正郎公)[147]께서는 농암(農巖)의 생관(甥館)에 거처하면서[148] 비록 학문(學問)으로 자처한 적은 없었으나, 선(善)을 좋아하고 예(禮)를 돈독히 행하여 동문의 현자들에게 추중을 받았다. 우리 집안의 신종추원(愼終追遠)[149]에 관련된 예의법식 중에는 공이 강구하여 정하신 것이 많다.

147 정랑공(正郎公) : 오진주(吳晉周, 1680~1724)로, 자는 명중(明仲), 호는 무위재(無爲齋), 본관은 해주(海州)이다. 오희상(吳熙常)의 고조인 오두인(吳斗寅)의 넷째 아들이다. 농암(農巖) 김창협(金昌協)의 사위이며, 문학(文學)으로 이름이 났다. 1714년(숙종40)에 진사시에 합격하였고, 벼슬이 공조정랑(工曹正郎)에 이르렀다.

148 농암(農巖)의 생관(甥館)에 거처하면서 : 생관은 사위가 거처하는 곳으로, 《맹자(孟子)》 〈만장 하(萬章下)〉에 "요(堯) 임금이 사위인 순(舜)을 이실에 머물게 하였다.〔帝館甥于貳室.〕"라고 한 데서 유래하였다. 오진주(吳晉周)는 15세에 농암 김창협(金昌協)의 사위가 되어 생관에 머물면서 수업하였다. 《月谷集 卷12 本生先考工曹正郎府君墓表陰記》

149 신종추원(愼終追遠) : 선조를 추모하여 예(禮)를 다하여 초상을 치르고 정성을 다하여 제사를 치르는 것을 이른다. 《논어집주》 〈학이(學而)〉에 증자(曾子)가 "종(終)을 신중히 행하고 먼 조상들을 추모하면 백성들의 덕(德)이 돈후한 데로 돌아갈 것이다.〔愼終追遠, 民德歸厚矣.〕"라고 하였는데, 이에 대한 주희(朱熹)의 주(註)에 "신종(愼終)이란 초상에 그 예(禮)를 다하는 것이요, 추원(追遠)이란 제사에 그 정성을 다하는 것이다.〔愼終者, 喪盡其禮; 追遠者, 祭盡其誠.〕"라고 하였다.

문목공(文穆公)[150]께서는 독서를 좋아하셨는데, 현귀해져서 승선(承宣 승지)과 전관(銓官)이 되었을 때에도 육경(六經)을 돌아가며 읽으면서 매일 역서(曆書)에 이를 기록하여 모두 과정(課程)을 두어서 하루도 갑자기 폐한 적이 없었으니, 이는 농암(農巖)의 일과(日課)의 법[151]을 따른 것이었다.

문목공(文穆公 오원(吳瑗))께서는 선(善)을 좋아하고 선비를 아끼는 것이 진실한 정성에서 우러나와서, 현귀해진 뒤에도 이를 게을리 하시지 않았으니, 이 때문에 사우(士友)들 중에 흠모하는 이가 많았다. 영조

150 문목공(文穆公) : 오원(吳瑗, 1700~1740)으로, 자는 백옥(伯玉), 호는 월곡(月谷), 본관은 해주(海州), 시호는 문목이다. 오두인(吳斗寅)의 손자이고, 오진주(吳晋周)의 아들이며, 오태주(吳泰周)에게 출계하였다. 오희상(吳熙常)에게는 조부가 된다. 이재(李縡)의 문하에서 수학하였으며, 벼슬하여 공조참판에 이르렀다. 영조에게 진언(進言)을 잘 한 것으로 알려졌다. 좌찬성에 추증되었으며, 저서로는 《월곡집》이 있다.

151 농암(農巖)의 일과(日課)의 법 : 농암은 김창협(金昌協, 1651~1708)의 호로, 김창협은 오원(吳瑗)에게는 외조부가 된다. '일과(日課)의 법'에 관해서는 김창협의 문집인 《농암집(農巖集)》 권32 〈잡지(雜識) 내편2(內篇二)〉에 실린 다음의 대목이 참고가 된다. "일과로 하는 공부가 가장 효과를 보기 쉬우니, 비록 하루에 하는 공부의 양이 많지 않다 하더라도 공부가 계속 쌓여 의미가 체득되면 공부를 하다 말다 하는 것에 비해 그 효과가 어찌 두 배만 될 뿐이겠는가. 지금 혹 일시적으로 수권의 책을 읽고 허다한 의리를 생각한다 하더라도 그것을 계속 이어 나가지 못한다면 잠깐 터득했다가 금세 잃어버려 끝내 자신의 것이 되지 못할 것이다. 《근사록》에 횡거(橫渠) 장재(張載)가 덕성과 학문에 관해 논한 단락이 매우 적절하여 모범으로 삼을 만하다.〔日課之功最易見效, 雖一日所做不多, 工夫積累, 意味浹洽, 與或作或輟者, 何翅相倍? 今或一時間, 讀得累卷書, 思得許多義理, 而若不能接續做去, 則乍得旋失, 終不爲我有矣. 近思錄橫渠論德性問學一段, 最精切可法.〕"

계미년(1763, 영조39)에 역천(櫟泉) 송명흠(宋明欽)[152] 공이 조정의 부름을 받고 도성에 들어오자 선인(先人)께서 가서 뵈었는데, 송공(宋公)이 "내 외람되이 은혜로운 명에 응하였으나, 주위를 돌아보건대 조정의 대신 중에 한 사람도 마음을 터놓고 말할 수 있는 사람이 없네. 선장(先丈)께서 계셨다면 내 어찌 이처럼 쓸쓸하였겠는가."라고 하면서, 오래도록 서글퍼하였다고 한다.

문목공(文穆公 오원(吳瑗))께서는 사우(士友)들과 서로 방문하는 것을 좋아하였으되 나이나 지위를 따지지 않으셔서, 늘 뜻이 이르면 거리의 멀고 가까움, 나이의 많고 적음을 따지지 않고 진솔하게 가서 방문하였다. 하루는 대설이 내려 하늘에 가득하였는데, 추종(騶從)을 물리치고서 노둔한 말에 올라 곧장 뚝섬〔纛島〕에 있는 한 사우(士友)의 집으로 가셨다. 도중에 좁은 길에서 무관이 벽제하는 상황을 만나 말이 나아갈 수가 없었는데, 길을 양보하시고서 따지지 않으셨으니, 당시 공께서는 삼전(三銓 이조 참의)의 직임을 띠고 계셨다. 이 때문에 당시의 이름이 알려진 선비들 중에 풍도(風度)를 듣고서 흠모하고 열복하지 않는 이가 없었다. 공께서 세상을 하직하셨을 때에, 뇌연(雷淵 남유용(南有容))이 친한 사우(士友)들에게 편지를 보내어 말하기를, "월곡

152 역천(櫟泉) 송명흠(宋明欽) : 1705~1768. 자는 회가(晦可), 호는 역천, 본관은 은진(恩津)이며, 시호는 문원(文元)이다. 농춘당(同春堂) 송준길(宋浚吉)의 현손(玄孫)이고 도암(陶菴) 이재(李縡)의 문인이다. 학행으로 천거되어 장령 등의 벼슬에 제수되었으나 나아가지 않았으며, 모친의 뜻으로 1755년 옥과현감(玉果縣監)이 되었으나 모친께서 별세하자 바로 사직하였다. 1763년(영조39) 찬선(贊善)으로 경연에 입시하면서 상소한 내용이 영조의 비위를 거슬러 파직되었다.

(月谷 오원(吳瑗))은 명성과 지위가 이미 현달하였으나 선(善)을 좋아하고 선비들에게 스스로를 낮추었으니, 몰세하였을 때에 마땅히 이로써 선비들에게 보답을 받아야 할 것이다. 바라건대 공들은 월곡의 묘에 가서 임하되 바람이나 눈으로 핑계를 대지 말아서, 그가 평소에 선비를 아낀 풍도를 드러낼지어다."라고 하였다.

남뇌연(南雷淵)이 지은 문목공(文穆公)의 제문(祭文)에 "공이 예전에 나에게 세 가지 말을 고해주었다."라고 하였는데,[153] 끝내 세 가지 말이 어떤 것인지 알 수 없었다. 그러다가 근래에 그 집안에 소장된 〈뇌연만필(雷淵漫筆)〉을 보았는데, 다음과 같이 말하였다.

"내가 막 과거에 급제하였을 때에 백옥(伯玉 오원(吳瑗))이 세 가지 일을 가지고 서로 권면하는 말로 삼았다. '첫째는 사심(私心)을 극복하여 공의(公義)를 보존하는 것이다. 비록 우리 두 사람 사이라고 하더라도 만약 명론(名論)에 일치되지 않는 점이 있으면 이를 드러내어 질책하는 것이 옳다. 둘째는 벼슬길에 나아가기를 버려서 평소의 지조를 온전히 하는 것이다. 조정이 안정되지 못하고 풍속이 날로 쇠퇴하는 것은 모두 사대부들이 벼슬길에 나아가는 것을 조급하게 여겨 다투는 것에서 말미암으니, 만일 이를 바로잡고자 한다면 반드

153 남뇌연(南雷淵)이……하였는데 : 남뇌연은 남유용(南有容, 1698~1773)으로, 자는 덕재(德哉), 호는 뇌연, 본관은 의령(宜寧), 시호는 문청(文淸)이다. 오희상(吳熙常)의 조부인 문목공(文穆公) 오원(吳瑗)에 대한 남유용의 제문은 그의 문집인 《뇌연집(雷淵集)》 권17 〈제오백옥묘문(祭吳伯玉墓文)〉에 보이는데, 여기에 "아아, 공이 예전에 나에게 세 가지 말을 고해주었는데, 내가 지금까지도 마음에 간직하고 있다.〔嗚呼! 公嘗告余以三言, 余至今藏于心.〕"라고 한 내용이 보인다.

시 나의 몸부터 바르게 해야 할 것이다. 셋째는 연로하기 전에 치사(致仕)하는 것이다.'라고 하였다. 당시 술상을 갖추어놓고서 이 말을 하여서 마치 맹약하는 듯이 하였었는데, 이윽고 다시 처연히 말하기를, '위의 두 가지 말은 그대와 내가 혹 거의 지킬 수 있겠지만, 세 번째 말은 그대들은 할 수 있을지라도 나에게는 휴척(休戚)을 함께 해야 할 의리[154]가 있으니, 쉽게 말하지 못할 듯하다.'라고 하였다. 얼마 지나지 않아 백옥(伯玉)이 졸하여, 나만 홀로 세상길에서 갈 곳을 잃고 서서 여진여퇴(旅進旅退)[155]함에, 조정에서 벼슬한 행적 중에 하나도 일컬을 만한 점이 없다. 늘 어진 벗의 말을 생각함에 구원(九原)에 부끄러운 마음이 들지 않았던 적이 없다."

비로소 세 가지 말이 바로 이것을 가리키는 것임을 알게 되었으니, 여기에서 당시의 교제를 상상해볼 수 있다.

〈뇌연만필(雷淵漫筆)〉에 또 이르기를, "나는 어려서부터 벼슬살이에 뜻이 없었고 성품이 또 소루하고 나약하며 자신함이 몹시 두터워서,

154 휴척(休戚)을……의리 : 나라와 기쁨과 슬픔을 함께 하여야 하는 의리를 말한다. 오원(吳瑗)은 오진주(吳晋周)의 아들로서, 오태주(吳泰周)에게 출계하였는데, 오태주는 현종(顯宗)의 딸인 명안공주(明安公主)와 혼인하였는바, 부마의 집안이므로 이렇게 말한 것이다.

155 여진여퇴(旅進旅退) : 남들이 하는 대로 따라다니면서 자리나 차지하고 있다는 뜻의 겸사이다. 송(宋)나라 왕우칭(王禹偁)의 〈대루원기(待漏院記)〉에 "또 비방을 받는 일도 없고 칭찬을 받는 일도 없으며, 떼 지어 나가고 떼 지어 물러 나오기나 할 뿐, 자리를 훔쳐 차지하고 구차히 국록만 축내면서, 인원수나 채우고 자기 몸이나 보전하려는 자가 있는데, 이런 자는 또한 취할 것이 없다.〔復有無毁無譽, 旅進旅退, 竊位而苟祿, 備員而全身者, 亦無所取焉.〕"라고 하였다.

교제함에 있어서 더욱 어깨를 두드리고 귀에 대고 사사로이 말하는 작태를 미워하였다. 오백옥(吳伯玉 오원(吳瑗))과는 만년에 교제함에 기미(氣味)가 서로 맞아 시종 한결같이 변함이 없었으니, 시를 쓰고 술을 마시며 무젖어드는 중에 늘 옛적 붕우 간에 절차탁마하는 뜻을 지니고 있었다."라고 하였다.

〈뇌연만필(雷淵漫筆)〉에 또 이르기를, "월곡(月谷 오원(吳瑗))과 진암(晉菴 이천보(李天輔))이 모두 글씨가 뛰어난 것으로 이름이 알려지지는 못하였으나, 월곡의 글씨는 소탕하고 담박하여 마치 달 아래 오동나무 그림자와도 같고, 진암의 글씨는 쓸쓸하고 적막하여 마치 바람 앞의 대나무 잎과도 같다. 사람들이 모두 이를 두고 너무 체제가 없다고 비웃지만, 나는 홀로 그 필체가 진세(塵世)의 얽매임을 벗어났음을 기뻐하노라."라고 하였다.

〈뇌연만필(雷淵漫筆)〉에 또 이르기를, "내가 붕우(朋友)의 자식에 있어서 관례를 치를 때에 자(字)를 지어준 이가 여덟 사람인데, 그 중 하나가 오백옥(吳伯玉 오원(吳瑗))의 아들-재순(載純)-로 자는 -문경(文卿)-이다. 백옥은 계빈(戒賓)[156]을 하였을 뿐 아니라, 늘 자식을 바꾸어서 가르치는 뜻[157]으로 나에게 권면하였다. -재순(載純)이- 당시에 나이

156 계빈(戒賓) : 계(戒)는 '경계함〔警〕', '고함〔告〕'의 뜻으로, 관례(冠禮)를 치르는 집의 주인이 자신의 가까운 벗에게 가서 빈(賓)이 되어줄 것을 고하여 오게 하는 절차이다. 《儀禮 士冠禮》

157 자식을……뜻 : 《맹자》〈이루 상(離婁上)〉에 공손추(公孫丑)가 "군자가 자식을 직접 가르치지 않는 것은 어째서입니까?" 하고 묻자, 맹자가 "형세상 되지 않을 일이기

가 비록 어렸지만, 이미 문장의 홍취를 잘 알고 있었다. -백옥(伯玉)이- 졸하고 나자, 의숙(宜叔)의 생관(甥館)[158]에서 시(詩)를 배웠는데, 청신한 시어가 많았고, 장성하였을 때에 고문(古文)을 지어 자못 명성이 있었다. 문로(門路)의 순정(純正)함과 전형(典刑)의 고아함이 소년인 문사(文士) 중에서 거의 짝할 이가 드물었다."라고 하였다.

백씨(伯氏 오윤상(吳允常))께서 예전에 뇌연(雷淵) 남공(南公 남유용(南有容))을 뵈었는데, 남공(南公)이 말하기를, "시법(諡法)에 따르면 마음이 외모에 드러나는 것을 '목(穆)'이라 하였으니, 존왕고(尊王考 오원(吳瑗))께서 이 글자로 시호를 받는다면[159] 실정에 어울린다고 할 수

때문이다. 가르치는 사람은 반드시 정도(正道)를 내세우게 마련이니, 정도로써 가르치는데 행해지지 않으면 노기가 뒤따르고, 노기가 뒤따르면 서로 해치게 된다. '아버지는 나를 정도로 가르치면서 정작 아버지의 행동은 정도에서 나오지 않는구나.' 하면 이는 부자간에 서로 해치게 되는 것이니, 부자간에 서로 해치게 되면 나쁜 것이다. 옛날에는 자식을 바꾸어서 가르쳤다. 부자간에는 잘하라고 요구해서는 안 되니, 잘하기를 요구하면 사이가 벌어지게 된다. 사이가 벌어지면 이보다 더 상서롭지 못한 일은 없다."라고 하였다.

158 의숙(宜叔)의 생관(甥館) : 의숙은 이천보(李天輔, 1698~1761)의 자(字)이다. 생관은 사위가 거처하는 곳으로, 《맹자(孟子)》 〈만장 하(萬章下)〉에 "요(堯) 임금이 사위인 순(舜)을 이실에 머물게 하였다.〔帝館甥于貳室.〕"라고 한 데서 유래하였다. 오재순(吳載純)은 1745년(영조21)에 이천보의 딸 연안 이씨(延安李氏)와 혼인하였다.

159 시호를 받는다면 : 원문의 '역명(易名)'은 이름을 바꾼다는 뜻으로, 시호를 내리는 것을 말한다. 《예기(禮記)》 〈단궁 하(檀弓下)〉에 춘추시대 위(衛)나라 대부인 공숙문자(公叔文子)가 졸하자 그의 아들이 임금에게 시호를 청하기를, "세월이 흘러 장사를 지낼 때가 되었으니 이름을 바꿀 것을 청합니다.〔日月有時, 將葬矣, 請所以易名者.〕"라고 한 데서 온 말이다.

있을 것이다."라고 하였다. 그 후에 과연 문목(文穆)으로 공의 시호가 논의되었다.

문목공(文穆公 오원(吳瑗))께서 별세하신 후에 조비(祖妣)이신 최 부인(崔夫人)께서 문호(門戶)를 지키심에[160] 몹시 법도가 있었다. 남녀의 구별에 있어서 더욱 삼가셔서, 남녀의 자손들 중 어린 아이들이 나이가 6,7세가 되자마자 곧 앉을 때에는 반드시 자리를 각기 다르게 하고, 먹을 때에는 반드시 상을 달리 하도록 하였고, 함께 놀거나 함께 있는 것을 보면 반드시 경계하여 금하셨다. 만년에 불초에게 가르쳐주시기를, "《소학(小學)》에 '7세가 되면 남녀가 함께 앉지 않고 함께 식사하지 않으며, 8세가 되면 출입하거나 음식을 먹을 때에 반드시 장자(長者)보다 뒤에 한다.'라고 하였으니,[161] 고인(古人)이 남녀 간에 구별이 있음을 가르치기를 겸양(謙讓)을 가르치는 것보다 먼저 하였던 것이다."라고 하였다. 이 의미가 실로 깊으니, 이 의리를 아이들이 일찍 알지 못하여서는 안 된다.

문목공(文穆公 오원(吳瑗))께서 막 석갈(釋褐)[162]하셨을 때에 영조께서 근척(近戚)이라 하여[163] 편전에서 사사로이 만나보고자 하였는데, 공

160 문목공(文穆公)께서……지키심에 : 문목공 오원(吳瑗)은 1740년(영조20)에 41세의 나이로 별세하였으며, 최 부인(崔夫人)은 오원의 계배(繼配) 전주 최씨(全州崔氏)로, 오희상(吳熙常)의 조모이다. 1721년(경종1)에 오원에게 시집왔다.

161 소학(小學)에……하였으니 : 이 말은 《소학》 〈입교(立敎)〉에 보인다.

162 석갈(釋褐) : 천한 사람이 입는 갈옷〔褐衣〕을 벗어 버린다는 뜻으로, 문과에 급제하여 처음으로 벼슬을 하는 것을 말한다.

께서 힘써 사양하여 명에 응하지 않으셨다. 문정공(文靖公)[164]께서 내각(內閣 규장각)에 들어가심에, 정조께서 늘 가인(家人)의 예(禮)로써 승지(承旨)와 사관(史官)이 없이 각신(閣臣)을 불러 접견하셨는데, 공께서는 그때마다 물러나 피하여서 나아가지 않았다. 그러자 정조께서도 공에게 잡아 지키는 뜻이 있음을 살피시고 강권하지 않으셨다.

문정공(文靖公 오재순(吳載純))께서는 어려서부터 이미 사림(士林)의 장로들로부터 중시되었다. 예전에 근재(近齋) 박윤원(朴胤源) 공이 기록한 미호(渼湖) 김 문경공(金文敬公)의 어록(語錄)[165]을 보았는데, 여기에 이르기를, "오(吳) 아무개는 자질과 문식과 지취가 모두 비범

163 근척(近戚)이라 하여 : 오원(吳瑗)은 오진주(吳晋周)의 아들로서 오태주(吳泰周)에게 출계하였는데, 오태주는 현종(顯宗)의 딸인 명안공주(明安公主)와 혼인하였는바, 왕실의 부마의 집안이 된다.

164 문정공(文靖公) : 오희상(吳熙常)의 생부(生父)인 오재순(吳載純, 1727~1792)으로, 자는 문경(文卿), 호는 순암(醇庵), 시호는 문정이다. 음보로 관직에 나아가 세자익위사 세마를 지냈으며, 1755년(영조31) 할머니인 명안공주(明安公主)의 손자로서 특명을 받아 6품에 올랐다. 벼슬을 사직하고 학문에 전념하다가 1772년(영조48)에 탕평정시(蕩平庭試)에 급제하였고, 이후 승지·부제학·대사헌·이조판서·홍문관 대제학·예문관 제학·판중추부사 등을 거쳤다. 정조의 총애를 받으면서 오랫동안 문형(文衡)을 지내고 전조(銓曹)를 맡았다. 저술에 《주역회지(周易會旨)》, 《완역수언(玩易隨言)》, 《성학도(聖學圖)》, 《순암집》 등이 있다.

165 근재(近齋)……어록(語錄) : 미호(渼湖) 김 문경공(金文敬公)은 김원행(金元行, 1702~1772)으로, 자는 백춘(伯春), 호는 미호, 본관은 안동, 시호는 문경이다. 그의 제자 근재 박윤원(朴胤源, 1734~1799)이 스승의 어록(語錄)을 남긴 것이 현재 박윤원의 문집인 《근재집(近齋集)》 권32 〈미호 김선생 어록(渼湖金先生語錄)〉에 보이는데, 근재가 미호로부터 1768년부터 1770년까지 가르침을 받고 기록한 것들이다.

하니, 그 학문이 근래에 어떤 경지에 이르렀는지는 알지 못하겠으나, 그 사람은 진실로 아낄 만하다. 오군(吳君)의 아들 윤상(允常)은 나이가 적지만 경학(經學)이 또한 비상하다."라고 하였다.

문정공(文靖公 오재순(吳載純)) 부군께서는 풍채가 몹시 빼어나셨으므로, 늘 엄연하게 조정에 서 계실 적마다 사람들 중에 주시하지 않는 이가 없었다. 정조께서 예전에 진연(診筵)에서 공이 약원 제거(藥院提擧)로 입시한 것을 보시고는 안색을 바로 하시고서 말씀하기를, "성세(盛世)의 인물에게는 절로 성세의 기상이 있는 법이다. 돌아보건대 근래의 인물들은 선조(先朝)의 인물에 훨씬 미치지 못한다. 만약 조정에서 경(卿)과 같은 용모를 지닌 자를 여러 명 얻는다면 내 무엇을 근심하겠는가."라고 하였다.

정조께서 예전에 내각(內閣)에 명하여 공(公)의 초상화를 그려서 올리도록 하였는데, 하루는 또 화공(畫工)을 불러 명하여서 〈각신가거도(閣臣家居圖)〉를 그리도록 하시고 화제(畫題)를 적으시기를, "오 제학(吳提學 오재순(吳載純))은 가부좌를 하고서 고요함을 기르네〔趺坐習靜〕. 김 제학(金提學)은 빈객을 대하여 티끌을 털어내네〔對客揮塵〕. 김 직학(金直學)은 안석에 기대어 취하여 졸고 있네〔憑几醉睡〕."라고 하였다. 그 집안에 가서 소상(小像)을 그리되, 당(堂)과 창문, 안석과 벼루의 위치에 이르기까지 모두 그대로 그려서 올리게 하였다. 김 제학(金提學)은 김상(金相) 종수(鍾秀)이고, 김 직학(金直學)은 김상(金相) 희(憙)이다.

정조께서는 늘 문정공(文靖公 오재순(吳載純))에게 고인(古人)의 풍모가 있다고 칭찬하셨다. 계축년(1793, 정조17) 여름에 선인(先人 오재소(吳載紹))께서 여주 목사(驪州牧使)가 되어 조정을 하직하실 때에 정조께서 인견(引見)하시고서 말씀하기를, "고(故) 제학(提學)이 살아있었을 때에는 오히려 미처 깊이 알지 못하였었는데, 지금 돌이켜 생각해보니 얻기 어려운 인물임을 더욱 깨닫겠다. 치제문(致祭文)에 '지금 세상의 고인(古人)이었다.'라고 한 것[166]은 내가 잘 묘사한 것이라고 여긴다."라고 하셨다. 그해 겨울에 시장(諡狀)을 기다리지 않고 시호를 의논할 것을 특별히 명하시면서 말씀하기를, "관각(館閣)의 신하로 하여금 치제문(致祭文)을 받들어 상고하고, 문미에 건 편액을 등사하여 와서, 이를 가지고서 고증하도록 하라."라고 하였다.[167] 시호를 선포하는 날에 선인(先人)께서 여주 목사로서 명(命)을 받들어 치제하였고, 경신년(1800, 정조24)에 연상(淵常)이 과거에 급제하여 합격자를 발표할 때에[168] 대교(待敎) 이존수(李存秀)가 명을 받들어 치제하였다. 전후로 은혜롭게 치제해주신 것이 모두 세 번이었는데, 치제문이

166 치제문(致祭文)에……것 : 정조의 문집인 《홍재전서(弘齋全書)》 권23 〈제학 오재순 치제문(提學吳載純致祭文)〉에 "내가 경에게서 보건대, 지금 세상의 고인이었네.〔予見於卿, 今世古人.〕"라고 한 내용이 보인다.

167 그해……하였다 : 이 내용은 《승정원일기(承政院日記)》 정조 17년 12월 17일 기사에 보이는데, 오희상(吳熙常)의 조부인 오원(吳瑗)의 시호를 논하면서 그 아들이자 오희상의 친부인 오재순(吳載純)의 시호도 함께 논의하도록 명한 것이다. 본문의 관각(館閣)은 홍문관을 가리킨다.

168 연상(淵常)이……때에 : 연상은 오희상(吳熙常)의 친아우인 오연상(吳淵常, 1765~1821)으로, 자는 사묵(士默), 호는 약암(約菴)이다. 그는 1800년(정조24) 정시 문과에 병과로 급제하였다.

모두 친히 지어주신 것이었다.

갑인년(1794, 정조18) 5월 18일에 각신(閣臣)들이 입시하였을 때에 상께서 하교하시기를, "근래에 한가할 때에 고(故) 각신(閣臣) 오순암(吳醇庵 오재순(吳載純))의 사고(私稿)를 보니, 대체로 작품들의 격조가 깊고 주밀하며 중후하였고, 젊었을 때의 시문(詩文)에는 왕왕 몹시 빼어난 곳이 있었다. 스스로 작가(作家)를 따라서 본받는다고 하는 젊은 각신들과 같은 경우에는, 비록 날마다 종아리를 쳐서 그 기미(氣味)와 의장(意匠)을 본받는다고 하더라도 반드시 응당 망양(望洋)의 탄식[169]을 하며 뒤돌아 달아날 것이다. 우리나라의 문형(文衡)을 담당하는 자리는 내면에 쌓인 바 없이 등급을 뛰어넘어 얻을 수 있는 것이 아님을 더욱 확신하게 되었다. 대저 오순암(吳醇庵)은 재능과 행적을 잘 감추었으므로 문장의 깊이를 아는 이들이 적다. 그러니 속히 기궐(剞劂)에게 맡겨 간행하여서 세상에 전해지게 하지 않아서는 안 된다." 라고 하였다. 이날 입시한 각신(閣臣)이 연본(筵本 경연에 쓰는 책)의 기록을 불초에게 보여주어 알게 되었다.

기미년(1799, 정조23) 9월에 계제(季弟) 연상(淵常)이 석갈(釋褐)하여 입시하였는데,[170] "선경(先卿)의 문집을 내가 산정(刪定)하여 인

169 망양(望洋)의 탄식 : 바다를 보고 탄식한다는 말로, 도저히 넘볼 수 없는 위대한 경지를 접하고서 자신의 역량이 부족한 것을 한탄함을 이른다. 《장자(莊子)》 〈추수(秋水)〉의 황하의 신(神)인 하백(河伯)이 끝이 보이지 않는 북해(北海)에 처음 이르러 자신의 좁은 소견을 탄식하는 이야기에서 연유하였다.

170 기미년……입시하였는데 : 오희상(吳熙常)의 친아우 오연상(吳淵常)이 1799년(정조23) 9월 10일에 춘당대(春塘臺)에서 실시한 구일제(九日製)에서 표(表)에서 장

쇄해 나눠주고자 한 지가 오래되었는데, 지금까지도 시행하지 못하였다. 지금 네가 벼슬길에 오르게 되었으니, 이 일을 이룰 수 있으면 다행일 것이다."라고 하였다.

나는 계축년(1793, 정조17) 가을에 직산(稷山)의 묘려(墓廬)로부터 부모님을 뵙기 위해 여주(驪州)의 관아로 갔다.[171] 당시에 문정공(文靖公) 부군의 유사(遺事)[172]를 막 탈고한 상태였는데, 중주(中洲) 이장(李丈 이직보(李直輔))이 읍중에 우거(寓居)하고 있었기에 마침내 이를 받들어서 질정하였다. 이장(李丈)께서는 돌아가실 때에 편지를 써서 주시면서 말하기를, "선 대감(先大監)께서는 공경하며 삼가 두려워하신 뜻이 용모와 얼굴빛, 말과 행동에 넘쳐흘렀으니, 이를 바라보면 또한 지경(持敬)의 공부를 하셨음을 알 수 있었다. 20년 전에 한두 번 찾아뵈었는데, 가만히 살펴봄에 이와 같으셨으니, 지금까지도 흠복하여 감히 잊을 수가 없다. 제2조에서 기운과 모습을 형용하였으나

원을 차지하여 직부전시하게 하였고, 이튿날인 11일에 입시하였다.《承政院日記 正祖 23年 9月 10日, 11日》석갈(釋褐)은 천한 사람이 입는 갈옷〔褐衣〕을 벗어 버린다는 뜻으로, 급제하여 처음으로 벼슬을 하는 것을 말한다.

171 나는……갔다 : 오희상(吳熙常)은 생부(生父)인 오재순(吳載純)이 1792년(정조16) 12월에 별세하였으므로, 이듬해 2월에 직산(稷山) 대정리(大井里)에 장례지내고 묘려(墓廬)에서 머물다가, 가을에 부친 오재소(吳載紹)를 뵙기 위해 여주(驪州)에 갔다. 당시 오재소는 여주 목사(驪州牧使)로 있었다.《老洲集 卷19 先考判敦寧府君行狀, 卷27 年譜》

172 문정공(文靖公) 부군의 유사(遺事) : 문정공은 오희상(吳熙常)의 생부(生父)인 오재순(吳載純, 1727~1792)으로, 본집 권20에 〈문정공 부군 유사(文靖公府君遺事)〉가 실려 있다.

이러한 뜻은 적게 발휘된 듯하니, 혹 이 말을 보태어 넣을 수 있겠는가?"라고 하였다.

내가 아내를 맞이할 때에, 일가의 젊은이들이 세속에서 말하는 동상(東床)[173]의 유희를 하면서 술과 음식을 요구하려고 하였는데, 백씨(伯氏 오윤상(吳允常))께서 비루하고 설만하다 하여 이를 금하셨다. 그 후 집안의 자녀들이 혼인할 때에 내가 백씨의 가르침을 따라서 이를 일절 금하였고, 이어서 이것을 우리 집안의 가법으로 삼았다.

백씨(白氏 오윤상(吳允常))께서는 일찍부터 사우(士友)로부터 중망(重望)을 입어 명성이 임금에게 알려지는 데에 이르렀는지라, 정조께서는 연신(筵臣)에게 순문(詢問)하셨다. 백씨께서 졸하시자,[174] 문정공(文靖公 오재순(吳載純))께서 지신(知申 도승지)으로 입시하였을 때에 불러서 앞으로 이르게 하여 깊이 애도하며 안타까워하는 뜻을 전하셨다.

백씨(白氏)께서는 무술년(1778, 정조2) 봄에 청풍(淸風)에 행차하였다가 곧장 여주(驪州)로 가서[175] 지암(止菴) 김 문간공(金文簡公)[176]을

173 동상(東床) : 동쪽에 있는 침상이란 뜻으로 사위를 가리킨다. 진(晉)나라 때 치감(郗鑒)이 사윗감을 살피기 위해 왕도(王導)의 집안에 사람을 보내자, 다른 사람들은 모두 잘 보이려고 몸가짐을 조심하였으나 왕희지(王羲之)만은 동상에서 배를 드러낸 채 태연히 누워 있었는데, 치감이 이 말을 듣고 왕희지를 사윗감으로 택한 고사에서 유래하였다.《晉書 卷80 王羲之列傳》

174 백씨께서 졸하시자 : 오희상(吳熙常)의 친형 오윤상(吳允常)은 1783년(정조7)에 37세의 나이로 요절하였다.

뵈었다. 공께서는 백씨를 깊이 공경하며 중히 여겨주셨는데, 후에 중주(中洲) 이공(李公)[177]에게 말하기를, "사람에게 비록 아름다운 자질이 있을지라도, '총명예지〔明睿〕'한 사람을 얻기는 몹시 어렵다. 지난번에 오(吳) 아무개를 보니, 참으로 '예지〔睿〕'라는 글자에 부합할 만하였다."라고 하였다. 백씨께서 별세하신 뒤에 이공(李公)이 나에게 이를 말해주고, 이어서 말하기를, "내가 제문(祭文)에 '온화하고 예지하며 독실하고 삼갔다.〔和睿篤愼〕'라고 칭하고서 스스로 참되게 묘사하였다고 여겼는데, 그 중 '예지〔睿〕'라는 글자는 실로 사문(師門)에서 전수받아 적은 것이다."라고 하였다.

계묘년(1783, 정조7)에 백씨(伯氏 오윤상(吳允常))께서 별세하시고서 내가 한창 백씨의 유문(遺文)을 수습하고 있었는데, 제헌(霽軒) 심공(沈公 심정진(沈定鎭))이 예전에 왕복하였던 서독(書牘) 네 장을 보내주

175 백씨(白氏)께서는……가서 : 백씨는 오희상(吳熙常)의 친형 오윤상(吳允常, 1746~1783)을 가리킨다. 오희상은 1778년(정조7) 3월에 권제응(權濟應)의 딸 안동권씨(安東權氏)와 혼인하였는데, 오윤상이 거느리고 함께 권제응의 집이 있는 청풍(淸風) 황강(黃江)에 가서 예를 행하고서, 돌아오는 길에 여주(驪州)에 들러 여주 목사(驪州牧使)로 있는 외숙인 이문원(李文源)을 뵈었다. 《老洲集 卷27 年譜》

176 지암(止菴) 김 문간공(金文簡公) : 김양행(金亮行, 1715~1779)으로, 자는 자정(子靜), 호는 지암·여호(驪湖)이며, 시호는 문간(文簡)이다. 1758년(영조34)에 학행(學行)으로 천거되어 사간원 정언(司諫院正言)에 임명되었으나 나가지 않다가, 그 뒤에 벼슬이 형조 참판에 이르렀다.

177 중주(中洲) 이공(李公) : 이직보(李直輔, 1738~1811)로, 자는 유종(維宗), 호는 중주, 본관은 연안(延安), 시호는 문경(文敬)이다. 김양행(金亮行)에게 수학하였으며, 1784년(정조8) 유일(遺逸)로 천거되고 벼슬이 이조 판서에 이르렀다.

면서, 이어서 나에게 편지를 주어서 말하기를, "풍기(風氣)가 쇠해진 이후로 겉과 속이 통투한 기상을 다시는 볼 수 없게 되었으니, 이것이 방황하고 슬퍼하기를 그칠 수 없는 까닭이다. 그러나 이렇게 한들 또한 무슨 이로움이 있겠는가? 다만 이에 불선(不善)을 하고자 하더라도 늘 전일의 덕스러운 위의를 생각하면 감히 할 수 없는 점이 있으니, 이는 아는 사람하고만 말할 수 있을 따름이다."라고 하였다. 심공(沈公)이 또 예전에 나에게 말하기를, "백씨(伯氏)의 학문은 실제로 얻은 것이었으므로, 늘 이를 대함에 사람으로 하여금 선심(善心)을 감발하게 한다."라고 하였다.

백씨(伯氏 오윤상(吳允常))께서 일찍이 선조의 비지(碑誌)・행장(行狀)・연보(年譜)・만사(輓詞)・뇌문(誄文)・제문(祭文)을 취하시고, 그 밖에 덕(德)을 살펴볼 수 있는 글들에서 정수를 모아 분류하여서 《가승(家乘)》 12편을 만드셨으며, 또 집안의 기록과 제가(諸家)의 문집 및 야승(野乘)에서 흩어져서 나온 것을 수습하여 한 편을 만들어서 《가승일사(家乘逸事)》라고 명명하였으니, 우리 집안의 문헌이 이에 정연하게 확인할 수 있게 되었다. 지금 백씨께서 이 책을 엮으신 때로부터 이미 20여년이 지났는데, 그 뒤에 나온 글들로서 미처 기재되지 못한 것들이 여전히 많다. 내가 이에 속편(續編)을 엮고, 또 일사(逸事) 몇 조목을 기록하여 그 뒤에 붙인다. 신사년(1821, 순조21) 9월 하순에 삼가 적노라.

노주집

제22권

讀書隨記 독서수기

독서수기 讀書隨記

대학
大學

〈대학장구서(大學章句序)〉에서 말한 "기송(記誦)과 사장(詞章)의 익힘"은 사람을 널리 유혹하고, "허무(虛無), 적멸(寂滅)의 가르침"은 사람을 깊이 미혹시킨다.[1] 그러므로 특별히 끄집어내어 먼저 말한 것이다.

경(經) 1장의 강령(綱領)과 조목(條目)[2]은 절로 상하(上下)로 나뉜다.

1 대학장구서(大學章句序)에서……미혹시킨다 : 〈대학장구서(大學章句序)〉에 "이로부터 속유(俗儒)들의 기송(記誦)과 사장(詞章)의 익힘은 그 공부가 소학(小學)보다 배가 되나 쓸 데가 없었고, 이단(異端)의 허무(虛無), 적멸(寂滅)의 가르침은 그 높음이 대학(大學)보다 더하지만 실질이 없었다.〔自是以來, 俗儒記誦詞章之習, 其功倍於小學而無用, 異端虛無寂滅之教, 其高過於大學而無實.〕"라고 하였다. 기송(記誦)은 기억하고 외는 것을, 사장(詞章)은 문장을 짓는 것을 가리키며, 허무(虛無)는 노장(老莊)을, 적멸(寂滅)은 불교(佛教)를 가리킨다.

2 경(經) 1장의 강령(綱領)과 조목(條目) : 《대학장구(大學章句)》 경 1장에서 논한 명명덕(明明德)·신민(新民)·지어지선(止於至善)은 삼강령(三綱領)에 해당되며, 격물(格物)·치지(致知)·성의(誠意)·정심(正心)·수신(修身)·제가(齊家)·치

강령은 종지(宗旨)를 밝혔기 때문에 '지(知)'를 자세하게 말하여서 제3절[3]에서 지(知)로 끝맺었고, -"먼저 하고 뒤에 할 것을 안다.〔知所先後〕"라고 한 것을 말한다.- 조목에서는 공부를 논하였기 때문에 '행(行)'을 자세하게 말하여서 제6,7절 두 절[4]에서 행(行)으로 끝맺었다. -"수신(修身)"과 "치란(治亂)"과 "후박(厚薄)"을 말한다.- 또 제3절은 강령과 조목의 사이에 있으므로 "선후(先後)" 두 글자로서 위의 첫 두 절을 끝맺고서, 인하여 아래의 제4,5절 두 절을 일으킨 것이다. 제6,7절 두 절은 모두 조목을 끝맺은 것으로, 강령의 본말(本末)의 본분을 집어 와서 공부의 공효를 끝맺은 것이다. -윗 절은 공부를 끝맺은 것이고, 아래 절은 공효를 끝맺은 것이다.- 그 조리와 맥락이 지극히 정밀하니, 범범하게 보아서는 안 된다.

강령(綱領)와 조목(條目)은 다시 전단(前段)과 후단(後段)으로 나뉘지만, 요컨대 명덕(明德)의 체(體)와 용(用)을 벗어나지 않는다. 후단의 처음에 또 반드시 "명명덕(明明德)" 세 글자를 드러내어 게시한 것[5]은 전단과 조응한 것이다. 전단의 명덕(明德)[6]은 체(體)와 용(用)

국(治國)·평천하(平天下)는 팔조목(八條目)에 해당된다.

3 제3절 《대학장구(大學章句)》 경(經) 1장의 "물건에는 본(本)과 말(末)이 있고 일에는 종(終)과 시(始)가 있으니, 먼저 하고 뒤에 할 것을 알면 도(道)에 가까울 것이다.〔物有本末, 事有終始, 知所先後, 則近道矣.〕"라고 한 부분을 가리킨다.

4 제6,7절 두 절 : 6절과 7절은 각각 《대학장구(大學章句)》 경(經) 1장의 "천자(天子)로부터 서인(庶人)에 이르기까지 일체 모두 수신(修身)을 근본으로 삼는다.〔自天子以至於庶人, 壹是皆以修身爲本.〕"라고 한 부분과, "그 근본이 어지러운데 지엽이 다스려지는 자는 없으며, 후히 할 것에 박하게 하고서 박하게 할 것에 후히 하는 자는 있지 않다.〔其本亂而末治者否矣, 其所厚者薄, 而其所薄者厚, 未之有也.〕"라고 한 부분을 가리킨다.

을 포함하며, 후단의 명덕은 용(用)을 가리킨다. 이와 같이 본다면 두루 관통하여서 이 심(心)의 체(體)와 용(用)을 다할 수 있을 것이다. 이글을 완미함에 단지 의리가 정밀해질 뿐 아니라, 또한 옛사람의 문장의 묘(妙)를 볼 수 있다.

강령(綱領)에서 말한 "명명덕(明明德)"과 "신민(新民)"은 체(體)와 용(用)으로 나뉘며, "지어지선(止於至善)"은 그 목표가 된다.[7] 그러므로 제2절에서 반드시 먼저 지선(至善)을 집어내어 그 공효를 지극하게 말하고[8] 명명덕(明明德)과 신민(新民)은 말하지 않았으며, 조목 (條

5 후단의……것 : 《대학장구(大學章句)》 경(經) 1장에서 "옛날에 명덕(明德)을 천하에 밝히고자 하는 자〔古之欲明明德於天下者〕"라고 한 부분에서 "명명덕(明明德)"이라고 한 것을 가리킨다.

6 전단의 명덕(明德) : 《대학장구(大學章句)》 경(經) 1장의 처음에 "《대학》의 도(道)는 명덕(明德)을 밝힘에 있으며, 백성을 새롭게 함에 있으며, 지선(至善)에 그침에 있다.〔大學之道, 在明明德, 在新民, 在止於至善.〕"라고 한 부분에서 보이는 "명덕(明德)"을 가리킨다.

7 강령(綱領)에서……된다 : 《대학장구(大學章句)》 경(經) 1장의 처음에 "《대학》의 도(道)는 명덕(明德)을 밝힘에 있으며, 백성을 새롭게 함에 있으며, 지선(至善)에 그침에 있다.〔大學之道, 在明明德, 在新民, 在止於至善.〕"라고 한 부분을 가리키는데, 명명덕(明明德)이 체(體)이며, 신민(新民)이 용(用)이 된다.

8 제2절에서……말하고 : 제2절은 《대학장구(大學章句)》 경(經) 1장에서 "그칠 데를 안 뒤에 정(定)함이 있으니, 정한 뒤에 고요할 수 있고, 고요한 뒤에 편안할 수 있고, 편안한 뒤에 생각할 수 있고, 생각한 뒤에 얻을 수 있다.〔知止而后有定, 定而后能靜, 靜而后能安, 安而后能慮, 慮而后能得.〕"라고 한 부분을 가리키는데, 이는 지선(至善)에 대해 논한 것으로, 이에 대한 주(註)에 "지(止)는 마땅히 그쳐야 할 바의 곳이니, 바로 지선(至善)이 있는 곳이다.〔止者, 所當止之地, 卽至善之所在也.〕"라고 하였다.

目)에서 비로소 명명덕과 신민의 차제와 공효를 하나하나 서술하였으되, 다시 지선(至善)을 제시하지는 않았다. 이는 독자로 하여금 그 의리를 서로 참고하여 보게 한 것으로, 완미하기에 더욱 좋다.

보망장(補亡章)의 "앎이 있지 않음이 없다.〔莫不有知〕"[9]에서의 지(知)를 혹자는 "영각(靈覺)의 지(知)로 보아야 하니, '이지(已知)'의 지(知)와 뜻이 같지 않다."라고 한다. 이 장(章)의 다섯 개의 '지(知)'자[10]를 자세히 살펴보건대, 모두 지식(知識)의 지(知)를 위주로 말한 것이

9 보망장(補亡章)의……없다 : 보망장은 주희(朱熹)가 《대학(大學)》을 경(經) 1장과 전(傳) 10장의 구조로 편집하고서, 그 중 제5장인 격물치지장(格物致知章)이 빠졌다고 하여 정자(程子)의 뜻을 취해 보충한 부분을 말한다. 그 중에 "인심(人心)의 영특함은 앎이 있지 않음이 없다.〔人心之靈, 莫不有知.〕"라고 한 내용이 보인다.

10 이 장(章)의……지(知)자 : 《대학장구(大學章句)》 보망장(補亡章)에 "이른바 '지식을 지극히 함이 사물의 이치를 궁구함에 있다.'라는 것은 나의 지식을 지극히 하고자 한다면 사물에 나아가 그 이치를 궁구함에 있음을 말한 것이다. 인심(人心)의 영특함은 앎이 있지 않음이 없고, 천하의 사물은 이치가 있지 않음이 없건마는, 다만 이치에 대하여 궁구하지 않음이 있기 때문에 그 앎이 다하지 못함이 있는 것이다. 이 때문에 대학(大學)에서 처음 가르칠 때에 반드시 배우는 자들로 하여금 모든 천하의 사물에 나아가서 그 이미 알고 있는 이치를 인하여 더욱 궁구해서 그 극(極)에 이름을 구하지 않음이 없게 하는 것이다. 그리하여 힘쓰기를 오래해서 하루아침에 활연(豁然)히 관통함에 이르면, 모든 사물의 표리(表裏)와 정추(精粗)가 이르지 않음이 없을 것이요, 내 마음의 전체와 대용(大用)이 밝지 않음이 없을 것이니, 이것을 격물(格物)이라 이르며, 이것을 지지지(知之至)라 이른다.〔所謂致知在格物者, 言欲致吾之知, 在卽物而窮其理也. 蓋人心之靈, 莫不有知, 而天下之物, 莫不有理, 惟於理有未窮, 故其知有不盡也. 是以大學始敎, 必使學者卽凡天下之物, 莫不因其已知之理而益窮之, 以求至乎其極. 至於用力之久而一旦豁然貫通焉, 則衆物之表裏精粗, 無不到, 而吾心之全體大用, 無不明矣, 此謂物格, 此謂知之至也.〕"라고 한 부분에 보이는 '지(知)'자를 가리킨다.

니, 다르게 보아서는 안 된다. 영각(靈覺)의 지(知)는 《장구(章句)》에서 '식(識)'으로 지(知)를 풀이한[11] 뜻이 끝내 아니다. 그러나 영각(靈覺)과 지식(知識)이 두 가지인 것은 아니다. 위주로 하여 말한 것에 허(虛)와 실(實)의 다름이 있을 따름이다.

주자(朱子)는 《장구(章句)》를 편찬함에 경문(經文)의 문세(文勢)대로 뜻을 풀이하여 삼가서 방만하게 하지 않아서, 본문의 올바른 의의 이외에 한 터럭만큼도 자신의 의견을 용납지 않았다. 만약 미진한 뜻이 있으면, 이에 《혹문(或問)》에서 갖추어서 말하였다. 예컨대 치지(致知)의 '지(知)'를 《장구》에서는 "지식(知識)"으로 해석하였는데, 《혹문》에서는 "온갖 이치를 묘하게 운용하여 만물을 주재하는 것"이라고 하였으며,[12] 정심장(正心章)을 《장구》에서는 심(心)의 용(用)으로

11 장구(章句)에서……풀이한 : 《대학장구(大學章句)》 경(經) 1장에 "그 뜻을 성실히 하고자 하는 자는 먼저 그 지식(知識)을 지극히 하였으니, 지식을 지극히 함은 사물의 이치를 궁구함에 있다.〔欲誠其意者, 先致其知, 致知, 在格物.〕"라고 하였는데, 이에 대해 주희(朱熹)가 주에서 "치(致)는 미루어 지극히 하는 것이고 지(知)는 식(識)과 같으니, '치지'는 나의 지식을 미루어 지극히 하여 그 아는 바가 다하지 않음이 없고자 하는 것이다.〔致, 推極也; 知, 猶識也, 推極吾之知識, 欲其所知無不盡也.〕"라고 하였다.

12 치지(致知)의……하였으며 : 《대학장구(大學章句)》 경(經) 1장에 "그 뜻을 성실히 하고자 하는 자는 먼저 그 지식(知識)을 지극히 하였으니, 지식을 지극히 함은 사물의 이치를 궁구함에 있다.〔欲誠其意者, 先致其知, 致知, 在格物.〕"라고 하였는데, 이에 대해 주희(朱熹)가 주에서 "치(致)는 미루어 지극히 하는 것이고 지(知)는 식(識)과 같으니, '치지'는 나의 지식을 미루어 지극히 하여 그 아는 바가 다하지 않음이 없고자 하는 것이다.〔致, 推極也; 知, 猶識也, 推極吾之知識, 欲其所知無不盡也.〕"라고 하였고, 《대학혹문(大學或問)》에서는 "저 지(知)는 마음의 신명이니, 뭇 이치를 묘하게

해석하였는데, 《혹문》에서는 체(體)와 용(用)을 함께 들어서 말하였다.[13] 이것은 모두 한 단계 미루어 올라가서 말하여 남은 뜻을 드러낸 것이다. 이뿐만이 아니라, 《사서혹문(四書或問)》 중에서 이와 같은 부분이 또한 많다. 마땅히 처한 곳을 따라서 그 뜻을 각각 이해해야 하니, 그렇게 하면 절로 서로 발명되는 지취가 있게 될 것이다. 매번 끌어다 견주어 집착해서 말하여서 도리어 올바른 의의를 어지럽혀서는 안 된다.

운용하여 만물을 주재하는 것이다.〔若夫知, 則心之神明, 妙衆理而宰萬物者也.〕"라고 하였다.

13 정심장(正心章)을……말하였다 : 정심장(正心章)이란 《대학장구(大學章句)》의 전(傳) 7장을 가리킨다. 여기에 "이른바 '몸을 닦음이 그 마음을 바룸에 있다.'는 것은 마음에 분치(忿懥)하는 바가 있으면 그 바름을 얻지 못하며, 공구(恐懼)하는 바가 있으면 그 바름을 얻지 못하며, 좋아하는 바가 있으면 그 바름을 얻지 못하며, 우환하는 바가 있으면 그 바름을 얻지 못한다.〔所謂修身在正其心者, 身有所忿懥則不得其正, 有所恐懼則不得其正, 有所好樂則不得其正, 有所憂患則不得其正.〕"라고 하였는데, 이에 대해 주희(朱熹)가 주에서, 위 네 경우를 마음의 용(用)이 행하는 바가 올바름을 잃은 것으로 해석하여서, "이 네 가지 경우는 마음의 용(用)으로 사람이 없을 수 없는 것인데, 한 번 이것을 두고 살피지 못하면 욕심이 동(動)하고 정(情)이 치우쳐서, 그 용(用)의 행하는 바가 혹 올바름을 잃지 않을 수 없을 것이다.〔是四者皆心之用而人所不能無者, 然一有之而不能察, 則欲動情勝, 而其用之所行, 或不能不失其正矣.〕"라고 하였고, 《대학혹문(大學或問)》에서는 이를 체(體)와 용(用)의 측면에서 함께 설명하여서, 예컨대 "사람의 마음이 담연하고 허명하여 마치 비어있는 거울과 같고 평평한 저울대와 같아서 한 몸의 주인이 되는 것은 참으로 진체(眞體)의 본연이지만, 희노우구(喜怒憂懼)가 느끼는 바에 따라 응하고 아름답거나 추한 모습과 저울추가 오르락내리락함이 물건을 말미암아 형체를 부여받는 것 또한 그 용(用)으로서 없을 수 없는 것이다.〔人之一心, 湛然虛明, 如鑑之空, 如衡之平, 以爲一身之主者, 固其眞體之本然, 而喜怒憂懼, 隨感而應, 姸蚩俯仰, 因物賦形者, 亦其用之所不能無者也.〕"라고 하였다.

전(傳) 6장[14]을 한남당(韓南塘)의 《기문록(記聞錄)》[15]에 "선(善)을 좋아하고 악(惡)을 미워함은 정(情)이고, 좋아하여 얻고자 하고 미워하여 버리고자 함은 의(意)이다."라고 하였다. 살펴보건대 선과 악은 정(情)이 발한 바이고, 좋아함과 미워함은 의(意)가 향하는 바이니, 얻음과 버림은 '성(誠)'자에 상응한다. 무릇 심(心)이 곧장 발한 것을 정(情)이라고 하니, 정은 성(誠)과는 관계가 없고, 정(情)에 따라서 견주어 살펴보는 것을 의(意)라고 하니, 의는 거짓됨을 용납한다. 이는 어째서인가? 정(情)이 발출되자마자 선과 악이 비로소 나뉘니, 그 선을 깨달아서 좋아할 줄을 알고, 그 악을 깨달아서 미워할 줄을 아는 것이 견주어 살펴보는 것이 아니겠는가. 그러므로 주자(朱子)가 말씀하기를, "의(意)는 정(情)이 있음을 말미암아 그 후에 작용한다."[16]라고 하였으니, 바로 이것을 가리킨 것이다. 만약에 좋아함과 미워함을 정(情)이라고 한다면, 이는 정(情)이 한 단계 아래로 밀려나는 것이니, 그렇지 않을 듯하다. 또 《장구(章句)》에 "힘써 결단하여 버리고,

14 전(傳) 6장 : 《대학장구(大學章句)》에서 성의(誠意)를 해석한 부분으로, 여기에 "이른바 그 뜻을 성실히 한다는 것은 스스로 속이지 마는 것이니, 악(惡)을 미워하기를 악취(惡臭)를 미워하는 것과 같이 하며, 선(善)을 좋아하기를 호색(好色)을 좋아하는 것과 같이 하여야 하니, 이것을 자겸(自慊)이라 이른다. 그러므로 군자(君子)는 반드시 그 홀로를 삼가는 것이다.〔所謂誠其意者, 毋自欺也, 如惡惡臭, 如好好色, 此之謂自謙. 故君子必愼其獨也.〕"라고 하였다.

15 한남당(韓南塘)의 기문록(記聞錄) : 한남당은 한원진(韓元震, 1682~1751)으로, 자는 덕소(德昭), 호는 남당, 본관은 청주(淸州), 시호는 문순(文純)이며, 《기문록》은 그의 저술인 《경의기문록(經義記聞錄)》을 가리킨다.

16 의(意)는……작용한다 : 이 말은 주희(朱熹)가 정(情)과 의(意)의 구분에 대한 제자의 질문에 대해 답한 내용으로, 《주자어류(朱子語類)》 권5에 보인다.

구함에 반드시 얻는다."라는 말은 바로 자겸(自慊)을 해석한 것이다.[17] 만약 버리고자 하고 얻고자 하는 것을 의(意)라고 한다면, 성의(誠意)의 공부를 또 어디에서 찾아보겠는가?

횡거(橫渠) 또한 선(善)을 좋아하고 악(惡)을 미워함을 정(情)이라고 하였지만, 그 아래에 다시 "선을 보고서 기뻐하고 악을 보고서 노한다."라고 하였다.[18] 그렇고 보면 선과 악을 밖에 있는 것으로 여겨서,

17 장구(章句)에……것이다 : 《대학장구(大學章句)》 전(傳) 6장의 주희(朱熹)의 주(註)에 "스스로 닦고자 하는 자는 선(善)을 하고 악(惡)을 제거해야 함을 알았으면, 마땅히 실제로 그 힘을 써서 자기(自欺)함을 금지하여, 가령 악(惡)을 미워함에는 악취(惡臭)를 미워하는 것과 같이 하고, 선(善)을 좋아함에는 호색(好色)을 좋아하는 것과 같이 하여, 모두 힘써 결단하여 버리고, 구하여 반드시 얻어서 스스로 자기에게 만족하게 할 것이요, 한갓 구차히 외면을 따라 남을 위해서는 안 되는 것이다.〔欲自修者知爲善以去其惡, 則當實用其力, 而禁止其自欺, 使其惡惡則如惡惡臭, 好善則如好好色, 皆務決去而求必得之, 以自快足於己, 不可徒苟且以徇外而爲人也.〕"라고 한 것을 가리킨다. 자겸(自慊)이란 스스로 돌아보아 만족스러운 것을 말한다.

18 횡거(橫渠)……하였다 : 횡거는 북송(北宋)의 문신이자 사상가인 장재(張載, 1020~1077)의 호로, 심통성정(心統性情)을 주장하였고, 주희(朱熹)가 이를 수용하였다. 《주자어류(朱子語類)》 권98에 "횡거(橫渠)가 '심(心)은 성(性)과 정(情)을 통솔하니, 선을 좋아하고 악을 미워함은 정(情)이고, 선을 좋아하고 악을 미워하게 하는 것은 성(性)의 절도이다. 또 예컨대 악을 보고서 노하고 선을 보고서 기뻐하는 것은 바로 정(情)이 발한 바이다. 그런데 마땅히 기뻐할 것에 대해 기뻐하되 기뻐함이 지나치지 않고, 마땅히 노할 것에 대해 노하되 노함이 옮겨가지 않아서 애락애오욕(哀樂愛惡欲)이 모두 절도에 맞아 지나치지 않는 데에 이르는 것으로 말하면 이것이 바로 성(性)이다.'라고 하였다.〔橫渠云: 心統性情. 蓋好善而惡惡, 情也, 而其所以好善而惡惡, 性之節也. 且如見惡而怒, 見善而喜, 這便是情之所發, 至於喜其所當喜而喜不過, 怒其所當怒而怒不遷, 以至哀樂愛惡欲皆能中節而無過, 這便是性.〕"라고 한 내용이 보인다.

좋아함이 기뻐함을 일으키고 미워함이 노함을 일으키는 것을 정(情)이 발하는 바라고 여긴 것이니, 이는 이 장(章)의 좋아하고 미워함과 같은 예(例)라고 볼 수 없다.

다시 생각해보니, 다른 사람의 선(善)과 악(惡)에서부터 말해보자면 나의 좋아함〔好〕과 미워함〔惡〕은 정(情)에 속하더라도 의미가 통할 수 있을 듯하다. 그러나 스스로 수신(修身)하는 공부는 자기의 선과 악으로부터 다른 사람의 선과 악을 포괄해야 할 듯하다. 대저 성의(誠意) 공부는 먼저 정(情)의 은밀하고 절실한 곳에 나아가 실로 그 힘을 써서 좋아하고 미워하는 도리를 다하는 것이다. 그렇다면 정(情)이 처음 발하였을 때에 선과 악은 있지만 좋아함과 미워함은 없는 것이니, 여기에 나아가 좋아하고 미워하는 것이 바로 이른바 의(意)이며, 선을 좋아하는 것은 호색(好色)을 좋아하는 것과 같이 하며 악을 미워하는 것은 악취를 미워하는 것과 같이 하는 것은 바로 자신을 속이지 않고자 하는 것으로, 성의(誠意) 공부가 된다. 이 장(章)의 좋아함과 미워함을 만약 범범하게 외면에 있는 선과 악으로 해당시킨다면 완급이 차서를 잃는 것이니, 이것이 어찌 족히 몸을 성실하게 하는 근본이 될 수 있겠는가.

이 책에서 선을 좋아함과 악을 미워함을 많이 말하였는데, 모두 좋아함을 미워함의 앞에 두었으되 6장(章)에서는 악을 미워함을 도리어 선을 좋아함의 앞에 두었으니[19] 이는 어째서인가? 생각건대 다른 경우

19 6장(章)에서는……두었으니 : 《대학장구(大學章句)》 전(傳) 6장에서 "악(惡)을

들은 범범하게 선을 좋아하고 악을 미워함을 논한 것이고, 6장에서 말한 것은 긴요하고 절실한 공부이다. 선과 악은 양립함을 용납하지 않는데, 악은 변호를 용납하기 쉬우니, 변호를 용납하면 아무리 선을 좋아하더라도 충족시킬 수 없을 것이다. 따라서 악을 미워함을 먼저 말하고 선을 좋아함을 뒤에 말한 것은 이 뜻을 보이기 위함이다. 《서경(書經)》〈대우모(大禹謨)〉의 인심(人心)과 도심(道心)[20]의 경우도 승부의 기세를 가지고서 말한 것이다. 인심(人心)은 늘 이기기 쉽고, 도심(道心)은 늘 지기 쉬우니, 인심의 위태로운 것이 안정된 뒤에야 도심의 은미한 것이 비로소 드러나게 된다. 그러므로 인심을 먼저 말하고 도심을 뒤에 말한 것이다. 이 장(章)에서 악을 미워함을 먼저 말한 것은 이와 동일한 어법인 듯하다.

전(傳) 7장의 '유소(有所)'[21]를 김포음(金圃陰 김창집(金昌緝))이 '유소

미워하기를 악취(惡臭)를 미워하는 것과 같이 하며, 선(善)을 좋아하기를 호색(好色)을 좋아하는 것과 같이 하여야 한다.〔如惡惡臭, 如好好色.〕"라고 한 것을 가리킨다.

20 서경(書經)……도심(道心) : 《서경》〈대우모〉의 "인심은 위태롭고 도심은 은미하니 정(精)하게 살피고 한결같이 하여야 진실로 그 중도(中道)를 잡을 것이다.〔人心惟危, 道心惟微, 惟精惟一, 允執厥中.〕"라고 한 말을 가리킨다.

21 전(傳) 7장의 유소(有所) : '유소'는 분치(忿懥)하는 바, 공구(恐懼)하는 바, 호요(好樂)하는 바, 우환하는 바의 네 가지가 있음을 말하는 것으로, 《대학장구(大學章句)》 전 7장에서 정심(正心)을 논하면서 "이른바 '몸을 닦음이 그 마음을 바룸에 있다.'는 것은 마음에 분치(忿懥)하는 바가 있으면 그 바름을 얻지 못하며, 공구(恐懼)하는 바가 있으면 그 바름을 얻지 못하며, 좋아하는 바가 있으면 그 바름을 얻지 못하며, 우환하는 바가 있으면 그 바름을 얻지 못한다.〔所謂修身在正其心者, 身有所忿懥, 則不得其正; 有所恐懼, 則不得其正; 有所好樂, 則不得其正; 有所憂患, 則不得其正.〕"라고 한 데에

(有所)'가 병통인 것이 아니라 '그 바름을 얻지 못하는' 데에 이르면 비로소 병통이 된다고 하여서 이를 몹시 힘써서 주장하였는데, 후대의 제공(諸公) 중에 또한 이 견해를 취한 이들이 많았다. 그러나 나의 생각에는 그렇지 않을 듯하다. 경문(經文)에서 "분치(忿懥)함이 있다.〔有忿懥〕"라고 하지 않고 "그러한 바가 있다.〔有所〕"라고 하였는데, 주자(朱子)가 '소(所)'자에서 뜻을 간취해내어서 "하나라도 이것을 가지고 있으면〔一有之〕"이라는 말로써 '유소(有所)'를 해석하였으니,[22] '유지(有之)'의 '지(之)'자는 어조사가 아니라 힘을 주어 글자를 놓은 것이다. 그러니 어찌 병통의 뜻을 띠고서 말한 것이 아니겠는가. 그러한 바가 있자마자 곧 그 바름을 얻지 못하는 것이니, 이를 나누어서 볼 수가 없다. 그 사이에 있는 하나의 '즉(則)'자를 자세히 완미한다면 이를 알 수 있다. 네 가지 마음의 용(用)은 이미 사람이 없을 수 없는 것인데, 또 '그러한 바가 있는 것〔有所〕'이 병통이 아니라고 한다면, 다시 무엇을 가지고서 그 바름을 얻지 못하였다고 하겠는가? 만약 '유(有)'자를 가볍게 보아서, 이 네 가지가 있은 뒤에 그 바름을 얻지 못하는 것임을 범범하게 말한 것이라 한다면, 이는 병통을 확실하게 말할 곳이 없는 것이어서 곧 긴절하지 않은 말이 되어 버린다. 한번

보인다.

22 주자(朱子)가……해석하였으니 : 《대학장구(大學章句)》 전 7장에 대한 주희(朱熹)의 주(註)에 "이 네 가지는 모두 마음의 용(用)이니, 사람이 없을 수 없는 것이다. 그러나 하나라도 이것을 가지고 있으면서 살피지 못하면 욕심이 동하고 정(情)이 치우쳐서 그 용(用)의 행하는 바가 혹 올바름을 잃지 않을 수 없을 것이다.〔蓋是四者, 皆心之用而人所不能無者. 然一有之而不能察, 則欲動情勝, 而其用之所行, 或不能不失其正矣.〕"라고 하였다.

'유소(有所)'에서부터 '부득기정(不得其正)'에 이르기까지의 경문(經文)을 하나로 관통하여 병통을 말한 것으로 본다면, 글이 순하고 이치가 통창하다. 그런데 중간을 끊어서 위의 반은 병통으로 보지 않고, 아래의 반은 병통으로 본다면, 끝내 의도적으로 안배한 것이 될 듯하다. 더군다나 《주자어류(朱子語類)》에서 '계루(係累)'를 가지고서 말한 것이 또한 많으니, 이것이 어찌 모두 아직 정해지지 않은 논의이겠는가.-'일유(一有)'에는 '소(少)'와 '재(纔)'의 두 가지 뜻이 있으니, 단지 '지(之)'자에만 힘이 있는 것이 아니라, '일(一)'자도 병통의 뜻을 띠고서 말한 것이다.-

또 《장구(章句)》에서 "없을 수 없다.〔不能無〕"와 "이것을 하나라도 가지다.〔一有之〕"라는 말 사이를 하나의 '연(然)'자로 이어받은 것[23]은 실로 그 뜻을 뒤집은 것이니, 그렇다면 "없을 수 없는 것"이 병통이 아니라, "이것을 하나라도 가지는 것"이 병통임을 알 수 있다. 무릇 책을 볼 때에 진실로 마땅히 글을 말미암아서 뜻을 구하여야 한다. 포음(圃陰 김창집(金昌緝))의 설과 같은 경우는 지의(旨義)의 득실은 논할 것도 없이 문세(文勢)에 나아가 보더라도 온당하지 않을 듯하니, 감히 알 수 없는 점이 있다.

23 장구(章句)에서……것 : 《대학장구》 전(傳) 7장에 대한 주희(朱熹)의 주(註)에 "이 네 가지는 모두 마음의 용(用)이니, 사람이 없을 수 없는 것이다. 그러나 하나라도 이것을 가지고 있으면서 살피지 못하면 욕심이 동하고 정(情)이 치우쳐서 그 용(用)의 행하는 바가 혹 올바름을 잃지 않을 수 없을 것이다.〔蓋是四者, 皆心之用而人所不能無者. 然一有之而不能察, 則欲動情勝, 而其用之所行, 或不能不失其正矣.〕"라고 한 부분을 가리킨다.

남당(南塘)이 이 장(章)에 대한 《장구(章句)》에서 "경(敬)하여 마음을 곧게 한다.〔敬以直之〕"라고 한 한 구(句)를 "직내(直內)"라고 보아, 전문(傳文)의 빠진 것을 보충한다고 하면서 정(靜)할 때의 공부로 삼아서-동(動)에도 내외(內外)가 있고, 정(靜)에도 내외가 있으니, 내(內)라고 하여서 모두 정(靜)이라고 해서는 안 된다.- 마치 《중용(中庸)》의 계구(戒懼)와도 같은 것처럼 하였다.[24] 이 장(章)과 아래 장의 《장구(章句)》를 자세히 살펴보면 모두 '찰(察)'자를 놓았으니,[25] 똑같이 성찰(省察) 공부라고

24 남당(南塘)이……하였다 : 《대학장구(大學章句)》 전(傳) 7장에서 "마음이 없으면 보아도 보이지 않으며, 들어도 들리지 않으며, 먹어도 그 맛을 알지 못한다.〔心不在焉, 視而不見, 聽而不聞, 食而不知其味.〕"라고 하였는데, 이에 대한 주희(朱熹)의 주(註)에 "마음이 보전되지 못함이 있으면 그 몸을 검속할 수가 없다. 이 때문에 군자는 반드시 이를 살펴서 경(敬)하여 마음을 곧게 하니, 그러한 뒤에야 이 마음이 항상 보존되어서 몸이 닦아지지 않음이 없는 것이다〔心有不存, 則無以檢其身. 是以君子必察乎此, 而敬以直之, 然後此心常存, 而身無不修也.〕"라고 하였다. 여기에 보이는 "경이직지(敬以直之)" 한 구와 주희의 해석에 대해, 남당 한원진(韓元震)이 "또 장(章) 아래에서 직내(直內)로서 정심(正心)을 대신하여 말하였으니, 정심(正心)이 정(靜)할 때의 공부임을 분명하게 알 수 있다. 유자(儒者)들이 모두 이 뜻을 알지 못하였는데, 오직 우리 동국의 율곡(栗谷) 선생이 《성학집요(聖學輯要)》에서 정심(正心)을 계구(戒懼)의 부류라고 하였으니, 홀로 주자의 뜻을 얻은 것이라고 할 만하다.〔又於章下以直內代正心言, 則其以正心爲靜時工夫, 灼然可見矣. 諸儒皆不能見得此意, 而唯吾東栗谷先生於聖學輯要, 以正心爲戒懼之屬, 則可謂獨得朱子之指矣.〕"라고 한 것이 그의 문집 《남당집》 습유(拾遺) 권4 〈전습록변(傳習錄辨)〉에 보인다. '계구(戒懼)'는 '계신공구(戒愼恐懼)'의 줄인 말로, 《중용장구(中庸章句)》 제1장에 "군자는 보지 않을 때에도 경계하고 근신하며, 들리지 않을 때에도 걱정하고 두려워하는 것이다.〔君子戒愼乎其所不睹, 恐懼乎其所不聞.〕"라고 하였다.

25 이 장(章)과……놓았으니 : 《대학장구(大學章句)》 전(傳) 7장의 경문(經文)에 대한 주희(朱熹)의 주(註)에 적힌 '찰(察)'자는 "마음이 보전되지 못함이 있으면 그 몸을 검속할 수가 없다. 이 때문에 군자는 반드시 이를 살펴서 경(敬)하여 마음을 곧게

보았기 때문이다. 또 "경(敬)하여 곧게 한다."라는 말은 동(動)과 정(靜)을 포함하고 있다고 하는 것이 옳지, 전적으로 정(靜) 한쪽에만 속한다고 하는 것은 옳지 않다. 동(動)과 정(靜)이 서로 포함하고, 체(體)와 용(用)이 서로 자뢰하니, 이 장(章)에서처럼 동(動)과 용(用)에 있어서 공력을 들이면 그 공효를 거둠에 이르러서는 체(體) 또한 바르게 될 수 있는 것이다. 《혹문(或問)》을 자세하게 연역해보면 알 수 있다. 비록 《대학(大學)》에 정(靜)할 때의 공부가 없음을 꺼려서 이렇게 빠진 것을 보충하는 논의를 한 것이지만, 《장구》의 뜻은 반드시 그러한지 알지 못하겠다. 또 주자(朱子)가 말하기를, "나는 경서(經書)를 해석할 때에 단지 성현의 말뜻을 따라서 해석할 뿐 감히 스스로 자신의 뜻을 가지고서 도리를 말하지 않았다."[26]라고 하였다. 남당(南塘)의 이 말로 말하면, 자신의 뜻을 가지고서 도리를 말하였음을 면치 못할 듯하다.

성인(聖人)의 글은 본래 천연적으로 간결하여, 경우에 따라 단지 하나의 일에 대한 도리만을 말함에 자연히 많은 의사(意思)를 포함한다. 그러니 후대의 글이 마음을 써서 헤아려서 건건이 안배하여 국한되어

하니, 그러한 뒤에야 이 마음이 항상 보존되어서 몸이 닦아지지 않음이 없는 것이다〔心有不存, 則無以檢其身. 是以君子必察乎此, 而敬以直之, 然後此心常存, 而身無不修也.〕"라고 한 데에 보이며, 전 8장의 주에서는 "상인(常人)의 정(情)은 오직 향하는 바대로 하고 살핌을 가하지 않으니, 그렇다면 반드시 한쪽으로 빠져서 몸이 닦이지 않을 것이다.〔常人之情, 惟其所向而不可察焉, 則必陷於一偏, 而身不修矣.〕"라고 한 데에 보인다.

26 나는……않았다 : 이 말은 《주자어류(朱子語類)》 권52에 보인다.

서 옮길 수 없는 것과는 애초에 같았던 적이 없다.

《대학(大學)》의 정심(正心)은 체(體)와 용(用)을 겸하되 용(用)을 위주로 한 것이고, 《중용(中庸)》의 계구(戒懼)[27]는 동(動)과 정(靜)을 통괄하되 정(靜)을 위주로 한 것이다.

다시 남당(南塘)의 이른바 "망동(妄動)을 없애고 본체(本體)를 보존한다."라는 말[28]을 자세히 살펴보니, 말뜻이 절로 좋다. 다만 이것을 마침내 전적으로 존양(存養)에만 배속하여 성찰(省察)과 대를 이루는 것으로 보고자 한다면 이는 끝내 전(傳)을 지은 이의 뜻이 아닐 듯하다.

전(傳) 8장의 결어(結語)와 전 9장의 두사(頭辭)는 전후의 다른 장들의 기결(起結)과 비슷하지 않다.[29] 이 두 장(章)은 바로 명명덕(明明

27 계구(戒懼) : '계신공구(戒愼恐懼)'의 줄인 말로, 《중용장구(中庸章句)》 제1장에 "군자는 보지 않을 때에도 경계하고 근신하며, 들리지 않을 때에도 걱정하고 두려워하는 것이다.〔君子戒愼乎其所不睹, 恐懼乎其所不聞.〕"라고 하였다.

28 남당(南塘)의……말 : 남당 한원진(韓元震)의 문집 《남당집》 권18 〈답김치명대학문목(答金稚明大學問目)〉에 "대저 정심(正心)이란 다만 뜬생각을 그쳐서 본체를 보존하며, 망동을 없애서 지극히 정(靜)한 상태로 돌아오는 것이다.〔大抵正心, 只是息浮念而存本體, 去妄動而反至靜者也.〕"라고 한 내용이 보인다.

29 전(傳)……않다 : 《대학장구(大學章句)》 전 8장에서 마지막에 "이것을 일러 '몸이 닦이지 않으면 그 집안을 가지런히 하지 못한다.'라고 하는 것이다.〔此謂身不修, 不可以齊其家.〕"라고 하여 끝맺고, 전 9장에서 처음에 "이른바 '나라를 다스림이 반드시 먼저 그 집안을 가지런히 함에 있다.'라고 한 것은〔所謂治國, 必先齊其家者.〕"이라고 하여 시작한 것을 말한다. 이것이 다른 장(章)들의 시작과 끝맺음과 다르다는 뜻으로, 예컨

德)과 신민(新民)이 접하는 곳이자 동화(動化)[30]가 시작하는 곳이므로, 특별히 그 문장에 변화를 준 것인 듯하다.

9장의 제4절에 대한 《장구(章句)》에 "이는 또 윗글의 '한 사람이 나라를 안정시킨다.'라는 것을 이어서 말한 것이다.〔此又承上文一人定國而言〕"라고 하였다.[31] 자세히 살펴보건대 "윗글을 이었다.〔承上文〕"라고

대 전 9장의 마지막에 "이것을 일러 '나라를 다스림이 그 집안을 가지런히 함에 있다.'라고 하는 것이다.〔此謂治國, 在齊其家.〕"라고 끝맺고, 전 10장의 처음에 "이른바 '천하를 평하게 함이 그 나라를 다스림에 있다.'라는 것은〔所謂平天下, 在治其國者.〕"이라고 하여 시작한 경우가 바로 여러 장에서 보이는 일반적인 기결(起結)에 해당한다.

30 동화(動化) : 감화(感化)과 같은 의미이다. 《대학장구(大學章句)》 전(傳) 9장의 소주(小註)에 주희(朱熹)가 "이 또한 동화(動化)가 근본이 됨을 말한 것일 뿐, 미루어 올라간 뒤의 방법은 말하지 않았으니 전적으로 미루어나가는 것만 말한 것이다.〔此且只說動化爲本, 未說到推上後方, 全是說推.〕"라고 한 말이 보인다.

31 9장의……하였다 : 9장의 제4절이란 《대학장구(大學章句)》 전 9장의 네 번째 절에, "요(堯)와 순(舜)이 천하를 인(仁)으로써 거느리시자 백성들이 따랐고, 걸(桀)과 주(紂)가 천하를 포악함으로써 거느리자 백성들이 따랐다. 그 명령하는 바가 자신이 좋아하는 것과 반대가 되면 백성들이 따르지 않는다. 이 때문에 군자는 자기에게 선이 있고 난 뒤에 남에게 선을 요구하며 자기에게 악이 없게 된 뒤에 남의 악을 비난하는 것이다. 자기 몸에 간직하고 있는 것이 자신을 미루어 남에게 미치는 서(恕)가 아니면서 남을 깨우칠 수 있는 경우는 없다.〔堯舜帥天下以仁, 而民從之, 桀紂帥天下以暴, 而民從之. 其所令, 反其所好, 而民不從. 是故君子有諸己而後求諸人, 無諸己而後非諸人. 所藏乎身不恕, 而能喩諸人者, 未之有也.〕"라고 한 것을 가리킨다. 또 인용한 부분에서 말한 '윗글'은 전 9장의 세 번째 절에, "한 집안이 인(仁)하면 한 나라가 인을 일으키고, 한 집안이 사양하면 한 나라가 사양함을 일으키고, 한 사람이 탐하고 어그러지면 한 나라가 난(亂)을 일으키니, 그 작용이 이와 같다. 이것을 일러 '한 마디 말이 일을 그르치며 한 사람이 나라를 안정시킨다.'라고 하는 것이다.〔一家仁, 一國興仁, 一家讓, 一國興讓, 一人貪戾, 一國作亂, 其機如此. 此謂一言僨事, 一人定國.〕"라고 한 것을 말한다.

하지 않고 반드시 "한 사람이 나라를 안정시킨다.〔一人定國〕"라는 네 글자를 제시하여 해설한 것은, 윗글은 가르침이 이루어진 공효를 위주로 말한 것인데, "한 사람이 나라를 안정시킨다."라는 것은 다시 인군(人君)의 일신(一身)에 나아가 말한 것이며, 이 절(節)은 또 전적으로 인군의 일신에 중점을 두어서 말하여 일신이 국가의 근본이 됨을 드러낸 것이기 때문이다. 여기에서 단지 "윗글을 이었다.〔承上文〕"라고만 하였다면 윗글에서 공효를 말한 것을 이어서 말한 것처럼 보이게 된다. 그러므로 반드시 "'한 사람이 나라를 안정시킨다.'라는 것을 이었다."라고 말한 뒤에야 그 뜻이 비로소 분명해진다.

소주(小註)에서 김인산(金仁山)이 세 "소이(所以)"와 "자기에게 있는 것을 남에게 요구한다."라는 것을 가지고서 추(推)라고 하여서, 마침내 이 장(章)이 추(推)와 화(化)를 겸하여 말한 것이라고 하였다.[32]

32 소주(小註)에서……하였다 : 《대학장구(大學章句)》 전(傳) 9장의 소주에 인산 김씨(仁山金氏)가 "수신으로부터 제가함과, 제가함으로부터 치국하고 평천하함에 두 가지 도가 있으니, 하나는 화(化)이고 하나는 추(推)이다. 화(化)는 자신이 솔선해 가르쳐서 동화(動化)하는 것이고, 추(推)는 이 도(道)를 미루어서 확충하는 것이다. 그러므로 이 한 장(章)은 두 가지 뜻을 모두 포함하고 있다. 장의 첫머리에서부터 '나라에 가르침을 이루다.'에 이르기까지는 화(化)이고, 세 '소이(所以)'는 추(推)이며, '적자(赤子)를 보호하듯이 한다.'로 '자(慈)는 여러 백성을 부리는 것이다.'를 이어서 말한 것은 추(推)이고, '한 집안이 인(仁)하면' 이하 한 절은 화(化)이며, '천하를 거느리다.' 한 절은 화(化)이고, '자기에게 선(善)이 있다.' 한 절로 '명령하는 바가 자신이 좋아하는 것과 반대가 되면'을 이어서 말한 것은 추(推)이며, 세 번 인용한 시(詩)는 화(化)이다. 오직 화(化)하여야만 추(推)할 수 있고, 오직 추(推)하여야만 모두 화(化)할 수 있다. 화(化)가 아니면 추(推)가 행해지지 못하고, 추(推)가 아니면 화(化)가 두루 미치지 못한다.〔自修身而齊家, 自齊家而治國而平天下, 有二道焉, 一是化, 一是推. 化者自身

자세히 생각건대, 세 "소이(所以)"는 바로 자기에게 미루어 넓힌 것이지 자신을 미루어 남에게 가한다는 뜻이 아니며, "자기에게 있는 것을 남에게 요구한다."라고 한 것은 비록 미루어가는 것을 말한 듯하지만, 그 뜻이 거듭 자기에게 있는 선(善)에 있는 것이지 남에게 요구하는 데에 있는 것이 아니니, 아래 장(章)에서 미루어가는 것을 말한 것과는 다른 듯하다. 그 아래에 "자기 몸에 간직하고 있는 것이 자신을 미루어 남에게 미치는 서(恕)가 아니면서 남을 깨우칠 수 있는 경우는 없다."라고 한 것을 자세히 완미하면 알 수 있다.

9장에서는 동화(動化)를 말하였고,[33] 10장에서는 치국(治國)과 평천하(平天下)의 도(道)를 '미루어 나아감〔推〕'을 말하였으니, 궤적이 동일하다. 그렇고 보면 치국(治國)에 있어서 추(推)가 없었던 적이 없고, 평천하(平天下)에 있어서 화(化)가 없었던 적이 없는데, 단지 호문(互文)[34]으로 말한 것일 뿐이다. 그러나 추(推)와 화(化)에는 광활

敎而動化也, 推者推此道而擴充之也. 故此一章並含兩意. 自章首至成敎於國一節是化, 三所以是推, 如保赤子繼慈者使衆而言是推, 一家仁以下一節是化, 帥天下一節是化, 有諸己一節繼所令反其所好而言是推, 三引詩是化. 惟化則可推, 惟推則皆化. 非化則推不行, 非推則化不周.〕"라고 한 말이 보인다.

33 9장에서는 동화(動化)를 말하였고 : 《대학장구(大學章句)》 전(傳) 9장의 소주(小註)에 주희(朱熹)가 "이 또한 동화(動化)가 근본이 됨을 말한 것일 뿐, 미루어 올라간 뒤의 방법은 말하지 않았으니 전적으로 미루어 나가는 것만 말한 것이다.〔此且只說動化爲本, 未說到推上後方, 全是說推.〕"라고 한 말이 보인다. 동화는 감화(感化)과 같은 의미이다.

34 호문(互文) : 둘 이상의 구를 나란히 하여, 한쪽에서 진술하는 내용과 다른 쪽에서 진술하는 내용을 서로 보완함으로써 통합된 의미를 전달하는 형식을 말한다.

하고 협소한 차이가 있으니, 이 때문에 나라에 있어서는 화(化)를 말하고, 천하(天下)에 있어서는 추(推)를 말한 것이다.

전(傳) 10장은 호오(好惡)와 재용(財用)을 가지고서 단서를 바꾸어 번갈아 말하였지만,[35] 호오의 가운데에 실로 용인(用人)의 뜻을 지니고 있다. 이 장의 마지막에 실린 맹헌자(孟獻子) 이하 두 절[36]에 이르러서는, 재용(財用)의 설에 나아가 용인(用人)으로 귀납하여 끝맺어서, 용인(用人)이 이재(理財)의 근본임을 드러내었으니, 그 뜻이 심원하다.

35 전(傳)……말하였지만 : 호오(好惡)는 남과 좋아함과 싫어함을 함께 한다는 의미이며, 재용(財用)은 재물을 뜻한다. 《대학장구(大學章句)》 전(傳) 10장에 대해 주희(朱熹)가 "이 장의 뜻은 힘씀이 백성들과 더불어 좋아하고 싫어함을 함께하고 그 이익을 독차지하지 않음에 있으니, 모두 혈구의 뜻을 미루어 넓힌 것이다.〔此章之義, 務在與民同好惡而不專其利, 皆推廣絜矩之意也.〕"라고 풀이한 말이 보인다.

36 이 장의……절 : 이 두 절은 《대학장구(大學章句)》 전(傳) 10장에 "맹헌자가 말하기를, '마승(馬乘)을 기르는 자는 닭과 돼지를 기름은 살피지 않고, 얼음을 쓰는 집안은 소나 양을 기르지 않고, 백승(百乘)의 집안은 세금을 거두어들이는 신하를 기르지 않으니, 세금을 거두어들이는 신하를 기르기보다는 차라리 도둑질하는 신하를 두는 것이 낫다.'라고 하였으니, 이것을 일러 '나라는 이(利)을 이익으로 여기지 않고 의(義)를 이익으로 여긴다.'라고 하는 것이다.〔孟獻子曰: 畜馬乘, 不察於鷄豚, 伐氷之家, 不畜牛羊, 百乘之家, 不畜聚斂之臣. 與其有聚斂之臣, 寧有盜臣. 此謂國不以利爲利, 以義爲利也.〕"라는 한 절과, "국가에 어른이 되어 재용(財用)을 힘쓰는 자는 반드시 소인(小人)으로부터 시작되니, 저 소인(小人)으로 하여금 국가를 다스리게 하면 천재(天災)와 인해(人害)가 함께 이르러, 비록 잘하는 자가 있더라도 또한 어쩔 수가 없는 것이다. 이것을 일러 '나라는 이(利)를 이익으로 여기지 않고, 의(義)를 이익으로 여긴다.'라고 하는 것이다.〔長國家而務財用者, 必自小人矣, 彼小人之使爲國家, 菑害竝至. 雖有善者, 亦無如之何矣, 此謂國不以利爲利, 以義爲利也.〕"라는 한 절을 가리킨다.

"진서(秦誓)" 한 절[37]의 "용납함이 있는 듯하다.〔其如有容〕"라는 것은 그 사람의 본래의 자질을 가지고서 말한 것이고, "남이 가지고 있는 기예〔人之有技〕" 이하로는 그 사람이 행한 일에 나아가서 말한 것이다. 평소에 "그 마음이 곱고 고와 마치 용납함이 있는 듯한〔休休如有容〕" 국량을 지니고 있다가, 일과 행실에서 드러내는 데에 이르면, "이는 능히 남을 포용하는 것이다.〔寔能容之〕"라는 아름다움이 있는 것이니, 이는 "여(如)"자와 "식(寔)"자가 서로 호응하는 것이다. 소주(小註)에서 옥계 노씨(玉溪盧氏)와 교봉 방씨(蛟峯方氏)의 경우에는 "용납함이 있는 듯하다.〔其如有容〕"라는 말에 있어서 억지로 글 뜻을 만들어내었으니,[38] 모두 그렇지 않을 듯하다.

37 진서(秦誓) 한 절 : 《대학장구(大學章句)》 전(傳) 10장에 "〈진서(秦誓)〉에 이르기를 '만일 어떤 한 신하가 단단(斷斷)하고 다른 기예(技藝)가 없으나, 그 마음이 곱고 고와 용납함이 있는 듯하여, 남이 가지고 있는 기예(技藝)를 자기가 소유한 것처럼 여기며, 남의 훌륭하고 성스러움을 그 마음에 좋아함이 자기 입에서 나온 것보다도 더한다면, 이는 능히 남을 포용하는 것이어서, 능히 나의 자손과 여민(黎民)을 보전할 것이니, 행여 또한 이로움이 있을 것이다. 남이 가지고 있는 기예(技藝)를 시기하고 미워하며, 남의 훌륭하고 성스러움을 어겨서 하여금 통하지 못하게 하면, 이것은 능히 포용하지 못하는 것이어서, 나의 자손과 여민(黎民)을 보전하지 못할 것이니, 또한 위태로울 것이다.'라고 하였다.〔秦誓曰: 若有一介臣, 斷斷兮無他技, 其心休休焉其如有容焉, 人之有技, 若己有之, 人之彦聖, 其心好之, 不啻若自其口出, 寔能容之, 以能保我子孫黎民, 尙亦有利哉! 人之有技, 娼疾以惡之, 人之彦聖, 而違之俾不通, 寔不能容, 以不能保我子孫黎民, 亦曰殆哉!〕"라고 한 한 절을 가리킨다.

38 소주(小註)에서……만들어내었으니 : 옥계 노씨(玉溪盧氏)가 "'여유용(如有容)'이라고 한 것은 그 양이 커서 헤아릴 수가 없고 또 형언할 수가 없다는 뜻이다.〔曰如有容, 其量之大, 不可得而測, 亦不可得而名言也.〕"라고 한 것과 교봉 방씨(蛟峯方氏)가 "'기여유용(其如有容)'은 의심하는 말이다. 어떤 물건이 저처럼 용납함이 있을 수 있겠는가. 저처럼 용납함이 큰 것을 비할 만한 것이 없음을 말한 것이다.〔其如有容, 其疑辭

경(經) 1장에 대해 《혹문(或問)》에서 "오직 사람의 태어남만이 기(氣)의 바르고 통한 것을 얻어서 그 성(性)이 가장 귀하다. 방촌(方寸)의 사이가 허령(虛靈)하고 통철(洞徹)하여 온갖 이치가 모두 갖추어져 있다."라고 하였고, 또 "그 통함이 혹 청탁(淸濁)의 차이가 없을 수 없고, 그 바름이 혹 미악(美惡)의 다름이 없을 수 없다."라고 하였다. 앞의 설을 가지고서 보면 허령함을 가리켜서 말한 듯하고, 뒤의 설을 가지고서 보면 기질을 가리켜서 말한 듯하며, 합하여서 보면 또 마치 이를 다 포괄하여서 심(心)과 기질의 차이가 없는 듯하다. 만약 한쪽으로 치우쳐서 허령에만 배속한다면, 기질이 어찌 바르고 통하는 기(氣)에서 벗어나겠는가. 만약 기질에만 배속한다면, 허령이 또 어찌 바르고 통하는 기(氣)에서 벗어나겠는가. 합하여서 보면 마침내 심이 곧 기질이라고 말하는 것도 가하단 말인가. 일찍이 생각해보니, 이른바 기(氣)의 바르고 통하는 것이라 함은 곧 천지의 기로부터 말한 것이다. 하늘의 입장에서 본다면 어찌 허령과 기질의 나뉨이 있겠는가. 사람에게 부여될 때에 이르러서, 방촌의 허령함이 곧 기(氣)의 본체이고 몸 전체의 기질은 곧 기의 말류인 것이니, 이에 비로소 허령과 기질이라는 명칭이 있게 된 것이다.-허령과 기질은 사람을 말미암아 명칭을 세운 것이다. 천지의 기는 비록 이를 가지고서 일컬을 수 없지만, 본말(本末)과 정추(精粗)는 또한 이로써 가리켜서 말할 수 있는 점이 있다.- 그러나 비록 본과 말의 차이가 있을지라도, 요컨대 이는 하나의 기(氣)이다. 그러므로 앞의 설은 허령에 나아가 말하여, 온갖 이치가 모두 갖추어져 있는 것이 심의 허령하고 통철함으로 인해서임을 밝혀서 사람은 누구나 요(堯)와 순

也. 有甚物似他有容者? 言無可比他有容之大.]"라고 한 것을 가리킨다.

(舜)이 될 수 있음을 보인 것이고, 아래의 설은 기질에 나아가 말하여, 사람들 중에 어리석고 불초한 이가 있는 것이 기질이 똑같지 않아서임을 밝혀서, 아래 단락의 밝혀서 회복하는 설[39]을 일으킨 것이다. 또 아래 단락에서 "기질에 가려진 심"이라고 한 것[40]을 본다면 심이 곧 기질이라고 해서는 안 됨을 알 수 있다.

선유(先儒)들이 늘 심(心)과 기질(氣質)의 구분을 논할 때에 번번이 정추(精粗)를 가지고서 말하여서 기(氣)의 정상(精爽)을 심(心)에 배속한 것[41]은 진실로 바꿀 수 없는 정론이다. 그러나 본말(本末)을 가지고서 말하여 기(氣)의 근본을 심(心)에 배속하면 이를 통해 하나의 기(氣)인데 본말의 구분이 있음을 볼 수 있는 것만 못할 듯하다. 본

39 아래……설 : 기질에 가려졌던 것을 밝혀서 회복함을 말한다. 예컨대《대학혹문(大學或問)》경(經) 1장에서 주희(朱熹)가 "이미 밝힐 단서를 열었고 또 밝히는 실질을 다한다면, 내가 하늘에서 받은바 밝지 않은 적이 없었던 것이 어찌 초연히 기질과 물욕의 얽매임이 없이 다시 본체의 온전함을 얻지 않겠는가.〔既有以啓其明之之端, 而又有以致其明之之實, 則吾之所得於天而未嘗不明者, 豈不超然無有氣質物欲之累, 而復得其本體之全哉?〕"라고 한 말 등을 가리킨다.

40 아래……것 :《대학혹문(大學或問)》경(經) 1장에 주희(朱熹)가 "더군다나 또 기질에 가려진 심으로써 사물의 무궁한 변화를 접한다면 눈이 색을 탐하는 것과 귀가 소리를 탐하는 것과 입이 맛을 탐하는 것과 코가 냄새를 탐하는 것과 사지가 안일을 탐하는 것이 그 덕을 해치는 것을 또 어찌 이루 다 말할 수 있겠는가.〔況乎又以氣質有蔽之心, 接乎事物無窮之變, 則其目之欲色、耳之欲聲、口之欲味、鼻之欲臭、四肢之欲安佚, 所以害乎其德者, 又豈可勝言也?〕"라고 한 데에 보인다.

41 기(氣)의……것 : 주희(朱熹)가 "심(心)은 기(氣)의 정상(精爽)이다.〔心者氣之精爽.〕"라고 한 말이《주자어류(朱子語類)》권5〈성정심의등명의(性情心意等名義)〉에 보이는데, 이후 많은 학자들이 이 설을 따라 주장하였다.

(本)은 하나로 똑같을 뿐이고, 서로 다른 것은 말(末)이다.-본말을 들면 정추를 포함할 수 있다.-

율곡(栗谷)이 명덕(明德)을 심(心)과 성(性)을 합한 명칭이라고 한 것[42]은 진실로 다시 평할 여지가 없다. 다만 주객의 구분이 거의 없게 될 듯하니, 《장구(章句)》에서 "허령하고 어둡지 않다.〔虛靈不昧〕"와 "중리를 갖추고 있다.〔具衆理〕" 사이에 하나의 "이(以)"자를 놓은 것[43]에 실로 정미한 뜻이 있다. 이에 착안한다면, 심(心)을 위주로 한 뜻을 볼 수 있으니, 허령하고 어둡지 않기 때문에 곧 중리(衆理)를 갖추고 만사(萬事)에 응할 수 있는 것이다. 그러나 이(理)는 심(心)을 떠나지 않으니, 만일 이 능사(能事)가 없다면 또한 어찌 허령을 귀하게 여길 것이 있겠는가.

명덕(明德)[44]과 심(心)은 모두 심의 명칭이니, 하나의 물(物)이면서

42 율곡(栗谷)이……것 : 율곡은 이이(李珥, 1536~1584)의 호이다. 그의 문집인《율곡전서(栗谷全書)》卷12 〈답안응휴(答安應休)〉에 "사단(四端)이 곧 명덕(明德)이 발한 것이니, 명목이 어찌 다르겠는가. 심(心)과 성(性)을 합해서 총칭하면 명덕이고, 그 정(情)의 발한 곳을 가리켜 말하면 사단이라 하는 것이다.〔四端卽明德之發, 名目豈異哉? 合心性而摠名曰明德, 指其情之發處曰四端耳.〕"라고 한 말이 보인다.

43 장구(章句)에서……것 :《대학장구(大學章句)》경(經) 1장의 주(註)에서 주희(朱熹)가 "명덕(明德)은 사람이 하늘에서 얻은 것으로, 허령(虛靈)하고 어둡지 않아서 중리(衆理)를 갖추어 있고 만사(萬事)에 응하는 것이다.〔明德者人之所得乎天而虛靈不昧, 以具衆理而應萬事者也.〕"라고 한 부분을 가리킨다.

44 명덕(明德) :《대학장구(大學章句)》경(經) 1장의 처음에 "《대학》의 도(道)는 명덕(明德)을 밝힘에 있으며, 백성을 새롭게 함에 있으며, 지선(至善)에 그침에 있다.〔大

명칭을 둘로 한 것이다. 그러나 심이라고 하지 않고 명덕이라고 한 것은 어째서인가? 심에는 근본과 말단, 진실함과 망령됨이 있으나, 명덕은 심의 본체로서 이(理)와 간격이 없는 상태에 곧장 나아가서 말한 것이다. 그 체(體)를 일러 중리(衆理)를 갖추고 있다고 한 것이고, 그 용(用)을 일러 만사(萬事)에 응한다고 한 것이니, 천하의 지선(至善)이 여기에서 더 이상 더할 것이 없이 지극하다. 그러므로 드러내어 게시하여 일컬어서, 이로써 기질(氣質)에 가려진 심과 구별한 것이다.

경(經) 1장에 대해 《혹문(或問)》에서 경(敬)에 대한 여러 설을 논하면서 정자(程子)의 주일무적(主一無適)의 가르침을 가장 먼저 게시한 것[45]은 그 뜻이 가장 크면서도 주일(主一)이 성(誠)이기 때문이니, 여기에서 또한 성(誠)과 경(敬)이 서로 필요로 하는 묘함을 볼 수 있다.

學之道, 在明明德, 在新民, 在止於至善.]"라고 한 부분에서 보이는 "명덕"을 가리킨다. 이에 대한 주(註)에서 주희(朱熹)가 "명덕(明德)은 사람이 하늘에서 얻은 것으로, 허령(虛靈)하고 어둡지 않아서 중리(衆理)를 갖추어 있고 만사(萬事)에 응하는 것이다.〔明德者人之所得乎天而虛靈不昧, 以具衆理而應萬事者也.〕"라고 하였다.

45 경(經) 1장에……것 : 《대학혹문(大學或問)》에서 "그렇다면 이른바 경(敬)이란 또 어떻게 공부해야 합니까?〔曰: 然則所謂敬者, 又若何而用力耶?〕"라는 질문에 대해 주희(朱熹)가 가장 먼저 "'정자(程子)는 이에 대하여 주일무적(主一無適)이라고 말한 적이 있고, 정제엄숙(整齊嚴肅)이라고 말한 적이 있다.〔曰: 程子於此, 嘗以主一無適言之矣, 嘗以整齊嚴肅言之矣.〕"라고 답한 것을 가리킨다. 주일무적이란 정이(程頤)가 '경(敬)'을 설명하기 위해 한 말로, '일을 주장함〔主一〕'은 심(心)을 전일하게 함을 뜻하고, '다른 데로 나감이 없음〔無適〕'은 심(心)이 다른 곳으로 옮겨 감이 없음을 뜻한다. 《이정수언(二程粹言)》 권상(卷上)에, "일(一)을 주장함을 경(敬)이라고 하고, 다른 데로 나감이 없음을 일(一)이라고 한다.〔主一之謂敬, 無適之謂一.〕"라고 한 말이 보인다.

이것이 정히 체득하고 완미하기에 좋다.

전(傳) 5장에 대해 《혹문(或問)》에서 말한 정자(程子)의 9조의 설[46]

46 전(傳) 5장에…설 : 《대학장구(大學章句)》 전 5장의 격물(格物)에 대해 정자(程子)가 설명한 9조목의 《대학혹문(大學或問)》의 기록은 다음과 같다. "'격물이란 반드시 사물마다 궁구하여야 하는가? 아니면 한 사물을 궁구하면 온갖 이치를 모두 통달할 수 있는가?' '한 사물을 궁구함에 모든 이치를 통달한다는 것은 안자(顔子)과 같은 분이더라도 이 경지에 이를 수 없었다. 오늘 하나의 사물을 궁구하고 내일 또 하나의 사물을 궁구하여 쌓고 익힌 것이 많아진 뒤에야 초탈하여 관통하는 곳이 있게 되는 것이다.' 또 말하였다. '자신으로부터 만물의 이치에 이르기까지 이해하는 것이 많아지면 저절로 마땅히 툭 트여서 깨닫는 곳이 있게 되는 것이다.' 또 말하였다. '궁리란 반드시 천하의 이치를 모두 궁구하라는 말이 아니며, 또 하나의 이치를 궁구하면 곧 도달한다는 말도 아니다. 다만 많이 쌓인 뒤에 저절로 마땅히 초탈하여 깨닫는 곳이 있게 되는 것이다.' 또 말하였다. '격물이란 천하의 물건을 다 궁구하고자 함이 아니니, 단지 한 사물에 있어서 끝까지 궁구한다면 다른 것들을 유추할 수 있다. 효(孝)를 말하는 경우에는 마땅히 효를 행하는 것이 어떠해야 하는지를 구하여야 한다. 만약 하나의 사물에 있어서 궁구하지 못하였다면, 또 따로 하나의 사물을 궁구하되, 혹 쉬운 것을 먼저 하기도 하고 혹 어려운 것을 먼저 하기도 하여, 각각 그 사람의 깊고 얕은 수준을 따른다. 이는 비유컨대 천개, 만개의 길이 모두 국도(國都)로 갈 수 있지만, 단지 하나의 길을 얻어 들어가면 유추하여 그 나머지를 통할 수 있는 것과 같다. 만물이 각각 하나의 이치를 갖추고 있지만 온갖 이치는 똑같이 하나의 근원에서 나오니, 이것이 유추함에 통하지 않음이 없는 까닭이다.' 또 말하였다. '물건에는 반드시 이치가 있으니, 모두 마땅히 궁구해야 하는 바이다. 예컨대 천지가 높고 깊은 것과 귀신이 그윽하고 드러나는 것이 그것이다. 만약 하늘은 내 높은 줄을 알 뿐이며, 땅은 내 깊은 줄을 알 뿐이며, 귀신은 내 그윽하고 드러나는 줄을 알 뿐이라고 말한다면 이는 이미 그러한 말인데 또 무슨 이치를 궁구할 수 있겠는가?' 또 말하였다. '만일 효도하고자 한다면 마땅히 효도를 하는 도리를 알아야 하니, 어떻게 하여야 봉양의 마땅함이 되는지, 어떻게 하여야 따뜻하고 시원함이 절도에 맞음이 되는지에 있어서 궁구하지 않음이 없고 난 뒤에야 할 수 있는 것인바, 홀로 효라는 한 글자를 지켜서 얻을 수 있는 것이 아니다.' 혹자가

은, 언뜻 보면 마치 중언부언하는 것 같지만, 자세히 완미해보면 각각

물었다. '사물을 보고 자기를 살피는 것은 아마도 사물을 본 것을 인하여서 자기에게 돌이켜 구하는 것입니까?' '반드시 그런 것은 아니다. 사물과 내가 하나의 이치이니, 저것을 밝게 알자마자 곧 이것을 깨닫게 되니, 이것이 내외의 도를 합하는 것이다. 큼을 말하면 천지가 높고 두터운 바이고, 작음을 말하면 한 사물의 소이연에 이르니, 모두 배우는 자가 마땅히 생각을 다하여야 하는 바이다.' '그렇다면 먼저 사단(四端)을 구하여야 합니까?' '성정(性情)에서 구하는 것은 진실로 나의 몸에 간절한 것이다. 그러나 풀 하나, 나무 하나도 모두 이치가 있으므로 살피지 않아서는 안 된다.' 또 말하였다. '치지(致知)의 요점은 마땅히 지선(至善)이 있는 바를 알아야 하니, 예컨대 아버지가 자(慈)에 그치고 자식이 효에 그치는 유이다. 만약 이를 힘쓰지 않고 한갓 범범히 만물의 이치를 보고자 한다면, 대군의 기병이 너무 멀리 가서 돌아올 수 없는 것과 같을 듯하다.' 또 말하였다. '격물은 자신에게 살펴서 얻는 것보다 더 절실한 것이 없다.' 이는 9조목이니, 모두 격물치지의 마땅히 공부를 해야 하는 곳과 그 차제의 공정을 말한 것이다.〔曰: 格物者, 必物物而格之耶? 將止格一物而萬理皆通邪? 曰: 一物格而萬理通, 雖顏子, 亦未至此. 惟今日而格一物焉, 明日又格一物焉, 積習旣多, 然後脫然有貫通處耳. 又曰: 自一身之中, 以至萬物之理, 理會得多, 自當豁然有箇覺處. 又曰: 窮理者, 非謂必盡窮天下之理, 又非謂止窮得一理便到. 但積累多後, 自當脫然有悟處. 又曰: 格物非欲盡窮天下之物, 但於一事上窮盡, 其他可以類推. 至於言孝, 則當求其所以爲孝者如何. 若一事上窮不得, 且別窮一事, 或先其易者, 或先其難者, 各隨人淺深. 譬如千蹊萬徑, 皆可以適國, 但得一道而入, 則可以推類而通其餘矣. 蓋萬物各具一理, 而萬理同出一原, 此所以可推而無不通也. 又曰: 物必有理, 皆所當窮. 若天地之所以高深、鬼神之所以幽顯是也. 若曰天吾知其高而已矣, 地吾知其深而已矣, 鬼神吾知其幽且顯而已矣, 則是已然之詞, 又何理之可窮哉? 又曰: 如欲爲孝, 則當知所以爲孝之道, 如何而爲奉養之宜, 如何而爲溫凊之節, 莫不窮究, 然後能之, 非獨守夫孝之一字而可得也. 或問: 觀物察己者, 豈因見物而反求諸己乎? 曰: 不必然也. 物我一理, 纔明彼卽曉此, 此合內外之道也. 語其大, 天地之所以高厚, 語其小, 至一物之所以然, 皆學者所宜致思也. 曰: 然則先求之四端可乎? 曰: 求之情性, 固切於身. 然一草一木, 亦皆有理不可不察. 又曰: 致知之要, 當知至善之所在, 如父止於慈、子止於孝之類. 若不務此而徒欲汎然以觀萬物之理, 則吾恐其如大軍之遊騎出太遠而無所歸也. 又曰: 格物莫若察之於身, 其得之尤切. 此九條者, 皆言格物致知所當用力之地與其次第工程也.〕"

주장하는 바가 있다. 처음의 1조는 공부를 하는 방도에 대해 총체적으로 말하였고, 제2조, 제3조, 제4조는 반드시 쌓아 나가야함을 말하였고, 제5조는 반드시 유(類)대로 미루어 가야함을 말하였고, 제6조는 반드시 끝까지 궁구해야 함을 말하였고, 제7조는 외물을 빠뜨려서는 안 됨을 말하였고, 제8조, 제9조는 반드시 자신에게서 살핌을 먼저 해야 함을 말하였다. 친근하고 절실한 부분에 있어서 급급해하면서도 외물(外物)을 빠뜨리지 않았고, 지극히 높고 크면서도 근소한 것에서부터 해나갔으니, 서로 필요로 하고 자뢰하여, 어느 한 쪽으로 빠지지 않았다.

정자(程子)는 "독서하여 도의(道義)를 강론해 밝힌다."라고 하였고,[47] 주자(朱子)는 "문자의 사이에서 구하고, 강론하는 때에 찾는다."라고 하였으니,[48] 정자는 독서와 강론을 합하여 한 가지 일로 여긴 것이고,

47 정자(程子)는……하였고 : 《대학혹문(大學或問)》에 격물(格物)에 대해서 "무릇 하나의 물건에는 반드시 하나의 이치가 있으니, 이를 궁구하여 이르는 것이 이른바 격물(格物)이다. 그러나 격물은 또한 한 가지가 아니니, 예컨대 혹 독서하여 도의(道義)를 강론해 밝히고, 혹 고금의 인물을 논하여 그 시비를 분별하고, 혹 사물을 응접하여 그 온당함과 부당함을 대처하는 것이 모두 궁리이다.〔凡有一物, 必有一理, 窮而至之, 所謂格物者也. 然而格物亦非一端, 如或讀書講明道義, 或論古今人物而別其是非, 或應接事物而處其當否, 皆窮理也.〕"라고 한 정이(程頤)의 말이 보인다.

48 주자(朱子)는……하였으니 : 《대학혹문(大學或問)》에 격물(格物)에 대해서 "그 공부를 하는 방법은 혹 일과 행실로 드러난 것을 상고하고, 혹 사려의 은미한 곳을 살펴보며, 혹 문자 사이에서 구하고 혹 강론하는 때에 찾아서, 신심성정(身心性情)의 덕(德), 인륜일용(人倫日用)의 상도(常道)에서부터 천지귀신(天地鬼神)의 변화, 조수초목(鳥獸草木)의 제 모습에 이르기까지, 하나의 사물마다 마땅히 그러하여 그만둘 수 없는 것과 그러하여 바꿀 수 없는 것을 보아야 한다.……〔若其用力之方, 則或考之事

주자는 나누어서 각 항목의 일로 여긴 것이다. 내가 생각건대 강론하는 것은 다른 사람에게 자뢰하는 것이다. 독서하고서 강론을 자뢰하지 않는다면 학취문변(學聚問辨)[49]할 방도가 없어서 끝내 과문하고 비루하게 될 것이다. 그러므로 독서를 하였으면 또 강론하지 않아서는 안 된다. 주자가 나누어서 두 가지의 일로 삼은 것은 바로 사우(師友) 간의 도리를 보이기 위함일 것이다.

물(物)에 있어서는 이(理)라고 하고, 심(心)에 있어서는 지(知)라고 하니, 그 실질은 똑같은 것이다. 그러므로 저것을 분명히 알자마자 즉시 이것을 깨닫게 된다.

주자(朱子)가 "《대학(大學)》에서 '궁리(窮理)'라고 말하지 않고 '격물(格物)'이라고 한 것은 단지 사람으로 하여금 실질적인 곳에 나아가서 궁구하게 한 것이다."라고 하였으니,[50] 이 말을 무엇보다 자세히 완미

爲之著, 或察之念慮之微, 或求之文字之中, 或索之講論之際, 使於身心性情之德、人倫日用之常以至天地鬼神之變、鳥獸草木之宜, 自其一物之中, 莫不有以見其所當然而不容已與其所以然而不可易者.……〕"라고 한 주희(朱熹)의 말이 보인다.

49 학취문변(學聚問辨) : 《주역(周易)》 〈건괘(乾卦) 문언(文言)〉의 "군자가 배워서 지식을 모으고 물어서 분변한다.〔君子學以聚之, 問以辨之.〕"라고 한 데서 온 말이다.

50 주자(朱子)가……하였으니 : 《주자어류(朱子語類)》 권75에 "《대학(大學)》의 도(道)에서 '궁리(窮理)'라고 하지 않고 '격물(格物)'이라고 한 것은 단지 사람으로 하여금 실질적인 곳에 나아가서 끝까지 궁구하도록 한 것이다. 사물마다 허다한 도리가 있으니, 이를 궁구함에 끝까지 다하지 않아서는 안 된다.〔大學之道, 不曰窮理, 而謂之格物, 只是使人就實處窮竟. 事事物物上有許多道理, 窮之不可不盡也.〕"라고 한 주희(朱熹)의 말을 가리킨다. 궁리란 사물의 이치를 궁구하여 정확한 지식을 얻는 일을 말한다.

하여야 한다. 이치를 궁구하고서도 사물에 나아가지 않는다면 공허함이 이보다 심할 수 없으니, 공중에서 현리(玄理)를 말하는 데로 귀결되지 않는 경우가 거의 없을 것이다. 그러므로 격물(格物)이라고 한 것은 바로 성인(聖人)께서 배우는 이들이 착수할 곳을 가리켜 보이신 것이다. 그렇다면 격물은 많은 말을 할 것 없이 단지 궁리(窮理)의 절도라고 할 수 있는 것이다.

이치를 궁구함에 사물을 말미암지 않으면 아득하고 아득하여 이단에 빠지기가 쉽다. 이단의 견해란 모두 사물을 도외시하고서 말하는 것일 따름이다.

소주(小註)에서 진씨(陳氏)가 말하기를, "사물마다……차서가 있다."라고 하였다. 살펴보건대 정자(程子)는 대략 완급(緩急)의 차서를 가지고서 차례대로 말하였으니, 이는 진씨의 설이 분명하게 선후를 나누어서 본 것만 못할 듯하다. 이 세 '혹(或)'자가 나란히 공력을 쏟아야 할 것이 됨을 알 수 있다.[51]

51 소주(小註)에서……있다 : 《대학혹문(大學或問)》 전(傳) 5장에 대한 부분의 소주(小註)에 실린 북계 진씨(北溪陳氏)의 말은 다음과 같다. "사물마다 본디 모두 이치가 있지만, 성현의 책은 또 이루어진 이의(理義)가 모인 바로서 모두 사물의 법칙인 것이다. 초학자에게 있어서 궁리 공부는 먼저 우선 성현의 말씀의 실질적인 곳에 나아가 이를 법도로 삼아서, 한가하고 고요한 중에 마음을 비우고서 자세히 완미하여 장구(章句)를 따라서 하나하나 실제로 강명하는 공부를 하여 과연 실로 얻음이 있으면 시비(是非)와 사정(邪正)의 큰 구별이 분명해져서 흉중의 권도(權度)가 차츰 정해질 것이다. 그런 뒤에 그 다음으로 고금의 인물을 논하여 참고하여 질정함에 이르면 그 포폄과 거취가 비로소 정론이 있게 될 것이다. 가장 마지막으로 사물을 응접하여 서로 징험하고

《대학(大學)》이라는 책은 전적으로 배움을 위주로 하였는데, 명덕(明德)이 그 골자가 된다. 그러므로 한 편에서 모두 배움을 말하되, 격물(格物)·치지(致知)·성의(誠意)·정심(正心)·수신(修身) 중에 이 명덕(明德)의 밝음을 근거로 하여 이를 밝혀서 그 본성을 회복하지 않는 것이 없다. 치국(治國)·평천하(平天下)의 장(章)에 이르러서는 또한 예악형정(禮樂刑政)을 말하지 않고 단지 동화(動化)[52]와 혈구(絜

바로잡음에 이르면 처리하여 결단함이 비로소 절도에 맞아서 어긋나는 데에 이르지 않을 것이다. 그러므로 나의 견해를 가지고서 저것의 실정을 비추어서 하나하나 익혀서 감촉하는 곳에 나의 견해가 성장함이 있어서 내외가 서로 발명하게 될 것이니, 장차 어디를 간들 나의 궁리격물의 이로움이 아니겠는가. 정자(程子)의 말씀에 차서가 있다.〔事事物物, 固皆有理, 而聖賢書中, 又見成理義所萃而皆事物之則也. 在初學者窮理工夫, 先且就聖賢言語實處爲準, 則於幽閑靜一之中, 虛心而詳玩, 隨章逐句, 一一實下講明工夫, 果實有得, 則是非邪正, 大分已明, 而胸中權度稍定. 然後次而及於論古今人物, 以相參質, 則其褒貶去取, 方可有定論. 最其後也, 乃及於應接事物, 更相證訂, 則其裁處剖決方中節, 而不至於差謬. 故以我之見, 有以照彼之情, 而歷練感觸處, 有以長吾之見, 內外交相發, 將何所往而非吾窮格之益也? 程子之言其有序矣.〕" 여기서 말한 '정자의 말씀'이란, 《대학혹문》에 인용된 다음의 말을 뜻한다. "또 물었다. '진덕수업(進德修業)에 있어서 무엇을 먼저 해야 합니까?' 정자(程子)가 말하였다. '정심(正心)과 성의(誠意)보다 먼저 해야 할 것이 없다. 그러나 성의하고자 하면 반드시 먼저 치지(致知)하여야 하고, 치지하고자 하면 또 격물(格物)에 달려 있다. 치(致)는 다함이고, 격(格)은 이름이다. 무릇 하나의 물건에는 반드시 하나의 이치가 있으니, 궁구해서 이르는 것이 이른바 격물이다. 그러나 격물 또한 한 가지가 아니니, 예컨대 혹 독서하여 도의(道義)를 강명하고, 혹 고금의 인물을 논하여 시비를 분별하고, 혹 사물을 응접하여 그 온당함과 부당함을 대처하는 것이 모두 궁리(窮理)이다.〔又有問: 進修之術, 何先者? 程子曰: 莫先於正心誠意. 然欲誠意必先致知, 而欲致知又在格物. 致, 盡也, 格, 至也. 凡有一物, 必有一理, 窮而至之, 所謂格物者也. 然而格物亦非一端, 如或讀書講明道義, 或論古今人物而別其是非, 或應接事物而處其當否, 皆窮理也.〕" "세 '혹(或)'자"는 이 정자의 말의 마지막 부분을 가리킨다.

矩)[53]만을 말하였다. 동화와 혈구는 모두 나의 명덕으로부터 미루어나가서 그 단서를 구하여 힘을 쓰는 것이니, 또 배움의 일이 아닌 것이 없다.

사람의 도(道)는 두 가지이니, 선과 악일 따름이다. 그러므로 《대학(大學)》의 치지(致知)는 이 두 가지를 분별하는 것이고,-치지(致知)는 비록 천하의 이치를 다 궁구하는 것이지만, 만약 그 절실한 곳에 나아가 말한다면 이 두 가지를 벗어나지 않는다.- 성의(誠意)는 이 두 가지를 좋아하고 미워함을 진실하게 하는 것이고, 치국(治國)과 평천하(平天下)는 이 두 가지를 좋아하고 미워함을 미루어 가는 것으로, 요컨대 나의 하나의 심(心)에서 벗어나지 않는다.

52 동화(動化) : 감화(感化)과 같은 의미이다. 《대학장구(大學章句)》 전(傳) 9장의 소주(小註)에 주희(朱熹)가 "이 또한 동화(動化)가 근본이 됨을 말한 것일 뿐, 미루어 올라간 뒤의 방법은 말하지 않았으니 전적으로 미루어나가는 것만 말한 것이다.〔此且只說動化爲本, 未說到推上後方, 全是說推.〕"라고 한 말이 보인다.

53 혈구(絜矩) : 《대학장구(大學章句)》 전(傳) 10장에 "군자는 혈구의 도(道)가 있다. 윗사람에게서 싫었던 점을 가지고 아랫사람을 부리지 말며, 아랫사람에게서 싫었던 점을 가지고 윗사람을 섬기지 말며, 앞사람에게서 싫었던 점을 가지고 뒷사람에게 가하지 말며, 뒷사람에게서 싫었던 점을 가지고 앞사람을 따르지 말며, 오른쪽 사람에게서 싫었던 점을 가지고 왼쪽 사람과 사귀지 말며, 왼쪽 사람에게서 싫었던 점을 가지고 오른쪽 사람과 사귀지 말 것이니, 이것을 일러 혈구의 도라고 하는 것이다.〔君子有絜矩之道也. 所惡於上, 毋以使下, 所惡於下, 毋以事上; 所惡於前, 毋以先後, 所惡於後, 毋以從前; 所惡於右, 毋以交於左, 所惡於左, 毋以交於右, 此之謂絜矩之道.〕"라고 하였는데, 주희(朱熹)의 주(註)에 이르기를, "혈(絜)은 헤아림이다. 구(矩)는 네모진 것을 만드는 기구이다.〔絜, 度也. 矩, 所以爲方也.〕"라고 하였다.

《소학(小學)》이라는 책은 비록 소자(小子)의 학문이지만, 실로 《대학(大學)》과 서로 표리를 이룬다. 《소학》의 〈명륜(明倫)〉과 〈경신(敬身)〉[54]은 횡(橫)으로 말한 것이고, 《대학》의 삼강령(三綱領)과 팔조목(八條目)[55]은 종(縱)으로 말한 것이다. 《소학》은 씨줄이 되고, 《대학》은 날줄이 되니, 비록 각기 구획이 있고 각기 조목이 있으나, 반드시 두 단계로 분리되지는 않는다. 이것을 저것에 짝짓고, 저것을 이것에 합하여 하나의 도철(途轍)을 만들어서 항상 생각하고 헤아려 마음과 눈에 항상 잊지 않고 간직하면[56] 의사가 절로 좋아질 것이다.

《대학(大學)》과 《소학(小學)》은 비록 선후와 대소의 구분이 있으나, 공부를 하는 것으로 말하면 나누어서 각 항목의 일로 삼아서는 안 된다. 모름지기 시종 그 공력을 아울러서 지극히 하여서 융회하여 일치하게 하여야, 비로소 진정한 학문이라 할 수 있다.

54 소학의 명륜(明倫)과 경신(敬身) : 〈명륜〉과 〈경신〉은 《소학》의 내편(內篇)에 실린 편명들이다.

55 대학의 삼강령(三綱領)과 팔조목(八條目) : 《대학장구(大學章句)》 경 1장에서 논한 명명덕(明明德)·신민(新民)·지어지선(止於至善)은 삼강령에 해당되며, 격물(格物)·치지(致知)·성의(誠意)·정심(正心)·수신(修身)·제가(齊家)·치국(治國)·평천하(平天下)는 팔조목에 해당된다.

56 항상 잊지 않고 간직하면 : 원문의 '참의(參倚)'는 《논어》 〈위령공(衛靈公)〉에 "일어서면 이 충신(忠信)과 독경(篤敬)이 앞에 참여함을 볼 수 있고, 수레에 있으면 이 충신과 독경이 멍에에 기대고 있을 때에 볼 수 있어야 하니, 이와 같이 한 뒤에야 행해지는 것이다.〔立則見其參於前也, 在輿則見其倚於衡也, 夫然後行.〕"라는 구절에서 유래하였다.

중용

中庸

《중용(中庸)》의 첫 장 첫 절에 대한 《장구(章句)》에서 "각각 그 성(性)의 자연(自然)을 따른다.〔各循其性之自然〕"라고 하였는데,[57] 생각건대 "자연(自然)" 두 글자는 바로 《혹문(或問)》의 "인위를 빌리지 않다.〔不假人爲〕"라는 뜻[58]이니, 마땅히 착안하여 보아야 한다. 사람과 물건을 막론하고 자연(自然)한 곳이 바로 본연(本然)인 것이다.

도(道)는 사물의 자연한 이치이니, 애초에 인력이 안배하기를 기다려서 존재하는 것이 아니다.[59] 그러므로 주자(朱子)가 일찍이 말하기를,

57 중용(中庸)의……하였는데 : 《중용장구(中庸章句)》의 첫 장의 첫 절에 "하늘이 명하신 것을 성(性)이라고 이르고, 성을 따름을 도(道)라고 이르고, 도를 품절(品節)해 놓음을 교(敎)라고 이른다.〔天命之謂性, 率性之謂道, 修道之謂敎.〕"라고 하였는데, 이에 대해 주희(朱熹)가 "사람과 물건이 각각 그 성(性)의 자연(自然)을 따르면 일상생활하는 사이에 각각 마땅히 행하여야 할 길이 있지 않음이 없으니, 이것이 이른바 도(道)라는 것이다.〔人物各循其性之自然, 則其日用事物之間, 莫不各有當行之路, 是則所謂道也.〕"라고 하였다.

58 혹문(或問)의……뜻 : 《중용혹문(中庸或問)》에서 "성(性)이란 하나의 이(理)도 갖추어져 있지 않은 것이 없으므로, 도(道)는 밖에서 구하기를 기다리지 않더라도 완전히 갖추어져 있으며, 성이란 하나의 사물도 품부받지 못한 것이 없으므로, 도는 인위(人爲)를 빌리지 않고서도 완전한 상태이다.〔蓋所謂性者, 無一理之不具, 故所謂道者, 不待外求而無所不備, 所謂性者, 無一物之不得, 故所謂道者, 不假人爲而無所不周.〕"라고 한 것을 말한다.

59 도(道)는……아니다 : 여기에서 말하는 도(道)는, 《중용장구(中庸章句)》의 첫 장

"솔(率)은 힘을 쓴다는 뜻의 글자가 아니다."라고 하였고, 또 말하기를, "솔(率)은 단지 도(道)에 나아가서 말한 것이지, 도를 행하는 사람에게 나아가서 말한 것이 아니다."라고 하였다.[60] 지금 사람들 중에는 '솔(率)'자의 뜻을 중시하는 이가 많으니, 이 때문에 "솔성지도(率性之道)"에 있어서 다소간 밝게 알지 못하는 점이 있는 것이다.

제2절의 《장구(章句)》[61]에 "항상 공경함과 두려워함을 보존한다.〔常存

에 "성(性)을 따름을 도(道)라고 이른다.〔率性之謂道.〕"라고 한 데서 말하는 도를 가리킨다.

60 주자(朱子)가……하였다 : 이 내용은 모두 《주자어류(朱子語類)》 권61 〈중용1(中庸一)〉에 보인다.

61 제2절의 장구(章句) : 《중용장구(中庸章句)》 제1장 제2절의 "도라는 것은 잠시도 떠날 수 없는 것이니, 떠날 수 있다고 한다면 그것은 도가 아니다. 그렇기 때문에 군자는 보이지 않아도 계신하는 것이요, 들리지 않아도 공구하는 것이다. 숨어 있는 것보다 더 잘 드러나는 것이 없으며, 미세한 것보다 더 잘 나타나는 것이 없다. 그러므로 군자는 홀로 있을 때를 삼가는 것이다.〔道也者不可須臾離也, 可離非道也. 是故君子戒愼乎其所不睹, 恐懼乎其所不聞. 莫見乎隱, 莫顯乎微, 故君子愼其獨也.〕"라고 하였는데, 이에 대해 주희(朱熹)가 "도는 일상생활하는 사이에 마땅히 행하여야 할 이(理)이니, 모두 성(性)의 덕(德)으로서 마음에 갖추어져 있어서 사물마다 있지 않음이 없고 때마다 그렇지 않음이 없으니, 이 때문에 잠시도 떠날 수 없는 것이다. 만일 떠날 수 있다면 어찌 솔성(率性)이라고 말할 수 있겠는가. 그러므로 군자의 마음이 항상 공경함과 두려워함을 보존하여 자신이 비록 보고 듣지 않더라도 또한 감히 소홀히 하지 않으니, 이 때문에 천리의 본연을 보존하여 잠시 동안이라도 떠나지 않게 하는 것이다.……유암(幽暗)의 가운데와 세미한 일은 자취는 비록 나타나지 않으나 기미는 이미 동하였고, 남은 비록 알지 못하지만 자신만은 홀로 알고 있으니, 이는 천하의 일이 드러나 보이고 밝게 나타남이 이보다 더함이 없는 것이다. 그러므로 군자가 항상 계구(戒懼)하고 여기에 더욱 삼감을 가하는 것이니, 인욕을 장차 싹트려 할 때에 막아서 인욕이 은미한

敬畏〕"라고 하고 "항상 계구한다.〔既常戒懼〕"라고 하였으니, 여기에서의 두 '상(常)'자는 바로 정(靜)을 가지고 동(動)을 통섭하는 뜻이며, "또한 감히 소홀히 하지 않는다.〔亦不敢忽〕"라고 하고 "더욱 삼감을 가한다.〔尤加謹焉〕"라고 하였으니, 여기에서의 '역(亦)'자와 '우(尤)'자 두 글자는 바로 동(動)을 가지고 정(靜)에 통섭시키는 뜻이다. 말의 뜻이 서로 창화(唱和)하는 듯하니, 이를 자세히 완미하면 계신(戒愼)과 공구(恐懼)가 동(動)과 정(靜)을 관통하는데 다만 동(動)할 때에 하나의 '찰(察)'자의 뜻을 더한다는 것을 절로 알 수 있다.

제2장의 군자(君子)와 소인(小人)의 선악(善惡)[62]과 제4장의 지혜로운 이와 어리석은 이, 현자와 불초한 자의 과(過)와 불급(不及)[63]은

가운데에 속으로 불어나고 자라나서 도를 떠남이 멂에 이르지 않도록 하는 것이다.〔道者日用事物當行之理, 皆性之德而具於心, 無物不有, 無時不然, 所以不可須臾離也. 若其可離, 則豈率性之謂哉? 是以君子之心, 常存敬畏, 雖不見聞, 亦不敢忽, 所以存天理之本然, 而不使離於須臾之頃也.……言幽暗之中、細微之事, 跡雖未形, 而幾則已動, 人雖不知, 而己獨知之, 則是天下之事, 無有著見明顯而過於此者. 是以君子既常戒懼, 而於此尤加謹焉, 所以遏人欲於將萌, 而不使其潛滋暗長於隱微之中, 以至離道之遠也.〕"라고 하였다.

62 제2장의……선악(善惡) : 《중용장구(中庸章句)》 제2장에, "군자가 중용을 함은 군자이면서 시중하기 때문이고, 소인이 중용에 반대로 함은 소인이면서 기탄이 없기 때문이다.〔君子之中庸也, 君子而時中; 小人之反中庸也, 小人而無忌憚也.〕"라고 하였다.

63 제4장의……불급(不及) : 《중용장구(中庸章句)》 제4장에 "도가 행해지지 못하는 이유를 내 아노니, 지혜로운 자는 지나치고 어리석은 자는 미치지 못하기 때문이다. 도가 밝아지지 못하는 이유를 내 아노니, 어진 자는 지나치고 어질지 못한 자는 미치지 못하기 때문이다.〔道之不行也, 我知之矣, 知者過之, 愚者不及也. 道之不明也, 我知之矣, 賢者過之, 不肖者不及也.〕"라고 하였다.

모두 기품(氣稟)이 같지 않은 데에서 연유한 것이니, 실로 윗글의 "수도지교(修道之敎)" 한 구(句)[64]를 이은 것이다. 마침내 지(知)·인(仁)·용(勇)[65]을 끄집어내어서 공부를 하는 절도를 보여서, 순(舜)임금의 지(知)[66]와 안연(顔淵)의 인(仁)[67]으로써 지와 인의 표준으로 삼고, 이어서 자로(子路)가 강함을 물은 것을 가지고서 덕의(德義)의 용(勇)을 말하였으니,[68] 이에 지(知)·인(仁)·용(勇) 세 가지가 각

64 윗글의……구(句) : 《중용장구(中庸章句)》의 제1장의 "도를 품절(品節)해 놓음을 교(敎)라고 이른다.〔修道之謂敎.〕"라고 한 한 구절을 말한다.

65 지(知)·인(仁)·용(勇) : 《중용(中庸)》에서 말하는 삼달덕(三達德)을 가리킨다. 《중용장구(中庸章句)》 제20장에 "지(知)·인(仁)·용(勇) 이 세 가지는 천하의 달덕이다.〔知、仁、勇三者, 天下之達德也.〕"라고 하였다.

66 순(舜)임금의 지(知) : 《중용장구(中庸章句)》 제6장에 "순임금은 큰 지혜이실 것이다. 순임금은 묻기를 좋아하시고 천근한 말씀을 살피기 좋아하시되, 악을 숨겨 주고 선을 드러내시며 두 끝을 잡으시어 그 중(中)을 백성에게 쓰셨으니, 이 때문에 순임금이 되신 것이다.〔子曰: 舜其大知也與! 舜好問而好察邇言, 隱惡而揚善, 執其兩端, 用其中於民, 其斯以爲舜乎.〕"라고 하였는데, 《중용장구대전》의 소주(小註)에 "이 장은 지(知)의 일을 말하였다.〔此章言知之事.〕"라고 하였다.

67 안연(顔淵)의 인(仁) : 《중용장구(中庸章句)》 제8장에 "공자(孔子)가 말하였다. '안회(顔回)의 사람됨이 중용(中庸)을 가려 한 선(善)을 얻으면 권권(拳拳)히 가슴속에 두어 잃지 않는다.'〔子曰: 回之爲人也, 擇乎中庸, 得一善, 則拳拳服膺而弗失之矣.〕"라고 하였는데, 《중용장구대전》의 소주(小註)에 "이 장은 인(仁)의 일을 말하였다.〔此章言仁之事.〕"라고 하였다. 회(回)는 공자(孔子)의 제자 안연(顔淵)의 이름이다.

68 자로(子路)가……말하였으니 : 《중용장구(中庸章句)》 제10장에 "자로가 강함에 대하여 묻자, 공자가 말하기를 '남방의 강함인가? 북방의 강함인가? 아니면 네가 힘써야 할 강함인가? 너그럽고 유순하여 가르쳐주고, 무도함에 보복하지 않는 것은 남방의 강함이니, 군자가 이에 처한다. 병기와 갑옷을 깔고 자서 싸우다가 죽어도 싫어하지 않는 것은 북방의 강함이니, 강한 자가 이에 처한다. 그러므로 군자는 화하나 흐르지 않으니 강하다 꿋꿋함이여. 중립하여 치우치지 않으니 강하다 꿋꿋함이여. 나라가 도가

각 중용(中庸)의 지극한 경지를 다하였다.

제13장의 첫 절은 첫 장의 제2절과 글을 만들어 뜻을 담은 것이 자못 서로 비슷하다. 첫 장의 첫 절에서 성(性)・도(道)・교(教)를 차례로 서술하였는데[69] 제2절에서 곧 "도(道)는 잠시도 떠날 수 없다."라는 말로 이를 이었으며,[70] 제12장에서 비(費)와 은(隱)을 힘써 말하였는데[71] 이 제13장의 첫 절에서 곧 "도(道)가 사람의 몸에서 멀리 있지 않다."라는 말로 이를 이었다.[72] 성(性)・도(道)・교(教)의 뒤를 "도

있을 때에는 궁할 적의 의지를 변치 않으니 강하다 꿋꿋함이여. 나라에 도가 없을 때에는 죽음에 이르러도 지조를 변치 않으니 강하다 꿋꿋함이여.〔子路問强, 子曰: 南方之强與? 北方之强與? 抑而强與? 寬柔以敎, 不報無道, 南方之强也, 君子居之. 衽金革, 死而不厭, 北方之强也, 而强者居之. 故君子, 和而不流, 强哉矯, 中立而不倚, 强哉矯. 國有道, 不變塞焉, 强哉矯. 國無道, 至死不變, 强哉矯.〕"라고 하였는데, 이에 대해 주희(朱熹)가 "부자(夫子)가 이로써 자로에게 말씀해주신 것은 혈기의 강함을 억제하여 덕의(德義)의 용맹으로 나아가게 하신 것이다.〔夫子以是告子路者, 所以抑其血氣之剛而進之以德義之勇也.〕"라고 하였으며, 《중용장구대전》의 소주(小註)에 "이 장은 용(勇)의 일을 말하였다.〔此章言勇之事.〕"라고 하였다.

69 첫 장의……서술하였는데 : 《중용장구(中庸章句)》의 첫 장의 첫 절에 "하늘이 명하신 것을 성(性)이라고 이르고, 성을 따름을 도(道)라고 이르고, 도를 품절(品節)해 놓음을 교(敎)라고 이른다.〔天命之謂性, 率性之謂道, 修道之謂敎.〕"라고 하였다.

70 제2절에서……이었으며 : 《중용장구(中庸章句)》 제1장 제2절의 "도라는 것은 잠시도 떠날 수 없는 것이다.〔道也者不可須臾離也.〕"라고 한 말을 가리킨다.

71 제12장에서……말하였는데 : 《중용장구(中庸章句)》 제12장의 처음에 "군자의 도(道)는 비(費)하고 은(隱)하다.〔君子之道, 費而隱.〕"라고 하고서 이 장에서 이에 대해 이어서 말하였다. 비(費)와 은(隱)은 각각 도(道)의 작용과 본체로, 주희(朱熹)는 이에 대해서 "비(費)는 용(用)이 넓은 것이요, 은(隱)은 체(體)가 은미한 것이다.〔費, 用之廣也; 隱, 體之微也.〕"라고 하였다.

(道)는 떠날 수 없다."라는 말로 잇지 않았다면 무엇을 말미암아 세 가지가 나의 마음에서 벗어나지 않는다는 것을 알겠는가. 그러므로 "도는 떠날 수 없다."라고 하고서 또 "보이지 않아도 계신(戒愼)하는 것이요, 들리지 않아도 공구(恐懼)하는 것이다."라고 하였으니,[73] 보이지 않아도 계신하고 들리지 않아도 공구함은 바로 도(道)를 떠나지 않는 공부이다. 비(費)와 은(隱)의 뒤를 "도(道)가 사람의 몸에서 멀리 있지 않다."라는 말로 잇지 않았다면 사람들이 장차 도를 고원하고 현묘한 데서 구할 것이다. 그러므로 "도가 사람의 몸에서 멀리 있지 않다."라고 하고서 또 "떳떳한 덕을 행하며 떳떳한 말을 삼간다."라고 하였으니,[74] 떳떳한 덕을 행하고 떳떳한 말을 삼감은 바로 사람을 멀리하지 않고서 도를 행하는 공부이다. 이것이 주자(朱子)의 이른바 "모두 진실한 학문이다."라는 것[75]이니, 반복하여 깊이 완미하는 것이 매

72 이……이었다 : 《중용장구(中庸章句)》 제13장에 "도(道)가 사람에게 멀리 있지 않다.〔道不遠人.〕"라고 한 공자(孔子)의 말을 가리킨다.

73 또……하였으니 : 《중용장구(中庸章句)》 제1장 제2절에서 "도(道)라는 것은 잠시도 떠날 수 없는 것이다.〔道也者不可須臾離也, 可離, 非道也.〕"라고 한 데 이어서 "그러므로 군자는 보이지 않아도 계신하는 것이요, 들리지 않아도 공구하는 것이다.〔是故君子戒愼乎其所不睹, 恐懼乎其所不聞.〕"라고 한 부분을 가리킨다.

74 또……하였으니 : 《중용장구(中庸章句)》 제13장에 "떳떳한 덕을 행하고 떳떳한 말을 삼가서, 덕행에 부족한 점이 있으면 감히 힘쓰지 않음이 없고, 말을 더 해야 할 것이 있으면 감히 다하지 못하여, 말할 적에는 행할 것을 돌아보며, 행할 적에는 말한 것을 돌아보아야 하니, 이렇게 하면 군자가 어찌 독실하지 않겠는가.〔庸德之行, 庸言之謹, 有所不足, 不敢不勉, 有餘, 不敢盡, 言顧行, 行顧言, 君子胡不慥慥爾?〕"라고 한 부분을 가리킨다. 여기에서 '용(庸)'은 평상(平常)의 뜻이다.

75 주자(朱子)의……것 : 이는 본래 정자(程子)가 《중용》의 이치를 설명하면서 한 말로, "이것을 풀어놓으면 우주에 가득하고 거두어들이면 물러나 은밀한 곳에 감추어져

우 좋다.

"도(道)는 잠시도 떠날 수 없다.〔道不可須臾離〕"[76]에서의 '도(道)'자는 체(體)와 용(用)을 겸하여서 말한 것이고, "도(道)가 사람의 몸에서 멀리 있지 않다.〔道不遠人〕"[77]에서의 '도(道)'자는 전적으로 비(費)의 측면에서 말한 것이다.

16장 첫 절의 "위덕(爲德)" 두 글자[78]는 은미함〔微〕과 드러남〔顯〕을 포괄하여 말한 것이며, 제2절의 "보아도 보이지 않으며 들어도 들리지 않는다."라는 것은 은미함〔微〕이고 "사물의 본체가 되어 빠뜨릴 수 없다."라는 것은 드러남〔顯〕이며,[79] 제3절에서 제사(祭祀)의 귀신을 가지고서 사물의 본체가 되는 징험을 발명(發明)한 것[80]은 드러남〔顯〕이

서 그 맛이 무궁하니, 모두 진실한 학문이다.〔放之則彌六合, 卷之則退藏於密, 其味無窮, 皆實學也.〕"라고 한 내용이 《중용장구(中庸章句)》 제1장의 앞머리에 보인다.

76 도(道)는……없다 : 《중용장구(中庸章句)》 제1장 제2절의 "도라는 것은 잠시도 떠날 수 없는 것이다.〔道也者不可須臾離也.〕"라고 한 말을 가리킨다.

77 도(道)가……없다 : 《중용장구(中庸章句)》 제13장에 보인다.

78 16장……글자 : 《중용장구(中庸章句)》 제16장 첫 절에 "귀신의 덕(德)이 지극하다.〔鬼神之爲德, 其盛矣乎!〕"라고 하였다.

79 제2절의……드러남〔顯〕이며 : 《중용장구(中庸章句)》 제16장 제2절에 "보아도 보이지 않으며 들어도 들리지 않되, 사물(事物)의 본체(本體)가 되어 빠뜨릴 수 없다.〔視之而弗見, 聽之而弗聞, 體物而不可遺.〕"라고 하였다.

80 제3절에서……것 : 《중용장구(中庸章句)》 제16장 제3절에서 "천하의 사람으로 하여금 재계(齋戒)하고 깨끗이 하며 의복을 성대히 하여 제사를 받들게 하고는, 양양(洋洋)히 그 위에 있는 듯하며 그 좌우에 있는 듯하다.〔使天下之人齊明盛服, 以承祭祀, 洋洋乎如在其上, 如在其左右.〕"라고 하였는데, 이에 대해 주희(朱熹)가 "능히 사람으로

며, 제4절에서 앞의 내용을 이어서 비록 그 위에 있는 듯하며 그 좌우에 있는 듯하지만 예측할 수 없고 싫어할 수 없다고 한 것[81]은 또 은미함〔微〕을 말한 것이다. 마지막 절에서 은미함〔微〕과 드러남〔顯〕에 대해 말한 것을 들고서 성(誠)이라는 한 글자로 끝맺었으니,[82] 이는 은미함〔微〕과 드러남〔顯〕을 꿰뚫으면서 첫 절의 "귀신의 덕이 성대하다." 라고 한 말의 조응이 된다.

솔개와 물고기는 날고 뛰놀아 형체가 있는 곳에서 도체(道體)의 은미함을 볼 수 있다. 그러므로 "비(費)하고 은(隱)하다."라고 한 것이다.[83]

하여금 두려워하고 공경하여 받들게 하고는, 발현(發見)하고 밝게 드러남이 이와 같으니, 이것이 바로 사물의 본체가 되어 빠뜨릴 수 없음의 징험이다.〔能使人畏敬奉承而發見昭著如此, 乃其體物而不可遺之驗也.〕"라고 하였다.

81 제4절에서……것 : 《중용장구(中庸章句)》 제16장 제4절에서 "《시경》에 이르기를 '신(神)이 이르는 것을 예측할 수 없으니, 하물며 신(神)을 싫어할 수 있겠는가.' 하였다.〔詩曰: 神之格思, 不可度思, 矧可射思?〕"라고 한 부분을 가리킨다.

82 마지막……끝맺었으니 : 《중용장구(中庸章句)》 제16장 제5절에서 "은미한 것이 드러나니, 성(誠)이 가려질 수 없음이 이와 같도다.〔夫微之顯, 誠之不可揜, 如此夫!〕" 라고 한 것을 가리킨다.

83 솔개와……것이다 : 《중용장구(中庸章句)》 제12장의 제1절에 "군자의 도(道)는 비(費)하고 은(隱)하다.〔君子之道, 費而隱.〕"라고 하였으며, 제3절에 "《시경》에 이르기를 '솔개는 날아 하늘에 이르고 물고기는 연못에서 뛰논다.' 하였으니, 위와 아래에 이치가 밝게 드러남을 말한 것이다.〔詩云: 鳶飛戾天, 魚躍于淵, 言其上下察也.〕"라고 하였다. 제3절에 대해 《장구》에서는 "자사(子思)는 이 시를 인용하여 화육이 유행하여 상하에 밝게 드러남이 이 이(理)의 용(用) 아님이 없음을 밝혔으니, 이른바 비(費)라는 것이다. 그러나 그 소이연(所以然)은 보고 들음이 미칠 수 있는 바가 아니니, 이른바 은(隱)이라는 것이다.〔子思引此詩, 以明化育流行, 上下昭著, 莫非此理之用. 所謂費也. 然其所以然者, 則非見聞所及, 所謂隱也.〕"라고 해석하였다.

귀신은 볼 수 없고 들을 수 없는 성정(性情)에서 공용(功用)의 드러남을 볼 수 있다. 그러므로 "은미한 것이 드러난다."라고 한 것이다.[84]

귀신의 설을 알고자 한다면, 모름지기 나의 심체(心體)에서 인식해내어야 한다.

20장은 네 절로 나누어서 보아야 한다. 장의 처음에서부터 "부지천(不知天)"에 이르기까지가[85] 한 절이니, 수신(修身)하여 정사를 다스림을

84 귀신은……것이다 : 《중용장구(中庸章句)》 제16장에서 "귀신의 덕(德)이 지극하다. 보아도 보이지 않으며 들어도 들리지 않되, 사물(事物)의 본체(本體)가 되어, 빠뜨릴 수 없다.……은미한 것이 드러나니, 성(誠)이 가려질 수 없음이 이와 같도다.〔鬼神之爲德, 其盛矣乎! 視之而弗見, 聽之而弗聞, 體物而不可遺.……夫微之顯, 誠之不可揜, 如此夫!〕"라고 하였는데, 이에 대해 《장구》에서 "귀신은 천지의 공용이요, 조화의 자취이다.〔鬼神, 天地之功用, 而造化之迹也.〕"라고 하였고, "귀신은 음과 양 두 기운의 양능(良能)이다.〔鬼神者, 二氣之良能也.〕"라고 하였으며, "두 기운으로써 말하면 귀는 음(陰)의 영(靈)이요, 신은 양(陽)의 영이며, 한 기운으로써 말하면 이르러 펴짐은 신이 되고, 돌아가 되돌아감은 귀가 되니, 그 실제는 한 물건일 뿐이다. '위덕(爲德)'은 성정(性情), 공효(功效)라는 말과 같다.〔以二氣言, 則鬼者陰之靈也, 神者陽之靈也, 以一氣言, 則至而伸者爲神, 反而歸者爲鬼, 其實一物而已. 爲德猶言性情功效.〕"라고 하였다. 즉 여기서 말한 '성정(性情)'은 음과 양 두 기운의 양능(良能)을 가리킨다.

85 장의……이르기까지가 : 《중용장구(中庸章句)》 제20장에 "애공이 정사를 묻자, 공자가 말하였다. '문왕과 무왕의 정사가 책에 펼쳐져 있으니, 그러한 사람이 있으면 그러한 정사가 거행되고, 그러한 사람이 없으면 그러한 정사가 종식됩니다. 사람의 도(道)는 정사에 빠르게 나타나고 땅의 도는 나무에 빠르게 나타나니, 정사의 신속한 효험은 쉽게 자라는 갈대와 같습니다. 그러므로 정사를 함이 사람에게 달려 있으니, 사람을 취하되 몸으로써 하고, 몸을 닦되 도로써 하고, 도를 닦되 인(仁)으로써 해야 합니다. 인은 사람의 몸이니 어버이를 친히 함이 큰 것이 되고, 의는 마땅함이니 어진

통괄하여 말한 것이다. "천하지달도(天下之達道)"에서부터 "치천하국가의(治天下國家矣)"까지가[86] 한 절이니, 수신(修身)을 말한 것이다. "범위천하국가(凡爲天下國家)"에서부터 "행지자일야(行之者一也)"까지가[87] 한 절이니, 정사를 다스림을 말한 것이다. "범사예즉립(凡事豫

이를 높임이 큰 것이 되니, 친척을 친히 함의 줄어듦과 어진 이를 높임의 등급이 예가 생겨난 이유입니다. 그러므로 군자는 몸을 닦지 않을 수 없으니, 몸을 닦을 것을 생각할진댄 어버이를 섬기지 않을 수 없고, 어버이를 섬길 것을 생각할진댄 사람을 알지 않을 수 없고, 사람을 알 것을 생각할진댄 하늘의 이치를 알지 않을 수 없습니다.'〔哀公問政, 子曰：文武之政, 布在方策, 其人存, 則其政擧; 其人亡, 則其政息. 人道敏政, 地道敏樹, 夫政也者, 蒲盧也. 故爲政在人, 取人以身, 修身以道, 修道以仁. 仁者人也, 親親爲大; 義者宜也, 尊賢爲大, 親親之殺、尊賢之等, 禮所生也. 故君子不可以不修身, 思修身, 不可以不事親; 思事親, 不可以不知人; 思知人, 不可以不知天.〕"라고 한 부분을 가리킨다.

86 천하지달도(天下之達道)에서부터 치천하국가의(治天下國家矣)까지가 : 《중용장구(中庸章句)》 제20장에 "천하의 달도(達道)가 다섯 가지인데 이를 행하는 것은 세 가지이다. 군신간, 부자간, 부부간, 형제간, 붕우간의 사귐 이 다섯 가지는 천하의 달도요, 지, 인, 용 이 세 가지는 천하의 달덕(達德)이니, 이를 행하는 것은 하나이다. 어떤 이는 태어나면서부터 알고 어떤 이는 배워서 알고 어떤 이는 애를 쓴 뒤에 아는데, 그 앎에 이르러서는 똑같다. 어떤 이는 편안히 행하고 어떤 이는 이롭게 여겨 행하고 어떤 이는 억지로 힘써 행하는데, 그 성공함에 이르러서는 똑같다. 학문을 좋아함은 지에 가깝고, 힘써 행함은 인에 가깝고, 부끄러움을 앎은 용에 가깝다. 이 세 가지를 알면 몸을 닦는 방법을 알 것이요, 몸을 닦을 줄 알면 사람을 다스리는 방법을 알 것이요, 사람을 다스릴 줄 알면 천하와 국가를 다스리는 방법을 알 것이다.〔天下之達道五, 所以行之者三, 曰君臣也, 父子也, 夫婦也, 昆弟也, 朋友之交也. 五者天下之達道也, 智仁勇三者, 天下之達德也. 所以行之者一也. 或生而知之, 或學而知之, 或困而知之, 及其知之一也. 或安而行之, 或利而行之, 或勉强而行之, 及其成功一也. 好學近乎知, 力行近乎仁, 知恥近乎勇. 知斯三者, 則知所以修身; 知所以修身, 則知所以治人; 知所以治人, 則知所以治天下國家矣.〕"라고 한 부분을 가리킨다.

則立)"에서부터 "수유필강(雖柔必强)"까지가[88] 한 절이니, 다시 수신

87 범위천하국가(凡爲天下國家)에서부터 행지자일야(行之者一也)까지가 : 《중용장구(中庸章句)》 제20장에 "무릇 천하와 국가를 다스림에 아홉 가지 법이 있으니 자신을 수양함과 어진 이를 높임과 친척을 친히 함과 대신을 공경함과 신하들의 마음을 체찰함과 백성들을 자식처럼 사랑함과 백공들을 오게 함과 먼 지방의 사람을 회유함과 제후들을 은혜롭게 대함이다. 자신을 수양하면 도가 확립되고, 어진 이를 높이면 의혹되지 않고, 친척을 친히 하면 숙부들과 형제들이 원망하지 않고, 대신을 공경하면 혼란하지 않고, 신하들의 마음을 체찰하면 선비들의 보답하는 예가 중하고, 백성들을 사랑하면 백성들이 권면하고, 백공을 오게 하면 재용이 풍족하고, 먼 지방의 사람을 회유하면 사방이 귀의하고, 제후들을 은혜롭게 대하면 천하가 두려워한다. 재계하고 깨끗이 하며 성복을 하여 예가 아니면 동하지 않음은 자신을 수양하는 것이요, 참소하는 이를 제거하고 여색을 멀리 하며 재물을 천히 여기고 덕을 귀하게 여김은 어진 이를 권면하는 것이요, 그 지위를 높여 주고 봉록을 많이 주며 좋아함과 싫어함을 함께 함은 친친(親親)을 권면하는 것이요, 관속을 많이 두어 사령(使令)을 마음대로 맡기게 함은 대신을 권면하는 것이요, 충신으로 대하고 봉록을 많이 줌은 선비들을 권면하는 것이요, 철에 따라 부역을 시키고 세금을 적게 거둠은 백성들을 권면하는 것이요, 날로 살펴보고 달로 시험하여 창고에서 봉록을 줌에 일에 맞추어 함은 백공을 권면하는 것이요, 가는 이를 전송하고 오는 이를 맞이하며 잘하는 이를 가상히 여기고 잘하지 못한 이를 가엾게 여김은 먼 지방 사람을 회유하는 것이요, 끊긴 대를 이어주고 없어진 나라를 일으켜 주며 혼란한 나라를 다스려 주고 위태로운 나라를 붙들어 주며 조빙을 때에 따라 하고 가는 것을 후하게 하고 오는 것을 박하게 함은 제후들을 은혜롭게 대하는 것이다. 무릇 천하와 국가를 다스림에 아홉 가지 법이 있으니, 이것을 행하는 것은 하나이다.〔凡爲天下國家, 有九經, 曰修身也, 尊賢也, 親親也, 敬大臣也, 體群臣也, 子庶民也, 來百工也, 柔遠人也, 懷諸侯也. 修身則道立, 尊賢則不惑, 親親則諸父昆弟不怨, 敬大臣則不眩, 體群臣則士之報禮重, 子庶民則百姓勸, 來百工則財用足, 柔遠人則四方歸之, 懷諸侯則天下畏之. 齊明盛服, 非禮不動, 所以修身也; 去讒遠色, 賤貨而貴德, 所以勸賢也; 尊其位, 重其祿, 同其好惡, 所以勸親親也; 官盛任使, 所以勸大臣也; 忠信重祿, 所以勸士也; 時使薄斂, 所以勸百姓也; 日省月試, 旣稟稱事, 所以勸百工也; 送往迎來, 嘉善而矜不能, 所以柔遠人也; 繼絶世, 擧廢國, 治亂持危, 朝聘以時, 厚往而薄來, 所以懷諸侯也. 凡爲天下國家, 有九經, 所以行之者一也.〕"라고 한 부분을 가리킨다.

(修身)을 말한 것이다. 장의 마지막에서는 "기백기천(己百己千)"으로 총괄해서 끝맺어서 용(勇)이 아니면 성공에 이를 수 없음을 보였으니, 용(勇)은 인(仁)과 지(知)가 남김없이 발현된 것이다.

88 범사예즉립(凡事豫則立)에서부터 수유필강(雖柔必强)까지가 : 《중용장구(中庸章句)》 제20장에 "모든 일은 미리 하면 성립되고, 미리 하지 않으면 폐해진다. 말을 미리 정하면 차질이 없고, 일을 미리 정하면 곤궁하지 않고, 행동을 미리 정하면 결함이 없고, 도를 미리 정하면 궁하지 않다. 아랫자리에 있으면서 윗사람에게 신임을 얻지 못하면 백성을 다스리지 못할 것이다. 윗사람에게 신임을 얻는 데 방법이 있으니, 붕우에게 믿음을 받지 못하면 윗사람에게 신임을 얻지 못할 것이다. 붕우에게 믿음을 받는 것이 방법이 있으니, 어버이에게 순하지 못하면 붕우에게 믿음을 받지 못할 것이다. 어버이에게 순함이 방법이 있으니, 자기 몸에 돌이켜 보아 성실하지 못하면 어버이에게 순하지 못할 것이다. 몸을 성실히 함이 방법이 있으니, 선을 밝게 알지 못하면 몸을 성실히 하지 못할 것이다. 성실한 자는 하늘의 도요, 성실히 하려는 자는 사람의 도니, 성실한 자는 힘쓰지 않고도 도에 맞으며 생각하지 않고도 종용히 도에 맞으니 성인이요, 성실히 하려는 자는 선을 택하여 굳게 지키는 자이다. 널리 배우며 자세히 물으며 신중히 생각하며 밝게 분변하며 독실하게 행해야 한다. 배우지 않을지언정 배울진댄 잘하지 못하거든 놓지 말며, 묻지 않을지언정 물을진댄 알지 못하거든 놓지 말며, 생각하지 않을지언정 생각할진댄 알지 못하거든 놓지 말며, 분변하지 않을지언정 분변할진댄 분명하지 못하거든 놓지 말며, 행하지 않을지언정 행할진댄 독실하지 못하거든 놓지 말아서, 남이 한 번에 잘하거든 나는 백 번을 하며, 남이 열 번에 잘하거든 나는 천 번을 하여야 한다. 과연 이 방법에 능하면 어리석더라도 반드시 밝아지며, 유약하더라도 반드시 강해진다.〔凡事豫則立, 不豫則廢, 言前定則不跲, 事前定則不困, 行前定則不疚, 道前定則不窮. 在下位, 不獲乎上, 民不可得而治矣. 獲乎上有道, 不信乎朋友, 不獲乎上矣. 信乎朋友有道, 不順乎親, 不信乎朋友矣. 順乎親有道, 反諸身不誠, 不順乎親矣. 誠身有道, 不明乎善, 不誠乎身矣. 誠者天之道也, 誠之者人之道也. 誠者不勉而中, 不思而得, 從容中道, 聖人也, 誠之者, 擇善而固執之者也. 博學之, 審問之, 愼思之, 明辨之, 篤行之.有弗學, 學之, 弗能弗措也; 有弗問, 問之, 弗知弗措也; 有弗思, 思之, 弗得弗措也; 有弗辨, 辨之, 弗明弗措也; 有弗行, 行之, 弗篤弗措也, 人一能之, 己百之; 人十能之, 己千之. 果能此道矣, 雖愚必明, 雖柔必强.〕"라고 한 부분을 가리킨다.

신사(愼思)[89]란 삼가서 방종해지지 않음을 이른다. 무릇 생각〔思〕이란 마음의 기능으로서[90] 방촌(方寸)의 사이에서 운행하여서, 소홀해지기는 쉽고 살피기는 어려우며 어긋나기는 쉽고 깨닫기는 어렵다. 또 학(學)・문(問)・변(辨)・행(行)이 밖으로 드러나는 것과는 같지 않아서, 다른 사람이 바로잡아줄 수도 없으니, 더욱 삼가지 않아서는 안 된다. '신(愼)' 자를 모름지기 눈여겨보아야 한다.

사(思)는 실로 학(學)・문(問)・변(辨)・행(行)을 관통하니,[91] 마치 오행(五行) 중의 토(土)와 같은 점[92]이 있다.

89 신사(愼思) : '신중히 생각하다'라는 뜻으로, 《중용장구(中庸章句)》 제20장에 "성실히 하려는 것이 사람의 도이다.……그것은 즉 선을 택해서 굳게 잡는 것이다. 그러기 위해서는 널리 배우고 자세히 묻고 신중히 생각하고 분명하게 분변해야 하며, 그리고는 독실하게 실천해야 한다.〔誠之者, 人之道也.……擇善而固執之者也. 博學之, 審問之, 愼思之, 明辨之, 篤行之.〕"라고 한 데 보인다.

90 무릇……기능으로서 : 《맹자》 〈고자 상(告子上)〉에 "마음의 기능은 생각하는 것이니, 생각하면 얻고 생각하지 않으면 얻지 못한다.〔心之官則思, 思則得之, 不思則不得也.〕"라는 말이 보인다.

91 사(思)는……관통하니 : 생각함〔思〕은 배움〔學〕・물음〔問〕・분변〔辨〕・실천〔行〕을 모두 꿰뚫는다는 뜻이다. 《중용장구(中庸章句)》 제20장에 "성실히 하려는 것이 사람의 도이다.……그것은 즉 선을 택해서 굳게 잡는 것이다. 그러기 위해서는 널리 배우고 자세히 묻고 신중히 생각하고 분명하게 분변해야 하며, 그리고는 독실하게 실천해야 한다.〔誠之者, 人之道也.……擇善而固執之者也. 博學之, 審問之, 愼思之, 明辨之, 篤行之.〕"라고 하였다.

92 오행(五行)……점 : 《맹자》 〈공손추 상(公孫丑上)〉의 주자(朱子)의 집주(集註)에 "내가 살펴보건대 사단(四端)의 신(信)은 오행의 토와 같아서 일정한 위치가 없고 이루어진 명칭이 없고 오롯한 기운이 없으되, 수・화・금・목이 이것을 필요로 하여 생겨나지 않는 것이 없다.〔愚按四端之信, 猶五行之土, 無定位, 無成名, 無專氣, 而水火

제9절에서 지(知)에 대하여 "그 앎에 미쳐서는 똑같다.〔及其知之一也〕"라고 하였고, 행(行)에 대하여 "그 성공함에 미쳐서는 똑같다.〔及其成功一也〕"라고 하였다.[93] 지와 행은 진실로 경중을 나눌 수 없지만, 성공함으로 말하자면 바로 행에 달려 있는 것이니, 이를 깊이 알지 않아서는 안 된다.

삼근(三近)[94]은 앞의 글의 삼지(三知)와 삼행(三行)[95]을 이어서 공부

金木, 無不得是以生者.〕"라고 하였다.

93 제9절에서……하였다 : 《중용장구(中庸章句)》 제20장 제9절에 "어떤 이는 태어나면서부터 알고 어떤 이는 배워서 알고 어떤 이는 애를 쓴 뒤에 아는데, 그 앎에 이르러서는 똑같다. 어떤 이는 편안히 행하고 어떤 이는 이롭게 여겨 행하고 어떤 이는 억지로 힘써 행하는데, 그 성공함에 이르러서는 똑같다.〔或生而知之, 或學而知之, 或困而知之, 及其知之一也. 或安而行之, 或利而行之, 或勉强而行之, 及其成功一也.〕"라고 한 데 보인다.

94 삼근(三近) : 호학(好學)과 역행(力行)과 지치(知恥)를 가리킨다. 《중용장구(中庸章句)》 제20장 제10절에 "학문을 좋아하는 것은 지(智)에 가깝고, 힘써 행하는 것은 인(仁)에 가깝고, 부끄러움을 아는 것은 용(勇)에 가깝다.〔好學近乎知, 力行近乎仁, 知恥近乎勇.〕"라고 하였는데, 이에 대해 《장구》에서 "이는 달덕(達德)에 미치지 못하여 덕에 들어가기를 구하는 일을 말한 것이니, 윗글의 삼지(三知)는 지(智)가 되고 삼행(三行)은 인(仁)이 됨을 통해서 보면 이 세 가지의 가까운 것은 용(勇)의 다음이다.〔此言未及乎達德而求以入德之事, 通上文三知爲知、三行爲仁, 則此三近者, 勇之次也.〕"라고 하였다.

95 삼지(三知)와 삼행(三行) : 《중용장구(中庸章句)》 제20장 제9절에 "어떤 이는 태어나면서부터 알고 어떤 이는 배워서 알고 어떤 이는 애를 쓴 뒤에 아는데, 그 앎에 이르러서는 똑같다. 어떤 이는 편안히 행하고 어떤 이는 이롭게 여겨 행하고 어떤 이는 억지로 힘써 행하는데, 그 성공함에 이르러서는 똑같다.〔或生而知之, 或學而知之, 或困而知之, 及其知之一也. 或安而行之, 或利而行之, 或勉强而行之, 及其成功一也.〕"라고

를 하는 방도를 가리켜 보인 것이니, 분수(分數)를 가지고서 말하면 '근(近)'인 것이고, 등급을 가지고서 말하면 '차(次)'인 것이다.[96] 그러나 실제로는 '애를 써서 알고 억지로 힘써서 행하는 것' 이외에 다시 하나의 등급이 있는 것은 아니니, 단지 한창 치력하고 있되 아직 '그 앎에 이르러서는 똑같고 그 성공함에 이르러서는 똑같은' 경지에는 이르지 못한 상태를 말한 것일 뿐이다.

박학(博學)·심문(審問)·신사(愼思)·명변(明辨)·독행(篤行)은 천도(天道)와 인도(人道)를 이어서 말하여서 공부를 하는 방도를 가리켜서 보인 것이니,[97] 이 역시 삼근(三近)이 삼달덕(三達德)에 있어서 그러하였던 것[98]과 같다. 그러나 '삼근(三近)'의 뒤에 "이 세 가지를

한 데 보인다.

96 분수(分數)를……것이다 : 근(近)이란 '삼근(三近)'에서의 '근'이고, 차(次)란 '용(勇)의 다음〔勇之次〕'에서의 '차'이다. 142면 주94 참조.

97 박학(博學)……것이니 : 《중용장구(中庸章句)》 제20장에 "성실한 것은 하늘의 도(道)이고, 성실히 하려는 것은 사람의 도(道)이다.……그것은 즉 선을 택해서 굳게 잡는 것이다. 그러기 위해서는 널리 배우고 자세히 묻고 신중히 생각하고 분명하게 분변해야 하며, 그리고는 독실하게 실천해야 한다.〔誠者, 天之道也, 誠之者, 人之道也.……擇善而固執之者也. 博學之, 審問之, 愼思之, 明辨之, 篤行之.〕"라고 하여, 천도(天道)와 인도(人道)를 말한 뒤에 '성지(誠之)'의 조목으로서 박학(博學) 이하 5가지를 열거하였다.

98 삼근(三近)이……것 : 삼근은 호학(好學)과 역행(力行)과 지치(知恥)를 가리키며, 삼달덕(三達德)은 지(智)·인(仁)·용(勇)을 가리킨다. 《중용장구(中庸章句)》 제20장 제10절에 "학문을 좋아하는 것은 지(智)에 가깝고, 힘써 행하는 것은 인(仁)에 가깝고, 부끄러움을 아는 것은 용(勇)에 가깝다.〔好學近乎知, 力行近乎仁, 知恥近乎勇.〕"라고 하였는데, 이에 대해 《장구》에서 "이는 달덕(達德)에 미치지 못하여 덕에

알다.〔知斯三者〕"라는 말로써 맺었으니,[99] 이는 지(知)를 위주로 한 것이고, '오불조(五弗措)'의 뒤에 "과연 이 도(道)에 능하다.〔果能此道〕"라는 말로써 맺었으니,[100] 이는 행(行)을 위주로 한 것이다. 이는 바로 서로 교차하여 그 뜻을 드러낸 것이다.

첫 장의 성(性)·교(敎)[101]는 도(道)의 명목(名目)을 편의 앞머리에

들어가기를 구하는 일을 말한 것이니, 윗글의 삼지(三知)는 지(智)가 되고 삼행(三行)은 인(仁)이 됨을 통해서 보면 이 세 가지의 가까운 것은 용(勇)의 다음이다.〔此言未及乎達德而求以入德之事, 通上文三知爲知、三行爲仁, 則此三近者, 勇之次也.〕"라고 하였다.

99 그러나……맺었으니 : 《중용장구(中庸章句)》 제20장 제11절에서 그 앞 절의 삼근(三近), 즉 호학(好學)과 역행(力行)과 지치(知恥)에 이어서 "이 세 가지를 알면 수신(修身)하는 바를 알 것이요, 수신하는 바를 알면 남을 다스리는 바를 알 것이요, 남을 다스리는 바를 알면 천하와 국가를 다스리는 바를 알 것이다.〔知斯三者, 則知所以修身; 知所以修身, 則知所以治人; 知所以治人, 則知所以治天下國家矣.〕"라고 한 것을 가리킨다.

100 오불조(五弗措)의……맺었으니 : '오불조'란 박학(博學)·심문(審問)·신사(愼思)·명변(明辨)·독행(篤行)에 대한 말에 이어서 "배우지 않음이 있을지언정 배울진댄 능하지 못하거든 놓지 말며, 묻지 않음이 있을지언정 물을진댄 알지 못하거든 놓지 말며, 생각하지 않음이 있을지언정 생각할진댄 알지 못하거든 놓지 말며, 분변하지 않음이 있을지언정 분변할진댄 분명하지 못하거든 놓지 말며, 행하지 않음이 있을지언정 행할진댄 독실하지 못하거든 놓지 말아, 남이 한 번에 능하거든 나는 백 번을 하며, 남이 열 번에 능하거든 나는 천 번을 하여야 한다.〔有弗學, 學之弗能弗措也; 有弗問, 問之弗知弗措也; 有弗思, 思之弗得弗措也; 有弗辨, 辨之弗明弗措也; 有弗行, 行之弗篤弗措也. 人一能之, 已百之; 人十能之, 已千之.〕"라고 한 《중용장구(中庸章句)》 제20장의 한 절을 이른다. 그리고 그 다음 절에서 이에 이어서 "과연 이 도(道)에 능하면 아무리 어리석은 사람이라도 반드시 명민해지고, 아무리 유약한 사람이라도 반드시 강해지게 될 것이다.〔果能此道矣, 雖愚, 必明; 雖柔, 必强.〕"라고 하였다.

드러낸 것이고, 21장의 성(性)·교(敎)[102]는 도(道)를 체행하는 사람의 입장에서 말하였으므로 이 두 가지의 구분이 있게 된 것이다. 주자(朱子)가 이는 첫 장의 성(性)·교(敎) 두 글자와 같지 않다고 한 것[103]은 이 때문이지만, 성(性)·교(敎)의 실질은 똑같으니, 어찌 그 사이에서 다르게 볼 수 있겠는가. 혹자는 이 장의 '성(性)' 자가 첫 장의 '성(性)' 자와 같지 않다고 하는데, 생각건대 그렇지 않을 듯하다.

《주자어류(朱子語類)》에 "'치곡(致曲)'을 묻자, '곡(曲)은 일을 좇아 힘을 쓰고, 일마다 미루어 지극히 하는 것이다.'라고 하였다." 하였다.[104] 살펴보건대 《어류》에서 치곡(致曲)에 대해 논한 부분이 많지만,

101 첫 장의 성(性)·교(敎) : 《중용장구(中庸章句)》의 첫 장에 "하늘이 명하신 것을 성(性)이라고 이르고, 성을 따름을 도(道)라고 이르고, 도를 품절(品節)해 놓음을 교(敎)라고 이른다.〔天命之謂性, 率性之謂道, 修道之謂敎.〕"라고 한 것을 가리킨다.

102 21장의 성(性)·교(敎) : 《중용장구(中庸章句)》 제21장에 "성(誠)으로 말미암아 밝아지는 것을 성(性)이라 이르고 명(明)으로 말미암아 성(誠)해지는 것을 교(敎)라 이르니, 성실하면 밝아지고 밝아지면 성실해진다.〔自誠明, 謂之性, 自明誠, 謂之敎, 誠則明矣, 明則誠矣.〕"라고 한 것을 가리킨다.

103 주자(朱子)가……것 : 《중용장구(中庸章句)》 제21장의 소주(小註)에 "여기서의 이 '성(性)' 자는 본성대로 함이고, 이 '교(敎)' 자는 배우는 것이니, 첫 장의 '하늘이 명하신 것을 성(性)이라고 이르고, 성을 따름을 도(道)라고 이른다.'라고 한 데서의 성(性)·교(敎) 두 글자와는 뜻이 다르다.〔此性字是性之也, 此敎字是學之也, 與首章天命謂性修道謂敎二字義不同.〕"라고 한 주희(朱熹)의 말이 보인다.

104 주자어류(朱子語類)에……하였다 : 《주자어류》 권64에 "'치곡(致曲)'을 묻자, '곡(曲)은 일을 좇아 힘을 쓰고, 일마다 그 지극함을 미루어 다하는 것이다. 예컨대 임금을 섬길 때에는 충(忠)을 미루어 지극히 하며, 어버이를 섬길 때에는 효(孝)를 미루어 지극히 하며, 남과 사귈 때에는 신(信)을 미루어 지극히 하는 것이 모두 일마다

이 단락이 가장 명백하다. "일을 좇아 힘을 쓴다."라는 것은 예컨대 효(孝)는 인(仁)의 발현이니, 인(仁)을 좇아 미루어 지극함에 나아가는 것이고, "일마다 미루어 지극히 한다."라는 것은 효(孝)를 말미암아서 또 충(忠)에 미루고 제(弟)에 미루고 신(信)에 미루어서 번갈아 서로 발하여서, 이와 같이 미루어 지극히 하여 각각 그 지극함에 나아가지 않음이 없는 것이다. 이처럼 본다면, 《혹문(或問)》에서 이른바 "전체를 관통한다."라는 뜻[105]이 비로소 통하게 된다.

그 지극함을 미루어 다하는 것이다.〔問致曲, 曰: 曲是逐事上着力, 事事上推致其極. 如事君則推致其忠, 事親則推致其孝, 與人交則推致其信, 皆事事上推致其極.〕"라고 한 내용이 보인다. '치곡(致曲)'은 《중용장구(中庸章句)》 제23장에 "그 다음은 한쪽을 지극히 함이니, 한쪽을 지극히 하면 능히 성실할 수 있다.〔其次致曲, 曲能有誠.〕"라고 하였는데, 이에 대해 《장구》에서 "그 다음이란 대현(大賢) 이하로 무릇 성실함에 지극하지 못함이 있는 자를 통틀어 말한 것이다. 치(致)는 미루어 지극히 함이고, 곡(曲)은 한쪽이다.……사람은 성(性)은 같지 않음이 없으나 기(氣)는 다름이 있다. 그러므로 오직 성인(聖人)만이 그 성(性)의 전체를 들어 다하는 것이고, 그 다음은 반드시 선한 단서가 발현되는 한쪽으로부터 모두 미루어 지극히 하여 각각 지극함에 나아가는 것이다.〔其次通大賢以下凡誠有未至者而言也. 致, 推致也, 曲, 一偏也.……蓋人之性無不同, 而氣則有異. 故惟聖人能擧其性之全體而盡之, 其次則必自其善端發見之偏而悉推致之, 以各造其極也.〕"라고 하였다.

105 혹문(或問)에서……뜻 : 《중용혹문(中庸或問)》에서 "혹자가 치곡(致曲)의 설을 묻자, '사람은 성(性)은 비록 같지만 품부 받은 기(氣)는 혹 다르다. 성(性)의 입장에서 말해보면, 사람은 어린아이일 때부터 성인의 자질을 모두 완전히 갖추고 있거니와, 기(氣)의 입장에서 말해보면, 오직 성인만이 그 전체를 들어서 다하지 않는 바가 없을 수 있으니, 윗글에서 말한 「지극히 성실한 사람이어야 그 성(性)을 다할 수 있다.」라는 것이 그것이다. 그 다음은 선단(善端)이 발하는 바가 그 품부 받은 기(氣)의 후박(厚薄)에 따라서 혹은 인(仁)하고 혹은 의(義)하고 혹은 효(孝)하고 혹은 제(弟)하여 같을 수 없다. 각각 그 발현의 치우침을 인하여 하나하나 미루어가서 그 지극함에 이르러 박한 것을 후하게 하고 다른 것을 같게 함이 아니라면, 전체를 관통하여 그 본성의

'치곡(致曲)'을 도암(陶庵 이재(李縡))은 마땅히 오로지 지(知)에만 속한다고 하였으니, 이 말이 몹시 옳다. 그러나 지(知)를 위주로 하면서 행(行)을 겸해서 보더라도 좋다.

24장에서 '길흉(吉凶)을 미리 아는 것'을 천도(天道)라고 한 것[106]을 끝내 확연하게 알 수가 없었는데, 근일에 앞뒤의 장(章)들을 통하여 보니 절마다 조응하는 부분이 있었다. 22장의 '성(性)을 다함'은 덕(德)이 성실하지 않음이 없음을 말한 것이고,[107] 이 장의 '미리 앎'은

처음을 회복할 수 없으니, 이것이 바로 이른바 치곡(致曲)이며, 맹자(孟子)가 이른바 「사단(事端)을 확충한다.」라는 것이 이것이다.'라고 하였다.〔或問致曲之說, 曰: 人性雖同, 而氣禀或異. 自其性而言之, 則人自孩提, 聖人之質, 悉以完具. 以其氣而言之, 則惟聖人爲能擧其全體而無所不盡, 上章所言至誠盡性是也. 若其次則善端所發, 隨其所禀之厚薄, 或仁或義或孝或弟而不能同矣. 自非各因其發見之偏, 一一推之, 以至乎其極, 使其薄者厚而異者同, 則不能有以貫通乎全體而復其初. 卽此章所謂致曲而孟子所謂擴充其四端者是也.〕"라고 하였다.

106 24장에서……것 : 《중용장구(中庸章句)》 제24장에 "지성(至誠)의 도(道)는 일이 닥쳐오기 전에 미리 알 수 있으니, 국가가 장차 일어나려면 반드시 상서로운 조짐이 있으며, 국가가 장차 망하려 할 적에는 반드시 요괴스러운 일이 있어, 이것이 시초점과 거북점에 나타나며, 사체(四體)에 동한다. 그리하여 화(禍)와 복(福)이 장차 이를 적에 좋을 것을 반드시 먼저 알며, 좋지 못할 것을 반드시 먼저 안다. 그러므로 지성(至誠)은 신(神)과 같은 것이다.〔至誠之道, 可以前知, 國家將興, 必有禎祥, 國家將亡, 必有妖孼, 見乎蓍龜, 動乎四體. 禍福將至, 善必先知之, 不善必先知之, 故至誠如神.〕"라고 한 것을 가리킨다.

107 22장의……것이고 : 《중용장구(中庸章句)》 제22장에 "오직 천하의 지극히 성실한 분이어야 능히 그 성(性)을 다할 수 있다.〔惟天下至誠, 爲能盡其性.〕"라고 하였는데, 이에 대해 《장구》에서 "천하의 지성(至誠)은 성인(聖人)의 덕(德)의 성실함이 천하에 더할 나위가 없음을 이른다. 그 성(性)을 다한다는 것은 덕(德)이 성실하지 않음이

밝음이 비추지 않음이 없음을 말한 것이며, 23장의 '치곡(致曲)'[108]은 먼저 선(善)을 밝게 앎을 말한 것이고, 25장의 '자성(自成)' 이후[109]는 그 선(善)을 능히 성실히 함을 말한 것이다. 천도(天道)는 행(行)이 먼저이고 지(知)가 다음이며, 인도(人道)는 지(知)가 먼저이고 행(行)이 다음임을 이미 21장에서 예(例)를 드러내었으니,[110] 마땅히 이

없는 것이다.〔天下至誠, 謂聖人之德之實, 天下莫能加也. 盡其性者, 德無不實.〕"라고 하였다.

108 23장의 치곡(致曲) : 《중용장구(中庸章句)》 제23장에 "그 다음은 한쪽을 지극히 함이니, 한쪽을 지극히 하면 능히 성실할 수 있다.〔其次致曲, 曲能有誠.〕"라고 하였는데, 이에 대해 《장구》에서 "그 다음이란 대현(大賢) 이하로 무릇 성실함에 지극하지 못함이 있는 자를 통틀어 말한 것이다. 치(致)는 미루어 지극히 함이고, 곡(曲)은 한쪽이다.……사람은 성(性)은 같지 않음이 없으나 기(氣)는 다름이 있다. 그러므로 오직 성인(聖人)만이 그 성(性)의 전체를 들어 다하는 것이고, 그 다음은 반드시 선한 단서가 발현되는 한쪽으로부터 모두 미루어 지극히 하여 각각 지극함에 나아가는 것이다.〔其次通大賢以下凡誠有未至者而言也. 致, 推致也, 曲, 一偏也.……蓋人之性無不同, 而氣則有異. 故惟聖人能擧其性之全體而盡之, 其次則必自其善端發見之偏而悉推致之, 以各造其極也.〕"라고 하였다.

109 25장의 자성(自成) 이후 : 《중용장구(中庸章句)》 제21장은 "성(誠)은 스스로 이루어지는 것이고 도(道)는 스스로 행하여야 하는 것이다.〔誠者自成也, 而道自道也.〕"라는 말로 시작하는바, 여기에 보이는 '자성(自成)'을 말한다.

110 천도(天道)는……드러내었으니 : 《중용장구(中庸章句)》 제21장에 "성(誠)으로 말미암아 밝아짐을 성(性)이라 이르고, 명(明)으로 말미암아 성실해짐을 교(敎)라 이르니, 성실하면 밝아지고, 밝아지면 성실해진다.〔自誠明, 謂之性, 自明誠, 謂之敎, 誠則明矣, 明則誠矣.〕"라고 하였는데, 이에 대해 《장구》에서 "덕(德)이 성실하지 않음이 없어, 밝음이 비추지 않음이 없는 자는 성인(聖人)의 덕(德)으로서 성(性)대로 하여 간직한 자이니, 하늘의 도(道)요, 먼저 선(善)을 밝게 안 뒤에 그 선(善)을 성실히 하는 자는 현인(賢人)의 배움으로서 가르침을 말미암아 들어가는 자이니, 사람의 도(道)이다.〔德無不實而明無不照者, 聖人之德, 所性而有者也, 天道也. 先明乎善而後能

로써 구하여야 할 것이다.

25장의 "성(誠)은 스스로 이루어지는 것이요, 도(道)는 스스로 행하여야 할 것이다.〔誠者自成 而道自道〕"라는 두 구(句)는 이 장(章)의 강령인데, 심(心)은 실심(實心)이고 이(理)는 실리(實理)이므로, '성(誠)' 자가 또 두 구(句)를 관통하니, '자(者)' 자와 '이(而)' 자를 보면 그 뜻을 알 수 있다. 제2절에서는 "스스로 이루어지다.〔自成〕"의 뜻을 거듭 말하였으니,[111] '부자(父子)의 실리(實理)가 있고 난 뒤에 부자 관계가 이루어지고, 군신(君臣)의 실리가 있고 난 뒤에 군신 관계가 이루어진다. 만약 이 실리가 없다면 이 사물 또한 있지 않은 것과 같다. 그러므로 군자는 반드시 성(誠)을 귀하게 여기니, 심(心)이 성실하지 않음이 없어야 비로소 스스로 이루어질 수 있고, 도(道) 역시 스스로 행해진다.'라고 한 것이다. 제3절의 "자신을 이루고 남을 이룸〔成己成物〕"은 실로 위의 "스스로 이루어지다.〔自成〕"를 이어서 "스스로 행해야 한다.〔自道〕"라는 뜻을 거듭 말한 것이다.

'성(誠)' 자는 물(物)의 입장에서 말하면 이(理)가 중하고, 인(人)의 입장에서 말하면 심(心)이 중하니, "성(誠)은 스스로 이루어지는 것이다.〔誠者自成〕"라는 것은 인(人)과 물(物)을 겸하되, 물(物)이 주가

實其善者, 賢人之學, 由教而入者也, 人道也.〕"라고 하였다.

111 제2절에서는……말하였으니 : 《중용장구(中庸章句)》 제25장의 제2절에 "성(誠)은 물(物)의 종(終)과 시(始)이니, 성실하지 않으면 물이 없게 된다. 그러므로 군자는 성실히 함을 귀하게 여기는 것이다.〔誠者物之終始, 不誠, 無物. 是故君子誠之爲貴.〕"라고 하였다.

된다. 그러므로 이 '성(誠)' 자는 이(理)와 심(心)을 겸하되, 심(心)이 중한 것이다. 이 뜻을 《장구(章句)》를 자세히 완미하면 알 수 있다.-다시 이 '물(物)' 자를 살펴보니 사물을 위주로 말한 것이니, 굳이 인물(人物)의 물(物)로서 볼 것은 없다. 그렇다면 앞뒤의 '자(自)' 자를 자연(自然)과 자기(自己)로 다르게 보아서는 안 된다. 삼연(三淵)이 말한바 "자가(自家)의 자(自)로서 자연(自然)의 뜻을 포함하고 있다."라고 한 것[112]이 매우 좋으니, 끝내 이와 같이 보아야만 이 장(章) 내에서의 문의(文義)의 수미(首尾)가 비로소 서로 뜻을 밝혀주어 풀리게 될 것이다.-

첫 절의 《장구(章句)》에 "성(誠)은 물(物)이 스스로 이루어지는 것이다."라고 하고서, 또 "성(誠)은 심(心)으로써 말하였다."라고 하였으며, 제2절의 《장구》에 "천하의 물(物)은 모두 실리(實理)가 하는 것이다."라고 하고서, 또 "인심(人心)이 성실하지 않음이 없어야 스스로 이룰 수 있다."라고 하였으니, 이는 모두 처음에 이(理)를 위주로 하였다가 말미에 비로소 심(心)에 중함을 돌린 것이다.

사람이 도(道)를 행함에 있어서 오직 이 실심(實心)이 있어야 비로소 이 실리(實理)를 실천할 수 있으니, 이 장(章)에서 반드시 심(心)을 중히 여긴 것은 이 때문일 것이다.

27장은 우암(尤菴)이 지촌(芝村)의 물음에 답하면서 계구(戒懼)와 근독(謹獨)이 모두 응당 존덕성(尊德性)에 속한다고 하였다.[113] 자세히

112 삼연(三淵)이……것 : 삼연은 김창흡(金昌翕, 1653~1722)의 호로, 이 내용은 《삼연집(三淵集)》 권19 〈답이참봉(答李參奉)〉 첫 번째 편지에 보인다.

살펴보건대 첫 장(章)의 계구(戒懼)는 동(動)과 정(靜)을 통괄하는 뜻이 있어서 자연히 근독(謹獨)을 관통하지만, 이 장(章)의 경우에는 이미 지(知)와 행(行)의 대(大)·세(細)를 가지고서 말하였으니, 근독(謹獨)은 마땅히 성찰로서 세세한 공부에 속하는 것이다. 남당(南塘 한원진(韓元震))이 계구(戒懼)와 근독(謹獨)을 덕성(德性)과 문학(問學)에 나누어 배속한 것이 옳을 듯하다.-다시 자세히 살펴보건대 존덕성(尊德性)은 본래 동(動)과 정(靜)을 관통하니, 정(靜) 한 쪽에만 배속하여서는 안 된다.-

이 장(章)의 존덕성(尊德性)과 도문학(道問學)[114]은 비록 나뉘어 두

113 우암(尤菴)이……하였다 : 우암은 송시열(宋時烈, 1607~1689)의 호이며, 지촌(芝村)은 우암의 문인인 이희조(李喜朝, 1655~1724)의 호이다. 이 내용은《송자대전(宋子大全)》권94〈답이동보(答李同甫)〉27번째 편지에 보인다. 계구(戒懼)와 근독(謹獨)은 '계신공구(戒愼恐懼)'와 '신독(愼獨)'을 뜻하니,《중용장구(中庸章句)》제1장에 "도라는 것은 잠시도 떠날 수 없는 것이니, 떠날 수 있다고 한다면 그것은 도가 아니다. 그렇기 때문에 군자는 보이지 않아도 경계하고 근신하며, 들리지 않아도 걱정하고 두려워하는 것이다. 숨어 있는 것보다 더 잘 드러나는 것이 없으며, 미세한 것보다 더 잘 나타나는 것이 없다. 그러므로 군자는 홀로 있을 때를 삼가는 것이다.〔道也者不可須臾離也, 可離非道也. 是故君子戒愼乎其所不睹, 恐懼乎其所不聞. 莫見乎隱, 莫顯乎微, 故君子愼其獨也.〕"라고 하였으며, 존덕성(尊德性)은《중용장구》27장에 "군자는 덕성을 높이고 학문을 말미암으니, 광대함을 지극히 하고 정미함을 다하며, 고명을 다하고 중용을 따른다.〔君子, 尊德性而道問學, 致廣大而盡精微, 極高明而道中庸.〕"라고 한 데에 보이는데, 이에 대해 장구(章句)에서는 "존덕성은 마음을 보존하여 도체(道體)의 큼을 다하는 것이다."라고 하였다.

114 이……도문학(道問學) :《중용장구(中庸章句)》27장에 "군자는 덕성을 높이고 학문을 말미암으니, 광대함을 지극히 하고 정미함을 다하며, 고명을 다하고 중용을 따르며, 옛것을 익히고 새로운 것을 알며, 후함을 돈독히 하고 예를 높이는 것이다.〔君子, 尊德性而道問學, 致廣大而盡精微, 極高明而道中庸, 溫故而知新, 敦厚以崇禮〕"라

기둥이 되지만, 마땅히 서로 필요로 하고 서로 보익하는 묘함을 보아야만 그 뜻을 남김없이 곡진하게 할 수 있다. 광대함을 힘쓰는 자는 정미함에 있어서 소홀하기가 쉬우므로 광대함을 지극히 하면서도 정미함을 다하지 않아서는 안 되며, 정미함은 사의(私意)의 가려짐이 있으면 다할 수 없으므로 정미함을 다하기 위해서는 또 반드시 광대함을 말미암아야 한다. 고명함을 힘쓰는 자는 지나쳐서 중(中)을 잃기 쉬우므로 고명함을 지극히 하면서도 중용(中庸)을 따르지 않아서는 안 되며, 중용은 사욕의 얽매임이 있으면 따를 수 없으므로 중용을 따르기 위해서는 또 반드시 고명함을 말미암아야 한다. 옛것을 익히는 것을 기뻐하는 자는 새로운 것을 아는 데 있어서 소홀하기가 쉬우므로 옛것을 익히면서도 새로운 것을 알지 않아서는 안 되며, 새로운 것을 아는 것은 이미 아는 것에서 기원하므로 새로운 것을 알기 위해서는 또 반드시 옛것을 익힘을 말미암아야 한다. 후함을 돈독히 하는 것을 좋아하는 자는 예(禮)에 있어서 소홀하기가 쉬우므로 돈후하게 하면서도 예를 높이지 않아서는 안 되며, 예는 돈후함을 기반으로 삼으므로 예를 높이기 위해서는 또 반드시 돈후함을 말미암아야 한다. 이는 크고 작은 것이 서로 자뢰하는 것이다. 사의(私意)의 가려짐이 없으면 사욕(私慾)의 얽매임이 없을 수 있으며, 이(理)를 분석하는 정미함이 아니라면 중용(中庸)을 택할 수 없으며, 옛것을 익히는 지(知)가 아니

고 하였는데, '존덕성'은 자신의 덕성을 잘 받들어 지키는 것으로 덕성은 자신의 본성이며, '도문학'은 묻고 배움을 통하여 성인의 가르침을 아는 것을 말한다. 《장구(章句)》에서는 "존덕성은 마음을 보존하여 도체(道體)의 큼을 다하는 것이고, 도문학은 지식을 지극히 하여 도체의 세세함을 다하는 것이다."라고 하였다.

라면 이미 능한 것을 돈독히 할 수 없으며, 새로운 것을 아는 지(知)가 아니라면 미처 삼가지 못하였던 것을 삼갈 수가 없다. 이는 수미(首尾)가 상응하는 것이다. 또 지(知)와 행(行)이 그 가운데 착종해 있어서 지극히 정밀하니, 운봉 호씨(雲峰胡氏)가 존덕성(尊德性)을 전적으로 미발(未發)에 배속하고 도문학(道問學)에 있어서 역행(力行)을 겸하는 것으로 본 것[115]은 치우친 견해일 듯하다.

30장의 천류(川流)와 돈화(敦化)[116]는 모두 비(費)이니, 곧장 체(體)·용(用)으로 보아서는 안 된다. 27장의 양양(洋洋)과 우우(優優)[117]와 말의 뜻이 대략 비슷하다.

32장에서 대경(大經)을 경륜하며 대본(大本)을 세움을 먼저 말한 뒤

115 운봉 호씨(雲峰胡氏)가……것 : 운봉 호씨는 원(元)나라의 학자 호병문(胡炳文, 1250~1333)으로, 예컨대 《중용장구(中庸章句)》 27장의 소주(小註)에 "나는 생각건대, 첫 장에서 자사가(子思) 말한 미발지중(未發之中)은 바로 여기에서 말한 덕성(德性)이 그것이다.〔愚謂: 首章子思所言未發之中也, 卽此所謂德性是也.〕"라고 말한 운봉 호씨의 말이 보인다.

116 30장의 천류(川流)와 돈화(敦化) : 《중용장구(中庸章句)》 제30장에 "만물이 함께 길러져 서로 해치지 않으며, 도가 함께 행해져 서로 위배되지 않는다. 작은 덕은 냇물의 흐름과 같고, 큰 덕은 조화를 도타이 하니, 이것이 바로 천지가 위대함이 되는 바이다.〔萬物竝育而不相害, 道竝行而不相悖. 小德, 川流, 大德, 敦化, 此天地之所以爲大也.〕"라고 한 것을 말한다.

117 27장의 양양(洋洋)과 우우(優優) : 《중용장구(中庸章句)》 제27장에 "위대하다, 성인의 도(道)여. 양양(洋洋)하게 만물을 발육하여 높음이 하늘에 다하였다. 우우(優優)히 크다. 예의(禮儀)가 3백 가지요, 위의(威儀)가 3천 가지이다.〔大哉, 聖人之道! 洋洋乎發育萬物, 峻極于天. 優優大哉! 禮儀三百, 威儀三千.〕"라고 한 것을 말한다.

에 화육(化育)을 앎을 말하였으니,[118] 사람들이 혹 행(行)이 먼저이고 지(知)가 그 다음인가 의심한다. 그러나 이는 바로 지성(至誠)의 일이자 천도(天道)의 끝이니, 21장의 "성(誠)으로 말미암아 밝아짐〔自誠明〕"[119]과 비추어 보면 절로 묘의(妙義)가 있다.

이 책은 도(道)를 밝히기 위하여 지은 것이다. 그러므로 편 중에 지(知)를 말한 것이 상세하지만, 천도(天道)의 끝을 성인(聖人)의 지(知)인 지성(至誠)으로 끝맺었으니, 그 뜻이 은미하다.

22장으로부터 32장에 이르기까지 천도(天道)와 인도(人道)를 극언(極言)하고서, 마지막에 또 "그 누가 이것을 알겠는가."라는 말로써[120] 다하지 못한 뜻을 포함하였으니, 이것이 바로 천년 뒤에도 사람을 감격하고 용동하게 하는 것이다. 독자는 마땅히 마음과 정신으로 융합하고

118 32장에서……말하였으니 : 《중용장구(中庸章句)》 제32장에 "오직 천하의 지극히 성실한 사람이라야 천하의 대경(大經)을 경륜하며, 천하의 대본(大本)을 세우며, 하늘과 땅의 화육(化育)을 알 수 있는 것이다.〔唯天下至誠, 爲能經綸天下之大經, 立天下之大本, 知天地之化育.〕"라고 하였다.

119 21장의……밝아짐 : 《중용장구(中庸章句)》 제21장에 "성(誠)으로 말미암아 밝아짐을 성(性)이라 이른다.〔自誠明, 謂之性.〕"라고 하였는데, 이에 대해 《장구》에서 "덕(德)이 성실하지 않음이 없어, 밝음이 비추지 않음이 없는 자는 성인(聖人)의 덕(德)으로서 성(性)대로 하여 간직한 자이니, 하늘의 도(道)이다.〔德無不實而明無不照者, 聖人之德, 所性而有者也, 天道也.〕"라고 하였다.

120 마지막에……말로써 : 《중용장구(中庸章句)》 제32장에, "만일 진실로 총명하고 성지(聖智)하여 하늘의 덕을 통달한 자가 아니면 그 누가 이것을 알겠는가.〔苟不固聰明聖知達天德者, 其孰能知之?〕"라는 구절을 가리킨다.

이해하여 묵묵히 이에 계합되어야 할 것이니, 한갓 언어와 문자로 이를 구한다면 전혀 이룰 수 없다.

33장의 《장구(章句)》에 "자신을 위한 학문을 하려는 마음이 있고 또 이 세 가지를 알면 삼갈 바를 알아 덕(德)에 들어갈 수 있을 것이다."라고 하였으니,[121] '자신을 위한 학문을 하려는 마음'은 홑옷을 덧입어 마음을 세우는 성실함을 가리켜서 말한 것이고, '삼갈 바를 안다'는 것은 아래 글의 홀로를 삼가는 공경함을 가리켜 말한 것이니,[122] 학문의 큰 단서가 성실함과 거짓, 공경함과 방사함의 사이를 벗어나지 않는다. 그러므로 장하(章下)의 《장구》에서 또 자신을 위한 학문을 하

121 33장의……하였으니 : 《중용장구(中庸章句)》 제33장에 "《시경》에 이르기를, '비단옷을 입고 홑옷을 덧입는다.' 하였으니, 그 문채가 너무 드러남을 싫어해서이다. 그러므로 군자의 도는 은은하나 날로 드러나고 소인의 도는 선명하나 날로 없어지는 것이다. 군자의 도는 담박하나 싫지 않으며 간략하나 문채가 나며 온화하나 조리가 있으니, 멂이 가까운 데로부터 시작함을 알며 바람이 불어 일어남을 알며 은미함이 드러남을 안다면 더불어 덕에 들어갈 수 있을 것이다.〔詩曰: 衣錦尙絅. 惡其文之著也. 故君子之道, 闇然而日章, 小人之道, 的然而日亡. 君子之道, 淡而不厭, 簡而文, 溫而理. 知遠之近, 知風之自, 知微之顯, 可與入德矣.〕"라고 한 부분에 대한 《장구》의 내용으로, '이 세 가지'란 '멂이 가까운 데로부터 시작함'과 '바람이 불어 일어남'과 '은미함이 드러남'을 가리킨다.

122 아래……것이니 : 《중용장구(中庸章句)》 제33장에 "《시경》에 '물에 잠긴 것이 엎드려 있어도 또한 훤히 잘 보인다.' 하였다. 그러므로 군자는 안으로 살펴보아 하자가 없어서 마음에 부끄러움이 없는 것이니, 군자의 미칠 수 없는 점은 사람들이 보지 않는 바에 있을 것이다.〔詩云: 潛雖伏矣, 亦孔之昭. 故君子內省不疚, 無惡於志, 君子之所不可及者, 其唯人之所不見乎!〕"라고 하였는데, 이에 대한 《장구》에 "이는 군자가 홀로를 삼가는 일이다.〔此君子謹獨之事也.〕"라고 하였다.

고 홀로를 삼가는 일을 제시하여 끝맺었으니,[123] 그 정녕한 뜻이 간절하다.

《중용(中庸)》이라는 책은 성(性)·도(道)·교(敎)를 한 편(篇)의 강령으로 삼되 도(道)가 체요(體要)가 되며, 지(知)·인(仁)·용(勇)을 공부의 절도로 삼되 중(中)이 표준이 되며, 비(費)·은(隱)으로 만사를 포괄하되 성(誠)이 관건이 되니, 도(道)와 중(中)과 성(誠)이 그 실질은 마찬가지이다. 그러나 입언(立言)의 대지(大旨)를 자세히 살펴보면 도(道)를 전하는 데에 있는데, 도(道)가 밝아지지 못하고 행해지지 못하는 것은 다른 까닭이 있어서가 아니다. 실로 지혜로운 자는 지나치고 어리석은 자는 미치지 못하며, 어진 자는 지나치고 어질지 못한 자는 미치지 못하는 것이 각각 그 품부 받은 기(氣)가 나란하지 않기 때문이다.[124] 이런 까닭에 그 중간에 허다하게 포서(鋪敍)한

123 장하(章下)의……끝맺었으니 : 《중용장구(中庸章句)》 제33장의 장하의 《장구》에 "자사(子思)께서 앞 장(章)의 극치를 다한 말씀을 인하여 그 근본을 돌이켜 찾아, 다시 하학(下學)이 자신을 위한 학문을 하고 홀로를 삼가는 일로부터 미루어 말씀하여, 공손함을 돈독히 함에 천하가 평해지는 성대함을 순치(馴致)하고, 또 그 묘함을 칭찬하여 소리도 없고 냄새도 없음에 이른 뒤에야 그만두셨으니, 이는 한 편의 요점을 들어 요약하여 말씀하신 것이다.〔子思因前章極致之言, 反求其本, 復自下學爲己謹獨之事推而言之, 以馴致乎篤恭而天下平之盛, 又贊其妙, 至於無聲無臭而後已焉, 蓋擧一篇之要而約言之.〕"라고 한 데에 보인다.

124 실로……때문이다 : 《중용장구(中庸章句)》 제4장에 "도가 행해지지 못하는 이유를 내 아노니, 지혜로운 자는 지나치고 어리석은 자는 미치지 못하기 때문이다. 도가 밝아지지 못하는 이유를 내 아노니, 어진 자는 지나치고 어질지 못한 자는 미치지 못하기 때문이다.〔道之不行也, 我知之矣, 知者過之, 愚者不及也. 道之不明也, 我知之矣, 賢者過之, 不肖者不及也.〕"라고 하였다.

것이 대(大)와 소(小), 은미함[微]과 드러남[顯]을 갈마들고 심천(深淺)과 고하(高下)를 출입함에 끊어지는 듯하기도 하고 이어지는 듯하기도 하여서 그 단예를 헤아릴 수가 없으니, 요컨대 지나친 자로 하여금 취하여 가려서 재단하는 바가 있게 하고, 미치지 못하는 자로 하여금 발돋움하여 미치는 바가 있게 하여서, 중화(中和)의 대도(大道)에 부합되게 하려는 것이다. 이 때문에 그 글이 동탕시키고 고무시켜서 실로 신운(神韻)의 양양(洋洋)함이 있는 것이다. 만일 그 가운데 능히 무젖어 융합되어서 자득한다면, 족히 사람을 도야할 만한 곳이 있을 것이다. 선유(先儒)가 "중화(中和)에 함영하는 것이 곧 악(樂)의 뜻이다."라고 한 것[125]이 참으로 그러하도다.

첫 장(章)의 "도(道)는 잠시도 떠날 수 없는 것이다."라고 한 것이

125 선유(先儒)가……것 : 예컨대 민우수(閔遇洙)의 《정암집(貞菴集)》 권15 〈잡지(雜識)〉에 "《맹자》에 '저울에 달아 본 뒤에야 경중을 알고, 자로 재 본 뒤에야 장단을 아는 법이다. 어떤 사물이든 모두 그러하지만, 마음의 경우는 더욱 그러하다.'라고 하였으니, 사람의 마음은 내달리고 드날려서 경중과 장단을 적합하게 맞추지 못하므로 성정(性情)이 올바름을 못하는 것이다. 악(樂)이 사람에게 가르치는 것은 바로 악을 배우는 이로 하여금 아침저녁으로 음향과 절주에 종사하여서 급하지도 않고 느리지도 않게 하는 것이니, 이처럼 하기를 오래 하면 자연히 성정의 올바름을 얻게 된다. 악이 이미 폐해졌으니, 오직 중화(中和)에 함영하는 것만이 곧 악의 뜻이어서 성정(性情)의 올바름을 얻을 수 있고, 성정이 이미 올바르게 되었으면 인도(人道)를 얻을 수 있으니, 이와 같은 뒤에야 비로소 성정을 회복할 수 있다.[孟子曰: 權然後知輕重, 度然後知長短. 物皆然, 心爲甚. 蓋人心馳騖飛揚, 不能適輕重長短之宜, 故性情不得其正. 樂之所以教人, 正欲使學樂者朝夕從事於音響節奏之間, 急也不得, 慢也不得. 如是旣久, 則自然得性情之正. 樂旣廢, 則惟涵泳中和, 乃是樂意思, 而可以得性情之正, 性情旣正, 則人之道得矣, 如此然後方可以復性情也.]"라고 말한 내용이 보인다.

책을 처음 펼쳤을 때의 제일의(第一義)이니, 마치 옷에 옷깃이 있는 것과도 같다. 그 아래의 허다한 의리는 모두 이 한 구절에 모여들게 된다.

이 책의 분해하고 관통하여 서로 발명하는 묘(妙)는 요컨대 언외의 혈맥과 지취를 가지고서 구하여야 한다. 만약 전적으로 문구(文句)의 안배를 가지고서 말한다면, 정묘한 곳이 없는 것은 아니겠으나 의미가 도리어 천박해져서 지루하게 견합됨을 면치 못하게 되니, 이것이 제유(諸儒)의 잘못이다.

논어
論語

《논어(論語)》〈학이(學而)〉의 제자입즉효장(弟子入則孝章)의 소주(小註)에 운봉 호씨(雲峰胡氏)가 웅씨(熊氏)의 "이 장(章)은 소학(小學)이므로 행(行)을 우선으로 삼았고, 자이사교장(子以四教章)장은 대학(大學)이므로 문(文)을 우선으로 삼았다."라는 설을 논박하였으니,[126] 웅씨가 소학과 대학에 나누어 배속한 것은 진실로 견강부회이므

126 논어(論語)……논박하였으니 : 제자입즉효장(弟子入則孝章)이란 《논어》〈학이〉에 "제자가 들어가서는 효도하고 나와서는 공손하며, 행실을 삼가고 말을 성실하게 하며, 널리 사람들을 사랑하되 인한 이를 친히 해야 하니, 이것을 행하고 여력이 있으면 글을 배워야 한다.〔弟子入則孝, 出則弟, 謹而信, 汎愛衆而親仁, 行有餘力, 則以學文.〕"라고 한 말을 가리킨다. 이에 대한 소주(小註)에 "또 살펴보건대, 웅씨가 '이 장은 소학이니, 효제충신으로부터 들어가기 때문에 행(行)을 우선으로 삼고 문(文)을 그 다음으로 삼았으며, 자이사교장(子以四教章)은 대학이니, 격물치지로부터 들어가기 때문에 문을 우선으로 삼고 행을 그 다음으로 삼았다.'라고 하였는데, 이는 대개 '제자(弟子)'라는 두 글자를 전적으로 소학의 일로 여긴 것이다. 그렇다면 15세에 대학에 들어가는 이들은 유독 사람의 제(弟)가 아니고 사람의 자(子)가 아니란 말인가. 대저 성인(聖人)이 사람에게 역행(力行)을 가르칠 때 반드시 문(文)을 배움을 우선으로 삼는다. 그러므로 제자의 직분을 하는 이는 힘이 남음이 있으면 곧 문을 배움을 중하게 여겨야 하니, 집주(集註)의 '역행만 하고 문을 배우지 않는다면' 이하로는 바로 본래 자이사교장(子以四教章)의 뜻을 그 안에 포함하고 있는 것이다.〔又按熊氏謂此章是小學, 自孝弟忠信入, 故先行而後文. 子以四教是大學, 自格物致知入, 故先文而後行, 蓋以弟子二字專爲小學之事. 然則十五入大學者, 獨非爲人弟爲人子者乎? 大抵聖人教人力行, 必以學文爲先. 故爲弟子之職者, 力有餘則便當以學文爲重, 集註力行而不學文以下, 正自該子以四教章之意在其中.〕"라고 하였다. 자이사교장(子以四教章)이란 《논어》〈술이(述而)〉의

로 논박한 것이 참으로 옳다. 그렇지만 호씨가 스스로 설명한 것도 분명하지 않다. 이 장(章)은 제자(弟子)를 위주로 말한 것이므로 경중(輕重)을 가지고서 차서로 삼아 행(行)을 우선으로 삼은 것이고, 저 자이사교장(子以四教章)은 가르치는 법을 위주로 하여 말한 것이므로 선후(先後)를 가지고서 차서로 삼아 문(文)을 우선으로 삼은 것이니, 상황에 따라서 말이 각각 해당하는 바가 있는 것이다.

또 자세히 살펴보건대, 사교(四教)에서 문(文)을 먼저 말하고 행(行)을 뒤에 말한 것은 진실로 지(知)가 행(行)보다 앞선다는 뜻이다. 그러나 만약 문(文)·행(行)·충(忠)·신(信)을 통틀어서 본말(本末)을 살펴본다면 문(文)과 행(行)을 앞에 두고 충(忠)과 신(信)을 뒤에 두었으니, 이는 바로 충과 신이 문과 행의 근본임을 보인 것이다.

신종추원장(愼終追遠章)[127]을 부자(夫子)의 "상(喪)에는 슬픔을 지극

"공자께서는 네 가지로 가르치셨으니, 문과 행과 충과 신이었다.〔子以四教, 文行忠信.〕"라고 한 말을 가리키며, "집주(集註)의 '역행만 하고 문을 배우지 않는다면' 이하"란 "역행(力行)만 하고 문(文)을 배우지 않는다면, 성현(聖賢)이 만들어 놓은 법(法)을 상고하고 사리(事理)의 당연함을 알 수가 없어서, 행하는 바가 혹 사사로운 뜻에서 나오기도 할 것이요, 단지 비루함에서 문제가 될 뿐만이 아닐 것이다.〔力行而不學文, 則無以考聖賢之成法, 識事理之當然, 而所行或出於私意, 非但失之於野而已.〕"라고 한 말을 가리킨다.

127 신종추원장(愼終追遠章) : 《논어》〈학이(學而)〉에 증자(曾子)가 "종(終)을 신중히 행하고 먼 조상들을 추모하면 백성들의 덕(德)이 돈후한 데로 돌아갈 것이다.〔愼終追遠, 民德歸厚矣.〕"라고 하였는데, 이에 대한 주희(朱熹)의 주(註)에 "신종(愼終)이란 초상(初喪)에 그 예(禮)를 다하는 것이요, 추원(追遠)이란 제사(祭祀)에 그 성

히 하여야 하고, 제사에는 공경을 지극히 하여야 한다."라는 가르침[128]을 가지고서 살펴보면, 고주(古註)의 "상(喪)에 그 슬픔을 다하는 것이요, 제사에 그 공경을 다하는 것이다."라는 말[129]이 거의 그 뜻을 지극하게 해석한 것이라 하겠다. 그런데 집주(集註)에서 굳이 '예(禮)'와 '성(誠)'으로써 '애(哀)'와 '경(敬)'을 바꾼 것은 어째서인가? 증자(曾子)의 뜻을 자세히 살펴보건대, '종(終)'은 사람이 소홀해지기 쉬운 바이므로 신중함〔愼〕으로써 면려한 것인데 신중함으로는 예(禮)만한 것이 없고, '원(遠)'은 사람이 잊기 쉬운 바이므로 추모함〔追〕으로써 면려한 것인데 추모함으로는 성(誠)만한 것이 없다. 그러므로 주자(朱

(誠)을 다하는 것이다. 백성의 덕(德)이 후한 데로 돌아간다는 것은 아래 백성들이 교화되어서 그 덕이 또한 후한 데로 돌아감을 말한다. 종(終)이란 사람들이 소홀히 하기 쉬운 것인데 이것을 삼가고, 멀리 돌아가신 분은 사람들이 잊기 쉬운 것인데 능히 추모한다면 후하게 하는 방법이다. 그러므로 이것을 자신이 하면 자신의 덕이 후해지고, 아래 백성들이 교화되면 그 덕이 또한 후한 데로 돌아가는 것이다.〔愼終者, 喪盡其禮; 追遠者, 祭盡其誠. 民德歸厚, 謂下民化之, 其德亦歸於厚. 蓋終者, 人之所易忽也, 而能謹之; 遠者, 人之所易忘也, 而能追之, 厚之道也. 故以此自爲, 則己之德厚, 下民化之, 則其德亦歸於厚也.〕"라고 하였다.

128 부자(夫子)의……가르침 : 《효경(孝經)》 〈기효행(紀孝行)〉에 "공자께서 말씀하시기를, '효자가 어버이를 섬길 적에는 평소에는 공경함을 지극히 하고, 봉양함에는 어버이의 즐거움을 지극히 해 드리고, 아프실 때는 근심을 지극히 하고, 상에는 슬픔을 지극히 하고, 제사에는 엄숙함을 지극히 해야 하니, 이 다섯 가지가 갖추어진 뒤에라야 능히 어버이를 섬겼다 할 것이다.' 하였다.〔子曰: 孝子之事親也, 居則致其敬, 養則致其樂, 疾則致其憂, 喪則致其哀, 祭則致其嚴. 五者備矣, 然後能事其親.〕"라고 하였다.

129 고주(古註)의……말 : "신종(愼終)이란 초상에 그 슬픔을 다하는 것이요, 추원(追遠)이란 제사에 그 공경을 다하는 것이다.〔愼終者, 喪盡其哀; 追遠者, 祭盡其敬.〕"라고 한 공안국(孔安國)의 주를 말한다. 《論語注疏》

子)가 '신(愼)' 자와 '추(追)' 자에 있어서 이 뜻을 간파하여 고훈(古訓)을 버리고서 발명한 것이니, 정미하다고 할 만하다. 그러나 부자(夫子)의 훈(訓)은 그 대체(大體)를 범범히 논한 것이고, 증자는 그 놓치기 쉬운 부분에 나아가서 입언(立言)한 것이니, 병행하더라도 어긋나지 않는다.

자금문어자공장(子禽問於子貢章)[130]의 주(註)에 사씨(謝氏)가 "성인(聖人)의 위의(威儀)를 관찰하면 또한 덕(德)에 나아갈 수 있을 것이다.〔觀於聖人威儀之間 亦可以進德矣〕"라고 하였다. 여기서 말한 '덕에 나아가는〔進德〕' 방도는 오로지 성인의 위의를 관찰하는 데에만 있는 것이 아니니, "역가(亦可)"라는 글자에서 그 뜻을 이에 알 수 있다. 배우는 이는 모름지기 성인의 언행을 실심(實心)으로 체득하고 궁구하여서 자신에게 소유할 것을 생각하여야 하니, 만약 한갓 그 위의만을 비슷하게 본뜬다면 어긋나지 않는 경우가 드물 것이다.

〈위정(爲政)〉에 "이단(異端)을 전공하면 해가 될 뿐이다."라고 하였다.[131] 무릇 이단은 정도(正道)에 있어서 홍수나 화재와 같으니, 어찌

130 자금문어자공장(子禽問於子貢章) : 《논어》 〈학이(學而)〉에 "자금(子禽)이 자공(子貢)에게 '부자(夫子)께서 이 나라에 이르셔서는 반드시 그 정사(政事)를 들으실 것이니, 구해서 되는 것입니까, 아니면 주어서 되는 것입니까?'라고 묻자, 자공이 '부자께서는 온순하고 어질고 공손하고 검소하고 겸양하여 이것을 얻으시는 것이니, 부자의 구하심은 남들이 구하는 것과는 다를 것이다.〔子禽問於子貢曰: 夫子至於是邦也, 必聞其政, 求之與? 抑與之與? 子貢曰: 夫子溫良恭儉讓以得之, 夫子之求之也, 其諸異乎人之求之與.〕"라고 한 글을 가리킨다.

전적으로 다룬 뒤에야 해가 되겠는가. 선유(先儒)들이 이에 대해 논의한 것이 많으나 끝내 의심이 없을 수가 없었다. 한 번은 생각해보니 여기에서 말한 '이단(異端)'은 마땅히 활간(濶看)하여야 하니, 단지 양주(楊朱)·묵적(墨翟)일 뿐만이 아니다. 예컨대 복서(卜筮)와 의술, 농업 등-예컨대 채묵(蔡墨)·기백(歧伯)·허행(許行)[132]의 부류이다.- 일체의 속학(俗學)으로서 모든 성인(聖人)의 도(道)가 아닌 것들이 다 그 가운데에 있다. 그러므로 성인의 말씀이 이와 같았던 것이니, 집주(集註)의 이른바 "양주·묵적 같은 경우〔如楊墨〕"란 다만 그중 무거운 것을 들어서 가벼운 것까지 포함한 것이다. '여(如)'라는 한 글자를 보면 그 뜻이 양묵(楊墨)만을 전적으로 가리킨 것이 아님을 알 수 있다.

〈이인(里仁)〉에 "아침에 도(道)를 들으면 저녁에 죽어도 괜찮다."라고 하였으니,[133] 이는 도(道)란 정미하고 광대하여 사람마다 얻어서 들을

131 위정(爲政)에……하였다 : 《논어》〈위정〉에 "이단(異端)을 전공하면 해가 될 뿐이다.〔攻乎異端, 斯害也已.〕"라고 하였는데, 이에 대한 집주(集註)에 "공(攻)은 전적(專的)으로 다루는 것이다. 그러므로 나무와 돌, 금(金)과 옥(玉)을 다루는 공인(工人)을 공(攻)이라 한다. 이단(異端)은 성인(聖人)의 도(道)가 아니고, 별도로 일단이 된 것이니, 양주(楊朱)·묵적(墨翟) 같은 경우가 이것이다. 이들은 천하를 거느려서 무부(無父)·무군(無君)의 지경에 이르게 하였으니, 전적으로 연구하여 정밀히 알고자 하면, 해됨이 심한 것이다.〔攻, 專治也. 故治木石金玉之工曰攻. 異端非聖人之道而別爲一端, 如楊墨是也. 其率天下, 至於無父無君, 專治而欲精之, 爲害甚矣.〕"라고 하였다.

132 채묵(蔡墨)·기백(歧伯)·허행(許行) : 채묵은 춘추(春秋) 때 진(晉)나라 태사(太史)로 예언을 잘하였다고 전해지며, 기백은 중국 고대의 황제(黃帝) 때 사람으로 의학을 배워 《황제내경(黃帝內經)》을 지었다고 전해지는 사람이며, 허행은 신농씨(神農氏)의 도(道)를 숭상하는 농가자류(農家者流)에 속하는 사람으로 《맹자(孟子)》〈등문공 상(滕文公上)〉에 보인다.

수 있는 것이 아니므로 이를 들었으면 비록 저녁에 죽는다 하더라도 유감이 없기 때문이다. 이 얼마나 준절한 말인가. 집주(集註)에서 도(道)를 "사물의 당연한 이치"라고 해석한 것은 언뜻 보면 범범하여서 서로 걸맞지 않은 듯하지만, 자세히 연역하면 비로소 바꿀 수 없는 지론임을 알 수 있다. 천지간에 가득한 사물들 가운데 각각 당연한 이치를 지니지 않은 것이 없으니, 이에 나아가면 이것이 바로 도(道)이다. 집주에서 이로써 도(道)의 뜻을 새긴 것은 바로 그 실체를 가리킨 것으로, 도의 정미함과 광대함도 애당초 이를 벗어나지 않는다. 저 이단으로서 사물을 도외시하면서 도를 추구하는 자들은 모두 이를 알지 못하는 것이니, 독자들은 마땅히 여기에 착안하여야 한다.

〈옹야(雍也)〉에 "안연(顔淵)은 노여움을 옮기지 않았다."라고 하였는데,[134] 이에 대한 집주(集註)에 "갑(甲)에게 화낸 것을 을(乙)에게 옮기지 않는 것이다."라고 하였으니, 갑과 을은 사람을 가지고서 말한

133 이인(里仁)에……하였다 : 《논어》 〈이인〉에 "아침에 도(道)를 들으면 저녁에 죽어도 괜찮다.〔朝聞道, 夕死可矣.〕"라고 하였는데, 이에 대한 집주(集註)에 "도(道)는 사물(事物)의 당연한 이치이니, 만일 그것을 얻어 듣는다면, 살면 이치에 순(順)하고, 죽으면 편안해서 다시 여한이 없을 것이다.〔道者, 事物當然之理, 苟得聞之, 則生順死安, 無復遺恨矣.〕"라고 하였다.

134 옹야(雍也)에……하였는데 : 《논어》 〈옹야〉에 애공(哀公)이 공자(孔子)에게 제자 중 누가 학문을 좋아하는지 묻자, 공자가 "안회(顔回)라는 이가 학문을 좋아하여 노여움을 남에게 옮기지 않으며 잘못을 두 번 다시 저지르지 않았는데, 불행히도 명이 짧아 죽었습니다. 그리하여 지금은 없으니, 아직 학문을 좋아한다는 자를 듣지 못하였습니다.〔有顔回者好學, 不遷怒, 不貳過, 不幸短命死矣. 今也則亡, 未聞好學者也.〕"라고 답한 내용이 보인다.

것이다. 그러나 사람으로 보면 갑(甲)·을(乙)이 있고, 일로 보면 피(彼)·차(此)가 있으니, 비록 한 사람의 몸에 있어서일지라도 노여워할 만한 일이 있고, 노여워할 만한 것이 아닌 일이 있다. 만약 이 일의 노여움을 저 일에 옮긴다면 이 또한 노여움을 옮기는 것이니, 대체로 사람의 정(情)은 일에 있어 노여움을 옮기기가 더욱 쉽다. 그러니 일의 뜻도 겸하여서 보는 것이 좋을 듯하다.

백우유질장(伯牛有疾章)[135]의 '무지(亡之)'를 율곡(栗谷)의 언해(諺解)에서 '사망(死亡)'으로 해석하였는데,[136] 경문(經文)의 뜻을 자세히 살펴보건대 '무(無)' 자의 뜻으로 보는 것만 못할 듯하다. '무(無)'와 '유(有)'는 바로 서로 호응하니, 그 뜻은 '이 사람의 어짊을 보건대 마땅히 이런 병이 없어야 할 터인데 지금 이런 병에 걸렸으니, 아마도 운명일 것이다.'라고 한 것과 같다. 마땅히 없어야 할 터인데 있음을 탄식한 것은 실로 깊이 애석해한 것인데, 그 완곡하게 슬퍼하신 것에서 성인(聖人)의 말씀이 박절하지 않음을 볼 수 있다. 만약 사망의 뜻으로 본다면 문의(文義)에 있어서 부족할 뿐만 아니라 어세 또한

135 백우유질장(伯牛有疾章) : 《논어》 〈옹야(雍也)〉에 "백우(伯牛)가 병을 앓자, 공자(孔子)께서 문병하실 적에 남쪽 창문으로부터 그의 손을 잡고 말씀하셨다. '이런 병에 걸릴 리가 없는데, 운명인가보다. 이런 사람이 이런 병에 걸리다니, 이런 사람이 이런 병에 걸리다니!'〔伯牛有疾, 子問之, 自牖執其手曰: 亡之, 命矣夫! 斯人也而有斯疾也! 斯人也而有斯疾也!〕"라고 한 글을 가리킨다.

136 율곡(栗谷)의……해석하였는데 : 율곡 이이(李珥)의 《언해(諺解)》에서는 이 부분을 "망ᄒᆞ리로다, 명이여. 이 사ᄅᆞᆷ이 이 질을 둘셔, 이 사ᄅᆞᆷ이 이 질을 둘셔.〔亡之, 命矣夫! 斯人也而有斯疾也! 斯人也而有斯疾也!〕"라고 해석하였는바, '사망'을 뜻하는 '망(亡)'으로 보았다는 뜻이다.

강경하여 위곡(委曲)하지 않을 듯하다.

〈술이(述而)〉에 "도에 뜻을 두고, 덕을 굳게 지키며, 인에 의지하여야 한다.〔志於道 據於德 依於仁〕"라고 하였으니, '지(志)'와 '거(據)'는 공력을 들인다는 뜻이 있는데, '의(依)' 자는 도리어 절로 그렇게 되는 뜻이 있다.

"공자께서는 괴이함과 용력(勇力)과 패란(悖亂)과 귀신을 말씀하지 않으셨다.〔子不語怪力亂神〕"라고 하였는데,[137] 아마도 여기에서의 '신(神)' 자는 "귀신을 공경하면서도 멀리한다.〔敬鬼神而遠之〕"[138]에서의 '신(神)'과 비등하게 보아야 할 듯하니, 모두 신기(神祇)[139]의 귀신을 가리켜서 말한 듯하다. 집주(集註)에서 "조화의 자취"라고 새긴 것[140]은 단지 대강(大綱)에 나아가 말한 것일 뿐이다.-장하주(章下註)에서 사씨(謝氏)가 "인간의 일을 말하고 귀신의 일을 말하지 않는다."라고 하여서 귀신〔神〕을

137 공자께서는……하였는데 : 이 말은 《논어》 〈술이(述而)〉에 보인다.

138 귀신을……한다 : 이 말은 《논어》 〈옹야(雍也)〉에, 번지(樊遲)가 지(知)에 관해 묻자, 공자는 "사람의 도리에 힘쓰고, 귀신을 공경하면서도 멀리한다면 지혜롭다고 말할 수 있다.〔務民之義, 敬鬼神而遠之, 可謂知矣.〕"라고 한 데 보인다.

139 신기(神祇) : 천신(天神)을 신(神), 지신(地神)을 기(祇)라고 한다.

140 집주(集註)에서……것 : 《논어》 〈술이(述而)〉에 "공자께서는 괴이함과 용력(勇力)과 패란(悖亂)과 귀신을 말씀하지 않으셨다.〔子不語怪力亂神.〕"라고 한 말에 대한 집주(集註)에 "귀신은 조화의 자취이니, 비록 바르지 않은 것은 아니나, 이치를 궁구함이 지극하지 않고는 쉽사리 밝힐 수 없는 것이 있으므로, 또한 가벼이 사람들에게 말씀하지 않으신 것이다.〔鬼神, 造化之迹, 雖非不正, 然非窮理之至, 有未易明者. 故亦不輕以語人也.〕"라고 하였다.

인간〔人〕과 상대하여 말하였으니, 그렇다면 여기에서도 신기(神祇)로 본 것임을 알 수 있다.-

〈계씨(季氏)〉의 익자삼우장(益者三友章)[141]에서 곧음이 성실함보다 앞에 놓이고 성실함이 문견이 많음보다 앞에 놓인 것은 경중을 가지고서 차서로 삼아 중한 것부터 말한 것이다. 우도(友道)의 본령은 실로 오직 허물을 고하고 책선(責善)하는 데에 있으므로, 곧음이 가장 중한 것으로서 앞에 놓이는 것이다.

시어군자유삼건장(侍於君子有三愆章)[142]에서 "안색을 보지 않고 말하는 것은 장님이라 한다."라고 하였으니, 이는 말씀이 미쳤더라도 안색을 자세히 살피지 않고 말해서는 안 된다는 것이다. 또 일의 관건이 되는 중대한 잘못은 정(靜)할 때에 생기는 경우는 드물고 늘 동(動)할 때에 생긴다. 그러므로 말하지 않는 경우에 대한 경계는 하나이고, 말하는 경우에 대한 경계는 둘인 것이다.

141 계씨(季氏)의 익자삼우장(益者三友章) : 《논어》 〈계씨〉에 "유익한 벗이 세 가지이고 손해가 되는 벗이 세 가지이니, 벗이 곧으며 벗이 성실하며 벗이 문견이 많으면 유익하고, 벗이 한쪽(외모)만 잘하며 벗이 유순하기를 잘하며 벗이 말을 잘하면 손해가 된다.〔益者三友, 損者三友, 友直, 友諒, 友多聞, 益矣, 友便辟, 友善柔, 友便佞, 損矣.〕"라고 한 말을 가리킨다.

142 시어군자유삼건장(侍於君子有三愆章) : 《논어》 〈계씨(季氏)〉에 "공자가 말하기를 '군자를 모실 때 세 가지 잘못이 있다. 군자의 말씀이 미치지 않았는데 말하는 것을 조급함이라 이르고, 말씀이 미쳤는데 말하지 않는 것을 숨김이라 이르고, 안색을 보지 않고 말하는 것을 장님이라 이른다.'라고 하였다.〔孔子曰: 侍於君子有三愆, 言未及之而言, 謂之躁, 言及之而不言, 謂之隱, 未見顔色而言, 謂之瞽.〕"라고 한 것을 가리킨다.

성인(聖人)의 말씀은 비록 심상한 말처럼 보이지만 겉과 속이 밝고 분명하여 혼연히 천리(天理)인지라 절로 신명(神明)이 깊이 사람을 감동하게 함이 있다. 그러므로 고인(古人)이 "덕성을 함양하고자 한다면 《논어》를 많이 읽는 것이 가장 긴요하다."라고 한 것이다.

맹자
孟子

《맹자(孟子)》〈공손추 상(公孫丑上)〉편 제2장의 집주(集註)에 "호연이란 성대히 유행하는 모양이다.〔浩然盛大流行之貌〕"라고 하였으니, '성대(盛大)'란 조금도 모자라거나 부족함이 없다는 뜻이고, '유행(流行)'이란 끊어지거나 막힘이 없다는 뜻이다. 이 두 가지가 갖추어진 뒤에야 비로소 '호연(浩然)'이라 할 수 있으니, 천지의 기운도 이와 같을 따름이다.

"그 기(氣)됨이 지극히 크고 지극히 강하다."[143]라는 한 절(節)은 이 기(氣)의 본래의 체단(體段)이 이와 같이 선함을 말한 것이다. "그 기(氣)됨이 의(義)와 도(道)에 배합된다."라는 한 절은 윗글의 본체의 선(善)을 이어 도(道)와 의(義)에 배합될 수 있음을 말하여서, 본체가 비록 선하지만 도와 의가 아니면 그 선을 채울 수 없음을 밝힌 것이다. "이 호연지기(浩然之氣)는 의리(義理)를 많이 축적하여 생겨나는 것이다."라는 한 절은 호연지기를 기르는 절도를 말하여, 윗글의 "정직함으로써 기르는"[144] 뜻에 응한 것이다.

143 그……강하다 : 《맹자》〈공손추 상(公孫丑上)〉 제2장에 호연지기(浩然之氣)를 설명하면서 한 말이다. 이 단락 전체서 인용한 글들은 모두 이 호연장(浩然章)에 보인다.
144 정직함으로써 기르는 : 《맹자》〈공손추 상(公孫丑上)〉 제2장에 "정직함으로써 잘 기르고 해침이 없으면, 이 호연지기(浩然之氣)가 천지(天地)의 사이에 꽉 차게 된다.〔以直養而無害, 則塞于天地之間.〕"라고 한 부분을 가리킨다.

"의(義)와 도(道)에 배합된다.〔配義與道〕"[145]라는 말에서 의가 도에 앞서는 것은 어째서인가? 이 절(節)은 윗글의 "정직함으로써 기르다.〔直養〕"라는 말을 이어서 아랫글의 "의리를 축적하다.〔集義〕"라는 말을 접하니, 의(義)는 '직(直)'과 뜻이 서로 부합한다. '직(直)'과 '의(義)' 두 글자는 곧 이 장(章)의 자안(字眼)이다. 그러므로 반드시 의(義)를 우선한 것이니, 범범하게 보아서는 안 된다.

"이것이 없으면 굶주리게 된다.〔無是餒也〕"라는 한 구(句)에 대해 여자약(呂子約)이 '시(是)' 자를 도의(道義)에 배속시키고 '뇌(餒)' 자를 기(氣)에 배속시켜서, "도의가 없으면 기가 굶주리게 된다."라고 하였는데, 주자(朱子)가 그 그릇됨을 깊이 배척하여, '시(是)' 자를 기(氣)에 배속시키고 '뇌(餒)' 자를 체(體)에 배속시켰다.[146] 체(體) 또한 기

145 의(義)와 도(道)에 배합된다 : 《맹자》 〈공손추 상(公孫丑上)〉 제2장에 호연지기(浩然之氣)를 설명하면서 한 말이다.

146 이것이……배속시켰다 : "이것이 없으면 굶주리게 된다."라는 말은 《맹자》 〈공손추 상(公孫丑上)〉 제2장에 보인다. 자약은 송(宋)나라 학자 여조검(呂祖儉)의 자이다. 이 말을 두고 주희(朱熹)가 여조겸에게 보낸 편지에, "(그대는) 호연지기의 설에 있어서 단지 '이 기는 원래 도의(道義)에 배합되어 이루어지니, 도의가 없으면 기가 이 때문에 굶주리게 된다.'라고 하고자 할 따름입니다.……기가 도의(道義)에 배합되는 것으로 말하자면, 맹자(孟子)의 뜻은 '이 기(氣)는 능히 도의에 배합될 수 있으니, 이 기가 없다면 그 체가 채워지지 않아 굶주리게 된다.'라고 한 것에 불과할 따름입니다. …… 또 게다가 보내온 편지에서 '이것이 없으면 굶주리게 된다.〔無是而餒〕'라는 말을 가리켜서 호연지기라고 전에는 말하였는데, 그 후에 또 '도의가 없으면 기가 이 때문에 굶주리게 되어 다만 혈기의 사사로움이 될 뿐이다.'라고 말하였으니, 또한 서로 심하게 모순되는 것이 아닙니까?〔於浩氣之說, 但欲謂此氣元是配合道義而成, 無道義則氣爲之餒而已.……若氣配道義, 則孟子之意, 不過曰: 此氣能配道義, 若無此氣, 則其

(氣)이니, 곧 '기가 없으면 기가 굶주린다.'라는 것인데, 상세한 곡절(曲折)이 크게 부족하여 평소에 의심이 없을 수 없었다. 근래 읊조리던 때에 '배(配)' 자의 뜻을 헤아리다가 인하여 이 장(章)의 허다한 '기(氣)' 자가 응당 곳에 따라서 본(本)과 말(末)을 분별해야 함을 깨달았다. 무릇 기(氣)란 하나일 따름이다. 기가 비록 일신(一身)에 충만하지만, 그 본체의 선(善)은 요컨대 방촌(方寸)의 마음에 나아가 인식해야 한다. 그러므로 배합되어 도와주는 묘함도 마땅히 방촌의 마음에서 구하여야 한다. 배합되어 도와서 길러서 이룸에 이르러서는 두루 사방으로 펼쳐지는지라, 온몸에 베풀어져 얼굴과 등에 드러나니,[147] 이것이 '몸에 가득 차 있다'[148]는 증거이다. 그렇다면 방촌(方寸)의 기(氣)는 본(本)이고, 몸에 가득 차 있는 기(氣)는 말(末)이니, 본과 말은 실로 서로 필요로 한다. 이와 같이 보면, 거의 의심할 만한 점이 없게 될 것이다.

지(志)는 곧 심(心)으로 심(心) 또한 기(氣)인데, 다만 본말의 구별이

體有不充而餒然耳.……又況來喩已指無是而餒者爲浩氣於前矣, 其後又謂無道義則氣爲之餒而但爲血氣之私, 不亦自相矛盾之甚邪?]"라고 한 내용이 보인다.《晦庵集 卷48 答呂子約》

147 온몸에……드러나니 :《맹자》〈진심 상(盡心上)〉에 "군자의 본성은 인의예지가 마음에 뿌리하여, 그것이 밖으로 드러남에 환하게 얼굴에 드러나며 등에 가득하며 온몸에 베풀어져 굳이 말하지 않아도 온몸이 저절로 깨달아 올바르게 되는 것이다.〔君子所性, 仁義禮智根於心, 其生色也, 睟然見於面, 盎於背, 施於四體, 四體不言而喩.〕"라고 하였다.

148 몸에……있다 :《맹자》〈공손추 상(公孫丑上)〉 제2장에 "지(志)는 기(氣)의 장수이고 기는 몸에 가득 차 있는 것이다.〔夫志氣之帥也, 氣體之充也.〕"라고 하였다.

있을 뿐이다. 이미 지(志)를 견지하고서도 또 기(氣)가 사납게 되지 않게 함은[149] 본(本)과 말(末)이 서로 길러주는 것이다. 호연지기를 양성함에 이르러서는 심과 기가 합일되므로 지를 견지하거나 기가 사납게 되지 않게 함에 대해서는 또 굳이 말할 필요가 없다.

"이는 의리를 축적하여 생겨나는 것이다.〔是集義所生〕"[150]에서의 '시(是)' 자는 바로 기(氣)를 가리켜서 말한 것이니, 실로 윗글의 "이것이 없다〔無是〕"[151]에서의 '시(是)'와 일맥상통한다. 자약(子約)이 "이것이 없다〔無是〕"에서의 '시(是)'를 도의(道義)에 배속한 것[152]은 의리가 어떠한지는 논할 것도 없이 문세(文勢)에 나아가서 보더라도 몹시 어긋난다.

요쌍봉(饒雙峰)은 위와 아래의 '뇌(餒)' 자를 나누어서 위의 '뇌(餒)' 자에 대해서는 '기(氣)가 없으면 도의(道義)가 굶주리게 된다.'라고

149 이미……함은 : 《맹자》〈공손추 상(公孫丑上)〉 제2장에 "지(志)는 기(氣)의 장수이고 기는 몸에 가득 차 있는 것이니, 지가 첫째이고 기가 그 다음이다. 그러므로 지를 견지하면서도 기가 사납게 되지 않도록 해야 한다고 말하는 것이다.〔夫志, 氣之帥也, 氣, 體之充也. 夫志至焉, 氣次焉. 故曰持其志無暴其氣.〕"라고 하였다.

150 이는……것이다 : 《맹자》〈공손추 상(公孫丑上)〉 제2장에 "이 호연지기는 의(義)를 축적하여 생겨나는 것이니, 의(義)가 하루아침에 갑자기 엄습하여 취해지는 것이 아니다.〔是集義所生者, 非義襲而取之也.〕"라고 하였다.

151 이것이 없다 : 《맹자》〈공손추 상(公孫丑上)〉 제2장에 "그 기가 의(義)와 도(道)에 배합되니, 이것이 없으면 굶주리게 된다.〔其爲氣也, 配義與道, 無是, 餒也.〕"라고 한 부분에 보이는 "무시(無是)"를 가리킨다.

152 자약(子約)이……것 : 170면 주146 참조.

하였고, 아래의 '뇌' 자에 대해서는 '도의가 없으면 기가 굶주리게 된다.'라고 하였다.[153] 자세히 살펴보건대 '뇌' 자는 본래 기(氣) 쪽에 쓰이는 것이 합당하니, 도의(道義)에 쓴다면 몹시 이치에 맞지 않는다. 또 심(心) 역시 기(氣)이니, 행하고서 마음에 부족하게 여기는 바가 있으면 곧 기가 도의에 배합될 수 없으므로 체(體)가 굶주리게 되는 것이다. 이 때문에 집주(集註)에서 위와 아래의 '뇌(餒)' 자에 대하여 '모두 체(體)에 충만하지 못한 바가 있다.'라고 해석한 것이니,[154] 요씨(饒氏)가 위와 아래의 '뇌' 자를 나누어서 본 것은 너무 깨부수어 잘게 해석한 것인 듯하다.

153 요쌍봉(饒雙峰)은……하였다 : 《맹자집주(孟子集註)》 〈공손추 상(公孫丑上)〉 제2장의 소주(小註)에 "두 '뇌(餒)' 자의 구분은 '이것이 없으면 굶주리게 된다.〔無是而餒〕'라는 말은 '기(氣)가 없으면 도의(道義)가 굶주리게 된다.'라는 것이고, '행하고서 마음에 부족하게 여기는 바가 있으면 굶주리게 된다.〔行有不慊則餒〕'라는 말은 '도의가 없으면 기가 굶주리게 된다.'라는 것이니, 가리키는 바가 다르다. 대개 두 가지는 서로 의지하니, 그 용(用)을 논하자면 도의는 기가 아니면 행해질 수 없고, 그 체(體)를 논하자면 기는 도의가 아니면 생겨날 수 없다.〔二餒字之分, 無是餒也, 是無氣則道義餒, 行有不慊則餒, 是無道義則氣餒, 所指不同. 蓋二者相資, 論其用, 則道義非氣, 無以行; 論其體, 則氣非道義, 無以生.〕"라고 한 쌍봉 요씨(雙峰饒氏)의 말이 보인다.

154 이 때문에……것이니 : 《맹자집주(孟子集註)》 〈공손추 상(公孫丑上)〉 제2장의 집주(集註)에서 "그 기가 의(義)와 도(道)에 배합되니, 이것이 없으면 굶주리게 된다.〔其爲氣也, 配義與道, 無是, 餒也.〕"라는 경문(經文)에 대해 "뇌(餒)는 굶주리고 결핍되어 기가 몸에 충만하지 못한 것이다.〔餒飢乏而氣不充體也.〕"라고 풀이하고, 또 "행하고서 마음에 부족하게 여기는 바가 있으면 굶주리게 된다.〔行有不慊則餒.〕"라는 경문에 대해 "행하는 바가 한 번이라도 의(義)에 합하지 못하여 스스로 돌이켜 봄에 정직하지 못함이 있으면 마음에 부족해서 그 체(體)가 충만하지 못한 바가 있는 것이다.〔所行一有不合於義, 而自反不直, 則不足於心, 而其體有所不充矣.〕"라고 풀이한 것을 말한다.

호연지기(浩然之氣)는 기(氣)의 본체이므로 길러야 하고, 기질(氣質)은 기(氣)의 찌꺼기이므로 변화해야 하니, 변화하면 그 본체의 바름을 회복하게 된다.

자로인고지이유과장(子路人告之以有過章)[155]의 제3절에 "자신을 버리고 남을 따르다.〔舍己從人〕"라고 하였는데, 이에 대한 주(註)에서 "기미선(己未善)"이라 한 한 구절[156]은 의심할 만하다. 안자(顏子)의 불이과(不貳過)의 경우에, 정자(程子)가 이를 두고 "약간의 잘못이 있는 것이다."라고 하였다.[157] 안자는 비록 대현(大賢)이지만 저절로 화(化)

155 자로인고지이유과장(子路人告之以有過章) : 《맹자(孟子)》 〈공손추 상(公孫丑上)〉 제8장에 "자로(子路)는 사람들이 그에게 허물이 있음을 말해주면 기뻐하였다. 우왕(禹王)은 선언(善言)을 들으면 절하였다. 대순(大舜)은 이보다도 더 위대함이 있었으니, 선을 남과 함께 하여 자신을 버리고 남을 따르시며 남에게서 취하여 선을 함을 좋아하였다. 밭 갈고 곡식을 심으며 질그릇 굽고 고기 잡을 때부터 황제가 됨에 이르기까지 남에게서 취한 것 아님이 없었다. 남에게서 취하여 선을 행함은 남이 선을 하도록 도와주는 것이다. 그러므로 군자는 남이 선을 하도록 도와주는 것보다 더 훌륭함이 없는 것이다.〔子路人告之以有過則喜. 禹聞善言則拜. 大舜有大焉, 善與人同, 舍己從人, 樂取於人以爲善. 自耕稼陶漁, 以至爲帝, 無非取於人者. 取諸人以爲善, 是與人爲善者也. 故君子莫大乎與人爲善.〕"라고 한 글을 가리킨다.

156 기미선(己未善)이라……구절 : 《맹자집주(孟子集註)》 〈공손추 상(公孫丑上)〉 제8장 자로인고지이유과장(子路人告之以有過章)의 집주(集註)에 "자신이 선하지 못하면 얽매이고 인색하게 하는 바 없이 버리고서 남을 따랐다.〔己未善, 則無所係吝而舍以從人.〕"라는 말을 가리킨다.

157 안자(顏子)의……하였다 : 안자는 공자의 제자 안회(顏回)를 말한다. 《논어》 〈옹야(雍也)〉에 "안회라는 제자가 학문을 좋아하여 노여움을 옮기지 않고 허물을 거듭 범하지 않았다.〔有顏回者好學, 不遷怒, 不貳過.〕"라고 하였는데, 이에 대한 집주(集註)에 "안자(顏子)와 같은 경지가 어찌 선하지 않음이 있겠는가. 이른바 '선하지 않다.'라는

하는 경지[158]에는 이르지 못하였으니, 이처럼 말한 것이 타당하다. 그러나 순(舜)은 생이지지(生而知之)한 성인(聖人)이니, 어찌 터럭만큼이라도 선하지 못함이 있음을 용납하겠는가. 그렇다면 《맹자혹문(孟子或問)》에 "자신의 견해를 먼저 세우지 않고 마음을 비워서 천하의 공론을 들었으니, 선이 자기에게 있는 줄도 알지 못하였던 것이다."라고 한 것이 성인(聖人)의 무아(無我)의 마음을 발명한 것이라 할 만하다. 이것이 올바른 의의가 될 듯하니, 《집주(集註)》에서는 혹 미처 정리하여 가려내지 못하여 그렇게 된 것인가.

〈등문공 상(滕文公上)〉편 제3장에서 "향전동정(鄕田同井)"[159]이라 하였는데, '향전(鄕田)'이란 향수(鄕遂) 10부(夫)의 도랑을 가리키며, '동정(同井)'이란 도비(都鄙) 8가(家)의 우물을 가리킨다. 우물을 함께한다고 말한 데에서 향전도 또한 도랑을 함께한다는 것을 알 수 있으니, 이는 바로 호문(互文)[160]인 것이다. 혹자는 '향전이 우물을 함께

것은 다만 약간의 잘못이 있는 것일 뿐이니, 조금이라도 잘못이 있으면 곧 알았고, 알면 곧 다시는 싹터 나오지 않게 한 것이다.〔如顔子地位, 豈有不善? 所謂不善, 只是微有差失, 纔差失, 便能知之, 纔知之, 便更不萌作.〕"라고 한 정자(程子)의 말이 보인다.

158 저절로 화(化)하는 경지 : 성인(聖人)의 경지를 말한다. 《맹자》〈진심 하(盡心下)〉에 "대인이면서 저절로 화하는 사람을 성인이라고 부른다.〔大而化之之謂聖.〕"라고 하였다.

159 향전동정(鄕田同井) : 이 말은 《맹자(孟子)》〈등문공 상(滕文公上)〉에 "죽거나 이사함에 향(鄕)을 벗어남이 없으니, 향전(鄕田)에 정(井)을 함께한 이들이 나가고 들어올 때에 서로 짝하며, 지키고 망볼 때에 서로 도우며, 질병이 있을 때에 서로 붙들어 주고 잡아준다면 백성들이 친목하게 될 것이다.〔死徙無出鄕, 鄕田同井, 出入相友, 守望相助, 疾病相扶持, 則百姓親睦.〕"라고 한 데에 보인다.

하다'라는 뜻으로 보는데, 이는 잘못된 것인 듯하다.

호변장(好辯章)의 "요순기몰(堯舜旣沒)" 한 절[161]은 앞에서 이미 "폭군이 대대로 일어났다."라고 하고서 뒤에서 또 "부정한 학설과 포학한 행실이 또 일어났다."라고 하였고, 앞에서 이미 "궁실을 파괴하여 오지(汙池)를 만들고, 농지를 버려 원유(園囿)를 만들었다."라고 하고서 뒤에서 또 "원유(園囿)와 오지(汙池)와 패택(沛澤)이 많아졌다."라고 하였으니, 말이 중첩된 듯하다. 그러므로 이도량(李都梁)의 《조변(條辨)》[162]에서 그 사이에 층절(層節)을 나누어서 "'백성들이 의식(衣

160 호문(互文) : 둘 이상의 구를 나란히 하여, 한쪽에서 진술하는 내용과 다른 쪽에서 진술하는 내용을 서로 보완함으로써 통합된 의미를 전달하는 형식을 말한다.

161 호변장(好辯章)의……절 : 《맹자(孟子)》 〈등문공 하(滕文公下)〉 제9장에 "요순(堯舜)이 이미 별세하시니, 성인(聖人)의 도(道)가 쇠하여 폭군이 대대로 나와서, 궁실을 파괴하여 오지(汙池)를 만들어서 백성들이 편안히 쉴 곳이 없고, 농지를 버려 원유(園囿)를 만들어서 백성들이 의식(衣食)을 얻을 수 없게 하였으며, 부정한 학설과 포학한 행실이 또 일어나 원유와 오지와 패택(沛澤)이 많아짐에 금수가 이르렀는데, 주왕(紂王)의 몸에 미쳐 천하가 또 크게 어지러워졌다.〔堯舜旣沒, 聖人之道衰, 暴君代作, 壞宮室以爲汙池, 民無所安息, 棄田以爲園囿, 使民不得衣食, 邪說暴行又作, 園囿汙池沛澤多而禽獸至, 及紂之身, 天下又大亂.〕"라고 한 한 절을 가리킨다.

162 이도량(李都梁)의 조변(條辨) : 《사서주자이동조변(四書朱子異同條辨)》을 가리킨다. 청(淸)나라 도량(都梁) 사람인 이패림(李沛霖)이 초고를 작성하고, 그의 동생인 이정(李禎)이 교정하여 만든 것으로, 유가의 여러 학설 중 주자(朱子)의 학설과 같은 것과 다른 것들을 구별하여 조목대로 수록한 것이다. 주자의 집주(集註)나 장구(章句) 등을 수록하고 제가의 설을 분별하여 주자의 학설과 같은 것은 "동(同)"조, 다른 것은 "이(異)"조에 두었으며, 마지막으로 "변(辨)"조에는 자신의 견해를 덧붙였다. 이 책은 조선 후기에 들어와 많은 유학자에게 읽혔다.

食)을 얻을 수 없게 하였다.'까지는 폭군이 대대로 일어난 때의 일이고, '부정한 학설과 포학한 행실'부터는 전적으로 주(紂)의 때에 배속하여 말한 것으로 '또 일어났기〔又作〕' 때문에 '또 어지러워진〔又亂〕' 것이니, 두 개의 '우(又)' 자가 상응한다."라고 하였다. 이도량의 설은 그렇지 않은 듯하다. 이 절은 비록 폭군이 대대로 일어났다는 말로 시작하고 있지만, 기실 주(紂)를 한 번 어지러워진 것에 해당시킨 것이니, 나누어서 보아서는 안 된다. 또 궁실을 파괴하고 농지를 버린 것은 위에서 정치가 어지러워진 것이고, 부정한 학설과 포학한 행실은 아래에서 교화가 무너진 것이므로, "또 일어났다.〔又作〕"라고 한 것이며, 홍수로 한 번 어지러워졌는데 여기서 또 한 번 어지러워졌으므로 "또 크게 어지러워졌다.〔又大亂〕"라고 한 것이다. 그렇다면 두 '우(又)' 자가 어찌 족히 나누어지는 증거가 될 수 있겠는가. 오지(汙池)와 원유(園囿)가 앞뒤로 중첩해서 나오는 것으로 말하면 비록 의심할 만할 것 같지만, 앞에서는 백성들이 편안히 쉴 곳이 없음을 말한 것이고, 뒤에서는 금수가 이른 것을 말한 것이다. 정치가 어지러워지고 교화가 무너져 금수가 이르렀으니, 천하의 어지러움이 이에 극에 달한 것이다.

일향지선사장(一鄕之善士章)에 "그 당세(當世)를 논하다.〔論其世也〕"라고 하였는데,[163] 생각건대 "그 행실과 사업을 살펴서 논하다."라고

163 일향지선사장(一鄕之善士章)의……하였는데 : 《맹자》 〈만장 하(萬章下)〉에 "한 지방의 훌륭한 선비라야 한 지방의 훌륭한 선비들과 사귈 수 있고, 한 나라의 훌륭한 선비라야 한 나라의 훌륭한 선비들과 사귈 수 있고, 천하의 훌륭한 선비라야 천하의

하지 않고 굳이 "그 당세를 논하다."라고 한 것은 사람의 행실과 사업은 때를 따라 마땅함이 달라지므로, 당세를 참고하여 논하여야 비로소 그 사람됨을 제대로 알아 실수가 없을 수 있다. 예컨대 우(禹), 직(稷), 안연(顏淵)이 처지를 바꾸면 모두 그러하였을 것이니,[164] 그 당세를 논하지 않는다면 어떻게 알 수 있겠는가.

고자생지위성장(告子生之謂性章)에서 삼백(三白)의 백(白)[165]이 똑같이 백색이지만 얕고 깊음, 굳고 가벼움의 차이가 있다는 것을 가지고

훌륭한 선비들과 사귈 수 있다. 천하의 훌륭한 선비와 벗하는 것을 만족스럽지 못하게 여겨 또 위로 올라가서 옛사람을 논하니, 그 시를 외며 그 글을 읽으면서도 그 사람을 알지 못한다면 되겠는가. 이 때문에 그 당세를 논하는 것이니, 이는 위로 올라가서 벗하는 것이다.〔一鄕之善士, 斯友一鄕之善士, 一國之善士, 斯友一國之善士, 天下之善士, 斯友天下之善士. 以友天下之善士爲未足, 又尙論古之人, 頌其詩讀其書, 不知其人可乎? 是以論其世也, 是尙友也.〕"라고 한 장(章)에 보이는 "당세를 논하다."라는 말을 가리킨다.

164 예컨대……것이니 : 《맹자》 〈이루 하(離婁下)〉에 맹자가 "우(禹), 직(稷), 안자(顏子)가 처지를 바꾸면 다 그러하였을 것이다.〔禹稷顏子易地則皆然.〕"라고 한 말이 보인다. 우왕(禹王)과 후직(后稷)은 곤경에 빠지거나 굶주린 사람을 보면 자기 탓으로 여겨 가정을 돌볼 틈도 없이 급급히 구제하였고, 안회(顏回)는 세상일에 관여하지 않고 누추한 시골에서 안빈낙도하였는데, 공자(孔子)는 이들을 모두 어질게 여겼다. 이는 성현(聖賢)은 처지에 따라 이치에 맞게 하므로, 결국 똑같은 도(道)임을 밝힌 것이다.

165 삼백(三白)의 백(白) : 《맹자》 〈고자 상(告子上)〉 제3장에 맹자가 "생(生)의 본능을 성(性)이라고 함은 백색을 백색이라고 이르는 것과 같은 것인가?"라고 물었는데, 고자가 "그러하다."라고 답하였다. 이어서 맹자가 "그렇다면 백우(白羽)의 백색이 백설(白雪)의 백색과 같으며, 백설의 백색이 백옥(白玉)의 백색과 같은 것인가?"라고 묻자, 고자가 "그러하다."라고 답하였는데, '삼백(三白)'이란 이때 예로 든 백우, 백설, 백옥을 가리킨다.

서, 인(人)과 물(物)의 기(氣)가 똑같이 기이지만 맑고 혼탁함, 순수하고 잡박함의 차이가 있음을 비유하였다. 아래의 절에서는 개 · 소 · 사람의 성(性)에 나아가 말하여서,[166] 기(氣)에 맑고 혼탁함, 순수하고 잡박함이 있음을 말미암아 성(性) 또한 치우치고 온전함, 어둡고 밝음의 차이가 있음을 밝혔다. 고자(告子)가 잘못 말한 근본은 오로지 성(性)을 알지 못하였던 데에만 있었던 것이 아니라, 실로 기(氣)를 알지 못하였던 데에 있다. 그러므로 맹자가 먼저 기(氣)가 같지 않음을 말하고 끝내 또 분수(分殊)의 성(性)을 말하였으니, 이는 그 잘못된 근본을 물리친 것이다.-분수(分殊)는 비록 품부 받은 기(氣)에서 나오지만, 분수에 나아가 본체를 본다면 애당초 같지 않았던 적이 없다.-

개가 집을 잘 지키고 소가 순종을 잘하는 것은 비록 각각 그 기(氣)를 인하여 이러한 발현이 있게 된 것이지만, 이(理)에는 정조(精粗)와 피차(彼此)의 차이가 없다. 그 잘 지키고 잘 순종하는 것에 나아가면 그 본연(本然)을 볼 수 있고, 또 지키고 순종함을 말미암아 거슬러 올라가면 그것이 어찌 주자(朱子)가 말한 "만물이 똑같이 하나의 근원이다."라는 것이 아니겠는가. 지금 사람들이 늘 기질지성(氣質之性)을 말할 때는 반드시 불선(不善)을 이에 해당시키고, 본연지성(本然之性)을 말할 때는 반드시 기(氣)를 섞어서 말하니, 이 때문에 많은 문제가 있는 것이다.

166 아래의……말하여서 : 《맹자》 〈고자 상(告子上)〉 제3장에 "그렇다면 개의 성(性)이 소의 성(性)과 같으며, 소의 성(性)이 사람의 성(性)과 같단 말인가.〔然則犬之性, 猶牛之性, 牛之性, 猶人之性與?〕"라고 한 맹자의 말을 가리킨다.

《주자어류(朱子語類)》에 "'개의 성(性)이 소의 성(性)과 같으며, 소의 성(性)이 사람의 성(性)과 같단 말인가.'[167]라는 말은 중간에 한 번 전환하는 말이 빠진 듯하니, 모름지기 '이것은 형기(形氣)가 같지 않기 때문에 성(性) 또한 조금 다르다.'라고 말하여야 비로소 맞는다. 맹자가 사람의 성(性)이 같은 곳을 본 것이 본래 분명하였으나, 도리어 이 작은 부분은 깊게 살피지 못한 듯하다."-굉조록(閎祖錄)-라고 하였다. 이 장(章)의 문답을 자세히 살펴보건대, 고자(告子)가 이치가 꿀릴 것을 스스로 알아서 묵묵히 자신의 견해를 지키면서 다시 묻지 않았기 때문에, 말이 끝마쳐지지 못한 것이다. 고자가 만약 다시 변난하였다면 맹자가 필시 한 번 전환하는 말을 두어서 물(物)의 편벽됨과 인(人)의 온전함은 형기(形氣)를 말미암는 것임을 발명하여 그 말을 마쳤을 것이다. 그렇다면 이는 바로 고자가 묻지 않은 것이지, 맹자가 살피지 못한 것이 아니다.-《주자어류》에 "'소와 말의 성(性)이 사람의 성(性)과 같지 않습니까?'라고 묻자, '인(人)과 물(物)은 본래 같으나, 품부 받은 기(氣)는 다름이 있다. 그러므로 같지 않은 것이다.'라고 하였다."라고 하였다.-

성(性)은 기(氣)와 분리하여 보아서는 안 되니, 비록 《중용(中庸)》의 "천명지성(天命之性)"[168]이라 할지라도 기(氣)에서 떨어진 적이 없지만 다만 섞어서 말하지 않았을 뿐이다. 그러므로 성(性)이 이발(已發)하고서 기(氣)에 가려지지 않은 것과 미발(未發)하여 기(氣)의 일과

167 개의……말인가 : 이 말은 《맹자》 〈고자 상(告子上)〉 제3장에 보인다.

168 중용(中庸)의 천명지성(天命之性) : 《중용장구(中庸章句)》 제1장에 "하늘이 명한 것이 성(性)이다.〔天命之謂性〕"라고 하였다.

는 간여가 없는 것을 똑같이 본연(本然)의 선(善)이라고 이를 만하다. 혹 '이발(已發)일 때에는 이미 기질에 관계된 것이므로 본연은 단지 미발(未發)에서만 논할 수 있다.'라고 하는 사람은 동정(動靜)이 하나의 이치이며 체용(體用)이 하나의 근원인 오묘함을 전혀 살피지 못한 것이다.

《집주(集註)》에서 "기(氣)로써 말한다면 지각(知覺)·운동(運動)은 사람과 동물이 다르지 않은 듯하되, 이(理)로써 말한다면 인의예지(仁義禮智)의 본성(本性)을 받음이 어찌 동물이 얻어 온전히 할 수 있는 것이겠는가."라고 하였다.[169] 기(氣)는 실로 같지 않으나 여기에서 "지각·운동은 다르지 않다."라고 한 것은 기(氣)가 일어나 작용하는 곳에 나아가 그 꿈틀거리며 움직이는 것이 같음을 말한 것이고, 성(性)은 본래 하나의 근원이지만 여기에서 "인의예지를 품부 받음이 같지 않다."라고 한 것은 또한 발현하는 곳을 따라서 그 치우치고 온전한 다름을 말한 것이다. 이 장(章)의 뜻은 근원을 끝까지 궁구하여 이기(理氣)의 전체를 논한 것이 아니라, 단지 고자(告子)가 생(生)을 성(性)이라고 한 것이 전적으로 지각과 운동의 발현을 가리킨 것이었기 때문에, 맹자의 답이 우선 성(性)이 발한 뒤에 보기 쉬운 것에 나아가서 변별하고 분석하였던 것일 뿐이다. 이 때문에 《집주》의 해석도 이와 같은 것이니, 독자는 먼저 그 말의 맥락을 살펴서 구하여야만 그 본지를 헷갈리지 않을 수 있을 것이다.

169 집주(集註)에서……하였다 : 이는 《맹자집주(孟子集註)》 〈고자 상(告子上)〉 제3장의 집주에 보인다.

성무선무불선장(性無善無不善章)[170]에서 "측은지심은 인(仁)이고, 수오지심은 의(義)이고, 공경지심은 예(禮)이고, 시비지심은 지(智)이다."라고 하였는데, 《집주(集註)》에서 "용(用)을 인하여 그 본체를 드러낸 것이다."라고 하였다. 자세히 생각해보건대 이 장(章)만이 그런 것이 아니라, 맹자(孟子)가 성(性)을 논한 뜻을 보면 대개 모두 이발(已發)에 나아가서 그 참된 함의를 밝혔으니, 《중용(中庸)》의 "천명지성(天命之性)"이 곧바로 미발(未發)의 본체를 가리켜서 말한 것과는 다르다. 독자는 자세히 살펴야 한다.

우산장(牛山章)의 야기(夜氣)[171]는 호연지기(浩然之氣)와 명명한 말은 비록 다르지만 기실 한 가지이다. 야기(夜氣)는 바로 호연지기의 단서로서, 고요한 밤 청명(淸明)한 때에 발현되는 것일 따름이다.

균시인야장(鈞是人也章)[172]에서 "마음의 기능은 생각하는 것이다.〔心之官則思〕"라고 하였는데, 여기에서 말한 '생각〔思〕'은 바로 이(理)와 의(義)의 생각이니, 생각이 조금이라도 이(理)와 의(義)에서 벗어나

170 성무선무불선장(性無善無不善章) : 《맹자》 〈고자 상(告子上)〉 제6장을 가리킨다.

171 우산장(牛山章)의 야기(夜氣) : 《맹자》 〈고자 상(告子上)〉 제8장에 "낮 동안 저지르는 이욕에 찬 행위가 양심(良心)을 짓눌러 없애니, 짓눌러 없애기를 반복하면 야기(夜氣)가 보존될 수 없다. 야기가 보존될 수 없으면 금수와 거리가 멀지 않게 된다.〔旦晝之所爲, 有梏亡之矣, 梏之反覆, 則其夜氣不足以存. 夜氣不足以存, 則其違禽獸不遠矣.〕"라고 한 데 보인다.

172 균시인야장(鈞是人也章) : 《맹자》 〈고자 상(告子上)〉 제15장을 가리킨다.

면 곧 사사로운 뜻이자 부수적인 감정인 것이다.

유천작장(有天爵章)[173]에서 "인의와 충신을 행하고 선을 즐거워하며 게을리 하지 않는다.〔仁義忠信樂善不倦〕"라고 하였는데, 자세히 생각해보건대 인의(仁義)와 충신(忠信)은 자신에게 달려있는 것을 가지고서 말한 것이고, 낙선(樂善)은 호선(好善)이라는 말과도 같으니, 남의 선(善)을 즐거워하는 것을 가지고서 말한 것이다. 소주(小註)에서 신안 진씨(新安陳氏)가 "낙선(樂善)은 인의와 충신을 즐거워하여 게을리 하지 않는 것이니, 낙(樂)의 지극함이다."라고 하였으니, 이는 올바른 뜻이 아니라 천착한 실수인 듯하다.

순우곤왈선명실자장(淳于髡曰先名實者章)[174]에서 "그러나 공자(孔子)께서는 하찮은 죄를 구실삼아 떠나고자 한 것이다.〔乃孔子則欲以微罪行〕"라고 하였는데, 하찮은 죄란 하찮은 잘못이라고 말한 것과 같다. 여악(女樂)을 받은 것은 군주의 잘못이 크고, 제사고기를 주지않은

173 유천작장(有天爵章) : 《맹자》 〈고자 상(告子上)〉 제16장을 가리킨다.

174 순우곤왈선명실자장(淳于髡曰先名實者章) : 《맹자》 〈고자 하(告子下)〉 제6장을 가리킨다. 이 장의 끝부분에 "공자가 노나라의 사구(司寇)가 되셨는데, 말씀이 쓰이지 않고, 따라서 교제(郊祭)를 지낼 적에 제사고기가 이르지 않자, 면류관을 벗지 않고 떠나가시니, 공자를 알지 못하는 자들은 고기가 이르지 않았기 때문이라고 말하였고, 공자를 잘 아는 자들은 무례하기 때문이라고 말하였다. 그러나 공자께서는 하찮은 죄를 구실로 삼아 떠나고자 하여 구차히 명분 없이 떠나려고 하지 않으신 것이니, 군자가 하는 바를 보통사람들은 진실로 알지 못한다.〔孔子爲魯司寇, 不用, 從而祭, 燔肉不至, 不稅冕而行, 不知者以爲爲肉也, 其知者以爲爲無禮也, 乃孔子則欲以微罪行, 不欲爲苟去, 君子之所爲, 衆人固不識也.〕"라고 하였다.

것은 군주의 잘못이 작으니, 여악을 받은 것을 구실삼지 않고 제사고기를 주지 않은 것을 구실로 삼아 떠났으므로, "하찮은 죄를 구실삼아 떠났다."라고 한 것이다. 《주자어류(朱子語類)》에서는 "제사고기가 이르지 않은 것을 말미암아 떠났다면, 내가 나라를 떠난 것은 제사고기를 받지 못한 것이 군주에게 죄를 얻은 것이 되었기 때문이다."라고 하였으니,[175] 이 말은 혹 기록한 자의 잘못인 것인가? 감히 알 수 없는 점이 있다.

〈진심(盡心)〉 첫 장(章)[176]의 뜻은 《중용(中庸)》의 지(知)・인(仁)・용(勇)[177]과 비슷하니, 첫 절은 지(知)이고, 2절은 인(仁)이고, 3절은 용(勇)이다. 요절하거나 장수함에 의심을 품지 않아서 자신을 닦고 천명을 기다리는 것은 대용(大勇)이 아니라면 어떻게 이 경지에 참여

175 주자어류(朱子語類)에서는……하였으니 : 이 내용은 《주자어류》 권59 만인걸(萬人傑)의 기록에 보인다.

176 진심(盡心) 첫 장(章) : 《맹자》 〈진심 상(盡心上)〉에 "그 심(心)을 다하는 자는 그 성(性)을 아니, 그 성(性)을 알면 하늘을 알게 된다. 그 심(心)을 보존하여 그 성(性)을 기름은 하늘을 섬기는 것이요, 요절하거나 장수함에 의심을 품지 않아서 자신을 닦고 천명(天命)을 기다림은 명(命)을 세우는 것이다.〔盡其心者, 知其性也, 知其性, 則知天矣. 存其心, 養其性, 所以事天也; 殀壽不貳, 修身以俟之, 所以立命也.〕"라고 한 첫 장(章)을 가리킨다.

177 《중용(中庸)》의 지(知)・인(仁)・용(勇) : 《중용장구》 제20장에 "천하에 공통된 도가 다섯인데, 이것을 행하는 것은 세 가지이다. 군신과 부자와 부부와 형제와 벗의 사귐, 이 다섯 가지는 천하에 통하는 도이다. 지(智)・인(仁)・용(勇) 이 세 가지는 천하(天下)의 공통된 덕이다.〔天下之達道五, 所以行之者三. 曰君臣也、父子也、夫婦也、昆弟也、朋友之交也五者, 天下之達道也. 知仁勇三者, 天下之達德也.〕"라고 하였다.

할 수 있겠는가. 옛날부터 성현(聖賢)이 학문을 논할 적에 이 세 가지 덕(德)을 중시하였으니 한쪽을 폐해서는 안 된다는 것을 알 수 있다.

맹자(孟子)가 말씀하기를 "만물이 모두 나에게 갖추어져 있으니, 몸에 돌이켜보아 성실하면 즐거움이 이보다 클 수 없다."라고 하였으니,[178] 여기에서 만물이 비록 많지만, 한결같이 성실하게 체행(體行)하여 빠뜨리지 않음을 볼 수 있다. 한 번 《논어(論語)》의 '일관(一貫)'의 뜻[179]과 참고하여서 체행하여 살펴본다면 자못 서로 발명하는 것이 있을 것이다.

맹자(孟子)가 말씀하기를 "형색(形色)은 천성(天性)이다."라고 하였으니,[180] 이는 형색(形色)에 있는 이치를 곧바로 가리켜서 성(性)이라고 한 것이다. 맹자가 성(性)을 말한 것이 본래 변화무궁하니, 여기에서 또한 성(性)을 가지고서 단지 방촌(方寸) 내의 사물로만 여기지는 않았음을 알 수 있다. 모든 천명(天命)의 실체(實體)로서 귀와 눈,

178 맹자(孟子)가……하였으니 : 이 말은 《맹자》 〈진심 상(盡心上)〉 제4장에 보인다.

179 논어(論語)의 일관(一貫)의 뜻 : '일관'이란 일이관지(一以貫之)의 줄임말로, 하나의 이치가 모든 일을 꿰뚫고 있다는 뜻이다. 공자(孔子)가 증자(曾子)에게 이르기를, "우리의 도(道)는 하나의 이치가 모든 일을 꿰뚫고 있다.〔吾道一以貫之.〕"라고 말하자, 증자가 망설임 없이 대답하여 "예.〔唯.〕"라고 말한 일을 말한다. 공자가 나간 뒤에 다른 문인들이 무엇을 이르는 것인지를 묻자, 증자가 말하기를, "부자의 도는 충(忠)과 서(恕)일 뿐이다.〔夫子之道, 忠恕而已矣.〕"라고 답하였다. 《論語 里仁》

180 맹자(孟子)가……하였으니 : 이 말은 《맹자》 〈진심 상(盡心上)〉 제38장에 보인다.

손과 발, 용모와 안색에 발현한 것을 모두 성(性)이라 할 수 있는데, 다만 그 통솔하여 모아서 운용하는 묘함이 마음에 있는 것이다. 후대의 유자(儒者) 중에 '심(心)을 따르고 생(生)을 따르는 것'이라는 견해만을 고수하여 이 성(性)을 심규(心竅)에만 국한하는 자는 지나치게 꽉 막혀 있음을 면치 못하니, 어찌 이에 대하여 체득하여 이해하지 않는가.

맹자(孟子)가 말한 이목구비(耳目口鼻)와 사지(四肢)의 욕구[181]는 사람이 누구나 없을 수가 없는 바이다. 그러나 음식과 미색, 소리와 냄새의 욕구는 그치는 때가 있지만, 안일의 욕구로 말하면 없을 때가 거의 없다. 무릇 학업을 부지런히 하지 못하고 몸을 검속하지 못하고 부모와 형을 섬김에 그 도리를 다하지 못하는 것은 대부분 안일함을 스스로 이기지 못하는 데서 말미암으니, 마땅히 맹렬히 성찰하여야 한다.

181 맹자(孟子)가……욕구 : 《맹자》 〈진심 하(盡心下)〉 제24장에 "입이 좋은 맛에 대해서와 눈이 좋은 색깔에 대해서와 귀가 좋은 소리에 대해서와 코가 좋은 냄새에 대해서와 사지가 안일에 대해서 좋아하는 것은 본성이나 명(命)에 달려 있기 때문에 군자는 이것을 성(性)이라 이르지 않는다.〔口之於味也、目之於色也、耳之於聲也、鼻之於臭也、四肢之於安佚也, 性也, 有命焉, 君子不謂性也.〕"라는 내용이 보인다.

서전
書傳

《서경(書經)》〈요전(堯典)〉의 "흠명문사(欽明文思)"에 대하여 채전(蔡傳)에서 "사(思)는 의사(意思)이다."라고 하였다.[182] 이 해석은 끝내 어긋날 듯하니, 의심할 만하다.

하늘은 양(陽)이므로 그 수가 기수(奇數)이다. 조화는 기수에서 나오기 때문에 추보(推步)[183]의 차이는 기수에서 말미암는다.

〈순전(舜典)〉의 "율(律)·도(度)·양(量)·형(衡)"[184]에 대하여 전(傳)에서 "12개의 관(管)이니, 모두 지름이 3푼하고 남음이 있으며 구멍의 둘레는 9푼이다."라고 하였으니, 이는 바로 지름이 셋이면 둘레가 하나인 것이다. 3푼이 셋이면 9푼이 되니, 이른바 "남음이 있다."

182 서경(書經)……하였다 : 《서경》〈요전(堯典)〉에서 요(堯)에 대해 "공경하고 밝고 문채가 나고 생각하는 것이 심원하며 자연스럽고 편안하였다.〔欽明文思安安〕"라고 하였는데, 《서경집전》에 채침(蔡沈)의 주(注)에 "문(文)은 문장(文章)이요 사(思)는 의사(意思)이니, 문장이 드러나고 생각이 심원한 것이다."라고 하였다.

183 추보(推步) : 천상(天象)과 역법(曆法)을 추산하는 일을 말한다. 해와 달이 하늘에서 운행하는 것은 마치 사람이 걸음을 걷는 것과 같아서 추산할 수 있다고 여겨서 붙인 말이다.

184 순전(舜典)의 율(律)·도(度)·양(量)·형(衡) : 《서경》〈순전(舜典)〉에 "사시와 달을 맞추어 날짜를 바로잡으며, 율(律)·도(度)·양(量)·형(衡)을 통일한다.〔協時月正日, 同律度量衡.〕"라고 한 말을 가리킨다.

라는 것은 관을 아울러서 지름을 잰 것이므로 3푼하고도 남음이 있는 것이며, 이른바 "구멍의 둘레"라는 것은 단지 관 안의 빈 곳만을 따라서 둘레를 잰 것이므로 9푼이면서 남음이 없는 것이다.

〈대우모(大禹謨)〉의 "수(水)·화(火)·금(金)·목(木)·토(土)"는 상극(相克)을 가지고 차서를 정한 것이니,[185] 〈홍범(洪範)〉의 오행(五行)[186]과는 차서가 같지 않다. 생각건대 〈홍범〉의 오행은 하늘이 낳는 것을 가지고서 말하였으므로 상생(相生)을 차서로 삼았고, 이 편의 육부(六府)[187]는 사람이 다스리는 것을 가지고서 말하였으므로 상극을

185 대우모(大禹謨)의……것이니 :《서경(書經)》〈우서(虞書) 대우모〉에, "수(水)·화(火)·금(金)·목(木)·토(土)·곡(穀)이 잘 다스려졌다.〔水火金木土穀惟修.〕"라고 하였는데, 집전(集傳)에서 "수·화·금·목·토·곡이 잘 다스려졌다는 것은 수(水)는 화(火)를 이기고 화(火)는 금(金)을 이기고 금(金)은 목(木)을 이기고 목(木)은 토(土)를 이겨 오곡(五穀)을 낳아서 혹 서로 제재하여 지나친 것을 배설하고 혹 서로 도와 부족한 것을 보조하여 여섯 가지가 다스려지지 않음이 없는 것이다.〔水火金木土穀惟修者, 水克火, 火克金, 金克木, 木克土而生五穀, 或相制以洩其過, 或相助以補其不足, 而六者無不修矣.〕"라고 하였다.

186 홍범(洪範)의 오행(五行) :《서경(書經)》〈주서(周書) 홍범〉에 "홍범구주(洪範九疇)의 첫 번째는 오행이니, 오행의 첫 번째는 수(水)이고 두 번째는 화(火)이고 세 번째는 목(木)이고 네 번째는 금(金)이고 다섯 번째는 토(土)이다.〔一五行, 一曰水, 二曰火, 三曰木, 四曰金, 五曰土.〕"라고 하였는데, 집전(集傳)에서 "수(水)·화(火)·목(木)·금(金)·토(土)는 오행(五行)이 태어난 순서이니, 하늘이 일(一)로 수(水)를 내고, 땅이 이(二)로 화(火)를 내고, 하늘이 삼(三)으로 나무를 내고, 땅이 사(四)로 금(金)을 내고, 하늘이 오(五)로 토(土)를 낸다.〔水火木金土者, 五行之生序也, 天一生水, 地二生火, 天三生木, 地四生金, 天五生土.〕"라고 하였다.

187 육부(六府) : 수(水)·화(火)·금(金)·목(木)·토(土)·곡(穀)을 가리킨다.

차서로 삼은 것이니, 생(生)은 체(體)이고 극(克)은 용(用)이다.

"매종덕(邁種德)"[188]은 자세히 살펴보건대 '종(種)'을 '식(植)'으로 새겨야 하니, '용감하게 가서 힘써 행하여 스스로 그 덕(德)을 심어서 덕이 이에 백성에게 내려온다.'라고 한 것이다. 이는 본말(本末)을 들어서 일컬은 것이다. 채전(蔡傳)에서 '종(種)'을 '포(布)'로 새겨서 '그 덕(德)을 펴서 덕이 이에 내려지다.'라고 하였으니, 곡절이 부족하여 맛이 적은 듯하다.

〈고요모(皐陶謨)〉의 "창궐유상(彰厥有常)"[189]에서의 '상(常)'은 '전상(典常)'의 '상(常)'으로 보아야 한다. 구덕(九德)에서 앞의 한 글자는 각각 품부 받은 기질로서, 그 치우침을 말한 것이니, 반드시 뒤의 한 글자가 보완한 뒤에야 치우침이 없고 기울어짐이 없어서 비로소 중정

188 매종덕(邁種德) : 《서경》 〈우서(虞書) 대우모(大禹謨)〉에 "고요는 힘써 행하여 덕을 펴서 덕이 마침내 아래로 백성에게 내려져 여민(黎民)이 그리워합니다.〔皐陶邁種德, 德乃降, 黎民懷之.〕"라고 한 우(禹)의 말이 보인다.

189 고요모(皐陶謨)의 창궐유상(彰厥有常) : 《서경(書經)》 〈우서(虞書) 고요모〉에 "고요(皐陶)가 '아! 훌륭합니다. 행실을 총괄하여 말할진댄 아홉 가지 덕(德)이 있으니, 그 사람이 소유한 덕을 총괄하여 말할진댄 아무 일과 아무 일을 행했다고 말하는 것입니다.' 하였다. 우(禹)가 '무엇인가?'하고 묻자, 고요가 다음과 같이 말하였다. '너그러우면서도 장엄하며 유순하면서도 꼿꼿하며 삼가면서도 공손하며 다스리면서도 공경하며 익숙하면서도 굳세며 곧으면서도 온화하며 간략하면서도 모나며 굳세면서도 독실하며 강하면서도 의(義)를 좋아하는 것이니, 몸에 드러나고 시종 떳떳함이 있는 것이 길(吉)한 사람입니다.'〔皐陶曰: 都! 亦行有九德, 亦言其人有德, 乃言曰載采采. 禹曰: 何? 皐陶曰: 寬而栗, 柔而立, 愿而恭, 亂而敬, 擾而毅, 直而溫, 簡而廉, 剛而塞, 彊而義, 彰厥有常, 吉哉!〕"라고 구덕(九德)을 설명한 부분에 보인다.

(中正)의 법칙에 합할 수 있는데, 중정(中正)은 바로 전상(典常)이다. 만약 구덕(九德)이 각각 그 품부 받은 기질을 따라서 덕을 이루어서 치우치고 기울어짐을 면치 못한다면, 현명하다 할지라도 길사(吉士)가 되기에 충분치 못할 것이다. 그러므로 구덕(九德)을 차례대로 서술한 뒤에 반드시 이 한 구(句)로 총괄하여 끝맺어서, 이로써 전상(典常)이 표준이 됨을 드러낸 것이다. 채전(蔡傳)에서는 '시종(始終)'으로 "유상(有常)"을 해석하였는데,[190] 뜻에 있어서 부족한 듯하다.

〈우공(禹公)〉에서 먼저 구주(九州)를 서술해 나열하여서 산천(山川)의 규제(規制)를 기록한 뒤에 비로소 치수(治水)의 공(功)을 말하였는데, 도산(導山)을 도수(導水)보다 앞에 둔 것은[191] 무릇 물의 근원은 모두 산에서 나오고 냇물은 모두 바다로 들어가기 때문에 물의 근원을 터서 깊게 하여 냇물로 돌아가게 하고 냇물을 터서 바다로 주입되게 한 것이니, 이는 치수(治水)의 대세(大勢)를 가지고서 말한 것이다. 공(功)을 펼치는 차제로 말할 것 같으면, 반드시 아래로부터 위로 올라가서 먼저 하류를 분산시켜야만 상류가 비로소 길을 따라 흐르면서 범람하지 않을 수 있다. 《어류(語類)》에 "우(禹)는 치수(治水)할 적에 땅의 낮은 곳에 먼저 나아가서 공(功)을 들였다."[192]라고 한 것이 참으

190 채전(蔡傳)에서는……해석하였는데 : "이룬 덕(德)이 몸에 드러나고 또 시종 떳떳함이 있는 것은 길한 선비일 것이다.〔成德著之於身, 而又始終有常, 其吉士矣哉!〕"라고 한 채침(蔡沈)의 주(注)를 가리킨다.

191 도산(導山)을……것은 : 도산(導山)은 산세(山勢)에 맞게 장애물을 제거하여 물길을 낸 것을 말하며, 도수(導水)는 물의 자연스러운 흐름을 이용하여 물길을 내어 바다로 흐르게 하는 것을 말한다.

로 이것이다. 채전(蔡傳)에서 "내를 파는 공(功)이 산을 따라서 시작되었으므로 도수(導水)가 도산(導山)보다 다음에 나온 것이다."라고 한 것은 곡절이 부족한 듯하다.

"나의 덕을 공경하여 솔선하니, 나의 행함을 어기지 않았다.〔祇台德先不距朕行〕"[193]라는 두 구(句)는 이 편의 앞에서부터 이를 읽어보면 어긋나서 딱 들어맞지가 않는다. 근래에 임녹문(任鹿門)의 차기(箚記)를 보았는데, 〈우공(禹貢)〉의 글과 비슷하지 않다고 하여 착간(錯簡)이라고 판단하였으니,[194] 탁견이라 할 만하다. 그러나 단지 글이 비슷하지 않을 것뿐만 아니라, 앞 절과 뒷 절의 어세로 살펴보아도 이 한 단락이 삽입된 것은 또한 매우 순조롭지 못하다.

이 〈우공(禹貢)〉편의 글은 따로 하나의 기격(奇格)이니, 전편(全篇)의 포서(鋪敍)가 몹시 광대한데, 기격(奇格)과 정격(正格)이 서로 섞이면서도 조리가 가지런하여 간약(簡約)하면서도 두루 포괄하고 치밀하면서도 막히지 않아서 유동하여 격앙하면서도 전중하고 심원하며,

192 우(禹)는……들였다 : 이 말은 《주자어류(朱子語類)》 권79 〈상서(尙書) 우공(禹貢)〉에 보인다.

193 나의……않았다 : 이 말은 《서경(書經)》 〈하서(夏書) 우공(禹貢)〉에 보인다.

194 근래에……판단하였으니 : 임녹문(任鹿門)은 임성주(任聖周, 1711~1788)로, 자는 중사(仲思), 호는 녹문, 본관은 풍천이다. 그의 문집인 《녹문집(鹿門集)》 권15 〈잡저(雜著) 상서(尙書)〉에 "'나의 덕을 공경하여 솔선하니, 나의 행함을 어기지 않았다.'라는 한 단락은 끝내 〈우공〉의 글과 비슷하지 않으니, 착간인 듯하다.〔祇台德先不距朕行一段, 終不類禹貢文, 恐錯簡.〕"라고 한 내용이 보인다.

자구(字句)를 도야한 것이 또 하나하나 묘리가 있으니, 천고의 문장을 하나하나 꼽아보아도 더불어 대적할 만한 것이 없다.

〈탕고(湯誥)〉의 "훌륭하신 상제(上帝)가 하민(下民)들에게 충(忠)을 내려주었다.〔惟皇上帝降衷于下民〕"라는 한 절[195]은 《중용(中庸)》의 첫 절[196]과 문의(文義)가 자못 비슷하다. "충(衷)을 내려주다〔降衷〕"라는 것은 바로 '천명지성(天命之性)'이고, "순히 하여 떳떳한 성(性)을 소유하다〔若有恒性〕"라는 것은 바로 '솔성지도(率性之道)'이며, "그 도(道)를 편안하게 하다〔綏厥猷〕"라는 것은 바로 '교(敎)' 자에 해당한다. 다만 《중용》의 '천명지성(天命之性)'은 인(人)과 물(物)을 겸하여서 말한 것이다.

〈열명(說命)〉의 "선왕(先王)의 도(道)를 따라 우리 고후(高后)의 자취를 밟는다.〔俾率先王 迪我高后〕"라는 말에 대해서 채전(蔡傳)에서 선왕(先王)을 '상(商)나라의 선철왕(先哲王)'이라고 하고, 고후(枯朽)를 '성탕(成湯)'이라고 하였다. 생각건대 이미 선왕(先王)을 상(商)의 선왕(先王)이라고 하였다면 뒤에서 다시 고후(高后)를 일컫는 것은

195 탕고(湯誥)의……절 : 《서경》〈상서(商書) 탕고〉에 "훌륭하신 상제(上帝)가 하민(下民)들에게 충(衷)을 내려주어 순히 하여 떳떳한 성(性)을 소유하였으니, 능히 그 도(道)에 편안하게 하는 이는 군주인 것이다.〔惟皇上帝降衷于下民, 若有恒性, 克綏厥猷惟后.〕"라고 하였다.

196 중용(中庸)의 첫 절 : 《중용장구(中庸章句)》 1장에 "하늘이 명(命)하신 것을 성(性)이라 이르고, 성(性)을 따름을 도(道)라 이르고, 도(道)를 품절(品節)해 놓음을 교(敎)라 이른다.〔天命之謂性, 率性之謂道, 修道之謂敎.〕"라고 한 부분을 가리킨다.

끝내 온당하지 않음을 깨닫겠으니, 앞의 선왕(先王)은 옛날의 철왕(哲王)을 가리킨 것으로, 그 뜻은 '멀리 옛 철왕(哲王)의 법을 따라서 가까이 우리 성탕(成湯)의 도(道)를 밟는다.'라고 한 것과 같다. 이와 같이 보면 말뜻이 통창하다. 또 탕(湯)이 상(商)나라를 세운 군주이고 보면, 탕 이전에 어찌 선왕(先王)이라 일컬을 만한 이가 있겠는가.

"말은 부끄러움을 일으키고 갑주(甲胄)는 전쟁을 일으킨다. 의상(衣裳)을 상자에 잘 보관해 두며, 간과(干戈)를 몸에 살핀다.〔惟口起羞 惟甲胄起戎 惟衣裳在笥 惟干戈省厥躬〕"[197]라고 한 말에 대해서 채전(蔡傳)에서 남과 자신을 나누어서 도리를 말하였으니[198] 이것이 좋지 않은 것은 아니지만, 본문을 살펴보면 문세와 맥락 상 끝내 견강부회에 해당되어 이치에 순하지가 않은 듯하다. 앞의 두 구(句)는 폐해를 나열하였고, 뒤의 두 구는 폐해를 구제하였으니, 상자에 잘 보관해두면

197 말은……살핀다 : 이 말은 《서경(書經)》 〈상서(商書) 열명 중(說命中)〉에 보인다.

198 채전(蔡傳)에서……말하였으니 : "언어(言語)는 몸을 문식(文飾)하는 것이나 함부로 내면 부끄러움을 일으킬 근심이 있고, 갑주(甲胄)는 몸을 호위하는 것이나 가볍게 동하면 전쟁을 일으킬 우려가 있다. 두 가지는 자신을 위하는 것이니, 마땅히 남에게 폐해를 끼침을 염려해야 한다. 의상(衣裳)은 덕(德)이 있는 이에게 명하는 것이니, 반드시 상자에 둠을 삼가는 것은 가볍게 주는 바가 있음을 경계한 것이며, 간과(干戈)는 죄가 있는 자를 토벌하는 것이니, 반드시 몸을 살핌에 엄격히 하는 것은 가볍게 동하는 바가 있음을 경계한 것이다. 이 두 가지는 남에게 가하는 것이니, 마땅히 자신에게 씀을 살펴야 한다〔言語, 所以文身也, 輕出則有起羞之患; 甲胄, 所以衛身也, 輕動則有起戎之憂. 二者所以爲己, 當慮其患於人也. 衣裳, 所以命有德, 必謹於在笥者, 戒其有所輕予; 干戈, 所以討有罪, 必嚴於省躬者, 戒其有所輕動. 二者所以加人, 當審其用於己也.〕"라고 한 채침(蔡沈)의 주(注)를 가리킨다.

부끄러움을 일으키는 폐해가 없게 되고, 몸에 살피면 전쟁을 일으키는 폐해가 없게 된다. 녹문(鹿門)의 차기(箚記)에도 이와 같이 말한 부분이 있으니[199] 이것은 몹시 좋지만, 다만 그 뒤에 고종(高宗)이 귀방(鬼方)을 정벌한 것을 가지고서 '용병(用兵)이 고종에게 있어서 긴절한 병통이었으므로 맨 먼저 언급하였다.'라고 하였으니,[200] 이는 그러한지 알지 못하겠다. 이 절(節)은 명토(命討)[201]가 왕정(王政)의 중대한 것이기 때문에 의상(衣裳)과 간과(干戈)를 집어내어 먼저 경계한 것일 뿐이다.

199 녹문(鹿門)의……있으니 : 녹문은 임성주(任聖周, 1711~1788)의 호이다. 그의 문집인 《녹문집(鹿門集)》 권15 〈잡저(雜著) 상서(尙書)〉에 "'의상은 상자에 잘 보관해 두다〔惟衣裳在笥〕'는 앞의 '부끄러움을 일으키다〔起羞〕'라는 구(句)를 받고, '간과를 몸에 살피다〔干戈省厥躬〕'는 앞의 '전쟁을 일으킨다〔起戎〕'라는 구를 받는다."라고 하였고, 또 "'말은 부끄러움을 일으키다〔惟口起羞〕'의 뒤에 '의상은 상자에 잘 보관해 두다〔惟衣裳在笥〕'를 긴밀히 연결시킨 것은 언어가 모두 부끄러움을 일으킬 수 있지만 관작을 명하는 것은 더욱 어렵게 여겨서 신중히 해야 함을 말한 것이고, '갑주는 전쟁을 일으킨다〔甲胄起戎〕'의 뒤에 '간과(干戈)를 몸에 살피다〔惟干戈省厥躬〕'를 긴밀히 연결시킨 것은 병기(兵器)는 함부로 쓰면 안 되니 자신을 다스리는 것을 반드시 먼저 엄격히 해야 함을 말한 것이다."라고 한 말이 보이는데, 이와 같은 부분을 가리킨다.

200 다만……하였으니 : 《녹문집(鹿門集)》 권15 〈잡저(雜著) 상서(尙書)〉에 "갑주(甲胄)의 한 구(句)는 범범하게 말한 것이 아닌 것 같다. 《주역》에서 '고종(高宗)이 귀방(鬼方)을 정벌하여 3년 만에 이겼다.〔高宗伐鬼方, 三年克之.〕'라고 하였는데, 이것이 어찌 용병(用兵)을 한 하나의 사례일 뿐이겠는가. 고종에게 긴절한 병통이었기 때문에 맨 먼저 언급하였을 것이다."라고 한 것을 가리킨다. 귀방은 당시 서북쪽에 있던 부족의 이름이며, 《주역》의 인용된 말은 〈기제괘(旣濟卦) 구삼(九三)〉의 효사(爻辭)이다.

201 명토(命討) : 덕이 있는 사람을 명하고, 죄가 있는 자를 친다는 말이다. 《書經 虞書 皐陶謨》

〈고종융일(高宗肜日)〉을 채전(蔡傳)에서는 고종(高宗)이 탕(湯)을 제사 지낸 것으로 해석하였고 추씨(鄒氏)는 조경(祖庚)이 고종을 제사 지낸 것이라고 하였는데, 백씨(伯氏)의 차기(箚記)에서 추씨의 설을 옳다고 하였다.[202] 한번 편말(篇末)의 결어(結語)를 가지고서 봐보면 알 수 있으니, "아비 사당에만 풍성하게 하지 말라."라는 말[203]은 바로 이 일을 지적하여 바로잡은 것인데 탕(湯)은 고종(高宗)에게 있어서 이미 먼 조상이니, 아비사당에만 풍성하게 한다는 말은 들어맞지 않을 듯하다.

〈홍범(洪範)〉의 채전(蔡傳)에서 "기자(箕子)가 홍범(洪範)을 말한 뒤에 무왕(武王)이 조선(朝鮮)에 봉해주고 신하로 삼지 않았다."[204]라고 하였으니, 채씨(蔡氏)가 사마천(司馬遷)의 말을 인습하고서 자세히

202 고종융일(高宗肜日)을……하였다 : 〈고종융일〉은 《서경》 〈상서(商書)〉의 편명으로, 고종은 은(殷)나라 왕 무정(武丁)의 묘호(廟號)이고, 조경(祖庚)은 고종의 아들이다. 백씨(伯氏)는 노주(老洲)의 형 오윤상(吳允常, 1746~1783)으로, 그의 문집인 《영재유고(寧齋遺稿)》 권6 〈차기(箚記) 서전(書傳)〉에 "〈고종융일〉을 추씨(鄒氏)는 '조경(祖庚)이 고종(高宗)의 사당에 융제(肜祭)를 지낸 날'이라고 하였는데, 이 설이 옳은 듯하다.〔高宗肜日, 鄒氏謂祖庚肜祭高宗之日, 此說恐是.〕"라고 한 내용이 보인다.

203 아비……말 : 《서경(書經)》 〈상서(商書) 고종융일(高宗肜日)〉에 "제사를 거행할 적에 아비 사당에만 풍성하게 하지 마소서.〔典祀無豐于昵.〕"라고 한 말을 가리킨다.

204 기자(箕子)가……않았다 : 이 말은 《서경(書經)》 〈주서(周書) 홍범(洪範)〉의 채침(蔡沈) 주(注)에 보이는데, 이는 《사기(史記)》 권38 〈송미자세가(宋微子世家)〉에 "무왕(武王)이 은(殷)을 정벌하고 기자(箕子)를 찾아가 천도(天道)를 물었다.…… 이에 무왕이 기자를 조선에 봉해주고 신하로 삼지 않았다.〔武王旣克殷, 訪問箕子.…… 於是武王乃封箕子於朝鮮而不臣也.〕"라고 한 말을 인용한 것이다.

살피지 않은 듯하다. 도(道)라는 것은 하늘이 준 바로서 천하의 공변된 것이다. 그러므로 무왕(武王)이 도(道)를 묻자, 기자(箕子)가 홍범구주(洪範九疇)를 말해주었을 따름이었으니, 결코 그 봉해줌을 받지 않았을 것이다. 봉해주고 신하로 삼지 않았다는 것은 더욱 사리에 가깝지 않으니, 이미 신하로 삼지 않았다면 어찌하여 봉해준단 말인가. 아니면 이미 봉해주었다면 어찌 신하로 삼지 않았다고 할 수 있단 말인가. 게다가 조선은 본래 중국의 강역 바깥에 있어서 복속된 적이 없으니, 무왕이 봉하고자 하였더라도 할 수 있었겠는가. 계곡(谿谷)이 "기자가 중국을 떠나 조선으로 들어가자 조선의 백성들이 모두 그를 존숭하여 임금으로 삼은 것이니, 이는 또한 태백(泰伯)이 만형(蠻荊)으로 가서 마침내 그곳의 임금이 되었던 것과도 같다."라고 하였으니,[205] 이것이 사실과 부합된다 할 만하다.

〈여오(旅獒)〉는 큰 개를 받는 것에 대하여 간하는 글인데,[206] 사람을 업신여기는 것과 물건을 완상하는 것을 가지고서 서로 번갈아가면서

205 계곡(谿谷)이……하였으니 : 계곡은 장유(張維, 1587~1638)의 호이다. 이 말은 《계곡만필(谿谷漫筆)》 권2 〈기자는 무왕이 봉해 줌을 받은 것이 아니라 스스로 조선에 온 것이다〔箕子非受武王之封而自來朝鮮〕〉라는 글에 보인다. 태백(泰伯)은 주(周)나라 태왕(太王)의 장자로, 문왕(文王)의 부친인 막내 동생 계력(季歷)에게 왕위를 물려주기 위해 만형(蠻荊)으로 몸을 피하자, 그곳 사람들이 임금으로 세우고 오 태백(吳泰伯)이라고 일컬었다. 《史記 卷31 吳太伯世家》

206 여오(旅獒)는……글인데 : 《서경》 〈주서(周書) 여오(旅獒)〉편은 주(周)나라 무왕(武王) 때에 서방의 만이(蠻夷)인 서려(西旅)가 오(獒)라는 큰 개를 공물로 바쳤는데, 소공 석(召公奭)이 이를 받아서는 안 된다는 내용으로 글을 지어 무왕을 경계시킨 것이다.

말한 것[207]은 어째서인가. 생각건대 큰 개를 받는 것은 바로 업신여기는 일 중 하나로서 실로 서로 말미암으니, 만약 업신여기지 않는다면 절로 큰 개를 받지 않았을 것이다. 그러므로 사람을 업신여기는 것과 물건을 완상하는 것을 가지고서 반복하여 지극히 경계한 것이다.

"친애하는 도리를 펴게 하다.〔時庸展親〕"[208]라는 말에 대하여 채전(蔡傳)에서는 "그 친함을 더욱 후하게 하다."라고 하였는데, '전(展)'을 '후하다'라고 새긴 것이 적확한지 모르겠다. 예전에 임창계(林滄溪)의 문집을 보았는데 "'전(展)'은 펼침이니, 친한 이를 친애하는 뜻을 펼친다는 말이다."라고 하였으니,[209] 이 설이 맞을 듯하다.

207 사람을……것 : 《서경》 〈주서(周書) 여오(旅獒)〉에 "사람을 업신여기면 덕을 잃고, 물건을 완상하면 뜻을 잃는다.〔玩人喪德, 玩物喪志.〕"라고 하였다.

208 친애하는……하다 : 이 말은 《서경》 〈주서(周書) 여오(旅獒)〉에 보인다.

209 예전에……하였으니 : 임창계(林滄溪)는 임영(林泳, 1649~1696)의 호로, 이 내용은 《창계집(滄溪集)》 권19 〈독서차록(讀書箚錄) 서전(書傳) 여오(旅獒)〉 전친(展親)조에 보인다.

주역
周易

《주역(周易)》〈건괘(乾卦) 대상(大象)〉에 "군자가 이것을 본받아 스스로 힘쓰고 쉬지 않는다.〔君子以 自强不息〕"라고 하였는데, 《본의(本義)》에서 이를 해석하기를, "인욕(人慾)으로써 천덕(天德)의 강함을 해치지 않으면 스스로 힘쓰고 쉬지 않을 것이다."라고 하였으니, 이는 바로 반복하여 체득하기에 좋다. 강하면 굽히지 않으며 굳세면 쉬지 않으니, 강함〔剛〕과 굳셈〔健〕은 실로 서로 필요로 한다. 굽히지 않는 강함이 없다면 어떻게 굳세어 쉬지 않을 수 있겠는가. 사람이 하늘과 같을 수 없는 이유는 다름이 아니라, 인욕의 굽힘이 있기 때문이다. 《정전(程傳)》에서 해석한 것이 이 뜻에 있어서 조금 부족한 듯한데, 《본의》에서 실로 발명한 바가 있다. 이 말을 인용하는 후인(後人)들이 대부분 천덕(天德)의 득실이 이(理)와 욕(慾)의 기미에 있음은 인식하지 못하고서 단지 부지런히 힘써서 게을리하지 않는 것을 '스스로 힘쓰고 쉬지 않음〔自强不息〕'으로 여기니, 이는 또 소견이 얕을 뿐만이 아닌 것이다.

하늘의 사덕(四德)[210]이 유행(流行)하고 변화(變化)하니, 원(元)의 '자뢰하여 시작함'과 형(亨)의 '유동하여 형체를 이룸'은 '계속하는 것

210 하늘의 사덕(四德) : 원(元)·형(亨)·이(利)·정(貞)을 말한다. 《주역》〈건괘(乾卦) 괘사(卦辭)〉에 "건(乾)은 원(元)과 형(亨)과 이(利)와 정(貞)이다."라고 하였다.

이 선이다.'에 해당하고,-유행(流行)에 속한다.- 이(利)의 '각각 바르게 함'과 정(貞)의 '보합함'은 '갖추어져 있음이 성(性)이다.'에 해당한다.-변화(變化)에 속한다.-[211] 형(亨)과 이(利)의 교차는 동정(動靜)의 기틀이고, 정(貞)과 원(元)의 교차는 합벽(闔闢)의 기틀이니, 조화의 묘함이 모두 여기에서 나온다.

원(元)은 사덕(四德)을 포함하니, 원(元)은 바로 태극(太極)이며, 원(元)과 형(亨)은 양(陽)이고 이(利)와 정(貞)은 음(陰)이니, 이는 양의(兩儀)이며, 원·형·이·정이 각각 하나의 일을 전담하면서 강(剛)과 유(柔)가 서로 섞이니, 이는 사상(四象)이다.

〈문언(文言)〉에서 건괘(乾卦) 구이(九二)에서는 성(誠)을 말하였고,

211 원(元)의……해당한다 : 원(元)·형(亨)·이(利)·정(貞)에 대한 설명은 모두 《주역》〈건괘(乾卦) 단사(彖辭)〉에 "위대하다 건원이여, 만물이 여기에 자뢰하여 시작하니, 이에 하늘의 일을 총괄하게 되었도다. 구름이 가고 비가 내려 만물이 유동하여 형체를 갖춘다.……건도(乾道)가 변화함에 각기 성명(性命)을 바루어 대화(大和)를 보합(保合)하나니, 이에 정(貞)함이 이롭다.〔大哉乾元, 萬物資始, 乃統天. 雲行雨施, 品物流形.……乾道變化, 各正性命, 保合大和, 乃利貞.〕"라고 한 데 보인다. 한편 "계속하는 것이 선(善)", "갖추어져 있음이 성(性)"이라는 말은《주역》〈계사전 상(繫辭傳上)〉에 "한 번 음이 되고 한 번 양이 되게 하는 것을 도라고 하니, 계속하는 것은 선이고 갖추어져 있음은 성이다.〔一陰一陽之謂道, 繼之者善也, 成之者性也.〕"라고 한 데 보이는데, 이에 대해 본의(本義)에서 "도(道)는 음(陰)에 갖추어져 있고 양(陽)에 행해지니, 계(繼)는 그 발함을 말한 것이요 선(善)은 화육(化育)의 공(功)을 이르니 이는 양(陽)의 일이다. 성(成)은 갖추고 있음을 말한 것이요 성(性)은 물건이 받은 것을 이르니, 물건이 나면 성(性)을 간직하고 있어 각기 이 도(道)를 갖춤을 말한 것이니, 이는 음(陰)의 일이다."라고 하였다.

곤괘(坤卦) 육이(六二)에서는 경(敬)을 말하였다.[212] 건(乾)의 획은 실(實)하고 곤(坤)의 획은 허(虛)하니, 실(實)은 성(誠)이 되고, 허(虛)는 경(敬)을 낳는다. 복희(伏羲)의 심획(心劃)에서부터 이미 이러한 상(象)이 있었던 것이니, 바로 천연의 자연스러운 이치로, 후대에 많은 성현이 이를 발현해 내었다.

건(乾)・곤(坤)은 부모(父母)의 상(象)이 있는데 둔(屯)・몽(蒙)이 그 다음에 오니, 어려울 때에 제후를 세워야 하니[213] 그러면 군주가 있는 것이고, 어릴 때에 바름을 기르면[214] 스승이 서게 되는 것이다.

몽(蒙)은 감하간상(坎下艮上)의 괘이니, 감(坎)은 북방(北方)이고 간

212 문언(文言)에서……말하였다 : 《주역》 〈건괘(乾卦) 구이(九二)〉에 "나타난 용이 밭에 있음이니, 대인을 만나 보는 것이 이롭다.〔見龍在田, 利見大人.〕"라고 하였는데, 이에 대해 〈문언(文言)〉에서 "대인은 용덕(龍德)을 지니고 정중(正中)한 자이니, 평소의 말을 미덥게 하고 평소의 행동을 삼가서 사(邪)를 막고 성(誠)을 보존하며, 세상을 좋게 하고도 자신의 공로를 자랑하지 않으며, 덕이 넓게 퍼져서 교화하는 자이다.〔龍德而正中者也, 庸言之信, 庸行之謹, 閑邪存其誠, 善世而不伐, 德博而化.〕"라고 하였으며, 〈곤괘(坤卦) 육이(六二)〉에 "곧고 방정하고 위대하다. 익히지 않아도 이롭지 않음이 없다.〔直方大, 不習, 无不利.〕"라고 하였는데, 이에 대해 〈문언〉에서 "군자가 경(敬)하여 안을 곧게 하고 의(義)하여 밖을 방정하게 하여 경과 의가 확립되면 덕이 외롭지 않다.〔君子敬以直內, 義以方外, 敬義立而德不孤.〕"라고 하였다.

213 어려울……하니 : 《주역》 〈둔괘(屯卦) 단(彖)〉에 "하늘의 작용이 초창기의 상태에서 어둡고 어지러울 때는 마땅히 제후를 세우고 편안히 여기지 말아야 한다.〔天造草昧, 宜建侯而不寧.〕"라고 하였다.

214 어릴……기르면 : 《주역》 〈몽괘(蒙卦) 단(彖)〉에 "어릴 때에 바름을 기르는 것이 성인(聖人)이 되는 공부이다.〔蒙以養正, 聖功也.〕" 라고 하였다.

(艮)은 막내아들이다. 이 때문에 혼몽(昏蒙)의 상(象)이 있는 것이다.

겸(謙)은 산하지상(山下地上)의 괘이니, 높은 산으로서 낮은 땅에 처한다. 이 때문에 낮추고 겸손한 상(象)이 있는 것이다.

박(剝)의 초육(初六), 육이(六二), 육사(六四)에서 모두 상(牀)을 말하였다.[215] 괘(卦)의 위는 실(實)하고 아래는 허(虛)하여[216] 상(牀)의 상(象)이 있으므로 여기에서 뜻을 취한 것일 것이다.

익(益)이 손(損) 다음에 있으니, 여기에서 분노를 징계하고 욕심을 막는 공(功)[217]이 있은 뒤에 선(善)으로 옮겨가고 허물을 고칠 수 있음[218]을 볼 수 있다. 분노가 돌연 일어나는 것은 산(山)의 상(象)이

215 박(剝)의……말하였다 : 《주역》 〈박괘(剝卦) 초육(初六)〉에 "평상의 다리를 깎는 것이니, 곧음을 멸하여 흉하도다.〔剝牀以足, 蔑貞, 凶.〕"라고 하였고, 〈박괘 육이(六二)〉에 "상을 깎되 변(辨)에 미침이니, 정도(貞道)를 멸하여 흉하도다.〔六二, 剝牀以辨, 蔑貞, 凶.〕"라고 하였고, 〈박괘 육사(六四)〉에 "상을 깎아 살갗에 닿는 것이니, 흉하다.〔剝牀以膚, 凶.〕"라고 하였다.

216 괘(卦)의……허(虛)하여 : 박괘(剝卦)는 아래 5개의 효(爻)는 음효(陰爻)이고 맨 위의 효만 양효(陽爻)이므로 이와 같이 말한 것이다.

217 분노를……공(功) : 《주역》 〈손괘(損卦)〉는 산을 상징하는 간(艮)과 못을 상징하는 태(兌)로 이루어졌는데, 〈손괘 상(象)〉에 "산 아래에 못이 있는 것이 손(損)이니, 군자가 이를 보고서 분노를 징계하고 욕심을 막는다.〔山下有澤損, 君子以懲忿窒欲.〕"라고 하였다.

218 선(善)으로……있음 : 《주역》 〈익괘(益卦)〉는 바람을 상징하는 손(巽)과 우레를 상징하는 진(震)이 합하여 이루어졌는데, 〈익괘 상(象)〉에 "군자는 이를 본받아 선을 보면 옮겨 가고 허물이 있으면 고친다.〔君子以, 見善則遷, 有過則改.〕"라고 하

있는 것이고, 욕심에 점점 빠져드는 것은 택(澤)의 상(象)이 있는 것이니, 태(兌)의 기뻐함은 분노를 징계할 수 있고, 간(艮)의 그침은 욕심을 막을 수 있다. 떨쳐 일어나 선(善)에 옮겨 가는 것은 우레가 울어서 움직이게 하는 상(象)이 있고, 일소하여 허물을 고치는 것은 바람이 불어서 흩어지게 하는 상(象)이 있으며, 선(善)은 길러주는 것을 귀하게 여기므로 또 손(巽)의 상(象)이 있고, 허물은 이겨내어 없애기를 귀하게 여기므로 또 진(震)의 상(象)이 있는 것이다. 이와 같이 서로 번갈아서 상(象)을 보고서 뜻을 완미하면, 절로 서로 설명되어 풀릴 수 있다. 여동래(呂東萊)가 "손(損)과 익(益) 두 상(象)은 가장 배우는 이에게 긴절하다."라고 한 것[219]이 진실로 옳다.

또 보건대 선(善)은 양(陽)이고 허물〔過〕은 음(陰)이므로, 뇌(雷)는 분발하는 상(象)이 있고, 풍(風)은 유순히 들어가는 상(象)이 있는 것이다. 분노는 강(剛)이고 욕심은 유(柔)이므로, 산(山)은 돌연 일어나는 상(象)이 있고 택(澤)은 푹 꺼져서 빠지는 상(象)이 있는 것이다. 역상(易象)은 한 가지 뜻에 구애되어서는 안 되는 것이 이와 같다.

간(艮)의 겸산(兼山)은 멈춤에 독실한 상(象)이 있다.[220]

였다.

219 여동래(呂東萊)가……것 : 여동래는 여조겸(呂祖謙, 1137~1181)으로, 동래는 그의 호이다. 인용한 말은 《주역전의대전(周易傳義大全)》 권15 〈익괘(益卦) 상전(象傳)〉의 소주(小註)에 보인다.

220 간(艮)의……있다 : 《주역》 〈간괘(艮卦) 상(象)〉에 "산이 거듭함이 간이니, 군자가 이를 본받아 생각함이 그 지위를 벗어나지 않는다.〔兼山艮, 君子以, 思不出其位.〕"

태(兌)의 이택(麗澤)은 수용하는 상(象)이 있다.[221]

《대역(大易 주역(周易))》에서 "길무구(吉无咎)"라고 말한 것은 정(靜)이 많고 동(動)이 적어서이니, 《역(易)》의 도(道)가 그러하다.

무릇 효사(爻辭)에서 경계하는 말은 대부분 초효(初爻)에 있으니, 처음에는 선악(善惡)이 아직 나뉘지 않고 길흉(吉凶)이 아직 정해지지 않았으므로 더욱 경계하고 삼가야 한다.

《역(易)》의 길함〔吉〕과 흉함〔凶〕, 후회〔悔〕와 부끄러움〔吝〕은 실로 반복하여 서로 말미암는다. 길함은 부끄러움을 낳고 부끄러움은 흉함을 낳으며, 흉함은 후회를 낳고 후회는 길함을 낳으며, 길함은 또 부끄러움을 낳으니, 길함과 흉함은 일의 득실을 가지고서 말한 것이고, 후회와 부끄러움은 마음의 근심과 헤아림을 가지고서 말한 것이다.[222] 일은 드러나고 마음은 은미하므로 후회와 부끄러움은 바로 길함과 흉함의 조짐으로서 선(善)과 악(惡)의 기미이니, 《역(易)》을 배우는 이

라고 하였으며, 또〈간괘 상구(上九)〉에 "멈춤에 독실함이니, 길하다.〔敦艮, 吉.〕"라고 하였는데, 〈상전(象傳)〉에 "돈간의 길함은 마침을 돈후히 하기 때문이다.〔敦艮之吉, 以厚終也.〕"라고 하였다.

221 태(兌)의……있다 : 《주역》 〈태괘(兌卦) 상(象)〉에 "붙어 있는 못이 태이니, 군자가 이를 본받아 벗들과 강습한다.〔麗澤兌, 君子以, 朋友講習.〕"라고 하였다.

222 길함과 흉함은……것이다 : 《주역》 〈계사전 상(繫辭傳上)〉에 "길함과 흉함은 실과 득의 상(象)이고, 뉘우침과 부끄러움은 근심과 헤아림의 상(象)이다.〔吉凶者失得之象也, 悔吝者憂虞之象也.〕"라고 하였다.

는 더욱 여기에 있어서 정밀하게 살펴서 매우 삼가야 한다.

《역(易)》의 묘용(妙用)은 전적으로 때와 지위에 달려있으니, 하나의 괘(卦), 하나의 효(爻)가 각각 그 때가 있으며, 각각 그 지위가 있다. 이끌어 펴며 유(類)에 따라서[223] 다할 수 없는 경지에 이름에 의리가 그 가운데를 관통하니, 《역(易)》을 배우는 이는 먼저 때와 지위를 보아서 그 의리의 귀취(歸趣)를 궁구하여야만 비로소 귀착될 곳이 있게 된다.

〈계사전 상(繫辭傳上)〉 제1장에 "하늘은 높고 땅은 낮으니 건(乾)·곤(坤)이 정해지고, 낮은 것과 높은 것이 진열되니 귀(貴)·천(賤)이 자리한다.〔天尊地卑 乾坤定矣 卑高以陳 貴賤位矣〕"라고 하였으니, 언뜻 보면 '존비(尊卑)', '비고(卑高)'는 마치 말이 중첩된 듯하지만, 자세히 살펴보면 그 의미를 알 수 있다. '존비(尊卑)'는 상(象)을 가지고서 말한 것이니, 건(乾)·곤(坤)은 바로 음양(陰陽)의 큰 구분이고, '비고(卑高)'는 형체를 가지고서 말한 것이니, 귀(貴)·천(賤)은 바로 상하(上下)의 지위이다. 상(象)을 가지고서 말하였으므로 존(尊)을 먼저 하고 비(卑)를 뒤로 하였으며, 형체를 가지고서 말하였으므로 비(卑)를 먼저 하고 고(高)를 뒤로 한 것이다.-형체는 반드시 낮은 것을 말미암아 높아지고, 효(爻) 역시 아래에서부터 위로 올라간다.- 게다가 "하늘은

223 이끌어……따라서 : 《주역》 〈계사전 상(繫辭傳上)〉에 "이끌어 펴며 유에 따라 확장해 나간다면 천하의 가능한 일이 다할 것이다.〔引而伸之, 觸類而長之, 天下之能事畢矣.〕"라고 한 데서 온 말이다.

높고 땅은 낮으니 건(乾)·곤(坤)이 정해진다.〔天尊地卑 乾坤定矣〕" 라는 두 구(句)가 한 절(節)의 큰 강령임을 본다면 또한 절로 중첩된 것이라는 의심이 없어질 것이다.

제2장은 윗 장을 이어서 성인(聖人)이 《역(易)》을 지은 일을 말하였으니, 첫 장의 처음에 말한 천지자연의 법(法)과 상(象)은 획(劃) 이전에 드러난 것이고,[224] 이 장(章)에 이르러서는 비로소 상(象)을 보고 괘(卦)를 만듦을 말하였는데, 상(象)과 사(辭), 변(變)과 점(占)[225]은 《역(易)》 중의 큰 의리이다. 그러므로 전 장(章)의 첫 절(節)에서 이미 포함하여 갖추고 있음을 은미하게 내비쳤고, 이 장(章)에서 상세하게 말한 것이다.

제3장은 윗 장을 이어서 상(象)과 사(辭), 변(變)과 점(占)을 거듭

224 첫……것이고 : 《주역》 〈계사전 상(繫辭傳上)〉 1장에 "하늘은 높고 땅은 낮으니 건(乾)·곤(坤)이 정해지고, 낮은 것과 높은 것이 진열되니 귀(貴)·천(賤)이 자리하고, 동(動)과 정(靜)이 떳떳함이 있으니 강(剛)·유(柔)가 결단되고, 방향은 유(類)대로 모이고, 만물은 무리에 따라 분류되니, 여기에서 길(吉)·흉(凶)이 생기고, 하늘에 있어서는 상(象)이 이루어지고 땅에 있어서는 형(形)이 이루어지니, 여기에 변화(變化)가 나타난다.〔天尊地卑, 乾坤定矣, 卑高以陳, 貴賤位矣, 動靜有常, 剛柔斷矣, 方以類聚, 物以群分, 吉凶生矣, 在天成象, 在地成形, 變化見矣.〕"라고 하였는데, 본의(本義)에서 "이는 성인(聖人)이 역(易)을 지을 적에 음양(陰陽)의 실체로 인하여 괘효(卦爻)의 법(法)과 상(象)을 만듦을 말한 것이다."라고 하였다.

225 상(象)과……점(占) : 《주역》 〈계사전 상〉 2장의 "거할 때에는 그 상(象)을 보고 그 사(辭)를 살펴보며, 동할 때에는 그 변(變)을 보고 그 점(占)을 살펴본다.〔居則觀其象而玩其辭, 動則觀其變而玩其占.〕"라고 하였다.

말하여 착종하여서 그 뜻을 다하였으니,[226] 상(象)과 사(辭), 변(變)과 점(占) 이 네 가지는 변(變)은 상(象)에서 드러나고, 점(占)은 사(辭)에서 드러난다. 앞 장의 네 '상(象)' 자[227]는 상(象)을 위주로 말한 것이고, 이 장의 네 '언(言)' 자는 사(辭)를 위주로 말한 것이니, 중한 것에 나아가서 갖추어서 말한 것이다.

제4장은 윗 장의 괘(卦)·효(爻)·사(辭)의 뒤를 이어서 역(易)을 체행한 성인(聖人)의 궁리(窮理)하고 진성(盡性)하여 지명(知命)한 일을 말하였고,[228] 마지막 절(節)에서는 신(神)은 일정한 방소가 없고

226 제3장은……다하였으니 : 《주역》 〈계사전 상(繫辭傳上)〉 3장에 "단(彖)은 상(象)을 말한 것이고, 효(爻)는 변(變)을 말한 것이고, 길함〔吉〕과 흉함〔凶〕은 득실을 말한 것이고, 후회〔悔〕와 부끄러움〔吝〕은 약간의 하자를 말한 것이고, 무구(无咎)는 허물을 잘 보충한 것이다. 그러므로 귀천을 진열함은 위(位)에 있고, 대소를 정함은 괘(卦)에 있고, 길흉을 분변함은 사(辭)에 있고, 후회와 부끄러움을 근심함은 개(介)에 있고, 동(動)하여 허물이 없게 함은 후회〔悔〕에 있다. 그러므로 괘(卦)에는 소(小)와 대(大)가 있으며, 말에는 험하고 평탄함이 있으니, 말은 각기 그 향하는 바를 가리킨 것이다.〔彖者言乎象者也, 爻者言乎變者也, 吉凶者言乎其失得也, 悔吝者言乎其小疵也, 无咎者善補過也. 是故列貴賤者存乎位, 齊小大者存乎卦, 辨吉凶者存乎辭, 憂悔吝者存乎介, 震無咎者存乎悔. 是故卦有小大, 辭有險易, 辭也者各指其所之.〕"라고 하였다.

227 앞……자 : 《주역》 〈계사전 상(繫辭傳上)〉 2장에 "길함과 흉함은 실과 득의 상(象)이고, 뉘우침과 부끄러움은 근심과 헤아림의 상(象)이고, 변(變)과 화(化)는 나아감과 물러감의 상(象)이고, 강(剛)과 유(柔)는 낮과 밤의 상(象)이다.〔吉凶者失得之象也, 悔吝者憂虞之象也, 變化者進退之象也, 剛柔者晝夜之象也.〕"라고 한 데 보이는 네 '상(象)' 자를 가리킨다.

228 역(易)을……말하였고 : 《주역》 〈설괘전(說卦傳)〉에 "도와 덕에 조화롭고 순조로우며 의(義)에 맞게 하고, 이치를 궁구하고 성(性)을 다하여 천명(天命)에 이른다.

역(易)은 일정한 체(體)가 없음을 말하여서 다시 아래 장의 역(易)의 도(道)에 있어서의 체용(體用)을 일으켰다.

제5장은 "한 번 음하고 한 번 양하게 함을 도라 이른다.〔一陰一陽之謂道〕"에서부터 "풍부히 소유함을 대업(大業)이라 이른다.〔富有之謂大業〕"까지는 천도(天道)를 가지고서 말한 것이니, "계속하여 함은 선(善)이다."・"인(仁)에 드러나다."・"성한 덕(德)"이라고 한 것은 양(陽)이고, "갖추어져 있음은 성(性)이다."・"용(用)에 감추어지다."・"큰 업(業)"이라고 한 것은 음(陰)이다.[229] "낳고 낳음을 역(易)이라 이른다.〔生生之謂易〕"에서부터 "음(陰)하고 양(陽)하여 측량할 수 없음을 신(神)이라 이른다.〔陰陽不測之謂神〕"까지는 역(易)의 도(道)를 가지고서 말한 것이니, "상(象)을 이루다."・"수(數)를 지극히 하여 미래를 알다."라고 한 것은 양(陽)이고, "법을 드러내다."・"변(變)을 통하다."라고 한 것은 음(陰)이다.[230] 천도(天道)는 이(理)를 위주로

〔和順於道德, 而理於義, 窮理盡性, 以至於命.〕"라고 하였으며, 《주역》〈계사전 상(繫辭傳上)〉 4장을 〈본의(本義)〉에서 궁리(窮理)・진성(盡性)・지명(至命)으로 해석하였다. '지명(知命)'은 〈계사전 상〉 4장에서 "천리를 즐거워하고 천명을 알다.〔樂天知命.〕"라고 한 데 보인다.

229 계속하여……음(陰)이다 : 인용한 말들은 《주역》〈계사전 상(繫辭傳上)〉 5장에 "계속하여 함은 선(善)이고, 갖추어져 있음은 성(性)이다.……인(仁)에 드러나며 용(用)에 감추어져 만물을 고무하되 성인과 함께 근심하지 않으니, 성한 덕과 큰 업이 지극하다.〔繼之者善也, 成之者性也.……顯諸仁, 藏諸用, 鼓萬物, 而不與聖人同憂, 盛德大業至矣哉.〕"라고 한 데 보인다.

230 상(象)을……음(陰)이다 : 인용한 말들은 《주역》〈계사전 상(繫辭傳上)〉 5장에 "상(象)을 이루는 것을 건(乾)이라고 하고, 법을 드러내는 것을 곤(坤)이라고 한다.

하여 말하였으므로 먼저 "한 번 음하고 한 번 양하게 함을 도라 이른다.〔一陰一陽之謂道〕"라는 말을 내걸었고, 역(易)의 도(道)는 용(用)을 위주로 하여 말하였으므로, "음(陰)하고 양(陽)하여 측량할 수 없음을 신(神)이라 이른다.〔陰陽不測之謂神〕"라는 말로 끝맺었으니, 그렇다면 도(道)는 체(體)이고 신(神)은 용(用)인 것이다. 본의(本義)에서 "도(道)의 체(體)·용(用)은 음양(陰陽)에서 벗어나지 않는다." 라고 한 것은 이 때문일 것이다.

제6장은 윗 장의 "낳고 낳음을 역(易)이라 이른다.〔生生之謂易〕"라는 말을 이어서 역(易)의 도(道)의 광대함을 극언(極言)하였다.

제7장은 윗 장의 "이간(易簡)의 선(善)은 지덕(至德)에 배합한다.〔易簡之善配至德〕"라는 말을 이어서 성인(聖人)이 역(易)을 체행한 지극한 공(功)을 말하였다.

제8장은 윗 장의 "지(知)"와 "예(禮)", "성성(成性)"[231]을 이어받고 또 괘효(卦爻)의 용(用)을 자세히 말하여서, 배우는 이가 역(易)을 활용

수(數)를 지극히 하여 미래를 아는 것을 점(占)이라 하고, 변(變)을 통함을 일이라 한다.〔成象之謂乾, 效法之謂坤. 極數知來之謂占, 通變之謂事.〕"라고 한 데 보인다.

231 윗……성성(成性) : 《주역》〈계사전 상(繫辭傳上)〉 7장에 "역(易)은 성인이 덕(德)을 높이고 업(業)을 넓힌 것이다. 지(知)는 높아야 하고 예(禮)는 낮춰야 하니, 높음은 하늘을 본받고 낮춤은 땅을 본받은 것이다.〔夫易, 聖人所以崇德而廣業也. 知崇禮卑, 崇效天卑法地.〕"라고 하였고, "이루어진 성(性)에 보존하고 보존하는 것이 도의(道義)로 들어가는 문이다.〔成性存存, 道義之門.〕"라고 하였다.

하는 예(例)를 발명하였다.

제9장은 윗 장의 괘효(卦爻)의 용(用)을 이어받아서 마침내 근본을 미루어나가 대연(大衍)의 수(數)와 시초(蓍草)를 세는 법을 말하였다.

제10장은 이 이하로는 상(象)·사(辭)·변(變)·점(占)이 흩어져서 층층이 나와서 종횡으로 전도되어 고무시키고서, 거슬러 올라가서 태극(太極)·양의(兩儀)·사상(四象)에 대한 근원의 이치에 이르러서 모두 다 발휘하여 역(易)의 도(道)에 대한 체용(體用)을 다하였다. 또 성인(聖人)과 교착하여 말해서 역(易)과 성인이 융합되어 일치되었으며, 마지막 장의 마지막 절에서는 사람의 덕행(德行)으로 돌아가서 끝맺어서,[232] 첫 장에서 건(乾)·곤(坤)의 이(易)·간(簡)의 덕(德)을 극언하고서 현인(賢人)의 덕업(德業)으로 끝맺은 것[233]과 실로 서로

232 마지막 장의……끝맺어서 : 《주역》 〈계사전 상(繫辭傳上)〉 12장의 마지막 절에 "화(化)하여 재제(裁制)함은 변(變)에 있고 미루어 행(行)함은 통(通)에 있고 신묘(神妙)하게 하여 밝힘은 사람에 있고 묵묵히 이루며 말하지 않아도 믿음은 덕행(德行)에 있다.〔化而裁之, 存乎變, 推而行之, 存乎通, 神而明之, 存乎其人, 默而成之, 不言而信, 存乎德行.〕"라고 한 것을 가리킨다.

233 첫……것 : 《주역》 〈계사전 상(繫辭傳上)〉 1장에 마지막 절에 "건은 쉬움으로써 주장하고 곤은 간략함으로써 능하다. 쉬우면 알기 쉽고 간략하면 따르기 쉬우며, 알기 쉬우면 친함이 있고 따르기 쉬우면 공이 있으며, 친함이 있으면 오래할 수 있고 공이 있으면 크게 할 수 있으며, 오래할 수 있으면 현인의 덕이고 크게 할 수 있으면 현인의 업이다. 쉽고 간략함에 천하의 이치가 얻어지니, 천하의 이치가 얻어짐에 그 가운데 자리를 이루는 것이다.〔乾以易知, 坤以簡能. 易則易知, 簡則易從; 易知則有親, 易從則有功; 有親則可久, 有功則可大; 可久則賢人之德, 可大則賢人之業. 易簡而天下之理得矣, 天下之理得而成位乎其中矣.〕"라고 한 것을 가리킨다.

호응하니, 그 뜻이 은미하다. 마땅히 반복하여 눈여겨보아야 한다.

제11장에 "역(易)에 태극(太極)이 있으니, 이에 양의(兩儀)를 낳는다.〔易有太極 是生兩儀〕"라고 하였으니, "태극(太極)이 양의(兩儀)를 낳는다.〔太極生兩儀〕"라고 하지 않고 여기에만 '시(是)' 자만을 놓아서 양의(兩儀)·사상(四象)·팔괘(八卦)와 그 글을 다르게 한 것[234]은 보기에 몹시 좋으니, '이에〔於是〕'라는 뜻을 띠어서 직접 태극(太極)을 가지고서 양의(兩儀)를 낳는다고 하지 않았음을 여기에서 볼 수 있다.

〈계사전 상(繫辭傳上)〉은 맥락과 조리가 수미가 서로 관통하여 서로 발명하니, 주자(朱子)가 "〈계사전 상〉은 보기에 좋다."라고 한 것[235]은 진실로 이 때문이다.

〈계사전 하(繫辭傳下)〉의 제1장에 "상(象)이 그 가운데 있다."와 "효(爻)가 그 가운데 있다."라는 말[236]은 실로 〈계사전 상〉의 마지막 장에

234 양의(兩儀)……것 : 《주역》 〈계사전 상(繫辭傳上)〉 11장에 "역(易)에 태극(太極)이 있으니, 이것이 양의(兩儀)를 낳는다.〔易有太極, 是生兩儀.〕"라고 한 것에 이어서 "양의(兩儀)가 사상(四象)을 낳고 사상(四象)이 팔괘(八卦)를 낳는다.〔兩儀生四象, 四象生八卦.〕"라고 하였다.

235 주자(朱子)가……것 : 주희(朱熹)의 이 말은 《주자어류(朱子語類)》 권67 등에 보인다.

236 계사전……말 : 《주역》 〈계사전 하(繫辭傳下)〉 1장에 "팔괘가 열을 이루니 상이 그 가운데 있고, 인하여 거듭하니 효가 그 가운데 있다.〔八卦成列, 象在其中, 因而重之, 爻在其中矣.〕"라고 하였다.

"이 때문에 상(象)이라 이른다."와 "이 때문에 효(爻)라 이른다."라는 말[237]을 이은 것이니, 상전(上傳)과 하전(下傳)이 서로 접함을 볼 수 있다.

"정관(貞觀)"·"정명(貞明)"·"정부일(貞夫一)"은 위의 "입본(立本)"·"취시(趣時)"·"정승(貞勝)"과 조응한다.[238] 강(剛)과 유(柔)가 서로 미루지만 천지(天地)의 도(道)는 '항상 보여주는 것〔貞觀〕'을 근본으로 삼고, 변(變)과 통(通)이 때를 따르는 것으로는 일월(日月)의 왕래함 만한 것이 없지만 '항상 밝은 것〔貞明〕'을 도(道)로 삼고, 천하(天下)의 동(動)은 길(吉)과 흉(凶)이 갖가지이지만 항상 정(正)에

237 계사전……말 : 《주역》〈계사전 상(繫辭傳上)〉 12장에 "그러므로 상(象)은 성인이 천하의 잡란함을 보고서 그 형용에 모의하여 그 물건의 마땅함을 형상한 것이다. 이 때문에 상(象)이라 일렀고, 성인이 천하의 동함을 보고서 그 회통을 관찰하여 떳떳한 예를 행하며 말을 달아 길흉을 결단한 것이다. 이 때문에 효(爻)라 이른 것이다.〔是故夫象聖人有以見天下之賾, 而擬諸其形容, 象其物宜, 是故謂之象. 聖人有以見天下之動, 而觀其會通, 以行其典禮, 繫辭焉, 以斷其吉凶, 是故謂之爻.〕"라고 하였다.

238 정관(貞觀)……조응한다 : 《주역》〈계사전 하(繫辭傳下)〉의 1장에 "팔괘(八卦)가 열을 이루니 상(象)이 그 가운데 있고, 이를 인하여 거듭하니 효(爻)가 그 가운데 있고, 강(剛)과 유(柔)가 서로 미루니 변(變)이 그 가운데 있고, 사(辭)를 붙여 명하니 동(動)이 그 가운데 있다. 길흉(吉凶)과 회린(悔吝)은 동함에서 생기는 것이고, 강과 유는 근본을 세우는 것이고, 변(變)과 통(通)은 때를 따르는 것이다. 길과 흉은 항상 서로 이기는 것이니, 천지(天地)의 도는 항상 보여 주는 것이고, 일월(日月)의 도는 항상 밝은 것이고, 천하의 동(動)은 항상 일(一)에 귀속되는 것이다.〔八卦成列, 象在其中矣, 因而重之, 爻在其中矣, 剛柔相推, 變在其中矣, 繫辭焉而命之, 動在其中矣. 吉凶悔吝者, 生乎動者也, 剛柔者, 立本者也, 變通者, 趣時者也. 吉凶者, 貞勝者也. 天地之道, 貞觀者也. 日月之道, 貞明者也, 天下之動, 貞夫一者也.〕" 라고 하였다.

'한결같이〔一〕' 귀속된다.

"무엇으로써 지위를 지키는가? 인(仁)이다.〔何以守位 曰仁〕"라는 말은 고본(古本)에서는 '인(人)'이라고 한 것을 금본(今本)에서는 '인(仁)'이라고 하였다.[239] 본의(本義)에서 이를 아울러서 실어서 비록 그 취사하는 바를 분명하게 말하지 않았으나, 의리(義理)를 가지고서 구하여 보건대 마땅히 금본(今本)을 바른 것으로 여겨야 할 듯하다. 인(仁)으로써 지위를 지키고, 재물로써 인(人)을 모으고, 의(義)로써 비행을 금하면 성인(聖人)의 능사(能事)가 마쳐지는 것이다. 또 〈계사전 상(繫辭傳上)〉 첫 장(章)의 끝에[240] 건곤(乾坤)의 이간(易簡)을

239 무엇으로써……하였다 : 《주역》 〈계사전 하(繫辭傳下)〉의 1장 마지막 절에 "천지의 큰 덕을 생(生)이라 하고, 성인의 큰 보배를 위(位)라 한다. 무엇으로써 지위를 지키는가? 인이다. 무엇으로써 사람을 모으는가? 재물이다. 재물을 다스리고 말을 바르게 하며 백성들의 비행을 금함을 의(義)라 한다.〔天地之大德曰生, 聖人之大寶曰位. 何以守位? 曰仁. 何以聚人? 曰財. 理財, 正辭, 禁民爲非曰義.〕"라고 하였는데, 본의(本義)에서 "'왈인(曰人)'에서의 '인(人)'을 금본에서는 '인(仁)'이라 하였고, 여씨(呂氏)는 고본을 따랐으니, 이른바 '여러 사람이 아니면 더불어 나라를 지킬 수 없다.'라는 것이다.〔曰人之人, 今本作仁, 呂氏從古, 蓋所謂非衆罔與守邦.〕"라고 하였다.

240 계사전……끝에 : 《주역》 〈계사전 상〉 1장에 마지막 절에 "건은 쉬움으로써 주장하고 곤은 간략함으로써 능하다. 쉬우면 알기 쉽고 간략하면 따르기 쉬우며, 알기 쉬우면 친함이 있고 따르기 쉬우면 공이 있으며, 친함이 있으면 오래 할 수 있고 공이 있으면 크게 할 수 있으며, 오래 할 수 있으면 현인의 덕이고 크게 할 수 있으면 현인의 업이다. 쉽고 간략함에 천하의 이치가 얻어지니, 천하의 이치가 얻어짐에 그 가운데 자리를 이루는 것이다.〔乾以易知, 坤以簡能. 易則易知, 簡則易從; 易知則有親, 易從則有功; 有親則可久, 有功則可大; 可久則賢人之德, 可大則賢人之業. 易簡而天下之理得矣, 天下之理得而成位乎其中矣.〕"라고 한 말을 가리킨다.

이어서 현인(賢人)의 덕업(德業)에 말을 귀속시켜서 "그 가운데 자리를 이루다."라는 말로 맺었으며, 〈계사전 하(繫辭傳下)〉 첫 장의 끝에[241] 천지(天地)의 대덕(大德)-주자(朱子)가 "하늘은 위에서 굳세고, 땅은 아래에서 순하여, 전혀 작위하는 바 없이 단지 물(物)을 낳는 것을 일로 삼는다. 그러므로 '천지의 큰 덕을 생(生)이라 한다.'라고 한 것이다."라고 하였다.[242] 이를 말미암아 말해 보면 대덕(大德) 또한 이간(易簡)으로부터 온 것이다.-을 이어서 성인(聖人)의 큰 보배에 말을 귀속시켜서 인의(仁義)로써 매듭지었다. 인(仁)은 덕(德)이고 의(義)는 업(業)이니, 어찌 이른바 "사람의 도(道)를 세워서 인(仁)과 의(義)라 한다.〔立人之道曰仁與義〕"[243]라는 것이 아니겠는가. 그러고 보면 〈계사전〉의 상전(上傳)과 하전(下傳)이 절로 서로 조응한다.

제3장에 "효(爻)는 천하의 동함을 본받은 것이다.〔爻也者 效天下之動者也〕"라고 하였는데 본의(本義)에서 "효(效)는 본받음이다."라고 하였

241 계사전……끝에 : 《주역》 〈계사전 하〉 1장에 마지막 절에 "천지의 큰 덕을 생(生)이라 하고, 성인의 큰 보배를 위(位)라 한다. 무엇으로써 지위를 지키는가? 인이다. 무엇으로써 사람을 모으는가? 재물이다. 재물을 다스리고 말을 바르게 하며 백성들의 비행을 금함을 의(義)라 한다.〔天地之大德曰生, 聖人之大寶曰位. 何以守位? 曰仁. 何以聚人? 曰財. 理財, 正辭, 禁民爲非曰義.〕"라고 한 말을 가리킨다.

242 주자(朱子)가……하였다 : 이 말은 《주역전의대전(周易傳義大全)》 권23 〈계사전 하(繫辭傳下)〉의 소주(小註)에 보인다. "하늘은 위에서 굳세고, 땅은 아래에서 순하다."라는 말은 《주역》 〈계사전 하(繫辭傳下)〉 1장에 "건(乾)은 굳세니 사람에게 쉬움으로 보여주고, 곤(坤)은 순하니 사람들에게 간략함으로 보여 준다.〔夫乾確然示人易矣, 夫坤隤然示人簡矣.〕"라고 한 말에 보인다.

243 사람의……한다 : 이 말은 《주역》 〈설괘전(說卦傳)〉에 보인다.

으니, 이는 〈계사전 상(繫辭傳上)〉의 "법을 드러내는 것을 곤(坤)이라 한다.〔效法之謂坤〕"[244]-본의(本義)에서 "효(效)는 드러냄이다."라고 하였다.-라고 한 것과 해석이 다르다. '본받음'과 '드러냄'이라는 두 뜻이 모두 통할 만하지만, '본받음'은 '드러냄'이라는 해석이 자연스러운 것만 못할 듯하니, 이 장(章)의 '효(效)'도 '드러냄'으로 보는 것이 나을 듯하다.

제7장은 세 번 아홉 괘(卦)를 늘어놓았으니,[245] "이(履)는 덕(德)의 기초이다.〔履德之基〕" 이하로는 각 괘(卦)를 체득하는 것을 위주로 말하였고, "이(履)는 화하면서도 지극하다.〔履和而至〕" 이하로는 괘덕(卦德)을 위주로 말하였고, "이(履)로써 행함을 화하게 하다.〔履以和行〕" 이하로는 각 괘(卦)에 해당하는 일을 행함을 위주로 말하였다.

제8장은 앞에서는 "전요(典要)로 삼을 수 없다."라고 하고, 뒤에서는 도리어 "이미 떳떳한 법이 있다."라고 하였다.[246] 상(象)·변(變)·점

244 법을……한다 : 《주역》〈계사전 상(繫辭傳上)〉 5장에 보인다.

245 제7장은……늘어놓았으니 : 《주역》〈계사전 하(繫辭傳下)〉 7장에서는 우환(憂患)에 대처하는 도(道)를 말하면서 관련된 아홉 개의 괘를 나열하고 이에 대해서 각각 세 차례씩 해설하였는데, 아홉 괘는 이(履), 겸(謙), 복(復), 항(恒), 손(損), 익(益), 곤(困), 정(井), 손(巽)이다.

246 제8장은……하였다 : 《주역》〈계사전 하(繫辭傳下)〉 8장에 "《주역》 책은 잊을 수 없고 도(道) 됨은 자주 옮긴다. 변동하여 머물지 않아 여섯 빈 자리에 두루 흐른다. 그리하여 오르내림이 무상하고 강유(剛柔)가 서로 교역하여 전요(典要)로 삼을 수 없고 오직 변화하여 나아가는 바이다.……처음에 그 말을 따라 그 도리를 헤아려보면 이미 떳떳한 법이 있다.〔易之爲書也不可遠, 爲道也屢遷. 變動不居, 周流六虛. 上下无常, 剛柔相易, 不可爲典要, 唯變所適.……初率其辭而揆其方, 旣有典常.〕"라고 하였다.

(占)은 일정한 방소와 일정한 체(體)가 없고, 오직 사(辭)만이 정해진 뜻이 있다. 그러므로 사(辭)를 따라서 방소를 헤아려보면 비록 변동하여 머무르지 않더라도 절로 바꿀 수 없는 전상(典常)이 있으니, 전상(典常)이란 이(理)이다. "성인(聖人)의 정(情)은 사(辭)에 나타난다.〔聖人之情見乎辭〕"[247]라는 것은 이를 두고 이른 것일 것이다.

제11장에서 "온갖 일을 폐하지 않는다.〔百物不廢〕"라고 하였는데, 내씨(來氏)가 "'폐(廢)' 자는 바로 '경(傾)' 자이다."라고 하였으니,[248] 그 뜻은 '역(易)의 위태롭게 여기는 자를 평안하게 하고 쉽게 여기는 자를 기울게 하는 것이 그 도(道)가 몹시 크므로, 천하의 온갖 일로 하여금 태만히 쉽게 여겨 기울고 폐하지 않게 한다.'라고 한 것이다. 이 말은 윗 구(句)[249]와 긴밀하게 들어맞아 보기에 매우 좋다.

제12장에 "변동(變動)은 이(利)로써 말한다.〔變動以利言〕"라고 하였는데, '이(利)' 자에 대하여 전(傳)과 본의(本義)에 모두 분명한 훈(訓)이 없다. 아마도 이 '이(利)' 자는 《맹자(孟子)》의 "이미 드러난

247 성인(聖人)의……나타난다 : 이 말은 《주역》 〈계사전 하(繫辭傳下)〉 1장에 보인다.

248 내씨(來氏)가……하였으니 : 내씨는 명(明)나라 사람인 내지덕(來知德, 1525~1604)으로, 《주역집주(周易集註)》를 지었다. 인용한 부분은 《주역집주》 권14 〈계사전 하(繫辭傳下)〉 11장의 주(註)에 보인다.

249 윗 구(句) : 《주역》 〈계사전 하(繫辭傳下)〉 11장에 "그 말이 위태로워, 위태롭게 여기는 자를 평안하게 하고 쉽게 여기는 자를 기울어지게 하였으니, 그 도(道)가 매우 크다.〔其辭危, 危者使平, 易者使傾, 其道甚大.〕"라고 한 말을 가리킨다.

자취는 순리를 기본으로 삼는다.〔故者以利爲本〕"[250]에서의 '이(利)' 자와 뜻이 서로 비슷한 듯하다. 《맹자집주(孟子集註)》에 "'이(利)'는 '순(順)'과 같으니, 자연스러운 형세를 이른다."라고 하였다.

〈계사전(繫辭傳)〉은 바로 《주역(周易)》 한 부(部)에 대한 총론이다. 천(天)과 성인(聖人)과 역(易)을 교착하여 말하여 그 대체(大體)를 발명하였으니, 하나하나 괘효(卦爻)와 참고해가면서 구할 수는 없지만, 상전(上傳)과 하전(下傳)의 문체는 보면 구별이 있다. 상전은 트여서 통창하며, 하전은 심오하여 분명하고, 상전은 유동하여 변화하여 무궁한 지취가 있으며, 하전은 간결하면서도 자세하여 은미하고 완곡하여 감개하는 뜻이 많다. 상전은 역(易)의 본말에 대해 말한 것이 많고, 하전은 역의 묘용(妙用)에 대하여 지극히 자세히 논하였다. 이것이 문체가 다른 점이다.

내씨(來氏)의 《주역집주(周易集註)》는 이따금 좋은 곳이 많지만, 이루어진 설들을 모아 합한 것이 혹 지나치게 공교한 데에 문제가 있어서, 군자(君子)의 어법(語法)과는 비슷하지 않다. 〈계사전(繫辭傳)〉의 "가운데 효(爻)가 아니면 구비하지 못하리라."라는 말을 가지고서 호체(互體)라고 주장한 것으로 말하면[251] 또한 공자(孔子)의 뜻이 아

250 이미……삼는다 : 이 말은 《맹자》 〈이루 하(離婁下)〉에 보인다.

251 계사전(繫辭傳)의……말하면 : 《주역》 〈계사전 하(繫辭傳下)〉 9장에 "초(初)는 알기 어렵고 상(上)은 알기 쉬우니, 본(本)과 말(末)이다. 처음의 말은 모의(摸擬)하고 끝마쳐 종(終)을 이룬다. 물건을 뒤섞음과 덕을 잡음과 시비를 분변함 같은 것은 가운데 효(爻)가 아니면 구비하지 못하리라.〔其初難知, 其上易知, 本末也. 初辭擬之, 卒成之

닐 듯하다.

내씨(來氏)는 지나치게 상(象)을 위주로 하여 심지어 "역(易)에는 상(象)은 있고 이(理)는 없다."[252]라고 하였으니, 이는 단지 말한 때의 병통일 뿐만이 아니라, 이(理)가 체간(體幹)이 되는 묘함을 보지 못한 것이다. 무릇 이(理)는 형이상의 것이고 상(象)은 형이하의 것이니, 이 이(理)가 있을 뒤에야 비로소 이 상(象)이 있는 것이다. 그러니 이 상(象)이 있으면 이(理)는 실로 각각 상(象) 가운데 갖추어져 있는데, 이(理)는 볼 수 없고 상(象)은 볼 수 있다. 그러므로 〈계사전(繫辭傳)〉에 "드러남을 상(象)이라 이른다."[253]라고 한 것이다. 그렇다면 성

終. 若夫雜物、撰德、辨是與非則非其中爻, 不備.〕"라고 하였는데, 이에 대해 내지덕(來知德)의 《주역집주(周易集註)》 권14에서 "초(初)와 상(上)은 진실로 아는 데에 어려움과 쉬움이 있다. 그러나 괘리(卦理)는 무궁하니, 내외에는 정괘(正卦)의 체가 있고 중효(中爻)에는 또 합괘(合卦)의 체가 있은 뒤에 그 의리가 비로소 완전무결해진다. 음양을 교착해 진열하여 그 덕을 찬술하여 그 시비를 변별하여, 한갓 정괘를 가지고서만 보고 합괘의 교차한 바의 체(體)를 빠뜨리게 한다면, 그 뜻이 필시 갖추어지지 않는 것이 있을 것이다.〔初與上固知之有難易矣. 然卦理無窮, 內外有正卦之體, 中爻又有合卦之體, 然後其義方無遺缺. 若夫錯陳陰陽, 撰述其德, 以辨別其是非, 使徒以正卦觀之, 而遺其合卦所互之體, 則其義必有不備者矣.〕"라고 하였다. 가운데 효, 즉 중효(中爻)란 초효(初爻)와 상효(上爻)를 제외한 가운데 네 개의 효, 즉 2·3·4·5효를 말한다. 합괘(合卦)란 괘의 6효 중에서 2·3·4효와 3·4·5효로 한 괘체(卦體)를 이루어 다시 조합한 괘를 말한다.

252 역(易)에는……없다 : 내지덕(來知德)의 《주역집주(周易集註)》 권1 〈원서(原序)〉에 "역(易)으로 말하면 일도 없고 이(理)도 없으며 오직 이 상(象)이 있을 따름이다.〔若易則無此事無此理, 惟有此象而已.〕"라고 하였다.

253 드러남을 상(象)이라 이른다 : 이 말은 《주역》 〈계사전 상(繫辭傳上)〉 11장에

인(聖人)이 상(象)을 세운 것은 상(象)을 인하여 이(理)를 구하고자 한 것일 따름이다.

역(易)은 변동(變動)하고 주류(周流)하여 광대하면서도 은미하지만, 요컨대 그 귀결은 단지 중(中)의 도리일 뿐이다. 그러므로 〈문언전(文言傳)〉과 〈계사전(繫辭傳)〉은 《중용(中庸)》의 지취와 실로 서로 발명하는 점이 있다. 주자(朱子)가 "역(易)은 어떤 일에 고착되어 있지 않고 다만 한 가지의 도리를 가공하여 말하였으니, 다른 책에서 각각 어떤 일에 고착하여 말한 것과는 다르다."[254]라고 하였다. 만약 중(中)으로 절충하지 않는다면, 심오함을 다하여 기미를 연구하고 천하의 뜻을 통하여 일을 이루는 것이[255] 준칙이 없어 병폐가 생기지 않는 경우가 드물 것이다. 이 때문에 읽기가 어려우니, 반드시 여러 경서(經書)의 의리를 익숙히 관통한 뒤라야 비로소 역(易)을 연구할 수 있는데, 《중용》에 이르러서는 더욱 《주역》을 읽는 계제로 삼을 만하다.

보인다.

254 역(易)은……다르다 : 이 말은 《주역》 〈역설강령(易說綱領)〉 및 《주자어류(朱子語類)》 등에 보인다.

255 심오함을……것이 : 《주역》 〈계사전 상(繫辭傳上)〉 10장에 "역(易)은 성인께서 심오함을 다하고 기미를 살피는 것이다.〔夫易, 聖人之所以極深而研幾也.〕"라고 하였고, 11장에 "역(易)은 사물을 열어주고 일을 이루어 천하의 도(道)를 포괄하니 이와 같을 뿐이다. 그러므로 성인이 이로써 천하의 뜻을 통하며 천하의 업(業)을 정하며 천하의 의심을 결단하는 것이다.〔夫易, 開物成務, 冒天下之道, 如斯而已者也. 是故聖人以通天下之志, 以定天下之業, 以斷天下之疑.〕"라고 하였다.

태극도설

太極圖說

〈태극도설(太極圖說)〉에 "태극(太極)이 동(動)하여 양(陽)을 낳고, 정(靜)하여 음(陰)을 낳는다.〔太極動而生陽 靜而生陰〕"라고 하였다. 무릇 동정(動靜)과 음양(陰陽)은 똑같이 기(氣)인데, 동정은 유행(流行)으로써 말한 것이고 음양은 대대(待對)로써 말한 것이다. 그리하여 동정은 정해진 형체가 없고, 음양은 정해진 형체가 있으니, 이것이 다른 바이다. 동(動)은 곧 양(陽)이고 정(靜)은 곧 음(陰)이니, 음양의 바깥에 따로 동정의 기(氣)가 있는 것이 아니다. 주자(周子 주돈이(周敦頤))가 '생(生)' 자를 놓은 것은 《주역(周易)》〈계사전(繫辭傳)〉에 "태극이 양의를 낳는다."라고 한 것[256]에서 근원한 것이다. 이는 마땅히 구애되지 않고서 유동적으로 보아야 하지, 지나치게 뜻을 구하여서는 안 되니, '태극과 음양이 각자 하나의 물(物)이어서 이것으로써 저것을 낳은 것이다.'라고 말한 것이 아니다. 요컨대 이(理)가 기(氣)의 근본이 됨을 보아야할 따름인 것이다.

다시 생각해보니, 동정(動靜)은 음양(陰陽)에 대하면 동정은 기(氣)에 속하고 음양은 형(形)에 속한다. 무형(無形)으로부터 형체가 있게 되므로 '생(生)' 자를 놓은 것이다.

256 주역(周易)……것 : "역(易)에 태극(太極)이 있으니, 이것이 양의(兩儀)를 낳는다.〔易有太極, 是生兩儀.〕"라고 한 말을 가리킨다.

"중(中)·정(正)·인(仁)·의(義)로써 정하다〔定之以中正仁義〕"라고 한 것[257]에 대해서 성인(聖人)이 스스로 정(定)하는 것인가, 타인을 정(定)하게 하는 것인가를 두고서 선유(先儒)들이 이미 많이 의심하였다. 그러나 "정(靜)을 주장하다〔主靜〕"라는 두 글자를 보면 타인에게 관계된 것이 아님을 알 수 있다. 농암(農巖)이 "성인(聖人)이 스스로 정한 것이다."라고 한 것[258]이 진실로 염옹(濂翁 주돈이(周敦頤))의 뜻을 얻은 것이다. 대저 성인(聖人)은 중(中)·정(正)·인(仁)·의(義)로써 스스로 정하여 이것이 타인의 표준이 되니, 이것이 이른바 "사람의 극을 세우다.〔立人極〕"라는 것이다. 타인을 정하게 하는 것도 그 가운데 포함되어 있지 않았던 적이 없으나, "군자는 이를 닦기 때문에 길하고, 소인은 이를 어기기 때문에 흉하다."라는 말로 이은 것을 보면 이 절(節)은 성인(聖人)이 태극의 전체를 온전히 체득함[259]을 위

257 중(中)……것 : 주돈이(周敦頤)의 〈태극도설(太極圖說)〉에 "성인은 중·정·인·의로써 정(定)하되 정(靜)을 주장하시어 사람의 극(極)을 세우셨다.〔聖人定之以中正仁義而主靜, 立人極焉.〕"라고 한 데 보인다.

258 농암(農巖)이……것 : 농암은 김창협(金昌協, 1651~1708)의 호이다. 그의 문집인 《농암집(農巖集)》 권32 〈잡지(雜識) 내편2(內篇二)〉에 "〈태극도설〉에 '중(中)·정(正)·인(仁)·의(義)로써 정하다.'라고 하였으니, 이는 성인(聖人)이 스스로 정한 것인가, 아니면 남을 정하게 하는 것인가? 나정암(羅整菴)으로부터 이미 이러한 의문이 있었는데, 생각건대 이는 바로 성인이 스스로 정하는 것일 따름이다.……"라고 한 내용이 보인다.

259 성인(聖人)이……체득함 : 주희(朱熹)가 〈태극도설(太極圖說)〉에 대해 해석하면서 "만일 성인(聖人)이 태극의 전체를 온전히 체득하여 정(定)함이 있지 않다면 욕심이 동(動)하고 정(情)이 이겨서 이해가 서로 공격하여 인극(人極)이 서지 못하여 금수와의 거리가 멀지 않을 것이다.〔自非聖人全體太極, 有以定之, 則欲動情勝, 利害相攻, 人極不立而違禽獸不遠矣.〕"라고 한 말이 있다. 《近思錄 卷1 道體》

주로 하여 말한 것임을 알 수 있다.

주자(朱子)가 《서명해(西銘解)》에서 "만물과 한 몸을 이룬다.〔與物同體〕"의 뜻을 발명한 것[260]은 연평(延平)[261]에게서 전수받은 바가 있으니, 《연평답문(延平答問)》에서 인(仁)을 논한 제설(諸說)을 자세히 살펴보면 알 수 있다.

〈서명(西銘)〉의 뜻을 정자(程子)가 "'이(理)는 하나이나 분수가 다름'을 밝힌 것이다.〔理一而分殊〕"라고 하였으니,[262] 이일(理一)은 인(仁)이고 분수(分殊)는 의(義)이다. 혼연(混然)을 인(仁)이라 하고 절연(截然)을 의(義)라 한다. 인(仁)은 체(體)이고 의(義)는 용(用)으로

260 주자(朱子)가……것 : 《서명해(西銘解)》는 주희(朱熹)가 〈서명(西銘)〉을 풀이하여 지은 것이다. 〈서명〉은 장재(張載, 1020~1078)가 본래 '악함을 바로잡음〔訂頑〕'이라는 제목으로 지어 평소 앉는 자리의 오른쪽에 써 붙였던 글인데, 사람들의 비난을 받을 우려가 있다 하여 이름을 바꾼 것이다. 주희는 "인(仁)이란 혼연히 물(物)과 체(體)를 같이 하는 것이다.〔仁者渾然與物同體.〕"라고 한 정명도(程明道)의 말이 바로 〈서명〉의 뜻이라고 하였는데, 그 내용이 《연평답문(延平答問)》에 보인다.

261 연평(延平) : 남송 시대의 학자 이통(李侗, 1093~1163)의 호로, 주희(朱熹)의 스승이다.

262 서명(西銘)의……하였으니 : 《근사록(近思錄)》 권2 〈위학(爲學)〉에 정이천(程伊川)이 "횡거(橫渠)가 글을 쓴 것이 진실로 지나친 부분이 있으나 그것은 바로 〈정몽(正蒙)〉에 있고, 〈서명(西銘)〉의 글은 이치를 미루어 의(義)를 보존해서 이전의 성현들이 미처 발명하지 못한 것을 확충하여 맹자(孟子)의 성선(性善), 양기(養氣)의 의논과 공(功)이 똑같으니, 어찌 묵씨(墨氏)의 겸애설(兼愛說)과 같겠는가. 〈서명〉은 이(理)는 하나이나 분수가 다름을 밝혔고, 묵씨는 근본이 둘이어서 분수가 없다."라고 한 말이 보인다.

실로 떨어진 적이 없으니, 혼연(混然) 가운데 절연(截然)이 포함되어 있으며, 절연(截然) 가운데 혼연(混然)이 존재하는 것이다. 한 편을 들어서 보면 통체(統體)는 이(理)는 하나이나 분수가 다름이고, 구(句)마다 뜻을 구해보면 각자 분수가 다르면서 이(理)가 하나이니, 종횡으로 착종함에 어디를 가더라도 이 이치의 묘함이 아님이 없다.

〈서명(西銘)〉과 〈태극도설(太極圖說)〉은 참고하여 궁구하면 그 글을 쓰고 뜻을 나타낸 것이 서로 발명하는 점이 많으니, 삼연(三淵)이 "다르게 볼 수 없다."라고 한 것[263]이 진실로 그러하다.

정자(程子)가 또 "〈서명(西銘)〉의 글은 이치를 미루어 의(義)를 보존하였다."라고 하였는데,[264] 자세히 살펴보건대 "이치를 미루다"라는 것은 이일(理一)이니 이일(理一)은 인(仁)의 체(體)이고, "의(義)를 보존하다"라는 것은 분수(分殊)이니, 분수(分殊)는 의(義)의 용(用)이다. 위의 일절(一截)은 이치를 미룬 것이니 이치를 미룸은 지(知)의 일이고, 아래의 일절은 의(義)를 보존한 것이니, 의를 보존함은 행(行)의 일이다.

《근사록(近思錄)》의 이천(伊川)의 설에 "형체(形體)로써 말하면 천

263 삼연(三淵)이……것 : 삼연은 김창흡(金昌翕, 1653~1722)의 호로, 그의 문집인 《삼연집(三淵集)》 권33 〈잡록(雜錄)〉에 "〈태극도설〉과 〈서명〉은 다르게 볼 수 없다.〔太極圖與西銘, 未可差殊觀也.〕"라고 한 내용이 보인다.

264 정자(程子)가……하였는데 : 정이천(程伊川)의 이 말은 《근사록(近思錄)》 권2 〈위학(爲學)〉에 보인다.

(天)이라 하고 주재(主宰)로써 말하면 제(帝)라 한다."라고 하였는데,[265] 혹자는 '형체를 기(氣)로 보고 주재를 이(理)로 본 것'이라고 하니, 이는 그렇지 않을 듯하다. 주재(主宰)라고 한 것은 정의(情意)와 운용(運用)의 뜻이 있는 것이니, 이(理)의 본색에 들어맞지 않는다. 형체(形體) 중에 나아가 그 조화를 총괄하는 것을 가리켜서 주재(主宰)라고 한 것이니, 사람에게 비유하면 심(心)과 같을 것이다. 주자(朱子)가 "하늘에는 무심(無心)한 심(心)이 있다."라고 하였으니,[266] 이것 또한 이를 말한 것일 것이다.

혹자가 또 "주재(主宰)를 심(心)으로 본다면 묘용(妙用)은 무엇으로 보아야 하겠는가."라고 하니, 자세히 살펴보건대 주재(主宰)는 공용(功用)과 묘용(妙用)을 총괄하여서 말한 것이고, 묘용은 그 가운데 나아가 그 가장 영묘(靈妙)하여 헤아릴 수 없는 것을 가리켜서 말한 것이다.

공(公)·애(愛)·서(恕)를 합하여서 인(仁)을 보는 것[267]이 가장 잘

265 근사록(近思錄)의……하였는데 : 《근사록》 권1 〈도체(道體)〉에 "형체로써 말하면 천(天)이라 이르고 주재(主宰)로써 말하면 제(帝)라 이르고 공용(功用)으로써 말하면 귀신(鬼神)이라 이르고 묘용(妙用)으로써 말하면 신(神)이라 이르고 성정(性情)으로써 말하면 건(乾)이라 이른다.〔以形體謂之天, 以主宰謂之帝, 以功用謂之鬼神, 以妙用謂之神, 以性情謂之乾.〕"라고 한 정이(程頤)의 말이 보이는데, 이는 《주역》 〈건괘 괘사(卦辭)〉의 정전(程傳)에도 실려 있다.

266 주자(朱子)가……하였으니 : 《주자어류(朱子語類)》 권4에 "천지에는 본디 무심한 마음이 있다.〔天地自有箇無心之心.〕"라고 한 말이 그 예이다.

갖춰진 것이다. 애(愛)는 인(仁)의 용(用)이고 서(恕)는 애(愛)를 미룬 것이며 공(公)은 애(愛)와 서(恕)를 관통하니, 애(愛)는 고식적으로 함이 있고[268] 서(恕)는 남을 따름이 있으므로 애와 서는 반드시 공(公)을 기다린 뒤에야 비로소 인(仁)이라 부를 수 있다.

천하의 실(實)은 모두 허(虛)에서 생겨나고, 천하의 동(動)은 모두 정(靜)에서 근원한다. 그러므로 "허실(虛實)과 동정(動靜)의 기틀이다."[269]라고 한 것이다.

명도(明道)가 "양씨(楊氏)는 자신을 위하니 인(仁)과 유사하고, 묵씨

267 공(公)……것 : 《근사록(近思錄)》 권2 〈위학(爲學)〉에 "인(仁)의 도(道)는 요컨대 다만 한 공(公)자로 말할 수 있으니, 공(公)은 다만 인(仁)의 이치이다. 공(公)을 가지고 곧 인(仁)이라고 불러서는 안 되니, 공평하면서 사람을 체(體)로 삼기 때문에 인(仁)이 되는 것이다. 다만 공(公)을 하면 남과 나를 겸하여 비추게 된다. 그러므로 인(仁)은 서(恕)를 할 수 있고 애(愛)를 할 수 있는 것이니, 서(恕)는 인(仁)의 베풂이요 애(愛)는 인(仁)의 용(用)이다.〔仁之道, 要之只消道一公字, 公只是仁之理. 不可將公便喚做仁, 公而以人體之, 故爲仁. 只爲公則物我兼照. 故仁所以能恕, 所以能愛, 恕則仁之施, 愛則仁之用也.〕"라고 한 정이(程頤)의 말이 보인다.

268 애(愛)는 고식적으로 함이 있고 : 《예기》 〈단궁 상(檀弓上)〉에 "군자는 덕(德)으로써 사람을 사랑하고, 소인은 고식적으로 사람을 좋아한다.〔君子之愛人也以德, 細人之愛人也以姑息.〕"라는 말이 나온다.

269 허실(虛實)과 동정(動靜)의 기틀이다 : 이는 "기(氣)가 성대하게 크게 허(虛)하여 오르내리고 날아가서 일찍이 멈추지 않으니, 이는 허실(虛實)과 동정(動靜)의 기틀이며 음양(陰陽)과 강유(剛柔)의 시작이다.〔氣坱然太虛, 升降飛揚, 未嘗止息, 此虛實動靜之機, 陰陽剛柔之始.〕"라고 한 장재(張載)의 말에 보이는데, 《장자전서(張子全書)》 및 《근사록(近思錄)》 권1 〈도체(道體)〉 등에 실려있다.

(墨氏)는 겸하여 사랑하니 의(義)와 유사하다."라고 하였는데,[270] 이를 보면 인(仁)자와 의(義)자가 바뀌어 놓인 듯하다. 만약 방본(坊本)의 착오가 아니라면 필시 기록상의 잘못일 것인데, 섭씨(葉氏)의 주(註)에 "양씨(楊氏)는 자신을 위하니 욕심이 없는 인(仁)과 유사하고, 묵씨(墨氏)는 겸하여 사랑하니 사(私)가 없는 의(義)와 유사하다."라고 하였으니,[271] 이는 말을 따라서 해석을 만들어낸 것으로 실수가 작지 않다.

다시 《주자유서(朱子遺書)》에 편집된 《근사록(近思錄)》과 《맹자집주(孟子集註)》에서 인용하여 실은 것을 살펴보니, 모두 "양씨(楊氏)는 의(義)와 유사하고, 묵씨(墨氏)는 인(仁)과 유사하다."라고 되어 있었다. 이는 모두 이미 주자(朱子)의 감정을 거친 것인데 섭씨(葉氏)의 주(註)가 알지 못하고서 곡해하였으니, 읽는 이들이 변별하지 않아서는 안 된다.

"태극(太極)이 동하여 양(陽)을 낳는다.〔太極動而生陽〕"라고 하였는

270 명도(明道)가……하였는데 : 정호(程顥)의 이 말은 《근사록(近思錄)》 권13 〈변별이단(辨別異端)〉에 보인다.

271 섭씨(葉氏)의……하였으니 : 섭씨는 섭채(葉采)로, 《근사록(近思錄)》의 주(註)에 인용한 내용이 보이는데, 전문은 다음과 같다. "양씨(楊氏)는 자신을 위하니 스스로 사사롭게 하여 인(仁)하지 않다고 이를 만하나 오히려 욕심이 없는 인(仁)과 유사하고, 묵씨(墨氏)는 겸하여 사랑하니 범람하여 의(義)가 없다고 이를 만하나 오히려 사(私)가 없는 의(義)와 유사하다.〔楊氏爲我, 可謂自私而不仁矣, 然而猶疑似於無欲之仁; 墨氏兼愛, 可謂泛濫而無義矣, 然猶疑似於無私之義.〕"

데,[272] 먼저 양(陽)과 동(動)에서부터 말을 시작한 것은 어째서인가? 음(陰)과 양(陽)이 비록 태극(太極)의 근본이지만 양(陽)은 크고 음(陰)은 작다. 《희경(羲經 주역(周易))》은 큰 의리이므로, 말을 일으키는 곳에 반드시 양(陽)을 먼저 한 것이다. 서로 근원하여 생겨남에 이르러서는 음(陰)은 양(陽)에서 생겨나니 양은 음의 아버지이고, 양(陽)은 음(陰)에서 생겨나니 음은 양의 어머니이니, 착종(錯綜)하고 변하고 합하여 다할 수 없는 지경에 이르지만, 요컨대 양(陽)이 음(陰)을 거느린다.

태극(太極)은 지극히 묘하지만, 또한 단지 고원하여 궁구하기 어렵기만한 물사(物事)인 것은 아니다. 가까이 몸에서 취하면 동정(動靜)과 어묵(語默)이 태극이 아님이 없으니, 만일 때와 곳을 따라서 체인(體認)하여 계합(契合)함이 있을 수 있다면 먼 것과 큰 것을 또한 묵묵히 알아서 자세히 이해할 수 있을 것이다. 남당(南塘)은 태극(太極)을 형기(形氣)를 초월한 명칭이라 하였는데,[273] 진실로 무슨 설인지 알지

272 태극(太極)이……하였는데 : 이는 〈태극도설(太極圖說)〉 서두에 "태극(太極)이 동(動)하여 양(陽)을 낳아 동이 극에 달하면 정(靜)하고 정하여 양을 낳아 정이 극에 달하면 다시 동한다.〔太極動而生陽, 動極而靜, 靜而生陰, 靜極復動.〕"라고 한 데 보인다.

273 남당(南塘)은……하였는데 : 남당은 한원진(韓元震, 1682～1751)의 호이다. 이 말은 그의 문집인 《남당집(南塘集)》에서 확인할 수 있는데, 예컨대 권11 〈의답이공거(擬答李公擧)〉에서는 "이(理)는 본래 하나이지만, 형기(形氣)를 초월함을 가지고서 말한 경우가 있고, 기질(氣質)을 인하여 명명한 경우가 있고, 기질을 섞어서 말한 경우가 있으니, 형기를 초월하여 말하자면 태극이라는 명칭이 이것이니, 만물의 이치가 같다.〔理本一也, 而有以超形氣而言者, 有以因氣質而名者, 有以雜氣質而言者, 超形氣

못하겠다.

《통서(通書)》[274]는 의리가 깊고 넓으며 참되고 성실하며, 문사(文辭)가 또 〈태극도설(太極圖說)〉과는 구별되니, 진한(秦漢) 이후의 글과는 전혀 같지 않다.

예로부터 성명(性命)의 이치를 논한 것으로 "성(誠)의 '통(通)'과 '복(復)'"만한 것이 없었으니,[275] 낙민(洛閩)의 도학(道學)의 연원이 유래한 바가 된 것이 마땅하다.

而言, 則太極之稱是也, 而萬物之理同矣.〕"라고 하였으며, 권15 〈답심신부삼연집차변(答沈信夫三淵集箚辨)〉에는 "태극은 형기를 초월하여 일컬은 것이고, 오상(五常)은 기질을 인하여 명명한 것이고, 선악은 기질을 섞어서 말한 것이다.〔太極超形氣而稱之也, 五常因氣質而名之也, 善惡雜氣質而言之也.〕"라고 하였다.

274 통서(通書) : 북송(北宋)의 학자 주돈이(周敦頤)의 저술로, 〈태극도설(太極圖說)〉과 짝이 되는 책이다.

275 예로부터……없었으니 : 주돈이(周敦頤)의 《통서(通書)》에 "원형(元亨)은 성(誠)의 통(通)이고 이정(利貞)은 성(誠)의 복(復)이다.〔元亨, 誠之通. 利貞, 誠之復.〕"라고 하였는데, 주자(朱子)가 "태극이 움직임은 성(誠)이 통하는〔通〕 것이라 계지자선(繼之者善)이니 만물이 이를 바탕하여 시발(始發)하고, 고요함은 성(誠)이 돌아오는〔復〕 것이라 성지자성(成之者性)이니 만물이 저마다 성명(性命)을 바르게 가지는 것이다."라고 하였다. 《近思錄 太極圖說 註》

노주집

제23권

잡지
雜識

잡지 1

雜識 一

배우는 사람의 병통은 대부분 '조장함〔助〕'과 '잊음〔忘〕'[1]에 있다. 그러나 두 가지는 인과 관계에 있으니, 실로 두 가지 병통이 아니다. 하나라도 스스로 사사롭게 하는 뜻이 있게 되면 효과를 기대하여 억지로 조장하게 되고, 조장하기를 오랫동안 하면 반드시 잊는 데에 이르게 되고, 잊기를 많이 하다보면 폐하게 되고 만다. 정자(程子)의 이른바 "'잊지 말아야 함〔勿忘〕'과 '조장하지 말아야 함〔勿助長〕'의 사이에 정히 마땅히 처해야 한다."라는 것[2]이 바로 사사로운 뜻이 없음을 가리킨 것이다.

1 조장함과 잊음 : 《맹자》〈공손추 상(公孫丑上)〉 호연장(浩然章)에 다음과 같이 보인다. "반드시 종사함이 있고 효과를 미리 기대하지 말고서 마음으로 잊지도 말고 조장하지도 말아서, 송(宋)나라 사람처럼 하지 말아야 한다. 송나라 사람 중에 자기 밭의 벼 싹이 자라지 못함을 안타깝게 여겨 뽑아놓은 자가 있었다. 그는 아무 것도 모르고 돌아와서 집안사람들에게 말하기를 '오늘 내가 매우 피곤하다. 내가 벼 싹이 자라도록 도왔다.' 하므로 그 아들이 달려가서 보았더니, 벼 싹이 말라 있었다. 천하에 벼 싹이 자라도록 억지로 조장하지 않는 자가 적으니, 유익함이 없다 해서 버려두는 자는 비유하면 벼 싹을 김매지 않는 자요, 억지로 조장하는 자는 비유하면 벼 싹을 뽑아놓는 자이니, 이는 비단 유익함이 없을 뿐만 아니라 도리어 해치는 것이다.〔必有事焉而勿正, 心勿忘勿助長也, 無若宋人然. 宋人有閔其苗之不長而揠之者, 芒芒然歸, 謂其人曰: 今日病矣, 予助苗長矣. 其子趨而往視之, 苗則槁矣. 天下之不助苗長者寡矣, 以爲無益而舍之者, 不耘苗者也, 助之長者, 揠苗者也, 非徒無益, 而又害之.〕"

2 정자(程子)의……것 : 정호(程顥)의 이 말은 《이정유서(二程遺書)》 권3에 보인다.

비록 태평한 세상에 태어났을지라도 절의(節義)라는 한 가지 일을 반드시 반복하여 강론해 밝혀서 웅장(熊掌)과 어물(魚物)의 분별[3]로 하여금 흉중에 분명해지게 하여야만, 미리 정해져서 결함이 없게 될 수 있을 것이니,[4] 무사하다고 하여서 소홀히 해서는 안 된다.

고인(古人)이 말하기를, "명절(名節)은 도학의 울타리이다."라고 하였으니,[5] 이 말이 몹시 좋다.

온갖 허물은 모두 자신(自信)하는 데서부터 생겨난다.

3 웅장(熊掌)과 어물(魚物)의 분별 : 웅장과 어물은 팔진미의 하나인 곰 발바닥과 어물 요리로, 이를 분별한다는 것은 생명과 의리를 둘 다 취할 수 없는 경우에 생명을 버리고 의리를 취함을 말한다. 《맹자》 〈고자 상(告子上)〉에 "어물도 내가 원하는 바요 웅장도 내가 원하는 바이지만, 이 두 가지를 겸하여 얻을 수 없다면 어물을 버리고 웅장을 취하겠다. 삶도 내가 원하는 바요 의(義)도 내가 원하는 바이지만, 이 두 가지를 겸하여 얻을 수 없다면 삶을 버리고 의를 취하겠다.〔魚我所欲也, 熊掌亦我所欲也, 二者不可得兼, 舍魚而取熊掌者也; 生亦我所欲也, 義亦我所欲也, 二者不可得兼, 舍生而取義者也.〕"라고 한 데서 온 말이다.

4 미리……것이니 : 《중용장구(中庸章句)》 20장에 "모든 일은 미리 하면 성립되고, 미리 하지 않으면 폐해진다. 말을 미리 정하면 차질이 없고, 일을 미리 정하면 곤궁하지 않고, 행동을 미리 정하면 결함이 없고, 도를 미리 정하면 궁하지 않다.〔凡事豫則立, 不豫則廢. 言前定則不跲, 事前定則不困, 行前定則不疚, 道前定則不窮.〕"라고 한 데서 온 말이다.

5 고인(古人)이……하였으니 : 이는 명(明)나라의 유학자 진헌장(陳獻章, 1428~1500)의 말로, "명절은 도의 울타리이니, 울타리가 지켜지지 못하면 그 중에 홀로 존재할 수 있는 것은 없다.〔名節, 道之藩籬, 藩籬不守, 其中未有能獨存者也.〕"라고 한 내용이 그의 문집 등에 보인다. 《陳白沙集 卷3 與崔楫》

구습(舊習)을 따르면서 떨쳐 일어나지 못하는 것은 무엇보다도 자신에게 절실한 병통이다.

신축년(1781, 정조5) 4월 13일에 권흥지(權興之)[6]의 편지를 보니, 편지의 내용 중에 "강직하고 굳세지 않으면 큰 그릇을 이룰 수 없다."라는 등의 말로 면려함이 많았으니, 진실로 마음에 새길 만하였다. 이 벗이 특히 일찍부터 도(道)를 향하여서 지조가 돈독하고 확실한데, 나는 자품이 매우 어리석고 약하여 뜻을 세움이 굳건하지 못하니 실로 현위(弦韋)의 차이[7]가 있다. 매번 보내온 편지를 보면 고무하고 계발시키는 의사(意思)가 없었던 적이 없으니, 우선 이를 기록하여 훗날 도움 받은 바의 깊음을 징험하고자 한다.

부부간의 공경함은 모름지기 말을 삼가는 것에서부터 시작하여야 한다.

책을 읽는 방법은 마음 쓰기를 너무 긴박하게 하여서는 안 되고, 모름지기 자연스럽고 담박하게 보되 다만 그냥 지나쳐 버리지는 말아야 하니, 그래야 비로소 참된 취지를 볼 수 있다.

6 권흥지(權興之) : 노주(老洲)의 처남인 권중업(1764~1784)으로, 흥지는 그의 자이다.

7 현위(弦韋)의 차이 : 서로 정반대로 다른 것을 말한다. 현위는 활시위와 다룬 가죽으로, 전국 시대 위(魏)나라의 서문표(西門豹)는 성격이 급한 것을 경계하여서 부드럽게 다룬 가죽〔韋〕을 차고 다녔고, 춘추 시대 진(晉)나라의 동안우(董安于)는 성격이 느슨한 것을 고치려고 팽팽한 활시위〔弦〕를 차고 다녔다고 한다. 《韓非子 觀行》

책을 읽어 학업에 힘쓰는 여가에 때로 성현(聖賢)의 기상(氣象)을 상상하고 이해한다면 절로 심원한 지취를 지니게 될 것이다. 다만 전적으로 이에 의지해 기뻐하면서 실제의 일을 버려두어서는 안 된다.

책을 읽음에 감응해 분발해서 계합되어 깨닫는 곳이 있으면, 모름지기 정신을 차리고서 감동하고 격앙하여야 비로소 진보하는 곳이 있게 되니, 흐리멍덩해지게 하고 말 뿐이어서는 안 된다.

배우는 사람은 가장 먼저 뜻을 세워야 하며, 그 다음으로는 규모를 세워야 하니, 모든 일상생활에서 모든 사물을 응하고 접하는 일에 있어서 규모를 세우지 않는다면 고식(姑息)하면서 구차하게 됨을 면치 못할 것이다.

통렬하게 공부하여 이를 의거하여 바탕으로 삼음이 없다면, 자잘한 지행(知行)의 훌륭한 점이 있을지라도 이것이 전혀 자리를 잡아 정착할 곳이 없다. 요컨대 바탕이 있은 뒤에야 한 자를 얻거나 한 치를 얻을지라도 비로소 나의 소유가 되어서 바야흐로 진보하는 바가 있게 되는 것이다.

내가 을미년(1775, 영조51) 여름에 홍역에 걸렸다가 가을이 되어서도 완쾌하지 못하니, 어른들께서 글공부를 독려하지 않으셨다. 결국 국조(國朝)의 여러 선현들의 연보와 묘지(墓誌)와 행장(行狀) 등의 글을 한만히 취해서 뜻이 가는대로 보았는데, 그 시대와 지역이 가깝고도 긴밀한 것이 다른 시대의 선철들과는 달랐다. 그러므로 비록 나와 같이 자성(資性)이 어리석고 보잘 것 없는 사람으로서도 펼쳐보는 때에 감동하고 부끄러운 마음이 우연히 촉발된 것이 실로 깊어서, 자못 사학(斯學)에 몸을 맡겨 종사하려는 뜻을 두게 되었다. 그 후에 비록 이 마음을 잡아 지키지 못하여서 예전처럼 방종해졌으나, 오직 이 감동하고 부끄러운 마음만은 아직도 조금이나마 민멸되지 않은 것이 있어서, 매번 생각이 이를 때마다 공경히 두려워하면서 스스로 편히 여기지 못하는 것이 마치 빚을 진 것이 있는 것과도 같았다. 지금에 이르러서도 고인(古人)을 사모하면서 향인(鄕人)이 되기를 부끄럽게 여길 줄 아는 것[8]은 아마도 어렸을 때에 감발한 것이 혹 선입견이 되어서 그러한 것이 아니겠는가. 정자(程子)의 이른바 "소학(小學)의 법은 미리 가르치는 것을 우선으로 한다."라는 말씀[9]이 속이는 말이 아님을 더욱 알겠다.

8 고인(古人)을……것 : 성현(聖賢)을 사모하면서 이와 같이 되지 못함을 부끄럽게 여기는 것을 말한다. 《맹자》 〈이루 하(離婁下)〉에 "순(舜)임금도 사람이며 나도 또한 사람인데, 순(舜)임금은 천하에 모범이 되어서 후세(後世)에 전할 만하시거늘, 나는 아직도 향인(鄕人)이 됨을 면치 못하였으니, 이는 근심할 만한 일이다.〔舜, 人也, 我亦人也, 舜爲法於天下, 可傳於後世, 我由未免爲鄕人也, 是則可憂也.〕"라고 하였는데, 이에 대한 집주(集註)에 "향인(鄕人)은 향리(鄕里)의 보통 사람이다."라고 하였다.

9 정자(程子)의……말씀 : 이 말은 《소학집주(小學集註)》 〈총론(總論)〉에 보이는데, 여기에 "옛날 사람은 자식을 낳아서 스스로 밥을 먹을 줄 알거나 말을 할 줄 알게 되면 가르쳤다. 그러므로 소학(小學)의 법은 미리 가르치는 것을 우선으로 한다. 사람이 어릴 적에는 지식과 생각에 아직 중심이 잡히지 않았으므로, 격언(格言)과 지당한 의론을 날마다 그 앞에서 말해 주어야 한다.〔古之人, 自能食能言而教之. 是故小學之法, 以豫爲先. 蓋人之幼也, 知思未有所主, 則當以格言至論, 日陳於前.〕"라고 하였다.

경자와 신축 연간[10]에, 뜻이 몹시 참되고 절실하여서 사서(四書)를 돌아가면서 읽고 또 낙민(洛閩)[11]의 여러 책을 널리 보면서 망령되이 온축된 뜻을 궁구하고자 하여, 지나치게 마음을 써서 거의 잠을 자지 못하여 병이 날 지경에 이르렀다. 때로 의심을 품은 곳을 가지고서 백씨(伯氏 오윤상(吳允常))께 받들어서 질정을 구하였는데, 백씨(伯氏)께서 사색하는 길이 열렸음을 칭찬하시고, 또 함양(涵養)의 설(說)로써 가르치셨다. 그 사이에 집안의 후미진 곳의 작은 누각을 물어서 찾아, 책을 좌우에 높이 두고 그 가운데 들어가 자리하여 뜻이 가는대로 송독하면서 아침부터 저녁까지 시간을 보냈다. 또 일찍이 연평(延平)의 "묵묵히 앉아 마음을 깨끗이 한다."라는 말[12]을 애호하여서 때때로 눈을 감고 정좌하였으니, 그 당시에 비록 말할 만한 진보는 없었지만, 의사(意思)만큼은 꽤 각별하였다.

악교(樂敎)가 폐해지자 사람들이 삼대(三代)[13]의 융성함만 못하게 되

10 경자와 신축 연간 : 1780년(정조4)과 그 이듬해로, 노주가 18, 9세가 되었던 때이다.

11 낙민(洛閩) : 정호(程顥)와 정이(程頤)가 살았던 낙양(洛陽)과 주희(朱熹)가 살았던 민중(閩中)을 합한 말로, 곧 정주학(程朱學)을 의미한다.

12 연평(延平)의……말 : 연평은 송(宋)나라 때의 학자 이동(李侗, 1093~1163)으로, 자는 원중(願中), 호는 연평, 시호는 문정(文靖)이며, 검남(劍南) 사람이다. 주희(朱熹)의 스승으로, 정호(程顥)와 정이(程頤)의 학문이 주희에게 이어지는 교량적 역할을 하였다. 저서로는 주희가 편찬한 《이연평집(李延平集)》이 있다. 그는 "묵묵히 앉아 마음을 깨끗이 하여 천리를 체인한다.〔默坐澄心, 體認天理.〕"라고 말하여 이 부분을 중시하였다.

13 삼대(三代) : 중국의 하(夏)·은(殷)·주(周)의 세 왕조를 이르는 말로, 정치와

었고, 사도(師道)가 무너지자 선비들이 명교(名教)의 중요함을 알지 못하게 되었다.

후세에 기질을 변화시키기 어려운 것은 예(禮)와 악(樂)이 무너진 데서 말미암은 것이다. 예(禮)와 악(樂)의 가르침은 실로 조화(造化)에 참여하는데, 짐작하여 충족되게 하여서 융화시켜 삿됨을 깨끗이 씻어내는[14] 공효로 말하면 악(樂)의 교화가 더욱 클 따름이다. 그러므로 우(虞)임금의 조정에서 주자(胄子)를 가르치던 방도는 오로지 악(樂)에 달려 있었는데,[15] 지금은 고악(古樂)의 유의(遺意)가 민멸되어서 남은 것이 없으니, 비록 바로잡아 바꾸는 데에 있어서 용감할지라도 어떻게 완전히 다 변화시킬 수 있겠는가.

존양(存養)은 경(敬)을 주로 삼으며, 성찰(省察)은 찰(察)을 주로 삼는다. 그러나 찰(察)은 경(敬)이 아니면 베풀 바가 없게 되므로, 존양

교육이 가장 융성했던 시대이다.

14 짐작하여……씻어내는 : 《서경》 〈우서(虞書) 순전(舜典)〉에 순(舜)임금이 기(夔)를 전악(典樂)으로 삼은 대목에 대해 《집전(集傳)》에서, "이는 사악함과 더러움을 깨끗이 씻어내고 짐작하여 충족되게 하여서 혈맥을 움직이게 하고 정신을 유통시켜 중화(中和)의 덕을 길러서 기질의 편벽됨을 구원하는 것이다.〔蓋所以蕩滌邪穢, 斟酌飽滿, 動盪血脈, 流通精神, 養其中和之德, 而救其氣質之偏者也.〕"라고 하였다.

15 우(虞)임금의……있었는데 : 《서경》 〈우서(虞書) 순전(舜典)〉에 "제순(帝舜)이 말하기를 '기(夔)야! 너를 명하여 전악(典樂)을 삼으니, 주자(胄子)를 가르치되 곧으면서도 온화하며 너그러우면서도 엄하며 강하되 사납지 말며 간략하되 오만하지 말게 할 것이다.' 하였다.〔帝曰 : 夔! 命汝典樂, 教胄子, 直而溫, 寬而栗, 剛而無虐, 簡而無傲.〕"라고 하였다. 주자(胄子)는 왕실과 경대부(卿大夫)의 적자(嫡子)를 뜻한다.

은 정(靜)에서 근원하지만 동(動)을 갖추고 있다. 이 뜻을 《중용(中庸)》에서 볼 수 있다.

《어류(語類)》에 이르기를, "경(敬)은 심(心)의 정(貞)이다."[16]라고 하였으니, 경(敬)은 실로 동(動)과 정(靜)을 관통하지만, 반드시 정(靜)에서부터 수립되어야 한다.

학문은 한 쪽으로 치우쳐서는 안 되니, 법도로써 몸을 단속하되 활발(活潑)한 곳에 마음을 두는 때도 있어야 하며, 독서로써 치지(致知)하되 무언(無言)의 지경에서 즐기는 때도 있어야 하는 법이다.

배우는 사람이 갑자기 스스로 주장하는 생각을 가지게 되면 곧 남을 위한 학문[17]을 하게 되니, 남을 위한 학문을 하려는 한 생각은 온갖 악(惡)의 뿌리이다.

남을 위한 학문을 하려는 한 생각은 다만 이 이치를 실제로 앎이 없는 것이다.

임금〔君〕과 스승〔師〕과 어버이〔父〕는 비록 각기 본래 하나의 윤리

16 경(敬)은 심(心)의 정(貞)이다 : 이 말은 《주자어류(朱子語類)》 권72에 보인다.

17 남을 위한 학문 : 원문의 '위인(爲人)'은 남에게 인정을 받기 위해 학문을 하는 것으로, 《논어》 〈헌문(憲問)〉에 "옛날의 학자들은 자신을 위한 학문을 하였는데, 오늘날의 학자들은 남에게 보여 주기 위한 학문을 한다.〔古之學者爲己, 今之學者爲人.〕"라는 공자의 말이 나온다.

이지만, 그 의리는 실로 서로 겸한다. "임금을 만들고 스승을 만들었다."[18]라고 한 것을 보면 이는 임금에게 스승의 의리가 있는 것이고, "백성의 부모가 되었다."[19]라고 한 것을 보면 이는 임금에게 어버이의 의리가 있는 것이다. "북면(北面)하여 제자의 예(禮)를 집행하였다."[20]라고 한 것을 보면 이는 스승에게 임금의 의리가 있는 것이고, "어버이처럼 보았다."라고 하였고 보면 이는 스승에게 어버이의 의리가 있는 것이다. "엄군(嚴君)"이라 하는 것을 보면 바로 어버이에게 임금의 의리가 있는 것이고, "부사(父師)"라고 하는 것을 보면 바로 어버이에게 스승의 의리가 있는 것이다. 이는 가탁한 말이 아니니, 이치가 진실로 그러한 것이다.

스승의 도(道)가 이처럼 중요한데도 오륜(五倫)에 이 한 가지 윤리가

18 임금을……만들었다 : 《서경》 〈주서(周書) 태서 상(泰誓上)〉에 "하늘이 백성들을 도우시어 임금을 만들고 스승을 만드심은 능히 상제를 도와 사방을 사랑하고 편안하게 하신 것이다.〔天佑下民, 作之君作之師, 惟其克相上帝, 寵綏四方.〕"라고 하였다.

19 백성의 부모가 되었다 : 임금이 백성의 부모와 같은 존재임을 말한 것이다. 예컨대 《맹자》 〈등문공 상(滕文公上)〉에 "백성의 부모가 되어서 백성들로 하여금 한스럽게 보아 일 년 내내 부지런히 일해도 그 부모를 봉양할 수 없게 하고, 또 빚을 내어 보태어서 세금을 내게 하여 늙은이와 어린아이의 시신이 구렁에 굴러다니게 한다면, 백성의 부모라는 것이 어디에 있겠는가.〔爲民父母, 使民盻盻然將終歲勤動, 不得以養其父母, 又稱貸而益之, 使老稚轉乎溝壑, 惡在其爲民父母也?〕"라고 하였다.

20 북면(北面)하여……집행하였다 : 북면은 본래 임금에 대한 신하의 예(禮)로, 신하가 임금을 뵐 때 북쪽을 향하는 것을 뜻한다. 여기서는 이를 제자(弟子)의 예로써 삼은 것으로, 예컨대 《전한서(前漢書)》 권71 〈우정국전(于定國傳)〉 에 "우정국이 스승을 영접하여 《춘추》를 배우면서 몸소 경(經)을 가지고 북면하여 제자의 예를 갖추었다.〔定國乃迎師學《春秋》, 身執經, 北面備弟子禮.〕"라고 한 내용이 보인다.

없으니 몹시 의심할 만하다. 어쩌면 삼대(三代)[21]의 성대한 때에 인군(人君)이 군사(君師)[22]의 직임을 겸하였기 때문에 그러한 것인가? 고인(古人)이 이르기를, "스승은 벗 중에서 높은 사람이다."라고 하였다. 그렇다면 마땅히 붕우간의 윤리에서 구하여야 할 것이지만, 분수로 본다면 마땅히 임금이나 어버이에 대해서와 같아야 한다.

윤증(尹拯)의 일[23]이 있은 뒤에 사생(師生)의 도리가 쇠하여서 차츰

21 삼대(三代) : 중국의 하(夏) · 은(殷) · 주(周)의 세 왕조를 이르는 말로, 정치와 교육이 가장 융성했던 시대이다.

22 군사(君師) : 백성을 다스리는 임금과 백성을 가르치는 스승이라는 뜻으로, 고대에는 훌륭한 군주가 백성을 다스리고 가르치는 임무를 겸하였는바, 다스리는 입장에서 말하면 군주라 하고 가르치는 입장에서 말하면 스승이라 하였는데, 후세에는 보통 임금을 가리키는 말로 쓰였다. 주자가 지은《대학장구(大學章句)》서문(序文)에 "한 사람이라도 총명과 예지를 갖추어 능히 그 본성을 다하는 자가 그 사이에 나오면, 하늘이 반드시 그에게 명하시어 억조 만백성의 군사로 삼아 그로 하여금 백성을 다스리고 가르쳐서 그 본성을 회복하게 한다.〔一有聰明睿智, 能盡其性者, 出於其間, 天必命之, 以爲億兆之君師, 使之治而敎之, 以復其性.〕"라고 보인다.

23 윤증(尹拯)의 일 : 윤증(1629~1714)이 자신의 스승이었던 우암(尤庵) 송시열(宋時烈, 1607~1689)과 관계를 끊은 일을 가리킨다. 윤증은 자는 자인(子仁), 호는 명재(明齋), 본관은 파평(坡平)으로 학문에만 전념하여 여러 차례 천거되어 조정의 부름을 받았으나 나아가지 않았다. 윤증은 본래 송시열의 고제(高弟)로, 1674년(현종15)에 자신의 아버지인 윤선거(尹宣擧)의 묘갈명(墓碣銘)을 송시열에게 부탁하였는데, 송시열이 박세채(朴世采)가 지은 행장(行狀)을 그대로 인용하고 야유하는 뜻을 내비치자 이에 불만을 품고 스승 송시열과의 관계를 끊게 되었다. 이러한 문제로 반목하게 되어 송시열과 오랫동안 다투고 논쟁을 벌였는바, 송시열은 회덕(懷德)에 살았으므로, 이 사건을 '회니(懷尼)의 시비(是非)'라고 하였다. 이후로 서인은 송시열을 주축으로 한 노론과 윤증을 주축으로 한 소론으로 분열되었다.

오늘날에 이르러, '사생(師生)'이라는 두 글자가 세상에서 크게 꺼려져 멸절되었다. 백공(百工)의 기예에도 모두 스승이 있거늘, 유독 사람의 도리에 있어서만 스승이 없을 수 있단 말인가. 낳아주시고 길러주시고 가르쳐주신 것[24] 중에 가르쳐주신 것이 가장 중하니, 스승의 도(道)는 진실로 하루라도 폐할 수 없다. 만약 스승이 가르쳐주심이 없다면 비록 낳아주고 길러준들 어떻게 사람이 될 수 있겠는가. 세도(世道)가 날로 낮아져서 돌이킬 수 없게 된 것이 당연하다. 이런 점에서 윤증이 실로 죄인 중에 우두머리이다.

근일에 인물이 잘 나오지 않는 것은 타고난 재질의 탓이 아니다.[25] 안으로는 부형(父兄)의 가르침이 없고 밖으로는 사우(師友)의 보도(輔導)함이 없으니, 어떻게 인재를 이루어낼 수 있겠는가.

24 낳아주시고……것 : 부모가 낳아주고 임금이 먹여 길러주고 스승이 가르쳐주는 것을 가리킨다. 참고로 《소학(小學)》 〈명륜(明倫)〉에 난공자(欒共子)가, "백성은 세 분의 은혜로 살아가기에 섬기기를 똑같이 하여야 한다. 아버지는 나를 낳아 주시고, 스승은 나를 가르쳐 주시고, 임금은 나를 먹여 주셨으니, 아버지가 아니면 태어나지 못하고 임금이 먹여 주지 않으면 자라지 못하고 스승이 가르쳐 주지 않으면 알지 못하니, 낳아 주신 것과 똑같다. 그러므로 똑같이 섬기되 오직 있는 바에 목숨을 바쳐야 한다. 살아가게 해주신 은혜를 죽음으로 보답하고, 물건을 내려준 은혜를 힘써 갚는 것이 사람의 도이다.〔民生於三, 事之如一. 父生之, 師教之, 君食之, 非父不生, 非食不長, 非教不知, 生之族也. 故一事之, 唯其所在, 則致死焉. 報生以死, 服賜以力, 人之道也.〕"라고 하였다.

25 타고난……아니다 : 《맹자》 〈고자(告子)〉에 "불선을 하는 것으로 말하면 타고난 재질의 탓이 아니다.〔若夫爲不善, 非才之罪也.〕"라고 한 데서 온 말로, 이에 대해 집주(集註)에서 "재(才)는 재질과 같으니, 사람의 능함이다.〔才猶材質, 人之能也.〕"라고 하였다.

후세에 벼슬과 학문이 분기됨에 학문의 도(道)가 끊어졌고, 학문의 도가 끊어짐에 오품(五品)[26]이 밝아지지 않아서 세교(世教)가 무너졌으니, 슬프도다!

남의 선(善)을 칭찬할 때에는 길게 하고 악(惡)을 비판할 때에는 짧게 하는 것[27]은 바로 천지(天地)가 만물을 낳은 뜻이니, 마땅히 이로써 존심(存心)하여야 한다. 예전에 《장암집(丈巖集)》[28]을 보았는데, 악을 비판하기를 선을 칭찬하는 것보다 짧게 해서는 안 된다고 하고,[29]

26 오품(五品) : 《서경》 〈우서(虞書) 순전(舜典)〉에 "백성이 친목하지 않고 오품이 순하지 않으므로 너를 사도로 삼으니, 공경히 다섯 가지 가르침을 펴되, 너그럽게 하라.〔百姓不親, 五品不遜, 汝作司徒, 敬敷五教, 在寬.〕"라고 하였는데, 오품은 부자(父子), 군신(君臣), 부부(夫婦), 장유(長幼), 붕우(朋友) 다섯 가지의 명위(名位)와 등급으로, 여기서는 오륜(五倫)을 뜻한다.

27 남의……것 : 《춘추공양전(春秋公羊傳)》 소공(昭公) 20년에 "군자는 선을 칭찬할 때에는 길게 하고, 악을 비판할 때에는 짧게 하며, 악을 비판하는 것은 당사자에게 그치고, 선을 칭찬하는 것은 자손에게까지 미친다.〔君子之善善也長, 惡惡也短, 惡惡止其身, 善善及子孫.〕"라고 한 데서 온 말이다.

28 장암집(丈巖集) : 정호(鄭澔, 1648~1736)의 문집으로, 정호는 자는 중순(仲淳), 호는 장암, 본관은 연일(延日), 시호는 문경(鄭澔)이다. 정철(鄭澈)의 현손이며, 송시열(宋時烈)의 제자로, 벼슬이 영의정에 이르렀다.

29 악을 비판하기를……하고 : 정호(鄭澔)의 《장암집(丈巖集)》 권11 〈독서만록(讀書漫錄)〉에, '선(善)을 칭찬할 때에는 길게 하고 악(惡)을 비판할 때에는 짧게 한다'는 설에 대해 논하여서, "호오의 올바름은 바로 천리이다. 사람의 호오는 각각 그 올바름을 얻으면 가하니, 어찌 장단(長短)을 가지고서 논할 수 있겠는가?〔好惡之正乃天理也. 人之好惡各得其正可也, 何可以長短論之?〕"라고 하면서 "만약 요순(堯舜) 삼대(三代)에 천하를 다스리던 도리를 가지고서 보자면, 사흉(四凶)과 비렴(飛廉)과 악래(惡來)의 무리가 그 미워할 만한 정도가 만약 몹시 심하지 않았다면 어찌 죽였을 리가 있겠는

《대학(大學)》의 "인인(仁人)이 추방한다."라는 말을 인용하여 증명하였으니,[30] 이는 순(舜)이 비록 사흉(四凶)을 주벌하였으나[31] 또한 남의

가. 성인의 마음은 마치 거울처럼 비어있고 저울처럼 평평하므로, 그 사람의 선악을 따라서 올바름으로써 응할 따름이다. 그러므로 '불인을 싫어하여 불인으로 하여금 그 몸에 더해지지 않게 한다'라고 하였으니, 미워하기를 조금 느슨히 한다면 불인을 몸에 더하는 데에 가깝지 않겠는가.……성인의 호오(好惡)는 천리의 정도(正道)를 얻은 것이었으나, 후세의 호오는 인사(人事)의 작위(作爲)에서 나왔으므로 그 말이 충후(忠厚)함에 가까웠으나 그 유폐는 이루 다 말할 수가 없었다. 세상에 혹 악을 미워하기를 원수를 미워하듯이 하여서 왕왕 화를 부르고 재앙을 일으키는 단서가 되는 일이 있으므로 이 '선(善)을 칭찬할 때에는 길게 하고 악(惡)을 비판할 때에는 짧게 한다'는 설이 있게 된 것이니, 이는 아마도 교왕과직(矯枉過直)의 폐해일 듯하다.〔若以堯舜三代治天下之道觀之, 四凶、飛廉、惡來之徒, 其可惡若不至甚, 則寧有殛之戮之之理? 聖人之心, 如鑑空衡平, 故隨其人之善惡, 而應之以正而已. 故曰: 惡不仁而不使不仁加乎其身. 惡之稍緩, 則不幾於不仁之加乎其身乎?……蓋聖人之好惡, 得天理之正, 而後世之好惡, 出於人事之作爲. 故其所爲言, 似乎忠厚, 而其流之弊, 有不可勝言. 世或有嫉惡如讎, 往往爲招禍媒孽之端, 故有此善善長惡惡短之說, 其亦矯枉過直之弊乎!〕"라고 한 내용이 보인다. 사흉(四凶)은 순(舜) 임금이 사방으로 유폐시켰다는 네 악인(惡人)인 공공(共工)·환도(驩兜)·삼묘(三苗)·곤(鯀)을 말하며, 비렴(飛廉)과 악래(惡來)는 은(殷)나라 주왕(紂王)의 간신으로, 악래는 비렴의 아들인데, 무왕(武王)이 주왕을 정벌하고서 이들을 바닷가로 몰아 죽였다고 한다.

30 대학(大學)의……하였으니 : "인인(仁人)이 추방한다."라는 말은《대학장구》전(傳) 10장에 "오직 인인(仁人)만이 불선한 사람들을 추방하되 사방 오랑캐 땅으로 내쫓아서, 중국에서 그들과 함께하지 않으니, 이를 일러 '오직 인인(仁人)이어야 능히 남을 사랑하며, 능히 남을 미워한다'고 하는 것이다.〔唯仁人放流之, 迸諸四夷, 不與同中國, 此謂唯仁人爲能愛人, 能惡人.〕"라고 한 말을 가리킨다. 정호(鄭澔)의《장암집(丈巖集)》권11〈독서만록(讀書漫錄)〉에 "《대학》에서 군자(君子)의 일을 논하여 말하기를 '아마도 유익할 수 있을 것이다.'라고 하였고, 소인의 일을 논하여 말하기를 '위태롭다 할 것이다.'라고 하였다. 또 '인인(仁人)이어야만 능히 남을 미워하며 능히 사람을 사랑한다.'라고 하였으며, 부자(夫子)께서 또 말씀하기를 '오직 인자(仁者)만이 능히 남을

악(惡)은 감추어주고 선(善)은 드러내주었음[32]을 전혀 알지 못한 것이다. 이 노유(老儒)가 악(惡)을 미워하는 데에 강직하여서 존심(存心)과 처사(處事)에 다름이 있음을 변별하지 못한 것이다. 그러므로 고인(古人)이 비록 악(惡)을 미워하기를 끓는 물을 더듬는 것처럼 하였으나,[33] 끓는 물을 더듬는 것처럼 악을 미워하는 중에 애연(藹然)하게

사랑하며, 능히 남을 미워한다.'라고 하였다. 이는 바로 성인의 문하에서 사람을 가르치는 법이니, 애초에 장단의 논의가 있지 않았다.〔大學論君子之事曰：尙亦有利哉！論小人之事曰：亦曰殆哉！又曰：惟仁人能惡人，能愛人．夫子又曰：惟仁者能好人，能惡人．此乃聖門教人之法，初未有長短之論．〕"라고 한 내용이 보인다.

31 순(舜)이……주벌하였으나 : 사흉(四凶)은 순(舜) 임금이 사방으로 유폐시켰다는 네 악인(惡人) 공공(共工)・환도(驩兜)・삼묘(三苗)・곤(鯀)으로, 《서경》〈우서(虞書) 순전(舜典)〉에 "공공(共工)을 유주(幽州)에 유배하고, 환도(驩兜)를 숭산에 안치하고, 삼묘(三苗)를 삼위(三危)로 몰아내고, 곤(鯀)을 우산(羽山)에 가두어 네 사람을 죄주니, 천하가 모두 복종하였다."라고 하였다.

32 남의……드러내주었음 : 《중용장구(中庸章句)》 제6장에 공자가 순(舜) 임금의 덕을 일컬어서, "순 임금은 묻기를 좋아하고 천근한 말을 살피기를 좋아하였으며, 남의 악은 감추어주고 선은 드러내 주었다.〔舜好問而好察邇言，隱惡而揚善〕"라고 하였는데, 이에 대한 주희(朱熹)의 주(註)에 "순 임금이 큰 지혜가 되신 까닭은 자기 지혜를 쓰지 않고 남에게서 취하셨기 때문이다. 이언(邇言)은 천근한 말인데도 오히려 반드시 살피셨으니, 그 버린 선(善)이 없음을 알 수 있다. 그러나 그 말의 선하지 못한 것은 숨겨주고 드러내지 않으며, 그 선한 것은 전파하고 숨기지 아니하여, 광대하고 광명함이 또 이와 같았으니, 사람들이 그 누가 선(善)으로써 말해 주기를 즐거워하지 않겠는가.〔舜之所以爲大知者，以其不自用而取諸人也．邇言者淺近之言，猶必察焉，其無遺善可知．然於其言之未善者，則隱而不宣，其善者，則播而不匿，其廣大光明又如此，則人孰不樂告以善哉?〕"라고 하였다.

33 고인(古人)이……하였으나 : 《논어(論語)》〈계씨(季氏)〉에 공자(孔子)가 "선을 보면 미치지 못할 듯이 좋아하며, 불선을 보면 끓는 물을 더듬는 것처럼 싫어하는 자가 있으니, 나는 그런 사람을 보았고 그런 말을 들었노라.〔見善如不及，見不善如探湯，

측달(惻怛)하는 마음을 두지 않았던 적이 없으니, 이것이 바로 이른바 측은지심이 사단(四端)을 관통한다는 것이다. 소인(小人)을 미워하는 후세의 군자들 중에 이러한 뜻을 아는 이가 매우 드물다. 그러므로 세도(世道)가 평정(平正)되기 어렵고 화란이 이어지는 것은 모두 이를 말미암은 것이다.

마음가짐은 분명하고 곧게 하여야 하니, 경계해야 함이 어둡고 굽는 데에 있다. 행실을 단속함은 함축되게 하여야 하니, 경계해야 함이 지나치게 드러나는 데에 있다.

무릇 사람은 선(善)을 하면 마음이 편안하고 악(惡)을 하면 마음이 불안한 법이니, 여기에서 본심의 선함을 징험할 수 있다. 그러므로 일상생활의 일들에 있어서 반드시 편안한 바를 구하여 행해야 하니, 편안하면 진실로 순전한 선(善)이고, 조금이라도 곡절이 있어 불안한 의사가 있게 되면 비록 남보다 한 등급 높은 행실일지라도 마음속에 돌이켜 성찰함에 곧 잡된 바가 있는 것이므로 본심의 올바름이 아니다. 그러나 또한 그 편안한 바를 한갓 믿기만 해서는 안 되니, 만일 앎에 지극하지 못함이 있으면 편안한 바가 또 반드시 모두 천리의 지극함일 수는 없다. 그러므로 군자는 궁리(窮理)를 귀하게 여긴다.

기질을 바로잡는 공부는 반드시 안팎으로 함께 힘써야 하니, 안으로는 칠정(七情)[34], 밖으로는 성색(聲色) 및 행동거지가 바로 그것이다. 그

吾見其人矣, 吾聞其語矣.〕"라고 한 말이 보인다.

러나 모름지기 먼저 칠정에서부터 해나가야 한다.

뜻을 세움이 돈독하지 않고서 먼저 물정(物情)에 뛰어난 자는 진보함이 있기가 어렵다.

진학(進學)의 방법으로는 먼저 '즐거움〔樂〕'의 뜻을 아는 것[35]만한 것이 없고, 즐거움〔樂〕의 뜻을 알고자 한다면 모름지기 먼저 "성실하지 않으면 사물이 없게 된다."[36]라는 뜻을 체인(體認)해야 하니, 이것이 가장 중요하다.

모름지기 이 학문이 특별한 일이 아님을 알아야 하니, 그런 뒤에야 비로소 실심(實心)으로 해나갈 수 있다.

34 칠정(七情) : 사람의 일곱 가지 감정인 희(喜)·노(怒)·애(哀)·구(懼)·애(愛)·오(惡)·욕(欲)을 가리킨다. 《주자어류(朱子語類)》 권53에 "사단(四端)은 이(理)가 발한 것이요, 칠정(七情)은 기(氣)가 발한 것이다.〔四端是理之發, 七情是氣之發.〕"라고 하였다.

35 즐거움〔樂〕의……것 : '낙(樂)' 자의 뜻이란 예컨대 《논어》 〈옹야(雍也)〉에 공자(孔子)가 "도를 아는 것은 도를 좋아하는 것만은 못하고, 도를 좋아하는 것은 도를 즐거워하는 것만 못하다.〔知之者不如好之者, 好之者不如樂之者.〕"라고 하였는데, 이에 대해 집주(集註)에서 '낙(樂)'에 대하여 "즐거워한다는 것은 얻음이 있어 즐거워하는 것이다.〔樂之者有所得而樂之也.〕"라고 하였고, 또 오곡(五穀)에 비유하여 "즐거워하는 자는 좋아하여 배불리 먹은 자이다.〔樂者嗜之而飽者也.〕"라고 한 데 보인다.

36 성실하지……된다 : 《중용장구》 제25장에 "성(誠)이라는 것은 물(物)의 처음이자 끝이니 성실하지 않으면 사물이 없게 된다. 그러므로 군자는 성을 귀하게 여긴다.〔誠者, 物之終始, 不誠無物. 是故君子誠之爲貴.〕"라고 하였다.

부념(浮念 뜬생각)은 욕념(慾念)에 비교해보면 붙잡을 단서가 없어서 마치 제거하기가 더욱 어려운 듯하다. 그러나 고요히 부념의 근본을 궁구해보면 욕념이 타오르고 난 뒤에 있지 않았던 적이 없다. 그러므로 만일 욕념을 맑게 다스린다면 부념 또한 점차 사라질 것이다.

매일 말과 행실을 점검해보면 말의 과실이 행실의 과실보다 많으니, 이는 아마도 말이 행실에 비하여 발하기 쉽고 살피기는 어려우며, 속이기 쉽고 성실하기는 어렵기 때문일 것이다. 온공(溫公)이 "성(誠)은 망령되이 말하지 않는 것에서부터 비롯된다."라고 하였으니,[37] 이 말이 참으로 훌륭하도다!

사람은 부끄러움〔恥〕이 없어서는 안 되니, 부끄러움은 바로 사람과 짐승이 나뉘는 관건이다. 그러므로 사람으로서 부끄러움이 없다면 더불어서 말하기가 어렵다.

부끄러움을 아는 것은 의리를 집적하는[38] 근본일 것이다.

37 온공(溫公)이……하였으니 : 온공은 북송(北宋) 중기의 학자 사마광(司馬光, 1019~1086)으로, 자는 군실(君實), 호는 우부(迂夫), 시호는 문정(文正)이며 사후에 온국공(溫國公)에 봉해져 사마온공이라고도 칭한다. 사마광의 이 말은 유안세(劉安世)가 그에게 성(誠)에 대해 묻자 답한 내용으로, 《주자어류(朱子語類)》 권47 등에 보인다.

38 의리를 집적하는 : 원문의 '집의(集義)'는 《맹자(孟子)》 〈공손추 상(公孫丑上)〉에서 호연지기(浩然之氣)를 설명하면서 "의리를 많이 집적하여 생겨나게 된다.〔是集義所生者.〕"라고 한 데서 온 말로, 이에 대해 주희(朱熹)의 집주(集註)에서 "집의(集義)는 적선(積善)이란 말과 같으니, 일마다 모두 의리에 합하고자 하는 것이다.〔集義猶言

백씨(伯氏)[39]께서 별세하신 지가 지금 어느새 4년이 되었다. 지난날을 기억해보건대 어려서부터 장성하기까지 귀를 잡고 일러주고 대면하고서 가르쳐주시어[40] 이 보잘 것 없는 몸을 몹시 수고로이 단련시켜 주어서, 반드시 자립하는 바가 있어서 사람으로서 천성을 받아 태어난[41] 책임을 저버리지 않게 하도록 하시고자 하였으니, 은혜가 진실로 지극하다. 돌이켜보건대 지극히 노둔하고 낮은 자질을 지닌 이 몸이 가르침에 그 만에 하나조차도 부응하지 못하였는데, 지금까지 홀로 인간 세상에 남아 정신은 상사(喪事)로 인해 꺾이고 의지는 병과 우환으로 인해 흩어져서 글을 읽고 몸을 검속함이 모두 폐하여 해이해졌으니,

積善, 蓋欲事事皆合於義也.〕"라고 하였다.

39 백씨(伯氏) : 노주(老洲)의 형 오윤상(吳允常, 1746~1783)으로, 자는 사집(士執), 호는 영재(寧齋), 본관은 해주(海州)다. 대제학(大提學) 판서(判書)를 지낸 순암(醇菴) 오재순(吳載純)의 아들로, 김원행(金元行)의 문하에서 배웠으며, 학문에 뛰어나 두 아우를 가르치기도 하였다. 행실이 순박하고 효성스러웠으며 경전(經傳)을 탐독하였는데, 37세의 나이에 요절하였다.

40 귀를……가르쳐주시어 : 원문의 '이제면명(耳提面命)'은 《시경》〈대아(大雅) 억(抑)〉에 "아, 소자들아! 좋고 나쁨을 알지 못하는가. 손으로 잡아 줄 뿐만 아니라 일로 보여 주며, 대면하여 가르쳐 줄 뿐만 아니라 그 귀를 잡고 일러 주노라.〔於乎小子! 未知臧否? 匪手攜之, 言示之事, 匪面命之, 言提其耳.〕"라고 한 데서 온 말이다.

41 사람으로서……태어난 : 원문의 '수중(受中)'은 사람이 하늘로부터 이(理), 즉 천성(天性)을 받고서 태어났다는 뜻으로, 《춘추좌씨전(春秋左氏傳)》 성공(成公) 13년 조에 "유자가 말하기를, '내가 듣건대 사람은 천지의 중(中)을 받아 태어나니, 이것이 이른바 명(命)이다.'라고 하였다.〔劉子曰: 吾聞之, 民受天地之中以生, 所謂命也.〕"라고 한 데서 온 말이다. 이에 대한 주신(朱申)의 주(註)에 "중(中)은 마음이 한쪽으로 치우치지도 않고 기울지도 않는 이(理)이다. 백성은 천지에서 이 이(理)를 받아 태어난 자이다."라고 하였다.

지난날 옆에서 모시던[42] 때에 비하면 더욱 비루할 뿐만이 아니다. 이대로 간다면 소인(小人)과 같지 않은 점이 얼마나 되겠는가? 백씨(伯氏)께서 고되고 부지런히 가르쳐주신 뜻이 장차 민멸되어 징험할 수 있는 곳이 없게 될 것이니, 고요히 이를 생각하면 나도 모르게 비통과 한탄이 마음에 교차하여 한밤중에도 누차 잠에서 깨어난다. 그러나 한갓 스스로 마음을 애태우고 괴로워하면서 세월을 헛되이 버리는 것보다는, 이제라도 남겨주신 가르침을 받들어 지켜서 오직 앞으로의 일을 힘쓰기를 생각하는 것이 그나마 조금이라도 백씨(伯氏)의 가르침을 저버리지 않기를 도모하는 방법이 될 것이다. 병오년(1786, 정조10) 7월 19일 밤에 침상에서 쓴다.

선한 이는 복을 받고 악한 이는 화를 입는 것은 천지의 올바른 이치이다. 그러나 악한 이가 혹 복을 받기도 하고 선한 이가 혹 화를 입기도 하니, 이는 기수(氣數)가 추동(推動)하여 올바른 이치를 가리는 때가 있기 때문이다. 그러나 그 종국(終局)을 보면 선한데도 자신의 몸에 화를 입은 사람은 반드시 후에 신원되며, 악한데도 자신의 몸에 복을 받은 사람은 반드시 후에 패망한다. 이 이치가 몹시 명백하니, 여기에서 기수(氣數)가 끝내 올바른 이치를 가릴 수 없음을 볼 수 있다. 사람들이 혹 이를 궁구하지 않고서 화복(禍福)의 이치가 어긋났다고 말하기도 하니, 이는 잘못된 것이다.

42 옆에서 모시던 : 원문의 '수궤(授几)'는 옆에서 모신다는 뜻으로, 《시경》 〈대아(大雅) 행위(行葦)〉에 "자리를 펴고 그 위에 자리를 이중으로 펴니, 궤를 주고 계속하여 모시는 이가 있도다.〔肆筵設席, 授几有緝御.〕"라고 하였다.

명(命)의 근원은 하나인데, 이(理)를 위주로 말하면 본연(本然)-이(理)가 주(主)가 되어 기(氣)가 이에 배속된다.-이라고 하고, 기(氣)를 위주로 말하면 기수(氣數)-기(氣)가 주(主)가 되어 이(理)가 이를 따른다.-라고 하니, 서로 정승(貞勝)[43]하는 관계이다.

배우면서 스스로 사사롭게 하고 스스로 만족하는 자는 족히 진보를 말할 수가 없다. 요컨대 마땅히 남에게서 취하여서 선(善)을 하는 것을 본령으로 삼아야 하니, 대순(大舜)이 선(善)을 취한 것[44]이 또한 어찌 모두 반드시 자신보다 나은 사람에게서 한 것이었겠는가. 그렇다면 무릇 내가 매일 응접할 때에 비록 평범한 보통 사람이나 천한 노예라고 할지라도 반드시 취할 만한 하나의 선(善)이 있을 것이니, 만일 실심(實心)으로 공정히 보아서 잘 취한다면, 내가 선(善)을 행하는 데에 도움이 되지 않는 것이 없을 것이다. 또 남을 접할 때에 능히 이 마음을 보존한다면, 자기의 흉중이 드넓어져 포용하지 못할 물건이 없어서 천하의 선(善)이 모두 나의 선(善)인 의사(意思)가 있게 될

43 정승(貞勝) : 서로가 항상 이기는 관계에 있다는 뜻으로, 《주역》 〈계사전 하(繫辭傳下)〉에 "길(吉)과 흉(凶)은 항상 이기는 것이다.〔吉凶者, 貞勝者也.〕"라고 하였는데, 이에 대해 주자(朱子)의 본의(本義)에 "정(貞)은 바름이요 떳떳함이니, 물건은 바름을 떳떳함으로 삼는다. 천하(天下)의 일이 길(吉)이 아니면 흉(凶)이요 흉(凶)이 아니면 길(吉)이어서 항상 서로 이기고 그치지 않는다.〔貞, 正也常也, 物以其所正爲常者也. 天下之事非吉則凶, 非凶則吉, 常相勝而不已也.〕"라고 하였다.

44 대순(大舜)이……것 : 《맹자》 〈공손추 상(公孫丑上)〉에 "대순은 이보다도 더 위대함이 있었으니, 선을 남과 함께하시어, 자신을 버리고 남을 따르시며 남에게서 취하여 선을 행함을 좋아하셨다.〔大舜有大焉, 善與人同, 舍己從人, 樂取於人, 以爲善.〕"라고 하였다.

것이다.

사람의 심(心)의 본체는 본래 개활(開豁)하니, 이 때문에 일정함 없이 감통(感通)하고 막힘없이 주류(周流)하는 것인데,[45] 단지 당사자가 스스로 허다한 담과 벽을 만드는 바람에 가로막히고 제한되어 한 국자의 물도 수용하지 못하는 것이니, 슬프도다!

장자(張子)가 말하기를, "학문이 다른 사람을 책하지 않는 데에 이른다면 그 학문이 진보한 것이다."라고 하였으니,[46] 이 말이 실로 깊은 의미가 있다. 내가 또 이에 이어서, "학문이 다른 사람을 이기기를 좋아하지 않는 데에 이른다면 그 덕이 높은 것이다."라고 하겠다.

《연평답문(延平答問)》[47]에 "묵묵히 앉아 마음을 맑게 하고서 천리(天

45 일정함……것인데 : 《주자대전(朱子大全)》 권32 〈답장흠부(答張欽夫)〉에 주희(朱熹)가, "성(性)은 정(靜)하지만 동(動)하지 않을 수 없고 정(情)은 동하지만 반드시 절도가 있다. 이는 심(心)이 고요히 감통(感通)하고 주류(周流)하여 관통하여 체(體)와 용(用)이 애초에 서로 떨어지지 않는 것인 까닭이다.〔性之靜也而不能不動, 情之動也而必有節焉, 是則心之所以寂然感通, 周流貫徹, 而體用未始相離者也.〕라고 한 내용이 보인다.

46 장자(張子)가……하였으니 : 장자는 북송(北宋)의 학자 장재(張載, 1020~1078)로, 장재의 이 말은 명(明)나라 설선(薛瑄)의 《독서록(讀書錄)》 권1에 인용되어 그대로 보이는데, 원 출전은 《장자전서(張子全書)》 권2 〈정몽(正蒙) 중정편(中正篇)〉, 《근사록(近思錄)》 권5 등에 "자신을 책하는 사람은 응당 천하와 국가에 모두 그릇된 이치란 없음을 안다. 그러므로 학문이 다른 사람을 탓하지 않는 데에 이른다면 학문의 지극함인 것이다.〔責己者當知天下國家無皆非之理. 故學至於不尤人, 學之至也.〕"라고 한 데에 보인다.

理)를 체인한다.〔默坐澄心 體認天理〕"라고 하였고, 또 "종일토록 꼿꼿하게 앉아서 희로애락이 아직 발하기 전의 기상(氣象)을 확인해본다.〔終日危坐 以驗夫喜怒哀樂未發前氣象〕"라고 하였으니, 이는 모두 정(靜) 중의 공부이다. 그렇지만 기상은 담일(湛一)한 기상[48]이고 천리는 오상(五常)의 천리이니, 약간 허(虛)와 실(實)의 차이가 있다. 게다가 미발(未發)의 기상이라는 화두는 그 수준이 높으므로, 본디 정(靜)함이 지극한 자가 아니라면 스스로 이 미발의 기상을 볼 수 없으니, 초학자가 곧장 여기에 종사한다면 곧 잘못 알고서 도리어 조장하는 병통을 지니게 되기가 쉽다. '마음을 맑게 하여 체인함〔澄心體認〕'이 도리어 조금 평탄하고 실다우니, '징(澄)'은 바로 없애서 맑게 한다는 뜻이다. 자신의 사사로운 생각과 물욕의 생각을 없애 맑게 하면 천리가 발현될 것이니, 이 발현에 나아가 긴밀하고 절실하게 체인하여 오래도록 익혀 익숙해진다면 심(心)이 이(理)와 하나가 되는 묘함을 저절로 볼 수 있게 되어서, 본성을 확충해 기르는 데에 있어서 거의 단서가 있게 될 것이다. 이는 초학인 선비들도 이해하여 그 지취를 알 수 있는 것이다.

47 연평답문(延平答問) : 연평은 송(宋)나라 때의 학자 이통(李侗, 1093~1163)으로, 연평은 그의 호이며, 주희(朱熹)의 스승이다. 이 책은 주희가 스승과 문답한 내용을 엮어서 편찬한 것으로, 부록에는 주희의 문인들이 주희가 스승에 대해 언급한 내용 및 제문 등이 실려 있다.

48 담일(湛一)한 기상 : 북송(北宋)의 학자 장재(張載)가 "담일(湛一)은 기(氣)의 근본이다.〔湛一, 氣之本.〕"라고 하였는데, 주자가 이를 해석하기를, "담일이란 외물에 감촉하기 전의 담연(湛然)하고 순일(純一)한 상태이니, 이것이 기의 근본이다.〔湛一, 是未感物之時, 湛然純一, 此是氣之本.〕"라고 하였다. 《正蒙 誠明》

사람의 욕념(慾念)은 한 가지가 아니지만, 각각 편벽된 곳이 있으니, 만일 아직 치성하지 않았을 때에 막지 않는다면 단지 편벽된 것이 더욱 치성해질 뿐만이 아니라, 유(類)대로 서로 말미암아 일어나는 것이 또 감당하지 못할 만큼 넘쳐날 것이다. 인욕을 막으려면 이 기미를 살피지 않아서는 안 된다.

기질에 구애되는 것과 물욕에 유혹되는 것은 그 해로움이 비록 다르지만, 그 서로 영향을 받는 기작(機作)이 마치 병에 표본(標本)이 있으면서[49] 완급의 형세가 때에 따라 달라지는 것과 같은 점이 있으니, 또한 마땅히 자세히 살펴서 힘을 다하여야 한다.

도덕은 이(理)의 물사(物事)이니 이에는 휴흠(虧欠)이 없고, 문장은 기(氣)의 물사(物事)이니 기에는 남거나 부족함이 있다. 이(理)에는 휴흠(虧欠)이 없으므로, 고금과 사해(四海)를 통달하여 모든 사람이 요(堯)가 되고 순(舜)이 될 수 있는 것이다.[50] 기(氣)에는 남거나 부족

49 병에 표본(標本)이 있으면서 : 병에 겉으로 드러나는 것〔標〕과 근본적인 것〔本〕 두 가지가 있음을 뜻하는데, 근본적인 것이 선차적인 것이고, 겉으로 드러나는 것이 후차적, 부차적인 것에 해당된다. 《황제내경소문(黃帝內經素問)》〈표본병전론(標本病傳論)〉에 "병이 발하여 남음이 있으면 본병(本病)이 있고서 표병(標病)이 있게 되니, 먼저 본병을 다스리고 뒤에 표병을 다스려야 한다.〔病發而有餘, 本而標之, 先治其本, 後治其標.〕"라고 하였다.

50 고금과……것이다 : 《맹자》〈고자 하(告子下)〉에 "조교가 묻기를, '사람은 다 요순이 될 수 있다 하니, 그러한 것이 있습니까?' 맹자가 말하기를, '그러하다.'〔曹交問曰 : 人皆可以爲堯舜, 有諸? 孟子曰 : 然.〕"라고 하였으며, 〈등문공 상(滕文公上)〉에 안연(顔淵)의 말을 인용하여 "순은 어떤 사람이며, 나는 어떤 사람인가. 본받아서 행하

함이 있으므로, 시기에 따라 달라지고 장소에 의해 국한된다. 따라서 사마천(司馬遷)과 반고(班固)[51]의 문장은 전모(典謨)[52]의 문장이 되지 못하고 구양수(歐陽脩)와 소식(蘇軾)[53]의 문장은 《사기(史記)》와 《한서(漢書)》의 문장이 되지 못하며, 이적(夷狄)의 문장은 중화의 문장이 되지 못하는 것이다.

문장은 기(氣)이니, 바로 형이하의 기(器)이다.[54] 실을 만한 도(道)가 없다면 공기(空器)일 뿐이니, 공기(空器)가 무슨 귀함이 있겠는가.

기만 하면 또한 그와 같이 될 수 있다.〔舜何人也, 予何人也? 有爲者亦若是.〕"라고 하였다.

51 사마천(司馬遷)과 반고(班固) : 원문의 '천고(遷固)'는 《사기(史記)》를 지은 사마천과 《한서(漢書)》를 지은 반고를 병칭한 말로, 모두 한(漢)나라의 대표적인 문장가이다.

52 전모(典謨) : 《서경(書經)》의 〈요전(堯典)〉·〈순전(舜典)〉과 〈대우모(大禹謨)〉·〈고요모(皐陶謨)〉를 말하는데, 곧 《서경》을 지칭하기도 하고 경서(經書) 일반을 지칭하기도 한다.

53 구양수(歐陽脩)와 소식(蘇軾) : 원문의 '구소(歐蘇)'는 송(宋)나라의 대표적인 문장가 구양수와 소식을 병칭한 말로, 모두 당송 팔대가(唐宋八大家)로서 문명(文名)을 날렸다.

54 문장은……기(器)이다 : 기(氣)를 형이하의 기(器)라고 한 것을 이해하기 위해 다음 내용을 참고할 수 있다. 《주역(周易)》〈계사전 상(繫辭傳上)〉에 "형이상인 것을 도(道)라고 하고, 형이하인 것을 기(器)라고 한다.〔形而上者謂之道, 形而下者謂之器.〕"라고 하였는데, 이에 대하여 주희(朱熹)는 황도부(黃道夫)에게 답한 편지에서 "천지에는 이(理)와 기(氣)가 있으니, 이(理)라는 것은 형이상의 도(道)로서 만물을 낳는 근본이고, 기(氣)라는 것은 형이하의 기(器)로서 만물을 낳는 도구이다.〔天地之間, 有理有氣, 理也者, 形而上之道也, 生物之本也; 氣也者, 形而下之器也, 生物之具也.〕"라고 설명하였다. 《朱子大全 卷58 答黃道夫》

내가 어린 나이에 함부로 고인(古人)의 문장을 본받고자 하여 자못 여러 문장가에게 빠져들어서 대략 그 궤범(軌範)을 엿보았다. 20세 이후에 점차 이것이 신심(身心)에 무익하다는 것을 알게 되었고 또 고인(古人)의 경지에 끝내 도달하기 어려움을 깨달아서 마침내 연참(鉛槧)[55]을 게을리하였는데, 근년에 이르러서는 더욱 폐하여서 다시는 뜻을 두지 않았다. 그러나 매번 부득이 글을 짓는 경우를 만날 때마다 번번이 잘하고자 하는 뜻을 두게 되니, 비로소 평소에 숭상하던 것을 벗어나기 어려움을 알게 되었다.

《맹자(孟子)》에 "지(志)가 가장 중요하고, 기(氣)가 그 다음이다."라고 하였으니,[56] 문장 또한 그러해서 의(意)가 가장 중요하고 기(氣)가 그 다음이며 법(法)이 또 그 다음이다. 이로써 고금의 사람들의 문장을 살펴본다면 그 진위(眞僞)와 고하(高下)를 거의 변별할 수 있을 것이다.

법(法)은 기(氣)가 있어야 영활(靈活)해지고 기는 의(意)가 있어야 창성(昌盛)해지는 법이다. 만약 법에 구애되고 기에 얽매여서 의가

55 연참(鉛槧) : 글을 쓸 때 사용했던 연분필(鉛粉筆)과 나무판으로, 문필(文筆)의 업(業)을 말한다.

56 맹자(孟子)에……하였으니 : 이 말은 《맹자》 〈공손추 상(公孫丑上)〉 호연장(浩然章)에 보이는데, 여기에서 "지(志)는 기(氣)를 통솔하는 장수이고, 기(氣)는 몸을 채워 주는 것이니, 지(志)가 가장 중요하고 기(氣)가 그 다음이다. 그러므로 지(志)를 견지하면서도 기(氣)가 사납게 되지 않도록 해야 한다고 말하는 것이다.〔夫志, 氣之帥也, 氣, 體之充也. 夫志至焉, 氣次焉. 故曰持其志無暴其氣.〕"라고 하였다.

스스로 운행할 수 없다면 법은 죽은 법이고 기는 부패한 기인 것이니, 지극한 문장이 아니다.

문장은 기(氣)의 정(精)한 것이다. 그러므로 그 지극한 경지에 이르면 절로 신화(神化)의 묘함이 있게 된다. 또 문장은 기질(氣質)과 통하기 때문에 그 대소(大小)와 후박(厚薄), 청탁(淸濁)과 정추(精粗)가 각각 그 사람을 닮아서 서로 비슷함이 없으니, 이는 마치 사람들의 얼굴이 저마다 다른 것과 같다.

뉘우침은 선(善)으로 옮겨가는 계기이지만, 만약 한결같이 이에 집착하면서 놓아버리지 못한다면 바로 연평(延平)의 이른바 "이는 한 덩어리 사심을 쌓아두는 것이다〔積下一團私意〕"라는 것이니,[57] 예전에 이러한 병통이 있음을 깨닫고서 이 말을 써서 스스로 경계하였다.

일상생활에서 사물을 응접할 때에 대체로 염증을 내어 권태로워하지 않으면 틀림없이 휩쓸려서 따라가 버리게 되니, 이 부분이 바로 공부를 하기에 좋다. 모름지기 마음과 기운을 평이하게 하고 또 정고(貞固)

57 연평(延平)의……것이니 : 연평은 송(宋)나라 때의 학자 이통(李侗, 1093~1163)으로, 연평은 그의 호이며, 주희(朱熹)의 스승이다. 연평의 이 말은 주희가 편찬한 《연평답문(延平答問)》에 보이는데, 여기에서 "내 생각하건대 잘못한 것이 있으면 자신을 책함이 없을 수 없다. 그러나 이를 지난 이후로는 또 장차 어찌해야 하는가. 늘 이를 마음에 남겨둔다면 도리어 이는 한 덩어리 사심을 쌓아두는 것이다.〔某竊以謂有失處, 罪己責躬固不可無. 然過此以往, 又將奈何? 常留在胸中, 却是積下一團私意也.〕"라고 하였다.

하게 스스로 지켜야 한다.

늘 다급한 때에 거스르고 어긋나는[58] 일이 있게 되면 기(氣)가 곧 지(志)를 움직여서 점검할 겨를도 없이 격분하여 발언하게 되니, 이는 안으로는 지(志)를 견지하지 못하는 것이고 밖으로는 또 기(氣)를 사납게 하는 것이다.[59] 이러한 부분은 모름지기 차례차례 기(氣)를 가라앉혀서 이(理)로써 이겨내야 한다.

나는 늘 고요한 밤에 달을 보는 것을 좋아하니, 이는 달은 지정(至靜)하기 때문에 만약 마음이 이 지정(至靜)한 경계(境界)와 부합할 수 있으면 정(靜) 가운데의 기상[60]을 확인해볼 수 있기 때문이다. 예전에 《삼연집(三淵集)》에 실린 민노봉(閔老峰)에 대한 묘문(墓文)[61]을 보

58 거스르고 어긋나는 : 원문의 '형불(衡拂)'은 생각을 거스르고 일을 어긋나게 한다는 뜻이다. 《맹자》〈고자 하(告子下)〉에 "마음에 곤하고 생각에 걸린 뒤에 분발한다.〔困於心, 衡於慮而後作.〕"라고 하였고, 또 "하늘이 어떤 이에게 장차 큰 임무를 내리려 하면, 반드시 먼저 그의 심지를 괴롭게 하며……그가 하는 일마다 어긋나 이루지 못하게 한다. 이것은 마음을 분발시키고 참을성 있는 기질로 만들어 그가 해내지 못했던 일을 잘 할 수 있게 하기 위함이다.〔天將降大任於是人也, 必先苦其心志……行拂亂其所爲. 所以動心忍性, 曾益其所不能.〕"라고 하였다.

59 이는……것이다 : 《맹자》〈공손추 상(公孫丑上)〉에 "지(志)는 기(氣)를 부리는 장수이고, 기(氣)는 몸에 꽉 차 있는 것이니, 지(志)가 가장 중요하고 기(氣)가 그 다음이다. 그러므로 '지(志)를 잘 견지하고도 또 기(氣)를 사납게 하지 말아야 한다고 말하는 것이다.〔夫志, 氣之帥也; 氣, 體之充也. 夫志至焉, 氣次焉, 故曰持其志無暴其氣.〕"라고 하였다.

60 정(靜) 가운데의 기상 : 희노애락이 미발(未發)하였을 때의 기상을 말한다.

61 삼연집(三淵集)에……묘문(墓文) : 《삼연집》은 김창흡(金昌翕, 1653~1722)의

니, "중추(中秋)의 달밤에 난초 물에 목욕하고[62] 새 옷을 입고서 향을 사르고 시를 읊으면 기상이 절로 남다르다."라고 한 말이 있으니, 선배 중에도 이러한 뜻을 지녔던 분이 있다.

고인(古人)이 "기상이 좋을 때에는 모든 일이 마땅하게 된다."라고 하였으니,[63] 이 말이 체득하여 이해하기에 매우 좋다. 이는 비록 말과 행동거지를 가지고서 말한 것이지만, 요컨대 좋은 기상이란 옥루(屋漏)에 부끄럽지 않은 것[64]에서 생겨난다.

문집으로, 김창흡은 자는 자익(子益), 호는 삼연, 본관은 안동, 시호는 문강(文康)이며 영의정 김수항(金壽恒)의 아들이자 농암 김창협(金昌協)의 아우다. 민노봉(閔老峰)은 민정중(閔鼎重, 1628~1692)으로, 자는 대수(大受), 호는 노봉, 본관은 여흥(驪興)이며, 송시열(宋時烈)의 문인이다. 인용된 글은 김창흡이 민정중의 묘표를 지으면서 민정중의 말을 인용한 대목으로, 《삼연집》 권30 〈좌의정 노봉 민공 묘표(左議政老峰閔公墓表)〉에 보인다.

62 난초 물에 목욕하고 : 난초 물이란 향기로운 난초를 넣어 끓인 물인 난탕(蘭湯)을 가리킨다. 《대대례기(大戴禮記)》 〈하소정(夏小正)〉에 "단오일에 난탕으로 목욕을 한다.〔午日以蘭湯沐浴.〕"라고 한 데서 온 말이다.

63 고인(古人)이……하였으니 : 이는 송(宋)나라 학자 여희철(呂希哲)의 말로, 봉호(封號)가 형공(滎公)이므로 여형공이라고도 한다. 이 말은 《소학(小學)》 〈가언(嘉言)〉에 보이는데, 여기에서 "후생의 초학자들은 우선 모름지기 기상(氣象)을 잘 살펴 바로잡아야 하니, 기상이 좋을 때에는 모든 일이 마땅하게 된다. 기상은 말과 행동거지의 가벼움과 무거움, 빠름과 느림에서 족히 볼 수 있으니, 다만 군자와 소인이 여기에서 나뉠 뿐 아니라 또한 귀천(貴賤)과 수요(壽夭)가 이를 말미암아 정해지게 된다.〔後生初學且須理會氣象, 氣象好時, 百事是當. 氣象者, 辭令容止輕重疾徐, 足以見之矣, 不惟君子小人於此焉分, 亦貴賤壽夭之所由定也.〕"라고 하였다.

64 옥루(屋漏)에……것 : 남이 보지 않는 은밀한 때조차도 마음에 부끄러움이 없이 당당한 것을 말한다. 옥루는 방의 서북쪽의 모퉁이로, 아무도 모르는 자기의 마음속이

모든 일은 안배하면 반드시 어그러지고, 모든 작위는 들떠서 안정되지 못하면 반드시 패한다.

모든 일은 뜻을 시원하게 만족시키는 곳에 이르면 후회하고 한탄하는 일이 생겨나기 쉬우니, 도리어 스스로 거두어 덜어내면 뜻이 저절로 좋아지게 된다. 소자(邵子)의 "그 성(盛)함에 처하는 것이 두렵다."라는 것[65]도 단지 이 뜻일 따름이다.

늘 사물(事物)을 응접한 뒤에 묵묵히 스스로 점검해보면 한마디 말과 하나의 움직임에 반드시 종자(種子)가 유래한 바가 있어 선(善)과 악

라는 뜻으로 쓰인다. 《시경》 〈대아(大雅) 억(抑)〉에 "그대가 홀로 집에 있을 때를 보더라도 방의 모퉁이에 부끄러움이 없게 해야 할 것이다.〔相在爾室, 尙不愧于屋漏.〕"라고 하였는데, 이 말을 《중용장구》 제33장에서 인용하였으며, 이와 관련하여 제1장에서 "숨겨진 것보다 더 나타나는 것이 없고, 미세한 것보다 더 드러나는 것이 없다. 그러므로 군자는 자기 혼자만 아는 곳을 삼가는 것이다.〔莫見乎隱, 莫顯乎微. 故君子愼其獨也.〕"라고 하였는바, '신독(愼獨)'과도 뜻이 통한다.

65 소자(邵子)의……것 : 소자는 북송(北宋)의 학자인 소옹(邵雍, 1011~1077)으로 자는 요부(堯夫), 시호는 강절(康節)이다. 이지재(李之才)로부터 하도낙서(河圖洛書)의 설과 천문(天文), 역수(易數)를 배우고 도가의 도서선천상수학(圖書先天象數學)을 바탕으로 상수(象數)를 원리로 하는 관념론적 철학을 수립하였다. 《문공역설(文公易說)》 권1에 "소강절은 사물을 볼 때에 곧 4가지 단계를 만들었으니, 그는 단지 그 성함에 처함을 두려워한 것이다. 예컨대 꽃을 보면 한창 그 꽃봉오리가 성해지려고 하다가, 반쯤 피어서 점점 성해지고, 바르게 피어서 크게 성하면, 쇠하게 된다. 사람도 기세가 치성한 자는 반드시 쇠하게 마련이며 굳센 장사도 반드시 죽게 마련이니, 그 이치가 이와 같은 것이다.〔康節看物事, 便成四箇, 渠只是怕處其盛. 且如看花, 方其蓓蕾向盛也, 半開漸盛, 正開大盛則衰矣. 人之勢焰者必衰, 强壯者必死, 是其理如此.〕"라고 한 주희(朱熹)의 말이 보인다.

(惡)이 이에 나뉘게 된다. 그런데 악(惡)이 유래한 바를 보면 필경 그 근본과 원인이 모두 사사로움〔私〕과 거짓〔僞〕에서 말미암는다.

자신을 수양하기를 독실하게 하는 사람은 남의 잘못과 사특함을 말하지 않는다. 대저 자신의 능함과 남의 단점은 말에 드러내지 않는 것이 가장 좋다.

한 터럭만큼이라도 교만하고 인색한[66] 뜻이 있다면 붕우 간에 생기는 유익함을 받아들일 수가 없다. 안목이 원대하지 못하면 마음의 국량이 곧 작아지게 되니, 조금이라도 남과 나를 서로 비교하는 사사로움이 있으면 다시 장단을 비교하는 생각이 생겨나게 된다. 내가 훌륭하고 남이 부족하면 교만하여 낮잡아보게 되고, 내가 부족하고 남이 훌륭하면 인색하여 부족함을 변호하게 되니, 이는 바로 서로 기인하는 형세가 그러한 것이다.

옛말에 이르기를, "충신은 효자의 집안에서 구해야 한다."라고 하였으

66 교만하고 인색한 : 원문의 '교린(驕吝)'은 《논어》 〈태백(泰伯)〉에 "만약 주공과 같은 아름다운 재예를 가지고 있더라도 교만하고 인색하다면 그 나머지는 볼 것이 없다.〔如有周公之才之美, 使驕且吝, 其餘不足觀也已.〕"라고 한 데서 온 말이다. 이에 대해 주희(朱熹)는 집주(集註)에서, "내가 생각하건대, 교만함과 인색함은 비록 기운이 차고 부족한 차이가 있으나, 그 형세는 항상 서로 기인한다. 교만은 인색함의 지엽이고, 인색은 교만함의 근본이다. 그러므로 일찍이 천하 사람들에게서 확인해보니, 교만하면서 인색하지 않은 자가 없고, 인색하면서 교만하지 않은 자가 없었다.〔愚謂驕吝雖有盈歉之殊, 然其勢常相因. 蓋驕者吝之枝葉, 吝者驕之本根. 故嘗驗之天下之人, 未有驕而不吝、吝而不驕者也.〕"라고 하였다.

니, 내가 이에 이어서 "간신(諫臣)은 허물을 고하는 벗에게서 구해야 한다."라고 하겠다. 만일 절시(切偲)[67]하는 자리에 있으면서 허물을 보고서도 고해줄 수 없다면, 어떻게 역린(逆鱗)[68]하는 절개를 지닐 수 있겠는가. 그러므로 위로 사귀는 것과 아래로 사귀는 것[69]이 그 도(道)는 같은 것이다.

역사를 볼 때에 반드시 먼저 득세(得勢)를 보아야 하니, 그런 뒤에 심적(心跡)을 비교하여 헤아려서 시비(是非)를 논하면서 어긋나지 않

67 절시(切偲) : 절절시시(切切偲偲)의 준말로, 붕우 간에 간절하고 자상하게 권면하는 것이다. 자로(子路)가 어떠해야 선비라고 할 수 있는지를 묻자, 공자(孔子)가 답하기를, "간절하고 자상하게 권면하며 화락하면 선비라고 할 수 있다. 붕우 간에는 간절하고 자상하게 권면하고, 형제간에는 화락해야 한다.〔切切偲偲, 怡怡如也, 可謂士矣. 朋友切切偲偲, 兄弟怡怡.〕"라고 하였다. 《論語 子路》

68 역린(逆鱗) : 용의 턱 아래에 있는 거꾸로 난 비늘을 건드리는 것으로, 전하여 신하가 임금의 위엄을 범하면서 직간하는 것을 이른다. 《한비자(韓非子)》 〈세난(說難)〉에 "무릇 용이란 동물은 온순하여 길들여 탈 수 있지만, 용의 턱 아래에 1자쯤 되는 거꾸로 난 비늘이 있는데 이것을 건드리면 용이 반드시 성을 내어 사람을 죽인다. 군주도 거꾸로 난 비늘이 있는데, 군주를 설득하여 유세하는 자 중에 군주의 거꾸로 난 비늘을 건드리지 않는 자가 드물다.〔夫龍之爲蟲也, 柔可狎而騎也. 然其喉下有逆鱗徑尺, 若人有嬰之者, 則必殺人. 人主亦有逆鱗, 說者能無嬰人主之逆鱗則幾矣.〕"라고 하였다.

69 위로……것 : 《주역(周易)》 〈계사하전(繫辭下傳)〉에, 공자가 "기미를 앎이 그 신묘할 것이다. 군자는 위로 사귀되 아첨하지 않고 아래로 사귀되 모독하지 않으니, 기미를 아는 것이다. 기(幾)는 동함의 은미함으로 길(吉)·흉(凶)이 먼저 나타난 것이니, 군자는 기미를 보고 일어나서 하루가 마치기를 기다리지 않는다.〔知幾其神乎! 君子上交不諂, 下交不瀆, 其知幾乎! 幾者, 動之微, 吉之先見者也, 君子見幾而作, 不俟終日.〕"라고 하였다.

을 수 있다. 그러나 중대한 시비(是非)의 경우에는, 이를 논함에 있어서 세(勢)에 구애되어서는 안 된다.

천하의 일은 운(運)・세(勢)・속(俗)을 벗어나지 않으니, 하늘이 명한 바를 운(運)이라 하고, 군주가 재단하는 바를 세(勢)라고 하고, 백성이 좇는 바를 속(俗)이라 한다.

무릇 운(運)은 세(勢)를 바꿀 수 있고, 세(勢)는 속(俗)을 바꿀 수 있지만, 세(勢)가 속(俗)에 의해 옮겨지거나 운(運)이 세(勢)에 의해 옮겨지는 때도 있다.

사(史)는 사(事)이고, 경(經)은 이(理)이다. 그러므로 무릇 역사를 보는 이들은 선악과 시비, 치란(治亂)과 득실에 있어서 요컨대 경전(經傳)의 의리(義理)를 가지고서 권형(權衡)으로 삼아야 하니, 그래야만 서로 발명되어 이(理)와 사(事)의 일치함을 볼 수 있게 된다. 그렇게 하지 않으면 단지 흉중이 흥분해 번잡해져서 자신에게 얻어지는 것은 없다는 것만을 깨닫게 될 것이다.

역사를 보는 것은 옥사를 처결함과 같으니, 모름지기 분수(分數)가 분명하여야 비로소 간파할 수 있다. 사건의 관건이나 인물의 심적(心跡)과 같은 경우가 가장 변별하기에 좋은데, 음양(陰陽)의 계분(界分)[70]을 더욱 주의 깊게 보아야 한다. 군자(君子)에 대해서는 본심을

70 음양(陰陽)의 계분(界分) : 선악(善惡) 혹은 시비(是非)의 계분을 지칭하는 말이

끝까지 따져보아서 행적을 헤아려야 하고, 소인(小人)에 대해서는 행적을 가지고서 본심을 너그럽게 평해주어서는 안 된다.

제갈무후(諸葛武侯)의 〈출사표(出師表)〉에 "궁중(宮中)과 부중(府中)이 함께 일체가 됩니다."라고 한 한마디 말[71]은 범범하게 보면 심상한 말인 것 같지만 도리어 이곳이야말로 가장 정신을 붙인 곳이니, 진실로 치체(治體)의 요점을 알았다고 할 만하다. 말세 이후로 지치(至治)를 하지 못하여서 지극한 패란(敗亂)과 멸망이 이어지는 것은 모두 궁중(宮中)과 부중(府中)이 일체이지 못하기 때문이다. 환관이 권병(權柄)을 훔치거나 외척이 나라를 전단(專斷)하는 경우로 말하면 여기에서 말미암지 않는 것이 없으니, 후세에 치도(治道)에 뜻을 둔 이들은 마땅히 먼저 이 말을 눈여겨보아야 할 것이다.

다. 예컨대《주역》에서 음은 소인(小人)의 도(道)를, 양은 군자(君子)의 도(道)를 뜻한다.

71 제갈무후(諸葛武侯)의……말 : 제갈무후는 촉한(蜀漢)의 승상(丞相) 제갈량(諸葛亮)으로, 무후는 제갈량의 시호이다. 그는 북방을 수복하라고 한 선제(先帝) 유비(劉備)의 유언을 받들어, 군사를 끌고 위(魏)나라의 조조(曹操)를 토벌하러 떠났는데, 이때 2대 황제인 유선(劉禪)에게 〈출사표(出師表)〉를 지어서 바쳤는바, 전후 두 편으로,《삼국지(三國志)》의 〈제갈량전(諸葛亮傳)〉,《문선(文選)》 등에 수록되어 있다. 그중에서〈전출사표(前出師表)〉에 "궁중과 부중은 함께 일체가 되니, 선한 자를 올려주고 악한 자를 처벌할 때에 궁중과 부중을 다르게 대우해서는 안 됩니다. 간사한 짓을 하여 법을 어긴 사람과 충선(忠善)한 행동을 하는 사람이 있다면 유사에게 맡겨 상벌을 의논하게 해서 폐하의 공평하고 밝은 다스림을 드러내야 하고, 사사로운 정에 끌려 불공평하게 하여 궁중과 부중에 법을 달리 적용해서는 안 됩니다.〔宮中府中, 俱爲一體, 陟罰臧否, 不宜異同. 若有作姦犯科及爲忠善者, 宜付有司論其刑賞, 以昭陛下平明之理, 不宜偏私, 使內外異法也.〕"라고 하였다. 여기서 부중(府中)은 조정을 뜻한다.

장량(張良)이 적송자(赤松子)에게 의탁하여 종유한 것[72]은 단지 공명(功名)에 잘 대처한 것일 뿐이다. 이천(伊川)이 "한 고조(漢高祖)의 신하가 되기를 원하지 않은 것이다."라고 하였는데, 이는 장량(張良)의 본심이 아닐 듯하다. 이미 유후(留侯)에 봉해지고서 또 신하가 되기를 원하지 않았다면, 두 마음을 품은 자와 무엇이 다르겠는가? 장량의 작위(作爲)와 운용(運用)이 모두 권모(權謀)였으나 완만하고 조용하며 감추어 드러내지 않아서 사람들 중에 헤아릴 수 있는 이가 없었다. 그러므로 정자(程子)가 이러한 의심을 둔 것이지만, 한왕(韓王)에게 대처한 시종(始終)을 보면 모두 명백하게 의(義)에 부합되니, 어질다고 할 만하다. 당초에 한(漢)을 따른 것은 비록 손을 빌려 한(韓)의 원수를 갚고자 하는 마음에서 나온 것이지만, 한(韓)이 망한 뒤에 곧 한(漢)의 황실에 몸을 맡겼으니, 어찌 신하가 되기를 원하지 않았을 리가 있겠는가. 장량의 뜻은 필시 이를 벗어나지 않을 것이다.

조보(趙普)[73]가 스스로 말하기를, "《논어(論語)》 반부(半部)를 가지

72 장량(張良)이……것 : 장량은 한(漢)나라의 개국공신으로, 자는 자방(子房)이다. 대대로 한(韓)나라에서 재상을 지낸 집안 출신으로, 뛰어난 지모를 갖춰 한 고조(漢高祖)가 천하를 통일하는 데에 큰 공을 세웠는데, 천하가 평정된 뒤에 한 고조가 제(齊)나라 땅 3만 호(戶)를 봉해 주려고 하자, 이를 사양하고 유후(留侯)에 봉해지는 것에 만족하고서, "지금 이 세 치 혀로 황제의 스승이 되었고 만호(萬戶)에 봉해지고 지위는 열후(列侯)에 올랐으니, 이는 포의(布衣)가 이를 수 있는 최고의 경지인바, 나에게는 이미 충분하다. 인간사를 버리고 적송자(赤松子)를 종유하기를 원한다.〔今以三寸舌, 爲帝者師, 封萬戶, 位列侯, 此布衣之極, 於良足矣. 願棄人間事, 欲從赤松子遊.〕"라고 하였다. 적송자는 고대 전설 속의 신선이다.《史記 卷55 留侯世家》

73 조보(趙普) : 922~992. 송(宋)나라의 개국공신으로 자는 칙평(則平)이다. 후주

고서 천하를 평정하고 나머지 반부(半部)를 가지고서 태평을 이루었다."[74]라고 하였다. 늘 이를 볼 때마다, 사람으로 하여금 거의 눈을 부릅뜨게 만든다. 천고에 소인(小人)의 수가 어찌 한정이 있겠는가마는, 조보가 마땅히 창귀(倀鬼)[75]가 될 것이다. 처음에 마음을 써서 헤아려 계책을 써서 음양과 선악의 사이에서 뜻을 굽혀 영합하였다가, 마지막에는 비로소 하고자 하는 바를 이루었다. 그러니 만약 그가 한(漢)나라 말엽을 만났더라면 조조(曹操)가 행한 바를 하고도 남았을 터인데 오히려 송(宋)의 명신(名臣)의 반열에 있으니,[76] 이상한 일이로다.

춘추시대의 사명(辭命)은 경(經)을 인용하고 의(義)에 의거하여서 간쟁하고 논변하였는데, 한 번 변하여서 전국시대의 유세가 되어서는,

(後周) 때 훗날 송 태조(宋太祖)가 된 조광윤(趙匡胤)의 막료가 되어서 개국을 도왔으며, 여러 관직을 거쳐 재상에 올랐다. 태조를 도와 반란을 평정하고, 권신들의 병권(兵權)을 폐하는 데 공을 세우는 등 송나라의 초기에 통치기반을 다지는 데에 큰 역할을 하였다. 그러나 민가를 강제로 탈취하고 뇌물을 받기도 하여서 결국 태조의 총애를 잃고서 태조 만년에 좌천되었는데, 이후 태조의 아우 태종(太宗)이 황위를 얻는 음모에 가담하여 태종 즉위 후에 다시 재상에 올랐다. 그러나 그 뒤 다시 도성 밖으로 쫓겨나 죽었다. 위국공(魏國公)에 봉해졌고, 사후에 한왕(韓王)에 추봉되었으며, 시호는 충헌(忠獻)이다. 《宋史 卷255 趙普列傳》

74 논어(論語)……이루었다 : 이 말은 《십팔사략(十八史略)》 권6 〈송 태종(宋太宗)〉 및 《학림옥로(鶴林玉露)》 권7 등에 보인다.

75 창귀(倀鬼) : 앞잡이를 뜻한다. 호랑이에게 물려 죽은 사람의 영혼을 말하는데, 호랑이의 사역을 받아 호랑이를 사람에게 인도하여 사람을 해치게 한다고 한다.

76 송(宋)의……있으니 : 조보(趙普)는 송나라 명신(名臣)으로 기려졌는바, 《송명신언행록(宋名臣言行錄)》 권1 〈조보(趙普)〉 등에 그에 대한 기록이 보인다.

단지 그 말솜씨를 마구 부려서 경(經)을 등지고 의(義)에 이배(離背)되었다. 동경(東京)의 기절(氣節)[77]은 서로 간에 표방하여서 강개하여 나라를 걱정하였는데, 한 번 변하여서 강좌(江左)의 풍류(風流)[78]가 되어서는, 오로지 풍격만을 숭상하여 절의를 버렸다. 늘 전변(轉變)하는 곳에 있어서 주의 깊게 보아야 한다.

강좌(江左)[79]의 제인(諸人)들이 동경(東京)의 참벌(斬伐)[80]을 교훈으로 삼아 경계하였으므로, 청허(淸虛)[81]에 빠져서 차츰 소량(蕭梁)에 이르러서, 불교가 비로소 창궐하게 되었다.[82]

77 동경(東京)의 기절(氣節) : 동경은 후한(後漢)의 수도 낙양(洛陽)을 가리킨다. 후한의 환제(桓帝) 때 환관의 세력이 강성해지자, 진번(陳蕃)・이응(李應) 등의 기절(氣節) 있는 선비들이 공론(公論)을 모아 그 무리를 공격한 것을 말한다. 이들은 도리어 파벌을 지어 조정을 비방한다는 무고를 당하여 종신 금고에 처해졌고, 영제(靈帝) 때 다시 기용된 이응 등이 환관을 몰아내려다가 실패하여 이응 등 수백 인이 피살되거나 유배되고 수감되었다.《後漢書 卷67 黨錮列傳》

78 강좌(江左)의 풍류(風流) : 강좌는 양자강 남쪽 지역으로, 대개 남북조(南北朝) 시대의 동진(東晉)을 가리킨다. 이 시기에 왕도(王導)와 사안(謝安), 왕희지(王羲之) 등으로 대표되는 귀족적인 풍류 문화가 발달한 것으로 알려져 있다.

79 강좌(江左) : 양자강 남쪽 지역으로, 대개 남북조(南北朝) 시대의 동진(東晉)을 가리킨다.

80 동경(東京)의 참벌(斬伐) : 동경은 후한(後漢)의 수도 낙양(洛陽)을 가리키며, 동경의 참벌이란 후한 말엽에 있었던 당고(黨錮)의 화를 가리킨다.

81 청허(淸虛) : 노장(老莊)의 학설인 청정허무(淸淨虛無)를 말한다. 동진(東晉) 시기에 노장을 숭상하여 청담(淸淡)이 유행하여 공담(空談)과 현리(玄理)를 추구하였는데, 이 청담 사상은 위(魏)・진(晉) 시대를 지나 제(齊)・양(梁)에 이르도록 번성하였다.

82 차츰……되었다 : 소량(蕭梁)은 남조(南朝)의 양(梁)나라로, 양나라 황실의 성

당(唐)의 제도에서는 사관(史官)이 황제가 있는 대내(大內)에 들어가지 못하였다. 당 태종(唐太宗)이 나라를 얻은 본령이 이미 올바르지 못하였고,[83] 규문의 행실에 또 오랑캐의 도(道)가 섞였으니, 그 제도가 자연히 이와 같이 되었던 것이다. 명(明)의 고황제(高皇帝 태조 주원장)는 야사(野史)를 금하지 않았으니, 이는 바로 나라를 얻은 본령이 정대(正大)하여서 본래 기휘할 만한 것이 없었기 때문이었다. 그러므로 명(明)나라가 끝날 때까지 야사(野史)가 가장 많았으나 금해지지 않았다.

진(秦)·한(漢) 이래로 예제(禮制)를 하나하나 살펴보면 각각 인습함과 변혁함이 있었고 각각 득과 실이 있었으나, 당(唐)에 이르러서 마침내 크게 변하였다. 그 후 송(宋)이 이를 인습하고 명(明)이 이를 인습하였고, 아조(我朝)의 조정과 선비들의 의례(儀禮)에 이르러서도 모두 송(宋)과 명(明)의 제도를 따라서 본떴으니, 고례(古禮)의 본래

(姓)이 소(蕭)씨였으므로 이렇게 일컬은 것이다. 양나라를 세운 양 무제(梁武帝) 소연(蕭衍)은 불교를 숭상하여 동태사(同泰寺)를 짓고 여러 번 사신(捨身)을 하였으며, 스스로 육식과 술을 마시지 않았을 뿐 아니라 단주육문(斷酒肉文)을 내려 술과 육식을 금하였고, 종묘에 희생을 바치는 것이 중국의 전통적인 관행이었음에도 이를 폐지하고 모든 제사에 희생(犧牲)을 없애고 밀가루로 빚어 그것을 대신하게 하였다. 《梁書 卷3 武帝本紀下》

83 당 태종(唐太宗)이……못하였고 : 당(唐)나라 고조(高祖)가 큰 아들 이건성(李建成)을 태자로 세우자, 무덕(武德) 9년(626)에 차자(次子)인 이세민(李世民)이 군대를 동원하여 현무문(玄武門)으로 들어가 이건성과 제왕(齊王)인 아우 이원길(李元吉)을 죽이고 태자의 지위에 올랐고 후에 태종(太宗)이 되었다. 《資治通鑑 唐紀7 高祖 武德9年》

면모는 당(唐)에 이르러 다하여 없어진 것이다.

명조(明朝)의 인물들은 원기(元氣)는 당(唐)의 인물들에 미치지 못하고, 문명(文明)은 송(宋)의 인물들에 미치지 못한다. 그러나 태평한 때에 대부분 품행이 몹시 깨끗하고 올곧았으며, 난(亂)을 당해서는 곧 절의를 지키다가 순사(殉死)한 이가 많았으니, 이는 또 당(唐)이나 송(宋)이 미칠 수 없는 바이다. 누차 참벌(斬伐)을 겪었음에도 쇠해지지 않았으니, 배양(培養)하고 작성(作成)하는 교화가 없었다면 어찌 이와 같을 수 있었겠는가. 이 어찌 나라를 세운 올바름이 민심을 깊이 감동하게 하였으므로 알지 못하는 중에 절로 충렬(忠烈)의 기운을 홍기하게 함이 있어서 그러했던 것이 아니겠는가. 동림(東林)의 제인(諸人)[84]에 이르러서는 기미(氣味)가 동경(東京)의 당고(黨錮)의 인물들[85]과 방불하였으니, 만력(萬曆)[86] 연간 이후로 군주의 강기(綱紀)가

84 동림(東林)의 제인(諸人) : 명(明)나라 말기의 동림학파(東林學派), 혹은 동림당(東林黨)을 가리킨다. 명(明)나라 말기 만력(萬曆) 연간에 고헌성(顧憲成)이 고반룡(高攀龍) 등과 함께 강소성(江蘇省) 무석(無錫)에서 북송(北宋)의 유학자 양시(楊時)의 동림서원(東林書院)을 재건하고 강학(講學)을 열었다. 이들은 천계제(天啓帝) 초에 주도권을 잡았으나 반동림당(反東林黨)이 환관 위충현(魏忠賢)과 결탁하여 대대적인 탄압을 가하자 대다수가 체포되어 옥사했고, 동림서원도 폐쇄되었다. 1628년(숭정제1) 위충현이 단죄된 후 다시 세력을 잡았고, 명나라 말의 결사(結社)인 복사(複社) 활동으로 계승되었다.

85 동경(東京)의 당고(黨錮)의 인물들 : 후한(後漢) 때에 있었던 당고(黨錮)의 화(禍)에 연루되어 해를 입었던 사람들을 가리킨다. 동경은 후한의 수도 낙양(洛陽)을 가리킨다. 후한의 환제(桓帝) 때 환관의 세력이 강성해지자, 진번(陳蕃)・이응(李膺) 등의 기절(氣節) 있는 선비들이 공론(公論)을 모아 그 무리를 공격하였는데, 이들은 도리어 파벌을 지어 조정을 비방한다는 무고를 당하여 종신 금고에 처해졌고, 영제(靈

무너져 국세(國勢)가 위태로워서 마치 조석 간에도 보전할 수 없을 듯하였으나 그럼에도 거의 10여년을 유지할 수 있었던 것은, 일종의 청의(淸議)의 힘이 나라와 끝을 함께 하였기 때문이라고 하지 않을 수만은 없을 것이다. 후대의 담론하는 이들이 번번이 명(明)의 국통이 실추된 것은 동림(東林)에서 말미암은 것이라고 하니, 어쩌면 그리도 잘못되었단 말인가. 옛말에 이르기를, "시대가 태평하면 공론(公論)이 위에 있고, 세상이 혼란하면 청의(淸議)가 아래에 있다."라고 하였으니, 청의(淸議)가 진멸됨에 나라가 따라서 망하는 것은 이치상 필연적인 것이다.

예전에 청인(淸人)이 엮은 《승국충의록(勝國忠義錄)》[87]을 보았는데, 의종 황제(毅宗皇帝)가 사직(社稷)을 따라 순사(殉死)하였을 때[88]에

帝) 때 다시 기용된 이응 등이 환관을 몰아내려다가 실패하여 이응 등 수백 인이 피살되거나 유배되고 수감되었다. 《後漢書 卷67 黨錮列傳》

86 만력(萬曆) : 명(明)나라 신종(神宗)의 연호로 1573년부터 1619년까지의 기간이 이에 해당한다.

87 승국충의록(勝國忠義錄) : 《흠정승조순절제신록(欽定勝朝殉節諸臣錄)》을 가리킨다. 명(明)나라의 만력(萬曆) 이후 그 멸망에 이르기까지 왕사(王事)에 순절한 여러 충신(忠臣)의 실록으로 청(淸)나라 건륭(乾隆) 41년인 1776년에 서혁덕(舒赫德) 등이 칙명에 의하여 엮은 책이다. 매산(梅山) 홍직필(洪直弼)이 이 책에 대해 〈제황명순절록후(題皇明殉節錄後)〉라는 글을 남겼는바, 이 글은 《매산집(梅山集)》 권29에 보인다.

88 의종 황제(毅宗皇帝)가……때 : 명(明)나라의 마지막 황제인 의종(毅宗), 즉 숭정제(崇禎帝)가 매산(煤山), 즉 황궁 뒤에 있는 산인 지금의 북경 경산(景山)에서 숭정(崇禎) 17년인 1644년에 목을 매어 자결한 변고를 가리킨다.

범경문(范景文)[89] 등 하종(下從)한 이들이 27인이었고, 영력(永曆)[90] 연간 전후로 직위에 있으면서 절의를 위해 목숨을 버린 이들이 3537인이었고, 사민(士民)으로서 절의를 바친 이들이 1728인이었다. 절의를 위해 죽은 이들이 이처럼 많은 것은 거의 지난 역사에서 있지 않았던 바이다.

근래에 《명유학안(明儒學案)》[91]을 보니 거의 수백여 인이 실려 있었는데, 설문청(薛文淸)[92]·호경재(胡敬齋)[93]·나정암(羅整菴)[94]과 같은

89 범경문(范景文) : 1587~1644. 자는 몽장(夢章), 호는 사인(思仁)이다. 숭정(崇禎) 17년(1644)에 이자성(李自成)이 선부(宣府)를 함락하자 신하들이 의종(毅宗)에게 남행(南幸)을 청하였으나, 범경문은 버틸 것을 권하였지만, 얼마 후 북경이 함락되어 황제는 목을 매 자살하였다. 그 후에 범경문 역시 우물에 빠져서 순절하였다.

90 영력(永曆) : 명(明)나라 의종(毅宗)의 죽음으로 명(明)나라가 청(淸)나라에 망한 후에 잔여 세력들이 남경으로 도읍을 옮기면서 사용한 영명왕(永明王)의 연호로서, 1647년부터 1662년까지의 기간이 이에 해당한다.

91 명유학안(明儒學案) : 명말청초의 학자 황종희(黃宗羲)가 지은 62권의 책으로 명대(明代)의 학자를 총괄하여 그 학파와 계통을 밝혔으며, 그들의 문집(文集), 어록(語錄)의 요점을 채록(採錄)하였다.

92 설문청(薛文淸) : 명(明)나라 학자 설선(薛瑄, 1389~1464)으로 자는 덕온(德溫), 호는 경헌(敬軒), 시호는 문청이다. 성조(成祖) 영락(永樂) 19년(1420) 향시에 장원으로 급제하고 벼슬이 예부 우시랑(禮部右侍郎) 겸 한림원 학사(翰林院學士)에 이르렀다. 평생 독실하게 주자의 학문을 연구하여 명대 성리학의 종장(宗匠)으로 일컬어진다. 저서에 《독서록(讀書錄)》, 《설문청집(薛文淸集)》 등이 있다.

93 호경재(胡敬齋) : 명(明)나라 학자 호거인(胡居仁, 1434~1484)으로, 자는 숙심(叔心), 호는 경재이다. 오여필(吳與弼)의 문하에 들어가 관료로서의 꿈을 접고 정주학(程朱學)의 정통을 이어받았다. 백록서원(白鹿書院)과 동원서원(洞源書院)의 초청을 받아 강의했고, 또 회왕(淮王)의 초청으로 《주역》을 강의하여 큰 대우를 받았다.

몇 분 외에는 매우 뛰어나 일컬을만한 사람이 없었고, 또 문호가 분열되어 흠은 많고 순일함은 적어서 태반이 선(禪)에 물들었다. 비록 사도(斯道)를 맡고서 이단의 설을 물리치는 것을 자부하였던 사람도 있으나, 돌아보건대 주(朱)·육(陸)의 나뉨[95]에 있어서 전혀 견식이 없었고 또 도리어 머뭇거리면서 의심하기를 면치 못하였으니, 이는 다른 까닭이 있어서가 아니다. 그 역량과 규모가 송(宋)의 유자(儒者)들에게 미치지 못할 뿐만 아니라 도리어 원(元)의 유자들만도 못하거늘, 갑자기 이들을 능가하고자 하여 비록 정주(程朱)의 가르침이라 할지라도 애초에 머리를 숙여서 몸소 궁구하지 않고는 마음을 스승으로 삼아 멋대로 행하여 유학의 정통을 곧바로 찾아가지 못하였다. 그리고는 높은 경지를 좋아해 빨리 이루고자 하여 곧 간약(簡約)함으로 치달려서, 대부분이 이에 연좌되어 서로 빠져들면서도 스스로 알지 못하여 마침내 성인(聖人)의 길을 황폐하게 한 것이다. 신주(神州)가 가라앉

그의 학문은 '주충신(主忠信)'과 '구방심(求放心)'을 요체로 삼고 경(敬)을 특히 중시하여 함양(涵養)과 실천에 힘썼다. 저서에 《거업록(居業錄)》, 《경재집》, 《역상초(易象鈔)》, 《호문경공집(胡文敬公集)》 등이 있다.

94 나정암(羅整菴) : 명(明)나라 학자 나흠순(羅欽順, 1465~1547)으로 자는 윤승(允升), 호는 정암, 시호는 문장(文莊)이다. 효종(孝宗) 홍치(弘治) 6년(1493)에 진사시에 급제하여 출사하고 세종 때 이부 상서에 발탁되었으나 이를 사양하고 향리에 은거한 채 성리학 연구에 전념하였다. 주자학의 입장에서 왕양명(王陽明)의 주장을 비판하였으나, 스스로는 기(氣)를 떠난 이(理)는 있을 수 없다고 하여 이기일체론(理氣一體論)을 제창하여 주자의 성리학을 약간 수정하였다. 저서에 《곤지기(困知記)》, 《속기(續記)》, 《정암존고(整菴存稿)》 등이 있다.

95 주(朱)·육(陸)의 나뉨 : 송(宋)나라 학자 주희(朱熹)의 성리학(性理學)과 육구연(陸九淵)의 양명학(陽明學)을 가리킨다.

아[96] 관(冠)과 신발의 위치가 뒤바뀌게 된 것[97]이 당연하니, 이루 탄식할 수 있겠는가.

명(明)나라의 유자(儒者) 중에 호경재(胡敬齋)[98]는 학문이 경(敬)을 위주로 하여 문로(門路)가 올바르고 분명하였고 실천함이 참되고 독실하여, 당시 유자들의 신기(新奇)를 추구하는 습속에서 벗어났다. 그가 저술한 《거업록(居業錄)》에서 학문을 논한 것이 대부분 모두 절

96 신주(神州)가 가라앉아 : 청(淸)나라에 의해 명(明)나라가 멸망하여 오랑캐가 중국을 차지한 것을 말한다. 신주(神州)는 중국의 미칭(美稱)으로 '적현신주(赤縣神州)'의 줄인 말이다. 《사기(史記)》 권74 〈맹자순경열전(孟子荀卿列傳)〉에 "중국을 적현신주라 하는데 적현신주의 안에 구주(九州)가 있으니, 하우(夏禹)가 만든 구주가 바로 그것이다."라고 보인다. 또 원문의 '육침(陸沈)'은 육지가 물에 잠긴다는 뜻으로, 중국이 외적(外賊)에게 침입을 당하여 망함을 비유하는바, 남조(南朝)의 송(宋)나라 사람인 유의경(劉義慶)의 《세설신어(世說新語)》에 "환공이 개탄하였다. '끝내 신주(神州)로 하여금 육침을 당하여 백 년 동안 폐허가 되게 하였으니, 왕이보(王夷甫) 등 여러 사람들은 책임을 면할 수 없다.'〔桓公慨然曰: 遂使神州陸沈, 百年丘墟, 王夷甫諸人, 不得不任其責.〕"라고 보인다. 《世說新語 卷下之下 輕詆》

97 관(冠)과……것 : 관과 신발은 흔히 상하(上下)나 존비(尊卑)를 비유하는 말로 쓰이는바, 오랑캐인 청(淸)나라가 명(明)나라를 멸망시켰으므로 관(冠)과 신발의 자리가 뒤바뀌었다고 말한 것이다.

98 호경재(胡敬齋) : 명(明)나라 학자 호거인(胡居仁, 1434~1484)으로, 자는 숙심(叔心), 호는 경재이다. 오여필(吳與弼)의 문하에 들어가 관료로서의 꿈을 접고 정주학(程朱學)의 정통을 이어받았다. 백록서원(白鹿書院)과 동원서원(洞源書院)의 초청을 받아 강의했고, 또 회왕(淮王)의 초청으로 《주역》을 강의하여 큰 대우를 받았다. 그의 학문은 '주충신(主忠信)'과 '구방심(求放心)'을 요체로 삼고 경(敬)을 특히 중시하여 함양(涵養)과 실천에 힘썼다. 저서에 《거업록(居業錄)》, 《경재집》, 《역상초(易象鈔)》, 《호문경공집(胡文敬公集)》 등이 있다.

근(切近)하였으니, 명나라의 유자 중 순수한 자라고 할 수 있다. 그러나 그 규모가 크지 못하였고, 역량 또한 중임(重任)을 맡을 수가 없었으니, 녹문(鹿門)이 성대하게 덧보태어 칭술하여서 공맹(孔孟)의 정통을 곧장 계승하였다고 한 것[99]은 공정함을 크게 잃은 것이다. 설문청(薛文淸)[100]과 나란히 논하여 말하는 것이 다만 가할 것인데, 이(理)를 안 것은 또 설문청에게 조금 뒤질 듯하다. 다만 설문청이 허형(許衡)[101]

99 녹문(鹿門)이……것 : 녹문은 임성주(任聖周, 1711~1788)로, 자는 중사(仲思), 호는 녹문, 본관은 풍천이다. 이재(李縡)의 문인으로 초년에는 스승의 학설을 신봉하여 인물성동론(人物性同論)을 주장하였으나, 중년에 이르러 기존의 학설을 비판하고 호락(湖洛)의 양론을 기일원론적(氣一元論的) 입장에서 종합하여 자신의 학설을 수립하였다. 그는 명(明)나라 학자 호거인(胡居仁)에 대해서, 문호(門戶)의 순정함과 성덕(成德)의 깊음을 높이 평가하여서 "마땅히 주자(朱子) 이후의 일인자가 됨에 의심할 여지가 없으니, 공맹(孔孟)의 올바른 정통이 분명히 여기에 있다.〔其當爲朱子後一人無疑, 孔孟正脉端的在此.〕"라고 하였는데, 이 내용이 《녹문집(鹿門集)》 권21 〈독호경재거업록(讀胡敬齋居業錄)〉에 보인다.

100 설문청(薛文淸) : 명(明)나라 학자 설선(薛瑄, 1389~1464)으로 자는 덕온(德溫), 호는 경헌(敬軒), 시호는 문청이다. 성조(成祖) 영락(永樂) 19년(1420) 향시에 장원으로 급제하고 벼슬이 예부 우시랑(禮部右侍郞) 겸 한림원 학사(翰林院學士)에 이르렀다. 평생 독실하게 주자의 학문을 연구하여 명대 성리학의 종장(宗匠)으로 일컬어진다. 저서에 《독서록(讀書錄)》, 《설문청집(薛文淸集)》 등이 있다.

101 허형(許衡) : 1209~1281. 원(元)나라 초기의 문신이자 학자로 자는 중평(仲平), 호는 노재(魯齋), 시호는 문정(文正)이다. 정주학(程朱學)을 깊이 연구하여 세조(世祖) 때에 국자 좨주(國子祭酒) 등의 벼슬을 역임하였으며, 신력(新曆)의 제정에도 참여하였다. 병으로 벼슬을 물러난 뒤 주자학자로서 도학을 실천하는 것을 임무로 삼고, 원나라 초의 학계에 주자학의 기초를 닦았으며 주자와 상산(象山) 육구연(陸九淵)의 학문을 조화시키려 노력하였다. 그러나 남송(南宋)의 진사(進士)로서 원(元)나라에서 벼슬하였기 때문에 그의 출처를 두고서 논란이 많았다.

의 거취를 일컬어서 "종용하여서 사지구속(仕止久速)의 기상을 갖추었다."라고 한 것[102]은 견해가 크게 밝지 못한 것이니, 자신의 출처가 후세의 비판을 면할 수 없었던 것[103]이 당연하다 하겠다.

원(元)나라 유자(儒者)들은 대부분 구태의연하고 지리(支離)한 병통이 있었으나, 낙민(洛閩)[104]과의 거리가 멀지 않았으므로 그래도 옛 법도를 삼가 지키려는 뜻이 있었으니, 도리어 명(明)나라 유자들이 방자하고 교만하였던 것보다는 나은 점이 있다.

주자(朱子)는 단지 경전(經傳)에 있어서만 큰 공이 있었던 것이 아니

102 종용하여서……것 : 이 말은 설선(薛瑄)의 《독서록(讀書錄)》 권1에 보이는데, 여기에 "허노재(許魯齋)가 스스로 공자를 배웠다고 하였는데, 그 거취를 살펴보면 종용하여 얽매인 바가 없었으니, 진실로 사지구속(仕止久速)의 기상을 지니고 있었다.〔許魯齋自謂學孔子, 觀其去就, 從容而無所係累, 眞仕止久速之氣象也.〕"라고 하였다. '사지구속(仕止久速)'이란 《맹자(孟子)》 〈공손추 상(公孫丑上)〉에서 공자(孔子)의 처신에 대해서 "벼슬할 만하면 벼슬하고 그만둘 만하면 그만두며 오래 머무를 만하면 오래 머물고 빨리 떠날 만하면 빨리 떠났다.〔可以仕則仕, 可以止則止, 可以久則久, 可以速則速.〕"라고 한 구절을 줄여 말한 것으로, 상황에 맞게 대처함을 이른다.

103 자신의……것 : 설선(薛瑄)이 영락제(永樂帝) 때에 출사한 것이 올바르지 않았다는 비판을 받은 것을 말한다. 영락제는 명(明)나라의 3대 황제인 주체(朱棣, 1360~1424)로 명나라 건국 이후 연왕(燕王)에 봉해져 연경(燕京) 지역에 웅거하다가, 조카인 주윤문(朱允炆)이 건문제(建文帝)로 즉위하자 반란을 일으켜 황제의 자리를 찬탈하고 방효유(方孝孺, 1357~1402)의 10족을 멸족시키는 등 많은 신하를 도륙하는 공포정치를 펴서 유자(儒子)들의 혹평을 받았다.

104 낙민(洛閩) : 정호(程顥)와 정이(程頤)가 살았던 낙양(洛陽)과 주희(朱熹)가 살았던 민중(閩中)을 합칭한 말로, 곧 정주학(程朱學)을 의미한다.

다. 《소학(小學)》과 《근사록(近思錄)》 두 책을 편찬한 것은 실로 옛 성인(聖人)을 위하여 끊어진 학문을 잇고, 만세를 위하여 태평한 시대를 열어준 것이었다. 명(明)나라 유자(儒者)들 중에 자신들의 작은 지혜를 믿고서 장구(章句)과 훈고(訓詁)의 득실을 지적하여 주자를 비방하고자 하는 이들은 자신의 분수를 모른다는 사실만 드러낼 뿐이다.[105]

《심경(心經)》[106] 한 질은 심학(心學)에 있어서 긴요하고 절실하여 자뢰하기 좋다고 할 만하여 배우는 자가 힘에 따라 읽어보기는 하지만, 그러나 이 책을 상세히 살펴보면 전혀 체제가 없어서, 체단(體段)을 종류대로 모은 것에 지나지 않는다. 진서산(眞西山)이 벼슬에 올라 조정에 있을 때에 자기 뜻대로 모아서 기록하여 스스로 성찰할 자료로 갖추었던 것일 뿐이다. 또 내용이 존덕성(尊德性)에 치우쳐있으니, 이것이 흠이 될 만하다.[107] 그 후에 정황돈(程篁墩)이 이를 주해(註解)

105 자신의……뿐이다 : 이는 본래 공자를 헐뜯는 숙손무숙(叔孫武叔)에게 자공(子貢)이 한 말로, 《논어(論語)》 〈자장(子張)〉에, "사람들이 비록 그분과 관계를 끊으려 해도 해와 달에 무슨 해를 미치겠는가. 자기의 분수를 모른다는 사실만 드러낼 뿐이다.〔人雖欲自絶, 其何傷於日月乎? 多見其不知量也.〕"라고 하였다.

106 심경(心經) : 남송(南宋)의 학자 진덕수(陳德秀, 1178~1235)가 편찬한 책으로, 유교의 경전과 송나라 도학자들의 저술에서 심성 수양에 관한 격언을 모아 편집한 것이다

107 또……만하다 : 존덕성(尊德性)이란 나에게 내재해 있는 천부(天賦)의 덕성(德性)을 지켜가는 것으로, 학문을 통해서 이치를 궁구하는 것인 '도문학(道問學)'과 대비된다. 《중용장구(中庸章句)》 제27장에 "군자는 덕성을 높이고 문학을 말미암으니, 광대함을 지극히 하고 정미함을 다하며 고명함을 다하고 중용을 따른다.〔君子尊德性而道問學, 致廣大而盡精微, 極高明而道中庸.〕"라고 한 데서 온 말이다. 주희(朱熹)는 '도문

하였으나[108] 여전히 이 책이 크게 세상에 드러나지는 못하였는데, 퇴도(退陶)에 이르러서 비로소 힘을 다하여 이를 드러내어서 이 책이 사서(四書)나 《근사록(近思錄)》에 뒤지지 않는다고 하여[109] 마침내 세상에 크게 유행하게 되었다. 그러나 《근사록》은 바로 대현(大賢)이 지은 것이니 요컨대 후대의 유자(儒者)가 미칠 수 있는 것이 아니다. 그 규모와 절목이 광대하고 상밀(詳密)하여, 도학(道學)의 지남(指南)이라 할 만하니, 응당 사서(四書)와 더불어 일맥상통하는바, 진실로 천지간의 몇 안 되는 글이다. 만약 《심경》을 가지고서 이와 나란히 견준다면 몹시 잘못된 것이다.

자고로 성현(聖賢)께서 말씀을 남긴 것은 모두 부득이하여 그러한 것

학'을 중시하였던 것에 비해 육상산(陸象山)은 '존덕성'을 중시하여 대립하였다.

108 정황돈(程篁墩)이 이를 주해(註解)하였으나 : 정황돈은 명나라 중기의 문신이자 학자인 정민정(程敏政, 1445~1499)으로, 자는 극근(克勤), 호는 황돈이다. 헌종(憲宗) 성화(成化) 2년(1466)에 진사시에 급제하고 벼슬이 예부 우시랑(禮部右侍郎) 겸 시독학사(侍讀學士)에 이르렀다. 본래 육구연(陸九淵)의 학파로 알려졌으나 주자 또한 존경하였으며, 《심경(心經)》에 해설을 첨가하여 《심경부주(心經附註)》를 지었다.

109 퇴도(退陶)에……하여 : 퇴도는 이황(李滉, 1501~1570)의 호이다. 이황이 《심경(心經)》에 대해 "평소 이 책을 높이고 믿는 것이 사자서(四子書)나 《근사록(近思錄)》에 뒤지지 않았다.〔平生尊信此書, 亦不在四子近思錄之下矣.〕"라고 한 말이 《퇴계집(退溪集)》 권41 〈심경후론(心經後論)〉에 보인다. 사자서(四子書)란 공자, 증자(曾子), 자사(子思), 맹자의 저서로 알려진 《논어》, 《대학》, 《중용》, 《맹자》를 가리키며, 《근사록》은 남송(南宋)의 학자 주희(朱熹)와 여조겸(呂祖謙)이 공동 편찬한 책으로, 송대의 유학자(儒學者) 주돈이(周敦頤)·정호(程顥)·정이(程頤)·장재(張載) 4명의 어록에서 일상생활의 수양에 필요한 내용들을 622조를 뽑아 14문(門)으로 나누어 편찬한 것이다.

이었다. 세상의 수준이 갈수록 낮아짐에 말이 갈수록 많아져서, 정주(程朱)의 여러 선생에 이르러서는 그 말이 간편(簡編)에 차고 넘쳤으니, 이것이 어찌 지난 현철들보다 많기를 구하였던 것이겠는가. 이 역시 부득이해서 그러했던 것이었다. 후대의 학자들이 한결같이 말의 빈 껍질에 떨어져서 대부분 구이(口耳)[110]를 좇았으므로, 주자(朱子)께서 만년에 근본을 돈독히 하고 실질을 힘써야 한다는 뜻을 후학들에게 훈계하여 고해주기를 부지런하고 간절하게 하고 매우 간곡하게 하여서 한쪽으로 지나치게 치우친 것을 구제한 것이니, 학자들은 이 뜻을 깊이 체득하여서 선후로 삼을 바를 알지 않아서는 안 된다.

기질을 변화시키는 것이 가장 어렵다. 그러므로 고인(古人)이 이르기를, "성질이 편벽되어 극복하기 어려운 곳부터 이겨나가야 한다."라고 한 것이다.[111] 가만히 살펴보건대 후대의 학자들이 기질의 편벽됨을 이겨내지 못할 뿐 아니라 혹 도리어 이를 조장하는 이도 있어서 종신토록 미혹되어 깨달을 줄을 모르니, 이를 거울로 삼을 만하다.

110 구이(口耳) : 귀로 듣고 그대로 입으로 전하기만 한다는 말로, 뜻을 생각하지 않아서 자신에게 전혀 도움이 되지 않는 학문을 가리킨다. 《순자(荀子)》〈권학(勸學)〉에 "소인이 공부하는 것을 보면, 귀로 듣고는 곧바로 입으로 내놓는다. 입과 귀의 사이는 네 치일 따름이니, 일곱 자인 몸을 어떻게 아름답게 할 수가 있겠는가.〔小人之學也, 入乎耳, 出乎口. 口耳之間則四寸耳, 曷足以美七尺之軀哉?〕"라고 한 데서 온 말이다.

111 고인(古人)이……것이다 : 이는 북송(北宋)의 유학자인 사양좌(謝良佐, 1050~1103)의 말로, 사양좌는 자는 현도(顯道), 시호는 문숙(文肅)이다. 이정(二程)의 고제(高弟)로 유초(游酢), 여대림(呂大臨), 양시(楊時)와 함께 '정문사선생(程門四先生)'으로 일컬어졌다. 인용된 말은 《논어집주》〈안연(顏淵)〉편의 주(注)에 보인다.

"배움은 미치지 못할 듯이 하여야 한다."라는 것은 빨리하고자 함을 경계한 것이고, "그러면서도 놓칠까 두려워하여야 한다."라는 것은 편벽되이 고수함을 경계한 것이다.[112]

심학(心學)에는 다른 방법이 있는 것이 아니라, 단지 기미〔幾〕와 깨달음〔覺〕에 달려 있을 뿐이니, 기미에서 체인하여 살피고 깨달음에서 미루어 밝혀야 한다.

배우는 자는 모름지기 고생스러움을 인내하여 조금씩 공력을 쌓아가야 하니, 오래되어 점차 마음이 이치와 함께 익숙해지고, 익힌 것이 일과 함께 편안해짐을 깨닫게 되면, 이에 비로소 득력하는 곳이 있게 된다. 그러나 또 마음으로 하여금 때로 스스로 격앙하도록 하여야 한다.

사람들이 "책을 읽으면 번번이 생각이 마구 일어남을 깨닫게 되니, 오히려 무슨 이익이 있겠는가?"라고 하니, 이는 책을 덮었을 때 이 마음이 혼매하여 산실되는데도 스스로 알지 못하다가, 책을 펼쳤을 때에 그래도 조금이나마 수렴됨이 있으므로 이와 같음을 깨달을 수 있다는 것을 전혀 모르는 것이다. 모름지기 이 깨닫는 곳이 바로 마음을 잡아 보존하는[113] 하나의 기회임을 알아서 이를 인하여 항상 더욱

112 배움은……것이다 : 이는 《논어》 〈태백(泰伯)〉의 "배움은 미치지 못할 듯이 하면서도 놓칠까 두려워하여야 한다.〔學如不及, 猶恐失之.〕"라는 공자의 말을 해석한 것이다.

113 마음을 잡아 보존하는 : 원문의 '조존(操存)'은 《맹자(孟子)》 〈고자 상(告子上)〉의 맹자가 인용한 "잡으면 보존되고 놓으면 잃어서, 나가고 들어옴이 정한 때가 없으며

일깨워야 하니, 오래도록 익혀 익숙해지게 되면 마구 일어나던 것들이 저절로 점차 궤도를 따르는 경지에 이르게 될 것이다. 그렇고보면 생각이 마구 일어남을 걱정하는 사람은 더욱 책을 읽지 않아서는 안 된다.

초학자는 무릇 여러 경전(經傳)들을 읽을 때에 곧장 경문(經文)에 나아가서 자신의 뜻으로 자세히 살피되 어렵고 고생스러움을 견뎌서 음(音)과 구(句), 훈(訓)과 의(義)를 살펴서 확정하고, 그런 뒤에 주석을 읽어서 그 득실을 따져야 한다. 오래도록 이를 익히면 단지 사색하는 길이 쉽게 열릴 뿐 아니라, 또한 흐리멍덩하고 판에 박힌 듯한 사법(死法)을 거의 면할 수 있을 것이다.

무릇 사람이 사물을 응접할 때에 보는 것〔視〕과 듣는 것〔聽〕이 우선하니, 그 쓰임이 가장 크고 남을 교화시키는 것이 가장 민첩하다. 그러므로 구사(九思)[114]와 사물(四勿)[115]에서 보는 것과 듣는 것을 앞에 둔

그 방향을 알 수 없는 것은 오직 사람의 마음을 두고 말한 것이다.〔操則存, 舍則亡, 出入無時, 莫知其鄕, 惟心之謂與.〕"라는 공자(孔子)의 말에서 온 것이다.

114 구사(九思) : 군자가 생각해야 하는 일 아홉 가지로 '볼 때는 밝게 보기를 생각하고〔視思明〕, 들을 때는 밝게 듣기를 생각하고〔聽思聰〕, 얼굴빛은 온화하기를 생각하고〔色思溫〕, 용모는 공손하기를 생각하고〔貌思恭〕, 말할 때는 충성되기를 생각하고〔言思忠〕, 일할 때는 조심하기를 생각하고〔事思敬〕, 의심날 때는 묻기를 생각하고〔疑思問〕, 분노할 때는 어려움을 생각하고〔忿思難〕, 얻을 것을 보고서는 마땅히 가질 것인가를 생각하라〔見得思義〕'는 것을 이른다. 《論語 季氏》

115 사물(四勿) : 공자가 말씀하신 극기복례의 조목으로 '예가 아니면 보지 말며〔非禮勿視〕, 예가 아니면 듣지 말며〔非禮勿聽〕, 예가 아니면 말하지 말며〔非禮勿言〕, 예가

것이다. 그러나 홍범(洪範)의 오사(五事)를 보면 보는 것은 목(木)에 속하고 듣는 것은 금(金)에 속하니, 보는 것은 밖으로 흩어져서 그 쓰임에 한계가 있고, 듣는 것은 안으로 거두어져 그 쓰임이 무궁하다.[116] 따라서 귀는 눈의 쓰임을 겸할 수 있되, 눈은 귀의 쓰임을 겸할 수 없다.

무릇 치도(治道)는 마땅히 사람을 등용하고 재정을 다스리는 것을 급선무로 삼아야 하니, 이것이 바로 《대학(大學)》에서 말한 '평천하(平天下)'의 규모이다.[117] 우리 조정에는 끝내 이러한 규모가 없어서, 이

아니면 동하지 말라.〔非禮勿動〕'라는 네 가지를 이른다.《論語 顏淵》

116 홍범(洪範)의……무궁하다 : 홍범의 오사(五事)란 모(貌)·언(言)·시(視)·청(聽)·사(思)로,《서경(書經)》〈홍범(洪範)〉에 "오사는 첫째는 모습이고, 둘째는 말이고, 셋째는 보는 것이고, 넷째는 듣는 것이고, 다섯째는 생각하는 것이다. 모습은 공손하고, 말은 순종하고, 보는 것은 밝고, 듣는 것은 귀 밝고, 생각하는 것은 지혜로워야 한다.〔一曰貌, 二曰言, 三曰視, 四曰聽, 五曰思. 貌曰恭, 言曰從, 視曰明, 聽曰聰, 思曰睿.〕"라고 한 데서 온 말이다. 이 부분에 대해 집전(集傳)에서는 "모(貌)·언(言)·시(視)·청(聽)·사(思)는 오사(五事)의 순서이다. 모습은 윤택하니 수(水)이고, 말은 드러나니 화(火)이고, 보는 것은 흩어지니 목(木)이고, 듣는 것은 거두니 금(金)이고, 생각함은 통하니 토(土)이다. 이는 또한 인사(人事)가 발현(發現)하는 선후의 순서이니, 사람이 처음 태어나면 형색(形色)이 갖추어지고, 이미 태어나면 음성(音聲)이 발하니, 이미 다스려 조리(條理)가 있은 뒤에 보고, 그런 뒤에 듣고, 그런 뒤에 생각할 수 있는 것이다.〔貌言視聽思者, 五事之敍也. 貌澤, 水也; 言揚, 火也; 視散, 木也; 聽收, 金也; 思通, 土也. 亦人事發見先後之敍, 人始生則形色具矣, 旣生則聲音發矣, 旣乂而後能視, 而後能聽, 而後能思也.〕"라고 하였다.

117 무릇……규모이다 :《대학(大學)》에서 말한 8가지 조목 중 가장 마지막이 '평천하(平天下)'인데,《대학장구(大學章句)》 전(傳) 10장(章)에서 '치국(治國)'과 '평천하(平天下)'를 논하면서 사람을 등용하고 재정을 다스리는 도리에 대해서 자세하게 반복

때문에 상하로 수백 년 동안 한결같이 구차하게 눈앞에 벌어진 문제를 임시방편으로만 해결하였으니,[118] 어찌하면 좋단 말인가. 재정을 다스림에 있어서는 균전(均田)과 호포(戶布)를, 사람을 등용함에 있어서는 과거(科擧)의 제도를 개혁해야 하는데, 만일 갑작스러워서 개혁하기가 어려우면, 먼저 대략 향공(鄕貢)[119]의 법을 모방하여서 과거(科擧)와 섞어서 시행하되, 향공을 중히 여기고 과거를 가벼이 여겨서 교육하고 감화하여 사람들의 이목을 새롭게 하여서 그 취사(取捨)를 바로잡아야 한다. 그렇게 한다면 비록 처음부터 철저하게 이해하여 한 시대의 제도를 정하지는 못한다 할지라도, 오직 이렇게 해야 그나마 거의 제대로 될 수 있을 터인데, 한갓 법만으로는 행해질 수 없으니,[120] 어떤 사람이 이 책임을 맡을지 알지 못하겠다.

하여 설명하였다. 예컨대 "재물을 생산함에 큰 방법이 있으니, 생산하는 자가 많고 먹는 자가 적으며 생산하기를 빨리 하고 쓰기를 느리게 하면 재물이 항상 풍족할 것이다."라고 한 것은 재정을 다스림을 말한 것이고, "현자를 보고도 등용하지 못하며 등용하되 먼저 하지 못함이 태만함이요, 불선한 자를 보고도 물리치지 못하며 물리치되 멀리하지 못함이 잘못이다."라고 한 것은 인재를 등용함을 말한 것이다.

118 임시방편으로만 해결하였으니 : 원문의 '견보가루(牽補架漏)'는 담쟁이덩굴을 끌어다 새는 집을 기운다는 말로, 여기에서는 근본적인 대책은 세우지 않고 임시방편으로 미봉하는 것을 뜻한다. 두보(杜甫)의 시 〈가인(佳人)〉에 "계집종이 구슬을 팔아 돌아와서, 담쟁이덩굴을 끌어다 새는 띳집을 기웠네.〔侍婢賣珠廻, 牽蘿補茅屋.〕"라고 한 데서 온 말이다.

119 향공(鄕貢) : 지방에서 지방관이 사람을 뽑아 천거하는 것을 말한다.

120 한갓……없으니 : 《맹자》 〈이루 상(離婁上)〉에 "한갓 선심(善心)만으로는 정사를 할 수 없으며, 한갓 법만으로는 스스로 행해질 수 없다.〔徒善不足以爲政, 徒法不能以自行.〕"라고 한 데서 온 말이다.

혹자는 호포(戶布)가 구전(口錢)[121]만 못하다고 한다. 무릇 부역(賦役)은 균등함을 귀하게 여기고 균등치 못함을 문제로 여긴다. 호포(戶布)는 호(戶)마다 크고 작은 차이가 있어서 균등치 못한 문제가 있기 쉽다. 구전(口錢)은 사람 수를 계산하여 세금을 내니, 어찌 균등치 못할 걱정이 있겠는가. 그렇다면 혹자의 말 또한 일리가 있으니, 생각하여 의논해 볼만하다.

과거(科擧)로 인재를 취하는 법은 이미 그 본령을 잃었으니 진실로 그 득실을 논할 것도 없지만, 나라에서 이 법을 더욱 귀하게 여겨서 사람을 등용하는 것에 오직 이 한 가지 길만 있기 때문에, 예로부터 현인이나 호걸로서 군민(君民)에게 뜻을 둔 이들이 또한 머리를 숙이고서 과거에 나아가는 것을 면치 못하였다. 근래에 교화가 해이해지고 세속이 각박해져서 법도가 무너짐에 폐해가 불어나, 온 세상 사람들이 과거에 달려가기를 마치 황하의 제방이 터지고 바다가 옮겨가는 것처럼 하여 눈앞에 단지 이것의 중함만 보이므로 성명(性命)이 어떠한 물건이 되고, 명분과 행실이 무슨 일이 되는지를 알지 못하니, 이 같은 무리들을 장차 어디에 쓰겠는가. 옛날에는 사람을 등용함에 인재를 배양(培養)하여 썼는데, 지금은 사람을 등용함에 인재를 해쳐서 쓰는도다. 슬프도다!

선유(先儒)가 말하기를, "정자(程子)와 주자(朱子)가 과거(科擧)에 응한 것은 응당 아직 성덕(成德)하기 이전의 시기에 속할 것이니, 성

121 구전(口錢) : 인구의 수대로 세금을 거두는 것으로, 인두세(人頭稅)에 해당한다.

덕(成德)한 뒤에는 절로 과거에 응하지 않았을 것이다."라고 하였으니, 이 말이 지당하다. 내가 본조(本朝)의 퇴계(退溪 이황(李滉))와 율곡(栗谷 이이(李珥))에게 있어서 또한 그러하다고 하겠다.

재물이란 사람들이 똑같이 원하는 것이니, 이를 전유(專有)하면 혼란스러워진다. 그러므로 예로부터 나라나 집안이 패망할 적에 그 방도는 똑같지 않았으나, 그 종결을 맞춰보면 재화를 탐내면서 만족할 줄 몰랐던 데에서 기인하지 않은 적이 없어서, 예로부터 지금까지 도도하게 같은 자취로 귀결된다. 《대학(大學)》의 평천하(平天下)장에서 재용(財用)에 있어서 지성스럽게 말한 것[122]이 그 지취가 심원하다.

《맹자(孟子)》에 "예(禮)의 실제는 이 두 가지를 알맞게 조절하는 것이고, 악(樂)의 실제는 이 두 가지를 즐거워하는 것이다."라고 하였다.[123]

122 대학(大學)의……것 : 《대학(大學)》에서 말한 8가지 조목 중 가장 마지막이 '평천하(平天下)'인데, 《대학장구(大學章句)》 전(傳) 10장(章)에서 '치국(治國)'과 '평천하(平天下)'를 논하면서 재정을 다스리는 도리에 대해서 자세하게 반복하여 설명하였다. 예컨대 "재물을 생산함에 큰 방법이 있으니, 생산하는 자가 많고 먹는 자가 적으며 생산하기를 빨리 하고 쓰기를 느리게 하면 재물이 항상 풍족할 것이다."라고 한 말 등이 그 예이다.

123 맹자(孟子)에……하였다 : 《맹자》 〈이루 상(離婁上)〉에 있는 "인(仁)의 실제는 어버이를 섬기는 것이요, 의(義)의 실제는 형에게 순종하는 것이다. 지의 실제는 이 두 가지를 알아서 버리지 않는 것이요, 예의 실제는 이 두 가지를 알맞게 조절하는 것이요, 악(樂)의 실제는 이 두 가지를 즐거워하는 것이다.〔仁之實, 事親是也; 義之實, 從兄是也. 智之實, 知斯二者, 弗去是也; 禮之實, 節文斯二者是也; 樂之實, 樂斯二者.〕"라고 하였는데, 이에 대해 집주(集註)에서 "인(仁)은 사랑을 주장하는데, 사랑은 어버이를 섬기는 것보다 간절함이 없으며, 의(義)는 공경을 주장하는데, 공경은 형에게

이는 단지 어버이를 섬기고 형을 따르는 양심의 참되고 절실한 곳을 따라서 말한 것이지만, 이를 오륜에 미루어서 본말과 정추를 들어보면 모두 예(禮)와 악(樂)을 필요로 한 뒤에 행해지니, 예(禮)는 공경함이고, 악(樂)은 즐거워함이다. 부자(父子)・군신(君臣)・부부(夫婦)・형제(兄弟)・붕우(朋友)가 모두 경(敬)을 위주로 하여 알맞게 조절하는 것은 예(禮)의 일이며, 저절로 그러한 바를 즐거워하여 억지로 힘쓰는 것이 아닌 것은 악(樂)의 일이다. 두 가지는 서로 필요로 하니, 여기에서 하나라도 빠뜨리면 곧 행해질 수 없다.

오륜(五倫)은 오상(五常)과 오행(五行)에 나누어 속해지지만, 그 이치를 궁구해 완미하면 하나라도 깊이 합치되지 않는 것이 없다. 부자지친(父子之親)은 인(仁)이며, 군신지의(君臣之義)는 의(義)이며, 부부지별(夫婦之別)은 지(智)-분별이 있으므로 지(智)에 속하는 것이다.-이며, 장유지서(長幼之序)는 예(禮)-정연하게 차서가 있으므로 예(禮)에 속하는 것이다.-이며, 붕우지신(朋友之信)은 신(信)이다. 부부가 있은 후에 부자가 있으니, 이는 인(仁)과 지(智)가 시종(始終)이 되고 수(水)와 목(木)이 상생하는 이치가 있는 것이다.[124] 붕우는 오륜의 마지막에 자리

순종하는 것보다 먼저 함이 없다. 그러므로 인의(仁義)의 도(道)가 그 쓰임이 지극히 넓으나, 그 실제는 어버이를 섬기고 형에게 순종하는 사이에 지나지 않으니, 양심(良心)의 발로가 가장 간절하고 가까우면서 정(精)하고 진실한 것이다.〔仁主於愛而愛莫切於事親, 義主於敬而敬莫先於從兄. 故仁義之道, 其用至廣, 而其實不越於事親從兄之間, 蓋良心之發, 最爲切近而精實者.〕"라고 하였으며, 또 "이 두 가지란 사친(事親)과 종형(從兄)을 가리켜 말한 것이다.〔斯二者, 指事親從兄而言.〕"라고 하였다.

124 이는……것이다 : 이 부분에 대한 설명으로 다음을 참고할 수 있다. 《주자어류

하여 위의 사륜(四倫)을 보좌하니, 이는 오상(五常) 중에 신(信)이 있지 않은 바가 없으며, 오행(五行) 중에 토(土)가 포함하지 않는 바가 없는 의리가 있는 것이다.[125] 형제와 부자는 똑같이 천륜(天倫)으로서 인(仁)에 속하니, 인(仁)과 예(禮)는 양(陽)이고, 부부와 붕우와 군신은 똑같이 의(義)로써 합한 것으로서 의(義)에 속하니, 의(義)와 지(智)는 음(陰)이며, 신(信)은 곧 충기(沖氣)이다. 충(忠)과 효(孝)가 마주하여 서서 윤상(倫常)의 대강(大綱)이 되고 서(序)와 별(別)과 신(信)이 유(類)로써 따라서, 천지간의 허다한 도리가 모두 이를 말미암아 나온다. 그러므로 "사람의 도(道)를 세워서 인(仁)과 의(義)라고 한다."[126]라고 하는 것이다.

(朱子語類)》 권6에 "인(仁)이 나머지 셋을 포괄하니 이는 의(義)·예(禮)·지(智)가 유동하므로 이 때문에 모두 인(仁)으로부터 점점 미루어서 나오는 것이다. 인(仁)과 지(智), 원(元)과 정(貞)이 바로 시종(始終)의 일이다. 이 양두(兩頭)가 중요함은 마치 감(坎)과 진(震)이 만물의 시작이 되고 끝이 되는 것과 같다.〔仁所以包三者, 蓋義禮智皆是流動底物, 所以皆從仁上漸漸推出. 仁智元貞, 是終始之事, 這兩頭却重, 如坎與震, 是始萬物終萬物處.〕"라고 하였다.

125 이는 오상(五常)……것이다 : 《맹자집주(孟子集註)》 〈공손추 상(公孫丑上)〉 제6장의 집주(集註)에 주희(朱熹)가 "사단(四端)의 신(信)은 오행(五行)의 토(土)와 같아서 일정한 위치가 없고 이루어진 명칭이 없고 오롯한 기운이 없으되, 수(水)·화(火)·금(金)·목(木)이 이것을 필요로 하여 생겨나지 않는 것이 없다. 그러므로 토(土)는 사행(四行)에 있지 않은 데가 없고, 사시(四時)에는 붙어서 왕성하니, 그 이치가 또한 이와 같다.〔四端之信, 猶五行之土, 無定位, 無成名, 無專氣, 而水火金木無不待是以生者. 故土於四行, 無不在, 於四時則寄王焉, 其理亦猶是也.〕"라고 한 내용이 보인다.

126 사람의……한다 : 이 말은 《주역(周易)》 〈설괘전(說卦傳)〉에 "하늘의 도를 세워서 음(陰)과 양(陽)이라 하고, 땅의 도를 세워서 유(柔)와 강(剛)이라 하고, 사람의

붕우(朋友)는 오륜(五倫) 중 하나로, 그 분수가 소원한 것 같지만 친하며, 관계된 바가 가벼운 것 같지만 중하다. 오륜의 마지막에 자리하여서 위의 사륜(四倫)을 도와서 책하여 이룰 수 있게 하니, 우주간의 온갖 선(善)과 행실이 여기에 이르러 철저해지지 않음이 없다. 그러므로 붕우는 도(道)가 있는 곳이자 천명(天命)이 머무르는 곳으로서 천하의 지극히 공공된 것인데, 세상 사람들이 도리어 사의(私意)로 보아서 우도(友道)가 망하고 말았으니, 이륜(彝倫)이 밝아지지 못하여 세교(世教)가 날로 낮아지는 것이 당연하도다.

배우는 자는 본래 동(動)하면서도 정(靜)한 경지에 이른 것이 아니라면 처하는 곳을 삼가지 않아서는 안 된다. 반드시 한광(閑曠)하고 청정(淸淨)한 곳을 택하여 거하는 것이 가장 좋으니, 그러면 수렴하여 내면을 향함에 있어서 다시 공력을 덜게 될 것이다.

이목이 기사(機事)에 익숙해지면 기심(機心)이 생겨나기 쉽다.[127]

도를 세워서 인(仁)과 의(義)라고 한다.〔立天之道曰陰與陽, 立地之道曰柔與剛, 立人之道曰仁與義.〕"라고 한 데에 보인다.

127 이목이……쉽다 : 기사(機事)란 기교(機巧)한 일로서, 사사로운 목적을 위해 꾀를 내어 교묘하게 꾸민 일을 가리키며, 기심(機心)이란 사사로운 목적을 위해 일을 교묘하게 꾸미려고 하는 마음을 말한다. 공자의 제자 자공(子貢)이 한 노인이 우물에 물동이를 안고 들어가 물을 담아서 밭에 물주는 것을 보고, 기계를 설치하여 두레로 물을 퍼내면 고생을 덜하고도 많은 효과를 볼 수 있다고 충고하니, 노인이 "기계를 갖게 되면 반드시 기사(機事)가 생기고, 기사가 생기면 반드시 기심(機心)이 생기고, 기심이 가슴 속에 있으면 순수하고 결백함이 갖추어지지 못하고 순수하고 결백함이 갖추어지지 못하면 신묘한 본성이 안정을 잃는다. 본성이 안정을 잃으면 도가 깃들지

기심(機心)과 객기(客氣)를 모두 제거한 뒤에야 비로소 학문을 말할 수 있다.

정현(鄭玄)에게 있어서 마융(馬融)은 도(道)를 들려준 스승의 반열에 놓이기에는 부족하였지만,[128] 정현이 《의례(儀禮)》에 주(註)를 할 때에, 스승의 설과 합치되지 않는 곳이 있으면 감히 드러내어 지적해서 배척하지 못하였으므로, 가공언(賈公彦)의 소(疏)[129]에서 정현의 뜻을 발명하여서 "이는 선사(先師)인 마융의 설을 은미하게 깨뜨린 것이다."라고 하였으니, 여기에서 옛날의 사생(師生)간의 의리를 볼 수 있다. 근래 이외암(李巍巖)[130]의 문집을 보니 스승인 수암(遂庵)[131]에

않는다.〔有機械者必有機事, 有機事者必有機心. 機心存於胸中, 則純白不備, 純白不備, 則神生不定. 神生不定者, 道之所不載也.〕"라고 대답한 고사에서 유래하였다. 《莊子 天地》

128 정현(鄭玄)에게……부족하였지만 : 정현(127~200)은 후한(後漢) 말기의 대표적 경학자(經學者)로 자는 강성(康成)이다. 그는 마융(馬融, 79~166)에게 수학하였는데, 마융은 자는 계장(季長)으로 학식이 있어 정현 등 많은 제자들을 두었다. '도를 들려준 스승'에서 '도를 들려주었다'에 해당하는 원문 '문도(聞道)'는 《논어》 〈이인(里仁)〉에 "아침에 도를 들으면 저녁에 죽어도 괜찮다.〔朝聞道, 夕死可也.〕"라고 한 데서 온 말이다.

129 가공언(賈公彦)의 소(疏) : 《의례주소(儀禮注疏)》에 있는 당(唐)나라의 학자 가공언의 소를 이른다.

130 이외암(李巍巖) : 이간(李柬, 1677~1727)으로, 자는 공거(公擧), 호는 외암, 본관은 예안(禮安)으로, 수암(遂庵) 권상하(權尙夏)의 문인으로 강문팔학사(江門八學士)의 한 사람이다. 과거에 뜻을 두지 않고 학문에 전념하였는데 1716년 산림직(山林職)인 세자시강원 자의(諮議)에 제수되어 조정에서 학문적 권위를 인정받았다. 호락논쟁에 있어 남당 한원진과 직접 논쟁을 벌여 낙론을 이끌었다. 문집으로 《외암유고(巍巖

대해 말한 곳에 때로 혹 지나치게 신속하게 단정을 지은 부분이 있으니, 비록 말한 것들이 모두 맞다 할지라도 사생(師生)간의 도리에 처함에 있어서는 혹 강성(康成 정현(鄭玄)의 자)에게 부끄러운 바가 있지 않겠는가.

한남당(韓南塘)의 심성론(心性論)[132]은 하나하나 자세히 따져보면 스스로 모순됨이 있음을 면치 못하니, 단지 이(理)를 본 것이 거칠고

遺稿)》가 있다.

131 수암(遂菴) : 권상하(權尙夏, 1641~1721)로, 자는 치도(致道), 호는 수암·한수재(寒水齋), 본관은 안동(安東)이다. 송시열(宋時烈)과 송준길(宋浚吉)의 문인이다. 그의 문인들에 의해 전개되는 호락논쟁(湖洛論爭)의 시발점이 되었는데, 이는 한원진(韓元震)과 이간(李柬) 사이에서 시작된 것으로 한원진은 인물성상이론(人物性相異論)과 미발심체유선악론(未發心體有善惡論)을, 이간은 인물성구동론(人物性俱同論)과 미발심체본선론(未發心體本善論)을 주장하였다. 저서에 《한수재집》·《삼서집의(三書輯疑)》 등이 있다.

132 한남당(韓南塘)의 심성론(心性論) : 한남당은 한원진(韓元震, 1682~1751)으로, 자는 덕소(德昭), 호는 남당, 본관은 청주(淸州)이다. 권상하(權尙夏)의 문인으로 강문팔학사(江門八學士) 중 한 사람이며, 호락논쟁(湖洛論爭)에서 호론(湖論)인 인물성이론(人物性異論)을 주장한 대표적 인물이다. 그는 성삼층설에 입각하여 성을 인간과 사물이 같은 초형기(超形氣)의 성, 인간과 사물이 다른 인기질(因氣質)의 성, 인간과 인간이 서로 다른 잡기질(雜氣質)의 성으로 구분하여 파악하였다. 또한 성은 이(理)가 기질 속에 내재된 뒤에 운위될 수 있는 개념이라는 이이(李珥)의 생각을 계승하여, 인성과 물성은 기질을 관련시키는 인기질의 차원에서 비교될 수 있다고 생각하였으며, 이와 같은 사고를 바탕으로 인성과 물성은 다르다는 주장을 전개하였다. 그는 미발심체(未發心體)의 문제에 관한 논쟁에서도 미발의 심체는 본래부터 선하다고 주장하는 이간(李柬)과는 달리, 미발의 심체에도 선악의 가능성이 공재하는 것으로 파악하여 미발심체유선악설(未發心體有善惡說)을 주장하였다.

소루할 뿐 아니라, 기(氣)에 있어서도 다소간 밝지 못한 점이 있다. 이 때문에 이와 같이 된 것이다.

옛 사람들은 독서할 때에 먼저 대의(大義)에 착안하였으므로 모두 받아서 쓸 수 있었으니, 예컨대 관우(關羽)의 충의(忠義)는 《춘추(春秋)》에서 얻은 것이었다.[133] 후대의 유자(儒者)들은 단지 자구를 해석하는 데에만 마음을 쓰므로, 끝내 그 독서의 효험을 보지 못한다.

한 소열(漢昭烈)[134]이 유자(儒者)의 뜻을 지녔음은 정강성(鄭康成)의 문하에 출입하였던 것[135]을 보면 속일 수 없는 사실이다. 이른바 "악(惡)이 작다고 하여서 해서는 안 되며, 선(善)이 작다고 하여서 하지 않아서는 안 된다."[136]라는 말과 같은 것은 유자(儒者)가 아니라면 이처럼 말할 수가 없다.

제갈무후(諸葛武侯)[137]는 총명하고 재능이 있는 사람이었으면서도 유

133 관우(關羽)의……것이었다 : 관우는 촉한(蜀漢)의 명장으로, 자는 운장(雲長), 시호는 장목후(壯穆侯)이다. 그는 《춘추》를 탐독한 것으로 알려져 있다.

134 한 소열(漢昭烈) : 삼국(三國) 시대 촉한(蜀漢)의 초대 황제 유비(劉備, 161~223)로, 소열은 묘호(廟號)이며 자는 현덕(玄德)이다.

135 정강성(鄭康成)의……것 : 정강성은 후한(後漢) 말기의 대표적 경학자(經學者) 정현(鄭玄, 127~200)으로 자는 강성이다. 유비(劉備)가 탁군(涿郡)에 있을 때 정현을 스승으로 섬겼으며, 서주(徐州)를 차지한 뒤에도 자주 찾아 가르침을 구하였다.

136 악(惡)이……안 된다 : 이는 유비(劉備)가 임종 시에 후주(後主)에게 남긴 유언으로, 《소학(小學)》 〈가언(嘉言)〉에 보이며, 《삼국지(三國志)》 촉지(蜀志) 선주전(先主傳) 주(注)에도 보인다.

여함이 자기에게 있고 부족함이 남에게 있음을 알지 못하고서[138] 오히려 다른 사람에게 부지런히 자신의 과실을 공격해주기를 요구하였으니,[139] 여기에서 그 공정하고 성실하며 평탄하여 드넓은[140] 마음이 천하를 다스리더라도 충분하다는[141] 사실을 알 수 있다. 아, 후세의 군주와

137 제갈무후(諸葛武侯) : 삼국시대 촉한의 명상인 제갈량(諸葛亮, 181~234)으로 시호가 충무후(忠武侯)이므로 이렇게 칭한 것이다. 자는 공명(孔明), 호는 와룡(臥龍)으로, 소열황제(昭烈皇帝) 유비(劉備)의 삼고초려에 감동하여 출사하여서 촉한을 건국하고, 유비가 죽은 뒤에 유명(遺命)을 받들어 후주(後主) 유선(劉禪)을 보필하고서 천하를 통일하기 위해 위(魏)나라를 정벌하다가 진중에서 병사하였다. 《三國志 卷35 蜀書 諸葛亮傳》

138 유여함이……못하고서 : 《논어》 〈태백(泰伯)〉에 "능하면서 능하지 못한 이에게 물으며, 많으면서 적은 이에게 물으며, 있어도 없는 것처럼 여기며, 가득해도 빈 것처럼 여기며, 잘못을 범해도 따지지 않는 것을, 옛날에 나의 벗이 일찍이 이 일에 종사했었다.〔以能問於不能, 以多問於寡, 有若無, 實若虛, 犯而不校, 昔者吾友嘗從事於斯矣.〕"라는 증자의 말이 보이는데, 이에 대해 집주(集註)에서 사씨(謝氏)가 "유여함이 나에게 있고 부족함이 남에게 있음을 알지 못한 것이다.〔不知有餘在己, 不足在人.〕"라고 하였다.

139 오히려……요구하였으니 : 제갈량(諸葛亮)이 "지금 이후로 나라에 충성할 생각을 가진 사람들은 단지 나의 과오를 부지런히 공격한다면 일을 정할 수 있고, 적을 죽일 수 있을 것이니, 공(功)은 발돋움하고서 기다릴 수 있을 것이다.〔自今已後, 諸有忠慮於國, 但勤攻吾之闕, 則事可定, 賊可死, 功可蹻足而待矣.〕"라고 한 말이 《자치통감(資治通鑑)》 권71, 《제갈충무서(諸葛忠武書)》 권8 〈권장사근공기궐교(勸將士勤攻己闕敎)〉 등에 보이는바, 이를 인용한 것이다.

140 평탄하여 드넓은 : 원문의 '탄탕(坦蕩)'은 흉금이 툭 트인 것으로, 《논어(論語)》 〈술이(述而)〉에 "군자는 마음이 평탄하여 넓디넓고, 소인은 항상 근심으로 가득 차 있다.〔君子坦蕩蕩, 小人長戚戚.〕"라고 한 데서 온 말이다.

141 천하를 다스리더라도 충분하다는 : 원문의 '우어천하(優於天下)'는 《맹자》 〈고자 하(告子下)〉에 공손추가 "선을 좋아하는 것으로 족합니까?" 하자, 맹자가 "선을 좋아하

재상들 중에 누가 능히 이러한 본령(本領)을 지녔겠는가? 이 때문에 백세토록 선치(善治)가 없는 것이다.

소열(昭烈)과 무후(武侯)[142]로 말하자면 삼대(三代)[143] 이후로 이와 같은 군신(君臣)은 없었다. 율곡(栗谷)이 《동호문답(東湖問答)》에서 무후를 관중(管仲)과 나란히 마주하여 말한 것은,[144] 생각건대 아마도

는 것은 천하를 다스리는 것에도 충분하거늘 하물며 노나라에 있어서랴.〔好善優於天下, 而況魯國乎?〕"라고 한 데서 온 말이다.

142 소열(昭烈)과 무후(武侯) : 삼국(三國) 시대 촉한(蜀漢)의 초대 황제 유비(劉備, 161~223)와 그의 재상이었던 제갈량(諸葛亮, 181~234)을 가리킨다.

143 삼대(三代) : 중국의 하(夏)·은(殷)·주(周)의 세 왕조를 이르는 말로, 정치와 교육이 가장 융성했던 시대이다.

144 율곡(栗谷)이……것은 : 율곡은 이이(李珥, 1536~1584)의 호로, 《동호문답(東湖問答)》은 1569년(선조2)에 율곡이 왕도정치(王道政治)에 대한 경륜을 주객(主客)의 문답체로 서술해 선조에게 올린 책이다. 관중(管仲)은 관이오(管夷吾 ?~B.C.645)로, 춘추 시대 제(齊)나라의 재상이며, 오패(五霸)의 우두머리인 환공(桓公)을 도와 부국강병의 정치를 펴서 제후를 규합하고 천하의 패업을 이룩한 인물이다. 《율곡전서(栗谷全書)》 권15에 실린 《동호문답》에, "제(齊)나라 환공(桓公)은 음악 소리와 아름다운 여색이 귀와 눈에서 떠나지 않았고, 한(漢)나라 소열(昭烈)은 넓적다리 살이 말안장 위에서 닳았으니, 만약 어질고 재주 있는 신하가 보좌하지 않았더라면, 환공은 어진 임금이 될 수 없었을 것이요, 소열이 조그마한 땅도 소유하기 어려웠을 것이다. 그러나 환공은 관중(管仲)을 등용하고 소열은 제갈량(諸葛亮)을 등용하였기 때문에 제후(諸侯)를 규합(糾合)하여 천하를 한 번 바로잡는 공(功)을 이루기도 하였고, 한중(漢中)과 서천(西川)을 점유하여 한나라의 국운을 연장시키기도 했다. 다만 안타까운 것은 관중은 성현(聖賢)의 도를 알지 못하였고, 공명(孔明)은 신불해(申不害)와 한비자(韓非子) 같은 법가(法家)의 폐습을 벗어나지 못하여, 공렬(功烈)이 여기에 그치고 말았다는 것이다. 이것이 이른바 어진 이에게 맡겨 패도를 행한 자이다.〔齊桓公聲色不絶乎耳目, 漢昭烈髀肉空銷於鞍馬, 使無賢智之士爲之輔佐, 則桓公不得爲令主, 昭烈難有其尺

맞지 않을 듯하다. 무후의 출처와 잡아 지킨 의리는 순전히 왕도(王道)였다. 한(漢)나라 황실의 운이 다할 때를 만나서 비록 소열과 같은 어진 군주를 얻었으나 크게 업적을 세우지 못한 것은 천명이었다. 그러나 어찌 관중과 그 공렬을 논할 수 있겠는가. 주자(朱子)가 말하기를, "공명(孔明)은 예악(禮樂)을 갖춘 사람이다. 다만 거친 예악이었을 뿐이다."라고 하였으니,[145] 후대의 상론(尙論)하는 자들은 마땅히 이 말을 금 저울〔金稱〕로 삼아야 할 것이다.

제갈첨(諸葛瞻)[146]은 무후(武侯)의 아들로서 한(漢)나라 황실이 망할 때를 만나 그 아들을 거느리고서 순절하였으니,[147] 열렬하고 훌륭하도

地. 然而桓公能用管仲, 昭烈能用諸葛亮, 或糾合諸侯, 以成一匡之功, 或跨有漢川, 以綿赤帝之祚. 獨恨夫管仲不知聖賢之道, 孔明未免申、韓之習, 功烈止此而已, 此所謂能任賢者而行霸道者也.〕"라고 한 내용이 보인다.

145 주자(朱子)가……하였으니 : 주희(朱熹)의 이 말은 《주자어류(朱子語類)》 권136에 보이는데, 여기에서 "공명이 예악을 흥기시킨 것은 어떠합니까?〔孔明興禮樂如何?〕"라는 질문에 주희가 "공명이 예악을 갖춘 사람인지는 알 수 없지만, 그렇다고 하더라도 단지 거친 예악일 뿐이다.〔也不見得孔明都是禮樂中人, 也只是粗底禮樂.〕"라고 답하였다.

146 제갈첨(諸葛瞻) : 227~263. 삼국 시대 촉한(蜀漢)의 장수로 자는 사원(思遠)이고 제갈량(諸葛亮)의 아들이다. 촉한의 2대 황제인 유선(劉禪)의 딸과 결혼하여 기도위(騎都尉)가 되고, 벼슬이 행군호위장군(行軍護衛將軍)에 이르렀다. 염흥(炎興) 원년(263) 위(魏)나라 장군 등애(鄧艾)가 촉한을 침공하자, 군대를 이끌고 면죽(綿竹)에서 맞아 싸우다가 패하여 전사하였다.

147 그……순절하였으니 : 제갈첨(諸葛瞻)은 염흥(炎興) 원년(263)에 위(魏)나라 장군 등애(鄧艾)의 침공에 맞서 군대를 이끌고 면죽(綿竹)에서 싸우다가 등애의 군대에게 포위 되었다. 이때 등애가 사자를 보내 항복하면 낭야왕(琅邪王)으로 봉해지도록

다. 어진 아버지의 자식이 됨에 부끄러움이 없으며, 또한 무후가 집안의 본보기가 된 올바름을 볼 수 있다. 장남헌(張南軒)이 그가 황호(黃皓)를 물리치지 못한 것을 추후에 탓하여서 그가 사절(死節)한 것까지도 인정하지 않은 것은[148] 지나치게 각박한 평이라고 할 만하다.

주청하겠다고 제의하였으나 제갈첨은 곧바로 사자의 목을 베고 포위망을 뚫다가 아들 제갈상(諸葛尙)과 함께 전사하였다. 《三國志 蜀志 卷5 諸葛亮》

148 장남헌(張南軒)이……것은 : 장남헌은 남송의 도학자 장식(張栻, 1133~1180)으로, 자는 흠부(欽夫)이다. 명재상인 장준(張浚)의 아들로 오봉(五峰) 호굉(胡宏)으로부터 이정(二程)의 학문을 이어받아 호상학파(湖湘學派)를 이끌었으며 주자(朱子)와 도의지교(道義之交)를 맺었다. 장남헌의 논의는 《회암집(晦菴集)》 권40 〈답하숙경(答何叔京)〉에 보이는바, "〈무후전(武侯傳)〉은 읽어보시니 어떠하였습니까? 다시 의논할 곳이 있습니까? 문의한 몇 가지 조목 중 조금 차이가 나는 곳을 편지로 흠부(欽夫)에게 물으니, 모두 그렇다고 하였습니다. 그러나 다만 제가 전(傳)의 끝부분에 제갈첨(諸葛瞻)과 그 아들 상(尙)이 사절(死節)한 일을 간략하게 실어서 선(善)을 칭찬할 때에 자손에게까지 미치는 의리를 보이려고 하였는데, 흠부가 옳다고 여기지 않고는 제갈첨의 임무가 장상(將相)을 겸하고 있었는데도 일찍이 황호(黃皓)를 제거하지 못하였고 또 몸을 지켜서 떠나가 그 군주가 깨닫기를 바라지도 못하였으니, 참으로 불초하다고 할 만하다 하였습니다. 이 법이 심히 엄하여 생각이 미칠 수 있는 바가 아니니, 노형께서는 어떻게 생각하십니까?〔武侯傳讀之如何? 更有可議處否? 問疑數條例小差, 以書問之欽夫, 皆以爲然. 但熹欲傳末略載諸葛瞻及子尙死節事, 以見善善及子孫之義, 欽夫卻不以爲然, 以爲瞻任兼將相, 而不能早去黃皓, 又不能奉身而去, 以冀其君之悟, 可謂不克肖矣. 此法甚嚴, 非慮所及也, 老兄以爲如何?〕"라고 하였다. 황호(黃皓)는 당시의 환관(宦官)이자 간신(奸臣)으로, 유선(劉禪)의 신임을 받아 중상시(中常侍)가 되어 유선의 눈과 귀를 가리고 권력을 농단하였다. 대장군 강유(姜維)를 모함하여 강유로 하여금 답중(沓中)으로 물러나 성도(成都)로 돌아오지 못하게 하였으며, 위나라 군대의 침공을 유선에게 알리지 않아, 촉한의 멸망을 재촉하였다. 촉한이 망한 뒤 낙양(洛陽)으로 유선을 따라갔다가, 사마소(司馬昭)에 의해 백해무익(百害無益)한 간신으로 지목되어 살해되었다.

치도(治道)는 마땅히 규모를 세우는 것을 급선무로 삼아야 한다. 일신(一身)에는 일신의 규모가 있고, 일가(一家)에는 일가의 규모가 있고, 일국(一國)에는 일국의 규모가 있고, 천하에는 천하의 규모가 있으니, 크고 작음은 비록 다르지만 그 실질은 같다. 단지 미루어서 넓히는 데에 달려 있을 뿐이다.

공자(孔子)께서 "속이지 말고 안색을 범하여 간해야 한다.〔勿欺也而犯之〕"라고 하였으니,[149] 무릇 성실함〔誠〕이 강직함〔直〕의 이전에 있는 것이다. 속이지 않는 성실함이 있은 뒤에 안색을 범하여 간하는 강직함이 있을 수 있다. 후세의 간쟁(諫諍)하는 신하들 가운데 이 의리를 능히 아는 이가 드물었는데, 오직 육선공(陸宣公)[150]만이 거의 이에 가깝다.

호치당(胡致堂)[151]의 《독사관견(讀史管見)》에서 육선공(陸宣公)[152]을

149 공자(孔子)께서……하였으니 : 이 말은 《논어》 〈헌문(憲問)〉에 보인다.

150 육선공(陸宣公) : 당(唐)나라 중기의 명신(名臣) 육지(陸贄, 754~805)로, 자는 경여(敬輿), 시호는 선공(宣公)이다. 대종(代宗) 대력(大曆) 연간에 진사시에 급제하고 벼슬이 중서평장사(中書平章事)에 이르렀는데 직간(直諫)을 잘하였다. 천자에게 올려 시폐(時弊)를 논하는 주의(奏議)를 잘 지어서 이것이 후세에 널리 읽혔는데, 이를 모은 《육선공주의(陸宣公奏議)》는 주의의 모범으로 후대 문신들의 필독서가 되었다.

151 호치당(胡致堂) : 송(宋)나라의 학자 호인(胡寅, 1098~1156)으로, 치당은 그의 호이다. 자는 명중(明仲), 시호는 문충(文忠)이며 호안국(胡安國)의 조카로 그의 양자가 되었다. 휘종(徽宗) 선화(宣和) 3년(1121)에 진사시에 급제하고 벼슬이 예부 시랑(禮部侍郞)에 이르렀는데, 대표적인 주전파로 진회(秦檜)의 미움을 받아 폄적되기도 하였다. 저서로는 《논어상설(論語詳說)》, 《독사관견(讀史管見)》, 《비연집(斐然集)》

위징(魏徵)[153]에게 비겼으니, 지나치게 맞지 않는다고 할 만하다. 선공(宣公)의 학술과 경세제민(經世濟民)은 제갈무후(諸葛武侯) 이후의 한 사람일 따름이다. 위징(魏徵)은 비록 실절(失節)한 하나의 일[154]이 아니더라도 그의 인품의 본령을 논한다면 바로 음양(陰陽)의 사이[155]에서 머뭇거린 자이니, 오직 허물을 바로잡고 잘못을 규찰함으로써 당 태종(唐太宗)의 인정을 받았지만,[156] 이는 신하와 군주가 모두 분수(分數)에 밝아서, 아랫사람은 윗사람을 엿보고 윗사람은 아랫사람을 억측하여 한 시대의 조우를 이룬 것에 불과하였다. 위징의 사후에 당 태종이 비석을 넘어뜨린 것[157]을 보면 진심으로 함께한 것이 아님을

등이 있다.

152 육선공(陸宣公) : 294면 주150 참조.

153 위징(魏徵) : 580~643. 당(唐)나라의 개국공신이자 태종(太宗)을 도와 정관(貞觀)의 치(治)라는 태평시대를 연 명신이다. 위군(魏郡) 내황(內黃) 사람으로, 자는 현성(玄成)이며, 시호는 문정(文貞)이다. 고조(高祖)의 장자(長子)이며 태자(太子)인 이건성(李建成)을 섬겨 세마(洗馬)가 되어 세력이 커지는 이세민(李世民)을 빨리 제거할 것을 권고했으나 이건성이 듣지 않다가 결국 태종(太宗)이 되는 이세민에게 살해되자, 다시 태종을 섬겼다. 태종의 신임을 받아 벼슬은 태자태사(太子太師)에 올랐다. 《新唐書 卷98 魏徵列傳》

154 실절(失節)한 하나의 일 : 위징(魏徵)이 당 고조(唐高祖)의 장자(長子)이며 태자(太子)인 이건성(李建成)을 섬겼다가 이건성의 아우인 이세민(李世民)이 형을 죽이고 태종(太宗)이 되자, 다시 그를 섬긴 것을 말한다.

155 음양(陰陽)의 사이 : 선악(善惡) 혹은 시비(是非)의 경계를 일컫는 말이다. 예컨대 《주역》에서 음은 소인(小人)의 도(道)를, 양은 군자(君子)의 도(道)를 뜻한다.

156 오직……받았지만 : 위징(魏徵)은 당 태종에게 전후 2백여 차례에 걸쳐 상소문을 올리면서 인의(仁義)에 입각한 성현의 정치를 역설하였으며, 황제가 노여워해도 안색을 바꾸지 않고 직간(直諫)을 하였으므로, 태종이 그를 훌륭한 신하로 인정하여 그가 죽자 하나의 거울을 잃었다고 탄식하기도 하였다. 《新唐書 卷98 魏徵列傳》

알 수 있다. 돌아보건대 그 간쟁하였던 것이 강직하기는 강직하였으나 충성스럽다고 할 수는 없으니, 한(漢)나라의 급장유(汲長孺)[158]에게도 한참 미치지 못하며, 선공(宣公)에 있어서는 하늘과 땅처럼 크게 차이 날 뿐만이 아닌 것이다.

《주자어류(朱子語類)》에 "《자치통감(資治通鑑)》에서 무릇 역신(逆臣)의 죽음에 대해서 모두 '사(死)'라고 하였으니, 적인걸(狄仁傑)[159]에 경우에는 몹시 의심스럽다. 당(唐)나라의 이씨(李氏) 왕조가 회복

157 위징의……것 : 위징(魏徵)이 죽은 뒤에 태종(太宗)은 그를 위해 비문(碑文)을 직접 지어서 비석을 세웠는데, 그 뒤에 그에 대한 참언을 듣고는 노한 나머지 자신이 직접 비문을 지어 세웠던 비석을 넘어뜨렸다. 그러나 후에 태종은 고구려 정벌에 실패하면서 이를 뉘우치고 다시 그의 비석을 세워주었다고 한다. 《新唐書 卷97 魏徵列傳》

158 한(漢)나라의 급장유(汲長孺) : 한나라 무제(武帝) 때의 명신 급암(汲黯)으로, 장유는 자(字)이다. 직간을 잘하기로 유명한바 구경(九卿)으로 있으며 임금의 면전에서 거침없이 바른말을 하였는데, 무제가 겉으로는 경외(敬畏)하였으나 마음속으로는 좋아하지 않았다. 결국 뒤에 외직으로 쫓겨나 회양 태수(淮陽太守)로 있다가 죽었다. 《史記 卷120 汲黯列傳》

159 적인걸(狄仁傑) : 630~700. 고종(高宗) 때에 탁지 낭중(度支郎中) 등의 벼슬을 역임하며 강직하고 공정하여 명성이 높았던 인물로, 측천무후(則天武后, 624~705)가 정권을 잡은 이래로 중용되었으며, 690년 측천무후가 주(周)나라로 개칭한 뒤에 동봉각난대평장사(同鳳閣鸞臺平章事)에 올라 재상이 되었다. 그는 장간지(張柬之)・환언범(桓彥範) 등을 추천하여 요직에 두고서 무후를 폐하고 중종을 반정(反正)시킬 모사를 지휘하였는데, 698년에 측천무후가 제위(帝位)를 친정 조카인 무승사(武承嗣)에게 물려주려고 하자, 적인걸이 친정 조카가 고모를 위하는 마음보다는 아들이 어머니를 위하는 마음이 더욱 간절하다고 설득해서 결국 중종(中宗)을 데려오게 하여 태자에 즉위시켰고, 적인걸이 죽은 뒤인 705년에 무후는 장간지 등에 의해 쫓겨나고 중종이 복위되었다. 《新唐書 卷115 狄仁傑列傳》

된 것이 비록 적인걸의 공(功)에서 나온 것이기는 하지만, 그는 결국 주(周)의 대신(大臣)으로 죽었으니,[160] 어쩔 수 없이 함께 수반되어 '사(死)'의 예(例)로 들여서 '모년 월일에 적인걸이 죽었다.〔某年月日狄仁傑死也〕'라고 써야 한다."라고 하였으니, 이는 적인걸에 대한 단안(斷案)으로, 주자(朱子)의 뜻을 알 수 있다. 《자치통감강목(資治通鑑綱目)》에서 '졸(卒)'이라고 쓰고 작위와 시호를 함께 쓴 것[161]으로 말하면 한결같이 순전하게 기려서 조금도 폄하를 보임이 없으니, 이는 몹시 의심할 만하다. 혹 구사(舊史)의 글을 말미암아, 이를 미처 정리하여 바로잡지 못한 것인가? 알 수 없다. 그러나 무씨(武氏)[162]가 당(唐)나라의 사직을 훼손하고 당나라의 운명을 뒤바꿔버렸으니, 바로 당나라 황실의 적인바, 중종(中宗)을 해치지 않은 것은 송아지를 핥아주는 정(情)[163]에 의한 것에 불과하였다. 당나라의 신하로서 하루라도 무씨

160 그는……죽었으니 : 적인걸(狄仁傑, 630~700)이 측천무후(則天武后, 624~705)가 690년 이후로 나라를 '주(周)'로 개칭하고 직접 황제가 되어 통치하고 있던 조정에서 대신(大臣)으로 있으면서 죽었다는 뜻이다.

161 자치통감강목(資治通鑑綱目)에서……것 : 《자치통감강목》은 남송 때 공자의 춘추필법(春秋筆法)을 따라 지어진 편년체의 역사서로 사마광의 《자치통감》을 토대로 하고 여러 책에서 보충하여 중요한 사항을 강(綱)으로, 세부 항목을 목(目)으로 엮은 책이다. 주희(朱熹)의 저서로 전해지지만, 주희는 강을 써서 대체적인 범례를 밝혔을 뿐이고 문인 조사연(趙師淵) 등이 유언을 받들어 59권으로 지었다고 한다. 《자치통감강목》 권42상에 "사공 양문혜공 적인걸이 졸하였다.〔司空梁文惠公狄仁傑卒.〕"라고 한 내용이 보인다.

162 무씨(武氏) : 측천무후(則天武后, 624~705)가 된 무조(武曌)로, 당(唐)나라 고종(高宗)의 황후로서 고종이 죽은 뒤에 정권을 잡고서 아들인 중종(中宗)과 예종(睿宗)을 차례로 세웠다가 폐위한 다음 스스로 제위에 올라 신성황제(神聖皇帝)라 칭하고 국호를 주(周)로 개칭하였다.

의 조정에 섰다면 이미 적을 섬겨서 절개를 잃은 것이다. 비록 마침내 당나라를 부지하는 공(功)을 이루었다 하더라도, 이는 곧 요행이었을 따름이다. 이러한 부분들에 대해서 어찌 마음을 따져보고서 이로써 행적을 용서하여서 구구한 한 때의 공(功)으로써 만세의 큰 예법을 덮을 수 있겠는가? 마땅히 《주자어류》의 설을 올바름으로 삼아야 할 것이다.

곽자의(郭子儀)[164]는 천하가 몹시 어려운 때를 당하여 변방에 나가서는 장수가 되고 조정에 들어와서는 재상이 되어 한 몸으로 나라의 안위(安危)를 걸머지고서 여러 왕을 차례대로 섬기면서도 하나라도 드러난 결점이 없었으며, 기량이 혼후(渾厚)하고 굉대(宏大)하여 그 끝을 볼 수 없었다. 비록 학식은 없었으나, 때로 성인(聖人)의 작용에 우연

163 송아지를 핥아주는 정(情) : 자식을 사랑하는 부모의 정을 말한다. 삼국(三國) 시대 위(魏)나라 양표(楊彪)의 아들 양수(楊修)가 조조(曹操)에게 죽임을 당하였는데, 그 뒤에 조조가 양표에게 왜 그토록 야위었느냐고 묻자, 양표가 "김일제(金日磾)와 같은 선견지명이 없는 것은 부끄럽습니다만, 그래도 늙은 소가 송아지를 핥아 주는 애정만은 지니고 있어서 그렇습니다.〔愧無日磾先見之明, 猶懷老牛舐犢之愛.〕"라고 대답한 고사에서 유래한 것이다. 《後漢書 卷54 楊震列傳》 김일제는 한 무제(漢武帝) 때의 명신(名臣)으로, 아들이 무제의 총애를 받고 궁인과 희롱하자 그 음란함을 미워하여 죽여 버린 인물이다.

164 곽자의(郭子儀) : 697~781. 당(唐)나라의 명장(名將)으로, 현종(玄宗) 때 삭방절도사(朔方節度使)로 안녹산의 난을 토벌하여 하북(河北)의 10여 군을 회복했고, 하북에서 사사명(史思明)을 격파하였다. 숙종(肅宗)이 즉위하자 관내하동 부원수(關內河東副元帥)가 되어 회흘군(回紇軍)과 연합하여 장안(長安)과 낙양(洛陽)을 수복했다. 이 공으로 중서령(中書令)에 발탁되고, 뒤에 상부(尙父)의 칭호를 받고 분양왕(汾陽王)에 봉해졌다. 《新唐書 卷137 郭子儀列傳》

히 계합되었으니, 단지 당(唐)나라의 위인일 뿐만이 아니라 삼대(三代)[165] 이후에서 찾더라도 많이 얻기가 쉽지 않다.

나라의 정세를 엿볼 때에는 먼저 그 규모를 보아야 하며, 인물을 살필 때에는 먼저 그 기량을 보아야 한다.

젊었을 때에 역사서를 보면서 송대(宋代)의 인물이 한대(漢代)에 미치지는 못하지만 그래도 당대(唐代)보다는 낫다고 여겼다. 근일에 다시 보니, 그 언의(言議)와 풍채가 빈빈(彬彬)하게 볼만하지 않은 것은 아니지만, 그 실제 쓰임을 살펴보면 당대(唐代)의 인물에 훨씬 미치지 못하였다. 당대(唐代)의 인물들은 본래 일단(一段)의 신명(神明)이 있어서 일을 맡기면 크고 작음을 따라서 곧 모두 완수할 수 있었으니, 이는 바로 선어(禪語)에서 이른바 '한 치의 쇠붙이로 사람을 죽인다〔寸鐵殺人〕'는 것이다. 송대(宋代)의 인물들은 도리어 한 수레의 칼과 창을 싣고서 하나하나 가지고만 놀아서 결국 사람을 죽일 수단이 없는 것과도 같다.

사마온공(司馬溫公)[166]은 재주가 거칠고 학식이 적어서 나라를 살리고

165 삼대(三代) : 중국의 하(夏)·은(殷)·주(周)의 세 왕조를 이르는 말로, 정치와 교육이 가장 융성했던 시대이다.

166 사마온공(司馬溫公) : 북송(北宋) 중기의 명재상인 사마광(司馬光, 1019~1086)으로, 자는 군실(君實), 호는 우부(迂夫), 시호는 문정(文正)이며 사후에 온국공(溫國公)에 봉해져 사마온공으로도 칭한다. 신종(神宗) 때 왕안석(王安石)의 신법(新法)을 공박하고 외직(外職)으로 쫓겨났다가 철종(哲宗) 때에 정승이 되어 신법 가운데

세상을 구제할 수단이 부족하였으나, 당대에 중망(重望)을 입어서 그의 출처를 가지고서 국가의 흥망을 점쳤으며, 폄출되었다가 기용되어 조정에 들어가 재상이 되었을 때에 백성들이 이마에 손을 얹고 반겼으니, 이는 다른 까닭이 있었던 것이 아니다. 단지 하나의 독실함이 다른 사람의 마음을 미덥게 한 것이 깊었던 것이다.

이충정(李忠定)[167]과 악무목(岳武穆)[168]은 마땅히 남송(南宋)의 인물 중 으뜸이 되지만, 그 실제 쓰임을 논한다면 전송(前宋 북송(北宋))에 두더라도 이 두 사람에게 비기는 이가 드물 것이다.

송 신종(宋神宗)이 당면하여 잘못해서 정명도(程明道)를 잃고 왕개보

백성의 해가 되는 것들을 모두 개혁하였으며, 《자치통감(資治通鑑)》을 편찬하였다.

167 이충정(李忠定) : 남송(南宋)의 명상(名相)인 이강(李綱, 1083~1140)으로, 자는 백기(伯紀), 호는 양계(梁溪), 시호는 충정이다. 휘종(徽宗) 정화(政和) 2년(1112)에 진사시에 급제하였고, 금(金)나라가 맹약을 어기고 남하(南下)할 때 팔뚝을 찔러 피를 내어서 소장(疏章)을 써서 올려 휘종이 태자에게 선위(禪位)하고 천하에 조서를 내려 근왕병(勤王兵)을 내릴 것을 청하여 흠종(欽宗)이 즉위하였으나, 금과의 화의(和議)를 주장하는 자들에 반대하고 싸워서 실지(失地)를 회복할 것을 주장하다가 파직되었다. 송나라가 남쪽으로 내려간 고종(高宗) 때 다시 재상이 되었으나 금나라에 대한 항전을 강력하게 주장하다가 파직되었다. 《宋史 卷358 李綱列傳》

168 악무목(岳武穆) : 남송(南宋) 고종(高宗) 때의 명장(名將)인 악비(岳飛, 1103~1141)로, 자는 붕거(鵬擧), 시호는 무목이다. 금(金)의 군대를 여러 차례 격파하여 태위(太尉)에 올랐으며, 그 뒤에 초토사(招討使)가 되어 금나라의 군대를 대파한 뒤 황하를 건너 진격하려고 하였으나, 화의(和議)를 주장하던 재상 진회(秦檜)의 의견을 따라 소환 명령이 내려져 군사를 돌렸다. 결국 진회의 무고에 의해 체포되어 옥사하였다. 《宋史 卷365 岳飛列傳》

(王介甫)를 얻어서,[169] 이와 같은 대치(大治)를 원하던 뜻을 가지고서 끝내 망국의 화(禍)의 기반을 만들었으니, 이는 족히 천고의 지사(志士)들의 한(恨)이 된다. 이를 말미암아서 한번 살펴보건대 삼대(三代)[170] 이하로 나라를 얻은 자들은 바름과 치우침〔正偏〕, 참절(僭竊)함을 막론하고, 비록 지력(智力)으로 나라를 얻었을지라도 지력으로 지키지는 못하였다. 그러므로 반드시 유술(儒術)을 갖춘 신하를 얻어서 인(仁)을 빌리고 의(義)를 빌려서 다스림을 보좌하게 한 뒤에야 비로소 대(代)를 전하고 연수를 오래 지날 수 있었고, 그렇지 않으면 얻었다가 곧 잃어서 패란과 멸망이 이어졌다. 이적(夷狄) 또한 그러하였으니, 원(元)의 허형(許衡)[171]과 청(淸)의 이광지(李光地)[172] 무리들은

169 송 신종(宋神宗)이……얻어서 : 신종(神宗)은 북송(北宋)의 제6대 황제이며, 정명도(程明道)는 북송(北宋)의 대학자 정호(程顥, 1032~1085)로 명도는 호이고, 왕개보(王介甫)는 북송의 정치가 왕안석(王安石, 1021~1086)으로 개보는 자이다. 정호는 인종(仁宗) 가우(嘉祐) 연간에 진사시에 급제하고서 신종의 신임을 받아 자주 진언하며 벼슬이 저작좌랑(著作佐郎)에 이르렀는데, 신종이 왕안석을 등용하고 신법(新法)을 시행하자, 자청하여 지방관으로 내려갔다.

170 삼대(三代) : 중국의 하(夏)·은(殷)·주(周)의 세 왕조를 이르는 말로, 정치와 교육이 가장 융성했던 시대이다.

171 허형(許衡) : 1209~1281. 원나라 초기의 학자이자 문신으로, 자는 중평(仲平), 호는 노재(魯齋), 시호는 문정(文正)이다. 원나라 세조(世祖) 때 관국자좨주(官國子祭酒) 등의 벼슬을 역임하였다. 병으로 벼슬을 물러난 뒤 순수한 주자학자로서 도학을 실천하는 것을 임무로 삼고, 원나라 초의 학계에 주자학의 기초를 닦았으며 주자와 상산(象山) 육구연(陸九淵)의 학문을 조화시키려 노력하였고, 공담(空談)만을 일삼는 이학(理學)을 비판했다.

172 이광지(李光地) : 1642~1718. 청(淸)나라 초기의 학자로, 자는 진경(晉卿), 호는 용촌(榕村)·후암(厚菴)이며, 시호는 문정(文貞)이다. 강희 9년(1670) 진사가 되

그 학술을 빌려서 통치의 기반을 마련하여 오랑캐의 누린내가 나는 가운데에서 유지해나갔으니, 이는 진실로 논할 것도 못되지만 또한 여기에서 사물의 이치를 징험할 수 있다.

근래에 이광지(李光地)의 문집을 보니, 재주와 기예가 많고 여러 서적들에 박식하였다. 또 스스로 정주(程朱)의 문정(門庭)을 등지지 않았다고 하였으니, 이(理)를 논한 여러 설들 중에 혹 분명하고 직절하여 취할만한 것이 없지는 않지만, 육씨(陸氏 육구연(陸九淵))를 조술한 그의 격치(格致)의 설을 보면 그 학술이 모호함을 머금고 우물쭈물하여서 실제로 얻은 것이 없음을 엿볼 수 있다. 수치를 입고 치욕을 견디면서 몸을 굽혀서 오랑캐를 섬겨서 나이가 80세가 넘도록 탐하고 연연해하기를 그치지 않은 것으로 말하자면 이미 족히 침을 뱉고 욕할 만하고, 그의 글을 보면 그 군주에게 아첨하는 말이 이르지 못하는 바가 없어서 이로써 총애를 낚시질하고 영화를 꾀하여서 사람으로 하여금 크게 부끄러워 차마 바로 볼 수가 없게 하니, 이는 허형(許衡)[173]도

고, 문연각 태학사(文淵閣太學士) 등의 벼슬을 역임하였다. 정주학(程朱學)을 추숭하여 청나라 초기 주자학의 대표적 인물이 되었지만, 절충적인 태도를 취하여 육왕학(陸王學)도 배척하지 않았다. 경학(經學)과 악률(樂律), 역산(曆算), 음운(音韻) 등에 정통했으며, 강희제(康熙帝)의 칙명에 따라 《성리정의(性理精義)》와 《주자대전(朱子大全)》 등을 편수하였다. 저서로는 《주역관전(周易觀彖)》·《주역통론(周易通論)》·《상서해의(尙書解義)》·《효경전주(孝經全注)》 등이 있으며, 문집으로 《용촌전집(榕村全集)》이 있다.

173 허형(許衡) : 1209~1281. 원(元)나라 초기의 문신이자 학자로 자는 중평(仲平), 호는 노재(魯齋), 시호는 문정(文正)이다. 정주학(程朱學)을 깊이 연구하여 세조(世祖) 때에 국자 좨주(國子祭酒) 등의 벼슬을 역임하였으며, 신력(新曆)의 제정에도 참여

하지 않은 바이다. 그러니 그 본령을 살펴보면 옳은 곳이 없다.

정자(程子)가 "한(漢)나라는 큰 강령이 올발랐고, 당(唐)나라는 온갖 조목(條目)이 거행되었다."라고 하였으니,[174] 이는 단지 천하를 소유한 규모를 가지고서 말한 것일 따름이다. 만일 그 본령을 논한다면 한나라는 비록 패도(霸道)를 섞어 썼으나 삼대(三代) 이후로 가장 훌륭하였고, 대대로 효우(孝友)와 돈목(敦睦)을 겸하였으니, 어찌 당나라가 이에 비길 수 있겠는가. 기울었다가도 부흥하여서 역년(歷年)이 4백년이 넘은 것[175]이 당연하다 하겠다. 당나라는 오랑캐의 도를 섞어 써서 그 군주의 도(道)를 보면 하나도 취할 만한 것이 없으니, 나라가 망하지 않은 것이 이상한 일이다. 다만 그 신하들 중에 인물이 섞여 나와서 대대로 끊이지 않았으니, 이 때문에 여러 번 망할 위기에 놓였으나 복록을 이어서 장구할 수 있었던 것이다. 그러므로 훌륭한 군주가 있더라도 훌륭한 신하가 없다면 나라를 존속시킬 수 없고, 훌륭한 군주

하였다. 병으로 벼슬을 물러난 뒤 주자학자로서 도학을 실천하는 것을 임무로 삼고, 원나라 초의 학계에 주자학의 기초를 닦았으며 주자와 상산(象山) 육구연(陸九淵)의 학문을 조화시키려 노력하였다. 그러나 남송(南宋)의 진사(進士)로서 원(元)나라에서 벼슬하였기 때문에 그의 출처를 두고서 논란이 많았다.

174 정자(程子)가……하였으니 : 이 말은 《이정유서(二程遺書)》 및 《근사록(近思錄)》 권8 〈치체(治體)〉등에 보인다.

175 기울었다가도……것 : 한(漢)나라는 크게 전한(前漢, 기원전 206~25)과 후한(後漢, 25~220)으로 나뉘는데, 전한 말에 왕망(王莽)이 한나라 애제(哀帝)를 폐하고 평제(平帝)를 독살한 뒤에 어린 영(嬰)을 세워 섭정하다가 마침내 제위를 찬탈하고 스스로 천자가 되어 국호를 신(新)이라 하여서 위기에 빠졌으나, 광무제(光武帝)가 다시 부흥시켜서 후한으로 이어졌다.

가 없더라도 훌륭한 신하가 있다면 그래도 임시방편으로 버틸[176] 수 있는 것이다.

한(漢)나라와 당(唐)나라 이래로 훌륭한 일을 한 군주로는 주 세종(周世宗)[177]만한 이가 없다. 세종은 오계(五季)의 지극히 혼란하였던 시대의 뒤를 이어받아서, 한편으로는 여러 혼란함을 평정하고 한편으로는 예악(禮樂)을 제작(制作)하여서, 서너 해 동안 치평(治平)의 규모를 정돈하여 얻었으니, 타고난 자품이 도(道)에 가깝고 영민한 재주와 통달한 학식을 겸비하여서 족히 큰일을 해낼 만하였다. 만약 연수를 충분히 누렸다면 그 공렬이 단지 한(漢)과 당(唐)을 능가할 뿐만이 아니라 거의 3분(分), 5분(分)의 왕도(王道)를 행할 수 있었을 터인데, 애석하게도 중도에 운명하고 말았다. 그러나 혼란이 극에 달하면 다스려질 것을 생각하는 법이어서[178] 천명(天命)이 송(宋)나라에 있었

176 임시방편으로 버틸 : 원문의 '견가(牽架)'는 담쟁이덩굴을 끌어다 새는 집을 기운다는 말로, 여기에서는 근본적인 대책은 세우지 않고 임시방편으로 미봉하는 것을 뜻한다. 두보(杜甫)의 시 〈가인(佳人)〉에 "계집종이 구슬을 팔아 돌아와서, 담쟁이덩굴을 끌어다 새는 띳집을 기웠네.〔侍婢賣珠廻, 牽蘿補茅屋.〕"라고 한 데서 온 말이다.

177 주 세종(周世宗) : 921~959. 오대(五代) 시대 후주(後周)를 세운 곽위(郭威)의 비인 시후(柴后)의 친정 조카로, 곽위로부터 양위를 받아 임금이 되었다. 본명은 시영(柴榮)이며, 성으로 인해 시세종(柴世宗)이라고도 불린다. 그는 서사(書史)에 통달하고 정치에 부지런하였으며, 유학(儒學)을 숭상하고 불교를 배척하여 성군으로 일컬어졌으나, 39세에 전장에서 병사하였다. 그가 죽은 뒤 그의 아들이 일곱 살의 나이로 즉위하여 주 공제(周恭帝)가 되었는데, 즉위한 다음 해에 송 태조(宋太祖) 조광윤(趙匡胤)이 이를 멸망시키고 송나라를 세웠다. 《舊五代史 卷114 周書 世宗本紀》

178 혼란이……법이어서 : 《맹자》 〈공손추 하(公孫丑下)〉에 "주나라부터 이래로

는데, 송 태조(宋太祖)는 비록 덕이 넉넉하였으나 끝내 세상을 구제할 재주는 부족하였으므로, 이 때문에 먼저 세종(世宗)의 손을 빌린 것이니,[179] 이 또한 하늘의 뜻일 것이다.

송(宋)나라 3백 년 동안 문명(文明)의 다스림을 이룬 것은 주 세종(周世宗)이 이를 열어주었기 때문일 것이다.

송 태종(宋太宗)의 촉하부영(燭下斧影)[180]은 실로 천고의 의안(疑案)

700여 년이 되었으니, 연수를 가지고 보면 지났고 시기로 살펴보면 지금이 가하다.〔由周而來, 七百有餘歲矣, 以其數則過矣, 以其時考之則可矣.〕"라고 하였는데, 이에 대한 집주(集注)에서 "주는 문왕과 무왕의 사이를 이른다. 수(數)는 500년의 시기를 이른다. 시(時)는 혼란이 극에 달하면 다스려질 것을 생각하여 일을 할 수 있는 때를 이른다.〔周謂文武之間. 數謂五百年之期. 時謂亂極思治, 可以有爲之日.〕"라고 하였다.

179 송 태조(宋太祖)는……것이니 : 송 태조는 송나라를 개국한 조광윤(趙匡胤)으로, 성품이 효우(孝友)스러웠으며 용략(勇略)이 있어서, 후주(後周) 세종(世宗) 때에 회남(淮南)·양주(楊州)·수춘(壽春)·호(濠)·사(泗) 등처에 종정(從征)하여 자주 큰공을 세워 벼슬이 검교 태위(檢校太尉)에 이르렀다. 그 뒤 현덕(顯德) 7년(960)에 제군(諸軍)들의 옹립을 받고 환조(還朝)하여 주(周)의 선위(禪位)를 받아 즉위하였고, 국호를 송(宋)이라 하였다.

180 송 태종(宋太宗)의 촉하부영(燭下斧影) : 송 태종은 태조(太祖) 조광윤(趙匡胤)의 아우로 송의 2대 황제에 오른 조광의(趙匡義)이며, '촉하부영'이란 촛불 아래 주부(柱斧) 그림자라는 뜻으로 태조가 죽고 태종이 왕위를 물려받을 때의 일을 가리킨다. 태조 조광윤이 주위의 사람들을 물리치고 동생 조광의를 만나 후사를 맡겼는데, 누구도 그 소리를 듣지 못하였고, 다만 촛불 그림자 아래에 조광의가 혹 사양하는 것과 같은 모습이 어렴풋이 비칠 따름이었다고 한다. 이윽고 태조가 기둥에 걸린 도끼를 잡고서 땅을 치면서 큰 소리로 "잘 하라."라고 하고서는 별안간 붕어하였고, 결국 조광의가 왕위에 올랐다.《宋史紀事本末 卷1 金匱之盟》이 사건이 후대에도 전해져, 역사가들이

이다. 그러나 그 행실과 일을 가지고서 징험해보면 아우와 조카를 해쳤다는 것[181]을 면하기가 어렵다. 한(漢)의 원제(元帝)[182]와 성제(成帝)[183]는 용렬한 군주였으나 그래도 회양(淮陽)[184]과 정도(定陶)[185]를

송 태종이 형을 독살하였다고 의심하였다.

181 아우와……것 : 송 태종(宋太宗) 조광의(趙匡義)는 형인 태조(太祖) 조광윤(趙匡胤)의 뒤를 이어 즉위하였는데, 자신의 후계가 될 수 있는 태조의 아들인 조카 조덕소(趙德昭)와 자신의 아우 조정미(趙廷美)를 제 명에 죽지 못하게 한 것에 대하여 혐의를 받게 되었다. 태종이 유주(幽州)를 친정(親征)할 적에 군중(軍中)에서 밤에 소동이 있었는데, 태종이 있는 곳을 알지 못하게 되자 조덕소를 세우려는 자가 있었다. 태종이 이 말을 듣고 불쾌하였는데, 개선한 뒤에 전공을 행상(行賞)하지 않으므로 조덕소가 이 일을 말하니, 태종이 노하여 "기다렸다가 네가 황제가 되어 스스로 해도 늦지 않을 것이다."라고 하였고, 이에 조덕소가 물러가 자살하였다. 또 조정미는 무고로 방주(房州)에 안치되었다가 근심과 놀람으로 인해 병에 걸려 죽었다. 《宋史 卷244 燕王德昭傳》《宋史 卷244 魏王廷美傳》

182 원제(元帝) : 기원전75~기원전35. 전한(前漢)의 황제로 이름은 석(奭)이다. 선제(宣帝)와 허 황후(許皇后)의 아들로 사서(史書)를 많이 읽고 유술(儒術)을 좋아하였으며, 선제가 지나치게 형률을 엄격히 적용하였다 하여 유화정책을 펼쳤으나, 결과적으로 지나치게 우유부단하여 외척과 환관을 지나치게 풀어두는 등 선제의 업적을 무너뜨리고 나라를 망하게 하는 빌미를 만들었다는 평을 받았다. 《漢書 卷9 元帝紀》

183 성제(成帝) : 기원전52~기원전7. 전한(前漢)의 황제로 이름은 오(驁)이다. 원제(元帝)와 왕 황후(王皇后)의 아들로 원제 무렵부터 자연 재해가 계속되고 외척과 환관의 횡포가 심하였으며, 학문을 좋아하던 성제도 주색(酒色)에 빠져 실정을 하였다. 결국 농민과 형도(刑徒) 등의 반란이 일어나 체제가 무너지기 시작하여서 왕망(王莽)의 출현을 초래하는 계기를 만들었다. 《漢書 卷10 成帝紀》

184 회양(淮陽) : 한(漢)나라 선제(宣帝) 유순(劉詢)의 아들이자 원제(元帝)의 이복동생인 회양헌왕(淮陽憲王) 유흠(劉欽 ?~기원전28)을 가리킨다. 원강(元康) 3년(기원전63)에 회양왕(淮陽王)에 봉해졌다. 모친인 장첩여(張婕妤)가 총애를 받았으므로 유흠도 선제의 총애를 받아서 심지어 선제가 그를 태자로 세우려는 마음을 지니기도 하였으나, 결국 원제가 즉위하였고 유흠은 자신의 봉지(封地)에 부임하였다. 후에 유흠

이들이 몹시 혐의쩍은 자리에 있는 와중에도 능히 보전해주어서 친애가 시종 바뀐 적이 없었다. 만약 태종(太宗)이 원제나 성제와 같은 행실을 지녔었다면, 어찌 천고에 이러한 의심을 받았겠는가.

송(宋)이 남도(南渡)한 후에[186] 근신(近臣)들이 이어서 용사(用事)하였으니, 주자(朱子) 때에 이미 이상(履霜)의 조짐[187]이 보였다. 그러므

의 외숙인 장박(張博)이 사위 경방(京房)과 모의하여 정치를 비방하고 천자에게 죄를 돌렸다는 고발을 받아 원제 건소(建昭) 2년(기원전37)에 처형되었는데, 이 때에 회양 헌왕도 체포되어 처벌받을 위기에 놓였으나 원제가 차마 그러지 못하여 꾸짖는 것으로 대신하였고, 원제의 사후에 성제(成帝)가 즉위하여서도 황제의 숙부라 하여서 다른 제후왕과는 다른 대우를 받았다. 시호는 헌왕(憲王)이다.《漢書 卷80 宣元六王傳》

185 정도(定陶) : 한(漢)나라 원제(元帝) 유석(劉奭)의 둘째 아들 정도공왕(定陶恭王) 유강(劉康 ?~기원전23)으로, 영광(永光) 3년(기원전41) 제양왕(濟陽王)이 되고 후에 산양왕(山陽王)으로 옮겼다가 다시 정도왕(定陶王)이 되었다. 재예가 많고 성음(聲音)에 정통하여 원제의 총애를 받았는데, 성제(成帝)가 즉위하자 아버지 원제의 뜻을 이어 유강을 크게 후대하여 다른 제후왕들과 다르게 대우하였다. 성제에게 아들이 없어 그의 아들 유흔(劉欣)을 불러 황태자로 삼았는데, 바로 애제(哀帝)다. 시호는 공(恭) 또는 공(共)이며, 애제가 즉위하자 추존하여 공황(恭皇)이 되었다.《漢書 卷9 元帝紀, 卷10 成帝紀, 卷80 宣元六王傳》

186 송(宋)이 남도(南渡)한 후에 : 정강(靖康) 2년(1127) 금나라 태종(太宗)의 대군에 의해 수도 변경(汴京)이 함락되고 휘종(徽宗)과 흠종(欽宗) 부자가 잡혀간 정강의 변으로 북송(北宋)이 멸망하자, 휘종(徽宗)의 아홉째 아들인 조구(趙構)가 남쪽으로 강을 건너가 임안(臨安)에서 즉위하여 남송의 초대 황제인 고종(高宗)이 되었다.

187 이상(履霜)의 조짐 : 악의 조짐이 처음에는 미약하게 드러나다가 차츰 자라게 되면 왕성해져서 큰 악이 됨을 말한 것이다. '이상'은 서리를 밟는다는 뜻으로, 매서운 추위가 오는 조짐이 되니, 《주역(周易)》〈곤괘(坤卦) 초육(初六)〉에 "서리를 밟게 되면 곧 두꺼운 얼음이 언다.〔履霜, 堅氷至.〕"라고 한 데서 온 말이다.

로 무엇보다도 이를 근심하여 늘 낭봉(囊封)과 악대(幄對)[188]에서 여력을 남기지 않고서 그 폐해를 극언하였는데, 결국 이로 인하여 나라가 망하였으니, 주자가 선견지명이 있었던 것이다. 당시의 군주가 이 말을 쓰지 못한 것이 애석하도다.

삼대(三代)[189] 이후로 나라를 세운 올바름으로는 한(漢)나라와 명(明)나라가 마땅히 백중지간이 되지만, 천자(天子)로서 사직(社稷)을 위하여 순사(殉死)한 것은 상하 천 년 간에 오직 명(明)의 숭정황제(崇禎皇帝) 한 사람일 따름이니,[190] 어찌 열렬하지 않겠는가.

예전에 《고려사(高麗史)》를 보니, 오랑캐의 도(道)를 섞어 써서 거의 볼 만한 것이 없었다. 오직 간관(諫官)을 죽이지 않은 것만은 송(宋)나라가 대신(大臣)을 죽이지 않았던 것과 더불어서 아름다움을 나란히 하되 비교하면 더욱 어려운 것이었으니, 족히 후세의 법이 될 만하다. 그러므로 비록 몹시 괴란(壞亂)하였으나, 그래도 오백 년 동안

188 낭봉(囊封)과 악대(幄對) : 낭봉은 누설될까 염려하여 주머니에 넣어서 봉함해 올린 상소를 말하며, 악대는 임금에게 진대할 적에 유악(帷幄)을 쳐놓고 독대(獨對)하여 긴요한 계책이나 정사에 대해 의견을 나누는 것을 이른다.

189 삼대(三代) : 중국의 하(夏)·은(殷)·주(周)의 세 왕조를 이르는 말로, 정치와 교육이 가장 융성했던 시대이다.

190 천자(天子)로서……따름이니 : 숭정황제(崇禎皇帝)는 1628년에서 1644년까지 재위했던 명(明)나라의 마지막 황제인 의종(毅宗)을 가리킨다. 1644년 3월 틈왕(闖王) 이자성(李自成)이 이끄는 농민반란군이 북경을 포위하여 함락시키자, 숭정제가 황후와 황자, 공주들을 모두 죽게 하고 만세산(萬歲山)에서 자신의 시체를 훼손할지언정 백성들을 괴롭히지 말라는 유언을 남기고 목을 매달아 순국(殉國)하였다.

복록을 연장할 수 있었으니, 이것이 아마도 그 징험일 것이다. 또 고려의 인물은 초솔(草率)하지는 않았으나, 본말(本末)을 갖춘 이는 드물었다. 그러나 오직 본바탕이 풍부하여 실제 쓰인 경우라면 있었으니, 어찌 하찮게 여길 수 있겠는가.

본조(本朝)가 나라를 세운 것은 일체의 규모가 없었지만, 국운(國運)이 장구할 수 있었던 것은 다름이 아니라 여러 유자(儒者)들의 힘이었다. 여러 유자들이 비록 요직에 임용되어서 큰일을 하지는 못하였으나 이어서 배출(輩出)되어 예의(禮義)를 강명하고 명검(名檢)을 부식(扶植)하여 온 세상을 다잡아서 끝내 이러한 틀을 벗어나지 않게 하였으니, 진실로 이른바 군자의 나라인 것이다. 그러므로 국세(國勢)가 쇠락하였더라도 조정에 발호(跋扈)하는 신하가 없고, 민생(民生)이 도탄에 빠졌더라도 바깥에 황지(潢池)의 도적[191]이 없어서 마치 주(周)나라의 팔백년[192]과 같았으니, 이는 그 명분(名分)에 힘입은 것이다. 지금은 유교(儒敎)의 교화가 이미 끊어져서 예의와 명검이 이를 따라서 땅을 쓴 것처럼 사라졌으니, 장차 무엇을 믿겠는가. 아,

191 황지(潢池)의 도적 : 민란(民亂)을 일으키는 무리를 가리키는 말로, 황지는 물이 고여 만들어진 작은 못을 이른다. 전한(前漢) 선제(宣帝) 때에 발해(渤海) 지방에 민란이 일어나자, 공수(龔遂)를 발해 태수로 임명하여 도둑을 토벌하게 하였는데, 공수가 "이번의 반란은 굶주림과 추위에 시달리는 백성들을 관리들이 제대로 돌보아 주지 않자, 폐하의 백성들이 폐하의 무기를 슬쩍 훔쳐서 황지 가운데에서 한번 장난을 쳐 본 것일 따름입니다.〔其民困于飢寒, 而吏不恤. 故使陛下赤子盜弄陛下之兵于潢池中耳.〕"라고 말했던 데서 유래하였다.《漢書 卷89 龔遂傳》

192 주(周)나라의 팔백년 : 주나라는 서주(西周)와 동주(東周)를 합하여 기원전 11세기부터 기원전 3세기까지 약 8백년 가량 존속하였다.

위태롭도다.

언어와 문자가 이치에 맞지 않게 나오고서부터 사대부의 명절(名節)이 무너지고 말았다.

조정이 공의(公議)를 두려워하고, 척리(戚里)가 사류(士類)를 두려워하고, 소민(小民)이 국법을 두려워한다면, 이와 같으면서 다스려지지 않는다는 말을 나는 믿지 못하겠다.

조정의 붕당(朋黨)이 진퇴하면서 국맥(國脈)을 고갈시키는 것은 비유하자면 오랜 병으로 한열(寒熱)이 왕래하면서 영위(榮衛)[193]를 해치는 것과 같다. 만약 한열을 다스리고자 한다면 원기(元氣)를 부지하는 것만한 방법이 없고, 붕당을 없애고자 한다면 공도(公道)를 펴는 것만한 방법이 없으니, 공도(公道)는 국가의 원기일 것이다.

우리나라의 당화(黨禍)가 전대(前代)보다 훨씬 심한 것은, 당론(黨論)을 자신을 위한 계책으로 삼아서 대대로 이를 고수하기 때문이다. 편방(偏邦)이 풍기(風氣)가 천박하여 사람들이 기량(器量)이 부족하여 사의(私意)가 편중되기 때문에, 처음에는 훼예(毁譽)가 진실을 어지럽혀서 사특함과 올바름을 변별하지 못하다가, 오랜 시간이 지남에 이르러서는 눈과 귀가 익숙해져서 그 마음을 함닉하여 반복되어 굳어

193 영위(榮衛) : 혈기와도 같은 뜻으로, 원기(元氣)를 왕성하게 하는 피의 순환과 몸을 보호하는 기운의 주류(周流)를 말한다.

져서 견고하여 깨뜨릴 수가 없게 되었다. 그리하여 차츰 작게는 당(黨)을 비호하여 사사로움을 따라서 나라를 위해 도모함에 있어서는 성실하지 못하게 되고, 크게는 의리를 등지고 임금을 저버려서 패가망신하는 데에 이르게 될 것이다. 그래서 결국 나라의 명맥을 손상하고야 말 것이니, 마침내 수백 년 동안이나 지속될 화(禍)를 이루게 되고서도 그치지 않을 것이다.

무릇 의리는 무궁하기에 사람의 견식 또한 정해진 양이 없어서, 일생의 힘을 다하여서 치력하더라도 진실로 그 지극함을 다할 수가 없다. 그러므로 주자(朱子)와 같은 대현(大賢)으로서도 오히려 "상면(上面)에 막 하나를 사이에 두고 있다."라는 탄식을 한 것이다.[194] 그러니 단지 세쇄한 견식에만 의거하여 안주하는 자로 말하자면 다만 뜻이 작고 기량이 협소하여서 견식이 통철하지 못하기 때문일 뿐이다. 증점(曾點)이 대의(大意)를 본 것은 쇄락하지 않은 것은 아니었지만[195] 행

194 주자(朱子)와……것이다 : 주희(朱熹)가 말년에 "상면에 오히려 막 하나를 사이에 두고 있다는 것을 깨달았다.〔於上面猶覺得隔一膜.〕"라고 탄식한 말이 《주자어류(朱子語類)》 권106에 보인다.

195 증점(曾點)이……아니었지만 : 증점은 공자의 제자이다. 《논어(論語)》 〈선진(先進)〉에서 공자가 제자들에게 각자의 포부를 말하게 하자, 증점이 "늦봄에 봄옷이 만들어지면 관자(冠者) 5, 6인과 동자(童子) 6, 7인과 함께 기수(沂水)에서 목욕하고 무우(舞雩)에서 바람 쐬고 노래하며 돌아오겠습니다.〔莫春者, 春服旣成, 冠者五六人, 童子六七人, 浴乎沂, 風乎舞雩, 詠而歸.〕"라고 하였는데, 공자가 "나는 증점을 허여한다.〔吾與點也.〕"라고 말한 내용이 보이는바, 이는 증점의 쇄락한 기상을 허여한 것이다. 이에 대한 집주(集註)에 정자(程子)가 "공자의 뜻은 늙은이를 편안하게 해 주고 벗들을 신의로 대해 주며 젊은이를 은혜로 감싸 주어 만물이 저마다 자신의 본성을 이룰 수

실이 이를 덮지 못하였던 것은 다름이 아니다. 타고난 자품이 고명하여 견해가 출중하였으나, 쌓아서 높아지는 것은 반드시 아래에서부터 시작해야하는 법인데[196] 이것이 부족하였기 때문이다. 그러므로 참된 앎은 많이 축적하는 것이 중요하다.

배우는 자는 모름지기 기량(器量)이 심후(深厚)하여야만 큰 것을 받을 수 있다.[197] 애초에 실제로 얻은 것이 없으면서 먼저 스스로 높이 표방하는 자의 경우라면 진실로 말할 것도 없거니와, 도리를 허술하게 알고서 곧 스스로 만족하여 이를 계책으로 삼아서, 이에 피하여 멀리하는 것을 표방하여 스스로를 아끼는 자의 경우는 이른바 편리함만을 차지한 학문인 것이다. 명성이 실정보다 지나친 것을 군자가 몹시 부끄럽게 여기지만,[198] 명성을 피하는 데에 뜻을 두는 것 역시 사의(私意)

있게 해 주는 데 있었는데 증점이 이를 알았으므로 공자께서 탄식하시면서 '나는 증점을 허여한다.'라고 하신 것이다.〔孔子之志, 在於老者安之, 朋友信之, 少者懷之, 使萬物莫不遂其性. 曾點知之, 故孔子喟然歎曰 : 吾與點也.〕"라고 하였고, 또 "증점(曾點)과 칠조개(漆雕開)는 이미 큰 뜻을 보았다.〔曾點、漆雕開已見大意.〕"라고 하였다.

196 쌓아서……법인데 : 북송(北宋)의 유학자 이천(伊川) 정이(程頤)가 문인 장사숙(張思叔)이 물을 때에 그 의논이 혹 너무 고원한 것을 보고는 "쌓아서 높아지는 것은 반드시 아래에서부터 시작해야하는 것이다.〔累高, 必自下.〕"라고 말해준 내용이 《근사록(近思錄)》 권2 등에 보인다.

197 큰 것을……있다 : 《논어》 〈위령공(衛靈公)〉에 "군자는 작은 일에 알 수는 없으나 큰 것을 받을 만하고, 소인은 큰 것을 받을 수는 없으나 작은 일에 알 수는 있다.〔君子不可小知而可大受也, 小人不可大受而可小知也.〕"라고 하였는데, 이에 대해 집주(集註)에서 "군자는 작은 일에 있어서 반드시 볼 만한 것은 아니나 재질과 덕(德)이 족히 중임(重任)을 맡을 만하다.〔君子於細事, 未必可觀, 而材德足以任重.〕"라고 하였다.

198 명성이……여기지만 : 《맹자》 〈이루 하(離婁下)〉에 "명성이 실정보다 지나침을

이다. 이와 같은 자는 또한 끝내 함께 성인(聖人)의 도(道)에 들어갈 수 없다.

이 마음의 온전한 체(體)는 천지(天地)와 그 큼이 똑같다. 다만 범인(凡人)의 눈에는 단지 자신이 중함만을 볼 뿐인지라 치우치고 작아져서 조화를 이루지 못하여, 막히고 끊겨 통하지 못하게 되는 것이다. 모름지기 자신의 한 몸뚱이를 벗어버리고 마치 아무 물건도 없는 것처럼 보아야만 될 것이다. 정자(程子)가 "내 몸을 만물에 놓아두어서 한가지로 똑같이 본다면 얼마나 쾌활하겠는가."라고 하였으니,[199] 이 말을 마땅히 깊이 음미하여야 한다.

이 하나의 심신(心身)으로 하여금 의리(義理)상에 안치하도록 하여서 눈을 뜨면 전혀 다른 일을 보지 않고 단지 이 도리의 체면을 항상 가슴속에 간직하여 언제 어디서나 기억할 수 있도록 하여야[200] 비로소 도(道)에 가까워질 수 있을 것이다.

군자는 부끄러워한다.〔聲聞過情, 君子恥之.〕"라고 하였다.

199 정자(程子)가……하였으니 : 정이(程頤)의 이 말은 《근사록(近思錄)》 권13 〈변이단(辨異端)〉, 《이정유서(二程遺書)》 권2상(上) 등에 보인다.

200 항상……하여야 : 원문의 '참전이의형(參前而倚衡)'은 《논어》 〈위령공(衛靈公)〉에 "일어서면 이 충신(忠信)과 독경(篤敬)이 앞에 참여함을 볼 수 있고, 수레에 있으면 이 충신과 독경이 멍에에 기대고 있을 때에 볼 수 있어야 하니, 이와 같이 한 뒤에야 행해지는 것이다.〔立則見其參於前也, 在輿則見其倚於衡也, 夫然後行.〕" 라는 구절에서 유래하였다.

불가(佛家)의 말에 이르기를, "모기가 단단한 철우(鐵牛)에 올라가 물어뜯을 곳을 얻지 못하면 목숨을 바쳐 단번에 뚫어서 몸과 함께 깊이 들어간다."라고 하였으니, 이 말이 몹시 절묘하다. 배우는 자는 투철하지 못한 곳과 통과하지 못하는 곳에 있어서 목숨을 바쳐 단번에 뚫는 힘을 써야만 비로소 진보할 수 있다. 만약 한결같이 앞뒤를 둘러보면서 머뭇거리며 기다린다면 일을 이룰 길이 없을 것이다.

유반계(柳磻溪) 형원(馨遠)[201]은 거의 왕좌(王佐)의 재주를 지녔다고 할 만하다. 그가 저술한 《수록(隨錄)》[202]은 강령(綱領)이 정대하고 체계가 정밀하여 고금의 마땅함을 헤아려 증감하여서 엄연히 한 시대 제왕의 제도가 되었으니, 거의 세상에 드문 몇 안 되는 글이다. 또 그 높은 자품과 올바른 학문을 또한 이 책에서 볼 수 있으니 요컨대 세속의 유자(儒者)들이 미칠 수 있는 경지가 아니거늘, 애석하게도 끝내 포의(布衣)로 졸하여서 당시에 조금도 겉으로 드러내지 못하고 말았다.

201 유반계(柳磻溪) 형원(馨遠) : 유형원(柳馨遠, 1622~1673)으로, 자는 덕부(德夫), 호는 반계, 본관은 문화(文化)이다. 1654년(효종5)에 진사시에 합격하였으나 이후 문과에 떨어지자 벼슬하려는 뜻을 버리고 전라도 부안군(扶安郡) 우반동(愚磻洞)으로 이거하여 평생 학문에 전력하고 거의 20년에 걸쳐 《반계수록(磻溪隧錄)》을 완성하여 후대 학자들의 흠모를 받았다.

202 수록(隨錄) : 《반계수록(磻溪隧錄)》을 말한 것으로, 실학의 비조로 꼽히는 유형원(柳馨遠)이 통치 제도에 관한 개혁안을 중심으로 저술한 책이다. 전제(田制)를 비롯하여 학교 교육과 관리 등용 및 봉급, 군사제도 등에 이르기까지 당시의 국가정책을 비판하고 구세제민(救世濟民)을 위한 혁신 방책 제안하였다. 수록은 책을 읽다가 수시로 베껴 둔 것이라는 뜻으로 겸사이다.

반계(磻溪)는 당론(黨論)이 생겨난 뒤에 태어났음에도 율곡(栗谷)을 존중하고 신봉함에 조금도 흠잡음이 없었으니,[203] 여기에서 또한 그 마음이 공정하고 안목이 밝은 일단을 볼 수 있다.

《반계수록(磻溪隧錄)》에 실린 학교의 제도는 보기에 더욱 좋아서, 그 학술이 보존한 바를 확인할 수 있으니, 결코 옛 종이를 엮어 모으는 자들이 할 수 있는 바가 아니다. 예컨대 조졸수(趙拙修)[204] 등 제공(諸公)은 경세제민(經世濟民)으로 자신을 인정하였으나 이와 같이 좋은 의견은 없었으니, 졸수(拙修)의 경세제민은 끝내 패도(覇道)를 섞었음을 면치 못한다.

가만히 살펴보건대 근래에 화려하게 꾸미는 글이 더욱 심해져서, 선유(先儒)들에 관해 그 덕(德)을 형상한 글에서 그 찬미하는 말이 대부분 전혀 헤아려 조절함이 없이 한결같이 지나치게 존중하는 것을 위주로

203 반계(磻溪)는……없었으니 : 반계는 유형원(柳馨遠, 1622~1673)의 호이며, 율곡은 이이(李珥, 1536~1584)의 호이다. 이이는 서인으로 노론으로부터 추대를 받았는데, 유형원은 집안은 남인(南人)에 속하면서 《반계수록(磻溪隧錄)》을 저술할 때에 이이의 경세론을 추숭하여 그 설을 차용하였으므로 이렇게 말한 것이다.

204 조졸수(趙拙修) : 조성기(趙聖期, 1638~1689)로, 자는 성경(成卿), 호는 졸수재(拙修齋), 본관은 임천(林川)이다. 어려서부터 학문에 힘써 일찍이 성리학을 깊이 연구하였는데, 아버지의 뜻에 따라 사마시에 응시하여 여러 번 합격하였으나, 몸에 병치레가 잦자 과거를 포기하고 학문에만 전심하여 성리학에 깊은 조예를 쌓아 이황(李滉)·이이(李珥)의 이기설(理氣說)을 논변하고 본연명물(本然命物)·승기유행(乘氣流行)·혼융합일(渾融合一)·분개각주(分開各主) 등의 설을 세웠다. 저서로는 한문소설 《창선감의록(彰善感義錄)》과 문집 《졸수재집(拙修齋集)》이 있다.

하여, 성인(聖人)의 분수에 맞는 글자를 어려워하지 않고 가져다가 글에 써서 곧장 통서(統緖)에다 잇는다. 그리고서 마치 이와 같이 하지 않으면 그 사람을 존중하기에 부족한 것처럼 여겨, 돌려가며 서로 인습하면서 이를 괴이하다고 여기지 않아서 마침내 하나의 허투(虛套)를 이루게 되었다. 이는 사람들이 실제로 본 것이 없는 데에서 말미암아서 마침내 성인(聖人)의 당폐(堂陛)[205]가 엄격하지 않게 된 것이다. 성인의 당폐가 엄격하지 않으므로 사도(斯道)가 존중되지 않고, 사도가 존중되지 않으므로 학술이 멸렬하여 진위(眞僞)를 변별할 수 없게 되어서, 마침내 유속(流俗)이 이를 경시하게 하고 이단의 설이 제멋대로 횡행하게 만든 것이다. 이 일은 실로 사문(斯文)의 성쇠와 관련된 것이니, 이를 생각하면 진실로 한심해 할 만하다.

근래에 문(文)이 이겨서 질(質)을 없애는 지경에 이르러서 근본인 질(質)이 망하여 없어지고 말았으니,[206] 세계가 변하여 헛된 물거품이

205 당폐(堂陛) : 엄격한 위계를 뜻하는 것으로, 한(漢)나라의 가의(賈誼)가 "임금의 존귀함은 비유하자면 당(堂)과 같이 높고, 신하들은 폐(陛)와 같으며, 서민은 땅과 같다.〔人主之尊譬如堂, 群臣如陛, 衆庶如地.〕"라고 한 데서 온 말이다. 《漢書 卷48 賈誼傳》

206 문(文)이……말았으니 : 문(文)은 문채, 질(質)은 바탕을 이른다. 《논어(論語)》 〈옹야(雍也)〉에 "질(質)이 문(文)을 이기면 촌스럽게 되고, 문(文)이 질(質)을 이기면 겉치레만 잘하게 되니, 문(文)과 질(質)이 적당히 배합된 뒤에야 군자라고 할 수 있다.〔質勝文則野, 文勝質則史, 文質彬彬然後君子.〕"라고 하였는데, 이에 대한 집주(集註)에 양씨(楊氏)가 "문(文)과 질(質)이 서로 이겨서는 안 된다. 그러나 질(質)이 문(文)을 이김은 그래도 단맛이 조미(調味)를 받을 수 있고 흰 색이 채색(采色)을 받을 수 있는 것과 같아 괜찮지만, 문(文)이 이겨 질(質)을 없애는 지경에 이른다면 그 근본(根

되어서 속임과 거짓이 아울러 일어나서 어짊과 사특함을 구별하지 못하게 되었다. 만일 이 시대에 뜻을 둔 이가 있다면 마땅히 먼저 여기에 착안하여야 할 것이니, 반드시 문(文)을 없애고 질(質)을 숭상하여 바탕을 마련한 뒤에야 비로소 일을 시행하여 조처할 수 있을 것이다. 또 질(質)의 폐해는 혹 악(惡)을 행함에 있어서 과감함이 있는 것이지만, 그래도 개과천선할 수 있거니와, 문(文)이 질(質)을 이기는 사람 중에 어찌 개과천선할 수 있는 이가 있겠는가.

신축년(1781, 정조5) 동안에 나는 청풍(淸風)으로 여정을 떠났는데 여주(驪州)로 길을 잡아 이중주(李中洲)[207] 어른께 들러 배알하고서, 그대로 이틀을 머물면서 곁에서 모시고 잠을 잤었다. 이중주 어른께서는 마음을 열고서 간곡하게 타이르셔서 기대하고 면려하기를 은근하고도 간절하게 하였다. 하직하고 물러날 때에 이르자 말씀하기를, "그대의 미우(眉宇)를 보건대 청명함은 남음이 있으나, 부족한 바는 '안정됨〔凝定〕'이니, 모름지기 이 두 글자를 가지고서 항상 마음속에 지니고서 더욱 힘써야 할 것이다. 그렇게 한다면 덕(德)을 진전시키고 업(業)

本)이 없어지는 것이니, 비록 문(文)이 있다한들 장차 어디에다 베풀겠는가? 그렇다면 겉치레만 잘하는 것보다는 차라리 촌스러움이 나은 것이다.〔文質不可以相勝. 然質之勝文, 猶之甘可以受和, 白可以受采也, 文勝而至於滅質, 則其本亡矣, 雖有文, 將安施乎? 然則與其史也, 寧野.〕"라고 하였다.

207 이중주(李中洲) : 이직보(李直輔, 1738~1811)로 중주는 호이고, 자는 유종(維宗), 본관은 연안(延安), 시호는 문경(文敬)이다. 1784년(정조8) 유일(遺逸)로 천거되고 벼슬이 이조 판서에 이르렀다. 경사(經史)에 두루 밝아 사림의 중망을 받았고 평생을 청렴하게 살았다.

을 닦는 데[208]에 있어서 크게 유익함이 있을 것이고, 또한 명을 응집할 수 있을 것이다."라고 하였다. 이 말씀이 마음에 있지 않았던 적이 없으나, 끝내 통렬하게 바로잡는 공부를 하지 못하여서, 지금 백발의 나이에 이르도록 마음이 안정되지 못하여서 아직도 소년 시절의 방일(放逸)한 뜻이 있으니, 늘 한 번씩 성찰할 때마다 나도 모르게 망연자실하게 된다.

어린 시절에 백씨(伯氏)[209]께 《시경(詩經)》을 배웠는데, 늘 가르치시기를 "풍(風)이 아(雅)보다 낫다."[210]라고 하셨다. 당시에는 몹시 어리석었으므로 그 의미를 깊이 이해하여 믿지 못하였다. 근래에 한가히 지내면서 이를 온습하고 연역하면서 읊조려보니, 비로소 백씨께서 하신 말씀에 의미가 있음을 깨닫게 되었다. 시(詩)는 감동함을 위주로 하니, 천기(天機)가 얕은 자는 남을 감동시키는 것도 깊지 못하다.

208 덕(德)을……데 : 원문의 '진수(進修)'는 진덕수업(進德修業)을 줄여 쓴 것으로, 《주역》 건괘(乾卦) 문언전(文言傳) 구삼(九三)에 보인다.

209 백씨(伯氏) : 노주의 형 오윤상(吳允常, 1746~1783)으로, 자는 사집(士執), 호는 영재(寗齋), 본관은 해주(海州)다. 대제학(大提學) 판서(判書)를 지낸 순암(醇菴) 오재순(吳載純)의 아들로, 김원행(金元行)의 문하에서 배웠으며, 학문에 뛰어나 두 아우를 가르치기도 하였다. 행실이 순박하고 효성스러웠으며 경전(經傳)을 탐독하였는데, 37세의 나이에 요절하였다.

210 풍(風)이 아(雅)보다 낫다 : 풍은 《시경(詩經)》의 국풍(國風)을, 아는 《시경》의 대아(大雅)·소아(小雅)를 가리킨다. 국풍은 당시 각국(各國)의 민요 따위를 모은 것으로 주남(周南)·소남(召南)과 13열국풍(列國風)을 합하여 모두 15개 국(國)으로 되어 있으며, 대아는 왕정(王政)의 흥망(興亡)을 읊은 시체이자 연향의 악가(樂歌)이고, 소아(小雅)는 작은 정사(政事)에 관한 일을 노래한 것이다.

아(雅)의 경우에는 말에 전칙(典則)이 있어서 이치가 심후하니, 실로 풍(風)이 비길 수 있는 바가 아니다. 그러나 이는 모두 당시의 사대부들이 의도를 가지고서 지은 것이니, 도리어 여자나 아이의 입에서 나온 길거리의 노래가 흥(興)을 의탁하고 비(比)를 취함에[211] 한결같이 진솔함을 따라서 신운(神韻)이 유동(流動)하여 천기(天機)가 저절로 드러나는 것만 못하다. 말이 천근(淺近)한 것은 지취가 실로 심원하며, 뜻이 심절(深切)한 것은 말이 도리어 은미하고 완곡하다. 풍송(諷誦)하고 영탄(詠歎)함에 절로 해후하는 즈음에 감동하고 징계하게 됨[212]을 멈출 수 없으니, 이는 또 아(雅)가 미칠 수 있는 바가 아니다.

《의례(儀禮)》〈상복(喪服)〉의 전(傳)에 대한 가공언(賈公彦) 소(疏)의 사종설(四種說)[213]은 실로 의심할 만한 점이 많아서 분분하게 여러

211 홍(興)을……취함에 : 《시경(詩經)》에는 시의 체재(體裁)와 서술방식을 이르는 삼위(三緯)로서 부(賦)·비(比)·홍(興)이 있는바, 홍(興)은 물건에 가탁하여 말을 시작하는 것이고, 비(比)는 비유하여 읊는 것으로, '비를 취하다'라는 것은 비류(比類)를 취하였다는 의미이다.

212 감동하고 징계하게 됨 : 《논어》〈위정(爲政)〉에 "《시경(詩經)》 3백 편(篇)의 뜻을 한마디 말로 요약할 수 있으니, '생각에 간사함이 없다.'는 것이다.〔詩三百, 一言以蔽之, 曰思無邪.〕"라고 하였는데, 이에 대한 집주(集註)에 "모든 시(詩)에서 선(善)을 말한 것은 사람의 착한 마음을 감동시켜 분발하게 할 수 있고, 악(惡)을 말한 것은 사람의 방탕한 마음을 징계할 수 있으니, 그 효용은 사람들이 바른 성정(性情)을 얻는 데에 돌아갈 뿐이다.〔凡詩之言, 善者可以感發人之善心, 惡者可以懲創人之逸志, 其用歸於使人得其情性之正而已.〕"라고 하였다.

213 의례(儀禮)……사종설(四種說) : 《의례》〈상복(喪服)〉 참최(斬衰)장에, "아버지가 장자를 위하여 참최 삼년(斬衰三年)을 입는다.〔父爲長子.〕" 하였고, 그에 대한 자하(子夏)의 전(傳)에, "어찌하여 삼년으로 하는가? 위에 있어서 정과 체가 되고,

이견이 일어나 오래도록 결정되지 못한 안건이 되었다. 지금 다 말할 것은 없고, 다만 먼저 따져보건대 이 예(禮)는 정미한 의리가 진실로 적자를 중히 여기고 서자를 억눌러서 혐의를 구별하여 종통을 엄하게 하는 데에 있다. 그러므로 아들 중에서 장자일지라도 반드시 모름지기 정(正)과 체(體)와 전중(傳重) 이 세 가지를 모두 갖춘 뒤에야 비로소 삼년복을 입는 것을 허여하는 것이다. 아버지의 후사가 된 자의 아우[214]와 같은 경우에는 비록 정(正)이며 체(體)인 장자(長子)가 있을

또 장차 전중(傳重)하기 때문이다. 서자가 장자를 위하여 삼년복을 입을 수 없는 것은 할아버지를 계승하지 않았기 때문이다.〔何以三年也? 正體於上, 又乃將所傳重也. 庶子不得爲長子三年, 不繼祖也.〕"라고 하였는데, 당(唐)나라 가공언(賈公彦)의 소(疏)에 "그 부조(父祖)가 위에서 적자에서 적자로 계승하였고, 자기 또한 뒤에서 적자로 계승하여 종묘의 주인이 되는 이 두 가지 일이 있어야 삼년이다.〔以其父祖適適相承於上, 己又是適承之於後, 爲宗廟主, 有此二事, 乃得三年.〕"라고 하였고, 이어서 "비록 승중(承重)을 하였더라도 삼년복을 입지 못하는 경우에는 네 가지 종류가 있다. 첫째는 정(正)이고 체(體)이되 전중(傳重)하지 못한 경우로, 적자(嫡子)가 폐질(廢疾)이 있어서 종묘를 주관하지 못하는 것을 말한다. 둘째는 전중(傳重)하였으되 정(正)이고 체(體)인 것은 아닌 경우로, 서손(庶孫)을 후사로 삼은 것이 이러한 경우이다. 셋째는 체(體)이되 정(正)은 아닌 경우로, 서자(庶子)를 세워서 후사로 삼은 것이 이러한 경우이다. 넷째는 정(正)이되 체(體)는 아닌 경우로, 적손을 세워서 후사로 삼은 것이 이러한 경우이다.〔雖承重, 不得三年, 有四種. 一則正體不得傳重, 謂適子有廢疾, 不堪主宗廟也; 二則傳重非正體, 庶孫爲後是也; 三則體而不正, 立庶子爲後是也; 四則正而不體, 立適孫爲後是也.〕"라고 하였는바, 사종설(四種說)이란 이를 가리킨다.

214 후사가……아우 : 서자(庶子)를 뜻한다. 《의례(儀禮)》〈상복(喪服)〉 참최(斬衰)장에 자하(子夏)의 전(傳)에, "서자가 장자를 위하여 삼년복을 입을 수 없는 것은 할아버지를 계승하지 않았기 때문이다.〔庶子不得爲長子三年, 不繼祖也.〕"라고 한 것에 대해 한(漢)나라 정현(鄭玄)의 주(註)에서 "서자(庶子)는 아버지의 후사가 된 자의 아우이다.〔庶子者, 爲父後者之弟也.〕"라고 하였다.

지라도 전할 만한 중(重)이 없기 때문에 또한 그 장자를 위하여 삼년복을 입어주지 못하는 것이니, 그 엄격함이 이와 같다. 그렇다면 전(傳)에서의 "정체(正體)" 두 글자는 마땅히 장자(長子)의 몸에 나아가 정(正)인가 그렇지 않은가, 체(體)인가 그렇지 않은가를 보아서 참최(斬衰)의 단례(斷例)로 삼아야 할 뿐이다.

정현(鄭玄)의 주(註)에서 이른바 "선조(先祖)의 정체(正體)에 해당한다."라는 것[215]은 "선조의 정체이다."라는 말과 같으니, 이것이 이미 분명하게 밝힌 것인데, 가공언(賈公彥)의 소(疏)에서 갑자기 정체(正體)를 조부와 아버지에게 미루어 올라가서 가지를 보태고 마디를 더하여 도리어 이를 분명하지 않게 만들어 버린 것은 어째서인가? 그 어긋나게 된 부분을 궁구해보면, 바로 "할아버지를 계승하지 않았다.〔不繼祖〕"라는 세 글자를 잘못 본 데에 있을 따름이다. 이 장(章)은 처음부터 끝까지 실로 장자(長子)에 대해 말한 것이므로, 중간에 말한 "정(正)"·"체(體)"·"전중(傳重)"·"불계조(不繼祖)"는 모두 자식의 몸을 위주로 글을 쓴 것이다. 전(傳)에서의 "서자(庶子)는 장자(長子)를 위해서 삼년복을 입어줄 수 없다."라는 글 뒤에 "아버지를 계승하지 않았기 때문이다."라고 하지 않고 "할아버지를 계승하지 않았기 때문이다."라

215 정현(鄭玄)의……것 : 《의례(儀禮)》〈상복(喪服)〉 참최(斬衰)장에, "아버지가 장자를 위하여 참최 삼년(斬衰三年)을 입는다.〔父爲長子.〕"라고 한 부분에 대한 한(漢)나라 정현(鄭玄)의 주(註)에서 "이는 아버지의 후사가 된 자인 연후에야 장자를 위하여 삼년복을 입어줄 수 있음을 말한 것이다. 선조의 정체(正體)에 해당함을 중히 여긴 것이고, 또 장차 자신을 대신하여 종묘를 주관하는 자가 될 것이기 때문이다.〔此言爲父後者, 然後爲長子三年. 重其當先祖之正體, 又以其將代己爲宗廟主也.〕"라고 한 부분을 가리킨다.

고 한 것은, 또한 자식을 위주로 말하여서 그 아버지가 자신의 아버지를 계승하지 않았음-자식이 할아버지를 계승하지 않았다면 그 아버지가 자신의 아버지를 계승하지 않았음은 말하기를 기다리지 않고서도 알 수 있다.-을 보인 것이다. 정현(鄭玄)의 주(註)에서 이른바 "할아버지와 아버지가 사당을 함께 쓰는 것을 허용한 경우이다."라는 것[216]은 할아버지를 말하여서 아버지를 포함하였다는 말이다. 그런데 가공언의 소에서 글을 따라서 뜻을 마음대로 만들어내어 "할아버지를 계승하지 않았다."라는 말을 아버지에게 속하게 하고, 정(正)과 체(體)를 또 할아버지와 아버지에게 속하게 해서, 마디마디가 어긋나 갈라져 본문 외에 적자가 삼대를 계승하는 것에 대한 설을 창조해내어서, 억지로 끌어다가 구애되고 왜곡되어 의리를 이루지 못하게 된 것이다. 대저 소가(疏家)의 잘못은 늘 가지와 마디처럼 지엽적인 것에 먼저 힘을 쏟아서 두루 끌어와서 그릇되게 증거로 삼아 박식함을 자랑하다가 도리어 정의(正義)를 지음에 있어서 성실하게 이해하지 못하는 데에 있을 따름이다.

《의례(儀禮)》〈상복(喪服)〉에서 오복(五服)[217]을 차서대로 열거한 것

216 정현(鄭玄)의……것 : 《의례(儀禮)》〈상복(喪服)〉 참최(斬衰)장에, "아버지가 장자를 위하여 참최 삼년(斬衰三年)을 입는다.〔父爲長子.〕"라고 한 부분에 대한 한(漢)나라 정현(鄭玄)의 주(註)에서 "서자는 아버지의 후사가 된 자의 아우이니, '서(庶)'라고 말한 것은 장자와 멀리 구별하기 위해서이다. 《예기》〈상복소기(喪服小記)〉에 '할아버지와 아버지를 계승하지 않은 자'라고 하였는데, 여기에서 할아버지만 말하고 아버지를 말하지 않은 것은, 할아버지와 아버지가 사당을 함께 쓰는 것을 허용한 경우이다.〔庶子者, 爲父後者之弟也. 言庶者, 遠別之也. 小記曰不繼祖與禰, 此但言祖, 不言禰, 容祖禰共廟.〕"라고 한 부분을 가리킨다.

217 오복(五服) : 상복(喪服)을 입음에 있어서 다섯 가지로 차등을 두는 제도를 말한

이 각각 구획이 있어서 서로 침입하여 어지럽히지 않는다. "정체(正體)" 두 글자는 본래 부자(父子)에 대해서 말한 것으로, 손자는 조부에 있어서 한 세대를 사이에 두기에 같은 체(體)가 아니다. 가공언(賈公彦)이 소(疏)에서 서손(庶孫)과 적손(嫡孫)을 장자(長子)에 대해 논한 장(章)에 끼워 넣어서 뒤섞어서 나란히 말하여 사종(四種)의 수를 채운 것[218]은 또한 몹시 타당하지 않다.

다. 참최(斬衰), 자최(齊衰), 대공(大功), 소공(小功), 시마(緦麻)가 있는데, 대공 이상은 친(親), 소공 이하는 소(疏)가 된다.

218 가공언(賈公彦)이……것 : 《의례(儀禮)》 〈상복(喪服)〉 참최(斬衰)장에, "아버지가 장자를 위하여 참최 삼년(斬衰三年)을 입는다.〔父爲長子.〕" 하였고, 그에 대한 자하(子夏)의 전(傳)에, "어찌하여 삼년으로 하는가? 위에 있어서 정과 체가 되고, 또 장차 전중(傳重)하기 때문이다. 서자가 장자를 위하여 삼년복을 입을 수 없는 것은 할아버지를 계승하지 않았기 때문이다.〔何以三年也? 正體於上, 又乃將所傳重也. 庶子不得爲長子三年, 不繼祖也.〕"라고 하였는데, 당(唐)나라 가공언(賈公彦)의 소(疏)에 "그 부조(父祖)가 위에서 적자에서 적자로 계승하였고, 자기 또한 뒤에서 적자로 계승하여 종묘의 주인이 되는 이 두 가지 일이 있어야 삼년이다.〔以其父祖適適相承於上, 已又是適承之於後, 爲宗廟主, 有此二事, 乃得三年.〕"라고 하였고, 이어서 "비록 승중(承重)을 하였더라도 삼년복을 입지 못하는 경우에는 네 가지 종류가 있다. 첫째는 정(正)이고 체(體)이되 전중(傳重)하지 못한 경우로, 적자(嫡子)가 폐질(廢疾)이 있어서 종묘를 주관하지 못하는 것을 말한다. 둘째는 전중(傳重)하였으되 정(正)이고 체(體)인 것은 아닌 경우로, 서손(庶孫)을 후사로 삼은 것이 이러한 경우이다. 셋째는 체(體)이되 정(正)은 아닌 경우로, 서자(庶子)를 세워서 후사로 삼은 것이 이러한 경우이다. 넷째는 정(正)이되 체(體)는 아닌 경우로, 적손을 세워서 후사로 삼은 것이 이러한 경우이다.〔雖承重, 不得三年, 有四種. 一則正體不得傳重, 謂適子有廢疾, 不堪主宗廟也; 二則傳重非正體, 庶孫爲後是也; 三則體而不正, 立庶子爲後是也; 四則正而不體, 立適孫爲後是也.〕"라고 한 사종설(四種說)을 가리킨다.

후사로 들인 양자를 위하여 입는 복(服)은 남당(南塘)이 삼년복이라 고 힘써 주장하여 소(疏)의 설이 잘못되었다고 깊이 배척하였으니,[219] 이는 정히 합당한 의론이다. 그러나 살펴보건대 가공언(賈公彦)의 소(疏)에 4대(代)가 적자로 계승하여야 한다는 설은 전문(傳文)의 바깥으로 과연 미루어나가 말한 것이니, 진실로 이치에 합당한 것인지 알지 못하겠으나, 정(正)·체(體)·전중(傳重) 세 가지가 모두 갖추어

219 후사로……배척하였으니 : 남당(南塘)은 한원진(韓元震, 1682~1751)의 호로, 자는 덕소(德昭), 본관은 청주(淸州), 시호는 문순(文純)이다. 《남당집》 권16 〈답심신부겸시김상부(答沈信夫兼示金常夫)〉에 "보내온 편지에서 후사로 들인 양자를 위해 삼년복을 입어야 한다는 것은 제 의견 또한 제현(諸賢)들과 같습니다.……예(禮)에 따르면 다른 사람의 후사가 된 자의 경우 복(服)을 드러낸 것은 어째서겠습니까? 남의 후사가 된 자는 본래 부자 관계가 아니면서 부자가 된 경우입니다. 본래 부자 관계가 아니었으니, 소생보다 낮추어야 하는지 의심스러우므로 특별히 드러내어 소생과 동일시함을 밝힌 것입니다. 그렇다면 후사로 들인 양자를 위해서 입는 복을 드러내지 않은 것은 어째서겠습니까? 후사로 들인 양자가 아버지를 위하여 소생과 똑같이 하였다면 그 아버지가 자식에 대하여서도 마땅히 소생과 똑같이 해야 하니, 이는 특별히 드러낸 뒤에 알 수 있는 것이 아닙니다.……가공언(賈公彦)의 소(疏)는 이에 있어서 살피지 못하고 한갓 세속의 정으로만 헤아렸기 때문에 후사로 들인 양자는 마땅히 소생보다 낮추어야 한다고 여겨서 사종의 설을 단지 소생을 근거하여 말하였으므로, 또 후사로 들인 양자에 대해 말한 것이니, 이른바 다른 사람의 자식을 길러 후사로 삼는다고 한 것이 이것입니다.……소(疏)의 내용 중 이러한 곳들은 단지 그릇된 것이라고 단정 지을 수 있을 뿐, 어찌 곡진히 말해서 그 잘못을 바로잡을 수 있겠습니까.〔示諭爲所後子服三年, 鄙見亦同於諸賢.……禮, 爲人後者著服何也? 爲人後者, 本非父子而爲父子者也. 本非父子, 則疑於其降之於所生, 故特著之, 以明其同之於所生也. 然則不爲所後子著服何也? 所後子爲其父, 同之於所生, 則其父爲其子, 亦當同之於所生也, 此不待特著而後見也.……賈疏於此有所未察, 而徒以世俗之情度之, 意其所後當降於所生, 而四種之說, 只據其所生而言, 故又爲其所後而言之, 所謂養他子爲後者是也.……疏說此等處, 直可斷之爲非, 何可曲爲之說, 以捄其失乎?〕"라고 한 내용이 보인다.

진 뒤에야 비로소 삼년복을 허여한다는 것에 이르러서는 바로 전문(傳文)의 올바른 의리이니, 소가(疏家)가 처음으로 말한 것이 아니다. 지금 후사로 들인 양자의 경우에는 부자간의 윤리가 한 번 정해졌으면 정(正)이고 전중(傳重)인 것은 진실로 소생(所生)과 차이가 없지만, 이를 친자(親子)라고 한다면 이는 실질에 맞는 것이 아니니, 어찌 체(體)가 될 수 있겠는가. 그렇다면 도암(陶庵 이재(李縡))이 말씀하신바 "후사로 들인 양자는 끝내 정(正)이되 체(體)는 아닌 경우에 해당된다."라는 것이 도리에 맞을 듯하다. 또 예전에 《농암집(農巖集)》에서 다른 사람과 이 예(禮)에 대해서 논한 부분을 보니, 민이승(閔以升)의 '후사가 된 양자를 정체(正體)인 장자(長子)와 동일시할 수 없으며 지자(支子)로서 승중(承重)한 것과 동일시하여야 한다'는 설을 허여하였는바,[220] 농암의 뜻을 또한 알 수 있다.

사람은 덕(德)을 이룬 자가 아니라면 본래 장단(長短)이 있는 법이다. 이른바 장단(長短)이라는 것은 단지 여기에 장점이 있고 저기에 단점

220 또……허여하였는바 : 《농암집(農巖集)》은 김창협(金昌協, 1651~1708)의 문집이다. 《농암집》 권18 〈답김미회(答金美晦)〉의 별지(別紙)에 "후사를 이은 양자에 대한 복제(服制)는 을(乙)의 설이 옳은 것 같네. 다만 그가 말한, 친밀하여 간격이 없는 정도가 자기 자식과 같을 수가 없기 때문이란 것은 의리상 온당치 않네. 일찍이 영평 부사(永平府使) 민이승(閔以升)이 최상(崔相)과 이 일에 관해 논의한 것을 보니, '친자와 다르게 보아서가 아니라, 정체(正體)인 장자(長子)와 동일시할 수는 없고 서자로서 승중한 것과 동일시하기 때문이다.'라고 하였는데, 이 설이 옳을 것 같네.〔繼後子之服, 恐乙說爲是. 但其所云親密無間不能必如己子者, 義却未安. 曾見閔永平以升與崔相論此事, 以爲非視之異於所生也, 只不得與正體長子同而同於庶子承重. 此說似得之.〕"라고 한 내용이 보인다.

이 있는 현재의 상태만을 말하는 것이 아니다. 때로는 장점이 도리어 단점이 되기도 하며, 단점이 도리어 장점이 되기도 한다. 자신을 검속하고 남을 살펴볼 적에, 이를 몰라서는 안 된다.

옛 소인(小人)들은 그 잘못이 질(質)에 해당되었기 때문에 변별하기가 쉬웠는데, 후세의 소인들은 그 잘못이 문(文)에 해당되기 때문에 변별하기가 어렵다.[221] 변별하기가 어렵기 때문에 그 지나침이 더욱 심하여서 그 화가 더욱 큰 것이다.

무실(務實)은 비록 훌륭한 말이지만, 소인(小人)들이 때로 이를 구실로 삼아서 자신들의 사사로운 뜻을 이룬다. 예컨대 풍도(馮道)가 노왕(潞王)을 맞이할 때에 "일은 응당 실질에 힘써야 한다."라고 하였으니,[222] 이는 절개를 지키고 의리를 내세우는 것을 거짓으로 빌려서 명

221 옛……어렵다 : 질(質)은 바탕, 문(文)은 문채를 말한다. 《논어(論語)》 〈옹야(雍也)〉에 "질(質)이 문(文)을 이기면 촌스럽게 되고, 문(文)이 질(質)을 이기면 겉치레만 잘하게 되니, 문(文)과 질(質)이 적당히 배합된 뒤에야 군자라고 할 수 있다.〔質勝文則野, 文勝質則史, 文質彬彬然後君子.〕"라고 하였다.

222 풍도(馮道)가……하였으니 : 풍도는 오대(五代) 시대의 사람으로, 일생 동안 후당(後唐)・후진(後晉)・거란(契丹)・후한(後漢)・후주(後周) 등 다섯 나라를 섬겨 지조가 없는 인물로 평가 된다. 그는 후당(後唐)의 민제(愍帝)를 섬기던 중 노왕(潞王) 이종가(李從珂)가 반란을 일으켜서 민제가 도성 밖으로 도망치자, 노왕을 맞이하기 위해서 황제의 자리에 나아가기를 권하는 문서를 미리 갖추어 놓고자 하였다. 이에 중서사인(中書舍人) 노도(盧導)가 우선 태후의 교령(敎令)을 기다려야 한다며 반대하였는데, 풍도는 "응당 실질에 힘써야 한다."라고 답하면서 끝까지 뜻을 관철시켰다. 이 일을 두고서 송(宋)나라의 학자 호인(胡寅)은 "'응당 실질에 힘써야 한다.'라는 말은 옳은 것이지만, 풍도가 이것으로 인주(人主)의 폐흥(廢興)에 대처하려 한 것은 옳지

예를 추구한 것이다. 이 한 마디 말에 나아가 살펴보건대 그가 그 속마음을 스스로 드러내 보인 것이라고 하겠다. 근래에 현인(賢人)의 은택이 점차 인멸되어 명의(名義)가 땅에 쓸린 듯 사라져서, 일종의 삿된 의론이 존주(尊周)의 대의(大義)[223]를 가리켜서 배척하면서 '실질이 없다.'라고 하니, 이는 모두 풍도(馮道)와 같은 견해인데 사람들 중에 이를 미워하는 이들이 거의 없다. 세도(世道)가 이 지경에 이르렀으니, 이 때문에 천장만 바라보며 몹시 탄식할 따름이다.

사치스러움이 반드시 문(文)이 되는 것은 아니지만, 문(文)의 폐단은 반드시 사치로 귀결되며, 검약함이 반드시 질(質)이 되는 것은 아니지만, 질(質)이 승하면 절로 검약함으로 들어가게 되어 있다.[224]

검약함에 있어서 천하를 위하여 재물을 아끼겠다고 마음을 먹는다면, 절로 인색함에 이르지 않게 될 것이다.

않다.……이것으로 대처한 것은 마치 형의 팔을 비틀어서 먹을 것을 얻고 이웃집의 여인을 끌고 와서 아내로 삼으면서 예(禮)를 따를 필요가 없다고 함과 같은 것이다."라고 평하였다. 《新五代史 卷54 馮道列傳》《資治通鑑綱目 卷56下 後唐紀》

223 존주(尊周)의 대의(大義) : 《춘추(春秋)》의 기본 의리로, 천자의 나라인 주(周)나라를 존숭하고 오랑캐인 이적(夷狄)을 배척하는 의리를 이른다. 여기서는 정통의 명(明)나라를 존숭하고 청(淸)나라를 배척하는 존명배청(尊明排淸)의 의리를 말한다.

224 사치스러움이……있다 : 문(文)은 문채, 질(質)은 바탕을 말한다. 《논어(論語)》 〈옹야(雍也)〉에 "질(質)이 문(文)을 이기면 촌스럽게 되고, 문(文)이 질(質)을 이기면 겉치레만 잘하게 되니, 문(文)과 질(質)이 적당히 배합된 뒤에야 군자라고 할 수 있다. 〔質勝文則野, 文勝質則史, 文質彬彬然後君子.〕"라고 하였다.

한 고조(漢高祖)가 붕어할 때에 임해서 여후(呂后)가 재상으로 삼을 자를 묻자, 왕릉(王陵)·진평(陳平)·주발(周勃)을 차례대로 들고서, 우직하면 꾀가 적고 지혜로우면 신의가 적으므로 진평의 지혜로 왕릉의 우직함을 돕게 하고 주발의 중후함으로 진평의 지혜를 지키게 하였으니,[225] 이는 단점과 장점이 서로 도와서 구제함이 있도록 하고자 한 것이었다. 이는 비록 적을 헤아리던 꾀에서 나온 듯하지만, 그 통달한 감식과 심원한 사려가 어찌 세상의 군주들이 비길 수 있는 바이겠는가. 여후(呂后)가 창궐하여 여러 여씨(呂氏)들을 왕으로 삼고자 할 때에 진평과 주발은 영합하여 이를 따랐고, 왕릉은 앞장서서 말하여 이를 막아서 비록 쓰이지는 못하였으나, 그래도 수개월이 지나기를 기다려서 여후가 다시 대신(大臣)에게 넌지시 암시하여 비로소 계획을 이루게 되었으니,[226] 흉악한 기염을 은밀하게 꺾고 올바른 기운을

225 한 고조(漢高祖)가……하였으니 : 한 고조 유방(劉邦)이 병으로 붕어하게 되자, 여후(呂后)가 후일에 정승으로 삼을 자를 물었는데, 고조는 조참(曹參)을 들고, 그 다음으로 "왕릉(王陵)이 괜찮으나 다소 우직하니, 진평(陳平)이 그를 도울 수 있을 것이다. 진평은 지혜가 충분하나 혼자 맡기기가 어려우며, 주발(周勃)은 후중하고 문(文)이 적으나 우리 유씨(劉氏)를 평안하게 할 자는 반드시 주발이니, 태위로 삼는 것이 옳다.〔王陵可, 然陵少戇, 陳平可以助之. 陳平智有餘, 然難以獨任, 周勃重厚少文, 然安劉氏者必勃也, 可令爲太尉.〕"라고 하였다.《史記 卷8 高祖本紀》

226 여후(呂后)가 창궐하여……되었으니 : 한 고조(漢高祖)의 상을 치른 뒤 여후가 황제의 권한을 대행하면서 자신의 친족인 여씨(呂氏)들을 왕으로 세우고자 이를 우승상 왕릉(王陵), 좌승상 진평(陳平), 강후(絳侯) 주발(周勃)에게 물었는데, 왕릉은 한 고조가 "유씨(劉氏)가 아닌 자가 왕이 되면 천하가 함께 공격할 것이다."라고 맹서한 말을 인용하여 불가하다고 하였고, 진평과 주발은 불가할 것이 없다고 하였다. 이로 인해 여후가 왕릉을 파면하고자 그를 황제의 태부(太傅)로 임명하여서 우승상의 권한을 빼앗고 진평을 우승상으로 삼았다. 그리고 몇 달 뒤에 여후가 여씨를 왕으로 삼고자

몰래 길러서 유씨(劉氏)를 평안하게 할 공로의 기반을 마련하였음은 속일 수 없는 사실이다. 그렇다면 한 고조가 왕릉의 다소 우직하였던 공효를 누리게 됨에 마치 이를 미리 알았던 것 같으니, 이 어찌 기이하지 않은가. 양구산(楊龜山)이 왕릉을 "우직함 때문에 소외되어서 나라에 보탬이 되지 못하였다."라고 하면서 한 고조가 사람을 알아보지 못하였다고 탄식하였으니,[227] 이는 단지 그 성패의 자취만을 본 것으로, 근본을 탐구한 논의가 아니다.

왕릉(王陵)이 면전에서 여씨(呂氏)를 책한 것[228]은, 그 공로가 비록 진평(陳平)과 주발(周勃)이 끝내 유씨(劉氏)를 평안하게 한 공로에는 미치지 못하는 듯하다. 그러나 왕릉이 면전에서 책한 것은 실로 이로써 진평과 주발의 마음을 은밀히 격발케 한 점이 있었다. 진평이 공로를 계산하고 이익을 도모하였던 것과 주발이 노둔하여 식견이 적었던 것을 보면 대체로 대의(大義)에 통달한 자들이 아니었던 것이니, 좌단

하여 대신들에게 암시하자, 대신들이 여후의 친정 조카 역후(酈侯) 여대(呂台)를 여왕(呂王)으로 삼자고 하여 여후가 이를 허락하였다.《史記 卷8 呂太后本紀》

227 양구산(楊龜山)이……탄식하였으니 : 양구산은 송(宋)나라 학자 양시(楊時, 1053~1135)로, 구산은 그의 호이다. 이 내용은《구산집(龜山集)》권9〈사론(史論) 왕릉(王陵)〉에 보인다.

228 왕릉(王陵)이……것 : 한 고조(漢高祖)의 상을 치른 뒤 여후(呂后)가 황제의 권한을 대행하면서 자신의 친족인 여씨(呂氏)들을 왕으로 세우고자 이를 우승상으로 있던 왕릉에게 묻자, 왕릉이 "고제께서 백마를 잡아 맹서하시기를 '유씨(劉氏)가 아닌 자가 왕이 되면 천하가 함께 공격할 것이다.'라고 하였으니, 지금 여씨(呂氏)를 왕으로 삼는 것은 맹약을 어기는 것입니다.〔高帝刑白馬盟曰: 非劉氏而王, 天下共擊之. 今王呂氏, 非約也.〕"라고 대답했던 것을 가리킨다.《史記 卷8 呂太后本紀》

(左袒)과 우단(右袒)을 말한 것[229]을 보면 그 흉중이 흐리멍덩했음을 알 수 있다. 더군다나 동요되고 불안하던 때에 한(漢)나라가 흥하여 나라를 세운 지도 얼마 되지 않은 터라 기반이 견고하지 못하여서 오로지 재지(才智)와 용력(勇力)으로 잡아 지키고 있었으니, 만일 왕릉의 이 한 수가 아니었다면 또한 훗날이 어떻게 될지 알 수 없는 점이 있었다. 그렇다면 유씨(劉氏)를 평안하게 한 공로는 왕릉이 실로 계도한 것이라고 하더라도 지나친 말이 아닐 것이다.

장남헌(張南軒)이 말하였다.[230]

"이고(李固)는 조정에서 천거되었을 때에 곧바로 양상(梁商)의 부름에 응하여 나아갔다.[231] 양상은 비록 아직 드러난 잘못은 없었지

229 좌단(左袒)과……것 : 좌단과 우단은 각각 왼쪽과 오른쪽 어깨를 드러내어 자신의 뜻을 드러내는 것을 말하는데, 주발(周勃)이 한(漢)나라 유씨(劉氏)의 세력을 회복하기 위해 내린 명령을 가리킨다. 한 고조(漢高祖)가 죽은 뒤에 여후(呂后)가 정사(政事)를 농단하여 여씨의 세력을 강하게 만들어 놓았으므로, 여후가 죽자마자 한 고조의 무장이었던 태위(太尉) 주발이 군중(軍中)에 명령을 내리기를 "여씨를 위하는 자는 오른쪽 어깨를 드러내고, 유씨를 위하는 자는 왼쪽 어깨를 드러내라.〔爲呂氏者右袒, 爲劉氏者左袒.〕"라고 하였다. 이에 군중이 모두 왼쪽 어깨를 드러냄으로써 끝내 여씨들을 모조리 제거하고 한(漢)나라를 안정시킬 수 있었다. 《漢書 卷40 周勃傳》

230 장남헌(張南軒)이 말하였다 : 장남헌은 송(宋)나라의 학자 장식(張栻, 1133~1180)으로, 남헌은 그의 호이다. 아래 인용된 장식의 말은 그의 문집인 《남헌집(南軒集)》 권17 〈사론(史論) 이고두교소처여하(李固杜喬所處如何)〉에 보인다.

231 이고(李固)는……나아갔다 : 이고는 후한(後漢) 때의 신하로, 젊어서부터 학식이 뛰어나 효렴(孝廉)으로 천거를 받는 등 여러 번 천거를 받았지만 나아가지 않았고, 순제(順帝)가 의랑(議郞)으로 제수하였으나 모함을 받아 좌천된 뒤 다시 벼슬에 나아가지 않았다. 그러다가 황후 양씨(梁氏)의 아버지 양상(梁商)이 대장군(大將軍)의 지

만, 이고의 훌륭한 지업(志業)으로 말하면 조정에 나아갔을 때에 장차 이로써 나라를 바르게 할 것이었으니, 절대 구차하게 해서는 안 되었다. 한번 종속되었으면 이는 바로 양씨(梁氏)의 빈객인 것이니, 일에 필시 견제 받음이 있었을 것이다. 이것이 앞에서 잘못한 부분이다."

이는 책비(責備)[232]하는 말이니, 이고의 탁월한 충의(忠義)를 보건대 어찌 이것을 결점이라 할 수 있겠는가.

그러나 이를 말미암아 본다면 응당 생각해볼 점이 있다. 무릇 외척을 미워하는 까닭은, 그들이 폐부(肺腑)[233]의 자리에 처하여서 그윽한 지름길을 통해 몰래 위엄과 복(福)[234]을 펼쳐 들어오는 쪽을 주인으로

위에 있으면서 그를 적극 천거하자 벼슬에 올랐는데, 양상은 아들 양기(梁冀)와 함께 권력을 전횡하였다. 순제에 이어 충제(沖帝)도 붕어하자 양기는 질제(質帝)를 세웠다가, 질제가 양기를 발호장군(跋扈將軍)이라고 하며 미워하자 독약을 먹여 시해하고 다시 환제(桓帝)를 세웠다. 이 과정에서 이고는 충제나 질제 이후에 청하왕(淸河王) 유산(劉蒜)을 옹립하려고 하다가 양기의 비위를 거슬러 면직되었고, 환제 때에 유문(劉文) 등이 유산을 황제로 세우려다 실패한 일에 연루되어 하옥되었다. 이고의 문생 등이 무죄를 주장하여 사면을 받았으나, 경사(京師)의 백성들이 환호하는 것을 보고 양기가 위협을 느껴 다시 무옥(誣獄)을 일으켜 이고와 두교(杜喬)를 죽였다. 《後漢書 卷63 李固列傳》《後漢書 卷34 梁冀列傳》

232 책비(責備) : 훌륭한 사람에게 조그마한 잘못도 지적하여 완전무결을 요구하는 것으로, 《신당서(新唐書)》〈태종기 찬(太宗紀贊)〉에 "《춘추》의 법을 보건대, 현자에게 모든 일을 다 잘하기를 요구한다.〔春秋之法, 常責備於賢者.〕"라고 보인다.

233 폐부(肺腑) : 왕실의 가까운 친족이나 외척을 비유하는 말이다. 한(漢)나라 무제(武帝)의 외삼촌이었던 무안후(武安侯) 전분(田蚡)이 "성상이 처음 즉위하여 나이가 젊으시고, 내가 폐부로서 경사(京師)의 재상이 되었다.〔上初卽位, 富於春秋, 蚡以肺腑爲京師相.〕"라고 한 말에서 유래하였다. 《史記 卷107 魏其武安侯列傳》

여기고 나가는 쪽을 노예로 여겨서[235] 공의(公議)가 행해지지 못하고 명절(名節)이 사라지게 하기 때문이다. 만약 그 사람이 어질고 밝은 사람이어서 위의 몇 가지의 폐단이 없어서, 공경하고 검소하며 겸손함으로써 자처하여 현자(賢者)를 예우하고 선비에게 자신을 낮춘다면, 군자인 선비가 마음을 미루어 일을 함께할 수 있지만, 만약 반드시 그 사이에 자취를 남겨두고자 한다면 이는 또한 비교하고 따지는 사의(私意)일 뿐인 것이다.

그러나 무릇 천하의 물건은 모두 방향에 따라 모이고 나누어지는 법이다.[236] 만약 이를 구별해본다면 사류(士類)는 양(陽)이고 척리(戚里)[237]는 음(陰)이니, 사류가 어질면 양선(陽善)이고, 척리가 어질면 음선(陰善)인 것이다. 이는 비록 똑같은 선(善)이지만, 음은 양을 따를 수 있되, 양은 음을 따라서는 안 된다. 따라서 척리가 와서 사류에게

234 위엄과 복(福) : 군주가 시행하는 상벌(賞罰)의 권한을 이르는 말이다. 《서경(書經)》 〈홍범(洪範)〉에 "오직 군주만이 복을 만들 수 있고, 오직 군주만이 위엄을 부릴 수 있다.〔惟辟作福, 惟辟作威〕" 하였는데, 공영달(孔穎達)은 "오직 군주만이 복을 만들기 때문에 사람에게 포상할 수 있고, 오직 군주만이 위엄을 부리기 때문에 사람을 처벌할 수 있다.〔惟君作福得專賞人也, 惟君作威得專罰人也〕"라고 소(疏)를 달았다.

235 들어오는……여겨서 : 원문의 '입주출노(入主出奴)'는 당나라의 문장가인 한유(韓愈)가 지은 〈원도(原道)〉의 "들어가는 쪽을 주인으로 여기고 나가는 쪽을 노예로 여긴다.〔入者主之, 出者奴之.〕"라는 구절을 원용한 것으로, 자신이 속한 쪽의 주장만을 따르고 다른 쪽의 주장을 배척함을 말한다.

236 천하의……법이다 : 《주역》 〈계사전 상(繫辭傳上)〉에 "방향은 종류에 따라 모이고 사물은 무리에 따라 나누어지니 길흉이 생긴다.〔方以類聚, 物以群分, 吉凶生矣.〕"라고 하였다.

237 척리(戚里) : 왕실의 외척을 말한다. 본래 중국 장안의 마을이름인데, 한(漢)나라 때에 내척과 외척이 많이 살았으므로 전하여 외척을 가리키는 말이 되었다.

합하는 것은 길하지만, 사류가 가서 척리에게 합하는 경우에는 그 종국에 가서 후회에 이르지 않는 경우가 드물다. 이고가 양상의 부름에 응한 것은 또한 이 의리를 익히지 않았기 때문이 아니겠는가.

양구산(楊龜山)은 한 문제(漢文帝)가 외척을 임용하기를 꺼려서 두광국(竇廣國)을 재상으로 삼지 않은 일을 가지고 도리어 사사로운 뜻을 위한 것이지 지극히 공정한 도리가 아니라고 기롱하였으니,[238] 이 말이 그럴 듯하다. 그러나 옛 어진 군주들이 현자(賢者)를 높이고 외척을 배척한 것에는 실로 성인(聖人)이 양(陽)을 부지하고 음(陰)을 억누르는 정미한 의리가 그 사이에 담겨있는 것이다. 두광국이 만일 이윤(伊尹)과 부열(傅說), 관중(管仲)과 제갈량(諸葛亮)[239]에 비길 수 있는

238 양구산(楊龜山)은……기롱하였으니 : 두광국(竇廣國)은 한(漢)나라 문제(文帝)의 비(妃)인 두황후(竇皇后)의 동생이다. 문제가 그가 어질다는 것을 알고서 정승으로 삼으려 하였으나, "천하 사람들이 내가 두광국에게 사정(私情)을 둔다고 할까 두렵다."라고 하여 결국 그만두었으니, 외척에게 사사로이 관직을 준다는 혐의를 두려워하여 임명하지 않은 것이었다.《通鑑節要 卷8 漢紀 文帝 後元 2年》 양구산은 송(宋)나라 학자 양시(楊時, 1053~1135)로, 구산은 그의 호이다. 그는 문제가 두광국을 임용하지 않은 일을 두고서 "문제가 두광국이 어진 품행이 있다고 하여 재상으로 삼으려다가, 천하 사람들이 사사로운 뜻이라 할까 두려워 임용하지 않고서 신도가(申屠嘉)를 임용하였다. 이는 바로 문제가 사사로운 뜻으로 스스로 혐의를 둔 것으로, 지극한 공정함으로 처신하지 않은 것이다.〔文帝以竇廣國有賢行欲相之, 恐天下以爲私不用, 用申屠嘉. 此乃文帝以私意自嫌, 而不以至公處已也.〕"라고 비판하였다.《龜山集 卷9 史論 申屠嘉》

239 이윤(伊尹)과……제갈량(諸葛亮) : 모두 대표적인 현능한 재상들이다. 이윤은 은(殷)나라 탕(湯)임금을 보좌한 재상이고, 부열(傅說)은 은나라 고종(高宗)을 보좌한 재상이며, 관중(管仲)은 춘추 시대 제(齊)나라의 재상으로 환공(桓公)을 도와 패업

인물이 아니었다면, 문제(文帝)의 일은 전적으로 피혐한 것을 잘못한 것이라 할 수만은 없는 것이다.

한 문제(漢文帝)는 타고난 자질이 인후(仁厚)하고 측달(惻怛)하였으나, 박소(薄昭)를 살해한 일[240]은 도리어 은혜가 부족하였으니, 이는 바로 그가 황로(黃老 황제(黃帝)와 노자(老子))를 배워 영향을 받은 부분이다.

우연히 《자치통감강목(資治通鑑綱目)》의 오대(五代)에 대한 기록[241]을 보니, "마희악(馬希萼)이 담주(潭州)를 함락하고 초왕(楚王) 마희광(馬希廣)을 죽이고서 자립하였다.〔馬希萼陷潭州, 殺楚王希廣而自立.〕"[242]라고 하였으니, 마희악은 비록 형이지만 이미 신하로서 마희광

(霸業)을 이루게 하였고, 제갈량은 삼국시대 촉(蜀)나라의 재상으로 유비(劉備)를 도와 촉한(蜀漢)을 세우게 하였다.

240 박소(薄昭)를 살해한 일 : 박소는 한 문제(漢文帝)의 어머니 박희(薄姬)의 동생으로, 문제에게는 외숙이 된다. 박소가 문제의 사자(使者)를 죽이는 죄를 지었는데, 문제가 차마 직접 처형할 수 없어 자결하라는 명을 내렸으나 자결하지 않자, 신하들을 시켜 조곡(弔哭)하게 하여 자결하도록 하였다. 《漢書 卷4 文帝紀》

241 자치통감강목(資治通鑑綱目)의……기록 : 《자치통감강목》은 남송 때 공자의 춘추필법(春秋筆法)을 따라 지어진 편년체의 역사서로 사마광의 《자치통감》을 토대로 하고 여러 책에서 보충하여 중요한 사항을 강(綱)으로, 세부 항목을 목(目)으로 엮은 책이다. 주희(朱熹)의 저서로 전해지지만, 주희는 강을 써서 대체적인 범례를 밝혔을 뿐이고 문인 조사연(趙師淵) 등이 유언을 받들어 59권으로 지었다고 한다. 이는 오대(五代)에 대한 기록으로 끝나는데, 오대는 당나라 말기에 일어났던 후량(後梁)・후당(後唐)・후진(後晋)・후한(後漢)・후주(後周)를 가리킨다.

242 마희악(馬希萼)이……자립하였다 : 947년 마희광(馬希廣)이 제위에 오르자, 그

을 섬겼다면 마땅히 '시(弑)'를 쓰는 예(例)를 따랐어야 할 터인데 '살(殺)'이라고 적었다. 또 "주나라 태사 중서령 영왕(瀛王) 풍도(馮道)가 졸하였다.〔周太師中書令瀛王馮道卒.〕"[243]라고 하였으니, 풍도는 네 성(姓)을 바꿔가며 섬기고 또 거란을 섬겼으니, 그 본말을 따져보면 금수만도 못하다. 그러니 마땅히 '사(死)'를 쓰는 예를 따랐어야 할 터인데 관작을 갖추어 '졸(卒)'이라고 적었다. 이러한 부분들은 모두 심히 의심스러우니, 비로소 이방자(李方子)가 "선생께서 만년에 좀 더 고쳐서 바로잡고자 하였으나 힘이 미칠 겨를이 없었다."라고 한 말[244]이 진실로 그러한 것임을 알겠다. 이 책을 읽는 사람은 이 점을 몰라서는 안 된다.

우리 동국(東國)은 인문(人文)이 뒤늦게 열렸다. 단군(檀君)과 기자

의 배다른 형인 마희악(馬希萼)이 이에 불만을 품고 자립하여 스스로 왕(王)이라 칭하고, 남당(南唐)의 지원을 얻어 담주(潭州)의 마희광을 공격하여, 950년 담주를 함락하고 마희광을 살해하여 마희악이 초왕(楚王)이 되었다.

243 주나라……졸하였다 : 풍도(馮道)는 오대(五代) 시대의 사람으로, 영왕(瀛王)은 그의 시호이다. 일생 동안 후당(後唐)·후진(後晉)·거란(契丹)·후한(後漢)·후주(後周) 등 다섯 나라를 섬겨 지조가 없는 인물로 평가 된다.

244 이방자(李方子)가……말 : 《자치통감강목(資治通鑑綱目)》은 주희(朱熹)가 편수한 것인데, 여기에 실린 주희의 제자 이방자의 후서(後序)에 "그 사이에 만년에 좀 더 고쳐서 바로잡아 상세하고 치밀하게 하고자 하셨으나 힘이 미칠 겨를이 없었다. 그러나 그러나 그 대경(大經)과 대법(大法)이 있는 바이니, 이 어찌 진(秦)과 한(漢) 이후에 붓을 잡고 글을 쓰는 선비가 능히 그 문정을 지나 그 등급에 미칠 수 있겠는가.〔其間蓋欲晩歲稍加更定以趨詳密, 而力有未暇焉者. 然其大經大法之所存, 是豈秦漢以後操觚執簡之士所能歷其庭而涉其級哉?〕"라고 한 말이 보인다.《資治通鑑綱目 卷首下 李方子後序》이방자는 자는 공회(公晦), 호는 과재(果齋), 광택(光澤) 사람이다.

(箕子)의 시기는 태고시대와 같으며, 신라와 고려 이래로 비로소 문헌이 있었으되 몹시 지리멸렬하게 되었으나, 그래도 이를 가지고서 징험해 볼 수 있다. 내가 예전에 동국의 역사서를 하나하나 보면서 헤아려 보니, 신라는 충(忠)의 뜻이 있었고, 고려는 질(質)의 뜻이 있었는바, 본조는 주(周)나라의 문(文)에 해당될 만하다.[245] 또 인물로 말해보건대, 신라의 인물은 한인(漢人)의 지취가 있었고, 고려의 인물은 당인(唐人)의 지취가 있었으며, 본조의 인물은 송인(宋人)과 흡사하다. 그러므로 신라와 고려에 비하면 비록 빈빈(彬彬)하기는 하지만, 실용(實用)에 있어서는 도리어 그에 미치지 못한다.

신라 인물들은 근본과 실질을 돈독하게 하고 신의를 숭상하였다. 그러므로 비록 몹시 어리석었으나, 한 번 자신을 나라에 허여하면 곧 몸을 아끼지 않아서 난을 당하여 죽음에 나아가기를 마치 즐거운 곳에 나아

245 신라는……만하다 : 충(忠)·질(質)·문(文)은 본래 하(夏)·은(殷)·주(周)가 각각 숭상하였던 것을 가리키는데, 이를 신라·고려·조선에 해당시켜 설명한 것이다. 《논어(論語)》 〈위정(爲政)〉에, 자장(子張)이 공자(孔子)에게 "앞으로 열 번 왕조가 바뀌고 난 뒤의 일을 미리 알 수 있겠습니까?"라고 묻자 공자가 대답하기를 "은나라는 하나라의 예(禮)를 그대로 따라서 썼으므로 무엇을 덜어 내고 보탰는지를 알 수 있으며, 주나라는 은나라의 예를 그대로 따라서 썼으므로 무엇을 덜어 내고 보탰는지를 알 수 있다. 그러니 만약 주나라를 계승하는 자가 있다면 비록 백 번이나 왕조가 바뀐 뒤의 일이라도 미리 알 수 있을 것이다." 하였는데, 주희(朱熹)의 《집주(集註)》에서 "그대로 따라서 썼다는 것은 삼강오상(三綱五常)을 말한 것이고, 덜어 내고 보탰다는 것은 문질(文質)과 삼통(三統)을 말한 것이다."라는 마융(馬融)의 말을 인용하고 "문질은 하나라는 충을 숭상하고 은나라는 질을 숭상하고 주나라는 문을 숭상한 것을 말한다.〔文質謂夏尙忠, 商尙質, 周尙文.〕"라고 하였다.

가듯이 하였으니, 그 충(忠)의 뜻이 있었음을 여기에서 확인할 수 있다. 백제가 교묘하게 속이는 지략을 좋아하였던 것과 고구려가 무력(武力)을 높이 여겼던 것에 비하면 어질다고 할 만하니, 기반을 세운 것이 심후하여 나라를 장구하게 향유하였던 것이 당연하다. 또 그 왕자가 종국(宗國)이 전복되고 실추된 때를 당하여 의리를 지키고 굽히지 않아[246] 우뚝하게 한(漢)의 북지왕 심(北地王諶)[247]과 아름다움을 나란히 것을 보면 더욱 훌륭한데, 그 명성이 후세에 전해지지 못한 것이 애석하다.

세상에서 영남의 인물과 풍속의 아름다움을 일컬으면서 반드시 "회재(晦齋)와 퇴계(退溪)[248]의 유택(遺澤)이다."라고 하는데, 단지 이 뿐만

246 그 왕자가……않아 : 신라의 마지막 임금 경순왕(敬順王)의 태자인 마의태자(麻衣太子)가 경순왕이 고려 태조에게 항복하려고 할 때에 이를 반대하였으나 뜻을 이루지 못하자. 금강산에 들어가 여생을 보냈다고 한다. 《三國史記 卷12 新羅本紀 敬順王》

247 한(漢)의 북지왕 심(北地王諶) : 북지왕 심은 삼국(三國) 시대 촉한(蜀漢) 후주(後主) 유선(劉禪)의 아들로 북지왕에 봉해진 유심(劉諶)을 말한다. 염흥(炎興) 1년(263)에 위(魏)가 침입하자, 후주가 광록대부(光祿大夫) 초주(譙周)의 말을 듣고 항복하려 하였는데, 유심이 노하여 "만약 힘이 부족하여 패하게 되면 부자와 군신이 힘을 합하여 성(城)을 등지고 싸우다가 사직과 함께 순절하여 선제(先帝)를 뵙는 것이 옳다." 라고 반대하였으나 후주가 듣지 않고 항복하니, 유심은 선제 유비(劉備)의 종묘에 고유한 다음 처자를 죽이고 자결하였다. 《三國志 卷33》

248 회재(晦齋)와 퇴계(退溪) : 회재는 이언적(李彦迪, 1491~1553)의 호이며, 퇴계는 이황(李滉, 1501~1570)의 호로, 모두 영남의 대표적인 유현(儒賢)이다. 이언적은 자는 복고(復古), 호는 회재・자계옹(紫溪翁)으로, 주희(朱熹)의 주리론적 입장을 정통으로 확립하여 이황에게 전해주었으며, 이황은 자는 경호(景浩), 호는 퇴계・퇴도(退陶)・도수(陶叟)・청량산인(淸凉山人), 시호는 문순(文純)으로, 양관 대제학(兩

은 아니다. 그 백성들의 풍속이 익히고 숭상하는 것을 보면, 실로 신라의 유풍(遺風)이 많다. 또 예컨대 양호(兩湖 호남과 호서) 지방이 백제에 있어서와 관서(關西) 지방이 고구려에 있어서도 역시 각각 옛 나라의 기풍이 남아있다. 지금 삼국(三國)으로부터의 거리가 거의 모두 천여 년인데도 아직도 이와 같으니, 산천 풍기의 얽매인 바는 변하기 어렵다는 것을 확인할 수 있다.

우리 동방을 소중화(小中華)라고 일컫는 것은 동인(東人)들이 자기 지조를 아껴서 하는 말이 아니라, 또한 전기(傳記)에 많이 나와 있다. 기성(箕聖)이 동쪽으로 옴에 그 예악과 문물을 가져온 것[249]은 이치와 형세상 필연적인 것이었다. 그러나 연대가 멀기에 문헌은 비록 확인하기에 부족하지만, 기성(箕城) 정전(井田)의 남겨진 터[250]를 보면 이것이 하나의 확인할 수 있는 증거가 된다. 그렇다면 전기(傳記)에서 일

館大提學)을 지내고 벼슬을 그만두고 고향으로 돌아가 학문에 전심하였는데, 주리론을 형성하여 성리학을 발전시키고 조선 후기 영남학파의 이론적 토대를 마련하였다.

249 기성(箕聖)이……것 : 기성은 은(殷)나라의 성인(聖人)인 기자(箕子)이다. 그는 주왕(紂王)의 숙부인데, 은나라가 멸망한 후에 주(周)나라 무왕(武王)의 물음에 답하여 천하를 다스리는 아홉 가지의 대법(大法)인 홍범구주(洪範九疇)를 가르쳐 주고 조선의 평양(平壤)으로 옮겨와 기자조선(箕子朝鮮)을 세우고 예악과 문물을 전해주었다고 전해진다.

250 기성(箕城)……터 : 기성은 평양(平壤) 일대로, 기자(箕子)가 평양에 와서 도읍을 정하고 정전(井田)을 구획하였다는 설이 있다. 정전은 9백 묘(畝)의 땅을 '정(井)' 자 모양으로 백 묘씩 아홉 등분하여 바깥의 8백 묘는 사전(私田)으로 여덟 농가에서 나누어 경작하고, 중앙의 1백 묘는 공전(公田)으로 공동 경작하여 나라에 바치도록 만들어진 농지를 말한다. 《燃藜室記述別集 卷11 政教典故, 卷19 歷代典故》

컬은 것이 공연히 그러한 것이 아님을 알 수 있다. 삼한(三韓) 이래로 고려에 이르기까지 어리석고 혼매하여 오랑캐[251]의 풍속을 면한 자가 거의 없었다. 그러다가 본조(本朝)가 이어서 흥하여서 황명(皇明)을 복종하여 섬기기를 내복(內服)[252]과 다름이 없게 하여 전장(典章)과 의관을 모두 중국을 이어받아서, 전대(前代)의 비루함을 한 번 씻어내었고, 또 유교의 교화를 크게 천양하여 빈빈하게 추로(鄒魯)[253]의 풍속이 있게 되었으니, 이에 비로소 소중화(小中華)라는 명칭에 부끄러운 점이 없게 되었다. 돌아보건대 지금 신주(神州)가 침몰되어[254] 선왕(先王)의 유민(遺民)들이 모두 빠져들어 좌임(左衽)[255]하게 되었으니, 이

251 오랑캐 : 원문의 '추결(魋結)'은 뭉치 모양의 상투로, 오랑캐의 머리 모양을 일컫는다.

252 내복(內服) : 천자의 교화가 미치는 왕기(王畿) 이내의 지역을 이르는 말로, 천자의 교화가 미치지 않는 왕기 밖의 지역인 외복(外服)과 상대되는 말이다.

253 추로(鄒魯) : 유학(儒學)이나 문교(文敎)가 흥성한 곳을 뜻하는 말로, 맹자(孟子)가 추(鄒)나라에서 태어나고 공자(孔子)가 노(魯)나라에서 태어난 데에서 유래하였다.

254 신주(神州)가 침몰되어 : 신주는 중국의 미칭(美稱)으로 '적현신주(赤縣神州)'의 줄인 말이다. 《사기》의 〈맹자순경열전(孟子荀卿列傳)〉에 "중국을 적현신주라 하는데 적현신주의 안에 구주(九州)가 있으니, 하우(夏禹)가 만든 구주가 바로 그것이다."라고 보인다. 《史記 卷74》 원문의 '육침(陸沈)'은 육지가 물에 잠긴다는 뜻으로, 중국이 외적(外賊)에게 침입을 당하여 망함을 비유하는바, 남조(南朝)의 송(宋)나라 사람인 유의경(劉義慶)의 《세설신어》에 "환공이 개탄하였다. '끝내 신주(神州)로 하여금 육침을 당하여 백 년 동안 폐허가 되게 하였으니, 왕이보(王夷甫) 등 여러 사람들은 책임을 면할 수 없다.'〔桓公慨然曰: 遂使神州陸沈, 百年丘墟, 王夷甫諸人, 不得不任其責.〕"라고 보인다. 《世說新語 卷下之下 輕詆》

255 좌임(左衽) : 옷깃을 왼쪽으로 여미는 것으로, 오랑캐의 풍속을 가리킨다. 《논어》〈헌문(憲問)〉에, "관중(管仲)이 아니었으면 우리는 머리를 풀고 옷깃을 왼쪽으로

명칭이 또한 상구(上九)의 석과(碩果)[256]가 될 수 있을 것이다.

본조(本朝)의 수백 년 동안의 인물을 살펴보건대, 명종(明宗)과 선조(宣祖) 전후로 선진(先進), 후진(後進)의 뜻이 있어서, 세도(世道) 역시 따라서 질(質)과 문(文)으로 취향이 달라지게 되었다.[257]

우리 태조께서 건국하시고서 여전히 전조(前朝)의 비루함을 다 변혁하지는 못하였는데, 영릉(英陵 세종)께서 이를 이어서 국가의 사업을 성취하고 대업을 안정시켜서 사백년 보록(寶籙)[258]의 기반을 마련하였

여미는 오랑캐가 되었을 것이다.〔微管仲, 吾其被髮左衽矣.〕"라는 공자의 말이 보인다.

256 상구(上九)의 석과(碩果) : 어지러운 세상에서도 큰 덕을 지녀 소인들에게 해를 당하지 않는 군자 같은 존재를 의미한다. 이는 《주역》의 박괘(剝卦)에서 나온 말로, 《주역》 〈박괘 상구(上九)〉에 "큰 과일은 먹히지 않는다.〔碩果不食.〕"라고 하였는데, 이것은 다섯 개의 효(爻)가 모두 음(陰)인 상태에서 맨 위의 효 하나만 양(陽)인 것을 비유한 것으로, 하나 남은 양의 기운이 외로운 것처럼 보이지만 결코 끊어지지 않고 계속 이어진다는 뜻을 보인 것이다

257 명종(明宗)과……되었다 : 질(質)은 바탕, 문(文)은 문채를 이른다. 《논어집주(論語集註)》 〈선진(先進)〉에 "선진(先進)이 예악에 대하여 한 것을 지금 사람들이 야인(野人)이라 하고, 후진(後進)이 예악에 대하여 한 것을 지금 사람들이 군자(君子)라고 하니, 만일 예악을 쓴다면 나는 선진을 따르겠다.〔先進於禮樂野人也, 後進於禮樂君子也, 如用之則吾從先進.〕"라고 한 공자(孔子)의 말이 보이는데, 이에 대한 집주(集註)에 정자(程子)가 "선배는 예악(禮樂)에 있어 문(文)과 질(質)이 마땅함을 얻었는데, 지금 사람들은 도리어 그것을 질박하다고 말하여 촌스러운 사람이라 하고, 후배는 예악(禮樂)에 있어 문(文)이 그 질(質)보다 지나친데, 지금 사람들은 빈빈(彬彬)하다고 말하여 군자(君子)라고 한다. 이는 주(周)나라 말기에 문(文)에 치우쳤으므로 당시 사람들의 말이 이와 같았으니, 문(文)에 지나쳤음을 스스로 알지 못한 것이다."라고 하였다.

다. 성명(聲明)[259]의 다스림이 명종(明宗)과 선조(宣祖) 때에 성대하였는데, 혼조(昏朝 광해군)에 이르러서 또 한 번 혼란해졌다. 인조께서 혼란을 평정하셨으나 여전히 정치를 이루고 제도를 정하는 데에는 이르지 못하였는데, 효묘(孝廟 효종)께서 이를 이어서 훈신(勳臣)과 외척을 내쫓고 유학(儒學)을 숭상하여 한 시대의 다스림을 이루어서, 지금까지도 아름답다.

258 보록(寶籙) : 중국 전설에 봉황이 황제(黃帝)와 제요(帝堯)에게 전해 주었다는 예언서로 왕위를 계시하는 천명(天命)을 말하는데, 전하여 왕업을 뜻한다.

259 성명(聲明) : 성교(聲敎)와 문명(文明)과 전장제도(典章制度)를 일컫는 말이다. 성은 석(錫)·난(鸞)·화(和)·영(鈴) 등의 방울소리를 가리키고, 명은 해〔日〕·달〔月〕·별〔星辰〕 등을 깃발에 그려 하늘의 밝은 것을 상징한 것으로, 거식(車飾)·의장(儀仗) 등의 제도를 뜻한다.《春秋左傳 桓公 2年》

노주집

제24권

잡지 雜識

잡지 2

雜識 二

정자(程子)는 사람이 그 몸에 있는 오장(五臟)과 온갖 혈맥(血脈)에 대해서 제대로 알지 못하는 것을 가지고도 흐리멍덩하다고 하였다. 그러니 지금 사람이 그 마음에 갖추어져 있는 성명(性命)에 대해서 제대로 알지 못하는 것은 더욱 어떠하겠는가. 다만 후세의 유학자가 대부분 구이지학(口耳之學)만을 일삼아서 행동이 앎을 받쳐 주지 못하였기에 이로써 세상 사람들에게 비난을 받게 되었다. 이에 행동을 귀하게 여기고 앎을 천하게 여기는 의론이 사람들의 안목을 해쳐서 '치지(致知)'라는 한 조목을 급하지 않은 일로 간주하고, '성명'이라는 두 글자에 이르러서는 알 수도 없고 굳이 궁구할 필요도 없다는 쪽으로 밀쳐놓았으니, 아아, 이것이 또한 위태롭다고 하겠다.

예로부터 상도(常道)가 바루어지지 못한 것과 사특함이 함께 일어나는 것[1]은 모두 큰 근본[2]을 분명하게 알지 못한 데에서 연유한 것이다.

1 상도(常道)가……것 : 이는 《맹자》 〈진심 하(盡心下)〉에 "군자는 상도를 회복할 뿐이니, 상도가 바루어지면 서민이 선을 행하려는 마음을 일으키고, 서민이 선을 행하려는 마음을 일으키면 사특함이 없어질 것이다.〔君子反經而已矣. 經正則庶民興, 庶民興, 斯無邪慝矣.〕"라고 한 맹자의 말을 원용한 표현이다. 이에 대하여 주자의 《집주(集註)》에서는 "경(經)은 상(常)이니, 만대가 지나도록 변하지 않는 상도이다.……'사특'이란 향원과 같은 따위가 바로 이것이다. 세상과 도가 쇠미하여 큰 상도가 바루어지지 못하였다. 그러므로 사람마다 이설을 주장하여 그 사욕을 이루고자 하여 사특함이 함께 일어나니, 이루 다 바로잡을 수가 없다.〔經, 常也, 萬世不易之常道也.……邪慝, 如鄕原之屬是也. 世衰道微, 大經不正. 故人人得爲異說, 以濟其私, 而邪慝幷起, 不可勝正.〕"

부자(夫子)께서 성(性)과 천도(天道)에 대해 드물게 말씀하셨던 것[3]은 다만 배우는 이들에게 자연 하학(下學)과 상달(上達)[4]의 등급이 있어서 모든 사람에게 대번에 말씀해 주실 수가 없었기 때문이다. 그러므로

라고 설명하였다.

2 큰 근본 : 이는 마음의 정(情)이 일어나지 않은 상태인 '중(中)'을 가리킨 것으로, 《중용(中庸)》 제1장에 "희로애락의 정이 일어나지 않은 상태를 중이라 이르고 정이 일어나 모두 절도에 맞는 상태를 화라 이르니, 중이란 천하의 큰 근본이고 화란 천하에 공통된 도이다.〔喜怒哀樂之未發, 謂之中; 發而皆中節, 謂之和. 中也者, 天下之大本也; 和也者, 天下之達道也.〕"라고 한 데에 보인다. 이에 대하여 주자의 《장구(章句)》에서는 "'큰 근본'이란 천명의 성이니, 천하의 이치가 모두 이것으로 말미암아 나오는바, 도의 체이다.〔大本者, 天命之性, 天下之理, 皆由此出, 道之體也.〕"라고 설명하였다.

3 부자(夫子)께서……것 : '부자'는 공자를 가리키는 것으로, 이 내용은 《논어》 〈공야장(公冶長)〉에 "부자의 겉으로 드러난 위의(威儀)나 문사(文辭)와 같은 문장은 배우는 자들이 모두 함께 들을 수 있지만 부자께서 성(性)과 천도에 대해 말씀하시는 것은 들을 수 없다.〔夫子之文章, 可得而聞也, 夫子之言性與天道, 不可得而聞也.〕"라고 한 자공(子貢)의 말에 보인다. 이에 대하여 주자의 《집주(集註)》에서는 "'성'이란 사람이 부여받은 천리이고, '천도'란 천리자연의 본체이니, 실제로는 한가지 이치이다.〔性者, 人所受之天理. 天道者, 天理自然之本體. 其實一理也.〕"라고 설명하였다.

4 하학(下學)과 상달(上達) : '하학'이란 형이하(形而下)라고 할 수 있는 '인간의 일'을 배우는 것이며, '상달'이란 형이상(形而上)이라 할 수 있는 '천리(天理)'를 통달하는 것으로, 《논어》 〈헌문(憲問)〉에 "나는 하늘을 원망하지 않으며 사람을 탓하지 않고, 아래로 인사(人事)를 배우면서 위로 천리를 통달하니, 나를 알아주는 것은 하늘일 것이다.〔不怨天, 不尤人, 下學而上達, 知我者其天乎.〕"라고 한 공자의 말씀에 보인다. 이에 대하여 주자의 《집주(集註)》에서는 "배우는 자들은 모름지기 하학과 상달의 말을 지켜야 하니, 이것이 바로 학문의 요점이다. 대체로 아래로 인사를 배우는 것이 바로 위로 천리를 통달하는 것이다.〔學者須守下學上達之語, 乃學之要. 蓋凡下學人事, 便是上達天理.〕"라고 한 정자(程子)의 말을 인용해 설명하였는데, 이는 하학하면 곧 상달하게 된다는 의미이다.

드물게 말씀하셨을 뿐이니, 어찌 일찍이 괴력난신(怪力亂神)[5]과 동등하다고 여겨서 말씀하지 않으셨겠는가. 또한 증자(曾子)가 일관(一貫)을 들었을 때[6]는 그 나이가 20세 안팎에 불과하였으니, 그렇다면 진실로 하학처(下學處)에서 공부가 도저(到底)하게 되면 성인께서도 언제나 아낌없이 알려 주셨던 것이다.

사단(四端)과 칠정(七情)에 관한 논변[7]은 실로 정추만(鄭秋巒)의 《천명도(天命圖)》[8]에서 연유하였다. 아마도 추만이 인심(人心)과 도심

5 괴력난신(怪力亂神) : 이 말은 《논어》 〈술이(述而)〉에 "공자께서는 괴이(怪異)와 용력(勇力)과 패란(悖亂)과 귀신(鬼神)에 대해서는 말씀하지 않으셨다.〔子不語怪力亂神.〕"라고 한 부분에 보인다. 《집주(集註)》의 설명에 의하면, 괴이와 용력과 패란은 올바른 이치가 아니고, 귀신은 지극하게 이치를 궁구하지 않으면 알기 쉽지 않기 때문에 이에 대해서 말씀하지 않았다고 한다.

6 증자(曾子)가……때 : '일관(一貫)'이란 '일이관지(一以貫之)'의 약어로, '한 이치가 천하의 온갖 일을 관통하고 있음'을 뜻하는데, 이와 관련된 내용이 《논어》 〈이인(里仁)〉에 다음과 같이 보인다. 공자가 "참아! 나의 도는 한 이치가 꿰뚫고 있다.〔參乎! 吾道, 一以貫之.〕"라고 말씀하시자, 증자가 즉시 응하여 "예.〔唯.〕"라고 대답하였다. 이후 공자가 나가시자 문인들이 무슨 말씀인지 증자에게 물어보았는데, 증자가 말하기를, "부자의 도는 충(忠)과 서(恕)일 뿐이다.〔夫子之道, 忠恕而已矣.〕"라고 하였다.

7 사단(四端)과……논변 : 이는 이른바 '사칠 논변(四七論辨)'으로, 퇴계(退溪) 이황(李滉, 1501~1570)과 고봉(高峯) 기대승(奇大升, 1527~1572)이 사단(四端)과 칠정(七情)에 대하여 이(理)와 기(氣)의 분속(分屬) 및 발현 여부를 놓고서 7년에 걸쳐 서신을 통해 토론한 것을 가리킨다. 이는 당시 정지운(鄭之雲)의 《천명도설(天命圖說)》의 내용에 이황이 수정을 가하면서 야기되었다. 이 논변은 이후 조선조에서 이황을 중심으로 한 소위 '영남학파(嶺南學派)'와 율곡(栗谷) 이이(李珥)를 중심으로 한 소위 '기호학파(畿湖學派)'가 출현하게 된 하나의 중요한 원인이 되기도 하였다.

8 정추만(鄭秋巒)의 천명도(天命圖) : 정추만은 정지운(鄭之雲, 1509~1561)으로,

(道心)을 두 가지로 구분해 상대하여 말한 것을 보고, 또《주자어류》에서 '이지발 기지발(理之發氣之發)'이라고 운운한 것[9]이 혹원(或原)·혹생(或生)의 가르침[10]과 유사한 점이 있는 것 같았기 때문에 마침

자는 정이(靜而), 호는 추만, 본관은 경주(慶州)이다. 김정국(金正國, 1485~1541)의 문하에서 수학하다가 김안국(金安國, 1478~1543)의 문하에 들어가 성리학을 연구하였다. 1537년(중종32),《성리대전(性理大全)》에 실려 있는 인물지성(人物之性)을 논한 주자(朱子)의 설을 취하고 그 밖에 여러 설을 참고하여 그림을 그리고 거기에 문답을 더하여 〈천명도설(天命圖說)〉을 지었다. 이후 1553년(명종8), 이황(李滉, 1501~1570)의 가르침을 받아 도설의 내용을 수정하였는데, 먼저 지었던 것을 〈천명구도(天命舊圖)〉, 뒤에 수정한 것을 〈천명신도(天命新圖)〉라고 하였다. 그는 이 도설에서 사단(四端)·칠정(七情)과 이기(理氣)의 분속(分屬)에 관한 문제를 제시하였는데, 처음에는 "사단은 이에서 발하고 칠정은 기에서 발한다.〔四端發於理, 七情發於氣.〕"라고 하였다가, 이황의 수정을 받아 "사단은 이가 발한 것이고, 칠정은 기가 발한 것이다.〔四端理之發, 七情氣之發.〕"라고 하였다. 저서로는 1640년(인조18)에 간행된《천명도설》1권이 있으며, 참고 자료로는《추만실기(秋巒實記)》가 있다.

9 주자어류에서……것 : 이는《주자어류》권53 〈맹자3 공손추 중(公孫丑中)〉의 '인개유불인인지심 장(人皆有不忍人之心章)'에 "'사단은 이(理)의 발함이고 칠정은 기(氣)의 발함이다.'라고 말씀하자, 보광(輔廣)이 묻기를, '보건대, 희로애오욕과 같은 것은 도리어 인의에 가까운 듯합니다.'라고 하였다. 이에 주자가 말씀하셨다. '진실로 유사한 부분이 있다.'〔"四端是理之發, 七情是氣之發." 問 : "看得來如喜怒愛惡欲, 却似近仁義." 曰 : "固有相似處."〕"라고 한 내용을 가리킨다.

10 혹원(或原)·혹생(或生)의 가르침 : 이는 주자의 〈중용장구서(中庸章句序)〉에서 "인심은 위태롭고 도심은 미묘하니, 정하게 살피고 한결같이 지켜야 진실로 그 중(中)을 잡아 지닐 것이다.〔人心惟危, 道心惟微, 惟精惟一, 允執厥中.〕"라는 순임금의 말을 언급해 부연하여서 "심(心)의 허령지각은 하나일 뿐인데 인심과 도심의 다름이 있다고 한 것은, 혹은 형기의 사사로움에서 생겨나고 혹은 성명의 바름에서 근원하여 지각하는 것이 똑같지 않기 때문이다. 그러므로 혹은 위태로워 편안하지 못하고 혹은 미묘하여 보기가 어려운 것이다.〔心之虛靈知覺, 一而已矣, 而以爲有人心道心之異者, 則以其或生於形氣之私, 或原於性命之正, 而所以爲知覺者不同. 是以或危殆而不安, 或

내 그 설(說)을 주장하여《천명도》안에다 드러낸 것인 듯하다.

그러나 인심과 도심은 순임금이 우임금에게 고하실 적에 이미 상대해 말씀하셔서[11] 위태로움과 미묘함의 기미와 정하게 살피고 한결같이 지키는 공부를 보여 주신 것이다.

사단과 칠정 중에 사단은 맹자의 말씀에 나오고 칠정은〈예운(禮運)〉의 글에서 보이는데,[12] 각자 입언(立言)하여 저마다 주로 삼는 바가 따로 있으니, 애당초 비교하여 두 가지로 구분해 말한 것이 아니다. 그 체모(體貌)를 가지고 말하자면 이미 원래 한곳에서 상대하여 말한 인심·도심과 다를 뿐만이 아니다. 추만이 이러한 점에 대해서 궁구하지 못한 채 다만 일시적인 견해에 의거하여 사단과 칠정을 하나의 원

微妙而難見耳.〕"라고 설명한 대목을 가리킨다.

11 인심과……말씀하셔서 : 이와 관련된 내용은《서경》〈우서(虞書) 대우모(大禹謨)〉에 보이는데, 순(舜)이 우(禹)에게 제위를 물려주면서 "인심은 위태롭고 도심은 미묘하니, 정하게 살피고 한결같이 지켜야 진실로 그 중(中)을 잡아 지닐 것이다.〔人心惟危, 道心惟微, 惟精惟一, 允執厥中.〕"라고 당부하는 말을 남겨 준 것을 가리키는 것으로, 그 말을 살펴보면 인심과 도심을 구분하여 나란히 말하였기 때문에 '상대해 말씀하셨다'라고 한 것이다.

12 사단은……보이는데 : '사단'은《맹자》〈공손추 상(公孫丑上)〉에 "측은지심은 인의 단서이고, 수오지심은 의의 단서이고, 사양지심은 예의 단서이고, 시비지심은 지의 단서이다. 사람이 이 사단을 가지고 있는 것은 사체를 가지고 있는 것과 같다.〔惻隱之心, 仁之端也, 羞惡之心, 義之端也, 辭讓之心, 禮之端也, 是非之心, 知之端也. 人之有是四端也, 猶其有四體也.〕"라고 한 맹자의 말에 보이며, '칠정'은《예기》〈예운(禮運)〉에 "성인(聖人)이 반드시 그 정(情)을 알아서 그 의(義)를 열어준다.……무엇을 사람의 정(情)이라 이르는가? 희(喜)·노(怒)·애(哀)·구(懼)·애(愛)·오(惡)·욕(欲)이니, 이 일곱 가지는 배우지 않아도 능한 것이다.〔必知其情, 辟於其義.……何謂人情? 喜、怒、哀、懼、愛、惡、欲, 七者弗學而能.〕라고 한 부분에 보인다.

안에 함께 놓아두고서 호발(互發)의 증거로 삼은 것[13]은, 설령 그 말이 매우 적확하고 타당하더라도 오히려 "경(經)을 해석하면서 새롭고 기이함만을 추구한다."라고 하였던 윤화정(尹和靖)의 비판[14]을 면할 수가 없을 것이다. 더구나 또 반드시 옳다고 할 수 없는 경우는 더 말해

13 사단과……것 : 이는 정지운(鄭之雲)이 이황(李滉)의 정정을 받아 고쳐서 만든 〈천명신도(天命新圖)〉를 두고 한 말이다. 이를 살펴보면, 중앙 하단에 위치한 한 원의 안에 측은·수오·사양·시비의 사단과 희·노·애·락·애·오·욕의 칠정을 함께 배치하고, 원의 바깥 우측에는 '사단이지발(四端理之發)', 좌측에는 '칠정기지발(七情氣之發)'이라고 기록하였다.《退溪集 卷41 雜著 天命圖說後敍-附圖-》《秋巒先生實記 卷1 退溪先生証正圖》'호발(互發)'이란 사단과 칠정을 각각 이(理)의 발함과 기(氣)의 발함으로 나누어 보는 '이기호발설(理氣互發說)'을 말한다.

14 경(經)을……비판 : 윤화정(尹和靖)은 정이(程頤, 1033~1107)의 고족제자인 윤돈(尹焞, 1071~1142)으로, 자는 언명(彦明)·덕충(德充), 호는 화정이다. 이 내용은 《회암집(晦庵集)》 권71 잡저(雜著) 〈기화정선생오사(記和靖先生五事)〉에 "서장이 소씨(蘇氏)가 '사민전율(使民戰栗)'을 해석한 뜻을 언급하며 '어떻습니까?'라고 여쭙자, 화정 선생께서 발끈 성내시며 말씀하셨다. '경을 풀이하면서 새롭고 기이하게 하고자 하면 이르지 못할 바가 없을 것이네.'〔徐丈語及蘇氏使民戰栗義, 問曰 : 如何? 先生艴然曰: 訓經而欲新奇無所不至矣.〕"라고 한 부분과 동 권 〈우독만기(偶讀謾記)〉에 "일찍이 서단립장을 뵈었었는데 다음과 같이 말씀하셨다. '일찍이 소씨의 설을 가지고 윤화정에게 여쭙자, 화정이 한참 동안 정색하고 계시다가 마침내 말씀하기를, '경을 해석하면서 새롭고 기이하게 하고자 하면 어디엔들 이르지 못하겠는가.'라고 하였다.' 이 말씀을 들음에 사람으로 하여금 송연하여 땀이 흐르도록 하였다.〔嘗見徐端立丈說曾以蘇說問尹和靖, 和靖正色久之, 乃言曰 : "解經而欲新奇, 何所不至?" 聞之令人悚然汗下.〕"라고 한 부분에 보인다. '서장'은 윤화정의 문인 서도(徐度)로 자는 돈립(惇立)이다. 이는 주희가 소흥(紹興) 21년 5월에 호주(湖州)에서 서도를 직접 만나 뵙고 들은 말을 기록한 내용이다. '소씨'는 소식이다. 황진(黃震)의 《황씨일초(黃氏日抄)》 권2 〈독논어(讀論語)〉에 의하면, 소식은 《논어》 〈팔일〉의 '사민전률 장(使民戰栗章)'에 대해서 '공이 재아와 함께 삼환을 주벌할 것을 도모하여 은미한 말을 만들어서 서로 이야기한 것〔公與宰我謀誅三桓 而爲隱辭以相語〕'으로 해석하였다고 한다.

무엇하겠는가.

농암(農巖)[15]의 사단(四端)·칠정(七情)에 관한 설(說)은 정밀하고 심오하며 자세하고 치밀하여 진수를 드러내 밝혀서 퇴계(退溪 이황(李滉))나 율곡(栗谷 이이(李珥))이 이르지 못하였던 이치에 나아간 것이 많으니, 무궁무진한 것은 의리인데 전대의 현인이 다하지 못하고 남겨 둔 것을 후대의 현인이 드러내어 밝힌 것이라고 이를 만하겠다. 일찍이 듣건대, 문집을 인간(印刊)할 때에 수암(遂庵)[16]이 율곡의 설(說)과 부합하지 못하는 부분이 있다고 하여 산거(刪去)해야 한다는 의론을 힘써 주장하는 바람에 원집(原集)에서 누락되었다고 한다. 그 후

15 농암(農巖) : 김창협(金昌協, 1651~1708)으로, 자는 중화(仲和), 호는 농암·삼주(三洲), 본관은 안동(安東)이다. 과거에 급제하여 조정의 요직을 두루 거쳤다. 기사환국 때 아버지 김수항(金壽恒)이 사사되자 사직하고 은거하였고, 갑술옥사 이후 아버지 김수항의 신원으로 대제학과 지돈녕부사 등에 임명되었지만, 모두 사직하였다. 저서로는《농암집》과《주자대전차의문목(朱子大全箚疑問目)》등이 있다. 시호는 문간(文簡)이다.

16 수암(遂庵) : 권상하(權尙夏, 1641~1721)로, 본관은 안동, 자는 치도(致道), 호는 수암·한수재(寒水齋)이다. 송준길(宋浚吉)·송시열(宋時烈)의 문인이다. 1715년《가례원류》의 저작권을 둘러싸고 윤선거(尹宣擧)와 유계(兪棨)의 후손 사이에 분쟁이 일어나자, 그 서문에서 유계의 저술임을 밝혀 소론의 영수 윤증으로부터 비판을 받았다. 또 송시열이 화를 당한 것은 윤증이 윤휴(尹鑴)의 무리와 함께 조작한 것이라고 송시열의 비문에 기록하여 유생 유규(柳奎) 등 8백여 명과 대사간 이관명(李觀命), 수찬 어유구(魚有龜) 등 소론 측으로부터 비문을 수정하라는 항의를 받기도 하였다. 이단하(李端夏)·박세채(朴世采)·김창협(金昌協) 등과 교유하였다. 청풍의 황강서원(黃岡書院) 등 10여 곳에 제향 되었다. 저서로는《한수재집》·《삼서집의(三書輯疑)》등이 있다. 시호는 문순(文純)이다.

연보를 추가해 간행할 적에[17] 미호(渼湖)[18]가 비록 그 중요한 부분을 뽑아 간추리고서 견해를 덧붙였으나 끝내 전문(全文)이 완비된 것만은 못하니, 이것이 몹시도 한스럽게 여길 만한 일이다.

무릇 경전(經傳)의 문자를 볼 적에는 마땅히 각각 입언(立言)한 본지(本旨)를 따라서 그 귀결되는 지취(旨趣)를 이해해야 하니, 그래야 비로소 결정(潔淨)하게 된다. 맹자께서는 일생 동안 성선(性善)의 의론을 주장하셨는데 사단(四端)을 말씀하신 것은 선(善)이라는 한쪽만을 끄집어내어 보여 줌으로써 사람에게 이를 넓혀서 채워나가도록 하신 것일 뿐이다. 〈예운(禮運)〉에서는 정(情)·의(義)·이(利)·환(患)을 낱낱이 거론하였는데,[19] 칠정(七情)을 말한 것은 선(善)·악

17 연보를……적에 : 현재 《농암집》 권36 부록(附錄)에 실려 있는 김원행(金元行)의 〈연보발(年譜跋)〉에 의하면, 농암의 연보는 김원행이 농암 사후 45년 만에 완성하였다고 하였는바, 1753년경으로 추정된다. 이후 1754년(영조 30), 안동 부사(安東府使) 조돈(趙暾)이 안동부에 보관되어 있던 문집의 판목이 대부분 완결(刓缺)된 것을 안타깝게 여겨 대폭 보각(補刻)하였는데, 이때 연보를 추각(追刻)하였다.

18 미호(渼湖) : 김원행(金元行, 1702~1772)으로, 본관은 안동, 자는 백춘(伯春), 호는 미호, 또 다른 호는 운루(雲樓)이다. 김창협(金昌協)의 손자로 입양되었으며, 이재(李縡)의 문인이다. 1719년 진사시에 합격하였으나 신임사화 때 할아버지 김창집(金昌集) 및 아버지와 형들이 죽임을 당하자, 벼슬을 포기하고 학문에 전념하였다. 산림(山林)으로 추앙받으면서 박윤원(朴胤源)·오윤상(吳允常)·홍대용(洪大容) 등 많은 학자를 길러냈다. 저서에 《미호집(渼湖集)》이 있으며, 시호는 문경(文敬)이다.

19 예운(禮運)에서는……거론하였는데 : 이는 《예기》 〈예운(禮運)〉에 "성인(聖人)이 천하로써 한집안을 만들고 중국(中國)으로써 한 사람처럼 만들 수 있는 것은 뜻으로 짐작해서가 아니요, 반드시 그 정(情)을 알아서 그 의(義)를 열어주며 그 이로움을 밝혀주며 그 근심을 통달해서이니, 그런 뒤에야 능히 이렇게 할 수 있는 것이다. 무엇을

(惡)을 겸하여 사람에게 집약하기를 요구한 것일 뿐이다. 읽는 자가 이에 대해 반복하여 깊이 체인(體認)하면 뜻을 얻고 난 후에 그 말은 개의치 않게 되어 받아서 사용함이 무궁무진할 수 있으니, 어찌 굳이 힘을 소비하여서 같고 다름을 나누거나 합하는 사이에 끌어다가 견주는 바람에 도리어 그 자연스러운 지취를 놓쳐버릴 필요가 있단 말인가.

위로는 하늘로부터 아래로는 땅에 이르기까지 한 기(氣)가 가득 차 막힘없이 흘러 다녀 어느 한 곳이라도 부족함이 없고 일각(一刻)이라도 정지함이 없어서 만물(萬物)이 그 사이에서 모두 다 길러지는데, 생식하고 양육하며 움직이고 호흡하는 것이 이 기(氣)가 아님이 없다. 다만 기기(氣機 기(氣)의 기능, 기틀)가 동탕(動盪)하고 분운(紛紜)함에 자연히 '만규(萬竅)에 바람이 불어 댈 적에 나는 소리가 갖가지여서 똑같지 않은 점'[20]이 있으나 그 근원에 대해서 남김없이 추구해 보면 이 또한

사람의 정(情)이라 이르는가. 희(喜), 노(怒), 애(哀), 구(懼), 애(愛), 오(惡), 욕(欲)이니, 이 일곱 가지는 배우지 않아도 능한 것이다. 무엇을 사람의 의(義)라고 이르는가. 아버지는 사랑하고 아들은 효도하며 형은 선량하고 아우는 공경하며 남편은 의롭고 부인은 그 말을 따르며 어른은 은혜롭고 어린이는 순종하며 인군(人君)은 인(仁)하고 신하는 충성하는 것이니, 이 열 가지를 사람의 의(義)라 이른다. 신의(信義)를 강(講)하고 화목을 닦는 것을 사람의 이로움이라 이르고, 쟁탈하여 서로 죽임을 사람의 환란(患亂)이라 이른다.〔聖人耐以天下爲一家, 以中國爲一人者, 非意之也. 必知其情, 辟於其義, 明於其利, 達於其患, 然後能爲之. 何謂人情? 喜、怒、哀、懼、愛、惡、欲, 七者弗學而能. 何謂人義? 父慈、子孝、兄良、弟弟、夫義、婦聽、長惠、幼順、君仁、臣忠, 十者謂之人義. 講信修睦謂之人利. 爭奪相殺謂之人患.〕"라고 한 부분을 가리킨다.

20 만규(萬竅)에……점 : 해당 원문은 '취만부제(吹萬不齊)'로, '취(吹)'는 바람을 가리켜 말한 것이며 '만(萬)'은 대지 상의 온갖 구멍과 틈새인 '만규(萬竅)'를 가리키는바,

그저 한 기(氣)의 능함일 뿐인데 실제로는 이(理)가 그 가운데에서 체(體 본체, 근간)가 되어서 물(物)이 이 이(理)를 빠뜨리지 못하여 지극히 오묘하고 지극히 정미하여 형상이나 자취를 가지고서 찾을 수가 없으니, 이 점이야말로 무엇보다도 정밀하게 생각해야 할 부분이다.

금수(禽獸)는 그 기질이 치우치고 막혔다〔偏塞〕. 그러므로 선(善)과 악(惡)의 사이에 있어서 기질이 같은 종류와 종자(種子)에 구애를 받아 양자의 사이를 서로 넘어서지 못한다. 그러나 인류는 막힘이 없고 밝다〔通明〕. 그러므로 교화해 길러주며 가르쳐 익히게 함으로써 변화해 나아가게 되는 것이다.

치우치고 막힌 금수의 기질 가운데에도 아주 조금 밝은 부분이 있으니,[21] 이러한 아주 조금 밝은 부분에 나아가 보면 그 성정(性情)의

이는 바람이 만규에 불게 되면 각양각색의 소리가 나게 됨을 이른다. 《장자(莊子)》 〈제물론(齊物論)〉에서 안성자유(顔成子游)가 남곽자기(南郭子綦)에게 천뢰(天籟)에 관하여 묻자, 남곽자기가 "만규에 바람이 불어 댈 적에 나는 소리가 갖가지여서 똑같지 않지만, 그 소리는 그 자신의 구멍으로부터 말미암는 것인데 모두가 다 그 스스로 취하는 것이니, 그렇다면 힘찬 소리를 내게 하는 것은 그 누구이겠는가?〔夫吹萬不同, 而使其自己也, 咸其自取, 怒者其誰邪?〕"라고 한 데에서 유래한 것으로, 여기에서는 제각각 서로 달라 매우 다양함을 뜻한다.

21 아주……있으니 : 이는 본래 주자의 말로, 《주자어류(朱子語類)》 권4 〈성리(性理)1 인물지성 기질지성(人物之性氣質之性)〉에 "이(理)는 인(人)과 물(物)이 똑같지 않다. 예컨대, 벌과 개미의 군신 관계는 그 의(義)에 있어서 아주 조금 밝은 부분이 있을 뿐이며, 범과 이리의 부자 관계는 그 인(仁)에 있어서 아주 조금 밝은 부분이 있을 뿐이다. 그 밖의 다른 것에 대해서는 다시 미루어 나아가지 못하니, 이는 거울이 다른 부분은 전부 어두운데 중간에 조금의 빛만 있는 것과 흡사하다.〔理不同, 如蜂蟻之

전일함이 도리어 인류보다 나은 점이 있다는 것을 알 수 있다. 이는 비유컨대, 깊숙하고 어두침침한 곳에 햇살이 뚫고서 새어 들어와 거침없이 관통해 밝게 비추게 되면 두루 비춰주는 보통의 햇빛보다 더욱더 분명한 것과 같다.

옛사람이 '결정정미(潔淨精微)'라는 말을 가지고 《주역(周易)》의 도(道)를 일컬었다.[22] 그러나 무릇 천지간에 도리를 궁구하여 극처(極處)에 도달하면 결정정미하지 않은 것이 하나도 없다.

임녹문(任鹿門)[23]이 초년에 주장한 이(理)·기(氣)에 관한 설(說)은

君臣, 只是他義上有一點子明, 虎狼之父子, 只是他仁上有一點子明, 其他更推不去, 恰似鏡子其他處都暗了, 中間只有一兩點子光.〕"라고 한 심한(沈僩)의 기록에 보인다.

22 옛사람이……일컬었다 : 이는 《예기》 〈경해(經解)〉의 맨 첫 부분에 "그 나라에 들어가서 그 나라의 교화를 알 수 있으니, 그 백성의 사람됨이 온유하고 돈후함은 《시경》의 가르침이고, 소통하여 먼일을 앎은 《서경》의 가르침이고, 광박하며 평이하고 선량함은 《악경(樂經)》의 가르침이고, 깨끗하고 고요하며 정심하고 미묘함은 《역경(易經)》의 가르침이다.〔入其國, 其敎可知也. 其爲人也溫柔敦厚, 《詩》敎也. 疏通知遠, 《書》敎也. 廣博易良, 《樂》敎也. 絜靜精微, 《易》敎也.〕"라고 한 공자의 말에 보이는 내용을 가리킨 것이다. 이에 대해 공영달의 소(疏)는 "《역경》이 사람에 대해서 올바르면 길함을 얻고 올바르지 못하면 흉함을 얻으니, 정도와 분수에 넘치는 짓을 하지 않는 것이 깨끗하고 고요함이며, 이치와 성을 남김없이 궁구하여 말이 추호만큼 극히 미세한 부분까지 파고들어 가는 것이 정심하고 미묘함이다.〔《易》之於人, 正則獲吉, 邪則獲凶, 不爲淫濫, 是絜靜. 窮理盡性, 言入秋毫, 是精微.〕"라고 설명하였다. 해당 원문의 '결정정미(潔淨精微)'는 본래 '결정정미(絜靜精微)'로 표기하는바, '깨끗하고 고요하며 정심(精深)하고 미묘하다'는 뜻으로 《주역》의 가르침으로 인하여 교화된 사람의 인품을 가리킨 것이었으나 나중에는 《주역》의 본질을 파악한 말로 사용되었다.

좋아할 만한 점이 참으로 많다. 다만 심(心)을 논하면서 기(氣)에 바탕을 둔 정도[24]가 너무 지나친 바람에 거의 곧장 이(理)와 뒤섞어 구별함이 없었으니, 무엇보다도 의심할 만한 점이 된다. 이것이 결국 그의 만년에 견해를 바꾸게 된 장본이 되지 않았겠는가.

농암(農巖 김창협(金昌協))이 일찍이 말하기를, "《대학(大學)》에 나온 '치지(致知)'의 '지(知)'는 이해하기 어려운 것이 아니다. 그런데도 그 뜻에 대해 주자의 《대학장구(大學章句)》에서 특별히 '식(識 앎)과 같다.'라고 풀이하였으니, 이는 아마도 '인지(仁智)'의 '지(知)'와 구별하려고 하였던 듯하다."[25]라고 하였다. 이에 대하여 나는 삼가 다음과

23 임녹문(任鹿門) : 임성주(任聖周, 1711~1788)로, 자는 경중(敬仲)·중사(仲思), 호는 녹문, 본관은 풍천(豐川)이다. 도암(陶庵) 이재(李縡)의 문인으로, 1733년(영조9) 사마시에 합격하고, 1750년 세자익위사 세마(洗馬)가 되고 시직(侍直)으로 승진하였으나 곧 사직하고, 1758년 공주의 녹문(鹿門)에 은거하였다. 1776년 정조가 즉위한 뒤에 동궁을 보도(輔導)하고 지방관을 지내다가 다시 녹문에 은거하여 학문연구로 여생을 보냈다. 처음 스승을 따라 낙론(洛論)을 주장하다가 중년에 이르러 낙론과 호론(湖論)을 모두 비판하고, 화담(花潭) 서경덕(徐敬德)의 기일원론(氣一元論)을 계승 발전시켜 기일분수설(氣一分殊說)을 주장하여서 한 학맥(學脈)을 이루었다.

24 기(氣)에……정도 : 해당 원문에는 '점리분수(占理分數)'라고 되어 있으나 전후 문맥상 '리(理)'는 '기(氣)'의 오류인 듯하여 바로잡아 번역하였다. 참고로 《노주집(老洲集):Nojuchip》(원본소장처:하버드옌칭도서관UCI G701:B-00061963935) 권24 〈잡지2〉의 해당 부분 상단 난외에 "理當作氣"라고 표기하여 해당 원문을 교정하였다.

25 대학(大學)에……듯하다 : 이에 관한 구체적인 내용은 《농암집(農巖集)》 권32 〈잡지(雜識) 내편(內篇)2〉에 "《대학》의 '치지(致知)'의 '지(知)' 자는 그 뜻이 이해하기 어려운 것이 아닌데 《장구》에서 특별히 해석하기를, '앎과 같다.'라고 하였다. 오래전부터 상당히 이에 대해 의심하였는데 최근에 생각해 보니 '인지(仁智)'의 '지(智)' 자와

같이 생각한 적이 있었다.

'명덕(明德)'은 이미 심(心)을 주로 삼아서 말한 것이니, 그렇다면 이 '치지(致知)'의 '지(知)' 자에 대해서 만약 '지식(知識)'의 뜻으로 특별히 해석하지 않으면 사람들은 장차 '지각(知覺)'을 뜻하는 '지(知)' 자로 오인하게 될 것이다. 무릇 지식이 비록 영각(靈覺)[26]에서 나와서 서로 통하지 않은 적이 없으나 착수하여 공력을 쏟는 것으로 말하면 반드시 사물에 나아가서 그 이치를 궁구해야 한다. 이것이 바로 정자(程子)가 말씀한 "저것을 밝게 알기만 하면 곧 이것을 깨닫게 된다."[27]라는 것이니, 활연관통(豁然貫通)의 경지에 이른다면 심(心)의 체(體)와 용(用)이 모두 밝아질 것이다.[28]

구별하기 위해 그러한 듯하다. 대체로 경서에 보이는 '지(知)' 자는 '지(智)' 자인 경우가 많으니, 《논어》와 《중용》과 《역전》이 대부분 그러한데 유독 《맹자》에 곧바로 '지(智)' 자로 되어 있는 부분이 몇 군데 있을 뿐이다. 주자께서 사람들이 이 '치지(致知)'의 '지(知)' 자를 또한 '지(智)' 자로 간주할까 염려하였다. 그러므로 특별히 이처럼 해석한 것이다.〔《大學》致知之知, 其義非難曉也, 而《章句》特訓云猶識也, 舊頗疑之, 近思之, 恐以別於仁智之智也. 蓋凡經書知字, 多是智字, 《論語》、《中庸》、《易傳》, 類皆然, 獨《孟子》有數處直作智耳. 朱子恐人以此知字, 亦作智看, 故特訓之如此.〕"라고 보인다.

26 영각(靈覺) : '허령지각(虛靈知覺)'을 축약한 말로, 곧 심(心)을 가리킨다. 참고로 불교 용어로서의 '영각'은 중생이 본래 갖추고 있는 영명하게 깨닫는 성(性)이다. 이는 사물에 대하여 깨닫고 이해하는 사람의 지능을 의미한다.

27 저것을……된다 : 이 내용은 《근사록》 권3 〈치지(致知)〉에 "사물과 내가 한 이치이니, 저것을 밝게 알기만 하면 곧 이것을 깨닫게 된다. 이것이 내·외를 합하는 방법이다.〔物我一理, 纔明彼, 卽曉此, 此合內外之道也.〕"라고 한 정이(程頤)의 말에 보인다. 이에 대하여 섭채(葉采)의 《집해(集解)》에서는 "천하에는 두 가지 이치가 없으니, 사물의 이치는 바로 내 마음의 이치이다.〔天下無二理, 物之理, 卽吾心之理也.〕"라고 설명하였는데, 여기에 의거하면 '저것'은 사물의 이치이고 '이것'은 내 마음의 이치이다.

만약 배우는 자가 사물을 도외시하고 곧장 영각의 '지(知)'에 나아가 이를 지극히 하려고 하면 어둡고 혼란하여 갈피를 못 잡게 될 것이니, 이것이 거의 석씨(釋氏)의 학문에 가깝지 않겠는가. 그렇다면 주자가 특별히 '식(識)'이라고 해석한 의도는 '인지(仁智)'의 '지(知)'와 구별하려는 데에 있을 뿐만 아니라 또한 이를 통하여 영각의 '지(知)'와 구별하고자 하였던 것인 듯하다.

성명(性命)과 이기(理氣)에 관한 설(說)에 있어서는 우리 국조(國朝)의 선유(先儒)들 중에 오직 율곡(栗谷 이이(李珥))과 농암(農巖 김창협(金昌協))의 설(說)이 가장 훌륭하니, 모두 도(道)의 오묘함을 드러내 밝혀서 성경현전(聖經賢傳)을 도와 지킬 수 있다. 그러나 율곡의 설(說)은 깊이 나아가 홀로 깨달아 얻어서 영롱하고 투철한데, 타고난 자질이 지극히 총명하고 지혜로워서 깨달아 얻음이 어렵지 않고 그것

28 활연관통(豁然貫通)의……것이다 : 이는《대학장구》의 소위 '보망장(補亡章)'에 "하루아침에 탁 트여 관통하게 되면 모든 사물의 겉과 속, 정밀함과 거침이 이르지 않음이 없고, 내 마음의 온전한 본체와 큰 쓰임이 모두 밝아질 것이다. 이것이 '사물의 이치가 이르렀다.'라고 하는 것이며, 이것이 '앎이 지극해졌다.'라고 하는 것이다.〔一旦, 豁然貫通焉, 則衆物之表裏精粗無不到, 而吾心之全體大用, 無不明矣. 此謂物格, 此謂知之至也.〕"라고 한 부분을 원용한 것이다. '활연관통'이란 어느 한순간에 이치를 환하게 깨치게 되는 것을 뜻하며, '심(心)의 체(體)와 용(用)'이란 '내 마음의 온전한 본체와 큰 쓰임'으로, 진력(陳櫟)은 "'내 마음의 온전한 본체'는 바로 '명덕'을 해석한 것이니, 《장구》에서 이른바 '뭇 이치를 갖추었다.'라고 한 것이고, '내 마음의 큰 쓰임'은 바로 이른바 '만사에 응한다.'라고 한 것이다.〔吾心之全體, 卽釋明德, 《章句》所謂具衆理者; 吾心之大用, 卽所謂應萬事者也.〕"라고 설명하였다. 참고로 여기서 언급한 '심(心)의 체용(體用)'에 관한 문제는 학자마다 견해가 달라 논란이 많은 부분이다.

을 드러냄이 매우 쉽기 때문에 강론하는 즈음에 간혹 다른 사람이 하는 말을 다 이해하지 못한 부분이 있다. 농암은 타고난 자질이 비록 율곡에게 미치지는 못하지만, 사색이 절실하고 타당하기 때문에 다른 사람의 의도를 잘 이해하여 무릇 논변할 적에 자세하고 빈틈없이 두루 미쳐 양단을 함께 다하였기에[29] 사람으로 하여금 물리지 않게 한다.

율곡(栗谷 이이(李珥))의 말씀은 명쾌하고, 농암(農巖 김창협(金昌協))의 말씀은 통창(通暢)하다.

주자가 말씀하기를, "인(仁)은 인(仁)이로되 예(禮)는 인(仁)이 드러난 것이고, 의(義)는 의(義)로되 지(智)는 의(義)가 갈무리된 것이다."[30]라고 하였으니, 이는 인(仁)과 의(義)가 양립하는 뜻을 말씀한 것이다. 또 말씀하기를, "인(仁)이란 인(仁)의 본체이고 예(禮)란 인(仁)의 절문(節文)함이며, 의(義)란 인(仁)의 단제(斷制)함이고 지(智)란 인(仁)의 분별함이다."[31]라고 하였으니, 이는 인(仁)이 사덕

29 양단을 함께 다하였기에 : 이 말은 《논어》 〈자한(子罕)〉에 "비천한 사람이 나에게 물으면, 그가 아무리 무식하다 하더라도 나는 그 양쪽 끝을 들어서 다 말해 준다.〔有鄙夫問於我, 空空如也, 我叩其兩端而竭焉.〕"라고 한 공자의 말을 원용한 것이다. 주자의 《집주(集註)》에 의하면 '양단'이란 양두(兩頭)와 같은 말로, 이는 일의 시종·본말·상하·정조(精粗) 등을 남김없이 밝혀서 모두 말해 준다는 뜻이다.

30 인(仁)은……것이다 : 이 말은 《회암집(晦庵集)》 권58 〈답진기지(答陳器之)-문옥산강의(問玉山講義)-〉에 보인다.

31 인(仁)이란……분별함이다 : 이 말은 《회암집(晦庵集)》 권58 〈답진기지(答陳器之)-문옥산강의(問玉山講義)-〉에 보인다. '절문(節文)'이란 등급을 나누어 절도에 맞게 하고 문식(文飾)을 가하여 문채가 나게 하는 것이다. '단제(斷制)'란 결단하여 제재

(四德)을 포함하는 뜻[32]을 말씀한 것이다.

만약 또 착종해서 관통하면 인(仁)·의(義)만을 이렇게 말할 수 있는 것이 아니다. 사덕이 순환하여 모두 그렇지 않음이 없는 것이다. 무슨 정(情)이든지 막론하고 그 동처(動處)에 나아가 한 가지 일에 확인해 보면 또한 반드시 네 가지의 덕(德)을 각각 구비하고 있다. 이렇게 발하여 나오는 것이 인(仁)이고, 펴서 드러나는 것이 예(禮)이며, 제재하는 것이 의(義)이고, 거두어 갈무리하는 것이 지(智)이다. 거두어 갈무리하기 때문에 발하여 나오고, 발하여 나오기 때문에 펴서 드러나며, 펴서 드러나기 때문에 제재하고, 제재하기 때문에 또 거두어 갈무리하는 것이다.-'거두어 갈무리함'과 '발하여 나옴'의 사이에 정(貞)과 원(元)의 뜻이 있다.-

인(仁)이 발할 적에는 인(仁)이 경(經)이 되고 예(禮)·의(義)·지(智)가 위(緯)가 되며, 의(義)가 발할 적에는 의(義)가 경(經)이 되고 인(仁)·예(禮)·지(智)가 위(緯)가 되며, 예(禮)가 발할 적에는 예(禮)가 경(經)이 되고 인(仁)·의(義)·지(智)가 위(緯)가 되며, 지(智)가 발할 적에는 지(智)가 경(經)이 되고 인(仁)·의(義)·예(禮)

하는 것이다.

32 인(仁)이……뜻 : '사덕(四德)'이란 《주역(周易)》의 원(元)·형(亨)·이(利)·정(貞)을 가리키는데, 이는 각각 춘(春)·하(夏)·추(秋)·동(冬)과 인(仁)·예(禮)·의(義)·지(智)에 해당한다. 주자의 《주역본의》는 건괘(乾卦)의 〈단전(彖傳)〉을 해석하면서 "사덕의 사이에 생기가 유행하여 애당초 간단함이 없으니, 이는 원(元)이 사덕을 포함하여 천덕(天德)의 시종(始終)을 통관하는 까닭이다.〔四者之間, 生氣流行, 初无間斷, 此元之所以包四德而統天也.〕"라고 하여 원(元), 즉 인(仁)이 사덕을 포함한다는 '인포사덕(仁包四德)'을 주장하였다. 주자의 이러한 주장은 그의 문집과 《주자어류》 등에도 보인다.

가 위(緯)가 되니, 경(經)이 체(體)가 되고 위(緯)가 용(用)이 되어 -체(體)·용(用)은 주(主)·객(客)이라고 말한 것과 같다.- 천 가지 조목과 만 가지 단서로 서로 번갈아 관통하고 흘러들기에 하나라도 빠져서는 안 되는 것이다.

대체로 유행(流行)을 가지고 전체(全體)를 말하면 인(仁)이 실제로 사덕을 포함하여서 하나가 되고, 대대(對待 상대(相對))를 가지고 관건(關鍵)을 말하면 인(仁)과 의(義)가 대립하여 둘을 이루고, 착종(錯綜)을 가지고 발용(發用 운용)을 말하면 사덕이 서로 번갈아 체(體)·용(用)이 되어서 만사가 나오게 되니, 바로 여기에서 또한 정자가 "그중의 한 가지를 차지하면서 나머지 네 가지를 간직하고 있다."[33]라고 말씀한 것의 오묘함을 볼 수 있을 것이다.

그러나 성(性)은 다만 한 이(理)일 뿐이다. 미발(未發)인 상태로 안에 있을 적에는 혼연하여 완전하면서 순수하여 지선(至善)하기에 애당초 언급할 만한 소리나 냄새 따위의 정상(情狀)이 없고, 또 분별할 만한 피차간의 계한(界限)이 없는데, 발동하는 즈음에는 감동하는 바의 주객과 경중에 따라서 사덕에 분속된다. 밖에 드러난 조리를 가지고 안에 구비된 체단(體段)을 알게 되니, 이것이 바로 이른바 "그 정(情)

33 그중의……있다 : 이는 주자가 엮은 《이정유서(二程遺書)》 권15 〈입관어록(入關語錄)〉에 "하늘에 오행의 기(氣)가 있다. 그러므로 모든 생물이 오성을 갖추고 있지 않은 것이 없으니, 그중의 한 가지를 차지하면서 나머지 네 가지를 간직하고 있다. 초목으로 말하자면, 색이 누런 것은 토(土)의 성(性)을 얻은 것이 많고, 색이 흰 것은 금(金)의 성(性)을 얻은 것이 많다.〔天有五氣, 故凡生物, 莫不具有五性, 居其一而有其四. 至如草木也, 其黃者, 得土之性多; 其白者, 得金之性多.〕"라고 한 정자(程子)의 말에 보인다.

을 따라 거슬러 올라가서 미루어 안다."[34]라는 것이다.

그러나 이는 결국 한 이(理)의 동(動)·정(靜)이 하는 것인데, 동(動)의 이(理)가 정(靜)의 이(理)가 아닌 적이 없고 정(靜)의 이(理)가 동(動)의 이(理)가 아닌 적이 없으니, 이는 의리의 지극히 정심하고 미묘한 부분으로 거친 마음가짐으로는 구할 수 없는 것이다.

이제 사덕(四德)이 서로 번갈아 체(體)·용(用)이 된다는 뜻을 가지고 살펴보면, "인(仁)이 발할 적에 예(禮)가 관계하는 바가 없고, 의(義)가 발할 적에 지(知 지(智))가 완전히 깨닫지 못한다."라고 말할 수 없다. 이것을 가지고 물(物)에 미루어 보면, 물성(物性)이 겨우 한 길만 통하는 것에 대해서도 그 체(體)가 완전히 구비되지 않은 적이 없음을 확인할 수 있다. 그러니 그 용(用)이 통달하지 못한 것이 어찌 형기(形氣)에 국한된 것 때문이 아니겠는가.-정자(程子)가 말씀하기를, "이 도리는 비록 소나 말과 같이 혈기(血氣)를 지닌 부류라도 역시 그러하니, 모두 이렇게 구비되어 있으나 다만 유형(流形)이 똑같지 않아서 각각 형기(形氣)를 따르다가 곧 어둡게 되고 만다."[35]라고 하였다.-

34 그……안다 : 이 말은《회암집(晦庵集)》권58〈답진기지(答陳器之)-문옥산강의(問玉山講義)-〉에 보인다.

35 이……만다 : 이 말은《이정유서(二程遺書)》권2하〈부동견록후(附東見錄後)〉에 "이 도리는 비록 소나 말과 같이 혈기(血氣)를 지닌 부류라고 하더라도 또한 그러하여 모두 다 이렇게 갖추어져 있으나 다만 유형이 똑같지 않아서 각각 형기(形氣)를 따른 뒤에 곧 그 기(氣)를 어둡게 만들고 마는 것이다.〔此箇道理, 雖牛馬血氣之類亦然, 都恁備具, 只是流形不同, 各隨形氣後, 便昏了佗氣.〕"라고 한 부분에 보인다. '유형(流形)'이란《주역》건괘(乾卦)〈단전(彖傳)〉에서 건(乾)의 형(亨)을 해석하여 "온갖 물(物)이 유형한다.〔品物流形.〕"라고 한 부분에 보이는 말로, 기(氣)가 모여서 만물이 형체를

지금 사람들은 오상(五常)[36]을 너무 지나치게 높게 보아서 "물(物)은 오상을 갖추고 있을 수가 없다."라고 말하니, 이는 오상이 사람으로 인하여 그 명칭을 확립하였으나 결국 오행(五行)의 이치일 뿐임을 전혀 알지 못한 것이다.

이것을 다섯으로 나누면 바로 오상이고, 둘로 집약하면 건(健)·순(順)[37]이며, 또 하나로 집약하면 태극(太極)일 뿐이니, 있으면 모두 함께 있고 없으면 모두 함께 없는 것이다. 만약 "물(物)이 오상에 대해서 어떤 경우는 가지고 있기도 하고 어떤 경우는 없기도 하다."라고 말하면 이는 태극을 찢어서 나누는 것이다.

물(物)의 성(性)이 사람의 성(性)과 똑같음에 대해서 사람들이 알지 못하는 것은 다른 까닭이 없다. 다만 자기의 성분(性分)에 나아가 직절(直截)하게 체인(體認)하여서 참으로 그 본연(本然)의 오묘함인 태극(太極)을 확인해 보지 못하였기 때문이다.

이(理)는 진실로 기(氣)를 주재하는 것이다. 그러나 기(氣)를 도외시한 채로 미루어 구할 수가 없으니, 만일 한 기(氣)의 동정처(動靜處)에 확실히 본 바가 있으면 거의 이(理)가 이(理)가 되는 까닭을 묵묵히

갖춤을 말한다.

36 오상(五常) : 인(仁)·의(義)·예(禮)·지(智)·신(信)의 오성(五性)을 가리킨다.

37 건(健)·순(順) : 천도(天道)의 음양(陰陽)을 인도(人道)로 바꾸어 말한 것으로, 건은 양(陽)의 덕이고 순은 음(陰)의 덕이다.

깨달아 알 수 있게 될 것이다.

독서하여 의리를 구할 적에 대체(大體)를 꿰뚫어 환히 살펴보지 못하고 지엽적이고 부수적인 것을 급선무로 삼아 상세함을 다하여서 사람들의 이목(耳目)을 끌 수 있는 신기(新奇)한 설(說)을 만들어 내면 이를 곧 능사라고 여긴다. 그래서 해석함을 따라 잘못된 점이 생겨나 더욱더 본지(本旨)를 잃게 되니, 이것이 후대에 유학(儒學)을 공부하는 선비들이 지닌 공통된 문제점이다.

주자가 일찍이 말씀하기를, "차라리 간략할지언정 지나치게 상세히 하지는 말아야 하고, 차라리 성글지언정 지나치게 치밀하지는 말아야 하니, 그래야 비로소 여지가 있게 된다."[38]라고 하였으니, 이 말씀을 마땅히 깊이 체인해 완미해야 할 것이다.

근세에 사람의 성(性)과 물(物)의 성(性)이 서로 다르다는 의론을 주장하는 자들은 다른 까닭이 있어서 그러한 것이 아니다. 일원(一原)[39]

38 차라리……된다 : 이 말은 《회암집(晦菴集)》 권62 〈답장원덕(答張元德)〉에 "대체로 독서하여 의리를 구할 적에는 차라리 간략할지언정 지나치게 상세히 하지는 말아야 하고, 차라리 성글지언정 지나치게 치밀하지는 말아야 하니, 그래야 비로소 여지가 있게 된다.〔大抵讀書求義, 寧略毋詳, 寧疎毋密, 始有餘地也.〕"라고 보인다. 그 바로 아래에 달린 자주(自註)에 "지나치게 상세하기 때문에 번쇄하고, 지나치게 치밀하기 때문에 구애된다.〔詳故碎, 密故拘.〕"라고 설명하였다.

39 일원(一原) : '하나의 근원'이라는 뜻으로, 이(理) 또는 태극(太極)을 가리킨다. 《대학혹문(大學或問)》 권1 〈경일장(經一章)〉에 "이(理)로써 말하면, 만물이 일원(一原)으로 본디 인(人)과 물(物), 귀(貴)와 천(賤)의 다름이 없지만, 기(氣)로써 말하면, 바르고 통투한 기(氣)를 얻으면 인(人)이 되고 편벽되고 막힌 기(氣)를 얻으면 물(物)

에 대해서 제대로 파악하지 못한 채 그저 우선 분수(分殊)[40]를 중요하게 보아 기(氣)로부터 미루어 나아갔다. 그리하여 만약 무언가 모방해 찾을 수 있는 것이 있으면 전전(輾轉)하여 너무 자세히 함도 마다하지 않아 마침내 성리(性理)를 나누고 쪼개 지리멸렬하고 번쇄하여 곧 천지의 조화와 서로 같지 않은 점이 있게 되고야 말았으니, 이것이 참으로 탄식할 만하다.

예로부터 성명(性命)과 이기(理氣)에 관한 성현의 의론은 이(理)로부터 기(氣)에 대해 미루어 나아간 것과 기(氣)로부터 이(理)에 대해 미루어 나아간 것, 이 두 갈래 길이 있을 뿐이다. 각각 그 말한 방면을

이 된다. 이 때문에 귀해지기도 하고 천해지기도 하여 똑같지 못한 것이다.〔以其理而言之, 則萬物一原, 固無人物貴賤之殊, 以其氣而言之, 則得其正且通者爲人, 得其偏且塞者爲物, 是以或貴或賤而不能齊也.〕"라고 보이는데, 이는 이(理)를 가지고 보면 만물에 태극이 있기 때문에 만물은 그 근원이 서로 똑같다는 의미이다.

40 분수(分殊) : 이는 '이일(理一)'이 전제된 말로, 보통 '이일분수(理一分殊)'로 많이 쓰인다. '이일분수'는 본래 정이(程頤)가 장재(張載)의 〈서명(西銘)〉에 대하여 논한 말로, 《근사록(近思錄)》 권2 〈위학(爲學)〉에 "〈서명〉은 이(理)는 하나이지만 분(分)이 다름을 밝혔다.〔西銘, 明理一而分殊.〕"라고 한 데에 보인다. 여기서 '분(分)'이란 '나뉨', '분수'로, 〈서명〉의 내용 가운데 천지(天地)를 부모로 여기고 만물을 동체로 여긴 부분은 '이(理)는 하나인 것'이며, 귀천·친소·상하 등등 그 등급에 따라 각각 마땅하게 품절(品節)함이 있는 것은 '분(分)이 다른 것'이다. 이 말은 정자의 제자인 양시(楊時, 1053~1135)가 편찬한 《이정수어(二程粹言)》 권상 〈논서편(論書篇)〉에도 실려 있다. 이후 그 의미가 좀 더 확장·전용되어서 '이일'이란 우주의 근원은 이(理) 한 가지라는 뜻을, '분수'란 이 이(理)가 나뉘어서 천만 가지의 각각 다른 형태와 성질을 갖게 된다는 뜻을 지니게 되었다. 《朱子語類 卷1 理氣上 太極天地上》《性理大全 卷26 理氣 總論》

따라서 반드시 먼저 두 갈래 길을 매우 명확하게 분별해야 하니, 그러한 뒤에야 비로소 뜻을 얻고 나면 그 말은 개의치 않게 되는 경지에 이를 것이다. 그렇지 않으면 언설에 집착하다 본래의 뜻을 놓치는 폐단에 빠지지 않는 경우가 거의 드물다.

이(理)는 기(氣)의 본(本)이 되고-본(本)은 근본(根本)과 추뉴(樞紐)[41]라는 뜻을 겸하고 있다.- 기(氣)는 이(理)의 재(才)가 되니,-재(才)는 재질(才質)과 재능(才能)이라는 뜻을 겸하고 있다.- 재(才)가 아니면 본(本)을 볼 수가 없고, 본(本)이 아니면 재(才)가 준칙으로 삼을 바가 없다.

이(理)와 기(氣)는 비록 구별이 없을 수 없지만, 또한 아주 명백하게 서로 다른 두 가지 물건으로 간주할 수도 없다. 주자가 "결단코 서로 다른 두 가지 물건이다."[42]라고 말씀한 것은 그 말을 너무 중(重)하게

41 추뉴(樞紐) : '추(樞)'란 문을 여닫는 지도리이고, '뉴(紐)'란 기물을 달아매거나 잡는 끈을 말하는바, 사물의 중요한 관건 혹은 상호 연계상 중심이 되는 것을 뜻하는 말이다.

42 결단코……물건이다 : 이 말은 《회암집(晦庵集)》 권46 〈답유문숙(答劉文叔)〉에 "이른바 이(理)와 기(氣)는 결단코 서로 다른 두 가지 물건이다. 다만 물(物)의 측면에서 보자면, 두 가지 물건은 혼륜(渾淪)하기에 분개(分開)하여 각각 다른 한 곳에 있을 수 없다. 그러나 두 가지 물건이 각각 한 가지 물건이 되는 것에 문제가 되는 것은 아니다. 만약 이(理)의 측면에서 본다면, 비록 물(物)이 없더라도 이미 물(物)의 이(理)가 있다. 그러나 또한 그 이(理)가 있을 뿐 실제로 이 물(物)이 있던 적은 없다.〔所謂理與氣, 此決是二物. 但在物上看, 則二物渾淪, 不可分開各在一處, 然不害二物之各爲一物也. 若在理上看, 則雖未有物, 而已有物之理. 然亦但有其理而已, 未嘗實有是物也.〕"라고 한 부분에 보인다.

표현하였기 때문에 명(明)나라 유자들의 의심을 불러일으켰다.[43] 그러나 주자가 일찍이 말씀하기를, "그 온 바를 따르면 모름지기 '먼저 이 이(理)가 있다.'라고 말해야 할 것이다. 그러나 별도로 한 가지 물건이 되는 것이 아니라 바로 이 기(氣)의 가운데에 보존되어 있는 것이니, 이 기(氣)가 없으면 이 이(理) 또한 걸려서 붙어 있을 곳이 없다."[44]라고 하였고, 또 말씀하기를, "기(器)를 가리켜 도(道)라고 하는 것은 진실로 안 되지만 기(器)를 분리한 채 도(道)라고 하는 것도 역시 안 된다. 모름지기 형이상자(形而上者)란 이(理)를 가리켜서 말

43 명(明)나라……불러일으켰다 : 이와 관련된 대표적인 인물로 나흠순(羅欽順)을 들 수 있다. 나흠순은 그의 저술인《곤지기(困知記)》권상(卷上)에서 이(理)가 무엇인지에 대해 논하였는데, "오직 정백자만이 이(理)에 대해 가장 정밀하게 말하였고, 숙자와 주자는 조금 부합하지 못한 점이 있는 것 같다.〔惟程伯子言之最精, 叔子與朱子, 似乎小有未合.〕"라고 하면서 주자의 '결시이물(決是二物)'을 그 실례로 언급하였다. 또한 주자가〈소황문노자해(蘇黃門老子解)〉에서 "도(道)와 기(器)라는 명칭이 비록 다르지만 실제로는 한 가지 물건이다.〔道器之名雖異, 然其實一物也.〕"라고 한 구절을 제시하며 '결시이물'과 상충함을 지적하였다.

44 그……없다 : 이 말은《주자어류(朱子語類)》권1〈이기 상(理氣上) 태극천지 상(太極天地上)〉에 "혹자가 묻기를, '반드시 이 이(理)가 있고 난 뒤에야 이 기(氣)가 있는 것이니, 이것이 어떻습니까?'라고 하자, 선생님이 다음과 같이 말씀하였다. '이는 본래 말할 만한 선후가 없다. 그러나 반드시 말미암아 온 바를 추구하고자 하면 모름지기 먼저 이 이(理)가 있다고 말해야 할 것이다. 그러나 이(理)는 또 별도로 한 가지 물건이 되는 것이 아니라 바로 이 기(氣)의 가운데에 보존되어 있는 것이니, 이 기(氣)가 없으면 이 이(理) 역시 걸려서 붙어 있을 곳이 없다. 기(氣)는 금·목·수·화가 되고, 이(理)는 인·의·예·지가 된다.'〔或問 : 必有是理然後有是氣, 如何? 曰 : 此本無先後之可言, 然必欲推其所從來, 則須說先有是理, 然理又非別爲一物, 卽存乎是氣之中, 無是氣, 則是理亦無掛搭處. 氣則爲金木水火, 理則爲仁義禮智.〕"라고 한 만인걸(萬人傑)의 기록에 보인다.

한 것이고 형이하자(形而下者)란 사물을 가리켜서 말한 것임을 알아야 한다."[45]라고 하였다. 이 몇 마디의 말씀을 살펴보면 이(理)와 기(氣) 및 한 가지 물건이 됨과 두 가지 물건이 됨의 사이에 위곡하고 정밀하여 자연히 정심하고 미묘한 의리가 있으니, "결단코 서로 다른 두 가지 물건이다."라는 가르침은 한때의 물음에 답한 것으로서 무언가 의도를 가지고 말씀한 것에 지나지 않을 뿐 그분의 평생토록 바꿀 수 없는 확정된 의론은 아님을 알 수가 있다. 마땅히 그 지두(地頭 방면)를 따라서 융통성 있게 보아야 할 것이고 한 구절의 말 때문에 얽매여서 전체의 진정한 의미를 왜곡해서는 안 된다.-"결단코 서로 다른 두 가지 물건이다."는 유숙문(劉叔文)에게 답한 편지글 가운데의 말이다. 대체로 숙문이 정(精)하고 또 정하여 형언할 수가 없는 것을 태극이라고 하였는데,[46] 이는 바로 분별하는 바가 없이 기(氣)를 이(理)라고 인식한 견해이다. 이 때문에 주자가 부득이하여 이러한 말씀으로 지적한 것이다.-

소리나 냄새가 없는 이(理)는 이름하거나 형상할 수 없다. 그러므로 지극히 형용하더라도 "계속하여 하는 것이 선(善)이다."[47]라고 말하며

45 기(器)를……한다 : 이 말은 《주자어류(朱子語類)》 권75 〈역(易)11 상계 하(上繫下)〉 '제12장'과 《성리대전서(性理大全書)》 권34 〈성리(性理)6 도(道)〉에 보인다.

46 숙문이……하였는데 : 이와 관련된 내용은 《회암집(晦庵集)》 권46 〈답유숙문(答劉叔文)〉에 "예컨대, '정(精)하고 또 정하여 이름하고 형상할 수 없으므로 부득이하여 억지로 이것을 명명하여 태극이라 한다.'라고 하였고, 또 '기(氣)가 정(精)하면 정할수록 이(理)가 존재한다.'라고 하였는데, 이는 모두 기(氣)를 가리켜서 성(性)으로 삼는 잘못이다.〔如云精而又精, 不可名狀, 所以不得已而强名之曰太極, 又曰氣愈精而理存焉, 皆是指氣爲性之誤.〕"라고 보인다.

'무극(無極)의 진리'[48]라고 말하는 데에 지나지 않을 뿐이니, 어찌 물(物)을 가지고 이(理)를 일컬을 수 있겠는가.

《대학혹문(大學或問)》에 이르기를, "반드시 이 이(理)가 있고 난 뒤에 이 기(氣)가 있다."[49]라고 하였는데, 사람들은 혹 이 말을 가지고 이(理)가 선행하고 기(氣)가 후행한다고 인식한다. 만약 이러하다면 삼가 생각건대, 이(理)와 기(氣)가 끊어져 나뉠 것이고 그리하여 음(陰)과 양(陽)도 역시 시작하는 바가 있게 될 것이니, 어찌 그러하겠는가.

대체로 확연하게 음양·오행을 따라서 그 근본을 궁구하면 이렇게 자연히 있는 것이 바로 이(理)이니, 어떤 한 물건이 기(氣)보다 선행하

47 계속하여……선(善)이다 : 이 말은 《주역(周易)》〈계사 상(繫辭上)〉 제5장에 "한 번 음(陰)하고 한 번 양(陽)하게 하는 것을 도(道)라 이르니, 계속하여 하는 것이 선(善)이고 갖추어 있는 것이 성(性)이다.〔一陰、一陽之謂道, 繼之者善也, 成之者性也.〕"라고 한 부분에 보인다. 주자의 《본의(本義)》에 의하면, '계(繼)'는 발(發)함을 말한 것이고 '선(善)'은 화육(化育)의 공(功)으로 양(陽)의 일에 해당한다. 또한 《대전(大全)》의 소주(小註)에 의하면, '계지(繼之)'란 기(氣)가 막 나왔으나 아직 이룬 바가 있지 않은 것이고, '선(善)'이란 이(理)가 막 행하나 아직 성립한 바가 있지 않은 것이다.

48 무극(無極)의 진리 : 이 말은 주돈이(周敦頤)의 〈태극도설(太極圖說)〉에 "무극의 진리와 이기(二氣)·오행(五行)의 정기(精氣)가 묘하게 합하고 엉기었다.〔無極之眞、二五之精, 妙合而凝.〕"라고 한 부분에 보인다. '무극지진(無極之眞)'의 '진(眞)' 자는 '이(理)'로, 곧 태극(太極)이다.

49 반드시……있다 : 이 말은 《대학혹문》에 "천도가 유행하여 만물이 발육되니, 그러한 조화를 이루는 것은 음양·오행일 뿐이다. 그런데 이른바 음양·오행이라는 것은 또 반드시 이 이(理)가 있고 난 뒤에 이 기(氣)가 있다.〔天道流行, 發育萬物, 其所以爲造化者, 陰陽五行而已, 而所謂陰陽五行者, 又必有是理而後有是氣.〕"라고 한 부분에 보인다.

여 확립되어 있다가 이 물(物)이 생겨나기를 기다려서 그 이(理)가 됨을 이른 것은 아니다. 그러므로 주자가 또 일찍이 말씀하기를, "이(理)와 기(氣)는 본래 무엇이 선행하고 무엇이 후행한다고 말할 만한 점이 없다. 다만 미루어 올라갈 때에 마치 이(理)가 앞에 있고 기(氣)가 뒤에 있는 것같이 보일 뿐이다.〔理氣本無先後之可言 但推上去時 却如理在先氣在後相似〕"[50]라고 하였으니, '상사(相似)'라는 두 글자를 자세히 음미해 보면 그 정심하고 미묘한 의리를 거의 어렴풋하게나마 알 수 있을 것이다. 《대학혹문》에서 이른 것도 역시 이러한 뜻으로 보는 것이 옳을 것이다.

심(心)의 부위(部位)는 화(火)에 속하여 일신(一身)의 가운데를 차지한다. 그 광명(光明)하고 방정(方正)한 체(體)는 다른 장기(臟器)가 견줄 수 있는 바가 아니어서 신명(神明)이 머무는 집이 될 만하고 측량할 수 없는 용(用)을 갈무리할 만하다. 그러나 이것을 가지고 심(心)이라 이르는 것은 괜찮지만 심(心)의 본체(本體)라고 이르는 것은 불가하다. 여기에 절로 영명(靈明)하고 살아 움직이며 변화하여 여러 가지 이치를 묘하게 운용하고 만물을 주재하는 것이 있으니, 이는 다름 아닌 신(神)이 하는 바로 심(心)의 본체가 여기에 있는 것이다.

근세에 기질(氣質)을 가지고 심(心)의 본체에 해당하게 하는 자가 있는데, 이는 그저 오장(五臟)의 하나이자 혈육으로서의 심(心)이 있다는 것만을 알 뿐이고 기(氣)의 근본이 하나인 것에 대하여 정확히

50 이(理)와……뿐이다 : 이 말은 《주자어류(朱子語類)》 권1 〈이기 상(理氣上) 태극천지 상(太極天地上)〉에 보인다.

본 바가 없어서 그러한 것이다. 혹은 또 이것을 문제로 여겨서 "방촌(方寸)의 안에 기질을 붙일 수 없다."라고 이르는 자가 있는데, 이는 교왕과직하는 바람에 심(心)은 오장 중의 하나로 다른 장기와 똑같이 이 기질을 가지고 있으나 다만 그 본체에 관여하지 않을 뿐임을 전혀 살피지 못한 것이다.

진서산(眞西山 진덕수(眞德秀))의 말에 이르기를, "바깥은 둥글고 가운데는 구멍 난 것이 심(心)의 체(體)이고-형질(形質)을 이른 것이니, 이는 바로 혈육으로서의 심(心)이다. ○이것들은 진서산의 자주(自註)이다.- 허령(虛靈)하고 지각하는 것은 심(心)의 영(靈)이며-영(靈)은 정상(精爽)을 이르니, 그 묘함을 말하면 신명(神明)하여 측량할 수가 없음을 이른다.- 인의예지신은 심(心)의 이(理)이다.-이(理)는 바로 성(性)이다.-"[51]라고 하였으니, 반드시 이렇게 입언해야 물 샐 틈이 전혀 없게 되고 치우치거나 기울어지지 않을 수 있을 것이다.

기질(氣質)은 별도로 하나의 기(氣)가 된 것이 아니라 바로 잠일(湛一)[52]의 사재(渣滓)로 몸의 안팎에 두루 있는데, 다만 한번 정해져서 바뀌지 않는 형기(形氣)와는 다를 뿐이니, 마치 운무(雲霧)가 끼고

51 바깥은……성(性)이다 : 이 말은 《서산문집(西山文集)》 권31 〈문답(問答) 문불위인(問不違仁)〉과 《성리대전서(性理大全書)》 권35 〈성리(性理)7 인(仁)〉에 보인다.

52 잠일(湛一) : 잠연(湛然)하고 순일(純一)하다는 뜻으로, 기(氣)의 근본을 가리킨다. 장재(張載)가 "잠일은 기의 근본이고, 공취는 기의 욕구이다.〔湛一, 氣之本; 攻取, 氣之欲.〕"라고 하였는데, 이에 대해 주자는 "잠일이란 외물에 감촉하기 전의 잠연하고 순일한 상태이니, 이는 기의 근본이다.〔湛一是未感物之時湛然純一, 此是氣之本.〕"라고 설명하였다. 《張子全書 卷2 正蒙》《朱子語類 卷98》

걷히는 것처럼 무상하게 기멸(起滅)한다. 그것이 아직 발하지 않아 물러나서 명령을 따를 적에는 꼭 있지 않는 것만 같다가 이미 발하여 용사(用事)할 적에는 마치 구름이 하늘을 뒤덮어 태양을 가리는 것처럼 그 방촌(方寸)을 어지럽힌다. 그러나 만약 기기(氣機 기(氣)의 기능, 기틀)가 한번 쉬어서 용(用)을 거두어 체(體)로 돌아가면 또 전처럼 그대로 변함없이 태청(太淸)의 경지인 것이다. 만약 기질에 한번 정해져서 바뀌지 않는 종자(種子)가 있다면 어떻게 변화하겠는가.

나정암(羅整庵)의 《곤지기(困知記)》[53]에 대해서는 내가 젊은 날에 본 바가 매우 단천(短淺)하다. 대체로 명(明)나라 유자들의 지견(知見)이 대부분 참신한 것을 숭상하고 기이한 것을 좋아하여 한쪽으로 치우쳐 균형을 잃고 생경하고도 난삽한 바람에 마침내 도리어 송(宋)나라의 제군자(諸君子)를 낮추어 보았다. 그러므로 내가 삼가 생각하기를,

53 나정암(羅整庵)의 곤지기(困知記) : '나정암'은 명대(明代) 중기의 문신이자 학자인 나흠순(羅欽順, 1465~1547)으로 '정암'은 그의 호이며, 자는 윤승(允升), 시호는 문장(文莊)이다. 효종(孝宗) 홍치(弘治) 6년(1493)에 진사가 되어 출사하고, 세종(世宗) 때 남경 이부상서(南京吏部尙書)와 예부상서(禮部尙書)에 임명되었으나 모두 사양하고 향리에 은거하여 정주학(程朱學) 연구에 전념하였다. 처음에는 선학(禪學)을 연구하다가 나중에 정주학으로 전향하였는데, 기(氣)를 떠나 별도로 이(理)가 존재할 수 없다고 보아 이(理)와 기(氣)가 하나라는 이기일체론(理氣一體論)을 제창하며 주자의 이분법적 이기론을 수정하였다. 저서로는 《곤지기(困知記)》, 《정암존고(整庵存稿)》, 《정암속고(整庵續稿)》 등이 있는데, 그중 《곤지기》는 나흠순의 사상을 대표하는 저술이다. 특히 정주학의 입장에서 왕양명(王陽明)의 학설을 직접적으로 비판하며, 이(理)와 기(氣)가 하나임을 천명한 이기론과 인심을 이발의 정(情)으로 도심을 미발의 성(性)으로 주장하는 심성론이 잘 드러나 있다. 이 책은 16세기에 우리나라에 전래하여 유학자들에게 큰 영향을 미쳤다.

"이 노인도 역시 이러한 권투(圈套 고정된 방식, 틀)를 벗어날 수가 없어서 퇴계(退溪)가 배척한 것[54]이 과하지 않다."라고 하였다.

그런데 근일에 다시 이 책을 훑어보니 좋은 부분이 참으로 많다. 간혹 뛰어난 부분에만 애쓰느라 문사(文辭)를 운용함이 정도를 지나치는 바람에 때로 정자와 주자의 가르침과 맞지 않는 부분이 있으니, 이러한 점이 진실로 온당치 못하다. 비록 그렇지만 또한 "대본(大本)에 대해서 확실하게 본 것이 있다."라고 이를 만하겠으니, 율곡(栗谷)이 그를 인정하였던 것[55]은 이유가 있다.

정암(整庵 나흠순(羅欽順))과 녹문(鹿門 임성주(任聖周))은 모두 기(氣)로

54 퇴계(退溪)가 배척한 것 : 이황(李滉)은 나흠순이 '이(理)와 기(氣)가 서로 다른 것이 아니라는 설〔理氣非異物之說〕'을 제창하여 심지어 주자의 설이 틀렸다고 한 것과 '도심을 성(性)으로 삼고 인심을 정(情)으로 삼은 것〔以道心爲性 人心爲情〕' 등에 대해 비판하며 "실로 정자와 주자에 대해서 죄인이다.〔實程朱之罪人也.〕"라고 하였고, 아울러 노수신(盧守愼)이 나흠순의 학설을 존신(尊信)하는 것을 지적해 그와 논쟁을 벌였다. 《退溪集 卷14 答奇明彦-論四端七情第一書-, 卷17 答友人論學書今奉寄明彦, 卷34 答金景純-守一○乙丑-, 年譜(1), 言行錄5 類編 崇正學》

55 율곡(栗谷)이……것 : 이와 관련된 내용은 《율곡전서(栗谷全書)》 권10 〈서(書)2 답성호원(答成浩原)〉에 "나정암은 식견이 고명하였으니, 근래에 뛰어난 유자입니다. 그는 대본(大本)에 대해서 확실하게 본 것이 있으므로 주자가 이(理)와 기(氣)를 두 갈래로 본 것이 아닌가 하고 도리어 의심하였으니, 이는 비록 주자를 제대로 알지 못하였으나 대본에 대해서는 확실하게 본 점이 있습니다. 다만 인심과 도심을 체(體)와 용(用)으로 삼아 그 명의(名義)를 잃었으니, 역시 애석한 일입니다. 그러나 정암의 잘못은 명목(名目)에 있지만, 퇴계의 잘못은 성리(性理)에 있으니, 비교해 보면 퇴계의 잘못이 더 큽니다.〔羅整菴識見高明, 近代傑然之儒也. 有見於大本, 而反疑朱子有二岐之見, 此則雖不識朱子, 而却於大本上有見矣. 但以人心道心爲體用, 失其名義, 亦可惜也. 雖然整菴之失, 在於名目上, 退溪之失, 在於性理上, 退溪之失較重矣.〕"라고 보인다.

부터 이(理)에 대하여 미루어 나아가 합일(合一)의 오묘함을 보아낸 경우이니, 얼핏 보게 되면 높고도 뛰어나지 않은 것은 아니다. 그러나 그 궁구함이 모두 기(氣)를 주로 삼는 데에 귀결되는데 정암으로 말하자면 오히려 번번이 이 이(理)를 제기한 뜻이 있지만 녹문은 곧장 한 '기(氣)' 자를 가지고 천하의 이(理)를 전부 다 포괄한 채로 이(理)가 이(理)가 되는 까닭에 대해서는 다시 찾아보지 않았다. 대체로 녹문의 견해는 실제로 정암에게 그 근본을 두었는데, '기(氣)' 자를 주장한 것은 그보다 훨씬 지나친 것이다.

녹문(鹿門 임성주(任聖周))이 말하기를, "우주 안에 가득 차 있고 널리 퍼져 있어서 허다한 조화(造化)를 만들어 내고 허다한 사람과 물(物)을 내어놓는 것은 다만 하나의 기(氣)일 뿐이니, 여기에는 다시 '이(理)' 자를 안배(安排)할 만한 조금의 공극도 없다. 다만 그 기(氣)가 이처럼 성대할 수 있고 이처럼 작용할 수 있는 것은 무엇이 그렇게 하도록 만든 것인가. '자연히 그러하게 되었다.〔自然而然〕'라고 말하는 것에 지나지 않을 뿐이다. 이러한 자연처(自然處)에 나아가 성인(聖人)이 명명하기를 '도(道)'라 하고 '이(理)'라 한 것이다."[56]라고 하였는데, 이것은 또한 "하늘의 도(道)는 자연이 아님이 없다."[57]라고 한 나정

56 우주……것이다 : 이 말은 《녹문집(鹿門集)》 권19 〈잡저(雜著) 녹려잡지(鹿廬雜識)-이기심성(理氣心性)○기묘경진(己卯庚辰)-〉에 보인다.

57 하늘의……없다 : 이 말은 《곤지기(困知記)》 권상(卷上)에 "하늘의 도(道)는 자연(自然)이 아님이 없고, 사람의 도(道)는 모두 당연(當然)인 것이다. 무릇 마땅히 그러하여야 할 바는 모두가 바로 자연의 어길 수 없는 것이니, 그 어길 수 없음을 어떻게 아는가. 순히 하여 따르면 길하고 어기면 흉하니, 이를 일러 '하늘과 사람이 하나의

암(羅整庵 나흠순(羅欽順))의 말을 이어받아 근본으로 삼아서 서술한 것으로, 지나치게 상세히 미루어 나아가 논술하는 바람에 몹시도 타당하지 못하다.

대체로 이(理)는 별도로 어떤 한 물건이 기(氣)의 바깥에 존재해 있는 것이 아니니, 그렇다면 도리어 어찌 안배한다고 말할 만하겠는가. 그러나 여기에는 절로 기(氣)이면서도 기(氣)가 아니며 형체는 없으나 작용은 있는 오묘함이 있다. 그러므로 기(氣)로부터 이(理)를 살펴보면 이(理)가 널리 퍼져서 운행하는 것은 진실로 기(氣)가 그렇게 하게 한 것이 아님이 없고, 이(理)로부터 기(氣)를 살펴보면 기(氣)가 법칙을 따라 운행하는 것도 역시 이(理)가 주재하지 않음이 없는 것이다. 지금 저 천지의 조화가 만물을 생육하는 것이 비록 기(氣)의 능함이지만 몹시도 번다하고 혼잡하며 이리저리 움직이고 옮겨 다녀서 만 가지로 변화하는 것도 역시 기(氣)의 능함이라고 이르지 않을 수가 없으니, 곧장 기(氣)의 자연처(自然處)를 가리켜서 이(理)라고 이름 지어 부르고, 거짓됨이 없고 바뀌지 않는 것[58]이 그 근간이 됨을 다시금 제대

이치이다.'라고 하는 것이다.〔天之道莫非自然, 人之道皆是當然. 凡其所當然者, 皆其自然之不可違者也, 何以見其不可違? 順之則吉, 違之則凶, 是之謂天人一理.〕"라고 한 부분에 보인다.

58 거짓됨이……것 : 이는 도(道), 즉 이(理)를 가리키는바, 《노주집(老洲集)》 권25 〈잡지(雜識) 3〉에 "성현께서 세상에 남겨 널리 전하고 입언한 것은 이 도(道)를 발휘하여 사람들로 하여금 이것을 알아서 이것을 행하게 하고자 한 것에 지나지 않을 뿐이다. 이른바 '이 도(道)'라는 것이 무엇인가? 공자 문하의 인(仁)과 맹자의 성선(性善)과 증자가 전한 《대학》의 명덕(明德)과 자사의 성(性)·도(道) 등이 바로 여기에 해당한다. 이것은 다만 거짓됨이 없고 바뀌지 않는 형이상의 도리일 뿐이다.〔聖賢所以垂世立言, 不過發揮此道, 欲使人知此而行此而已, 所謂此道何也? 如孔門之仁、孟子之性善、

로 변별해 내지 못하면 바로 기(氣)가 이(理)의 근본이 되어서 '이(理)'라는 한 글자는 그저 하나의 쓸데없는 군더더기가 되고 말 것이다. 그렇다면 도(道)의 큰 근원은 장차 기(氣)로 말미암아서 나오고 기(氣)로 말미암아서 확립될 것이다. 아주 사소하게 잘못된 식견으로 인하여 결국에는 거대한 패착을 불러오고야 마는 지경에 이르게 될까 봐 삼가 염려스럽다.

녹문(鹿門 임성주(任聖周))이 이르기를, "'이(理)' 자는 경서(經書)에서 전혀 일컬어지지 않았으니, 정자(程子)와 주자(朱子)로부터 비로소 크게 드러나 알려졌다."[59]라고 하였는데, 이는 마치 그 지리멸렬함을

曾傳之明德、子思之性道是耳. 此只是無妄不易形而上底道理也.〕"라고 보인다.

59 이(理)……알려졌다 : 이 말은《녹문집(鹿門集)》권19〈잡저(雜著) 녹려잡지(鹿廬雜識)-이기심성(理氣心性)○기묘경진(己卯庚辰)-〉에 "《시경》·《서경》·《주역》·《논어》·《맹자》·《중용》·《대학》에서 천(天)을 말하고 제(帝)를 말하며 도(道)·덕(德)·심(心)·성(性)·신(神)·인(仁)·의(義) 등의 글자를 말한 경우가 거의 이루 다 셀 수 없을 정도로 많은데, 이(理) 자에 이르러서는 전혀 일컬어지지 않았다. 이(理) 자가 경(經)에 보이는 것은 겨우〈설괘전〉의 '궁리진성(窮理盡性)'·'순성명지리(順性命之理)',〈계사상전〉의 '천하지리(天下之理)',《맹자》의 '이의지열아심(理義之悅我心)'과 같을 뿐이다. 정자와 주자 이후로 이(理) 자가 비로소 크게 드러나 알려져서 천(天)·제(帝)·도(道)·덕(德) 등의 글자에 대해 이(理) 자를 가지고 개괄하지 않음이 없기에 이 글자가 아니면 거의 말을 할 수가 없게 되었고 이 학문을 하는 사람도 역시 '이학(理學)'으로 일컬으니, 문자가 드러나 알려지는가의 여부도 역시 때로 그러함이 있는 듯하다.〔詩書易語孟庸學中, 說天說帝說道德心性神仁義等字, 殆不可勝數, 而至於理字絶無稱焉, 理字之見於經, 僅說卦窮理盡性, 順性命之理, 繫辭天下之理, 孟子理義之悅我心, 如斯而止耳, 自洛閩以來, 理字始大顯, 如天帝道德等字, 無不以理字蔽之, 非此字則幾無以言, 而人之爲此學者, 亦以理學稱之, 文字之顯晦, 亦有時而然歟.〕"라고 한 부분에 보인다.

병통으로 여기는 듯한 점이 있다.

내 생각으로 보건대, '이(理)' 자만 전혀 일컬어지지 않았을 뿐만 아니라 '기(氣)' 자도 어찌 일컬어진 경우가 많겠는가. 녹문이 기(氣)를 주로 삼아 이(理)를 말하고자 하여서 이(理)와 기(氣)의 사이에 기(氣)를 높이고 이(理)를 낮추려는 의도가 분명하게 드러나 있다. 그러므로 그 말이 이와 같았던 것이다.

그러나 경전에서 기(氣)를 말한 것으로는 진실로 《맹자》의 '호연지기(浩然之氣)'보다 더 성대한 것이 없는데, 그 결론을 요약해 보면 "이 호연지기는 의(義)와 도(道)에 짝이 된다."[60]라고 하겠으니, 도(道)와 의(義)가 유독 이(理)가 아니겠는가. 이(理)와 기(氣)가 마땅히 분별이 있어야 하는데 이(理)가 주(主)가 되고 기(氣)가 그 짝이 된다는 사실은 이를 통하여 알 수 있다.

녹문이 이미 한 기(氣)를 가지고 천하의 이(理)를 포괄하고서 이(理)와 기(氣)가 두 가지 물건이 되는 것을 혐의하여 또 별도로 '이(理)' 자를 말하는 것을 원하지 않았다. 이와 같으면 다만 호연지기를 말할 뿐이어서 기(氣)가 절로 선하게 되고-기(氣)가 아무리 선하더라도 이(理)가 아니면 준거할 바가 없다.- 다시 도(道)와 의(義)를 말할 필요가 없으니,

60 이……된다 : 이는 《맹자》 〈공손추 상(公孫丑上)〉에 "이 호연지기는 의(義)와 도(道)에 짝이 되니, 이것이 없으면 위축된다.〔其爲氣也, 配義與道, 無是餒也.〕"라고 한 맹자의 말에 보인다. 이에 대하여 주자의 《집주(集註)》에서는 "'배(配)'란 합하여 돕는다는 뜻이다.……사람이 이 기(氣)를 양성할 수 있으면 그 기(氣)가 도(道)와 의(義)에 합하여 도움이 되어서 행동을 용기 있고 결단성 있게 하여 의심하거나 꺼리는 바가 없게 한다.〔配者, 合而有助之意.…… 人能養成此氣, 則其氣合乎道義而爲之助, 使其行之勇決, 無所疑憚.〕"라고 설명하였다.

이것이 또한 맹자의 말씀과는 다르다고 하겠다.

녹문(鹿門 임성주(任聖周))이 또 '자연(自然)'과 '당연(當然)'에 대하여 논하기를, "다만 기(氣)의 측면에 나아가서 말한 것일 뿐이니, '연(然)' 자는 바로 기(氣)를 가리키고 '자(自)' 자와 '당(當)' 자는 형식적으로 놓아두어서 그 뜻을 형용한 것에 지나지 않을 뿐이다."[61]라고 하였다. 이와 같다면 '이(理)'라는 한 글자는 볼 수 있는 여지조차 없어서 결국 매몰되고야 말 것이니, 아아, 또한 위태로울 것이다.

이에 나는 삼가 다음과 같이 생각하는 바이다. '연(然)' 자는 '이와 같다〔如是〕'라는 뜻에 지나지 않고 정신(精神 실질, 요지)은 진실로 '자(自)' 자와 '당(當)' 자에 담겨있으니, 대체로 '절로 이와 같다〔自如是〕'

61 다만……뿐이다 : 이 말은《녹문집(鹿門集)》권19〈잡저(雜著) 녹려잡지(鹿廬雜識)-이기심성(理氣心性)○기묘경진(己卯庚辰)-〉에 "이 기(氣)가 한번 동(動)하여 만물을 발생시키고 한번 정(靜)하여 만물을 수렴하니, 발생시키면 원(元)이 되고 형(亨)이 되며 수렴하면 이(利)가 되고 정(貞)이 되는바, 이는 바로 기(氣)의 성정(性情)으로 자연에서 나와서 당연의 법칙이 된 것이다. 이 당연처(當然處)에 나아가서 성인이 또 명명하기를 '도(道)'라 하고 '이(理)'라 하였다. 그러나 그 이른바 '자연'과 '당연'이란 또한 별도로 어떤 지경이 있는 것이 아니라 다만 기(氣)의 측면에 나아가서 말한 것일 뿐이니, '연(然)' 자는 바로 기(氣)를 가리키고 '자(自)' 자와 '당(當)' 자는 형식적으로 놓아두어서 그 뜻을 형용한 것에 지나지 않을 뿐이다. 진실로 이러한 뜻을 제대로 알 수 있다면 비록 혹 기(氣)를 가리켜 이(理)라고 하더라도 또한 불가함이 되지 않을 것이다.〔此氣一動而發生萬物, 一靜而收斂萬物, 發生則爲元爲亨, 收斂則爲利爲貞, 此乃氣之性情, 出於自然而爲當然之則者也. 卽此當然處, 聖人又名之曰道曰理. 然而其所謂自然當然者, 亦非別有地界, 只是就氣上言之, 然字正指氣, 而自字當字不過虛設而形容其意思而已, 苟能識得此意思則雖或指氣爲理, 亦未爲不可也.〕"라고 한 부분에 보인다.

와 '마땅히 이와 같아야 한다〔當如是〕'라는 것은 바로 이(理)를 가리켜서 말한 것이다.

진안경(陳安卿)이 이(理)에는 능연(能然)·필연(必然)·당연(當然)·자연(自然)이 있는 것에 대하여 여쭙자,[62] 주자가 답하기를, "이 뜻이 매우 완비되었다. 우선 소당연(所當然)을 제대로 알고자 하는 것이 긴요하고 절실한 부분이니, 만약 과연 '그만둘 수 없는 곳〔不容已處〕'을 얻는다면 곧 저절로 묵묵히 이해할 수 있을 것이다."[63]라고 하였다.

내가 삼가 이 말씀을 자세히 살펴보건대, 이 네 개의 '연(然)' 자 가운데에서 그 무엇보다도 '당연(當然)'이 지극히 선하고 정당하며 치

62 진안경(陳安卿)이……여쭙자 : '진안경'은 진순(陳淳, 1159~1223)으로 자는 안경, 호는 북계(北溪), 장주(漳州) 용계(龍溪) 사람이다. 주자가 장주를 맡아서 다스릴 적에 종유하여 배웠다. 천주(泉州) 안계현(安溪縣)의 주부(主簿)가 되었다. 저서로는 《사서구의(四書口義)》, 《북계자의(北溪字義)》등이 있으며 학자들이 그를 북계선생(北溪先生)이라고 일컫고 그 말을 기록하여 《균곡뢰구금산소문(筠谷瀨口金山所聞)》이라고 하였다. 진안경의 이 물음은 《회암집(晦庵集)》 권57 〈답진안경(答陳安卿)〉과 《북계대전집(北溪大全集)》 권6 〈문목(問目) 이유능연필연당연자연(理有能然必然當然自然)〉에 "이(理)에는 능연처(能然處)가 있고 필연처(必然處)가 있고 당연처(當然處)가 있고 자연처(自然處)가 있으니, 이 네 가지 개념을 아울러 보아야 비로소 이(理)자의 훈의(訓義)에 완비되지 않겠습니까?〔理有能然, 有必然, 有當然, 有自然處, 皆須兼之, 方於理字訓義, 爲備否?〕"라고 보인다.

63 이……것이다 : 이 말은 《회암집(晦庵集)》 권57 〈답진안경(答陳安卿)〉과 《북계대전집(北溪大全集)》 권6 〈문목(問目) 이유능연필연당연자연(理有能然必然當然自然)〉에 보는 것으로, 주자는 '소이연(所以然)'을 추가하여 우선 '소당연으로서 그만둘 수 없는 것〔所當然而不容已〕'을 알고자 하여 이를 알면 '소이연으로서 바꿀 수 없는 것〔所以然而不可易〕'은 저절로 묵묵히 알게 될 것이라고 말하였다.

우치지 않고 바뀌지 않는 체(體)에 적합한 것이 된다. 그러므로 주자가 이것을 뽑아내어 말씀하여서 이 이(理)의 본색을 가리켜 보여서 면밀하게 체득하여 제대로 알아낼 수 있기를 바라신 것이다. 그렇다면 기(氣)의 자연처(自然處)가 비록 이(理)의 자연(自然)일지라도 만약 그저 이 자연처에 나아가서 이(理)라고 이름 지어 부를 뿐이라면 결국에는 지나치게 기(氣)에 바탕을 둔 데로 귀결되는 바람에 이(理)가 표준(表準 의표(儀表)로 삼을 만한 기준)이 된다는 뜻이 거의 퇴색되지 않겠는가.

일찍이 《대학혹문(大學或問)》을 읽었는데, 거기에 "어떤 물(物)이든지 모두 다 그 안에 소당연(所當然)으로서 그만둘 수 없는 것과 소이연(所以然)으로서 바꿀 수 없는 것을 볼 수 있다."[64]라고 하였다. 이에

64 어떤……있다 : 이 말은 《대학혹문》 중 '격물(格物)'에 관한 내용에서 "《대학》에 나아가서는 또 사물의 가운데에 나아가 알고 있는 이치로 말미암아 미루어 궁구하여서 각각 그 극처에 도달하게 하였다.……힘을 쓰는 방법으로 말하면, 혹 일과 행위의 드러남에서 상고하기도 하고 혹 사려의 은미함에서 살피기도 하며 혹 문자 가운데에 구하기도 하고 혹 강론하는 가운데에 모색하기도 하여, 신심(身心)·성정(性情)의 덕(德)과 인륜(人倫)·일용(日用)의 떳떳함으로부터 천지·귀신의 변화와 새나 짐승, 풀이나 나무의 마땅함에 이르기까지 어떤 물(物)이든지 모두 다 그 안에 소당연(所當然)으로서 그만둘 수 없는 것과 소이연(所以然)으로서 바꿀 수 없는 것을 볼 수 있어서 반드시 겉과 속, 정밀한 것과 거친 것을 다하지 않음이 없고, 또 더욱 유추해서 통달하여 어느 날엔가 훌쩍 초탈하여 꿰뚫는 경지에 이르게 되면 천하의 물(物)에 대하여 모두 그 의리의 정심하고 미묘한 극처인 지선(至善)을 궁구할 수 있을 것이고, 나의 총명과 밝은 지혜도 모두 마음의 본체를 지극히 하여 다하지 않음이 없을 수 있을 것이다.〔及其進乎大學, 則又使之卽夫事物之中, 因其所知之理, 推而究之, 以各到乎其極.……若其用力之方, 則或考之事爲之著, 或察之念慮之微, 或求之文字之中, 或索之講論之際, 使於

대하여 내가 삼가 생각하기를, "소당연은 이미 발하여 형적이 있는 곳에 나아가 본 것이고, 소이연은 아직 발하지 않아서 형적이 없는 곳에 나아가 본 것이니, 소이연이 체(體)가 되고 소당연이 용(用)이 된다."라고 하고서 무릇 소이연과 소당연을 말한 부분에 대해서는 모두 이러한 뜻을 가지고 안배하고자 하였다.

그런데 근일에 다시 생각해 보니, 굳이 이처럼 한 가지 뜻에만 구애되어서 제한적이고 고정적으로 말할 필요가 없었다. 이른바 '소이연'이라는 것은 다름 아닌 당연(當然)의 소이(所以)이니, 그 극(極)에 대하여 본원으로부터 미루어 나아가 궁구해 보면 결국에는 소이연의 상면(上面)에 절로 당연의 이(理)가 있어서 그 근본이 되는데 조짐이 전혀 없다. 그러므로 우선 소이연을 가지고서 지목한 것이다. 그러므로 주자가 소당연에 대하여 절실하고 긴요하다고 여긴 것[65]은 그 뜻이 아마도 또한 이 때문인 듯하다.-나중에 삼연(三淵)[66]의 어록(語錄)을 보니 역시 이렇게

身心性情之德, 人倫日用之常, 以至天地鬼神之變, 鳥獸草木之宜, 自其一物之中, 莫不有以見其所當然而不容已, 與其所以然而不可易者, 必其表裏精粗, 無所不盡, 而又益推其類以通之, 至於一日脫然而貫通焉, 則於天下之物, 皆有以究其義理精微之所極, 而吾之聰明睿智, 亦皆有以極其心之本體而無不盡矣.〕"라고 한 부분에 보인다. 이는 주자가 《대학장구(大學章句)》를 만들면서 전문(傳文)의 제5장인 '격물치지 장(格物致知章)'이 누락되었다고 간주하고 정자(程子)의 뜻을 취해 보충한 소위 '보망장(補亡章)'을 저술한 의도를 설명한 것이다.

65 주자가……것 : 이는 《회암집(晦庵集)》 권57 〈답진안경(答陳安卿)〉과 《북계대전집(北溪大全集)》 권6 〈문목(問目) 이유능연필연당연자연(理有能然必然當然自然)〉에 "우선 소당연(所當然)을 제대로 알고자 하는 것이 긴요하고 절실한 부분이니, 만약 과연 '그만둘 수 없는 곳'을 얻는다면 곧 저절로 묵묵히 이해할 수 있을 것이다.〔且要見得所當然, 是要切處, 若果得不容已處, 卽自可默會矣.〕"라고 한 부분을 가리킨다.

말한 것[67]이 있었다.-

녹문(鹿門 임성주(任聖周))이 말하기를, "사람들은 남당(南塘 한원진(韓元震))이 지나치게 기(氣)에 바탕을 두었다고 생각하는데, 나는 그가 지나치게 기(氣)에 바탕을 둔 것이 아니라 이(理)와 기(氣)를 두 가지 물건으로 인식한 것으로 생각한다."[68]라고 하였으니, 이 말이 근사하

66 삼연(三淵) : 김창흡(金昌翕, 1653~1722)으로, 본관은 안동, 자는 자익(子益), 호는 삼연, 시호는 문강(文康)이다. 기사환국(己巳換局) 때 아버지가 김수항(金壽恒) 사사되자 영평(永平)에 은거했다. 성리학에 뛰어나 형 김창협과 함께 이이(李珥) 이후의 대학자로 이름을 떨쳤다. 신임사화(辛壬士禍)로 김창집이 사사되자 지병이 악화되어 그해 죽었다. 양주의 석실서원(石室書院), 울진의 신계사(新溪祠), 강릉의 호해정영당(湖海亭影堂) 등에 제향 되었다. 문집 《삼연집》과 《심양일기(瀋陽日記)》·《문취(文趣)》 등의 저서가 전한다.

67 이렇게 말한 것 : 이는 《삼연집습유(三淵集拾遺)》 권26 〈일록(日錄)〉 '임오(壬午, 1702) 삼월(三月) 초팔일(初八日)' 조에 "《대학혹문》의 '천도류행(天道流行)'부터 '기역오의(其亦誤矣)'까지 읽었는데 돌려가며 읽어서 외우게 되었다. 그리고 또 소당연과 소이연의 곡절에 대하여 생각해 보았는데 소이연에는 두 가지가 있으니, 한 가지는 기함(機緘)의 오묘함을 말한 것이고 한 가지는 추원(推原)한 극(極)을 말한 것이다. 북계가 말한 '능연'·'필연'과 율곡이 '발하게 하는 소이는 이(理)이다.'라고 말한 것은 바로 기함의 설(說)이고, 《대학혹문》에서 이른바 '소이연으로서 바꿀 수 없는 것'이 바로 추원의 설(說)이다. 그 연고에 대해서 추원하면 상면에 당연의 이(理)가 있어서 그 근본이 된다.〔讀《或問》自天道流行至其亦誤矣, 輪流成誦, 又思所當然所以然之曲折, 所以然者有二, 一則言其機緘之玅, 一則言其推原之極. 北溪所謂能然必然, 栗谷所謂所以發者理, 卽機緘之說也, 《或問》所謂所以然而不可易者, 乃推原之說也, 推原其故, 上面有當然之理爲之根柢.〕"라고 한 부분을 가리킨다. '기함'이란 사물을 추동해 변화를 발생하게 하는 역량이나 또는 사물의 변화에 있어서 긴요한 부분, 즉 관건을 가리킨다.

68 사람들은……생각한다 : 이 말은 《녹문집(鹿門集)》 권19 〈잡저(雜著) 산록(散

다. 그러나 남당이 한평생 미혹하여 그르치게 된 근본은 바로 기(氣)의 근본을 제대로 보지 못한 데에 있었다. 그러므로 성(性)을 논하고 심(心)을 논할 적에 지나치게 자질구레하고 지리멸렬하여 저절로 이(理)와 기(氣)를 두 가지 물건으로 인식하는 데로 귀결되고 말았던 것이다.

녹문(鹿門 임성주(任聖周))이 또 일찍이 '단지(單指)·각지(各指)·겸지(兼指)가 다만 한곳에 있을 뿐이다.'라고 한 남당(南塘 한원진(韓元震))의 설(說)[69]을 지적하여 말하기를, "이 노인이 다만 이(理)와 기(氣)가 두 가지 물건이 아니라는 것을 알았을 뿐이었다. 이 때문에 큰 근본의 지두(地頭 방면, 자리)에 '기질(氣質)'과 '선악(善惡)'이라는 글자를 붙이고자 하였다."[70]라고 하였으니, 전후의 말이 어쩌면 이다지도 일치하지 않는단 말인가.

錄)-자무신지갑진(自戊申至甲辰)-〉에 보인다.

69 단지(單指)……설(說) : '단지(單指)'란 오로지 이(理)만을 가리키는 것으로 '본연지성(本然之性)'을 뜻하고, '겸지(兼指)'란 기(氣)까지 아울러 가리키는 것으로 '기질지성(氣質之性)'을 뜻한다. '각지(各指)'란 '오행(五行)이 각기 그 성(性)을 하나씩 간직한 것'을 두고 한 말로 오행의 기(氣)가 지닌 이(理)를 각각 가리키는바, '인의예지신지성(仁義禮智信之性)'을 뜻한다. 《南塘集 卷10 答李公擧-壬辰八月-, 卷11 答尹晦甫別紙-壬辰九月-, 卷13 答尹瑞膺-壬戌九月-, 卷35 雜識 內篇上》 참고로 현재 《남당집》에는 "단지(單指)와 겸지(兼指)가 다만 한 곳에 있을 뿐이다.〔單指兼指, 只在一處.〕"라는 언급만 보인다.

70 이……하였다 : 이 말은 《녹문집(鹿門集)》 권20 〈잡저(雜著) 인물성도병설(人物性圖竝說)-신미(辛未)-〉에 보인다.

남당(南塘 한원진(韓元震))이 심(心)과 성(性)에 관한 설(說)에 있어서 먼저 하나의 확정된 견해를 세워 놓은 다음 다소간의 성현(聖賢)의 말씀을 마음대로 부려 써서 자기의 견해를 보기 좋게 꾸며댔으니, 이것이 이미 깊이 자리 잡은 고질적인 병통으로 사도(斯道)에 해가 되었다. 그러나 심(心)과 성(性)은 형체도 없고 자취도 없어서 오히려 혹 통섭하여 미봉할 수 있겠지만 분명하게 드러난 전례(典禮)로 말하자면 무엇을 따르고 따르지 않을지 무엇을 취하고 취하지 않을지에 대해서 더욱더 그 말을 쉽사리 내뱉을 수 없는 것인데, 이에 대해서도 또한 이러한 수법을 사용하여서 대경(大經)과 대절(大節)에 아무런 거리낌도 없이 그 학설을 가탁하고 성현께서 이루어 놓으신 가르침에 대하여 억지로 분석과 변별을 가하였다. 이 밖에도 은연중에 제작(制作)[71]으로 자처하니, 그 말류의 폐단이 장차 이루 다 말할 수가 없을 정도로 많아지게 되었다. 그러니 녹문이 이에 대하여 변별하는 것을 어찌 그만둘 수가 있었겠는가.

무릇 주자는 대현(大賢)이지만 예(禮)에 대하여 논할 적에는 어렵게 여기고 신중하게 하여서 오히려 반드시 정현(鄭玄)과 가공언(賈公彦)의 설(說)을 따라 중요하게 여기고 일찍이 일호도 스스로 주장하는 뜻을 가져본 적이 없었으니, 이는 대체로 기(杞)나라와 송(宋)나라에서 실증해 보고자 하였던 공자의 뜻[72]을 받들어 이어서 감히 어기지

71 제작(制作) : 본래 천자가 예악(禮樂)과 법도 등을 제작함을 가리키는 것으로, 인신하여 예악에 관한 모든 전장 제도(典章制度)를 지칭한다.

72 기(杞)나라와……뜻 : 기(杞)나라는 하(夏)나라의 후손이고, 송(宋)나라는 은(殷)나라의 후손인바, 후대의 문헌을 통하여 선대의 역사를 고증하려고 하는 뜻을 가리킨다. 이는 《논어》 〈팔일(八佾)〉에 "하나라 예를 내가 말할 수 있으나 하나라의 후손인

않은 것이다. 남당의 박식함으로 어찌하여 도리어 이러한 사리를 제대로 이해하지 못하고 이처럼 함부로 예(禮)에 대하여 말을 내뱉었단 말인가.[73] 이 또한 가려진 바[74]가 있어서 그러한 것이라고 하겠다.

녹문(鹿門 임성주(任聖周))이 말하기를, "주자의 《태극도해(太極圖解)》에서 '각기 그 성(性)을 하나씩 간직하면 혼연한 태극의 전체(全體)가 한 물건의 안에 각기 갖추어지지 않음이 없다.'라고 하였는데, 이것은 이 각일처(各一處)에 나아가 천리(天理)가 완전하여 모자란 바가 없음을 이를 뿐이고, 한 물건마다 각각 온갖 이치〔萬理〕를 갖추었음을 이른 것이 아니다."[75]라고 하였는데, 이 어른이 한 물건마다 온갖 이치

기나라에서 실증하지 못하며, 은나라 예를 내가 말할 수 있으나 은나라의 후손인 송나라에서 실증하지 못하는 것은 문헌이 부족하기 때문이니 문헌이 많다면 내가 실증할 수 있다.〔夏禮吾能言之, 杞不足徵也, 殷禮吾能言之, 宋不足徵也, 文獻不足故也, 足則吾能徵之矣.〕"라는 공자의 말씀을 원용한 것이다. '문헌(文獻)'이란 전장제도와 관련 있는 전적(典籍)과 전례와 고사를 잘 알고 있는 현자를 말한다.

73 함부로……말인가 : 해당 원문은 '태재(汰哉)'로, 이는 근거를 제시하지 않고 예(禮)에 대해 함부로 언급함을 비난하는 말이다. 사사분(司士賁)이 자유(子游)에게 "염습할 때 평상에서 하고 싶은데, 어떻습니까?"라고 묻자, 자유가 "좋습니다."라고 답하였다. 현자(縣子)가 그 얘기를 듣고 말하기를, "지나치구나, 숙씨(叔氏)의 과시가. 예를 자신에게서 나온 것처럼 허락하였으니.〔汰哉, 叔氏! 專以禮許人.〕"라고 하였다. 《禮記 檀弓上》 '태(汰)' 자는 '넘친다' 혹은 '지나치다'라는 뜻으로 지나치게 자긍(自矜)하는 것을 말한다. '숙씨'는 자유의 자이다.

74 가려진 바 : 해당 원문은 '소발(所發)'로 되어 있으나 전후 문맥상 '발(發)'은 '폐(蔽)'의 오류인 듯하여 바로잡아 번역하였다. 참고로 《노주집(老洲集) : Nojuchip》(원본소장처 : 하버드옌칭도서관UCI G701 : B-00061963935) 권24 〈잡지2〉의 해당 부분 원문은 '소폐(所蔽)'로 되어 있다.

를 갖추고 있는 것에 대하여 분명하게 알지 못한 채 반드시 기(氣)를 주로 삼아 이(理)에 대하여 설명하고자 하였기에 완전(宛轉)하게 해석을 만들어 내서 이처럼 입언(立言)한 것이다. 그러나 이는 천리가 완전하여 모자란 바가 없는 것이 다름 아닌 혼연한 태극의 전체로, 전체의 밖에 별도로 이른바 '완전함'이 있는 것이 아님을 전혀 알지 못한 것이다.

대체로 이(理)는 다만 하나의 이(理)일 뿐이니, 이것이 나뉘어서 일만 가지〔萬〕가 되어도 그것이 본래 근본이 하나임에 문제 될 것이 없고, 뒤섞이어 합해져서 한 가지〔一〕가 되어도 일만 가지가 있음에 문제 될 것이 없다. 그래서 일만 가지라고 하더라도 많은 것이 되지 않으며 한 가지라고 하더라도 적은 것이 되지 않는다. 이 어른이 '이(理)' 자에 대하여 얽매이지 않고 융통성 있게 보지 못하였다. 그래서 '일만 가지'라고 한 것과 '한 가지'라고 한 것의 사이에 구애되는 바람에 〈도해〉를 끌어와서 '이(理)는 똑같은데 성(性)은 다르다'라는 자기의 견해를 이룰 수밖에 없었으니, 문리(文理)에 나아가 봄에 이미 순조롭지 못하다는 것을 깨닫지 못하게 된 것이다.-엄세문(嚴世文)이 묻기를, "'각일기성야(各一其性也)'의 이 '성(性)' 자는 응당 기(氣)를 가리켜서 말한 것이고, '성(性)이 있지 않은 바가 없음을 또 알 수 있을 것이다.〔性之無所不在又可見矣〕'라고

75 주자의……아니다 : 이 말은 《녹문집(鹿門集)》 권19 〈잡저(雜著) 녹려잡지(鹿廬雜識)-이기심성(理氣心性) ○기묘경진(己卯庚辰)-〉에 보인다. 《태극도해》는 주자의 《태극해의(太極解義)》를 가리킨다. 《태극해의》는 도(圖)의 해설인 〈태극도해〉와 도설(圖說)의 해설인 〈태극도설해(太極圖說解)〉로 구분되는데, 〈태극도해〉 또는 〈태극도설해〉만으로도 책 전체를 지칭한다. 《성리대전》 권1에 수록되어 있다. 참고로 본문에 언급된 부분은 〈태극도설해〉에 해당한다.

한 것의 이 '성(性)' 자는 응당 이(理)를 가리켜서 말한 것입니다."라고 하였는데, 이에 대하여 주자가 말씀하기를, "음양(陰陽)과 오행(五行)의 성(性)이 됨은 각각 한 기(氣)가 품부한 것이지만 성(性)으로 말하자면 하나이다."라고 하였다.[76] 주자가 또 일찍이 말씀하기를, "금(金)·목(木)·수(水)·화(火)·토(土)는, 비록 '오행이 각기 그 성(性)을 하나씩 간직하였다.'라고 말하더라도 하나의 물(物)이 또 각기 오행의 이(理)를 갖추고 있으니, 이를 몰라서는 안 된다. 강절(康節 소옹(邵雍))은 도리어 아주 자세하게 미루어 내었다."[77]라고 하였다.-

백씨(伯氏)[78]가 《태극도해(太極圖解)》의 이 단락[79]에 대하여 해석하기를, "'각기 그 성을 하나씩 간직하였다〔各一其性〕'의 '각일(各一)'은 그

76 엄세문(嚴世文)이……하였다 : 이 문답은 《회암집(晦庵集)》 권61 〈답엄시형(答嚴時亨)〉과 《성리대전서(性理大全書)》 권1 〈태극도(太極圖)〉 중 '오행지생야각일기성(五行之生也各一其性)' 조(條)의 세주에 보인다.

77 금(金)……내었다 : 이 말은 《주자어류(朱子語類)》 권1 〈이기 상(理氣上) 태극천지 상(太極天地上)〉에 심한(沈僩)의 기록에 보인다.

78 백씨(伯氏) : 오윤상(吳允常, 1746~1783)으로, 자는 사집(士執), 호는 영재(寗齋), 본관은 해주(海州)이다. 김원행(金元行)의 문하에서 배웠으며 박윤원(朴胤源) 등과 교류하였다. 문인으로는 동생인 오희상(吳熙常)과 김종선(金宗善)이 있다. 향년 38세를 일기로 별세하였다. 저서에 《영재유고(寗齋遺稿)》가 있다.

79 태극도해(太極圖解)의 이 단락 : 이는 《태극해의(太極解義)》 〈태극도설해(太極圖說解)〉의 '오행지생야 각일기성(五行之生也各一其性)' 조(條)에 "오행의 생겨남이 그 기질에 따라서 품부한 것이 똑같지 않으니, 이른바 '각기 그 성을 하나씩 간직하였다.'라고 한 것이다. 각기 그 성을 하나씩 간직하면 혼연한 태극의 전체가 한 물건의 안에 각기 갖추어지지 않음이 없어서 성이 있지 않은 바가 없음을 또 알 수 있을 것이다.〔五行之生, 隨其氣質, 而所稟不同, 所謂各一其性也. 各一其性, 則渾然太極之全體, 無不各具於一物之中, 而性之無所不在, 又可見矣.〕"라고 한 부분을 가리킨다.

하나를 각각 온전히 간직한 것이니, '둘로 함이 없다〔無二〕'와 '간단함이 없다〔無間〕'라는 뜻과는 또 똑같지 않다. 대체로 '그 기질에 따라서 품부한 것이 똑같지 않다.'라고 한 것은 '각(各)' 자를 주로 삼아서 말한 것이고, '혼연한 태극의 전체가 한 물건의 안에 각기 갖추어지지 않음이 없다.'라고 한 것은 '그 성을 하나씩 간직하였다〔一其性〕'를 주로 삼아서 말한 것이니, 그 기질에 따라서 품부한 것이 똑같지 않으면 치우친 것〔偏〕이고, 혼연한 태극의 전체가 한 물건의 안에 각기 갖추어지지 않음이 없으면 온전한 것〔全〕이다. 이 두 가지 뜻이 서로 반대되지만 하나로 꿰뚫어 말한 것은, 그 기질에 따라서 품부한 것이 똑같지 않은 것 가운데에서 그 본체를 말하면 언제나 혼연한 태극의 전체가 한 물건의 안에 각기 갖추어지지 않음이 없는 것이라고 하겠다."[80]라고 하였으니, 이처럼 철저하게 보아야 비로소 "말이 순조롭고 사리에도 딱 들어맞는다."라고 이를 만하겠다.

《태극도해(太極圖解)》에서 "그 기질에 따라서 품부한 것이 똑같지 않다."라고 한 것은 이(理)가 기(氣)와 떨어지지 않은 것을 주로 삼아서 말한 것이고, "혼연한 태극의 전체(全體)-'전체'라는 두 글자에 마땅히 착안해야 한다.-가 한 물건의 안에 각기 갖추어지지 않음이 없다."라고 한 것은 이(理)가 기(氣)와 뒤섞이지 않은 것을 주로 삼아서 말한 것이며, "성(性)이 있지 않은 바가 없음을 또 알 수 있을 것이다.〔性之無所不在

80 각기……하겠다 : 이 내용은 《영재유고(寧齋遺稿)》 권6 〈차기(箚記) 태극도설해구석(太極圖說解句釋)〉 '오행지생야 각일기성(五行之生也各一其性)' 조(條)의 세주에 보인다.

又可見矣]"라고 한 것은 바로 전체를 묶어서 매듭을 짓는 말인데 '우가견(又可見)'이라는 세 글자가 간곡하고 정성스러운 뜻을 지극히 하여서 요컨대 떨어지지 않은 것 가운데에 절로 뒤섞이지 않은 것이 존재하고 있음을 반드시 제대로 알아내기를 바란 것이다.

대체로 위와 아래의 문세를 반복하여 자세히 읽어보면 통체(統體)와 각구(各具)[81]가 결국에는 하나의 성(性)인 것으로, 성(性)이 태극과 다시는 차별이 없다는 사실을 이를 통하여 알 수 있게 되는 것이다.

통체(統體)와 각구(各具)의 의리에 대하여 나의 이 한 몸 위에 나아가 실제로 확인해 보고서 거스르지 않아야 한다.

예로부터 성현(聖賢)들이 성(性)에 대하여 논할 적에 이(理)를 주로 삼은 것과 기(氣)를 주로 삼은 것의 차이가 있지만, 요컨대 이는 하나의 성(性)인 것이다. 대체로 이(理)와 기(氣)가 비록 서로 뒤섞여 융화되어 간격이 없지만 도(道)와 기(器)는 절로 형이상(形而上)과 형이하(形而下)의 구분이 있으니, 이미 서로 떨어질 수가 없고 또 서로 뒤섞일 수가 없다. 그러므로 이른바 "서로 떨어지지도 않지만 서로 뒤섞이지도 않는다."라고 한 것은 이(理)를 주로 삼아 논한 것과 기(氣)를 주로 삼아 논한 것을 막론하고 '서로 떨어지지 않음'에 나아가

81 통체(統體)와 각구(各具) : '통체(統體)'는 만물이 한 태극을 통합하여 본체로 간직함〔萬物統體一太極〕을 가리키고, '각구(各具)'는 한 물건이 각각 한 태극을 간직함〔一物各具一太極〕을 가리킨다. 《太極解義 太極圖說解》《近思錄 卷1 道體》《性理大全書 卷1 太極圖》

서 '서로 뒤섞이지 않음'을 보고 '서로 뒤섞이지 않음'에 나아가서 '서로 떨어지지 않음'을 보면 자연 서로 필요로 하여서 형상을 드러내는 뜻이 있으니, 각각 어떤 별도의 지두(地頭 방면, 범주)가 있는 것이 아니다.

남당(南塘 한원진(韓元震))이 오상(五常)에 대하여 기질(氣質)로 인한 것으로 붙인 이름이라고 하였으니, 이는 서로 떨어지지 않음이 지나쳐서 서로 뒤섞임에 이르게 된 것이고, 태극에 대하여 형기(形氣)를 뛰어넘은 것으로 붙인 칭호라고 하였으니, 이는 서로 뒤섞이지 않음이 지나쳐서 서로 떨어짐에 이르게 된 것이다.[82] 남당이 그 당시에 말한 것의 잘잘못에 대해서는 우선 놓아두고 논하지 않더라도 그가 '서로 떨어지지도 않지만 서로 뒤섞이지도 않음'을 쪼개어서 두 가지로 삼은 것은

82 남당(南塘)이……것이다 : 여기에서 언급된 한원진(韓元震)의 주장은 《남당집(南塘集)》에 여러 번 보이는데, 대표적인 예로, 권11 〈의답이공거(擬答李公擧)〉에 "이(理)는 본래 하나인데 형기(形氣)를 뛰어넘은 것을 가지고 말한 것이 있고, 기질(氣質)로 인한 것을 가지고 이름한 것이 있으며, 기질과 뒤섞인 것을 가지고 말한 것이 있습니다. 형기를 뛰어넘은 것으로 말한 것은 태극이라는 칭호가 바로 이것으로 만물의 이(理)가 똑같고, 기질로 인한 것으로 이름한 것은 건순(健順)과 오상(五常)이라는 이름이 바로 이것으로 사람과 사물의 성(性)이 똑같지 않으며, 기질과 뒤섞인 것으로 말한 것은 선(善)·악(惡)의 성(性)이 바로 이것으로 사람마다 사물마다 각각 또 똑같지 않습니다.〔理本一也, 而有以超形氣而言者, 有以因氣質而名者, 有以雜氣質而言者, 超形氣而言, 則太極之稱是也, 而萬物之理同矣, 因氣質而名, 則健順五常之名是也, 而人物之性不同矣, 雜氣質而言, 則善惡之性是也, 而人人物物又不同矣.〕"라고 한 부분과 권15 〈답심신부삼연집차변(答沈信夫三淵集箚辨)〉에 "대체로 태극은 형기를 뛰어넘은 것으로 일컬은 것이고, 오상은 기질로 인한 것으로 이름한 것이며, 선악은 기질과 뒤섞인 것으로 말한 것이니, 이 세 가지 설이 구비되어야 비로소 아무런 구애 없이 성(性)에 대해 말할 수 있습니다.〔蓋太極超形氣而稱之也, 五常因氣質而名之也, 善惡雜氣質而言之也, 三說備具, 方可以說性無礙矣.〕"라고 한 부분을 들 수 있다.

이미 선현(先賢)이 입언(立言)한 본래의 의도를 제대로 살피지 못한 것이라고 하겠다.

배우는 자가 진실로 '서로 떨어지지도 않지만 서로 뒤섞이지도 않음'을 가지고 덕(德)을 진전시키고 업(業)을 닦아 세우는 즈음에 체험하여 터득하면 성찰하여 깨닫는 바가 저절로 있게 된다. 대체로 기(氣)는 성(性)과 서로 떨어지지 않는다. 그러므로 학문은 반드시 기(氣)를 이겨내는 것을 주로 삼아서 해야 하고, 성(性)은 기(氣)와 서로 뒤섞이지 않는다. 그러므로 배워서 성(性)을 회복한 경지에 이를 수가 있는 것이니, 기(氣)를 이겨내어서 성(性)을 회복하여야 학문의 능사(能事)를 완수하게 되는 것이다.

심(心)·성(性)과 이(理)·기(氣)에 관한 의론이 갈라져 나뉜 지가 오래되었다. 이것이 옳으면 저것이 그르고 저것이 옳으면 이것이 그르기 마련이어서 틀림없이 하나의 바꿀 수 없는 공안(公案)이 자연 있으니, 이는 사람의 지력(智力)으로 어떻게 해 볼 수 있는 바가 아니다.

학문에 종사하는 선비가 만일 진실한 마음으로 도(道)를 추구하려는 뜻을 지니고 있으면 아무리 그의 아버지나 스승이 전하여 준 것일지라도 그 사이에 아주 조금이라도 사사로운 의도로 고집하고 기필하는 것을 결단코 용납하여서는 안 되고, 우선 가슴속을 텅 비우고 겸손하게 하며 평탄하고 여유가 있게 하여 피차간의 장처와 단처를 각각 그 장처와 단처로 다시 돌려놓고서 끝머리에 이르도록 강구(講究)하되 오직 옳은 것만을 찾아서 황천(皇天)이 충(衷)을 내려주신 그 뜻[83]을 저버리지 말아야 할 것이니, 이것이 바로 전현(前賢)의 업적을 빛나게 하고 후인을 위하여 올바른 길을 열어 인도해 주는 진실한 도리인 것이다.

돌아보건대, 오늘날은 습속이 쇠약하고 느른하여 한갓 한기(閒氣)만을 숭상하고서[84] 더할 나위 없이 공정한 의리를 가지고 자기 자신의 활계(活計)로 삼아 옳고 그름과 잘잘못을 분별함에 대해서는 애당초 뜻을 두지 않은 채 한결같이 먼저 들어와 주가 되어버린 견해를 가지고 정본(定本)으로 확립하여 견고하게 경계를 마련해 격리하고 제한하며 가리고 막아 혹시라도 이것을 넘어서는 경우가 없어서 결국에는 한 덩어리의 사사로운 뜻이 쌓여 있는[85] 과굴(窠窟 구덩이)을 성취해 낼 뿐이다. 이러한 두뇌(頭腦 근본이 되는 부분)에 나아가 보면 성문(聖門)의 종지(宗旨)와 어긋나 위배될 뿐만이 아니니, 오히려 무슨 학문을 한단

83 황천(皇天)이……뜻 : 하늘이 중정(中正)한 성품을 사람들에게 내려주었다는 말로, 인(仁), 의(義), 예(禮), 지(智), 신(信)의 이치가 마음에 갖추어져 있는 것을 가리킨다. 《서경》 〈상서(商書) 탕고(湯誥)〉에 "훌륭하신 상제(上帝)가 하민(下民)들에게 충(衷)을 내려주어서 순히 하여 떳떳한 성(性)을 소유하였으니, 능히 그 도에 편안하게 하는 이는 군주인 것이다.〔惟皇上帝降衷于下民, 若有恒性, 克綏厥猷, 惟后.〕"라고 한 데에서 나온 말이다.

84 한갓……숭상하고서 : 이는 쓸데없이 기운만 올려서 실상에 절실하지 않은 것에 대해 치열하게 논쟁이나 하는 것을 뜻한다. '한기(閒氣)'란 긴요함과 전혀 관계없는 일로 말미암아 야기된 성냄이나 노여움을 가리킨다. 송(宋)나라 매요신(梅堯臣)의 《완릉집(宛陵集)》 권11 〈영숙증주(永叔贈酒)〉에 "처음 마실 적엔 말이 또한 횡설수설하더니, 이미 취하매 의론이 더욱 확고하네. 지금 세상의 급무에 대해서는 궁구한 적도 없고, 공연히 오른 기운으로 옛적에 대해서 논쟁하네.〔始得語且橫, 旣醉論益堅. 曾不究世務, 閑氣爭古先.〕"라고 한데에 보인다.

85 한……있는 : 이는 《연평답문(延平答問)》 〈(계미)유월십사일서(六月十四日書)〉에 "도리어 한 덩어리의 사사로운 뜻을 쌓아 둔 것이다.〔却是積下一團私意也.〕"라고 한 연평(延平) 이통(李侗)의 말에 보인다.

말인가. 아아, 세상에는 훌륭한 뜻을 품은 선비들이 허다한데 이러한 습속에 무겁게 짓눌려서 마음과 태도를 바꾸지 못한 채 한평생을 그르쳐 보내는 경우가 도대체 몇 사람이란 말인가. 진실로 탄식할 만하다.

무릇 도리(道理)를 이해함에 있어서 모름지기 마음을 크게 써야만 할 것이다. 이 도(道)의 참됨은 결단코 협소하고 편애한 속마음을 가지고 얻어서 볼 수 있는 것이 아니다.

배우는 자는 무엇보다도 먼저 마음가짐을 겸허하게 하는 데에 힘써야 하니, 마음가짐을 겸허하게 할 수 없으면 비록 성현(聖賢)과 함께 거처하면서 더할 나위 없이 훌륭한 의론을 날마다 듣더라도 그것이 들어갈 길이 없게 된다. 그러므로 《서경(書經)》 〈열명 하(說命下)〉에 이르기를, "배움은 뜻을 겸손히 하여야 하니, 온 힘을 다하여 어느 때라고 가릴 것 없이 민첩하게 배워야 한다.〔惟學遜志 務時敏〕"라고 하였으니, 뜻을 겸손히 하는 것이 도리어 어느 때라고 가릴 것 없이 민첩하게 배워야 하는 것보다 앞서는 것이다.

우리나라의 선유(先儒)들 중에 퇴도(退陶 이황(李滉))의 학문하는 법문(法門)[86]이 법규를 정성스럽게 지키고 단계와 등급이 질서정연하여 학문함에 무엇보다도 의거한 바가 있으니, 그 논설한 글들이 비록 드러내어 밝힌 지취는 없지만 스스로 깨달아서 얻은 맛이 깊고 또한 한

86 법문(法門) : 이는 본래 불교 용어로 부처의 교법이나 법사(法師)의 문정(門庭)을 이르는 말이나, 여기서는 '방법(方法)과 문로(門路)'의 뜻으로 사용되었다.

점의 한기(閒氣 쓸데없이 공연히 올린 기운)도 없다. 이 때문에 참으로 사람을 감동하게 하여 분발시키는 부분이 있는 것이다. 농암(農巖 김창협(金昌協))이 이르기를, "퇴계(退溪)가 학문에 대하여 논한 글들은 우리 동방에서 아직 있지 않았던 것일 뿐만 아니라 중국에서도 역시 많이 볼 수 없는 것이다."[87]라고 하였으니, 이 말이 참으로 정확하고도 적절한 평론이라고 하겠다.

퇴계(退溪 이황(李滉))가 한가롭게 거처하면서 생도를 가르쳤는데 그 문하에 재주와 덕이 출중한 인물들이 참으로 많았다. 그러나 만약 선생의 의발(衣鉢)을 전해 받은 자에 대하여 논한다면 거의 여기에 해당하는 자가 없다고 해야 할 것이다.

《연평답문(延平答問)》의 내용 중 인(仁)에 대하여 논한 두 조(條)-'임오유월십일일서(壬午六月十一日書)'로 시작하는 조(條)이다. ○'문희작망위인지일자(問熹昨妄謂仁之一字)'로 시작하는 조(條)이다.-에서 사람과 물(物)의 한 근원〔一源〕이 똑같은 것[88]에 대하여 지극히 명백하게 말하였으니, 나중에 주자가 성(性)에 대하여 논한 것이 실로 여기에 그 근본을 두고 있다.

87 퇴계(退溪)가……것이다 : 이 말은《농암집(農巖集)》권32 〈잡지(雜識) 내편(內篇)2〉에 보인다.

88 사람과……것 : '한 근원〔一源〕'은《근사록(近思錄)》권1 〈도체(道體)〉에 수록된 장재(張載)의 말에 "성이란 만물의 한 근원이다.〔性者, 萬物之一源.〕"라고 하였는바, 바로 성(性)을 가리킨다. 이 말은 사람의 성(性)과 물(物)의 성(性)이 동일하다는 뜻이다.

기(氣)는 이(理)와 달라서 진실로 정밀한 것과 거친 것의 층위(層位)가 많다. 그러나 황면재(黃勉齋)가 형(形)과 기(氣)와 신(神)을 가지고 개괄한 것[89]이 무엇보다도 정밀하고 적확하다고 이를 만하겠다. 대체로 형(形)이 있으면 이에 기(氣)가 있고 기(氣)가 있으면 이에 신(神)이 있고 신(神)이 있으면 이에 이(理)가 있다. 이제 사람의 귀와 눈과 손과 발을 가지고 말해 보자면, 귀와 눈과 손과 발은 형(形)이고, 보고 듣고 굽히고 펴는 것은 기(氣)이고, 보고 들을 수 있으며 굽히고 펼 수 있는 것은 신(神)이고, 보고 들으면서 귀가 밝게 듣고 눈이 밝게 보는 법칙이 있으며 굽히고 펴면서 손의 모습은 공손하고

89 황면재(黃勉齋)가……것 : '황면재'는 송대의 학자 황간(黃榦, 1152~1221)으로, 자는 직경(直卿), 호는 면재, 시호는 문숙(文肅)이며 민현(閩縣) 사람이다. 주희와 유청지(劉淸之)에게 수학하였는데, 주희가 그를 인정하여 학문을 전수하고 사위로 삼았다. 백록동서원(白鹿洞書院)에서 강학하였으며, 저서에 《육경강의(六經講義)》, 《예기집주(禮記集注)》 등이 있다. 또한 주희의 《의례경전통해(儀禮經傳通解)》를 이어서 완성하였다. 황간이 개괄한 것과 관련된 내용은 《면재집(勉齋集)》 권13 〈복양지인서(復楊志仁書)〉에 "지난날 소싯적에 항상 네 개의 글자를 가지고서 이 몸을 형용하였으니, 이 몸은 다만 형(形)과 기(氣)와 신(神)과 이(理)일 뿐이다. 이(理)는 신(神)보다 더 정미하고, 신(神)은 기(氣)보다 더 정미하고 기(氣)는 형(形)보다 더 정미하다. 형(形)은 일정하고, 기(氣)는 호흡할 수 있으며 차갑고 덥게 할 수 있고, 신(神)은 지각이 있으며 운용할 수 있고, 이(理)는 지각 운용에 있어서의 허다한 도리이다. 그러나 형(形)이 있으면 이에 기(氣)가 있고 기(氣)가 있으면 이에 신(神)이 있고 신(神)이 있으면 이에 이(理)가 있으니, 다만 한 물건이 허다한 명자를 나누어 낸 것일 뿐으로 이것을 알면 심(心)·성(性)·정(情)의 따위에 대해서 모두 알 수가 있을 것이다.〔昨少年日, 常將四箇字形容此身, 只是形氣神理. 理精於神, 神精於氣, 氣精於形. 形則一定, 氣能呼吸能冷煖, 神則有知覺能運用, 理則知覺運用上許多道理. 然有形則斯有氣, 有氣斯有神, 有神斯有理, 只是一物分出許多名字, 知此則心性情之類, 皆可見矣.〕"라고 보인다.

발의 모양은 진중한 덕(德)이 있는 것은 이(理)이니, 이를 만물에 미루어 나아가 보면 어느 것 할 것 없이 모두 그러하다.

무릇 형(形)에는 편(偏)과 정(正)이 있고 기(氣)에는 청(淸)과 탁(濁)이 있으나 신(神)에는 편(偏)과 정(正)도 없고 청(淸)과 탁(濁)도 없어서 거의 이(理)와 더불어 하나가 되는 데에 가깝다. 다만 이(理)에 견주어 볼 적에 정의(情意)와 조작(造作)이 있어서 순수하고 전일하여 거짓됨이 없는 이(理)와 똑같지는 못하다. 그러므로 이(理)는 신(神)에 의지해 도움을 받고 신(神)은 이(理)의 짝이 되어서 기(氣)의 본(本)이 되고 형(形)의 주(主)가 되는 것이다.

다만 성(性)에 본연(本然)과 기질(氣質)의 구분이 있을 뿐만 아니라 심(心)에도 역시 본연과 기질의 구분이 있다고 이를 만하겠다. 그러나 성(性)과 심(心)을 막론하고 '기질'이라는 것은 마땅히 '발한 뒤〔發後〕'에서 말해야 하는 것이다.

발하기 전에 완전히 기질(氣質)이 없다는 것을 이른 것이 아니니, 아직 발하지 않았을 때는 기(氣)의 일에 관계되지 않기 때문에 기질을 찾아 살펴보는 것이 적절하지 못한 것이다.

'심(心)'이라는 것은 형(形)과 떨어지지도 않지만 형(形)에 구애되지도 않는다.[90] 형(形)에 구애되지 않기 때문에 주재하고 발휘하여 이

90 형(形)과……않는다 : 이는 "동하되 동함이 없고 정하되 정함이 없는 것은 신(神)

성(性)을 남김없이 체현(體現)할 수 있고, 형(形)과 떨어지지 않기 때문에 운용하고 조작하여 기질(氣質)에 통하는 것이다.

이(理)와 기(氣)에 관한 설(說)은 비록 문자를 통해서 이해한다고 하더라도 모름지기 글이나 말 밖에 숨어 있는 뜻에 대해 제대로 본 바가 있어서 말하기가 어려운 부분에 도달할 수 있어야 하니, 그러면 거의 가까울 것이다. 만약 그저 문자에 의지하여서 구할 뿐이라면 불가하다.

오늘날 사람들은 그저 이(理)에다가 '본연(本然)'이라는 글자를 붙일 수 있다는 것을 알 뿐이고, 기(氣)에도 역시 본연이 있다는 것을 알지 못한다. 본연처(本然處)가 다름 아닌 신(神)이니, 사람과 물(物)은 이(理)가 똑같을 뿐만 아니라 신(神)도 역시 똑같은데, 똑같지 않게 되는 것은 형(形)과 기(氣)에 연유한 것이다. 그러므로 정자(程子)가 말씀하기를, "형(形)이 바뀌면 성(性)이 바뀌니, 성(性)은 바뀌는 것이 아니고 기(氣)가 그렇게 되도록 만든 것이다.〔形易則性易 性非易也 氣使之然也〕"[91]라고 하였다.

이(理)와 성(性)과 도(道)는 실제에 있어서 결국 서로 똑같은 것으로,

이다.〔動而無動, 靜而無靜, 神也.〕"라고 한 주돈이(周敦頤)의 말에 대하여 "신(神)은 형(形)과 떨어지지도 않지만 형(形)에 구애되지도 않는다.〔神則不離於形, 而不囿於形矣.〕"라고 한 주자의 해설에 보인다. 《性理大全書 卷2 通書1 動靜第16》

91 형(形)이……것이다 : 이 말은 《이정유서(二程遺書)》 권25 〈창잠도본(暢潛道本)〉에 보인다.

모두 형이상(形而上)에 속한다. 그러므로 기(氣)에 나아가서 성(性)과 도(道)에 대하여 논하는 것은 옳지만 기(氣)와 함께 뒤섞어서 성(性)과 도(道)에 대하여 논하는 것은 옳지 않다.

성(性)은 곧 이(理)이니,[92] 이(理)가 물(物)에 있어서 물(物)이 이 이(理)를 가지고 있지 아니함이 없다. 사람의 귀와 눈, 코와 입, 손과 발 및 온몸을 이루고 있는 모든 뼈도 역시 어느 것 할 것 없이 다 성(性)을 가지고 있으니, 바로 이른바 "사물이 있으면 법칙이 있다."[93] 라고 한 것이다. 다만 포괄해 갖추고 발용(發用 운용)하는 묘함이 방촌(方寸)에서 연유한다. 그러므로 진실로 성(性)의 체(體)와 용(用)을 말한다면 반드시 심(心)에서 구해야만 하니, 만약 이것을 가지고 "심(心) 밖에 성(性)이 없다."라고 이른다면 이는 곧 활발하지 못하게 되는 것이다.

92 성(性)은 곧 이(理)이니 : 정이(程頤)는 "성은 곧 이이다.〔性卽理也.〕"라고 말하여 성즉리설(性卽理說說)을 주창하였다. 《近思錄 卷1 道體 38條》

93 사물이……있다 : 이 말은 본래 《시경》 〈대아(大雅) 증민(蒸民)〉에 "하늘이 백성들을 낳으시니, 사물이 있으면 법칙이 있도다. 사람들이 떳떳한 본성을 가지고 있는지라, 이 아름다운 덕(德)을 좋아한다.〔天生蒸民, 有物有則. 民之秉彝, 好是懿德.〕"라고 한 데에 보인다. 맹자의 말에 의하면, 이 시에 대하여 공자가 "이 시를 지은 자는 도(道)를 아는 자이다. 그러므로 사물이 있으면 반드시 법칙이 있기 마련이다. 사람들이 떳떳한 본성을 가지고 있기 때문에 이 아름다운 덕을 좋아하는 것이다.〔爲此詩者, 其知道乎! 故有物必有則, 民之秉夷也, 故好是懿德.〕"라고 평하였다고 한다. 《孟子集註 告子上》 여기서 '물(物)'은 사물이고 '칙(則)'은 도리와 법칙으로, 예컨대 부자간은 '물(物)'에 해당하고 부자간에 있어서 자애롭게 대하고 효도하는 성(性)은 '칙(則)'에 해당하는 것이다.

예로부터 성현(聖賢)이 성(性)에 대하여 논한 것들이 거의 대부분 '발한 뒤〔發後〕'에 관계되니, 이는 그 체(體)는 은미한 반면에 용(用)은 현저하기 때문에 그러한 것이다. 대체로 성(性)은 다만 하나의 이(理)일 뿐인데 그 용(用)으로 말하자면 만 가지로 달라지니, 인(仁)·의(義)·예(禮)·지(智)가 바로 만 가지로 달라지는 것의 큰 절목이다. 이(理)가 감동하여 발하게 되어서는 타는 기(氣)를 따라서 사랑함〔愛〕·사양함〔讓〕·마땅함〔宜〕·분별함〔別〕의 다름이 있게 되고, 그 사랑함·사양함·마땅함·분별함을 따라서 다시 그 이(理)를 가리키기 때문에 명칭을 얻게 된 연유는 비록 다르지만 혼연(渾然)한 본체(本體)는 하나일 뿐이다. 이 때문에 주자가 말씀하기를, "맹자께서는 성(性)이 선(善)하다는 것을 말씀하셨는데, 이는 또한 그 정(情)을 따라 거슬러 올라가서 미루어 안 것일 뿐이다."[94]라고 하였다.

기(氣)의 영처(靈處 신령스러운 곳)는 바로 신(神)이니, 천지의 사이에 가득 차 있는 것이 기(氣)가 있으면 이에 영처가 있다. 만물(萬物)의 가운데에 사람만이 빼어나서 '가장 신령스러운 것〔最靈〕'이 되니,[95] 이

94 맹자께서는……뿐이다 : 이 말은 《회암집(晦庵集)》 권58 〈답진기지(答陳器之)-문옥산강의(問玉山講義)-〉에 보인다.

95 만물(萬物)의……되니 : 이 말은 주돈이(周敦頤)의 〈태극도설(太極圖說)〉 가운데에 "무극의 진리와 이기·오행의 정기가 묘하게 합하고 엉기어, 건도는 남을 이루고 곤도는 녀를 이루어 두 기운이 교감하여 만물을 화생하니, 만물이 낳고 낳아 변화가 무궁하게 된다. 오직 사람만이 빼어난 기운을 얻어서 가장 신령스러우니, 형체가 이미 생김에 신(神)이 지혜를 발한다.〔無極之眞, 二五之精, 妙合而凝, 乾道成男, 坤道成女, 二氣交感, 化生萬物, 萬物生生而變化無窮焉. 惟人也, 得其秀而最靈, 形旣生矣, 神發知矣.〕"라고 한 부분에서 유래한 것이다.

하나의 '최(最)' 자를 보게 되면 물(物)에 대해서도 역시 "신령스럽지 못하다."라고 이를 수는 없다. 다만 그것이 미미할 뿐이니, 미미하기 때문에 확대해 발전시킬 수가 없는 것일 뿐이다.

우리 유학(儒學)의 법문(法門)[96]이 비록 이(理)를 귀하게 여기고 기(氣)를 천하게 여기지만 기(氣)도 역시 낮추어서 보아서는 안 되는 것이다. 발휘하고 운용하여 일을 해낼 수 있는 것이 전적으로 이 기(氣)에 의지하니, 모름지기 맹자께서 기(氣)를 잘 길러내신 본래의 뜻[97]을 가지고 반복해 자세히 탐미하여 깊이 체험하고 제대로 인식하여야만 비로소 될 것이다.

정암(整菴 나흠순(羅欽順))이 임정부(林貞孚)에게 답한 편지에 이르기를, "이른바 이(理)와 기(氣)라는 것은 또한 아주 분명하게 구분되어 두 가지가 되는 것은 아니지만 맞추어 가려는 뜻이 있음을 면하지 못하니, 이미 강함도 있고 약함도 있으면 '아주 분명하게 구분되어 두 가지가 되는 것이 아니다.'라고는 말하기가 어렵다. 무릇 주자는 백세(百世)의 스승이시니, 어찌 그분의 견해에 대하여 다른 주장을 내세울 수 있겠는가. 그러나 돌아보건대, 그 언론에 간혹 아직 하나로 귀결되지 못한 부분이 있으니, 반드시 무엇이 옳은지를 자세히 살펴서

96 법문(法門) : 이는 본래 불교 용어로 부처의 교법이나 법사(法師)의 문정(門庭)을 이르는 말이나, 여기서는 '방법(方法)과 문로(門路)'의 뜻으로 사용되었다.

97 맹자께서……뜻 : 여기서 '기(氣)'는 '호연지기(浩然之氣)'를 가리키는바, 이는 《맹자》 〈공손추 상(公孫丑上)〉에 "나는 나의 호연지기를 잘 기른다.〔我善養吾浩然之氣.〕"라고 한 맹자의 말을 두고서 한 말이다.

알아야만 비로소 '주자를 잘 배웠다.'라고 이르게 되는 것이다."라고 하였다.

대체로 "기(氣)는 강하고 이(理)는 약하다."[98]라고 한 주자의 가르침은 비록 말씀을 너무 중(重)하게 표현한 것 같지만 이는 일원처(一原處)에서 이(理)와 기(氣)가 서로 간격이 없는 것을 가리켜서 말씀한 것이 아니라 다만 분수처(分殊處)에서 이(理)와 기(氣)가 상대하는 것에 나아가서 말씀한 것일 뿐이다. 기(氣)가 형체가 있고 하는 바가 있기 때문에 이를 일러 강하다고 하였고 이(理)가 형체가 없고 하는 바가 없기 때문에 이를 일러 약하다고 하여서 그 승부의 형세를 보이신 것이니, 말씀의 뜻이 아마도 위(危)와 미(微)[99]를 이른 것과 같다고 할 것이다. 이 노인이 일찍이 이르기를, "성(性)은 명(命) 때문에 똑같

98 기(氣)는……약하다 : 이 말은 《주자어류(朱子語類)》 권4 〈성리(性理)1 인물지성기질지성(人物之性氣質之性)〉에 "기(氣)가 비록 이(理)의 낳은 바이지만 이미 기(氣)가 태어났으면 이(理)가 그것을 관장할 수 없다. 이 이(理)가 기(氣)에 붙어서 날로 쓰는 사이에 운용하는 것이 모두 이 기(氣)로 말미암으니, 다만 기(氣)는 강하고 이(理)는 약하다.……또 부자지간에 만약 자식이 불초하더라도 아버지가 또한 그 자식을 관장할 수 없다. 성인께서 가르침을 세우신 소이가 바로 이러한 것들을 구제하고자 하신 것이다.〔氣雖是理之所生, 然旣生出, 則理管他不得. 如這理寓於氣了, 日用間運用, 都由這箇氣, 只是氣强理弱.……又如父子, 若子不肖, 父亦管他不得, 聖人所以立教, 正是要救這些子.〕"라고 한 반시거(潘時擧)의 기록에 보인다.

99 위(危)와 미(微) : '위(危)'는 인심(人心)을, '미(微)'는 도심(道心)을 가리키는 것으로, 《서경》 〈우서(虞書) 대우모(大禹謨)〉에 "인심은 위태롭고 도심은 미묘하니 정밀하게 살피고 한결같이 지켜야 진실로 그 중(中)을 잡아 지닐 수 있다.〔人心惟危, 道心惟微. 惟精惟一, 允執厥中.〕"라고 우(禹)에게 전수한 순임금의 말씀에 보인다. 주자의 《중용장구》 서문에 의하면, 인심은 '형기(形氣)의 사(私)'에서 나오고 도심은 '성명(性命)의 정(正)'에 근원을 두므로 인심은 위태롭고 도심은 미묘한 것이다.

고, 도(道)는 형(形) 때문에 다르다."[100]라고 하였는데, 이 말을 가지고 절충하면 도(道)는 이(理)이고 형(形)은 기(氣)이니, 도(道)가 형(形)을 따라서 다른 것이 또한 어찌 이(理)가 약하고 기(氣)가 강한 것이 아니겠는가.

정암(整庵 나흠순(羅欽順))이 또 말하기를, "《중용장구(中庸章句)》에서 '하늘이 명하신 것을 성(性)이라 이른다.'에 대하여 해석한 것[101]은 바로 사람과 물(物)의 성(性)이 하나일 뿐임을 설명한 것이다. 그런데 《맹자집주(孟子集註)》에서 '개·소와 사람의 성(性)'에 대하여 해석한 것[102]은 또 사람과 물(物)의 성(性)을 둘로 구분하는 것을 면하지 못하

100 성(性)은……다르다 : 이 말은 《곤지기(困知記)》 속록(續錄) 권상(卷上)에 보인다.

101 중용장구(中庸章句)에서……것 : 《중용》 수장(首章)에 "하늘이 명하신 것을 성(性)이라 이른다.〔天命之謂性.〕"라고 하였는데, 이에 대하여 주자는 "명(命)은 영(令)과 같고, 성(性)은 바로 이(理)이다. 하늘이 음양·오행으로 만물을 화생(化生)할 적에 기(氣)로써 형체를 이루고 이(理) 또한 부여하니, 이것이 명령함과 같다. 이에 사람과 물(物)이 태어남에 각각 부여받은 이(理)를 얻음으로 인하여 건순(健順)·오상(五常)의 덕(德)으로 삼으니, 이것이 이른바 성(性)이다.〔命, 猶令也. 性, 卽理也. 天以陰陽五行, 化生萬物, 氣以成形而理亦賦焉, 猶命令也. 於是人物之生, 因各得其所賦之理, 以爲健順五常之德, 所謂性也.〕"라고 설명하였다. 《中庸章句 第1章》

102 맹자집주(孟子集註)에서……것 : 고자(告子)가 사람과 물(物)이 지각하고 운동하는 생리적 본능인 '생(生)'을 가리켜서 '성(性)'이라고 하자, 맹자가 이를 논박하며 "개의 성(性)이 소의 성(性)과 같으며, 소의 성(性)이 사람의 성(性)과 같단 말인가?〔犬之性猶牛之性, 牛之性猶人之性與?〕"라고 하였다. 이에 대하여 주자는 "성(性)이란 사람이 하늘에서 얻은 이(理)이고 생(生)은 사람이 하늘에서 얻은 기(氣)이니, 성(性)은 형이상이고 기(氣)는 형이하이다. 사람과 물(物)이 태어날 때에 이 성(性)을 가지고

였다."라고 하였다. 내가 삼가 자세히 살펴보건대, 《중용》에서 이른바 '하늘이 명하신 성(性)'은 이(理)가 하나인 측면에 나아가서 말한 것이므로 《장구》에서 '사람과 물(物)은 그 성(性)이 한가지임'을 가지고 이를 해석한 것이고, 《맹자》에서 이른바 '개·소와 사람의 성(性)'은 이(理)가 나뉘어 다르게 나타나는 측면에 나아가서 말한 것이므로 《집주》에서 '사람과 물(物)이 다름'을 가지고 이를 해석한 것이다. 각각 말한 지두(地頭 방면, 자리)에 따라서 문사(文辭)로 말미암아 본의(本義)를 얻고 본지(本旨)를 좇아서 풀이를 달리하여 아주 조금이라도 자기의 사사로운 뜻을 용납하지 않은 것이니, 이는 바로 주자가 경(經)을 해석한 체(體)로서 여느 유자(儒者)들이 미칠 수 있는 바가 아니다. 그러나 이(理)는 하나인데 이것이 나뉘어 다르게 나타나는 것이 일찍이 여기에서 벗어난 적이 없었고, 나뉘어 다르게 나타나지만 이(理)는 하나인 것이 여기에 있지 아니함이 없다. 이제 저 태극이 '이(理)가

있지 않은 것이 없고 또한 이 기(氣)를 가지고 있지 않은 것이 없다. 그러나 기(氣)로써 말한다면 지각과 운동은 사람과 물(物)이 다르지 않은 듯하나 이(理)로써 말한다면 인의예지(仁義禮智)의 본성을 받음이 어찌 물(物)이 얻어서 온전히 할 수 있는 것이겠는가. 이는 사람의 성(性)이 불선(不善)함이 없어서 만물의 영장이 되는 이유이다. 고자는 성(性)이 이(理)라는 것을 알지 못하고 이른바 기(氣)라는 것을 가지고 성(性)으로 간주하였다.……이렇게 된 까닭은 다만 지각과 운동의 움직이는 것은 사람과 물(物)이 똑같은 줄만 알고, 인의예지의 순수한 것은 사람과 물(物)이 다름을 몰랐기 때문이다.〔性者, 人之所得於天之理也; 生者, 人之所得於天之氣也. 性, 形而上者也; 氣, 形而下者也. 人物之生, 莫不有是性, 亦莫不有是氣, 然以氣言之, 則知覺運動, 人與物若不異也, 以理言之, 則仁義禮智之稟, 豈物之所得而全哉? 此人之性所以無不善而爲萬物之靈也. 告子不知性之爲理, 而以所謂氣者當之.……所以然者, 蓋徒知知覺運動之蠢然者人與物同, 而不知仁義禮智之粹然者人與物異也.〕"라고 설명하였다. 《孟子集註 告子上》

하나인 것'이 되면 건(健)·순(順)은 '나뉘어 다르게 나타나는 것'이 된다. 그러므로 태극을 말하면 건(健)·순(順)이 그 가운데에 포함되고, 건(健)·순(順)을 말하면 태극이 그 가운데에 있게 되는 것이다. 이 노인이 한평생 동안 '이(理)는 하나인데 이것이 나뉘어 다르게 나타나는 것〔理一分殊〕'을 가지고 이(理)와 기(氣)를 살펴본 것이 절로 많은데, 유독 이 부분에 대해서만 의심한 것은 어째서인가.

정암(整庵 나흠순(羅欽順))이 이일분수(理一分殊)[103]를 가지고 이(理)와 기(氣)를 설명하는 저울로 삼아서 경전(經傳)의 깊은 뜻에 대하여 거의 대부분 이것을 가지고 절충하였으니, 그가 "성(性)은 명(命) 때문에 똑같고, 도(道)는 형(形) 때문에 다르다."[104]라고 말한 것은 대단히 정확한 견해이다. '성(性)은 명(命) 때문에 똑같다.'라고 한 것은 미발(未發)의 측면에 나아가서 '이일(理一)'을 가리킨 것이고, '도(道)는

103 이일분수(理一分殊) : 이는 본래 정이(程頤)가 장재(張載)의 〈서명(西銘)〉에 대하여 논한 말로, 《근사록(近思錄)》 권2 〈위학(爲學)〉에 "〈서명〉은 이(理)는 하나이지만 분(分)이 다름을 밝혔다.〔西銘, 明理一而分殊.〕"라고 한 데에 보인다. 여기서 '분(分)'이란 '나뉨', '분수'로, 〈서명〉의 내용 가운데 천지(天地)를 부모로 여기고 만물을 동체로 여긴 부분은 '이(理)는 하나인 것'이며, 귀천·친소·상하 등등 그 등급에 따라 각각 마땅하게 품절(品節)함이 있는 것은 '분(分)이 다른 것'이다. 이 말은 정자의 제자인 양시(楊時, 1053~1135)가 편찬한 《이정수어(二程粹言)》 권상 〈논서편(論書篇)〉에도 실려 있다. 이후 그 의미가 좀 더 확장·전용되어서 '이일'이란 우주의 근원은 이(理) 한 가지라는 뜻을, '분수'란 이 이(理)가 나뉘어서 천만 가지의 각각 다른 형태와 성질을 갖게 된다는 뜻을 지니게 되었다. 《朱子語類 卷1 理氣上 太極天地上》《性理大全 卷26 理氣 總論》

104 성(性)은……다르다 : 이 말은 《곤지기(困知記)》 속록(續錄) 권상(卷上)에 보인다.

형(形) 때문에 다르다.'라고 한 것은 이발(已發)의 측면에 나아가서 '분수(分殊)'를 가리킨 것이다.

녹문(鹿門 임성주(任聖周))은 정암의 이일분수를 조술하였는데 유독 이 말만을 몹시도 배척하였으니,[105] 어째서인가. 이는 결국 사람과 물(物)의 편(偏)·전(全)에 구애되어서 성(性)과 도(道)가 비록 체(體)·용(用)의 다름이 있지만 한 근원〔一原〕의 똑같음이 되는 데에는 아무런 문제가 없다는 것을 환히 꿰뚫어 볼 수가 없었기에 그러한 것이다.

민원리(閔元履)[106]가 일찍이 말하기를, "선유(先儒)가 말씀하기를,

105 유독……배척하였으니 : 이와 관련된 내용이 《녹문집(鹿門集)》 권19 〈잡저(雜著) 녹려잡지(鹿廬雜識)-이기심성(理氣心性)○기묘경진(己卯庚辰)-〉에 "정암이 일찍이 이르기를, '성(性)은 명(命) 때문에 똑같고, 도(道)는 형(形) 때문에 다르다.'라고 하였고, 또 이르기를, '사람과 물(物)이 태어나 기(氣)를 받은 초기에 그 이(理)가 오직 하나일 뿐인데-천명지성이다.- 형체를 이룬 뒤에 그 나뉨은 달라진다.-솔성지도이다.-'라고 하였다. 과연 이와 같다면 기(氣)를 받은 초기에 성(性)만 있을 뿐 도(道)는 없으며, 형체를 이룬 뒤에 도(道)만 있을 뿐 성(性)이 없어서 성(性)과 도(道)가 나뉘어 천(天)과 인(人)에 속하고 체(體)와 용(用)이 끊어져 고(古)와 금(今)이 되니 이러한 의론은 정말이지 말도 안 되는 소리이다.……도리어 결국에는 소견이 이처럼 조잡하여 마치 이(理)와 기(氣)의 문로(門路)를 전혀 알지 못한 듯한 점이 있어서 전혀 다른 사람이 주장한 것처럼 전일의 의론과는 판이하니, 이렇게 된 까닭은 과연 어째서인가. 반복하여 생각해 보아도 결국에는 분명하게 알 수가 없다.〔整庵嘗云性以命同, 道以形異. 又云人物之生, 受氣之初, 其理惟一,-天命之性.- 成形之後, 其分則殊.-率性之道.- 果若是則受氣之初, 只有性而無道, 成形之後, 只有道而無性, 性道分屬天人, 體用截作古今, 似此議論, 直是不成說話.……乃其下梢, 所見鹵莽若此, 有若全不識理氣蹊逕者, 與前日議論判若二人, 此其故果何哉? 反復思之, 終未可曉.〕"라고 보인다.

106 민원리(閔元履) : 민치복(閔致福, 1766~1814)으로, 본관은 여흥(驪興), 자는 원리(元履), 호는 확재(擴齋)이다. 대사헌 민우수(閔遇洙)의 증손으로, 할아버지는 민백겸(閔百兼)이고, 아버지는 이조판서 민종현(閔鍾顯)이다. 김양행(金亮行)·이직

'《중용(中庸)》의 첫 번째 구(句)에서 천(天)은 체(體)이며 성(性)은 용(用)이고, 두 번째 구(句)에서 성(性)은 체(體)이며 도(道)는 용(用)이고, 세 번째 구(句)에서 도(道)는 체(體)이며 교(敎)는 용(用)이다.'[107]라고 하니, 이 말씀이 생각할 만한 것이 된다."라고 하였는데, 나도 역시 그것이 원활하고 막힘이 없어서 단편적인 것에 국한되지 않고, 세유(世儒)가 명의(名義)에 지나치게 집착하는 병통에 대하여 그 정곡을 몹시도 정확히 꿰뚫음을 마음속으로 기뻐하는 바이다.

녹문(鹿門 임성주(任聖周))이 말하기를, "사람의 성(性)이 선(善)함은 바로 그 기질(氣質)이 선할 뿐인 것이니, 기질의 밖에 별도로 선한 성(性)이 있는 것은 아니다."[108]라고 하였는데, 거슬러 올라가서 '이

보(李直輔)의 문인이다. 1789년(정조13), 사마시에 합격하고, 1803년에 원릉 참봉(元陵參奉)이 되었으나 잘못으로 인하여 파직되었다. 1805년에 동몽교관(童蒙敎官)을 지낸 뒤 빙고 별제(氷庫別提)와 호조·공조·형조의 낭관(郎官)을 거쳐 남평 현감에 이르렀으나 병으로 관직을 물러났다.

107 중용(中庸)의……용(用)이다 : 이 내용은, 《중용》 제1장에 "하늘이 명하신 것을 성(性)이라 이르고, 성(性)을 따르는 것을 도(道)라 이르고, 도(道)를 품절(品節)한 것을 교(敎)라 이른다.〔天命之謂性, 率性之謂道, 修道之謂敎.〕"라고 하였는데, 이에 대한 대전(大全)의 소주(小註)에 "이 책 전체는 모두 도(道)의 체(體)·용(用)을 말하였다. 첫 번째 구(句)에서 천(天)은 체(體)이며 성(性)은 용(用)이고, 두 번째 구(句)에서 성(性)은 체(體)이며 도(道)는 용(用)이고, 세 번째 구(句)에서 도(道)는 체(體)이며 교(敎)는 용(用)이다.〔此書皆言道之體用. 第一句天是體性是用, 第二句性是體道是用, 第三句道是體敎是用.〕"라고 한 왕씨(王氏)의 말에 보인다. 왕씨(王氏)는 이름이 회(回)이다.

108 사람의……아니다 : 이 말은 《녹문집(鹿門集)》 권19 〈잡저(雜著) 녹려잡지(鹿廬雜識)-이기심성(理氣心性)○기묘경진(己卯庚辰)-〉에 보인다.

(理)와 기(氣)가 하나로 합하는 묘함'에 대하여 논하면 진실로 또한 이와 같은 점이 있다. 다만 내가 보기에는 주장하여 의견을 내세운 것이 몹시도 한쪽으로 치우친 듯하다. 진실로 이와 같이 미루어 나아간다면 기(氣)가 이에 주(主)가 되고 이(理)가 도리어 객(客)이 되어서 성(性)이 선하다고 말씀한 맹자의 본래 뜻이 〈서명(西銘)〉에서 "천지의 사이에 가득한 것이 나의 형체가 되고 천지의 장수가 나의 성(性)이 되었다."[109]라고 말한 뜻과는 몹시도 똑같지 않게 될 것이다.

대체로 기(氣)의 근본이 비록 선하지 않은 적이 없었지만 떠돌아다니는 기운이 어지럽게 뒤섞인 것[110]으로 말하자면, 또 하나도 예외 없이 선하다고 이를 수 없는 점이 있다. 천지의 사이에 빠짐없이 가득 차서 이리저리 흘러 다니며 움직여서 활발하니, 눈을 열어 뜸에 어느 것 할 것 없이 모두 이 물사(物事 물건)인 것이다. 그러므로 예로부터 이단(異端)이 각각 그 본 바에 깨달은 곳이 있음을 따라서 종지(宗旨)를

109 천지의……되었다 : 이 말은 장재(張載)의 〈서명(西銘)〉에 "건(乾)을 아버지라 칭하고 곤(坤)을 어머니라 칭하니, 내가 이 작은 몸으로 혼합하여 천지의 중간에 있도다. 그러므로 천지의 사이에 가득한 것이 나의 형체가 되고 천지의 장수가 나의 성(性)이 되었다.〔乾稱父, 坤稱母, 予茲藐焉, 乃混然中處. 故天地之塞, 吾其體, 天地之帥, 吾其性.〕"라고 한 부분에 보인다. 이는 《맹자(孟子)》〈공손추 상(公孫丑上)〉에 "무릇 마음〔志〕은 기(氣)를 거느리는 장수인 셈이고, 기(氣)는 몸에 가득 차 있는 것이다.〔夫志, 氣之帥也, 氣, 體之充也.〕"라고 한 부분을 원용한 것으로, '천지의 사이에 가득한 것'은 바로 기(氣)를 가리키고, '천지의 장수'는 천지의 마음으로 이(理)를 가리킨다.

110 떠돌아다니는……것 : 이는 "떠돌아다니는 기운이 어지럽게 뒤섞여서 합하여 형질을 이루는 것은 사람과 물(物)이 만 가지로 다름을 낳고, 음과 양 두 가지가 순환하여 그치지 않는 것은 천지의 대의를 세운다.〔游氣紛擾, 合而成質者, 生人物之萬殊, 其陰陽兩端, 循環不已者, 立天地之大義.〕"라고 한 장재(張載)의 말에 보인다. 《張子全書 卷2 正蒙 太和篇》《近思錄 卷1 道體》

세우고 문호(門戶)를 만들어 놓은 채 우뚝하게 높이 솟아 방정(方正)하며 위와 아래를 하나로 꿰는 올바른 이치[111]가 삼극(三極 천(天)·지(地)·인(人))을 관철하여 주재하지 않는 주재함이 되는 바가 본래 있다는 것을 다시는 추구하지 않았다. 이 때문에 결국에는 함께 성인(聖人)의 대도(大道)에 들어갈 수가 없게 된 것이다.

석씨(釋氏)가 이 기(氣)의 선함을 본 것으로 말하자면 무엇보다도 정밀하고도 묘한 것이 된다고 이를 만하겠으나 결국에는 기(氣)의 작용을 가지고 성(性)으로 삼았으니, 이치에 근사하여 참된 것을 어지럽혀서 화(禍)를 끼친 것이 더욱더 혹독하다고 하겠다. 이 때문에 송(宋)나라의 현유(賢儒)들이 '이(理)'라는 글자를 골라 끄집어내어 이것을 가지고 도(道)의 오묘함을 드러내어 밝혔으니, 어찌 그 사이에 정심하고 미묘한 의리가 없겠는가.

기(氣)로 말하자면 보기 쉽지만 이(理)는 실제로 분명하게 알기가 어려운 것이다. 그러므로 대체로 도(道)와 기(器)를 분별하여 드러난 것을 은미하게 하고 그윽한 것을 밝혀서[112] 전요(典要)[113]를 가지고 사

111 우뚝하게……이치 : 이는 《중용》의 '중(中)'에 대한 정호(程顥)의 정의로, "중(中)이라는 것은 천하의 대본이니, 천지의 사이에 정정당당(亭亭當當)하고 직상직하(直上直下)한 올바른 이치이다. 이것을 벗어나면 옳지 못하니, 오직 공경하여 잃음이 없어야 가장 극진하다.〔中者, 天下之大本, 天地之間, 亭亭當當直上直下之正理. 出則不是, 惟敬而無失, 最盡.〕"라고 한 데에 보인다. 여기서 '정정(亭亭)'은 나무나 집 따위가 우뚝하게 높이 솟아 있는 모양을 말하고, '당당(當當)'은 방정(方正)함을 가리킨다. '직상직하(直上直下)'는 위와 아래가 하나로 꿰어짐을 말한다.

112 드러난……밝혀서 : 이는 본래 《주역》 〈계사전 하〉 6장에 "역(易)은 지나간 것을 드러내고 미래를 살피며, 드러난 것을 은미하게 하고 그윽한 것을 밝히며, 명칭에 마땅하게 하고 사물을 분별하며, 말을 바르게 하고 말을 결단하니, 구비되어 있다.〔夫易,

람에게 보여 주어 향할 바를 헷갈리지 않도록 하려고 한 것이다. 주자가 "결단코 서로 다른 두 가지 물건이다."[114]라고 말씀한 것과 "기(氣)는 강하고 이(理)는 약하다."[115]라고 말씀한 것은 이(理)와 기(氣)의 근원

彰往而察來, 而微顯闡幽, 開而當名, 辨物, 正言, 斷辭, 則備矣.〕"라고 한 부분에 보이는 말로, '현(顯)을 미(微)하고 유(幽)를 천(闡)하다.'라고 해석하는 것이 일반적이지만, 《중용(中庸)》에서 '미지현(微之顯)'이라고 한 것과 연관하여 '미(微)가 현(顯)하고 천(闡)이 유(幽)하다.'라고 해석하는 것도 가능하다. 전자의 해석은, 세상 사람들이 잘 아는 점에 대해서는 대략 넘어가고 세상 사람들이 잘 모르는 점에 대해서는 드러내어 밝혔다는 의미이다.

113 전요(典要) : 불변의 법칙으로, 《주역》 〈계사전 하〉 8장에 "역(易)은 오르내림에 일정함이 없고, 강양(剛陽)과 유음(柔陰)이 서로 바뀌어, 전요로 삼을 수 없고, 오직 변화하여 나아갈 뿐이다.〔上下无常, 剛柔相易, 不可以典要, 唯變所適.〕"라고 한 부분에 보인다.

114 결단코……물건이다 : 이 말은 《회암집(晦庵集)》 권46 〈답유문숙(答劉文叔)〉에 "이른바 이(理)와 기(氣)는 결단코 서로 다른 두 가지 물건이다. 다만 물(物)의 측면에서 보자면, 두 가지 물건은 혼륜(渾淪)하기에 분개(分開)하여 각각 다른 한 곳에 있을 수 없다. 그러나 두 가지 물건이 각각 한 가지 물건이 되는 것에 문제가 되는 것은 아니다. 만약 이(理)의 측면에서 본다면, 비록 물(物)이 없더라도 이미 물(物)의 이(理)가 있다. 그러나 또한 그 이(理)가 있을 뿐 실제로 이 물(物)이 있던 적은 없다.〔所謂理與氣, 此決是二物. 但在物上看, 則二物渾淪, 不可分開各在一處, 然不害二物之各爲一物也. 若在理上看, 則雖未有物, 而已有物之理. 然亦但有其理而已, 未嘗實有是物也.〕"라고 한 부분에 보인다.

115 기(氣)는……약하다 : 이 말은 《주자어류(朱子語類)》 권4 〈성리(性理)1 인물지성기질지성(人物之性氣質之性)〉에 "기(氣)가 비록 이(理)의 낳은 바이지만 이미 기(氣)가 태어났으면 이(理)가 그것을 관장할 수 없다. 이 이(理)가 기(氣)에 붙어서 날로 쓰는 사이에 운용하는 것이 모두 이 기(氣)로 말미암으니, 다만 기(氣)는 강하고 이(理)는 약하다.……또 부자지간에 만약 자식이 불초하더라도 아버지가 또한 그 자식을 관장할 수 없다. 성인께서 가르침을 세우신 소이가 바로 이러한 것들을 구제하고자 하신 것이다.〔氣雖是理之所生, 然旣生出, 則理管他不得. 如這理寓於氣了, 日用間運

에 대하여 어두운 것이 아니고, 답문(答問)할 적에 그 사람에 따라서 한쪽으로 치우친 바를 바로잡고 폐단을 구제한 경우가 많기에 어쩌면 혹 이 이(理)를 찾아내 기(氣)와 나누어서 두 가지 물건으로 삼은 다음 이(理)를 기(氣)에 빠뜨려서 한 가지 물건으로 삼아 기(氣)에만 편중됨을 원하지 않은 것인듯하니, 이는 대체로 또한 어쩔 수 없어서 그러한 것이다. 만약 이러한 뜻을 제대로 살펴 궁구하지 못한 채 곧장 '이(理)와 기(氣)가 하나로 합하는 묘함'을 다하지 못한 것으로 의심한다면 소략하다고 이를 만하겠다.

'한 근원〔一原〕'이라는 측면으로 말하자면 이(理)가 하나인 것은 다름 아닌 기(氣)가 하나인 것이고, '나뉘어 다르게 나타난다〔分殊〕'는 측면으로 말하자면 기(氣)가 나뉜 것은 다름 아닌 이(理)가 나뉜 것이다. 그러나 여기에는 자연히 형이상(形而上)과 형이하(形而下)의 분별이 있으니, 형이상이라는 것은 진실로 유일무이하지만 형이하라는 것은 정밀한 것과 거친 것 및 저것과 이것의 구별이 없을 수 없다.

기(氣)에는 본(本)과 말(末)이 있으니, 본(本)은 '하나〔一〕'일 뿐이고 말(末)은 '만 가지로 다름〔萬殊〕'이다. '하나'란 신(神)일 것이며, '만 가지로 다름'이란 형기(形氣)일 것이다.

일원(一原)에 상대하여 분수(分殊)라는 이름이 있고, 본연(本然)에

用, 都由這箇氣, 只是氣强理弱.……又如父子, 若子不肖, 父亦管他不得, 聖人所以立敎, 正是要救這些子.〕"라고 한 반시거(潘時擧)의 기록에 보인다.

상대하여 기질(氣質)이라는 칭호가 있다. 그러나 성(性)이 이(理)가 됨으로 말하자면 한가지이니, 다만 사람의 견해로 여기저기 이르는 곳에 따라 미루어 헤아릴 뿐이다.

녹문(鹿門 임성주(任聖周))이 기질지성(氣質之性)을 가지고 '발한 뒤〔發後〕'에 소속시킨 것은 견지(見地)가 탁월하니, 정자(程子)와 주자의 본지를 얻었다고 이를 만하겠으나 다만 기질(氣質)을 살펴본 것을 가지고 분수(分殊)에 대하여 유추할 수 없었기 때문에 그의 만년에 견해를 바꾼 일이 있게 되었다.

대체로 분수지성(分殊之性)도 역시 기(氣)로 말미암아 보게 된다. 그러므로 '발한 뒤'에 관계시켜서 말한 것이 많은데 다만 명명해 말한 뜻에 똑같지 않은 바가 있을 뿐이다. 기질은 선(善)과 악(惡)을 가지고 말하고 분수는 편(偏)과 전(全)을 가지고 말하니, 편(偏)·전(全)과 선(善)·악(惡)이 한가지이다. 진실로 '발한 뒤'의 선(善)과 악(惡)이 본연의 선(善)에 아무런 문제 됨이 없다는 것을 알면 이를 통해서 발한 곳의 편(偏)과 전(全)이 일원(一原)의 전(全)에 아무런 문제 됨이 없다는 것을 알 수 있게 된다.

하늘과 땅의 사이에 가득 차서 많고도 성대하며 어지러이 뒤섞여 있는 것이 어느 것 할 것 없이 모두 한 기(氣)를 함께하였으니, 나의 입장에서 다른 사람을 보면 다른 사람이 나와 같고, 사람의 입장에서 물(物)을 보면 물(物)이 사람과 같다. 이제 사람이 한 가닥의 터럭을 뽑으면 몸 전체가 이 때문에 깜짝 놀라 옹송그리며 움직이게 되니, 이것은 다른 이유가 없다. 바로 한 기(氣)가 서로 꿰고 있기 때문이다. 예컨대 굶어 죽은 시체를 보고서는 어떤 음식이든 달게 먹을 수가 없고, 짐승이 죽으면서 애처롭게 울부짖는 소리를 듣고서는 차마 그 고기를 먹지 못하기 마련이니,[116] 여기에서 또한 본래 한 기(氣)를 함께하였음을 확인해 볼 수가 있다. 그러므로 눈에 접하고 귀에 들어오게 되면 측은지심의 발함이 곧 이와 같이 밝게 통하는 것이다. 그러나 형(形)이 생겨나 질(質)이 갖추어짐에 물(物)과 내가 서로 현격하게 차이가 있게 되는바, 다소간의 장애가 없을 수가 없어서 때로 막히고 끊겨서 통하지 못하는 경우가 있으니, 이것이 어찌 생(生)의 이(理)이겠는가. 이 때문에 성인의 문하에서 이른바 "어버이를 친애하고 나서 백성을 사랑하고, 백성을 사랑하고 나서 사물을 아낀다."[117]라고 한 것은 다름 아닌 성분(性分)의 고유한 바에 품절(品節)한 것[118]으로 그 사이에 지

116 짐승이……마련이니 : 이 내용은 《맹자》 〈양혜왕 상(梁惠王上)〉에 "군자는 짐승을 대함에 있어, 그것들이 살아 있는 것을 보고 나서는 차마 그것들이 죽어가는 것을 보지 못하며, 죽으면서 애처롭게 울부짖는 소리를 듣고서는 차마 그 고기를 먹지 못합니다. 그래서 군자는 푸줏간을 멀리하는 것입니다.〔君子之於禽獸也, 見其生, 不忍見其死, 聞其聲, 不忍食其肉, 是以君子遠庖廚也.〕"라고 한 맹자의 말에 보인다.

117 어버이를……아낀다 : 이 내용은 《맹자》 〈진심 상(盡心上)〉에 "군자가 사물에 대해서는 아끼기는 하지만 사람을 사랑하듯 하지 않으며, 사람에 대해서는 사랑하기는 하지만 어버이처럼 친애하지 않는다. 어버이를 친애하고 나서 백성을 사랑하고, 백성을 사랑하고 나서 사물을 아낀다.〔君子之於物也, 愛之而弗仁, 於民也, 仁之而弗親, 親親而仁民, 仁民而愛物.〕"라고 한 맹자의 말에 보인다.

118 성분(性分)의……것 : '성분'이란 인의예지신(仁義禮智信)의 본성으로, 이것은 태어날 때부터 이미 고유한 것이라는 뜻이다. 이 말은 주자의 〈대학장구서(大學章句序)〉에 보인다. '품절(品節)'이란 등급이나 층차(層次)를 나누고, 이에 따라 절제(節制)를 가하는 것을 이른다. 예컨대 자기의 부모〔親〕, 동류인 백성〔民〕, 이류인 사물〔物〕로 구분하는 것은 '품(品)'이고, 가까운 정도에 따라 순서를 정하여 마음을 베풀어

력(智力)을 용납하는 것이 아니다.

녹문(鹿門 임성주(任聖周))이 《맹자》〈이루 하(離婁下)〉에서 "천하에서 성(性)에 대해 말하는 것은 이미 드러난 자취를 따질 뿐이다.〔天下之言性也 則故而已矣〕"라고 한 장(章)의 《집주(集註)》와 〈진심 상(盡心上)〉에서 "사람의 형체(形體)와 용모(容貌)는 천성(天性)이다.〔形色天性也〕"라고 한 장(章)의 《집주》를 인용하고서 말하기를, "오늘날의 사람들은 언제나 '성즉리(性卽理)'라는 세 글자를 가지고서 성(性)의 똑같음을 증명한다. 이제 이 두 장(章)을 가지고 살펴보건대, 이른바 '소득이생지리(所得以生之理)' 및 이른바 '자연지리(自然之理)'의 이(理)가 '성즉리'의 이(理)와 도대체 무슨 구별이 있는가. 이른바 '성즉리'는 어째서 유독 똑같음의 증거만 되고 다름의 증거는 될 수 없는가."[119]라고 하였다.

대체로 맹자께서 돌아가신 이후로 천여 년 동안 성선(性善)의 이치

친애하고〔親〕, 사랑하고〔仁〕, 아끼는〔愛〕 것은 '절(節)'이다.

119 오늘날의……없는가 : 이 말은 《녹문집(鹿門集)》 권19 〈잡저(雜著) 녹려잡지(鹿廬雜識)-이기심성(理氣心性) ○기묘경진(己卯庚辰)-〉에 보인다. '소득이생지리(所得以生之理)'는, 《맹자》〈이루 하(離婁下)〉에 "천하에서 성(性)에 대해 말하는 것은 이미 드러난 자취를 따질 뿐이다.〔天下之言性也 則故而已矣〕"라고 하였는데, 이에 대한 주자의 《집주》에 "성(性)이란 사람과 물(物)이 얻어서 태어난 바의 이(理)이다.〔性者, 人物所得以生之理也.〕"라고 한 설명에 보인다. '자연지리(自然之理)'는, 《맹자》〈진심 상(盡心上)〉에 "사람의 형체(形體)와 용모(容貌)는 천성(天性)이다.〔形色天性也〕"라고 하였는데, 이에 대한 주자의 《집주》에 "사람이 가지고 있는 형체와 색은 각각 자연의 이치가 있지 않음이 없으니, 이것이 이른바 천성이란 것이다.〔人之有形有色, 無不各有自然之理, 所謂天性也.〕"라고 한 설명에 보인다.

를 제대로 아는 사람이 없었다. 이에 성악설(性惡說)이나 선악혼재설(善惡混在說)이나 성삼품설(性三品說)[120] 등의 주장이 서로 앞을 다투어 일어나게 되었으니, 이는 모두 성(性)이 이(理)가 됨을 알지 못하여 기(氣)를 성(性)이라고 오인해서 그러한 것이다. 이에 정자가 '성즉리' 라는 세 글자를 가지고 발휘해 내어서 제자(諸子)의 그릇됨을 꺾고, 그 아래에 또 이르기를, "천하의 이치가 그 말미암아 나온 바를 근원해 보면 불선(不善)함이 없으니, 희(喜)·노(怒)·애(哀)·락(樂)이 미발(未發)했을 때에 어찌 일찍이 불선함이 있겠는가."[121]라고 하였으니, 삼가 그 지의(旨意)를 자세히 음미해 보면, 만물이 일원(一原)인 측면에 나아가 기(氣)와 뒤섞지 않고 말하여서 성(性)이 이(理)이고 기(氣)가 아님을 밝히려고 한 것이다. 주자가 "급히 치거나 때려도 깨지지 않을 정도로 견고하고, 성인의 문하에 공이 있다."[122]라고 말씀한 것은

120 성악설(性惡說)이나 선악혼재설(善惡混在說)이나 성삼품설(性三品說) : '성악설'은 사람의 성(性)은 선천적으로 악하다는 순경(荀卿)의 주장으로 《순자(荀子)》 〈성악편(性惡篇)〉에 나온다. '선악혼재설'은 성(性)에는 선과 악이 뒤섞여 있다는 양웅(揚雄)의 주장으로 《법언(法言)》 〈수신편(修身篇)〉에 나온다. '성삼품설'은 사람의 성(性)에 상(上)·중(中)·하(下)의 3품등이 있다는 한유(韓愈)의 주장으로, 〈원성(原性)〉에서 "성의 품등에는 상·중·하 세 가지가 있다. 상품은 선할 뿐이고, 중품은 인도하여 위나 아래로 가게 할 수도 있으며, 하품은 악할 뿐이다.〔性之品有上中下三, 上焉者善焉而已矣, 中焉者可導而上下也, 下焉者惡焉而已矣.〕"라고 한 부분에 나온다. 《昌黎文集 卷11》

121 천하의……있겠는가 : 이는 "성(性)은 곧 이(理)이다.〔性卽理也〕"라는 말과 함께 《근사록》 권1 〈도체(道體)〉와 《이정유서(二程遺書)》 권22상 〈이천어록(伊川語錄)〉 및 《맹자》 〈등문공 상(滕文公上)〉의 첫 번째 장의 《집주》 등에 보인다.

122 급히……있다 : 이 말은 《주자어류(朱子語類)》 권59 〈맹자(孟子)9 고자 상(告子上) 생지위성 장(生之謂性章)〉에 "이천의 '성즉리야' 네 글자는 급히 치거나 때려도

바로 이것을 가리킨 것이다.

《맹자》에 이른바 "천하에서 성(性)에 대해 말하는 것은 이미 드러난 자취를 따질 뿐이다."라고 한 것과 "사람의 형체와 용모는 천성이다."라고 한 것으로 말하자면, 혹 이미 그러한 형적에 근거하고 혹 발현(發見)의 드러남을 따라서 천명(天命)의 본체가 여기에서 분리되지 않음을 증명한 것이다. 그렇다면 정자가 성(性)을 말씀한 것은 곧장 '미발한 본연(本然)의 체(體)'를 가리킨 것이고, 맹자가 성(性)을 말씀한 것은 '이발(已發)한 당연(當然)의 용(用)'까지 아울러서 가리킨 것이니, 미발이면 일원(一原)이어서 사람과 물(物)이 똑같지 않을 수가 없고, 이발이면 분수(分殊)여서 사람과 물(物)이 다르지 않을 수가 없다. 그러므로 성(性)이 이(理)가 되는 소이가 비록 똑같지만 말한 지두(地頭 방면, 자리)는 동(動)·정(靜)과 체(體)·용(用)의 분별이 있고 이(理)를 주로 삼는 것과 기(氣)를 주로 삼는 것의 다름이 있다.-일원(一原)이 기(氣)가 없는 것이 아니지만 정(靜)하여 기(氣)가 아직 용사(用事)하지 못하기 때문에 이(理)를 주로 삼고, 분수(分殊)가 이(理)가 없는 것이 아니지만 동(動)하여 기(氣)가 이미 용사하였기 때문에 기(氣)를 주로 삼는다.- 그러니 어찌 억지로 끌어다가 하나로 합하여 설(說)을 만들어서 자기의 견해를 펼 수 있겠는가.

깨지지 않을 정도로 견고하니, 실로 자기 자신에게서 보아낸 것이다.〔伊川性卽理也四字, 攧撲不破, 實自己上見得出來〕"라고 한 양도부(楊道夫)의 기록과 동서 권95 〈정자지서(程子之書)1〉에 "정선생이 성(性)에 대해 논할 적에 다만 '성(性)은 곧 이(理)이다.'라고 말씀하였을 뿐이니, 이것이 어찌 분명하게 본 것이 아니겠는가. 이는 참으로 성인의 문하에 공이 있는 것이다.〔程先生論性, 只云'性卽理也', 豈不是見得明? 是眞有功於聖門.〕"라고 한 정가학(鄭可學)의 기록에 보인다.

정암(整庵 나흠순(羅欽順))이 "기(氣)는 모이고 흩어짐이 있고, 이(理)는 모이고 흩어짐이 없다."[123]라고 한 설문청(薛文淸)[124]의 설(說)에 대하여 논하기를, "하나는 모이고 흩어짐이 있고 하나는 모이고 흩어짐이 없으니, 그 봉극(縫隙 빈틈, 틈새)이 됨이 크다고 하겠다."[125]라고 하였으니, 이는 이(理)와 기(氣)를 나누어 둘로 만든 것을 혐의하여서 배척한 것이다. 녹문(鹿門 임성주(任聖周))도 역시 이 말을 깊이 인정하였다.[126] 그러나 주자가 일찍이 말씀하기를, "무릇 모이고 흩어지는 것은 기(氣)이다. 이(理)로 말하자면 그저 기(氣) 위에 머물러 있을 뿐이어서 애당초 응결하여 별도로 한 물건이 되는 것은 아니다. 다만 사람의 분수 상에 꼭 그렇게 해야만 되는 것이 바로 이(理)이니, 모이고 흩어짐을 가지고 말할 수가 없는 것이다."[127]라고 하였다. 그렇다면

123 기(氣)는……없다 : 이 말은 《독서록(讀書錄)》 권4, 권5, 권6에 보인다.

124 설문청(薛文淸) : 명(明)나라의 설선(薛瑄, 1389~1464)으로, 자는 덕온(德溫), 호는 경헌(敬軒), 문청은 그의 시호이다. 산서성(山西省) 하진(河津) 출신으로 성조(成祖) 때 진사(進士)로 발탁되어 한림학사(翰林學士)가 되었고, 성리학(性理學)에 밝아 하동 학파(河東學派)의 주류를 이루었다. 저서로 《독서록(讀書錄)》, 《설문청집(薛文淸集)》 등이 있다.

125 하나는……하겠다 : 이 말은 《곤지기(困知記)》 권하에 보인다.

126 녹문(鹿門)도……인정하였다 : 이와 관련된 내용은 《녹문집(鹿門集)》 권19 〈잡저(雜著) 녹려잡지(鹿廬雜識)-이기심성(理氣心性)○기묘경진(己卯庚辰)-〉에 "정암이 일찍이 '기(氣)는 모이고 흩어짐이 있고, 이(理)는 모이고 흩어짐이 없다.'라고 한 설문청(薛文淸)의 설(說)에 대하여 논하기를, '하나는 모이고 흩어짐이 있고 하나는 모이고 흩어짐이 없으니, 그 봉극(縫隙)이 됨이 크다고 하겠다.'라고 하였으니, 이 말이 마땅하다.〔整庵嘗論薛文淸氣有聚散理無聚散之說, 而曰一有一無, 其爲縫隙也大矣, 其言當矣.〕"라고 보인다.

127 무릇……것이다 : 이 말은 《주자어류(朱子語類)》 권3 〈귀신(鬼神)〉에 이굉조

형체가 있는 것은 진실로 모이고 흩어짐을 가지고 말할 수 있겠지만 형체가 없는 것도 역시 모이고 흩어짐을 가지고 말할 수 있는 것인가. 지금 저 천하의 아비와 자식은 아득한 옛날부터 지금까지 모이고 흩어지는 것이 일정함이 없지만 오직 아비는 자애롭고 자식은 효도하는 이(理)는 고금을 막론하고 닳아 없어질 수가 없으니, 이를 근거로 하여 말한다면, 이를 일러 "이(理)는 모이고 흩어짐이 없다."라고 하는 것이 또한 마땅하지 않겠는가.

정암(整庵 나흠순(羅欽順))이 또 말하기를, "기(氣)의 모임이 바로 모임의 이(理)이고, 기(氣)의 흩어짐이 바로 흩어짐의 이(理)이다. 오직 모임과 흩어짐이 있을 뿐이니, 이것이 바로 이른바 '이(理)'이다."[128]라고 하였다. 이(理)는 진실로 어떤 한 물건이 기(氣)보다 앞서 별도로 존재해 있는 것이 아니다. 만약 그 생(生)함에 대하여 논해 보자면, 그것과 함께 생하여 실로 떨어질 만한 여지가 없는데 다만 참됨과 거짓됨이 나뉘는 바가 있기 때문에 기(氣)는 현저한 반면에 이(理)는 은미할 뿐인 것이다. 그러므로 이(理)의 발용(發用 발하여 쓰임)・유행(流行 이리저리 흘러 다님)이 어느 것 할 것 없이 모두 기(氣)로 말미암아서 보이는데, 진실로 보기 쉬운 것을 따라서 미루어 나아가면 정암이 이와 같이 설(說)을 내세운 것에 대하여 이상하게 여길 것이 없다. 그러나 다만 이것을 근거로 삼아서 이(理)라고 여긴 채 그 봉극(縫隙 빈틈)이 생기는 것을 혐의한 나머지 진실하여 거짓이 없는 묘(妙)함이 기

(李閔祖)의 기록에 보인다.

128 기(氣)의……이(理)이다 : 이 말은 《곤지기(困知記)》 권하에 보인다.

(氣)에 체(體)가 되는 것을 다시 구하지 않는다면 이른바 '이(理)'라는 것이 그저 기(氣)를 따라서 막연히 주장하는 바가 없으니, 있어도 되고 없어도 된다. 낙민(洛閩)[129]의 여러 현자들이 먼저 실리(實理)로부터 말씀한 것이 어찌 아무런 까닭도 없이 그렇게 하였던 것이겠는가.

정암(整庵 나흠순(羅欽順))이 이미 곧장 '모임과 흩어짐'을 가지고 이(理)로 삼고서 또 이(理)가 너무 긴요하지 않고 허술함을 혐의하여 곧바로 이어서 말하기를, "오직 모임과 흩어짐이 있을 뿐이니, 이것이 바로 이른바 '이(理)'이다."[130]라고 하였다. 이것에 근거하면 도리어 한 걸음을 옮겨 올려서 '모임과 흩어짐이 있는 것'을 가리켜서 이(理)라고 이르는 것 같다. 그렇다면 모임과 흩어짐의 이전에 이(理)가 실제로 주재(主宰)하니, 하나는 앞이 되고 하나는 뒤가 됨에 유독 봉극(縫隙 빈틈)이 없겠는가.

녹문(鹿門 임성주(任聖周))이 다음과 같이 말하였다.[131] "주자가 천(天)에 대하여 이(理)를 가지고 풀이한 것은 바로 일음일양(一陰一陽)을 가지고 도(道)라고 한 것[132]과 같으니, 바로 이를 통해서 기(器)가 또

129 낙민(洛閩) : '낙'은 낙양(洛陽)이고 '민'은 민중(閩中)으로, 명도(明道) 정호(程顥)와 이천(伊川) 정이(程頤)는 낙양에, 회암(晦菴) 주희(朱熹)는 민중에 살았으므로 이렇게 이른 것이다. 후대에는 정자(程子)와 주자의 병칭이나 정주학(程朱學)의 의미로 쓰인다.

130 오직……이(理)이다 : 이 말은 《곤지기(困知記)》 권하에 보인다.

131 녹문(鹿門)이……말하였다 : 임성주의 이 말은 《녹문집(鹿門集)》 권19 〈잡저(雜著) 녹려잡지(鹿廬雜識)-이기심성(理氣心性)○기묘경진(己卯庚辰)-〉에 보인다.

한 도(道)이고 도(道)가 또한 기(器)인 묘함[133]을 드러내어 밝힌 것인데, 무지몽매한 자들은 이를 제대로 알지 못하고 도리어 이르기를, '창창(蒼蒼)은 천(天)이 아니고 창창의 윗부분에 별도로 천(天)이 되는 소이연(所以然)의 이(理)가 있다.'라고 하니, 그 허탄하기가 이보다 더 심한 경우가 없다고 하겠다. 원래 천(天)은 그저 창창한 것일 뿐인데, 창창이 바로 이(理)이다."-녹문의 설(說)은 여기까지이다.-

이(理)는 진실로 창창을 벗어나지 않지만 창창이란 높고도 커다랗게 위에 있는 형체(形體)인 것이니, 형체의 가운데에 절로 성(性)·정(情)의 갖가지 변화의 관건이자 핵심이 되는 것이 있는데, 그저 창창에 근거하여서 이를 일러 이(理)라고 할 뿐이라면 그 소루하기가 이보다 더 심한 경우가 없다고 하겠다.

지금 사람이 구각(軀殼)의 안에 사람의 이(理)를 갖추고 있으니, 그저 구각의 준준(蠢蠢 많고도 뒤섞여 어지러움)한 것을 가리켜서 이를 일러 이(理)라고 할 뿐이고 성(性)·정(情)의 주재(主宰)가 되는 것을 다시 궁구하지 않는다면, 어떻게 이치를 궁구하고 성(性)을 다하여서

132 일음일양(一陰一陽)을……것 : 이는 《주역》〈계사전 상(繫辭傳上)〉 5장의 첫 번째 절에 "한 번 음(陰)하고 한 번 양(陽)하게 하는 것을 일러 도(道)라 한다.〔一陰一陽之謂道.〕"라고 한 데에서 나온 말이다.

133 기(器)가……묘함 : 《주역》〈계사 상(繫辭上)〉 제12장의 "형이상인 것을 도라고 하고 형이하인 것을 기라고 한다.〔形而上者謂之道, 形而下者謂之器.〕"라는 말을 명도 정호(程顥)가 해설하면서 "기가 또한 도이고 도가 또한 기이다.〔器亦道, 道亦器.〕"라고 하고, 또 "원래 다만 이것이 바로 도이다.〔元來只此是道.〕"라고 하였다. 《二程遺書 卷1, 卷11》 도(道)는 무형(無形)의 추상적인 도리를 뜻하고, 기(器)는 유형(有形)의 구체적인 사물을 뜻하는데, 여기서는 도와 기, 즉 이(理)와 기(氣)가 서로 분리되지 않는다는 뜻으로 정호가 해석한 것이다.

천명(天命)에 이르겠는가.[134]

주자가 천(天)에 대하여 이(理)를 가지고 풀이한 것은 대체로 상천(上天)의 일을 가리켜서 말씀한 것이니,[135] 어찌 곧장 창창을 가지고 이(理)라고 하신 적이 있었겠는가. 그러므로 이(理)와 기(氣)에 대하여 그 지극한 경지를 끝까지 궁구하면 비록 두 가지 물건이 아니지만 여기에서 또 분별하여서 사람들에게 전상(典常)을 가지고 보여 줄 수밖에 없으니, 이것이 《주역》〈계사전(繫辭傳)〉에서 형이상(形而上)과

134 어떻게……이르겠는가 : 이 말은 《주역》〈설괘전(說卦傳)〉 제1장에 "도와 덕에 조화롭고 순조로우며 의에 맞게 하고, 이치를 궁구하고 성을 다하여 천명에 이른다.〔和順於道德, 而理於義, 窮理盡性, 以至於命.〕"라고 한 부분을 원용한 표현이다.

135 주자가……것이니 : 주자가 이(理)를 가지고 천(天)을 풀이한 것은 '창창'이라는 '하늘의 형체' 자체를 가리킨 것이 아니라 '상천(上天)의 일'을 가리킨 것이라는 말이다. '상천의 일'은 본래 《시경》〈대아(大雅) 문왕(文王)〉의 결구인 "상천의 일은 소리도 없고 냄새도 없거니와, 문왕을 본받으면 만방이 진작하여 믿으리라.〔上天之載, 無聲無臭, 儀刑文王, 萬邦作孚.〕"라고 한 데에 보이는데, 《중용장구》 제33장에 "《시경》에 '덕은 가볍기가 터럭과 같다.'라고 하였는데, 터럭도 비교할 만한 것이 있으니 '상천의 일은 소리도 없고 냄새도 없다.'라는 표현이어야 지극하다 할 것이다.〔詩云'德輶如毛', 毛猶有倫, '上天之載, 無聲無臭'至矣.〕"라고 한 데에도 인용되어서 보인다. 《주자어류(朱子語類)》 권94 〈주자지서(周子之書) 태극도(太極圖)〉에 진순(陳淳)이 "《태극해》에서 '상천지재 무성무취(上天之載無聲無臭)'를 인용하셨는데, 이 상천지재가 바로 태극입니까?〔太極解引上天之載, 無聲無臭, 此上天之載卽是太極否?〕"라고 여쭙자, 주자가 "창창한 것이 상천이고, '이(理)'는 '재(載)'라는 글자 위에 있다.〔蒼蒼者是上天, 理在載字上.〕"라고 대답한 내용이 보인다. 또한 "천이 천이 되는 소이는 이일 뿐이니, 천은 이 도리가 있지 않으면 천이 될 수 없다. 창창한 것은 곧 이 도리의 천이다.〔天之所以爲天者理而已, 天非有此道理, 不能爲天. 蒼蒼者, 卽此道理之天.〕"라고 한 말이 동서 권25 〈논어(論語)7 팔일편(八佾篇) 여기미어오 장(與其媚於奧章)〉에 동수(董銖)의 기록에 보인다.

형이하(形而下)가 그 경계를 구분하게 된 것[136]으로 아마도 또한 쇠퇴한 세상의 뜻일 것이다.[137] 후대에 성현들이 지결(旨訣 중요한 말씀)을 이어받아 쓰고 감히 어기지 않은 것이 어찌 구차하게 그러하였겠는가.

'이(理)' 자의 뜻에 관해서는 별도의 설(說)이 없고《대학(大學)》의 지선(至善)[138]과《중용(中庸)》의 중화(中和)[139]에 지나지 않을 뿐이

136 주역……것 : 이는《주역》〈계사 상(繫辭上)〉 제12장에 "형이상인 것을 도라 하고 형이하인 것을 기라 한다.〔形而上者謂之道, 形而下者謂之器.〕"라고 한 부분을 가리킨다. 이에 대한 정자(程子)의 주(注)에 "유형(有形)은 모두 기(器)이고 무형(無形)은 도가 된다.〔有形皆器也, 无形爲道.〕"라고 설명하였는바, 형이상(形而上)은 도(道)로서 무형(無形)인 것이고, 형이하(形而下)는 기(器)로서 유형(有形)인 것을 말한다.

137 아마도……것이다 : 이는《주역》〈계사 하(繫辭下)〉 제6장의 "그 이름을 일컫는 것이 섞였으면서도 넘지 않으나 그 종류를 상고해 보면 아마도 쇠퇴한 세상의 뜻일 것이다.〔其稱名也, 雜而不越, 於稽其類, 其衰世之意耶.〕"라고 한 구절에서 인용하였다.

138 대학(大學)의 지선(至善) :《대학》〈경1장〉에 "대학의 도(道)는, 밝은 덕(德)을 밝히는 데 있으며, 백성을 새롭게 하는 데 있으며, 지극한 선(善)에 머무는 데 있다.〔大學之道, 在明明德, 在親民, 在止於至善.〕"라고 하였는데, 이에 대하여 주자는 "지(止)는 반드시 이에 이르러 옮기지 않는 뜻이요, 지선은 사리의 당연한 극치, 표준이다. 이는 명명덕(明明德)과 신민(新民)을 모두 마땅히 지선의 경지에 그쳐서 옮기지 않음을 말한 것이니, 반드시 천리의 극을 다하고 일호라도 인욕의 사사로움이 없는 것이다.〔止者, 必至於是而不遷之意. 至善則事理當然之極也. 言明明德·新民, 皆當止於至善之地而不遷, 蓋必其有以盡夫天理之極, 而無一毫人欲之私也.〕"라고 설명하였다.

139 중용(中庸)의 중화(中和) :《중용》〈제1장〉에 "기뻐하고 노하고 슬퍼하고 즐거워하는 정이 발하지 않은 것을 중이라 이르고, 발하여 모두 절도에 맞는 것을 화라 이르니, 중이란 것은 천하의 큰 근본이요 화란 것은 천하의 공통된 도이다. 중과 화를 지극히 하면 천지가 제자리를 편안히 하고 만물이 잘 생육된다.〔喜怒哀樂之未發謂之中, 發而皆中節謂之和. 中也者, 天下之大本也; 和也者, 天下之達道也. 致中和, 天地位焉, 萬物育焉.〕"라고 하였는데, 이에 대하여 주자는 "희노애락은 정이요 이것이 발하지

니, 예로부터 성현들이 도(道)의 묘함에 대하여 드러내어 밝힐 적에 그 말씀이 평평하게 펴져서 나아와 평이하고도 간약(簡約)하다는 것을 여기에서 알 수가 있겠다. 배우는 자가 진실로 여기에 나아가서 깊이 생각하고 정밀하게 살펴 오랫동안 이렇게 하여서 스스로 터득할 수 있게 된다면 허다한 말들을 소비하지 않고 '이(理)'의 명의(名義)와 의미에 대하여 비로소 명확하게 알 수 있어서 마음에서 거슬리지 않게 될 것이다. 만약 명리(名理)의 학문[140]을 하는데 스스로 사사로이 지혜를 써서 이설(異說)을 만들어 내기를 좋아하여서 사람들의 이목을 새롭게 만든다면 성현들에게 죄를 얻지 않음이 거의 드물다고 하겠다.

정암(整庵 나흠순(羅欽順))은 인심(人心)과 도심(道心)을 가지고 체(體)와 용(用)으로 삼아서 보았다.[141] 대체로 이 노인은 이(理)와 기

않은 것은 성이니, 편벽되고 치우친 바가 없으므로 중이라 이르고, 발함에 모두 절도에 맞는 것은 정의 올바름이니 어그러지는 바가 없으므로 화라 이른다. 대본은 하늘이 명하신 성으로 천하의 이치가 모두 이로 말미암아 나오니 도의 체요, 달도는 성을 따름을 이른 것으로 천하와 고금에 함께 행하는 것이니 도의 용이다. 이는 성정의 덕을 말씀하여 도를 떠날 수 없는 뜻을 밝힌 것이다.〔喜怒哀樂, 情也, 其未發, 則性也. 無所偏倚故謂之中. 發皆中節, 情之正也, 無所乖戾故謂之和. 大本者, 天命之性, 天下之理, 皆由此出, 道之體也. 達道者, 循性之謂, 天下古今之所共由, 道之用也. 此言性情之德, 以明道不可離之意.〕"라고 설명하였다.

140 명리(名理)의 학문 : 사물의 명(名)과 이(理)를 분석하며 시비(是非)와 동이(同異)를 따지는 것을 가리키는바, 주로 위진(魏晉) 시대 청담가(淸談家)들의 학풍이 이러하였다.

141 정암(整庵)은……보았다 : 나흠순은 그의 저술인 《곤지기(困知記)》 권상 제3장(章)에서 "도심은 '적연부동'한 것이니, 지극히 정밀한 체(體)를 볼 수 없기 때문에 미묘하다. 인심은 '감이수통'하는 것이니, 지극히 변하는 용(用)을 헤아릴 수 없기 때문

(氣)가 하나로 합하는 묘함을 주장하였다. 그러므로 이것도 역시 두 방면으로 나누어 상대하여 말하는 것을 혐의하여 동일한 궤철(軌轍)을 만들고서 이와 같이 입론(立論)하고자 하였으니, 순(舜)임금이 우(禹)에게 고하신 것[142]은 그저 발현한 단서에 나아가서 그 기미〔幾〕를 잘 살펴서 다스린 것일 뿐이지 이 마음의 체(體)・용(用)과 본(本)・말(末)을 드러내어 밝히기 위한 것은 아님을 전혀 자세히 살피지 못한 것이다.

대체로 "인심은 위태롭고 도심은 미묘하다.〔人心惟危 道心惟微〕"라고 한 것은 폐단에 대하여 말한 것이고, "정하게 살피고 한결같이 지켜야 한다.〔惟精惟一〕"라고 한 것은 공부인 것이며, "진실로 그 중(中)을 잡을 것이다.〔允執厥中〕"라고 한 것은 성효(成效)인 것이다.-'성효'라는 글자를 마땅히 얽매이지 않고 융통성 있게 보아야 하니, 이는 바로 근본에 대하여 궁극(窮極)한다는 의미인 것이다.- '정일(精一)'이라는 글자의 자의(字義)와 의미에 대하여 자세히 완미해 본다면 알 수가 있을 것이다. 또한 예로부터 성현들이 학문에 대하여 논할 적에 반드시 대부분 '발한 곳〔發處〕'에 대하여 주의 깊게 체험해 터득하여 말씀하였으니, 이것이 어찌 체(體)

에 위태롭다.〔道心, 寂然不動者也, 至精之體不可見故微. 人心, 感而遂通者也, 至變之用不可測故危.〕"라고 하였고, 제4장에서는 "도심은 성이고, 인심은 정이다. 마음은 하나인데 두 가지로 말하는 것은 동과 정의 나뉨과 체와 용의 구별이 있어서 그러한 것이다.〔道心, 性也; 人心, 情也. 心一也而兩言之者, 動靜之分, 體用之別也.〕"라고 하여 인심(人心)과 도심(道心)을 용(用)과 체(體)로 구분하는 말을 하였다.

142 순(舜)임금이……것 : 순임금이 우(禹)에게 제위를 물려주면서 "인심은 위태롭고 도심은 미묘하니 정하게 살피고 한결같이 지켜야 진실로 그 중(中)을 잡을 것이다.〔人心惟危, 道心惟微, 惟精惟一, 允執厥中.〕"라고 한 말로, 《서경》 〈우서(虞書) 대우모(大禹謨)〉에 보인다.

를 버려두고서 용(用)을 급하게 여긴 것이겠는가. 이는 진실로 손을 대서 공부를 하는 것이 다만 동(動)・용(用)의 부분에서 벗어나지 않기 때문에 그러한 것이다. 주자가 말씀한 '혹생(或生)'과 '혹원(或原)'[143]이라는 것은 또한 그 이발(已發)에 나아가서 그 말미암은 바를 미루어서 궁구함에 이러한 두 가지의 구분이 있게 된 것이니, 정암이 의심을 두게 된 것은 거의 지나침에 가깝다고 하겠다.

'집중(執中)'의 중(中)[144]은 사(事)의 측면에 나아가서 말한 것으로, 오로지 성(性)과 정(情)의 측면에 나아가서 말한 '중화(中和)'의 중(中)[145]과는 입언(立言)한 지두(地頭 지경, 방면)가 비록 다르나 외(外)

143 혹생(或生)과 혹원(或原) : 이는 주자의 〈중용장구서(中庸章句序)〉에서 "인심은 위태롭고 도심은 미묘하니, 정하게 살피고 한결같이 지켜야 진실로 그 중(中)을 잡을 것이다.〔人心惟危, 道心惟微, 惟精惟一, 允執厥中.〕"라는 순임금의 말을 언급해 부연하여서 "마음의 허령지각은 하나일 뿐인데 인심과 도심의 다름이 있다고 한 것은, 혹은 형기의 사사로움에서 생겨나고 혹은 성명의 바름에서 근원하여 지각하는 것이 똑같지 않기 때문이다. 그러므로 혹은 위태로워 편안하지 못하고 혹은 미묘하여 보기가 어려운 것이다.〔心之虛靈知覺, 一而已矣, 而以爲有人心道心之異者, 則以其或生於形氣之私, 或原於性命之正, 而所以爲知覺者不同. 是以或危殆而不安, 或微妙而難見耳.〕"라고 설명한 대목에 보이는 말이다.

144 집중(執中)의 중(中) : '중'은 중도(中道)로 과(過)나 불급(不及)이 없음을 이른다. 《논어》 〈요왈(堯曰)〉에 "진실로 그 중(中)을 잡으라.〔允執其中.〕"라고 하였고,《서경》 〈우서(虞書) 대우모(大禹謨)〉에 "인심은 위태롭고 도심은 미묘하니 정하게 살피고 한결같이 지켜야 진실로 그 중(中)을 잡을 것이다.〔人心惟危, 道心惟微, 惟精惟一, 允執厥中.〕"라고 한 데에 보이는 것으로, 각각 요임금이 순(舜)에게, 순임금이 우(禹)에게 제위를 물려주면서라고 한 말이다.

145 중화(中和)의 중(中) : 이는 《중용》 〈제1장〉에 "기뻐하고 노하고 슬퍼하고 즐거

와 내(內)가 간격이 없고 본(本)과 말(末)이 일치하니, 정하게 살피고 한결같이 지켜서 그 중(中)을 잡는 경지에 이르게 되면 바로 중(中)의 체(體)가 확립됨을 알 수가 있다. 이를 근거로 하여 말한다면, 또한 어찌 체(體)를 버려두었다고 말할 수 있겠는가.

인심(人心)과 도심(道心)은 발용(發用)의 측면에 나아가 상대하여 입언(立言)한 것이다. 그러므로 인심을 먼저 언급하고 도심을 나중에 언급하여서 위태로운 것이 편안하게 된 뒤에 미묘한 것이 드러나게 됨을 보인 것이다. 만일 체(體)와 용(用)을 가지고 말하였다면 어찌 체(體)를 먼저 언급하고 용(用)을 나중에 언급하여서 그 형세를 따르지 않고, 뒤집어 말한 것이 결국 이와 같겠는가. 정암(整庵 나흠순(羅欽順))이 이것에 대하여 통하게 하는 설(說)이 없었기에 마침내 《중용》에서 중(中)·화(和)에 대하여 논할 적에 희(喜)·노(怒)·애(哀)·락(樂)을 먼저 거론한 것[146]을 가지고 인심을 먼저 언급한 증거로 삼아

워하는 정이 발하지 않은 것을 중이라 이르고, 발하여 모두 절도에 맞는 것을 화라 이르니, 중이란 것은 천하의 큰 근본이요 화란 것은 천하의 공통된 도이다. 중과 화를 지극히 하면 천지가 제자리를 편안히 하고 만물이 잘 생육된다.〔喜怒哀樂之未發謂之中, 發而皆中節謂之和. 中也者, 天下之大本也; 和也者, 天下之達道也. 致中和, 天地位焉, 萬物育焉.〕"라고 한 데에 보인다.

146 중용에서……것 : 이는 《중용》 〈제1장〉에 "기뻐하고 노하고 슬퍼하고 즐거워하는 정이 발하지 않은 것을 중이라 이르고, 발하여 모두 절도에 맞는 것을 화라 이르니, 중이란 것은 천하의 큰 근본이요 화란 것은 천하의 공통된 도이다. 중과 화를 지극히 하면 천지가 제자리를 편안히 하고 만물이 잘 생육된다.〔喜怒哀樂之未發謂之中, 發而皆中節謂之和. 中也者, 天下之大本也; 和也者, 天下之達道也. 致中和, 天地位焉, 萬物育焉.〕"라고 한 데에 보인다.

상당히 힘을 기울여서 설(說)을 만들었으니, 아마도 끝내 견강부회하여서 딱 들어맞지 못할 듯하다.

《중용》에 언급된 희(喜)・노(怒)・애(哀)・락(樂)은, 자사(子思)가 중(中)이 일정한 방소도 없고 일정한 형체도 없어서 가리켜서 말할 수가 없다고 여겼다. 그러므로 희(喜)・노(怒)・애(哀)・락(樂)을 언급한 것은 이를 빌려서 미발(未發)이면 중(中)임을 밝힌 것에 지나지 않으니, 이는 도(道)의 묘함이 상정(常情)을 멀리 넘어섬을 드러내어 밝힌 것이라고 하겠다. 《서경》〈대우모(大禹謨)〉에서 언급된 인심(人心)과 도심(道心)은 원래 상대해 말하여서 위태로움과 미묘함의 기미를 보인 것이다. 그렇다면 입언(立言)한 본지에 있어서 허(虛)와 실(實)이 이미 똑같지 않으니, 어찌 끌어대어 비교하여서 서로 증명할 수 있겠는가. 주자가 말씀하기를, "무릇 독서할 적에는 우선 마음을 비우고서 보아야 하니, 이 한 곳의 문의(文義)에 대해서 망령되이 다른 곳의 언어를 끌어와서 서로 뒤섞어서는 절대로 안 된다. 서로 똑같지 못할 뿐만 아니라 또한 이 가운데에 있는 올바른 뜻의 혈맥을 어지럽히는 것이 되고 만다.〔凡讀書且虛心看 此一處文義 切不可妄引他處言語來相雜 非惟不相似 且是亂了此中正意血脈也〕"[147]라고 하였으니, 정암(整庵 나흠순(羅欽順))이 또한 이러한 문제점에 해당함을 면하지 못하였다고 하겠다.

정자(程子)가 말씀하기를, "아래로 인간의 일을 배우면 곧바로 위로

147 무릇……만다 : 이 말은 《회암집(晦庵集)》 권39 〈답임만(答林巒)〉에 보인다.

천리를 통달하게 되는 것이다.〔下學人事 便是上達天理〕"[148]라고 하였다. 대체로 아래로 인간의 일을 배우는 것은 이를 통해 위로 천리를 통달하고자 한 것인데, 천리와 인간의 일이 실제로는 서로 관통하고, 아래로 배우는 것과 위로 통달하는 것이 또 각각 별개 항목의 일이 아니니, '변시(便是)'라는 두 글자에 마땅히 착안하여 보아야 할 것이다. 만약 인간의 일에 대하여 진실하게 알아서 실천하게 되면 자연히 위로 천리를 통달하게 될 것이다.

사람이 만약 떳떳하게 본분(本分)에 의지하여 좋은 사람이 되고자 하는 데에 그친다면 그만이거니와 그렇지 않다면 모름지기 대본(大本 중(中), 중도(中道))에 대하여 본 바가 있어야 하니, 그래야 비로소 명(明)과 성(誠) 두 가지를 극진히 하여서 그 덕(德)을 완성할 수가 있을 것이다.[149]

148 아래로……것이다 : 이는 정이(程頤)의 말로, 《논어》〈헌문(憲問)〉에 "하늘을 원망하지 않고, 다른 사람을 탓하지 않으며, 아래로 인사(人事)를 배워서 위로 천리(天理)를 통달하니, 나를 알아주는 자는 오직 하늘이다.〔子曰, 不怨天, 不尤人, 下學而上達, 知我者, 其天乎.〕"라고 한 공자의 말씀에 대한 《집주》의 장하주에 인용되어 있다.

149 명(明)과……것이다 : 본연의 밝은 성품을 잘 간직한 채 지(知)와 행(行)의 두 방면으로 부단히 수양하여서 극진한 경지에 이르는 것을 말한다. 《중용장구(中庸章句)》 제21장에 "성(誠)으로 말미암아 밝아짐을 성(性)이라 이르고 명(明)으로 말미암아 성(誠)해짐을 교(教)라 이르니, 성(誠)하면 밝아지고 밝아지면 성(誠)해진다.〔自誠明, 謂之性, 自明誠, 謂之教. 誠則明矣, 明則誠矣.〕"라고 하였다. 이에 대해 주자는 성(誠)은 성실한 것으로 행(行)이고 명(明)은 밝게 아는 것으로 지(知)라 보고, "자(自)는 말미암음이다. 덕(德)이 성실하지 않음이 없고 밝음이 비추지 않음이 없는 자는 성인의 덕으로서 성(性)대로 하여 간직한 자이니 하늘의 도(道)이고, 먼저 선(善)을 밝게 안 뒤에 능히 그 선(善)을 성실히 하는 자는 현인의 배움으로서 가르침으로 말미암

백성이 날마다 쓰면서도 알지 못하는 것[150]은 금수가 겨우 한 길만 통할 뿐이어서[151] 미루어 나아갈 수 없는 것과 다를 바가 없다. 그러므로 학문의 공은 다만 제대로 아는 것과 미루어 나아가는 것에 달려 있을 뿐이다. 이제 사람이 훌륭한 자질을 가지고 있는 경우는 행하는 바가 비록 선하더라도 진실로 학문의 공을 쓰지 않는다면 이는 또한 백성이 날마다 쓰면서도 알지 못하는 것이라고 하겠으니, 어떻게 사람이 된 도(道)를 남김없이 다하여서 강충(降衷)[152]의 중차대함을 충실히 한단 말인가. 왕상(王祥)이 물건을 감동시킨 지극한 효성을 지닌 사람으로서 사마염(司馬炎)에게 옥새를 바친 것[153]으로 말하자면 이는

아 들어가는 자이니 사람의 도(道)이다. 성실해지면 밝지 않음이 없고 밝아지면 성실함에 이를 수 있다.〔自, 由也. 德無不實而明無不照者, 聖人之德, 所性而有者也, 天道也. 先明乎善而後, 能實其善者, 賢人之學, 由教而入者也, 人道也. 誠則無不明矣, 明則可以至於誠矣.〕"라고 해석하였다.

150 백성이……것 : 일반 백성이 도(道)에 대해 무지함을 뜻하는바, 이 말은 《주역》〈계사 상(繫辭上)〉 제5장에 "인자는 이를 보고 인(仁)이라 이르고, 지자는 이를 보고 지(智)라 이르며, 백성은 날마다 쓰면서도 알지 못한다. 그러므로 군자의 도(道)가 드문 것이다.〔仁者見之, 謂之仁, 知者見之, 謂之知, 百姓日用而不知, 故君子之道鮮矣.〕"라고 한 데에 보인다.

151 금수가……뿐이어서 : 개나 소 따위의 금수는 그 성(性)이 편벽되어서 단지 한길만 통한다는 것이다.

152 강충(降衷) : 《서경》〈상서(商書) 탕고(湯誥)〉에 "훌륭하신 상제(上帝)가 하민(下民)들에게 충(衷)을 내려주어서 순히 하여 떳떳한 성(性)을 소유하였으니, 능히 그 도에 편안하게 하는 이는 군주인 것이다.〔惟皇上帝降衷于下民, 若有恒性, 克綏厥猷, 惟后.〕"라고 한 데에서 나온 말로, 하늘이 사람에게 내려 준 인의예지신(仁義禮智信)의 이치를 갖춘 중정(中正)한 성품을 가리킨다.

153 왕상(王祥)이……것 : 왕상(王祥, 184(一說180)~268)은 위진 시대 사람으로 어려서부터 효성이 지극하였다. 그의 계모(繼母)가 한겨울에 생선을 먹고 싶어하기에

불충(不忠)인 것이니, 효성스러웠지만 이를 충(忠)에다 미루어 나아갈 수 없었던 것은 제대로 배우지 못하였기 때문에 그러한 것이다.

심(心)을 가지고 물(物)을 주재하니, 물(物)을 가지고 심(心)을 부려서는 안 된다. 아무리 독서하고 강론하는 것이 본분에 있어서 마땅히 해야 하는 일이지만 진실로 심(心)이 이것에 의해 부려지게 된다면 곧 '밖으로 내달리는 것〔外馳〕'이니, 바로 정자(程子)가 "비록 좋은 일을 향해 가더라도 오히려 물(物)에게 동화되고 만다."[154]라고 말씀한 것에 해당한다고 하겠다. 또한 만일 대사(大事)를 당하고 대변(大變)에 처하여 결단하고 대처하게 되면 이 심(心)이 주(主)가 되도록 해야 하고 대사와 대변이 주(主)가 되도록 해서는 안 되니, 맹자의 부동심(不動心)[155]도 또한 그저 심주(心主)[156]가 정해진 것일 뿐이다.

그가 꽁꽁 얼어붙은 강가에 나가 옷을 벗고서 장차 얼음을 깨고 들어가 고기를 잡으려고 하자, 갑자기 얼음이 저절로 깨지면서 잉어 두 마리가 튀어나왔다고 한다. 사마염(司馬炎, 236~290)은 사마의(司馬懿)의 손자이자 사마소(司馬昭)의 아들로, 조위(曹魏) 함희(咸熙) 2년(265)에 부친의 상국(相國) 직위와 진왕(晉王) 작위를 계승하였다. 같은 해 12월 병인(丙寅)에 위 원제(魏元帝) 조환(曹奐)을 핍박하여 강제로 선양하게 하고 자신이 즉위하여 국호를 진(晉)으로, 연호를 태시(泰始)로 바꾸었다. 당시 왕상은 위나라의 삼공의 하나인 태위(太尉)였으나 결국 사마염의 제위 찬탈을 막지 못하였다. 사마염은 즉위하자마자 왕상을 태보(太保)에 봉하고 직언해 주기를 구하였으나 왕상은 연로하고 쇠약함으로 인하여 사직을 요청하여 허락을 받았다. 《晉書 卷3 帝紀第3》《晉書 卷33 王祥列傳》

154 비록……만다 : 이는 "'자기 몸을 보유하지 못하니, 이로운 바가 없다.'라고 하였으니, 자기를 세우지 못한 뒤에는 비록 좋은 일을 향해 가더라도 오히려 물(物)에게 동화되고 만다.〔不有躬, 無攸利, 不立己後, 雖向好事, 猶爲化物.〕"라고 한 정이(程頤)의 말에 보인다. 《二程遺書 卷6》《近思錄 卷4 存養》

심주(心主)가 정해지지 못하면 어떻게 온갖 변화에 대응하겠는가. 비록 한두 가지 대응이 마땅함을 얻는 경우가 있더라도 만일 주인공(主人公)이 없으면 자기 자신과는 아무런 관계도 없는 일인 것이다.

명도 선생(明道先生 정호(程顥))이 말씀하기를, "만약 존양하지 못하면 이는 다만 말뿐인 것이다.〔若不能存養 只是說話〕"[157]라고 하였으니, 매번 글을 읽다가 여기에 이르기만 하면 나도 모르게 깜짝 놀라 두려워서 경계하고 살피게 된다.

정자(程子)가 말씀하기를, "심(心)은 본래 선(善)하나 사려(思慮)에 나타나면 선(善)이 있고 악(惡)이 있다."[158]라고 하였고, 주자가 말씀

155 맹자의 부동심(不動心) : 아무리 중대한 책임을 담당했다 하더라도 두렵거나 의혹됨으로 인하여 마음을 동요하지 않는 것을 말한다. 공손추(公孫丑)가 맹자(孟子)에게 묻기를 "부자께서 제나라의 경상 지위에 오르시어 도를 행할 수 있게 된다면 이로 말미암아 패자나 왕자가 되는 것도 이상하지 않을 것입니다. 이렇게 된다면 마음이 동요하시겠습니까, 그러지 않으시겠습니까?〔夫子加齊之卿相, 得行道焉, 雖由此霸王不異矣. 如此則動心否乎?〕"라고 하자, 맹자가 이르기를 "아니다. 나는 사십 세에 마음을 동요하지 않았노라.〔否. 我四十不動心.〕"라고 한 데서 온 말이다. 주자의 《집주(集註)》에는 "사십 세는 한창 강하여 처음 벼슬할 나이이니, 군자의 도가 밝아지고 덕이 성취되는 때이다. 공자가 사십 세에 의혹하지 않은 것 또한 부동심을 이른 것이다.〔四十彊仕, 君子道明德立之時. 孔子四十而不惑, 亦不動心之謂.〕"라고 설명하였다. 《孟子 公孫丑上》

156 심주(心主) : '마음의 주인'이란 뜻으로 주의(主意)나 주견(主見)을 뜻한다.

157 만약……것이다 : 이 말은 《이정유서(二程遺書)》 권1 〈단백전사설(端伯傳師說)〉과 《근사록(近思錄)》 권4 〈존양(存養)〉에 보인다.

158 심(心)은……있다 : 이 말은 《근사록(近思錄)》 권1 〈도체(道體)〉에 보인다. 어

하기를, "심(心)은 본래 선(善)하나 또한 흘러서 악(惡)으로 들어갈 수 있는 것이다."[159]라고 하였다. 여기에 '본(本)'이라는 글자를 쓴 것은 성(性)의 순선(純善)함과 구별하려는 것이다. 진실로 본(本)과 순(純)의 사이에 대해 정밀하게 생각하여 묵묵히 체인할 수 있으면 이(理)와 기(氣)의 나뉨에 대해 거의 미루어 나아가 궁구할 수 있을 것이고, 심(心)만을 믿어서는 안 되고 성(性)이 준칙이 된다는 것을 또한 이를 통해서 알 수 있게 될 것이다. 그런데 혹 '심(心)이 선하다는 설(說)'이 석씨(釋氏)의 본지(本旨)라고 여기는 경우가 있지만 이는 역시 이러한 부분에 대하여 제대로 살피지 못한 것이다.

심(心)이 비록 본래 선하나 발용(發用 운용)하게 되어서는 변동함에 일정함이 없다. 그러므로 반드시 이(理)를 명찰(明察)하여서 이것을 지켜야 하니, 이것이 바로 성인(聖人) 문하의 정법안장(正法眼藏)[160]

떤 이가 심(心)에도 선악(善惡)이 있는가를 물었는데, 정이(程頤)가 답하기를, "하늘에 있으면 명(命)이라 하고 물(物)에 있으면 이(理)라 하고 사람에 있으면 성(性)이라 하고 몸에 주장하면 심(心)이라 하니, 그 실제는 하나이다. 심(心)은 본래 선하나 사려에 나타나면 선이 있고 불선이 있으니, 만약 이미 발했다면 정(情)이라 이를 수 있고 심(心)이라 일러서는 안 된다.〔在天爲命, 在物爲理, 在人爲性, 主於身爲心, 其實一也. 心本善, 發於思慮, 則有善有不善, 若旣發, 則可謂之情, 不可謂之心.〕"라고 하였다.

159 심(心)은……것이다 : 이 말은《주자어류(朱子語類)》권4〈성리(性理)1 인물지성 기질지성(人物之性氣質之性)〉에 "인심이 처음 발함에 선이 있고 악이 있으니, 이른바 '기선악'입니다. 처음 발할 때 본래 선하나 흘러서 악으로 들어가는 것이 진실로 있습니다.〔人心初發, 有善有惡, 所謂幾善惡也. 初發之時本善而流入於惡者, 此固有之.〕"라고 한 심한(沈僩)의 질문에 보인다.

160 정법안장(正法眼藏) : 본래 불가의 말로 석가가 성각(成覺)한 극의(極意)의 묘

이다. 육자정(陸子靜)[161]이나 왕백안(王伯安)[162] 같은 무리는 별안간에 이 심(心)의 선함을 보고 대번에 이에 근거하여서 전요(典要 준칙, 표준)로 삼은 채 이 이(理)의 참됨에 대하여 다시는 찾아보지 않았으니, 이로써 이단(異端)의 견해에 빠져들고 말아 거기에서 헤어날 수 없게 된 것이다.

한갓 성(性)의 순선(純善)함을 알 뿐이고 심(心)의 본래 선함을 알지 못하면 이는 도(道)와 기(器)가 서로 떨어짐이 있어서 심(心)과 성

리를 가리키는바, 특히 선종에서 교법(敎法) 외에 별전(別傳)의 심인(心印)을 이르는 말이다. 우주 내의 일체 삼라만상을 밝게 비추는 것을 '안(眼)'이라 하고, 만유(萬有)를 포함하는 것을 '장(藏)'이라고 하는바, 진리를 꿰뚫어 보는 지혜의 안목을 통하여 온갖 덕성이 갈무리되어 있는 법(法)을 투철하게 보는 것을 가리키며, 또는 이심전심으로 전하여지는 석가모니의 깨달음을 이르는 말이다. 여기서는 학문의 핵심이자 정수(精髓)라는 의미이다.

161 육자정(陸子靜) : 송나라의 육구연(陸九淵, 1139~1193)으로, 자는 자정, 호는 상산(象山), 강서(江西) 금계(金谿) 사람이다. 그의 학풍은 전적으로 천리(踐履)에 힘쓰고 강학(講學)을 전부 폐하며 돈오(頓悟)로써 종지(宗旨)를 삼았다. 저서로는《상산전집(象山全集)》이 있다.

162 왕백안(王伯安) : 명나라의 왕수인(王守仁, 1472~1529)으로, 자는 백안, 호는 양명(陽明)이다. 1499년 전시(殿試)에 합격하여 진사가 되었으며, 공부 주사(工部主事)·형부 주사(刑部主事) 등을 역임하였다. 육구연(陸九淵)이 처음 주장한 심성론(心性論)을 완성하였는데, 실재하는 사물에서 이(理)를 찾아야 한다는 주자의 이론에 대립하여 '양지(良知)가 바로 천리'이므로 자기 자신의 마음속에서 천리를 찾아야 한다고 주장하였다. 또 '지행합일설(知行合一說)'을 제창하여 사람은 실제로 효도를 행하고 있을 때만 비로소 효도에 대해 알고 있다고 할 수 있으며, 바른 앎이 있어야만 바른 행위를 할 수 있다고 하였다. 시호는 문성(文成)이며, 저서로《왕문성전서(王文成全書)》가 있다.

(性)이 서로 일치하지 못하게 되는 것이다. 그러니 남당(南塘 한원진(韓元震))이 "탁기(濁氣)가 모여서 허령(虛靈)하다."[163]라고 말한 것은 "원두(源頭 근원, 발원처)에 대하여 본 바가 있다."라고 이를 만하겠는가.

일원(一源)으로부터 분수(分殊)를 말하면 천지 만물이 모두 분수에 속하고, 분수로부터 일원을 말하면 천지 만물이 각각 일원을 가지고 있으니, 일원이 분수의 체(體)가 되고 분수가 일원의 용(用)이 된다.

분수(分殊)가 일원(一原)과 상대하면 비록 이발(已發)에 속하지만 기(氣)로서 이(理)를 따르는 것은 절로 본연(本然)이 되는 데에 아무런 문제가 없으니, 유독 사람이 그러할 뿐만 아니라 물(物)도 역시 그러

163 탁기(濁氣)가 모여서 허령(虛靈)하다 : 이 말은《남당집(南塘集)》권36〈잡지(雜識) 내편 하(內篇下)〉에 "살펴보건대, 허령(虛靈) 역시 기(氣)에 속한다. 이미 기(氣)이고 보면 우(優)·열(劣)이 어찌 없을 수 있겠는가. 사람 한 몸뚱어리의 형기는 어느 것 할 것 없이 하늘에서 얻은 것이니, 또 어찌 하늘에서 얻은 것으로 성인과 광인이 모두 똑같을 수 있겠는가.……심(心)과 형(形)을 가지고서 상대하여 말하면 기(氣)의 사재(査滓)가 형해(形骸)가 되고 그 정령(精靈)한 것이 심(心)이 되는바, 진실로 청(淸)과 탁(濁)의 나뉨이 있는데 이 탁기(濁氣) 가운데에서 또 청(淸)과 탁(濁)을 나누게 된다. 만약 오로지 심(心)을 가지고 말하면 성인의 심(心)은 청기(淸氣)가 모여서 허령하고 중인(衆人)의 심(心)은 탁기가 모여서 허령하니, 이는 그 우(優)·열(劣)이 있는 것이다. 만약 사람마다 똑같이 청기를 얻어서 심(心)으로 삼는다면 성(聖)과 우(愚)의 분별이 어찌 있겠는가.〔按虛靈亦屬氣, 旣是氣則安得無優劣, 人之一身形氣, 無非得於天者, 又安得以得於天而聖狂皆同耶!……以心與形對言, 則氣之査滓爲形骸, 其精靈者爲心, 固有淸濁之辨, 而此於濁氣中, 又分淸濁也, 若專以心言, 則聖人之心, 淸氣聚而虛靈, 衆人之心, 濁氣聚而虛靈, 此其有優劣也, 若人人同得淸氣以爲心, 則何以有聖愚之別耶!〕"라고 한 부분에 자세히 보인다.

하다. 예컨대 소의 순종함과 말의 건장함처럼 절로 당연의 법칙이 있는 것은 비록 형기(形氣)에 붙음으로써 이러한 순종함과 건장함처럼 다르게 나타나 보임이 있지만 그 이(理)를 돌아보면 절로 본연에 간격이 없다. 그러므로 《중용(中庸)》에 언급된 솔성(率性)의 도(道)[164]도 역시 기(氣)를 떨어뜨리지 않고서 말한 것이다. 반드시 기(氣)가 이(理)를 가려서 솔유(率由 좇아서 행함)의 도(道)가 당연의 법칙을 따르지 않은 뒤에야 비로소 기질(氣質)을 말할 수 있으니, 이것이 교(敎)가 말미암아 확립된 바이다.

무릇 이 이(理)의 묘함이 혼혼(渾渾)[165]히 안에 있어서 충막(沖漠)하여 조짐이 없는 것[166]은 체(體)의 본연(本然)이고, 이 이(理)의 묘함이 유행(流行)함에 드러나 보여서 그 법칙을 잃지 않는 것은 용(用)의 본연이다. 동(動)과 정(靜)이 비록 다르지만 실제로는 하나의 이(理)일 뿐이다. 만약 "'본연'이란 그저 정(靜)과 체(體)에서 말할 수 있을 뿐이다."라고 이른다면 이른바 '본연'이라는 것은 장차 고단하고 치우

164 솔성(率性)의 도(道) : 이 말은 《중용》 제1장에 "하늘이 명하신 것을 성(性)이라 이르고, 성(性)을 따르는 것을 도(道)라 이르고, 도(道)를 품절(品節)한 것을 교(敎)라 이른다.〔天命之謂性, 率性之謂道, 修道之謂敎.〕"라고 한 부분에 보인다.

165 혼혼(渾渾) : 광대하게 한 덩어리가 되어서 끊임이 없는 모양이다.

166 충막(沖漠)하여……것 : 이는 본연(本然)의 성(性)을 표현한 말이다. '충막'이란 텅 비고 적적하며 편안하고 고요한 상태를 가리키는 것이다. 정이(程頤)가 사람의 성(性)에 이(理)가 본래 갖추어져 있음을 말하여 "충막하여 조짐이 없을 적에 만상이 삼연히 이미 갖추어져 있으니, 응하지 않았을 때가 먼저가 아니고 이미 응했을 때가 뒤가 아니다.〔沖漠無眹, 萬象森然已具. 未應不是先, 已應不是後.〕"라고 한 데에 보인다.《近思錄 卷1 道體》

치는 바람에 원만하게 융합되어 통하지 못할 것이다.

남당(南塘 한원진(韓元震))은 기(氣)의 근본에 대하여 제대로 본 바가 없었다. 그래서 그가 성(性)에 대하여 말한 것은 유기(游氣)[167]를 부대(附帶)하여 말함을 면하지 못하였으니, 이는 미치지 못하였다〔不及〕고 이를 만하겠다. 녹문(鹿門 임성주(任聖周))은 특별히 기(氣)의 근본에 대해 제대로 보았기에 그가 기(氣)의 능함을 말한 것이 거의 이(理)와 구별이 없게 되고 말았으니, 이는 지나치다〔過〕고 이를 만하다. 지나친 것은 미치지 못한 것과 똑같다. 그러나 그 견해의 수준에 대하여 논해 보자면 녹문이 상당히 높다고 하겠다.

남당(南塘 한원진(韓元震))은 유기(游氣)[168]를 부대(附帶)하여 성(性)을

167 유기(游氣) : '떠돌아다니는 기운'을 가리킨다. 장재(張載)가 "떠돌아다니는 기운이 어지럽게 뒤섞여서 합하여 형질을 이루는 것은 사람과 물(物)이 만 가지로 다름을 낳는다.〔游氣紛擾, 合而成質者, 生人物之萬殊.〕"라고 하였는데, 이에 대해 주자는 "유기란 기(氣)가 발산하여 물(物)을 낳는 기(氣)이니, 유(游) 또한 유행의 뜻이다. 분요는 어긋나서 똑같지 않은 것이다. 이미 물(物)을 낳으면 바로 유기인 것이다.〔游氣是氣之發散生物底氣, 游亦流行之意. 紛擾者, 參錯不齊. 旣生物, 便是游氣.〕"라고 설명하였다. 《張子全書 卷2 正蒙1 太和篇》《近思錄 卷1 道體》《朱子語類 卷98 張子之書1-黃罃錄-》

168 유기(游氣) : '떠돌아다니는 기운'을 가리킨다. 장재(張載)가 "떠돌아다니는 기운이 어지럽게 뒤섞여서 합하여 형질을 이루는 것은 사람과 물(物)이 만 가지로 다름을 낳는다.〔游氣紛擾, 合而成質者, 生人物之萬殊.〕"라고 하였는데, 이에 대해 주자는 "유기란 기(氣)가 발산하여 물(物)을 낳는 기(氣)이니, 유(游) 또한 유행의 뜻이다. 분요는 어긋나서 똑같지 않은 것이다. 이미 물(物)을 낳으면 바로 유기인 것이다.〔游氣是氣之發散生物底氣, 游亦流行之意. 紛擾者, 參錯不齊. 旣生物, 便是游氣.〕"라고 설명하였

말하였기에 그가 "사람과 물(物)은 그 성(性)이 다르다."라고 이른 것은 이상해할 것이 없다고 하겠지만 녹문(鹿門 임성주(任聖周))은 이(理)와 기(氣)가 일원(一原)이라는 것에 대하여 본 바가 있음에도 불구하고 이를 사람에게는 통하게 하였으나 물(物)에게는 국한하였으니, 이것은 정말이지 도대체 무슨 말인지 알지 못하겠다.

지금 사람들은 항상 분수(分殊)를 가지고 사람과 물(物)이 서로 다른 부분에다 붙여서 본다. 그러므로 번번이 다소간 의심하여 마음이 어지럽게 되니, 사람의 일신(一身)이라는 측면에 나아가서 꿰뚫어 보아 알아차리는 것이 간약(簡約)함이 되는 것만 못하다.

무릇 사람의 귀와 눈과 손과 발 및 백해(百骸)로 이루어진 신체는 바로 한 기(氣)가 만든 것으로 그 형(形)을 따라서 어느 것 할 것 없이 각각 그 법칙을 가지고 있으니, 그렇다면 어찌 하늘이 부여한 본연(本然)의 성(性)이 아니겠는가. 총(聰 귀 밝게 듣는 것)은 귀의 성(性)이고, 명(明 눈 밝게 보는 것)은 눈의 성(性)이고, 공(恭 공손하게 모양을 차리는 것)은 손의 성(性)이고, 중(重 진중하게 모양을 차리는 것)은 발의 성(性)이니, 이를 백해에 미루어 보면 이(理)가 있는 것은 모두 성(性)인 것이다.

귀는 듣지만 볼 수는 없으며, 눈은 보지만 들을 수는 없으며, 손은 잡아 지니지만 구를 수는 없으며, 발은 구르지만 잡아 지닐 수는 없다. 그러므로 총(聰)·명(明)·공(恭)·중(重)이 그 형기(形氣)를 따라

다.《張子全書 卷2 正蒙1 太和篇》《近思錄 卷1 道體》《朱子語類 卷98 張子之書1-黃𦲷錄-》

서 발현(發見)한 것이 각각 다를 수밖에 없으니, 바로 이른바 '분수(分殊)'인 것이다.

미발(未發)일 때에 어찌 일찍이 총(聰)·명(明)·공(恭)·중(重)을 확인해 볼 만한 것이 있겠는가마는 그저 한 이(理)가 완전하여 총(聰)이 명(明)의 이(理)가 아닌 적이 없었고, 명(明)이 총(聰)의 이(理)가 아닌 적이 없었으며, 공(恭)이 중(重)의 이(理)가 아닌 적이 없었고, 중(重)이 공(恭)의 이(理)가 아닌 적이 없었으니, 총(聰)·명(明)·공(恭)·중(重)의 이(理)가 또 어찌 일원(一原)에 그 근본을 둔 것이 아니겠는가.

그러므로 미발로부터 일원에 대하여 말하면 이(理)의 통함이고, 이발(已發)로부터 분수에 대하여 말하면 기(氣)의 국한됨이다. 기(氣)가 국한되면 이(理) 역시 국한된다. 그러나 국한되는 것은 기(氣)이고 이(理)가 아니다.-율곡(栗谷)이 "이(理)는 통하고 기(氣)는 국한된다."[169]라고 말씀한 것은 바로 이것을 가리켜서 말씀한 것인데, 녹문(鹿門 임성주(任聖周))이 이에

169 이(理)는……국한된다 : 이(理)는 무형(無形)이기 때문에 만물에 두루 통하며, 기(氣)는 유형(有形)이기 때문에 개체에 국한된다는 이이(李珥)의 학설로, 《율곡전서(栗谷全書)》 권10 〈답성호원(答成浩原)〉에 "이(理)와 기(氣)는 원래 서로 떨어지지 않아 한 물건인 것 같지만 다른 까닭은 이(理)는 무형이고 기(氣)는 유형이며, 이(理)는 무위이고 기(氣)는 유위이기 때문이다. 무형과 무위이면서 유형과 유위의 주(主)가 되는 것은 이(理)이고, 유형과 유위이면서 무형과 무위의 기(器)가 되는 것은 기(氣)이다. 이(理)는 무형이고 기(氣)는 유형이기 때문에 이(理)는 통하고 기(氣)는 국한되는 것이며, 이(理)는 무위이고 기는 유위이기 때문에 기(氣)가 발하면 이(理)가 타는 것이다.〔理氣元不相離, 似是一物, 而其所以異者, 理無形也, 氣有形也, 理無爲也, 氣有爲也. 無形無爲而爲有形有爲之主者, 理也, 有形有爲而爲無形無爲之器者, 氣也. 理無形而氣有形, 故理通而氣局, 理無爲而氣有爲, 故氣發而理乘.〕"라고 한 데에 보인다.

대하여 둘로 구분하였다고 의심한 것[170]은 진실로 분명하게 이해하지 못하겠다.-

그렇다면 개가 지키는 것과 소가 순종하는 것에는 절로 당연한 법칙이 있어서 정밀한 것과 거친 것 및 저것과 이것의 구별이 없고 보면 이는 이(理)의 통함이고, 개는 지키지만 순종할 수는 없고 소는 순종하지만 지킬 수 없고 보면 이는 기(氣)의 국한됨이니, 통하고 국한되는 이치가 또한 어찌 일찍이 사람과 달랐던 적이 있겠는가. 그러나 미발이어서 기(氣)가 용사(用事)하지 않으면 이(理)가 비록 기(氣) 가운데에 있더라도 깨끗이 사라졌을 뿐이어서 볼 만한 자취가 없다. 이 때문에 예로부터 성(性)에 대하여 논할 적에 대부분 이발을 겸하여서 그 체(體)를 가리켰다. 그렇다면 개와 소와 사람의 성(性)은 그 나뉘진 것이 비록 다르지만 하늘이 명(命)한 본체(本體)의 온전함으로 말하자면 실제로는 혹 여기에서 떨어진 적이 없었다.

혹자는 "귀와 눈과 손과 발의 총(聰 귀 밝게 듣는 것), 명(明 눈 밝게 보는 것), 공(恭 공손하게 모양을 차리는 것), 중(重 진중하게 모양을 차리는 것)은 이른바 '도(道)'이지 성(性)이 아니다."라고 의심한다. 성(性)에 대하여 굳이 "다만 심(心)에 갖추어져 있을 뿐이다."라고 이를 필요가 없다

170 녹문(鹿門)이……것 : 이와 관련된 내용은 《녹문집(鹿門集)》 권19 〈잡저(雜著) 녹려잡지(鹿廬雜識) -이기심성(理氣心性)○기묘경진(己卯庚辰)-〉에 "이에 이통기국의 의론에서 오로지 기를 가지고 만수에 귀결시키고, 또 잠일청허의 기는 있지 않은 데가 흔히 있다고 하였다. 그 귀결을 궁구해 보면 끝내 두 가지로 나누어 보았다는 의심을 면할 수 없으니, 어쩌면 미처 생각을 지극히 하지 못하여서 그러한 것인가.〔乃於理通氣局之論, 專以氣歸之萬殊, 又以爲湛一清虛之氣, 多有不在. 究其歸, 終未免於二物之疑, 豈未及致思而然歟?〕"라고 보인다.

는 것은 내가 앞서 이미 말한 적이 있다.

또한 성(性)이 도(道)와 상대하게 되면 성(性)은 체(體)이고 도(道)는 용(用)이며, 성(性)은 미발(未發)이고 도(道)는 이발(已發)이다. 그러나 체(體)는 은미하고 용(用)은 넓다.[171] 그러므로 만약 범범하게 성(性)에 대하여 말하여 그 본체의 선함을 가리킨다면 예로부터 성현들이 대부분 '발한 곳〔發處〕'과 관련지어 말씀하여 도리어 한 걸음 정도를 번갈아 내려서 솔성(率性)의 도(道)[172]와 구별이 없는 것 같다. 그러나 이와 같이 하지 않으면 이 성(性)의 체(體)를 증명할 길이 없으니, 은미함의 소이연(所以然)이 어찌 넓음의 소당연(所當然)에서 벗어나겠는가.[173]

171 체(體)는……넓다 : 이 말은 《중용장구》 제12장에 "군자의 도(道)는 넓으면서도 은미하다.〔君子之道, 費而隱.〕"라고 하였는데, 이에 대하여 "비(費)는 용(用)이 넓음을 말한 것이요, 은(隱)은 체(體)가 은미함을 말한 것이다.〔費, 用之廣也; 隱, 體之微也.〕"라고 한 주자의 해설을 원용한 것이다.

172 솔성(率性)의 도(道) : 이 말은 《중용》 제1장에 "하늘이 명하신 것을 성(性)이라 이르고, 성(性)을 따르는 것을 도(道)라 이른다.〔天命之謂性, 率性之謂道, 修道之謂敎.〕"라고 한 부분에 보인다.

173 은미함의……벗어나겠는가 : 이 말은 소이연인 은(隱)이 소당연인 비(費)와 떨어져 있지 않음을 가리킨 것으로, 소당연을 비(費)로 삼고 소이연을 은(隱)으로 삼은 이이(李珥)의 학설을 원용하였다. 여기에 해당하는 이이의 학설은 《율곡전서(栗谷全書)》 권20 〈성학집요(聖學輯要) 수기제이 상(修己第二上)〉에 "이(理)가 사물에 흩어져 있는데, 그 소당연(所當然)으로는 아버지로서의 사랑, 아들로서의 효도, 군주로서의 의리, 신하로서의 충성과 같은 것이 있다. 이것이 이른바 '비(費)'이니, 바로 용(用)이다. 또 그 소이연(所以然)에는 '지극히 은미한 것〔至隱〕'이 존재하고 있으니, 이것이 바로 체(體)이다. 이(理)는 사물에 있는 것을 가지고 말한 것이고 도(道)는 유행하는 것을 가지고 말한 것이니, 그 실제는 하나일 뿐이다.〔理之散在事物, 其所當然者, 在父

오직 자사(子思)의 '천명(天命)의 성(性)'[174]은 곧장 미발의 혼연(渾然)한 중체(中體)에 나아가서 말씀한 것이니, 이것이 바로 이른바 '본원(本源)을 끝까지 궁구해 나간 의론〔極本窮源之論〕'[175]으로, 공자와 맹자가 성(性)에 대하여 말씀하신 것과 각각 그 지두(地頭 지경, 범주)가 있다. 진실로 대본(大本)에 대하여 제대로 본 바가 있으면 그 지두를 따라서 용(用)을 가리켜 성(性)이라 하고 체(體)를 가리켜 성(性)이라 하더라도 모두 장애가 없을 것이다.

도정절(陶靖節)[176]과 소강절(邵康節)[177]은 함께 천고(千古)의 고사(高

爲慈, 在子爲孝, 在君爲義, 在臣爲忠之類, 所謂費也, 用也. 其所以然者, 則至隱存焉, 是其體也. 理以在物而言, 道以流行而言, 其實一而已矣.〕"라고 보인다.

174 천명(天命)의 성(性) : 이 말은 《중용》 제1장에 "하늘이 명하신 것을 성(性)이라 이른다.〔天命之謂性.〕"라고 한 부분을 가리킨다.

175 본원(本源)을……의론 : 이 말은 《회암집(晦庵集)》 권61 〈답엄시형(答嚴時亨)〉과 《주자어류(朱子語類)》 권61 〈맹자(孟子)11 진심 하(盡心下) 호생불해문왈 장(浩生不害問曰章)〉 등에 보인다.

176 도정절(陶靖節) : 진(晉) 나라의 처사 도잠(陶潛, 약365~427)으로, 자는 원량(元亮) 또는 연명(淵明), 호는 오류선생(五柳先生), 사시(私謚)는 정절이다. 진(晉)나라 말기에 팽택 현령(彭澤縣令)이 되었다가 벼슬을 버리고 돌아가면서 〈귀거래사(歸去來辭)〉를 지었다.

177 소강절(邵康節) : 북송(北宋)의 이학가(理學家) 소옹(邵雍, 1011~1077)으로, 자는 요부(堯夫), 시호는 강절이다. 상수론(象數論)을 제창한 대사상가로, 이지재(李之才)에게 하도(河圖), 낙서(洛書), 복희(伏羲)의 팔괘육십사괘도상(八卦六十四卦圖像)을 전해 받아 깊이 연구하여 대부분 자득하였다. 저서에 《황극경세(皇極經世)》·《이천격양집(伊川擊壤集)》·《관물내외편(觀物內外篇)》·《어초문대(漁樵問對)》 등이 있다.

士)이다. 그러나 만일 그 재주와 식견에 대하여 논해 보자면 정절이 진실로 강절에게 미치지 못하고, 그 격조(格調)와 기운(氣韻)에 대하여 말해 보자면 정절이 비교적 높다고 하겠으니, 그 시를 풍송해 보고 그 글을 읽어 보면 이러한 사실을 알 수 있다.

또한 강절이 지은 〈무명공전(無名公傳)〉[178]은 바로 정절이 지은 〈오류선생전(五柳先生傳)〉을 모방한 것이지만 세상을 업신여기며 스스로 사사로이 하는 의도가 담겨 있으니, 그 기상(氣象)으로 말하자면 도리어 얕아서 감추어지지 아니하고 겉으로 드러나 〈오류선생전〉이 겸허하고 혼후하며 깊고도 원대하여 찾아볼 만한 자취가 없는 것과는 같지 않다.

강절(康節)의 학문에 대하여 명도(明道)가 '내성외왕(內聖外王)'이라는 말씀을 가지고 인정하였다.[179] 그러나 그가 입문한 것이 결국에는

178 강절이 지은 무명공전(無名公傳) : 소옹(邵雍)이 낙양(洛陽)에 거처할 적에 '무명공(無名公)'이라 자호하고서 지은 글로, 자신을 높이고 기리며 세상을 조롱하는 뜻을 보였다. 《宋史 卷427 道學列傳 邵雍》 여기서 '무명(無名)'이란 바로 태극(太極)을 의미하는바, 소옹이 천명을 즐기고 운명을 알아서 허명(虛名)에 흔들리지 않는 뜻을 스스로 부친 것이다. 《性理群書句解 卷6 序 無名公傳序》

179 강절(康節)의……인정하였다 : '내성외왕'이란 안으로는 성인의 덕을 갖추고 밖으로는 왕자(王者)의 풍도를 갖추었다는 뜻으로, 학문과 덕행을 겸비하여 자신을 닦아 성인처럼 되는 것과 남을 다스려 왕도(王道)를 펴는 것을 말하는바, 본래 《장자(莊子)》 〈천하(天下)〉에 보인다. 소옹(邵雍)에 대한 정호(程顥)의 평가는 송나라 소백온(邵伯溫)이 지은 《문견록(聞見錄)》 권15 다음과 같이 보인다. "하루는 두 정 선생이 태중공을 모시고 천진의 집으로 강절을 방문하였다. 강절이 술을 가지고 와 달빛 비치는 언덕에서 술을 마시며 매우 즐거워하며 평소의 학문과 출처의 대체에 대하여 말하였다. 그다음 날 명도가 슬픈 모습을 하고 제자 주순명에게 말하기를, '어제 요부 선생을 좇아 노닐면

수(數)를 통하여 이(理)에 대해 미루어 나아가 수(數)에 대해 밝아지자 이(理)를 투철하게 알게 된 것이다. 그러므로 그의 기상(氣象)이 단천하고도 협소한 것은 도리어 이로 인한 것이다.

내가 신해년[180] 겨울에 조국진(趙國珍)[181]・민원리(閔元履)[182]와 함께 《논어(論語)》를 읽었는데, 이때 과정(課程)을 가지고 종사하여 날마다 혁제(赫蹄)[183]를 통해 서로 알리고, 열흘마다 한 번씩 모여서는 토

서 그의 의논을 들어 보니, 고풍을 떨치는 호걸이었으나 세상에 등용되지 않음이 애석하다.'라고 하였다. 주순명이 '말씀하신 것이 무슨 의미입니까?'라고 여쭙자, 명도가 '내성외왕의 도를 지니고 있다.'라고 말하였다.〔一日, 二程先生侍太中公, 訪康節於天津之廬, 康節攜酒, 飮月陂上, 歡甚, 語其平生學術出處之大. 明日, 悵然謂門生周純明曰：昨從堯夫先生游, 聽其論議, 振古之豪傑也, 惜無所用於世. 純明曰：所言如何? 明道曰：內聖外王之道也.〕"

180 신해년 : 정조15(1791)년으로, 오희상은 당시 29세였다.

181 조국진(趙國珍) : 조진구(趙鎭球, 1765~1815)로, 본관은 풍양(豐壤), 국진(國珍)은 그의 자이다. 아버지는 조경(趙璥 초명은 준(琝))이다. 정조 7년(1783)에 생진과에 합격하였다. 나주 판관으로 시작하여 여덟 고을을 맡아서 다스린 다음에 대구 판관에 이르렀다. 순조 15년(1815) 6월 8일에 향년 51세를 일기로 졸하였다. 오희상과 함께 외조부가 이천보(李天輔)이다.《崇禎三癸卯春先大王尊爲世室元子定號合二慶別試增廣司馬榜目》《豐壤趙氏漢山君派世譜 卷1 199面》

182 민원리(閔元履) : 민치복(閔致福, 1766~1814)으로, 본관은 여흥(驪興), 자는 원리(元履), 호는 확재(擴齋)이다. 대사헌 민우수(閔遇洙)의 증손으로, 할아버지는 민백겸(閔百兼)이고, 아버지는 이조판서 민종현(閔鍾顯)이다. 김양행(金亮行)・이직보(李直輔)의 문인이다. 1789년(정조13) 사마시에 합격하고, 1803년에 원릉 참봉(元陵參奉)이 되었으나 잘못으로 인하여 파직되었다. 1805년에 동몽교관(童蒙教官)을 지낸 뒤 빙고 별제(氷庫別提)와 호조・공조・형조의 낭관(郎官)을 거쳐 남평 현감에 이르렀으나 병으로 관직을 물러났다.

론함이 절반 이상이었다. 그러나 국진과 원리는 모두 특별한 사정이 있어서 먼저 그만두었고 나만 홀로 대충대충 독서를 끝마쳤다. 이후 을묘년과 병진년에는 조국진과 함께 《주서절요(朱書節要)》 및 《이정전서(二程全書)》를 보았고,[184] 정사년[185]에는 심자순(沈子純)[186]과 함께 《의례(儀禮)》를 보았으나 미처 독서하는 일을 제대로 끝맺지 못하고 사고(事故) 때문에 도중에 그만두게 되었다. 이윽고 또 국진이 나와 함께 삼례(三禮)를 공부할 것을 약속하자 내가 승낙하였으나 결행하지 못하였다. 그 뒤에 비록 때로 《의례경전통해(儀禮經傳通解)》[187]를 가져다 놓고서 눈가림하였으나 끝내는 한데로 모아 이룬 바가 없어서 공부를 완성하지 못하였다. 그러므로 예(禮)에 대하여 끝내 거칠고 아는 바가 없음을 깨달아 다른 사람이 의심나는 점에 대하여 나에게 물어볼 때마다 혹 어쩔 수 없이 억지로 대답하는 경우도 있었으니,

183 혁제(赫蹄) : '혁제(赫蹏)'로도 적는다. 옛날에 글씨를 쓰는 데 썼던 폭이 좁은 비단을 말하는바, 인신하여 종이에 작은 글씨로 쓴 글이나, 또는 쪽지를 가리킨다.

184 을묘년과……보았고 : 오희상은 33세이던 정조19(1795)년에 조진구(趙鎭球)와 함께 주자서(朱子書)를 읽었고, 34세이던 정조20(1796)년에 조진구와 함께 《이정전서(二程全書)》를 읽었다. 《老洲集 卷27 附錄 年譜》

185 정사년 : 정조21(1797)으로, 오희상은 당시 35세였다.

186 심자순(沈子純) : 심문영(沈文永, 1767~1817)으로, 본관은 청송(青松), 자순은 그의 자이며, 호는 거관재(居觀齋)이다. 생부는 정진(定鎭)으로 재진(載鎭)에게 출계하였다. 곡성 현감(谷城縣監)을 역임하였다. 순조 17년(1817) 12월 2일에 향년 51세를 일기로 졸하였다. 《青松沈氏大同譜 1卷 1072~1073面》

187 의례경전통해(儀禮經傳通解) : 주희(朱熹)가 《의례》를 중심으로 《예기》와 경사(經史)에 있는 예설(禮說), 선유(先儒)들의 학설을 모아 편찬한 책으로 원집 37권과 속집 29권으로 되어 있다. 원집의 내용은 가례, 향례, 방국례 등이고, 속집은 황간이 편찬한 상례편 15권과 양복이 편찬한 제례편 14권으로 구성되어 있다.

태재(汰哉)[188]의 비난에 대한 두려움이 있을 뿐만이 아니라 이는 또한 성실히 하는 도리가 아닌 것이다. 이 때문에 매양 예경(禮經)에 대하여 한번 열심히 공부하여 그 대의(大義)라도 거칠게나마 알아보고자 하지만, 돌아보건대 지금 병에 걸리고 상고(喪故)를 치른 뒤라서 정력(精力)이 다 빠져나가는 바람에 이 일을 충분히 해낼 수 없으니, 몹시도 크게 탄식할 만하다.

주자가 말씀하기를, "'계속 이어간다'란 기(氣)가 막 나왔으나 아직 이룬 바가 있지 않음을 이르고, 선(善)은 이(理)가 막 행하나 아직 성립한 바가 있지 않음을 이름한 것이니, 양(陽)에 속한다. '이루어 갖추어 놓는다'란 물(物)이 이미 이루어진 것이고, 성(性)은 이(理)가 이미 성립된 것이니, 음(陰)에 속한다.〔繼之者 氣之方出而未有所成之謂 善則理之方行而未有所立之名也 陽之屬也 成則物之已成 性則理之已立者也 陰之屬也〕"[189]라고 하였으니, 이는 만물을 화육하고 대분(大分 대체, 본분)을 받음을 가지고 말씀한 것이다. 그러나 사람과 물(物)이

188 태재(汰哉) : 근거를 제시하지 않고 예(禮)에 대해 함부로 언급함을 비난하는 말이다. 사사분(司士賁)이 자유(子游)에게 "염습할 때 평상에서 하고 싶은데, 어떻습니까?"라고 묻자, 자유가 "좋습니다."라고 답하였다. 현자(縣子)가 그 얘기를 듣고 말하기를, "지나치구나, 숙씨(叔氏)의 과시가. 예를 자신에게서 나온 것처럼 허락하였으니.〔汰哉, 叔氏! 專以禮許人.〕"라고 하였다. 《禮記 檀弓上》 '태(汰)' 자는 '넘친다' 혹은 '지나치다'라는 뜻으로 지나치게 자긍(自矜)하는 것을 말한다. '숙씨'는 자유의 자이다.

189 계속……속한다 : 이 말은 《주역(周易)》 〈계사 상(繫辭上)〉 제5장에 "한 번 음이 되고 한 번 양이 되게 하는 것을 도라 하니, 이를 계속 이어가는 것은 선이고 이를 이루어 갖추어 놓은 것은 성이다.〔一陰一陽之謂道, 繼之者善也, 成之者性也.〕"라고 한 부분에 대한 설명으로, 《주역전의대전》 권22의 소주에 보인다.

품수(稟受)한 것으로부터 그 동(動)과 정(靜)을 살펴보게 되면 또한 각자 계선(繼善)과 성성(成性)[190]의 나뉨이 있다. 미발일 때에 온갖 이치를 포함해 갖추어 지각이 어둡지 않으면 바로 이(理)가 막 행하나 아직 성립한 바가 있지 않음이니, 이는 다름 아닌 계선의 지두(地頭 지경, 범주)로 정(靜) 가운데의 동(動)으로서 양(陽)에 속하며,-체(體)가 없기 때문에 양(陽)에 속한다.- 이발일 때에 감동하는 바를 따라 응함에 사단(四端)의 발함이 각각 면모가 똑같지 않으니, 그렇다면 바로 이(理)가 이미 성립되어서 바꿀 수가 없는 것이니, 이는 다름 아닌 성성의 지두로 동(動) 가운데의 정(靜)으로서 음(陰)에 속한다.-체(體)가 있기 때문에 음(陰)에 속한다.- 그렇다면 음(陰)과 양(陽)이 상호 간에 그 근본이 되어주고 동(動)과 정(靜)이 서로 함축하는 묘함이 애당초 어찌 하늘과 사람의 사이에 간격이 있겠는가.

계선(繼善)과 성성(成性)[191]을 상대하여 보게 되면 계선이 일원(一原)이 되고 성성이 분수(分殊)가 된다. 그러나 실제로는 한가지이다. 그러므로 성성에 나아가서 말해 보자면 미발(未發)이 일원이 되고 이발(已發)이 분수가 되니, 이는 억지로 꾸며 대 단정해서 말할 수 있는 것이 아니다. 이 때문에 예로부터 성현들이 성(性)에 대하여 논할 적에 진실로 대부분 이발의 뜻을 겸하였으니, 자세히 미루어 보면 알 수 있다.

190 계선(繼善)과 성성(成性) : 위의 주189 참조.

191 계선(繼善)과 성성(成性) : 위의 주189 참조.

사람의 혼백(魂魄)은 음양(陰陽)이고 오장(五臟)은 오행(五行)이고 백해(百骸)는 만물(萬物)인데 어느 것 할 것 없이 모두 신(神)이 있으니, 바로 이른바 "물(物)의 본체(本體 근간)가 되어 빠뜨릴 수 없다.〔體物而不可遺〕"[192]라고 한 것에 해당한다. 오직 통솔하고 총괄하는 것이 오로지 심규(心竅)[193]와 방촌(方寸)에 달려 있을 뿐이다. 그러므로 여기에 나아가서 그 전체의 묘함을 볼 수 있다. 선유(先儒)가 말씀하기를, "일심(一心)의 신(神)이 흩어져 달라져서 백체(百體)의 신(神)이 되니, 백체의 신(神)이 일심의 신(神)을 통합하여 본체로 간직하였다."라고 하였으니, 이 말씀이 생각해 볼 만하다.

성기(成己)와 성물(成物)[194]은 절로 본(本)과 말(末)의 다름이 있으

192 물(物)의……없다 : 이 말은 귀신(鬼神)의 덕(德)에 관한 설명으로 《중용장구(中庸章句)》 제16장에 보인다.

193 심규(心竅) : 심공(心孔)이라고도 하는바, 염통에 나 있는 구멍을 말한다. 한의학에서 심(心)은 신(神)을 간직하고 있는 장기인데, 신(神)이 드나드는 구멍이 심규이다. 심규가 잘 통하면 정신이 뚜렷하고, 심규가 막히면 정신이 혼미해지면서 전광(癲狂) 같은 증상이 나타난다.

194 성기(成己)와 성물(成物) : 자신을 완성하고 그것을 바탕으로 삼아 미루어 나아가서 주변의 사람과 사물을 완성하게 하는 것을 말한다. 이는 《중용장구(中庸章句)》 제25장에 "성(誠)은 스스로 이루어지는 것이고, 도(道)는 스스로 행해야 할 것이다. 성(誠)은 물(物)의 종시(終始)이니, 성(誠)하지 않으면 물(物)이 없게 된다. 이 때문에 군자는 성실히 함을 귀하게 여기는 것이다. 성(誠)은 스스로 자기만을 이룰 뿐이 아니고 물(物)을 이루어 주니, 자기를 이룸은 인(仁)이고, 물(物)을 이루어 줌은 지(智)이다. 이는 성(性)의 덕(德)이니, 내(內)와 외(外)를 합일하는 방법이다. 그러므로 때에 맞게 조처하여 마땅함을 얻게 될 것이다.〔誠者, 自成也, 而道自道也. 誠者, 物之終始, 不誠無物. 是故君子誠之爲貴. 誠者, 非自成己而已也, 所以成物也, 成己, 仁也, 成物, 知也.

니, 비록 본(本)을 급하지 않게 여기고 말(末)을 급하게 여겨서는 안 되지만 또한 "성기를 다한 뒤에야 비로소 성물을 할 수가 있다."라고 이를 수 없는 것이다. 반드시 그 분량(分量)에 따라서 각각 그 힘을 지극히 하여야 하니, 그래야 비로소 '내(內)와 외(外)를 합일하는 방법'이라고 이를 수 있다.

이(理)와 기(氣)를 하나라고 하면 기(氣)를 주로 삼는 것에 치우치기가 쉽고, 둘이라고 하면 근본을 둘로 하는 데에 빠지기가 쉽다. 처음에 털끝만 한 차이가 나중에 천 리만큼 어긋나게 되는 것이 여기에서 기인하니, 모름지기 '하나이면서 둘이다.〔一而二〕'와 '둘이면서 하나이다.〔二而一〕'의 사이에 대하여 깊이 생각해 묵묵히 알아서 신중히 하고 놓아버리지 말아야 한다.

횡거(橫渠 장재(張載))가 무엇보다도 기(氣)에 대하여 말하기를 잘하여 곧장 그 극처(極處)까지 궁구해 도달하여 거의 이(理)와 하나가 되는 데에 가까웠다. 그러나 도(道)는 형(形)이 없고 기(器)는 상(象)이 있으니, 기(器)가 아니면 도(道)를 말할 수 없다. 그러므로 태화(太和)와 태허(太虛)에 대하여 논한 여러 설(說)[195]과 같은 것이 비록 기

性之德也, 合內外之道也. 故時措之宜也.〕"라고 한 데서 보인다.

195 태화(太和)와……설(說) : 장재(張載)는 "세상의 사물은 모두 태허(太虛)의 기(氣)가 응집되어 만들어지고 사물이 소멸한 뒤에는 다시 태허로 돌아간다."는 기일원론(氣一元論)을 주창하였다. '태화'와 '태허' 모두 우주 만물의 근원적 실체인 원기(元氣)를 가리키는데, 이는 《장재전서(張子全書)》 권2 〈정몽(正蒙)1 태화편(太和篇)〉에 다수 보이는바, 대표적인 예로 "태화는 이른바 도(道) 가운데에 부침·승강·동정이 서로

(氣)를 주로 삼은 것 같지만 본래의 뜻을 자세히 궁구해 보면 실제로 기(氣)를 가지고 이(理)에 붙여서 이(理)가 기(氣)의 근본이 되는 뜻이 그 사이에 존재하지 않은 적이 없었으니, "천지의 사이에 가득한 것이 나의 형체가 되고 천지의 장수가 나의 성(性)이 되었다."[196]라고 말한 것과 기질지성(氣質之性)과 천지지성(天地之性)[197] 등의 말을 살펴보면 그 밖의 또 다른 의론들이 편벽되게 기(氣)만을 주장하지 않았다는 것을 또한 미루어서 알 수 있으니, 이것이 이단(異端)의 말과는 달라서 성인(聖人)의 문하에 공(功)이 있는 것이다. 후대에 화담(花潭 서경덕(徐敬德))이나 녹문(鹿門 임성주(任聖周))이 기(氣)를 주로 삼아 이

감응함을 포함한 성(性)이니, 인온해 서로 동탕함과 승부와 굴신을 만들어 내는 시작이다.〔太和, 所謂道中涵浮沉升降動靜相感之性, 是生絪縕相盪勝負屈伸之始.〕"라고 한 것과 "태허는 형체가 없으니, 기(氣)의 본체이고, 모이고 흩어지는 것은 변화하는 겉으로 드러난 형태일 뿐이다.〔太虛無形, 氣之本體. 其聚其散, 變化之客形爾.〕"라고 한 것을 들 수 있다. 참고로 김창집(金昌緝)의 설에 의하면 '태화'는 도(道)의 체(體)라고 한다. 《圃陰集 卷5 雜著 正蒙解》

196 천지의……되었다 : 이는 장재(張載)의 〈서명(西銘)〉에 보이는 말이다. 《近思錄 卷2 爲學》

197 기질지성(氣質之性)과 천지지성(天地之性) : 이는 "형체가 있고 난 뒤에 기질지성이 있는 것이니, 잘 회복하면 천지의 성이 보존된다. 그러므로 기질지성을 군자는 성(性)이라고 여기지 않는다.〔形而後, 有氣質之性, 善反之, 則天地之性存焉. 故氣質之性, 君子有弗性者焉.〕"라고 한 장재의 말에 보인다. 《張子全書 卷2 誠明篇》《近思錄 卷2 爲學》 '천지의 성(性)'은 바로 이(理)인바, 태극의 본연(本然)의 묘함으로 만 가지로 다른 것이 근본은 같은 것이며, '기질지성'은 음양의 두 기운이 서로 운행하여 생겨난 것으로 근본은 같으나 만 가지로 다른 것이다. 특히 '기질지성'이란 오로지 이(理)만을 가리켜 말하는 '본연지성(本然之性)', '천지지성(天地之性)', '의리지성(義理之性)' 등과 상대하는 것으로, 이(理)와 기(氣)를 함께 섞어서 말하는 개념이다.

(理)를 설명한 견해와 같은 것들이 언제나 이것을 가지고 구실로 삼는 바람에 도리어 선현(先賢)이 입언(立言)한 그 본지(本旨)가 퇴색하고 말았으니, 이것이 탄식할 만하다.

농암(農巖 김창협(金昌協))의 사단(四端)과 칠정(七情)에 관한 설(說)과 삼연(三淵 김창흡(金昌翕))의 미발(未發)에 관한 설(說)은 후대의 유자 중에 이러한 이(理)에 도달한 자가 드무니, 거의 "전대의 사람이 드러내어 밝히지 못한 것을 드러내어 밝혔다."라고 이를 만할 것이다.

왕안석(王安石)의 소인(小人)이 됨은 애당초 참으로 색성 소인(索性小人)[198]은 아니었고, 또 오로지 신법(新法)[199]에 연유한 것만도 아니었다. 그저 맨 처음에 편협하고 고집스러운 성품으로 사사로운 뜻이 한쪽으로 치우쳐 자기와 견해를 달리하는 사람을 물리쳐 어려운 지경에

198 색성 소인(索性小人) : '색성'이란 머뭇거리지 않고 곧바로 판단하는 것〔直截〕을 말하는바, 단도직입적이고 직선적인 성격으로 자기 마음대로 해야 직성이 풀리는 소인을 말한다.

199 신법(新法) : 송(宋)나라 신종(神宗) 때 왕안석(王安石)이 시행한 일련의 개혁정책을 말한다. 청묘법(靑苗法)·균수법(均輸法)·면역법(免役法)·보갑법(保甲法) 등 대상인과 대지주의 횡포를 막아 중소 농민과 상인을 보호하여 세수를 늘리고, 관료체제를 정비하여 중앙집권을 강화하는 부국강병책을 실시하였으나 신법으로 이익이 줄어든 대지주와 대상인들의 반발이 심해지고 신법 시행에 반대한 사마광(司馬光)·여공저(呂公著)·소식(蘇軾) 등 구법당(舊法黨)과의 정쟁이 가속화되었다. 신종이 죽고 철종(哲宗)이 즉위하자 구법당과 뜻을 같이하는 선인태후(宣仁太后)가 수렴청정을 하면서 신법은 폐지되었다. 이후 신·구법당의 정쟁이 이어지는 속에서 일부 완화된 형태로 부활하기도 하였으나 별다른 효과를 보지 못하다가 휘종(徽宗) 때 완전히 폐지되었다.

빠뜨리는 것이 지나치게 심하였기 때문에 대번에 군자들과 적이 되고야 말았던 것이다.

이에 소인배들이 바람에 풀이 쓸리듯 그를 향해 따르게 되자 이것을 가지고 자기를 돕는다고 여겨서 하나로 모아 받아들여서 마침내 소인배 소굴의 우두머리가 되는 것을 달갑게 여겼는데 형세가 완성됨에 못된 짓을 자주 하여 악(惡)이 많이 쌓이게 되어서는 그들에게 팔리게 되었으나 후회하지 않아 이미 그 당시에 망국(亡國)의 화(禍)의 터전을 마련해 놓았다. 점차 나아가 송나라의 말엽에 이르도록 소인배들이 마치 통서(統緖)처럼 서로 계승한 것이 어느 것 할 것 없이 모두 희풍(熙豐)[200] 연간의 권투(圈套 투식, 틀)를 그대로 이어받아 행하였으니, 그렇다면 또 후대 소인배들의 효시(嚆矢)가 된 것이다.

이는 다름이 아니라 한번 생각을 잘못함에 그 당류(黨類)를 제대로 잘 살펴보지 못하여서 이러한 결과를 초래한 것이니, 후대에 세도(世道)를 담당하는 요직을 차지하고서 사사로운 뜻에 내맡겨 둔 자가 이것을 가지고 거울로 삼을 만하겠다.

예로부터 소인(小人)으로서 권력을 훔친 자는 형벌과 상여 및 나아오게 하거나 물러나게 하는 권한을 가지고 온 세상 사람들을 꾀어내어 정신을 차리지 못하게 하고 그럴싸하게 꾸며대고 덮어 감추어 서로 속이고 을러서 당대의 옳고 그름을 거짓으로 정하니, 당시의 사람으로서 비록 자기 지조를 아끼고자 하는 자라고 하더라도 진실로 안목을

200 희풍(熙豐) : 송 신종(宋神宗)의 연호 희령(熙寧)과 원풍(元豐)을 아울러 이르는 말로, 희령은 1068~1077년까지이고, 원풍은 1078~1085년까지이다.

높게 지니며 배포를 크게 가지지 못하면 그 속에 앉아 있으면서 깨달을 수가 없는 것이다. 그러나 절로 하늘이 부여한 떳떳한 본성이 고금을 관통하여 닳아 없어지려야 없어질 수가 없다. 그러므로 결국에는 후세의 공의(公議)로부터 달아날 수가 없으니, 두려워하지 않을 수가 있겠는가.

비간(比干)이 주(紂)에게 간하다가 죽었는데, 이에 대하여 세상 사람들은 다만 비간이 목숨을 바친 올곧음을 알 뿐이고, 그의 마음이 지극히 정성스럽고 불쌍히 여겨 슬퍼하여 안중(眼中)에 그저 군주가 있음을 알 뿐이어서 주(紂)가 비록 지극히 무도하나 오히려 그가 아주 조금이라도 느껴 깨닫기를 바랐고 애당초 목숨을 바칠 마음을 먹은 적이 없었는데, 이로써 죽임을 당하게 되었으나 후회하지 않았을 뿐임을 전혀 알지 못한다. 가령 비간이 먼저 목숨을 바칠 마음을 먹었다고 한다면 충성스럽기는 충성스러우나 어찌 삼인(三仁)[201]의 반열에 낄 수가 있겠는가.

"나는 떠나가 은둔함을 돌아보지 않겠다."[202]라고 한 기자(箕子)의 말

201 삼인(三仁) : 은(殷)나라의 세 명의 어진 사람으로 주(紂)의 서형(庶兄)인 미자(微子)와 숙부 기자(箕子) 및 비간(比干)이다. 미자는 주가 무도한 것을 보고 떠나갔고, 기자와 비간은 간언하다가 비간은 죽임을 당하고 기자는 종이 되었다. 이에 대해 공자가 "은나라에는 인자가 세 분이었다.〔殷有三仁焉〕"라고 하였다. 《論語 微子》

202 나는……않겠다 : 이 말은 《서경》 〈상서(商書) 미자(微子)〉에 "부사가 답하였다. '스스로 의리에 편안히 하여 사람마다 각자 자신의 뜻을 선왕에게 바쳐야 하니, 나는 떠나가 은둔함을 돌아보지 않겠다.'〔父師若曰, 自靖, 人自獻于先王, 我不顧行

씀을 살펴보면, 기어이 스스로 살기를 구하는 뜻은 애당초 없었고 그저 주(紂)가 그를 죽이지 않았을 뿐이라는 것을 또한 알 수 있겠다. 만약 "기자가 먼저 '그 의(義)가 죽지 않는 것에 있음'[203]으로 자처하였다."라고 말한다면 이는 기자를 제대로 아는 것이 아니다.

사람이 태어날 적에 품부(稟賦)한 것은 음(陰)과 양(陽)이라는 두 가지 단서에서 벗어나지 않는다. 이미 음(陰)과 양(陽)이 있으면 선(善)과 악(惡)이 없을 수 없는데, 성(性)은 음(陰)과 양(陽)이 아니고 음(陰)과 양(陽)의 이(理)가 바로 그 성(性)에 갖추어져 있는 것일 뿐이다. 그러므로 이르기를, "악(惡)도 역시 성(性)이라 이르지 않을 수 없다.〔惡亦不可不謂之性〕"[204]라고 하였다. 그러나 정자(程子)가 물의 본원은 맑은데 말류는 탁한 것을 가지고 성(性)의 선(善)과 악(惡)을 비유하였으니, 그렇다면 선(善)은 바로 성(性)의 본원이고 악(惡)은 성(性)의 말류여서 선(善)과 악(惡)을 비록 상대하여서 말한 것이지만 절로 본(本)・말(末)과 선(先)・후(後)의 구분이 있다. 악(惡)으로 말미암아 거슬러 올라가면 악(惡)도 역시 선(善)의 이(理)에서 나

遯.〕"라고 한 데에 보인다. '부사'는 곧 태사(太師)로 은나라의 태사를 지낸 기자(箕子)를 가리킨다. 기자는 주왕(紂王)의 숙부인데, 비간이 직간하다가 주왕에게 죽임을 당하자, 기자는 거짓으로 미친 체하였다. '스스로 편안히 한다〔自靖〕'는 것은 어려운 때에 깨끗이 지조를 지키며 편안히 대처함을 이른다.

203 그……있음 : 마땅히 죽지 않아야 할 때 그 의리가 죽지 않는 것에 해당함을 말하는 것으로, 의리상 죽지 않아도 됨을 가리킨다.

204 악(惡)도……없다 : 이는 정호(程顥)의 말로 《근사록(近思錄)》 권1 〈도체(道體)〉과 《이정유서(二程遺書)》 권1 〈단백전사설(端伯傳師說)〉 등에 보인다.

왔는데 다만 변하여서 악(惡)이 된 것일 뿐이다. 그러므로 기질부제(氣質不齊 기질(氣質)이 고르지 않음)의 성(性)은 진실로 '발한 뒤〔發後〕'에서 살펴보아야 마땅하고 미발(未發)의 지두(地頭 지경, 방면)에 섞어 거론해서는 안 된다는 것을 여기에서 또한 알 수 있을 것이다.

음(陰)과 양(陽)은 애당초 선(善)과 악(惡)이 있는 물건이 아니다. 그러나 바로 대립하여 양단(兩端)이 되었으면 절로 치우침이 없을 수 없고, 치우침이 없을 수 없으면 절로 악(惡)이 없을 수 없다.

음(陰)과 양(陽)이 치우침이 없을 수 없는 것도 역시 조화의 자연스러움이니, 가령 한결같이 치우침이 없다면 곧 조화를 이루지 못한다. 그러나 성인(聖人)이 그 가운데에 가서 한 개의 이(理)를 가지고 그 준칙으로 삼아서 재보(裁輔)[205]와 위육(位育)[206]의 공(功)을 이루니, 이것이 또 성인의 조화이다.

205 재보(裁輔) : '재성보상(裁成輔相)'을 줄인 말로, '재성(裁成)'은 '재성(財成)'으로도 쓴다. 《주역》 〈태괘(泰卦) 상(象)〉에 "하늘과 땅이 사귐이 태(泰)이니, 군주가 이것을 보고 본받아, 천지(天地)의 도(道)를 재성(財成)하고 천지의 의(宜)를 보상(輔相)하여 백성을 돕는다.〔天地交泰, 后以, 財成天地之道, 輔相天地之宜, 以左右民.〕"라고 한 데에 보인다. '재성'이란 군주가 천지가 교태(交泰)하는 도(道)를 체득하여 잘 마름질하여 통치의 방법을 완성한다는 뜻이고, '보상'이란 군주가 만물을 화육하는 천지의 일을 보조한다는 뜻이다.

206 위육(位育) : 천지가 제자리를 잡고 만물이 생육된다는 뜻으로 《중용장구》 제1장에 "중화를 지극히 하면 천지가 제자리를 편안히 여기고 만물이 잘 길러진다.〔致中和, 天地位焉, 萬物育焉.〕"라고 한 데에서 나왔다.

양(陽)은 선(善)이고 음(陰)은 악(惡)이니[207], 이것이 바로 그 큰 구분인데, 또 양(陽) 가운데의 음(陰)과 음(陰) 가운데의 양(陽)이 있으니, 이것이 바로 그 자세한 구분이다.

선(善)은 양(陽)에다 근본을 두는데 양(陽)은 기(奇 홀수)이다. 그러므로 군자(君子)는 언제나 적고, 악(惡)은 음(陰)에다 근본을 두는데 음(陰)은 우(偶 짝수)이다. 그러므로 소인(小人)은 언제나 많다.

음(陰)과 양(陽)의 화(化 변화)는 점차적으로 한다.[208] 그러므로 사람의 선(善)과 악(惡)이 이루어지는 것도 역시 점차적으로 하여 은미함으로부터 시작해 현저함에 이르니, 모름지기 그 '점차적으로 하는 곳〔漸處〕'에 분명하게 시선을 집중하고 용맹하게 힘을 들여야만 하는 것이다.

207 양(陽)은……악(惡)이니 : 이는 주돈이(周敦頤)의 〈태극도설(太極圖說)〉에서 "오성(五性)이 감동하여 선(善)·악(惡)이 나누어지고 만사가 나오는 것이다.〔五性感動, 而善惡分, 萬事出矣.〕"라고 한 부분에 대한 주자의 해설 중 "형체는 음(陰)에서 생기고 신(神)은 양(陽)에서 나오니 오상(五常)의 성(性)이 물건에 감응하여 동(動)함에 양(陽)의 선(善)과 음(陰)의 악(惡)이 또 유(類)에 따라 나누어진다.〔形生於陰, 神發於陽, 五常之性, 感物而動, 而陽善陰惡, 又以類分.〕"라고 한 데에 보인다. 《近思錄 卷1 道體》 또한 주자는 "상류를 가지고 말하면 양(陽)은 선(善)이고 음(陰)은 악(惡)이다.〔以象類言之, 則陽善而陰惡.〕"라고 하였다. 《晦庵集 卷49 答王子合》

208 음(陰)과……한다 : 이 말은 《주자어류(朱子語類)》 권98 〈장자지서(張子之書)〉의 섭하손(葉賀孫)의 기록 중 "횡거가 말씀하였다. '음양 두 기가 미루어 행하여 점진적으로 하는 것을 화라 이르고, 열리고 닫혀 측량할 수 없음을 신이라 이른다.'〔橫渠云: 陰陽二氣, 推行以漸, 謂化. 闔闢不測, 謂神.〕"라고 한 부분에 보인다.

오행(五行)의 이(理)는 생(生 상생(相生))과 극(克 상극(相剋))일 뿐이다. 그러므로 만물(萬物)의 실정이 생(生)과 극(克)의 양단(兩端)을 벗어나지 못하니, 이것을 가지고 나의 마음에서 구해본다면 다소나마 살펴서 깨닫게 되는 곳이 절로 있게 된다.

인사(人事)의 승제(乘除)[209]와 손익(損益)도 역시 다만 생(生 상생(相生))과 극(克 상극(相剋))의 이(理)일 뿐이다.

승제(乘除)와 손익(損益)에서 조화(造化)의 평장처(平章處)[210]를 볼 수 있다.

대체로 조화(造化)에는 언제나 여지(餘地)가 있으니, 사물의 이치를 고요히 살펴본다면 이를 확인할 수 있다.

지극하도다, 성(誠)이여! 조화(造化)의 근원이니, 진실로 지극한 정성으로 실행해 나갈 수 있으면 조화가 거의 나에게 있게 될 것이다.

위대하도다, 일(一)이여! 이(理)의 근원이요 수(數)의 원조이도다.

209 승제(乘除) : 본래 산술의 승법(乘法)과 제법(除法), 즉 곱셈과 나눗셈을 아울러 이르는 말로, 인사(人事)의 소장(消長)과 성쇠(盛衰)를 비유한다.

210 평장처(平章處) : '평장'이란 본래 《서경(書經)》 〈우서(虞書) 요전(堯典)〉에 "백성을 고루 밝히시니, 백성이 덕을 밝혔다.〔平章百姓, 百姓昭明.〕"라고 한 데에서 나온 말로, '평(平)'은 평균(平均)·평리(平理)이며 '장(章)'은 창현(彰顯)·창명(彰明)인바, 고르게 다스리고 드러내어 밝힘 또는 공평하게 변별하여 밝힘을 뜻한다.

수(數)는 상(象)에서 생겨나고 상(象)은 또 수(數)로 말미암아서 드러나는데 함께 형기(形氣)에 속하니, 반드시 이(理)로 말미암아서 확립되는 것이다.

천지(天地)가 비록 크지만, 이 또한 이(理) 가운데에 있는 한 가지 물건이다. 천지는 소진되는 때가 있지만 이 이(理)로 말하자면 일찍이 민멸된 적이 없고, 도리어 또 '나중에 생길 천지〔後天地〕'에 대하여 강기(綱紀)가 되는 것이 마치 식물의 뿌리와 꼭지가 탈락하여 심어졌다가 다시 태어나는 것 같으니, 소자(邵子 소옹(邵雍))가 "도가 천지를 낳았다.〔道生天地〕"[211]라고 말한 것이 바로 여기에 해당한다. 그렇다면 나중에 생길 천지가 없다면 그만이겠거니와 진실로 있다면 태극(太極)과 음(陰)·양(陽)의 대륜(大倫)과 대법(大法)이 마땅히 이 천지에서 바뀌지 않을 것이다.

정자(程子 정이(程頤))가 말씀하기를, "공용(功用)으로써 말하면 귀신(鬼神)이라 이르고, 묘용(妙用)으로써 말하면 신(神)이라 이른다."[212]

211 도(道)가 천지를 낳았다 : 이 말은 《황극경세서(皇極經世書)》 권14 〈관물외편 하(觀物外篇下)〉에 보인다.

212 공용(功用)으로써……이른다 : 이는 《주역(周易)》 〈건(乾)〉의 단사(彖辭)에 대한 정이(程頤)의 《역전(易傳)》에 "하늘을 오로지 총체로 말하면 도(道)이니 하늘도 어기지 않는다는 것이 이것이요, 나누어 말할 경우 형체로써 말하면 천이라 이르고 주재로써 말하면 상제라 이르고 공용으로써 말하면 귀신이라 이르고 묘용으로써 말하면 신이라 이르고 성정으로써 말하면 건이라 이른다.〔夫天, 專言之則道也, 天且弗違是也. 分而言之, 則以形體謂之天, 以主宰謂之帝, 以功用謂之鬼神, 以妙用謂之神, 以性情謂之乾.〕"라고 한 데에 보이는 말로, 《근사록(近思錄)》 권1 〈도체(道體)〉에도 실려 있다.

라고 하였는데, 주자가 이에 대해 논하여 말씀하기를, "공용은 기(氣)를 말한 것이고 묘용은 이(理)를 말한 것이다."[213]라고 하였다.

"묘용은 이(理)를 말한 것이다."라고 한 이 한 구(句)에 대해서는 의심이 없을 수 없으니, 이는 대체로 형적이 없는 곳에 나아가 주재(主宰)의 뜻을 아울러서 보고자 한 것이다. 그러므로 말씀한 것이 비록 이와 같지만, 만약 얽매이지 않고 융통성 있게 보지 못하면 문제를 만들어 내기가 쉽다.

대체로 정자가 하신 이 말씀은 형체(形體)와 주재(主宰)와 공용(功用)과 묘용(妙用)과 성정(性情)에 대하여 낱낱이 서술하였으니,[214] 나누어 말씀한 그 뜻을 자세히 완미해 보면 각각 간가(間架)와 조리(條理)가 있어서 더할 나위 없이 정밀한 것이 된다. 또한 '묘용'이라고 운운한 부분은 자연 작위(作爲)와 운용(運用)의 뜻이 있는 것이니, 그렇다면 내가 생각건대 이는 아마도 이 이(理)의 본색에 딱 들어맞지 않을 듯하다. 주자가 또 일찍이 말씀하기를, "공용은 정조(精粗)를 겸하여 말하였고, 묘용은 정(精)한 것만을 말하였다."[215]라고 하였으니, 아마도 이 말씀이 정론(定論)이 될 듯하다. 그렇다면 여기의 '묘용'에 대하여 만약 장자(張子)가 말씀한 '양능(良能)'[216]과 그 지두(地頭 지경,

213 공용은……것이다 : 이 말은 《근사록(近思錄)》 권1 〈도체(道體)〉에 "공용은 기를 말한 것이고 묘용은 이를 말한 것이니, 공용은 정조를 겸하여 말하였고 묘용은 정한 것만을 말하였다.〔功用, 言其氣也; 妙用, 言其理也. 功用, 兼精粗而言, 妙用, 言其精者.〕"라고 한 데에 보인다.

214 형체(形體)와……서술하였으니 : 456면 주212 참조.

215 공용은……말하였다 : 457면 주213 참조.

216 장자(張子)가 말씀한 양능(良能) : 장자는 장재(張載)로, 이는 《중용장구》 제16

범주)를 똑같이 본다면 아마도 정자가 말씀한 본래의 뜻을 잃지 않을 듯하다.

정암(整庵 나흠순(羅欽順))이 다음과 같이 말하였다.[217] "이일분수(理一分殊)는 본래 정자(程子)가 〈서명(西銘)〉에 대하여 논한 말씀이니,[218] 그 말씀이 더할 나위 없이 간요(簡要)하지만 이를 천하의 이(理)에 미루어 나아가면 다하지 않는 바가 없다." 그리고 또 다음과 같이 말하였다.[219] "이것을 잡아 가지고서 성(性)에 대하여 논하면 절로 천명(天命)과 기질(氣質)이라는 두 가지 명칭을 굳이 세울 필요가 없고 분명하여 마치 손바닥에 놓고 보는 것처럼 쉬울 것이다. 그러나 이천(伊川)이 이미 이러한 말씀을 하였고, 또 '재질은 기(氣)에서 품부한 것이다.'[220]라고 말씀하였으니, 어찌 이른바 '분(分)의 다름'이라는 것이 오로

장의 주에 "장자가 말씀하였다. '귀신은 음과 양 두 기의 양능이다.'〔張子曰 : 鬼神者, 二氣之良能也.〕"라고 한 부분에 보인다.

217 정암(整庵)이……말하였다 : 나흠순의 이 말은《곤지기(困知記)》 권상에 보인다.

218 이일분수(理一分殊)는……말씀이니 : 이는 《근사록(近思錄)》 권2 〈위학(爲學)〉에 "〈서명〉은 이(理)는 하나이나 분(分 분수, 나뉨)이 다름을 밝혔다.〔西銘, 明理一而分殊.〕"라고 한 정이(程頤)의 말을 가리킨다. 이 말은 정자의 제자인 양시(楊時, 1053~1135)가 편찬한《이정수어(二程粹言)》 권상 〈논서편(論書篇)〉에도 실려 있다.

219 또……말하였다 : 나흠순의 이 말은《곤지기(困知記)》 권상에 보인다.

220 재질은……것이다 : 이천(伊川) 정이(程頤)가 "성(性)은 바로 이(理)이니, 이(理)는 요순으로부터 범인에 이르기까지 똑같다. 재질(才質)은 기(氣)에서 품부한 것이니, 기(氣)에는 청탁이 있어 맑은 기(氣)를 받은 자는 어진 사람이 되고, 탁한 기(氣)를 받은 자는 어리석은 사람이 된다. 그러나 배워서 알면 기의 청탁에 상관없이 모두 선에 이르러 성의 근본을 회복할 수 있다.〔性卽理也, 理則堯舜至於塗人, 一也. 才稟於氣, 氣有淸濁, 稟其淸者爲賢, 稟其濁者爲愚. 學而知之, 則氣無淸濁, 皆可至於善而復性

지 기(氣)만을 가리켜서 말씀한 것이겠는가.”

내가 삼가 자세히 살펴보건대, 정암은 기(氣)를 주로 삼아 이(理)에 대해 설명하기를 좋아해서 이(理)를 가지고 그 기(氣)의 이(理)로 삼아 이(理)와 기(氣)가 합일하는 묘함을 보고자 하였다. 그러므로 그 분별함을 싫어하여 무릇 선현들이 이(理)와 기(氣)를 상대하여 말씀한 곳에다 번번이 흠잡는 논의를 가하여 한결같이 ‘아직 하나로 정해지지 못한 것’으로 귀결시켜 버렸다. 그러나 이(理)가 하나가 된 것과 분(分)이 다르게 된 것은 반드시 그 까닭이 있는데, 지금 그 까닭을 분명하게 말하지 않은 채, 마치 손바닥에 놓고 보는 것처럼 하고자 하니, 그렇게 될 수가 있겠는가.

무릇 기(氣)를 받은 초기에 그 이(理)가 오직 하나일 뿐이니, 천명이 이로써 확립된 바이고, 형체를 이룬 뒤에 그 분(分)이 만 가지로 다르니, 기질이 이로 말미암아 명명된 바이다. 이(理)의 하나임이 비록 분(分)의 다름에서 떨어진 적이 없었지만 다르게 된 것은 기(氣)이니, 만약 기(氣)를 가리켜 내지 않으면 어떻게 그 까닭을 밝혀내겠는가.-기(氣)를 받음과 형체를 이룸은 분명하게 선(先)·후(後)가 있는 것이 아니다. 나아가서 말한 것이 다만 이(理)를 주로 삼는 것과 기(氣)를 주로 삼는 것의 다름이 있을 뿐이니, 나뉨과 합함의 묘함을 보고자 할 따름이다.- 이것이 장자와 정자가 그 명칭을 두 가지로 세운 다음에 착종하여서 묘함을 지극히 한 소이이다.

대체로 이(理)와 기(氣)에 대하여 그 근원을 깊이 궁구해 보면 비록 둘이 됨을 용납하지 못하지만 절로 도(道)와 기(器)의 구별이 있어서 도(道)는 하나이지만 기(器)는 다르다. 그러므로 천하 만물의 다름이

之本.〕”라고 하였다. 《孟子集註 告子章句上 第6章 章下註》《二程遺書 卷18》

모두 기(氣)에서 나오고 하나의 이(理)가 그 가운데를 꿰고 있어서 혼(混)과 벽(闢)[221]이 그 지경을 따라 가리키는 것을 달리하니, 어찌 편벽되게 주장해 억지로 말하여 혼(混)만 있고 벽(闢)은 없다고 할 수 있겠는가.

정자(程子)가 '이일분수(理一分殊)'를 가지고 〈서명(西銘)〉에 대하여 논한 것[222]은 다만 사람으로 하여금 이(理)를 추구(推究)하여 그것이 하나임을 알고 의(義)를 보존하여서 그 분(分)을 확립하도록 한 것일 뿐이지, 애당초 이(理)와 기(氣)를 논하기 위하여 이러한 말씀을 한 것이 아니다. 그러나 진실로 이것을 가지고 미루어 말하여 이기본말(理氣本末)을 드러내어 밝히고자 한다면 분수는 절로 기(氣)에 속할 따름이다.

우주 간에 있는 물건들이 어느 것 할 것 없이 모두 이(理)에 근본을 두고서 기(氣)에 의해 형체가 드러난다. 그러므로 이(理)의 분수(分殊)는 기(氣)가 아니면 볼 수가 없는 것이다.

221 혼(混)과 벽(闢) : 송(宋)나라의 유학자 주돈이(周敦頤)의 《통서(通書)》에 "합하였다가 나누어지는 것이 다함이 없다.〔混兮闢兮, 其無窮兮.〕"라고 한 데에서 온 말로, 혼연한 전체와 그것의 나뉨을 의미하는바 합벽(闔闢)을 반복하여 끊임이 없는 우주의 무궁한 운동을 가리켜 한 말이다. 여기서는 분수(分殊)와 이일(理一)을 이합(離合)의 측면에서 보아 혼(混)은 이일(理一)을, 벽(闢)은 분수(分殊)를 가리킨 것이다.

222 정자(程子)가……것 : 이는 《근사록(近思錄)》 권2 〈위학(爲學)〉에 "〈서명〉은 이(理)는 하나이나 분(分 분수, 나뉨)이 다름을 밝혔다.〔西銘, 明理一而分殊.〕"라고 한 정이(程頤)의 말을 가리킨다.

〈서명(西銘)〉에 대해 ‘이일분수(理一分殊)’라고 한 것[223]은 마땅히 맨 첫 마디[224]에서 찾아야 할 것이다. 거기에서 ‘건(乾)’과 ‘곤(坤)’, 아버지〔父〕와 어머니〔母〕라고 한 것은 분수(分殊)이고, ‘아버지라 칭한다〔稱父〕’와 ‘어머니라 칭한다〔稱母〕’는 이일(理一)이다. 대체로 건(乾)은 곤(坤)이 될 수가 없고 곤(坤)은 건(乾)이 될 수가 없으며, 아버지는 어머니가 될 수가 없고 어머니는 아버지가 될 수가 없으며, 아버지와 어머니는 건(乾)과 곤(坤)이 될 수가 없고 건(乾)과 곤(坤)은 아버지와 어머니가 될 수가 없으니, 이것이 어찌 분수가 아니겠는가. 아버지와 어머니를 섬기는 도리로 천지를 섬길 수가 있으니, 이것이 어찌 이일이 아니겠는가. 그러므로 서로 넘어설 수가 없는 것은 기(器)이고 서로 미룰 수가 있는 것은 도(道)이니, 이것을 가지고서 궁구해 보면, 이 한 편에 담겨 있는 이일분수의 뜻이 서로 설명하여 이해되지 않음이 없을 것이다.

이(理)와 기(氣)를 한 물건으로 보는 정암(整庵 나흠순(羅欽順))과 녹문(鹿門 임성주(任聖周))의 견해는 어찌 다만 성(性)을 논함에 있어서 장애가 될 뿐이겠는가. 이를 학문하는 공부에 미루어 나아가면 또한 길머리를 그르쳐 잃기가 십상이다. 시험 삼아 보건대, 《서경》〈우서(虞書) 대우모(大禹謨)〉의 “정(精)하게 살피고 한결같이 지켜야 한다.〔惟

223 서명(西銘)에……것 : 이는 《근사록(近思錄)》 권2 〈위학(爲學)〉에 “〈서명〉은 이(理)는 하나이나 분(分 분수, 나뉨)이 다름을 밝혔다.〔西銘, 明理一而分殊.〕”라고 한 정이(程頤)의 말을 가리킨다.

224 맨 첫 마디 : 이는 〈서명(西銘)〉의 기구(起句)인 “건을 아버지라 칭하고 곤을 어머니라 칭한다.〔乾稱父, 坤稱母.〕”라고 한 부분을 가리킨다.

精惟一]"와 공자 문하의 "자기의 사욕(私慾)을 이겨 예(禮)로 돌아가는 것[克己復禮]"[225]은 바로 수많은 성인이 학문에 대하여 논한 종지(宗旨)이자 서로 전수한 요결이니, 요컨대 모두 반드시 이(理)와 기(氣)의 나뉨에 대해 먼저 변별하여 말씀을 세우고 가르침을 드리운 것이 앞의 성인과 뒤의 성인을 헤아려봄에 한가지여서 마치 부절(符節)을 맞춘 것처럼 똑같다. 송(宋)나라의 유현(儒賢)들이 여기에 본 바가 있었기 때문에 이미 이 이(理)를 발휘하고 기(氣)까지 아울러 논하여서 그 묘함을 남김없이 다하였다. 만일 배우는 자가 성(性)을 회복하고자 할 줄을 안다면 절로 바로잡고 변화하는 공부가 있게 되었으니, 이는 기질(氣質)에 관한 설(說)이 말미암아 일어나게 된 바이다. 예컨대 장자(張子)가 "형체가 있고 난 뒤에 기질지성이 있으니, 이것을 잘 돌이키면 천지의 성(性)이 보존된다.[形而後 有氣質之性 善反之 則天地之性存焉]"[226]라고 말씀한 것은 확고하여 바꿀 수가 없는 정론이다.

녹문(鹿門 임성주(任聖周))이 "사람과 물(物)이 태어남에 이 성(性)을 가지지 아니함이 없고, 또한 이 각(覺 지각)을 가지지 아니함이 없다."[227]라고 한 정암(整庵 나흠순(羅欽順))의 말을 배척하여 말하기를, "이

225 자기의……것 : 이는 《논어》 〈안연(顔淵)〉의 맨 처음 장(章)에 보이는 공자의 말씀이다.

226 형체가……보존된다 : 장자는 북송의 학자 장재(張載)로, 이 말은 그의 저서 《장자전서(張子全書)》 권2 〈정몽(正蒙) 성명편(誠明篇)〉과 《근사록(近思錄)》 권2 〈위학(爲學)〉에 보인다.

227 사람과……없다 : 나흠순의 이 말은 《곤지기(困知記)》 권하에 보인다.

와 같으면 명덕(明德)도 마땅히 사람과 물(物)이 똑같이 얻은 바일 것이다. 《대학혹문(大學或問)》에서 '사람이 금수와 다른 소이가 바로 여기에 있다.'라고 한 한 단락의 말씀이 또한 정론(定論)이 될 수 없단 말인가."[228]라고 하였다.

내가 삼가 살펴보건대, 정암의 이 말은 만물이 모두 이 하나의 근원을 공유한다는 측면에 나아가서 말한 것이다. 대체로 성(性)은 다만 생(生 낳음, 생겨남)의 이(理)일 뿐이고, 각(覺)은 다만 심(心)의 신(神)일 뿐이다. 이 신(神)과 이 이(理)는 바로 천지의 조화(造化)가 생성(生成)하는 도구이니, 어찌 사람과 물(物)에 간격이 있겠는가. 다만 물(物)은 한쪽으로 치우치고 막혀서 전체(全體)에 스스로 통할 수가 없어서 사람의 마음이 허령(虛靈)하고 통철(洞澈)하여[229] 온갖 이치가 하나도 빠짐없이 구비된 것만 못하다. 사람과 물(物)의 구별이 실제로는 오직 여기에 있을 뿐이다. 그러므로 《대학혹문》에서 이른 말씀은 바로 이것을 가리켜서 말한 것일 뿐이니, 아마도 '성(性)과 각(覺)은 사람과 물(物)이 원래 똑같지 않음'을 이른 것은 아닌 듯하다. 녹문이 이것을 끌어다가 정암을 배척한 것은 어찌면 이리도 소루하단 말인가.

228 이와……말인가 : 임성주의 이 말은 《녹문집(鹿門集)》 권19 〈잡저(雜著) 녹려잡지(鹿廬雜識)-이기심성(理氣心性) ○ 기묘경진(己卯庚辰)-〉에 보인다.

229 허령(虛靈)하고 통철(洞澈)하여 : '허령(虛靈)'이란 물들지 않은 본래의 마음을 형용하는 말로, 텅 빈 가운데 신령스럽기 그지없다는 뜻이다. 주로 '허령불매(虛靈不昧)'라고 하여 어느 것이나 환히 알아 감응하지 않는 것이 없음을 표현한 말이 《대학장구(大學章句)》 '명덕(明德)'에 대한 주희(朱熹)의 해설에 나온다. '통철(洞澈)'은 환하게 꿰뚫는다는 말로, 이 역시 마음을 형용하는바, 황간(黃榦)이 "심이란 신명의 집이니, 허령하고 통철하여 뭇 이치를 갖추고서 모든 사물을 수응하는 것이다.〔心者, 神明之舍, 虛靈洞澈, 具衆理而應萬事者也.〕"라고 하였다. 《勉齋集 卷2》

또한 녹문이 일찍이 "잠일청허(湛一淸虛)의 기(氣)는 있지 않은 데가 흔히 있다."라고 한 율곡(栗谷)의 말씀에 대해 깊이 의심하였는데,[230] 율곡의 이 말씀은 일본(一本 한 근본)에 장애가 있는 듯하니, 이를 의심한 것이 진실로 옳다고 하겠다. 그러나 그가 스스로 설(說)로 삼은 것을 가지고 미루어 보자면 잠일청허의 기(氣)는 결국 사람과 물(物)이 "똑같이 부여되었다."라고 이를 수가 없는 것이니, 그렇다면 율곡의 말씀을 또 어찌하여 의심한단 말인가.

녹문(鹿門 임성주(任聖周))이 '각정성명(各正性命)'을 가지고 개와 소와 사람의 성(性)이 서로 똑같지 않다고 단정하였으니,[231] 이는 비록 각정

230 녹문이……의심하였는데 : 율곡의 이 말은《율곡전서(栗谷全書)》권10〈답성호원(答成浩原)〉에 보이는바, 화담(花潭) 서경덕(徐敬德, 1489~1546)을 비판한 것인데, 녹문은 율곡이 기의 잠일(湛一)을 제대로 이해하지 못하였다고 보았다. 이와 관련된 내용은《녹문집(鹿門集)》권19〈잡저(雜著) 녹려잡지(鹿廬雜識)-이기심성(理氣心性)○기묘경진(己卯庚辰)-〉에 "이에 이통기국의 의론에서 오로지 기를 가지고 만수에 귀결시키고, 또 잠일청허의 기는 있지 않은 데가 흔히 있다고 하였다. 그 귀결을 궁구해 보면 끝내 이와 기를 두 가지로 나누어 보았다는 의심을 면할 수 없으니, 어쩌면 미처 생각을 지극히 하지 못하여서 그러한 것인가.〔乃於理通氣局之論, 專以氣歸之萬殊, 又以爲湛一淸虛之氣, 多有不在. 究其歸, 終未免於二物之疑, 豈未及致思而然歟?〕"라고 보인다.

231 녹문(鹿門)이……단정하였으니 : 이와 관련된 내용은《녹문집(鹿門集)》권19〈잡저(雜著) 녹려잡지(鹿廬雜識)-이기심성(理氣心性)○기묘경진(己卯庚辰)-〉에 "무엇을 분수라고 이르는가. 건도(乾道)가 변(變)하여 화(化)함에 각각 성명을 바루나니, 개의 성(性)이 소의 성(性)이 아니고, 소의 성(性)이 사람의 성(性)이 아니며, 부자나 대황도 역시 모두 각각 한 성(性)인 것이 바로 이것이다.〔何謂分殊? 乾道變化, 各正性命, 犬之性非牛之性, 牛之性非人之性, 附子大黃, 亦皆各是一性是也.〕"라고 한 부분에 보인다. '각정성명(各正性命)'은《주역》〈건괘(乾卦)〉단전(彖傳)에, "건도(乾道)가

(各正)하는 즈음에서도 부여받은 신(神)과 이(理)로 말하자면 하나이고 둘이 아님을 전혀 제대로 살피지 못한 것이다. 사람도 역시 이 신(神)과 이(理)를 부여받았고 물(物)도 역시 이 신(神)과 이(理)를 부여받았는데, 신(神)과 이(理)는 방소도 없고 형체도 없어서 또 크고 작음과 많고 적음을 가지고 구할 수가 없다. 그러니 장차 무엇을 가지고 성(性)이 똑같지 않다고 할 것인가. 대체로 개와 소와 사람의 성(性)은 그 분(分 분수, 나뉨)이 비록 다르지만, 그 이(理)로 말하자면 하나여서 일찍이 각각 갖추어지지 않은 적이 없었다. 만약 녹문의 견해와 같다면 형체를 부여받은 뒤에 그저 분수(分殊)만 있을 뿐이고 이일(理一)은 없으니, 어찌 그럴 수 있겠는가.

이른바 '이(理)'라는 것은 기(氣)의 밖에 존재하여 표준으로 삼아 내세울 만한 어떤 한 물건이 참으로 있는 것이 아니다. 그러므로 정암(整庵 나흠순(羅欽順))과 녹문(鹿門 임성주(任聖周))이 다만 기(氣)의 전절처(轉折處)와 자연처(自然處)에 대해서 이(理)라고 부르고자 하였으니, 정심(精深)하고 미묘(微妙)하다고 이를 만하겠다. 그러나 이는 모두 결국에는 기(氣)의 작용처(作用處)를 가지고 이(理)로 삼은 데에 귀결되는 것이다. 염계(濂溪 주돈이(周敦頤)) 등 여러 유현(儒賢)으로 말하자면 이(理)와 기(氣)가 두 가지 물건이 아님을 모르는 것이 아니었지

변(變)하여 화(化)함에 각각 성명을 바룬다.〔乾道變化, 各正性命.〕"라고 한 데에 보이는 말로, 주자의 《본의(本義)》에, "물(物)이 받은 것이 성(性)이고, 하늘이 부여한 것이 명(命)이다."라고 하였고, 또 "각정(各正)이란 태어난 처음에 얻음이다."라고 하였는바, 만물이 각각 그 성명을 바르게 간직하는 것이다.

만 그런데도 오히려 이를 분별하여서 말씀하였으니, 이것이 어찌 전해 받은 바가 없겠는가. 《주역》 〈계사전〉에서 먼저 태극(太極)을 말하고 그다음으로 양의(兩儀)와 사상(四象)을 말하였으니,[232] 그 입언의 선후(先後)에 대하여 반복하여 읽어 보고 정밀하게 생각해 본다면 성인의 깊으신 뜻을 볼 수가 있을 것이다.

태극(太極)이란 성인(聖人)이 음(陰)과 양(陽)이 변역하는 가운데에서 극지(極至 최고 경지)의 도리를 가리켜 내신 것이니, 이는 이른바 '곧 기(氣)이면서 기(氣)가 아니다.〔卽氣非氣〕'라고 한 것에 해당한다. 이는 태허(太虛)와 태화(太和)가 기(氣)를 위주로 하여 말한 것[233]과는 그 뜻이 조금 구별된다.

232 주역……말하였으니 : 이는 《주역》 〈계사 상(繫辭上)〉에 "그러므로 역(易)에 태극이 있으니, 태극이 양의를 낳고 양의가 사상을 낳고 사상이 팔괘를 낳는다.〔是故, 易有太極, 是生兩儀, 兩儀生四象, 四象生八卦.〕"라고 한 공자의 말을 가리킨다.

233 태허(太虛)와……것 : 장재(張載)는 "세상의 사물은 모두 태허(太虛)의 기(氣)가 응집되어 만들어지고 사물이 소멸한 뒤에는 다시 태허로 돌아간다."는 기일원론(氣一元論)을 주창하였다. '태화'와 '태허' 모두 우주 만물의 근원적 실체인 원기(元氣)를 가리키는데, 이는 《장재전서(張子全書)》 권2 〈정몽(正蒙)1 태화편(太和篇)〉에 다수 보이는바, 대표적인 예로 "태화는 이른바 도(道) 가운데에 부침·승강·동정이 서로 감응함을 포함한 성(性)이니, 인온해 서로 동탕함과 승부와 굴신을 만들어 내는 시작이다.〔太和, 所謂道中涵浮沉升降動靜相感之性, 是生絪縕相盪勝負屈伸之始.〕"라고 한 것과 "태허는 형체가 없으니, 기(氣)의 본체이고, 모이고 흩어지는 것은 변화하는 겉으로 드러난 형태일 뿐이다.〔太虛無形, 氣之本體. 其聚其散, 變化之客形爾.〕"라고 한 것을 들 수 있다. 참고로 김창집(金昌緝)의 설에 의하면 '태화'는 도(道)의 체(體)라고 한다. 《圃陰集 卷5 雜著 正蒙解》

오직 이 한 개의 극지(極至 최고 경지)의 도리가 예와 지금을 막론하고 걸쳐 있어서 민멸(泯滅)하려야 할 수가 없다. 그러므로 이 기(氣)도 역시 예와 지금을 막론하고 걸쳐 있어서 유행(流行)하여 그치지 않는 것이다.

무릇 사람의 품부(稟賦)는 본래 오행(五行)의 빼어난 기운을 고르게 부여받은 성인(聖人)이 아닌 이상 한쪽으로 치우치게 뛰어난 곳이 없을 수가 없다. 수(水)의 기(氣)가 뛰어난 자는 겉으로 보기에 애매모호하여 불분명한 듯하지만 그 내면은 실로 막힘없이 통달하고 밝으며, 화(火)의 기(氣)가 뛰어난 자는 겉으로 보기에 변별해 분석하고 명백한 듯하지만 그 내면은 실로 어둑하고 막혀 있으며, 목(木)의 기(氣)가 뛰어난 자는 온화하고 부드럽지만 문리(文理 조리)가 부족하며, 금(金)의 기(氣)가 뛰어난 자는 굳세고 과감하게 결단하여 분별함이 있으며, 토(土)의 기(氣)가 뛰어난 자는 진중하고 돈후하지만 변통(變通)함이 부족하다.

사람의 기질(氣質)이 이미 오행(五行)의 유기(游氣)[234]에서 생겨났으

234 유기(游氣) : '떠돌아다니는 기운'을 가리킨다. 장재(張載)가 "떠돌아다니는 기운이 어지럽게 뒤섞여서 합하여 형질을 이루는 것은 사람과 물(物)이 만 가지로 다름을 낳는다.〔游氣紛擾, 合而成質者, 生人物之萬殊.〕"라고 하였는데, 이에 대해 주자는 "유기란 기(氣)가 발산하여 물(物)을 낳는 기(氣)이니, 유(游) 또한 유행의 뜻이다. 분요는 어긋나서 똑같지 않은 것이다. 이미 물(物)을 낳으면 바로 유기인 것이다.〔游氣是氣之發散生物底氣, 游亦流行之意. 紛擾者, 參錯不齊. 旣生物, 便是游氣.〕"라고 설명하였다. 《張子全書 卷2 正蒙1 太和篇》《近思錄 卷1 道體》《朱子語類 卷98 張子之書1-黃罃

니, 그렇다면 또한 그 사이에 생(生)과 극(克)의 이치가 있어서 상호간에 이기고 진다. 모름지기 정밀하게 잘 살펴서 주선해야 하니, 그래야 비로소 장점과 단점이 서로 보완되어서 그 변화(變化)의 공(功)을 이룰 수가 있는 것이다.

기(氣)에는 본(本)과 말(末)이 있지만, 본(本)과 말(末)을 가지고 두 가지 물건으로 삼을 수 없다. 그러므로 도(道)에는 체(體)와 용(用)이 있지만, 체(體)와 용(用)을 가지고 두 갈래로 삼을 수 없는 것이다.

옛사람이 이르기를, "땅은 하늘의 가운데에 위치하고 하늘은 땅의 밖을 에워싸고 있다."[235]라고 하였다. 대체로 하늘은 기(氣)이고 땅은 형(形)이니, 형(形)은 다함이 있으나 기(氣)는 다함이 없다. 그러므로 기(氣)가 도리어 형(形)을 에워싸 그 가운데에 포함하고 있는데, 또 그저 에워쌀 뿐만이 아니라 유형(有形)의 안에 분산하고 관통하여서 그치지 않고 운행하는 것이다.

위에 있는 하늘과 아래에 있는 땅에서 기(氣)와 질(質)이 서로 운행하여[236] 기(氣)는 양(陽)이고 질(質)은 음(陰)이다. 그러므로 지중(地

錄-》

235 땅은……있다 : 이 말은 "하늘의 형상은 새알과 같아 땅은 가운데에 있고 하늘은 땅 밖을 싸고 있어서 알이 노른자를 싸고 있는 것과 같고 둥글기는 탄환과 같다.〔天之形狀, 似鳥卵, 天包地外, 猶卵之裹黃, 圓如彈丸〕"라고 한 왕번(王蕃)의 혼천설(渾天說)에 보인다. 《儀禮集傳集註 卷25 王朝禮2之上 歷數》

236 기(氣)와……운행하여 : 이는 "사람과 물건이 태어남에 태극의 도가 있지 않음이

中)에서 기(氣)가 오르내리고 오가는 것이 결국에는 하늘의 기(氣)인 셈이다.

학문(學問)에는 절로 수많은 관문과 고비가 있다. 그러므로 처음에 손을 댈 적에는 삐걱거리며 저어하여 어렵기만 하다가 중간에 마음이 트이고 길이 익숙하면 점점 그 쉬움을 알게 되고, 맨 끝에 이르게 되면 다시 그것이 참으로 어려움을 깨닫게 된다.

세간의 학문하는 사람들 가운데에 한평생 동안 책을 읽으며 이치를 궁구하는 것을 가지고 스스로 기뻐하지만, 전혀 진보한 곳이 없는 경우가 있으니, 이는 이 도(道)의 위대함에 대하여 끝내 참으로 본 바가 없기 때문에 그러한 것이다.

후세에 학문하는 선비가 도리(道理)를 보아 내는 것이 옛사람만 못한 것은 다른 이유가 있는 것이 아니라 다만 이 마음이 거칠기 때문에 그러한 것이다.[237]

없으나 음양 오행의 기·질이 서로 운행하는데, 사람의 품부한 것이 유독 그 빼어난 기운을 얻었다.〔蓋人物之生, 莫不有太極之道焉, 然陰陽五行氣質交運而人之所稟, 獨得其秀.〕"라고 한 주자의 말에 보인다.《近思錄集解 卷1 道體》《太極解義 太極圖說解》

237 다만……것이다 : 이는《근사록(近思錄)》권3 〈치지(致知)〉에 "학문을 함에 사리를 미루어 연구하지 못하는 것은 다만 마음이 거칠어서이니, 안자가 성인(공자)의 경지에 이르지 못한 것도 마음이 거칠어서이다.〔學不能推究事理, 只是心麤, 至如顏子未至於聖人處, 猶是心麤.〕"라고 한 장재(張載)의 말을 원용한 것이다.

하루 동안 사람은 동(動)과 정(靜)이 간단(間斷)없이 순환한다. 그러나 마땅히 세 가지 때로 나누어서 보아야 하니, 미발(未發)하여 더할 나위 없이 정(靜)함과 동(動)과 정(靜)이 교차함과 응접(應接)의 동(動)함이다. 오직 이 세 가지 때에 모두 공부함이 있는데, 가장 중요한 관건이 되어 긴요한 것은 오로지 동(動)과 정(靜)이 교차함에 있는바, 《주역》에 있어서는 복괘(復卦)가 된다.[238] 그러므로 정일(精一)[239]과 신독(愼獨)[240]이 실제로는 모두 여기에서 힘을 지극히 쓰는 것이다.

238 가장……된다 : 사람에게 있어서 동(動)과 정(靜)이 교차하는 것은 바로 선(善)과 악(惡)이 갈라지는 기미가 되기 때문에 학문과 공부의 관건이 바로 기미를 자세히 살피는 데에 달려 있는바, 이것이 《주역》에 있어서 음(陰)이 극에 도달해 양(陽)이 회복되기 시작함을 상징하는 복괘(復卦)와 똑같다는 말이다. 《주역》에서 복괘는 음(陰)이 극에 달한 순음(純陰)의 상태에서 하나의 양(陽)이 태동함을 상징하는데, 양(陽)을 정(正)이자 선(善)이며 군자(君子)로 간주하는 정주성리학적 주역관에 따라 복괘는 학문과 수양법에 있어서 일종의 중요한 전거가 되었다. 특히 초구(初九)의 '불원복(不遠復)'과 같은 경우는 불선(不善)함을 알게 되면 속히 고쳐서 선(善)을 추종하는 학문의 방도라 하여 정자와 주자가 중요시하였는바, 《근사록》이나 《심경》 등 각종 성리서에 많이 인용되어 있다.

239 정일(精一) : 《서경》 〈우서(虞書) 대우모(大禹謨)〉에 "인심은 위태롭고 도심은 미묘하니 정밀하게 살피고 한결같이 지켜야 진실로 그 중(中)을 잡을 수 있다.〔人心惟危, 道心惟微. 惟精惟一, 允執厥中.〕"라고 한 순임금의 말에 보인다.

240 신독(愼獨) : 이는 홀로를 삼가는 것으로, 남이 보지 않는 유독(幽獨)의 곳에서 조심하는 것으로 해석하기도 하고, 남이 모르고 자신만이 아는 은미(隱微)한 마음을 삼가는 것으로 해석하기도 한다. 이 말은 《중용(中庸)》 수장(首章)에 "숨는 것보다 더 드러나는 것이 없고 세미한 것보다 더 나타나는 것이 없다. 그러므로 군자는 그 홀로 있을 때를 삼간다.〔莫見乎隱, 莫顯乎微, 故君子愼其獨也.〕"라고 한 부분과 《대학(大學)》 성의장(誠意章)에 "이른바 뜻을 성실히 한다는 것은 자기(自欺)함이 없는 것이다. 악을 미워하되 악취를 미워하듯 하고 선을 좋아하되 미색(美色)을 좋아하듯 하는

마음〔心〕은 텅 비울 것을 추구하고 지(知)는 충실하게 할 것을 추구하며, 기(氣)는 활발하게 할 것을 추구하고 형(形)은 그치게 할 것을 추구해야 한다.

마음〔心〕이 텅 비었는데 지(知)가 충실하지 못하면 이단(異端)으로 흘러 들어가 빠지기 십상이고, 기(氣)가 활발한데 형(形)이 그치지 않으면 유탕(流蕩 이리저리 떠돌아 의탁할 바가 없음)한 데로 귀결되기 십상이다.

신(神)이 은미함〔微〕에 감동하여 기(氣)가 따라서 동(動)하니, 신(神)이 감동하여 기(氣)가 동(動)하는 기틀〔機〕은 오직 그 마음을 잘 보존한 자만이 이를 제대로 아는 것이다.

신(神)은 기(氣)를 거느리는 장수〔帥〕인데 때로 도리어 기(氣)에게 부림을 당하기도 한다.

위대하도다, 대일통(大一統)[241]의 의리여! 천하에는 천하의 대일통이

것을 '자겸(自謙)'이라 한다. 이 때문에 군자는 반드시 그 홀로 있을 때를 삼간다.〔所謂誠其意者, 毋自欺也. 如惡惡臭, 如好好色, 此之謂自謙, 故君子必愼其獨也.〕"라고 한 부분에 보인다.

241 대일통(大一統) : 이는 《춘추공양전(春秋公羊傳)》에서 은공(隱公) 원년(元年, 기원전 722)의 '춘 왕정월(春王正月)'에 대해 해석하면서 "왜 '왕정월'이라고 하였는가? 대일통(大一統)을 나타내기 위해서이다.〔何言乎王正月? 大一統也.〕"라고 한 데에 보인다. 왕자(王者)가 천명(天命)을 받아 천하를 통일하고 정월을 제정함으로써 만물로

있고, 한 나라에는 한 나라의 대일통이 있고, 한 집안에는 한 집안의 대일통이 있고, 한 몸에는 한 몸의 대일통이 있으니, 그 이(理)는 실제로 한가지이다. 한 몸의 대일통은 오직 백체(百體)가 천군(天君)에게 명령을 들어 따를 뿐인 것[242]이다.

하여금 모두 이를 받들어 시초로 삼게 하기 때문에 '대일통'이라 이른 것이다. 나중에는 한 왕조가 천하를 통일해 다스리는 것을 가리키는 말로 쓰인다.

242 백체(百體)가……것 : 이는 송(宋)나라 범준(范浚)의 심잠(心箴)에 "군자는 성(誠)을 보존하여 능히 생각하고 능히 경(敬)하니, 천군이 태연하여 백체가 명령을 따른다.〔君子存誠, 克念克敬, 天君泰然, 百體從令.〕"라는 말을 원용한 것이다. '천군'이란 마음의 별칭으로, 《순자(荀子)》 〈천론(天論)〉에 "마음이 가운데 텅 빈 곳에 거하면서 다섯 가지 감각 기관을 다스리기 때문에 천군이라고 이른다.〔心居中虛, 以治五官, 夫是之謂天君.〕"라고 한 부분에서 유래한 것이다.

지은이 **오희상(吳熙常)**

1763년(영조39) 5월 10일 유시에 서울 경행방(慶幸坊) 사저에서 태어나 1833년(순조33) 10월 7일 유시에 향년 71세로 별세하였다. 자는 사경(士敬), 호는 노주(老洲), 본관은 해주(海州)이며, 시호는 문원(文元)이다. 증조부 오태주(吳泰周)가 명안공주(明安公主)와 혼인함으로써 왕의 인척이 된 집안이자 재상과 문형 등을 배출한 명문가의 자제로 태어났다. 1800년(정조24) 천거로 세자익위사 세마(世子翊衛司洗馬)에 제수된 이래 평생 끊임없이 벼슬에 제수되었으나 몇 번 출사한 것을 제외하고는 번번이 사직을 청하고 학문 강학에 종사하였다. 가형인 오윤상(吳允常)에게 학문을 배워, 김창협(金昌協)에서 김원행(金元行)으로 이어지는 학맥의 전통을 잇고 이를 후대에 전한 노론 낙론의 핵심 사상가이자 문인 교육자이다. 매산(梅山) 홍직필(洪直弼), 숙재(肅齋) 조병덕(趙秉悳) 등이 그의 학문에 영향을 받았다.

옮긴이

김성은(金成恩)

1986년 서울에서 태어났다. 연세대학교 국어국문학과를 졸업하고 동 대학원 국어국문학과에서 석사학위를 취득하고 박사과정을 수료하였다. 한국고전번역원 부설 고전번역교육원의 연수과정과 전문과정을 마쳤다. 현재 성신여자대학교 고전연구소 연구원으로 재직하고 있다. 번역서로는 《매산집》(공역)이 있다.

이영준(李泳俊)

1983년 목포에서 태어났다. 고려대학교 한문학과를 졸업하고 동 대학원 국어국문학과에서 석사학위를 취득하고 박사과정을 수료하였다. 한국고전번역원 부설 고전번역교육원의 연수과정과 전문과정을 마쳤다. 현재 성신여자대학교 고전연구소 연구원으로 재직하고 있다. 번역서로는 《조선왕조실록》(공역)이 있다.

※ 각 권별 옮긴이는 권21・22・23 김성은, 권24 이영준이다.

권역별거점연구소협동번역사업 연구진

연구책임자 신영주(성신여자대학교 한문교육과 교수)
공동연구원 김용재(성신여자대학교 한문교육과 교수)
류준경(성신여자대학교 한문교육과 교수)
책임연구원 성백효
연 구 원 김형석 연석환
이영준 이정은
김성은
윤 문 윤은숙

노주집 6

오희상 지음 | 김성은 · 이영준 옮김
2023년 12월 31일 초판 1쇄 발행
편집 · 발행 학자원
등록 2011.4.6 제2011-14호
주소 (05355) 서울시 강동구 천호대로 1121
전화 02-6403-1000 | 팩스 02-6338-1001 | 이메일 hakjaone@daum.net

값 40,000원
ISBN 979-11-6247-311-5 94810
979-11-6247-248-4 (세트)